Steuerliche Implikationen von Kooperationen im Weiterbildungssektor

FREIBURGER STEUERFORUM

Herausgegeben von Wolfgang Kessler

Band 17

PL ACADEMIC RESEARCH

Bastian Schmidt

Steuerliche Implikationen von Kooperationen im Weiterbildungssektor

PL ACADEMIC RESEARCH

Bibliografische Information der Deutschen Nationalbibliothek
Die Deutsche Nationalbibliothek verzeichnet diese Publikation in der Deutschen Nationalbibliografie; detaillierte bibliografische Daten sind im Internet über http://dnb.d-nb.de abrufbar.

Zugl.: Freiburg (Breisgau), Univ., Diss., 2012

Gedruckt auf alterungsbeständigem,
säurefreiem Papier.

D 25
ISSN 1617-917X
ISBN 978-3-631-63981-8

Internationaler Verlag der Wissenschaften
Frankfurt am Main 2013

PL Academic Research ist ein Imprint der Peter Lang GmbH

www.peterlang.de

Meiner Familie

Vorwort

Vorliegende Arbeit wurde im Wintersemester 2011/2012 von der Wirtschafts- und Verhaltenswissenschaftlichen Fakultät der Albert-Ludwigs-Universität Freiburg im Breisgau als Inaugural-Dissertation angenommen. Rechtsänderungen sowie Literatur und Rechtsprechung sind bis zum 14. Februar 2012 eingearbeitet.

Mein besonderer Dank gilt zunächst meinem verehrten Doktorvater, Herrn StB Professor Dr. Wolfgang Kessler, für seine inspirierende und stets konstruktive Betreuung dieser Arbeit. Danken möchte ich ihm auch für die gewährten Freiräume und für die exzellenten Arbeitsbedingungen am Lehrstuhl für Betriebswirtschaftliche Steuerlehre der Albert-Ludwigs-Universität Freiburg. Herrn Professor Dr. Heinz Rehkugler danke ich für die zügige Erstellung des Zweitgutachtens.

Dank gebührt meinen Kolleginnen und Kollegen am Lehrstuhl für Betriebswirtschaftliche Steuerlehre für die sehr angenehme Arbeitsatmosphäre und die freundschaftliche sowie harmonische Zusammenarbeit. Die Zeit am Lehrstuhl werde ich stets in positiver Erinnerung behalten.

Ferner danke ich meinem Freundeskreis, besonders Mathias, Mirko und Nathalie, die auf ihre Art und Weise zu der vorliegenden Arbeit beigetragen haben.

Insbesondere danke ich meiner Freundin Frau Bianca Hodel, die mich während der gesamten Zeit der Promotion und darüber hinaus in jeder Hinsicht unterstützt hat.

Ganz herzlich danke ich meinen geschätzten Eltern Angelika und Walter Schmidt, meinem Bruder Benjamin Schmidt und meiner Omi Hilde Heid. Sie haben mich auf meinem bisherigen Lebensweg fortwährend gefördert und vorbehaltlos unterstützt. Ihnen sei daher die Arbeit gewidmet.

Freiburg i.Br., im Oktober 2012

Inhaltsübersicht

Inhaltsverzeichnis

Abkürzungsverzeichnis

a.A.	anderer Auffassung
a.F.	alte Fassung
ABl.	Amtsblatt der Europäischen Union
Abs.	Absatz
AEAO	Anwendungserlass zur Abgabenordnung
AEUV	Vertrag über die Arbeitsweise der Europäischen Union
AG	Aktiengesellschaft
AO	Abgabenordnung
Art.	Artikel
BB	Betriebsberater (Zeitschrift)
Bd.	Band
BFH	Bundesfinanzhof
BFH/NV	Sammlung amtlich nicht veröffentlichter Entscheidungen des Bundesfinanzhofs (Zeitschrift)
BgA	Betrieb gewerblicher Art
BGB	Bürgerliches Gesetzbuch
BGBl.	Bundesgesetzblatt
BGH	Bundesgerichtshof
BGHZ	Entscheidungen des Bundesgerichtshofs in Zivilsachen
BHO	Bundeshaushaltsordnung
BMBF	Bundesministerium für Bildung und Forschung
BMF	Bundesministerium der Finanzen
BR-Drs.	Bundesrats-Drucksache
bspw.	beispielsweise
BStBl.	Bundessteuerblatt (Zeitschrift)
BT-Drs.	Bundestags-Drucksache
BVerfG	Bundesverfassungsgericht
BVerwG	Bundesverwaltungsgericht
bzw.	beziehungsweise
d.h.	das heißt
DB	Der Betrieb (Zeitschrift)
DGO	Deutsche Gemeindeordnung
DIHK	Deutsche Industrie- und Handelskammer
Dok.-Nr.	Dokumenten-Nummer
DÖV	Die öffentliche Verwaltung (Zeitschrift)
Drs.	Drucksache
DStJG	Deutsche Steuerjuristische Gesellschaft

DStR	Deutsches Steuerrecht (Zeitschrift)
DStRE	Deutsches Steuerrecht Entscheidungen (Zeitschrift)
DStZ	Deutsche Steuer-Zeitung (Zeitschrift)
e.V.	eingetragener Verein
EFG	Entscheidungen der Finanzgerichte (Zeitschrift)
EG	Europäische Gemeinschaft
Erg.	Ergänzung
EStDV	Einkommensteuer-Durchführungsverordnung
EStG	Einkommensteuergesetz
EStR	Einkommensteuerrichtlinien
EU	Europäische Union
EuGH	Gerichtshof der Europäischen Gemeinschaften
EuR	Europarecht (Zeitschrift)
EU-UStB	EU-Umsatz-Steuer-Berater (Zeitschrift)
EWG	Europäische Wirtschaftsgemeinschaft
f.	folgende
ff.	fortfolgende
FG	Finanzgericht
FGO	Finanzgerichtsordnung
FinB	Finanzbehörde
FinMin	Finanzministerium
FN	Fußnote
FR	Finanz-Rundschau (Zeitschrift)
FS	Festschrift
GBl.	Gesetzesblatt
GbR	Gesellschaft bürgerlichen Rechts
gem.	gemäß
GemO	Gemeindeordnung
GenG	Genossenschaftsgesetz
GewStG	Gewerbesteuergesetz
gGmbH	gemeinnützige Gesellschaft mit beschränkter Haftung
GKZ	Gesetz über kommunale Zusammenarbeit
GmbH	Gesellschaft mit beschränkter Haftung
GmbHR	GmbH-Rundschau (Zeitschrift)
GVBl	Gesetz- und Verordnungsblatt
H	Hinweis
h.M.	herrschende Meinung; herrschender Meinung
HaushaltsbegleitG	Haushaltsbegleitgesetz
HFR	Höchstrichterliche Finanzrechtsprechung (Zeitschrift)

HRG	Hochschulrahmengesetz
Hrsg.	Herausgeber
i.d.F.	in der Fassung
ig	Innergemeinschaftlich, innergemeinschaftlicher
i.S.d.	im Sinne des
i.S.v.	im Sinne von
i.V.m.	in Verbindung mit
IStR	Internationales Steuerrecht (Zeitschrift)
JB	Jahrbuch
JPdöR	Juristische Person des öffentlichen Rechts
JStG	Jahressteuergesetz
KMK	Kultusministerkonferenz
KommJur	Kommunaljurist (Zeitschrift)
KommZG	Kommunale Zusammenarbeit-Gesetz
KÖSDI	Kölner Steuerdialog (Zeitschrift)
KStG	Körperschaftsteuergesetz
KStR	Körperschaftsteuerrichtlinien
KStZ	Kommunale Steuer-Zeitschrift (Zeitschrift)
LEXinform	Datenbank der DATEV e.G.
LGebG	Landesgebührengesetz
LHG-BW	Gesetz über die Hochschulen und Berufsakademien in Baden-Württemberg (Landeshochschulgesetz)
LHGebG-BW	Landeshochschulgebührengesetz Baden
LHO	Landeshaushaltsordnung
LKV	Landes- und Kommunalverwaltung (Zeitschrift)
LT-Drs.	Drucksache des Landtags von Baden-Württemberg
m.w.N.	mit weiteren Nachweisen
Mrd.	Milliarden
MwStSystRL	Mehrwertsteuer-Systemrichtlinie
NJW	Neue Juristische Wochenschrift (Zeitschrift)
NKomVG	Niedersächsisches Kommunalverfassungsgesetz
NV	Nicht Veröffentlicht
NVwZ	Neue Zeitschrift für Verwaltungsrecht (Zeitschrift)
NWB	Neue Wirtschafts-Briefe (Zeitschrift)
o.V.	ohne Verfasser
OECD	Organisation für wirtschaftliche Zusammenarbeit und Entwicklung
OFD	Oberfinanzdirektion
OHG	Offene Handelsgesellschaft

OVG	Oberverwaltungsgericht
PPP	Public Private Partnership
R	Richtlinie
RFH	Reichsfinanzhof
RGBl.	Reichsgesetzblatt
RIW	Recht der Internationalen Wirtschaft (Zeitschrift)
RL	Richtlinie
Rs.	Rechtssache
Rz.	Randziffer
S.	Satz
SGB	Sozialgesetzbuch
Slg	Amtliche Sammlung der Rechtsprechung des Europäischen Gerichtshofes
SS	Sommersemester
StuW	Steuer und Wirtschaft (Zeitschrift)
u.a.	und andere; unter anderem
UR	Umsatzsteuer-Rundschau (Zeitschrift)
UStAE	Umsatzsteuer-Anwendungserlass
UStB	Umsatzsteuer-Berater (Zeitschrift)
UStDV	Umsatzsteuer-Durchführungsverordnung
UStG	Umsatzsteuergesetz
UStR	Umsatzsteuerrichtlinien
UVR	Umsatz- und Verkehrsteuerrecht (Zeitschrift)
v.	von, vom
VerwRdsch	Verwaltungsrundschau (Zeitschrift)
vgl.	vergleiche
vs.	versus
WissR	Wissenschaftsrecht (Zeitschrift)
z.B.	zum Beispiel
ZfB	Zeitschrift für Betriebswirtschaft (Zeitschrift)
ZGR	Zeitschrift für Unternehmens- und Gesellschaftsrecht (Zeitschrift)

Abbildungsverzeichnis

A. Grundlegung

I. Untersuchungsgegenstand

Der Bereich der Weiterbildung[1] stellt ein wesentliches Puzzlestück des vielfach geforderten Konzeptes eines Lifelong Learnings dar.[2] In der Vergangenheit wurde dem Weiterbildungssegment verhältnismäßig wenig Aufmerksamkeit gewidmet. Seit einigen Jahren rückt die Thematik jedoch immer stärker in den Vordergrund der politischen und gesellschaftlichen Diskussion. Dies ist nicht zuletzt der aufkeimenden ökonomischen Betrachtung geschuldet, die mittlerweile nahezu alle Gesellschaftsbereiche durchdringt.[3]

Ein leistungsfähiger Weiterbildungsmarkt ist für moderne Volkswirtschaften essenziell, da er die individuelle (Weiter-) Entwicklung der Staatsbürger - privat, beruflich[4] und sozial - fördert und zum Erhalt bzw. Ausbau der Wettbewerbsfähigkeit der Volkswirtschaft beiträgt.[5] Die volkswirtschaftliche Bedeutung der

---

1 Eine allgemeingültige Definition des Weiterbildungsbegriffs existiert nicht. Der Deutsche Bildungsrat definiert den Begriff der Weiterbildung als „Fortsetzung oder Wiederaufnahme organisierten Lernens nach Abschluss einer unterschiedlich ausgedehnten ersten Bildungsphase". *Deutscher Bildungsrat*, Empfehlungen der Bildungskommission, 1970, 197; *Bund-Länder-Kommission für Bildungsplanung*, Bildungsgesamtplan, 1973, 11.

2 *Dohmen*, Das lebenslange Lernen, 1996, 14ff.; *Kommission der Europäischen Gemeinschaften*, Lebenslanges Lernen, 30.10.2000; *Bund-Länder-Kommission für Bildungsplanung und Forschungsförderung*, Strategie für Lebenslanges Lernen in der BRD, 2004. Für eine ausführliche Darstellung des Konzeptes eines lebenslangen Lernens und der programmatischen Ansätze auf internationaler und nationaler Ebene vgl. *Dewe/Weber*, Wissensgesellschaft und Lebenslanges Lernen, 2007, 58ff und 81ff..

3 *Schäfer/Zinkahn/Pietsch* in: Schäfer/Zinkahn/Pietsch, Weiterbildung in der Bildungsgesellschaft, 2003, 9, 9.

4 In Deutschland und in den meisten Staaten der Europäischen Union wird sich auch zukünftig auf dem Arbeitsmarkt der Trend einer steigenden Nachfrage nach höheren bzw. hochqualifizierten Arbeitskräften fortsetzen. Gleichzeitig geht die Nachfrage nach gering qualifizierten Arbeitskräften ohne abgeschlossene berufliche Ausbildung weiter zurück. *Autorengruppe Bildungsberichterstattung*, Bildung in Deutschland 2008, 2008, 6 und 200; *Autorengruppe Bildungsberichterstattung*, Bildung in Deutschland 2010, 2010, 11 und 194.

5 *Bund-Länder-Kommission für Bildungsplanung*, Bildungsgesamtplan, 1973, 117; Kappel, Qualifikation und Erfolg, 1999, 19; *Rat der Europäischen Union*, Dokument des Vorsitzes - 23. und 24.03.2000, Lissabon, 12.1.2000, 5f.; *Gast-de Haan*, Weiterbildungskosten, in: Raupach/Uelner, FS Schmidt, 1993, 105, 105; *Dewe/Weber*, Wissensgesellschaft und Lebenslanges Lernen, 2007, 111; *Faulstich/Graeßner/Bade-Becker u.a.* in: Hanft/Knust, Weiterbildung in Hochschulen, 2007, 87, 102; *KMK*, Bildungswesen

Weiterbildung ist empirisch nachgewiesen: In den post-industrialisierten Staaten sind das gesellschaftliche Bildungsniveau und das wirtschaftliche Wachstum positiv korreliert.[6] Das Wirtschaftswachstum impliziert ein zunehmendes (aggregiertes) Wohlstandsniveau und stellt infolgedessen die Quelle für eine gesamtgesellschaftliche Wohlstandsmehrung dar.[7] Demgemäß sind in einer modernen Volkswirtschaft die tradierten Produktionsfaktoren Arbeit, Boden und Kapital um den Faktor Humankapital zu erweitern.[8] Wissen und Fertigkeiten der Individuen bilden dabei aggregiert das Humankapital der Gesellschaft.[9] Flankierend zur Wohlstandsmehrung generiert die (Qualität der Weiter-) Bildung positive externe Effekte, wie bspw. eine verminderte Kriminalitätsrate oder auch eine Stärkung der Funktionsfähigkeit und Stabilisierung der demokratischen Ordnung infolge eines aufgeklärteren staatsbürgerlichen Verhaltens.[10] Ferner erfordern die zukünftigen wirtschaftlichen und sozialen Herausforderungen, deren Ursachen in der voranschreitenden Globalisierung, dem technologischen

---

2007, 2008, 191; *Autorengruppe Bildungsberichterstattung*, Bildung in Deutschland 2008, 2008, 137; *Autorengruppe Bildungsberichterstattung*, Bildung in Deutschland 2010, 2010, 135; *Philipowski*, UR 2008, 581, 588; *Philipowski*, UR 2010, 161, 163; *Hetmeier/Buschle/Baumann* u.a., Bildungsfinanzbericht 2010, 2010, 14.

6 Vgl. zur empirischen Evidenz an Stelle vieler und m.w.N. *Wößmann*, WiSt 2007, 31, 31ff. Die Industriestaaten haben in den vergangenen Jahrzehnten den strukturellen Wandel zu einer Dienstleistungs- und Wissensgesellschaft vollzogen. Mit diesem Strukturwandel ging ein permanenter technologischer Fortschritt einher, der eine qualifizierte Ausbildung und eine lebenslange Weiterqualifizierung erfordert. *Dewe/Weber*, Wissensgesellschaft und Lebenslanges Lernen, 2007, 111f.; *Autorengruppe Bildungsberichterstattung*, Bildung in Deutschland 2008, 2008 und *Autorengruppe Bildungsberichterstattung*, Bildung in Deutschland 2010, 2010, jeweils 22f.

7 Nach den wirtschaftswissenschaftlichen Theorien basiert das Wirtschaftswachstum einer Volkswirtschaft langfristig auf dem technologischen Fortschritt, der insbesondere durch ein hohes Maß an Bildung forciert werden kann. Vgl. *Solow*, Journal of Economics 1956, 65, 65ff.; *Schultz*, Economic Value of Education, 1963, 42ff; *Romer*, Journal of Political Economy 1990, Vol. 98, Nr. 5, 71, 71ff.; *Mankiw/Romer/Weil*, Journal of Economics 1992, 407, 407ff.

8 *Vogel/Stratmann*, Public Private Partnership in der Forschung, 2000, IX und 6f.; *Schenker-Wicki* in: DGWF e.V, Wissenschaftliche Weiterbildung im Hochschulraum Europa, 2006, 53, 53. Hinsichtlich der Einordnung des Humankapitals in die neoklassischen und endogenen Wachstumsmodelle vgl. *Wößmann*, WiSt 2007, 31, 32. Betriebswirtschaftlich betrachtet bilden Wissen und Expertise eine neue Gruppe von Produktionsmitteln und ergänzen die klassischen betriebswirtschaftlichen Produktionsfaktoren Arbeitsleistungen, Betriebsmittel und Werkstoffe. *Konegen-Grenier*, Hochschulen und Wirtschaft, 2009, 4.

9 *Schönmann/Leschke* in: Becker/Lauterbach, Bildung als Privileg, 2007, 343, 343.

10 *Wößmann*, WiSt 2007, 31, 34.

Fortschritt und dem demografischen Wandel liegen, entsprechende individuelle und gesamtgesellschaftliche Investitionen in die Weiterbildung bzw. den Weiterbildungsmarkt.

In Deutschland richtet sich der Weiterbildungsbereich ordnungspolitisch an den Prinzipien der Marktwirtschaft aus.[11] Der Weiterbildungsmarkt ist gekennzeichnet durch die kompetitive Koexistenz von öffentlich-rechtlichen und privatrechtlichen Anbietern,[12] die mit einer Fülle unterschiedlichster (Weiter-) Bildungsleistungen konkurrieren. Da lebenslanges Lernen und berufsbegleitende Weiterbildung als ein hoch attraktiver Wachstumsmarkt einzustufen sind,[13] besitzt der Weiterbildungsmarkt hinsichtlich Anbieterzahl und nachfrageorientierten Angeboten noch Steigerungspotenzial. In den einzelnen Weiterbildungsangeboten spiegeln sich die unterschiedlichen originären Beweggründe der Anbieter, die auch auf die steuerliche Beurteilung dieser Angebote auswirken können. Es ist zu differenzieren zwischen der Verfolgung hoheitlicher[14] Zwecke durch juristische Personen des öffentlichen Rechts, der selbstlosen Förderung steuerbegünstigter Zwecke im Interesse der Allgemeinheit durch steuerbegünstigte Körperschaften[15] (nach den Vorgaben des Gemeinnützigkeitsrechts[16]) oder der

---

11 *Kappel*, Qualifikation und Erfolg, 1999, 21; *KMK*, Bildungswesen 2007, 2008, 37. Im Zuge der deutschen Einheit wurde in den neuen Bundesländern das ehemalige staatliche Monopol im Weiterbildungssektor durch ein marktwirtschaftlich orientiertes Angebot diverser öffentlicher und freier Träger abgelöst. *KMK*, Bildungswesen 2007, 2008, 30.

12 *Schauhoff* in: Walz, Gemeinnützigkeitsrecht - Quo vadis?, 2006, 9, 11; *KMK*, Bildungswesen 2007, 2008, 59.

13 *Frank/Hieronimus/Killius u.a.*, Rolle und Zukunft privater Hochschulen in Deutschland, 2010, 13.

14 Die Weiterbildungsleistung einer juristischen Person des öffentlichen Rechts kann in einem ersten Schritt als hoheitlich und damit nicht steuerbar qualifiziert werden, sofern diese Tätigkeit im Rahmen der öffentlichen Gewalt ausgeübt wird. Allerdings kann die hoheitliche Tätigkeit als solche nicht abschließend definiert werden, da sich im Zeitverlauf das Verständnis einer öffentlich-rechtlichen Aufgabe/Tätigkeit wandelt. Zudem ist für die abschließende steuerrechtliche Beurteilung von Tätigkeiten der öffentlichen Hand in einem zweiten Schritt stets auf den Telos der Wettbewerbsneutralität abzustellen. *Hey* in: Tipke/Lang, Steuerrecht, § 11, Rz. 28; *Heger*, FR 2009, 301, 305.

15 Bei den steuerbegünstigten (gemeinnützigen) Körperschaften steht die eigennutzorientierte Gewinnerzielungsabsicht nicht im Vordergrund. Das fehlende Gewinnstreben bzw. der Verzicht auf die eigennützige Gewinnverwendung als ein Element der Selbstlosigkeit zeichnet die Gemeinnützigkeit aus. *Widmann* in: Plückebaum/Widmann, UStG, § 12, Rz. 1163; BFH, Urteil v. 2.3.2011, XI R 21/09, DStR 2011, 1179, Rz. 30. Vgl. ferner *Orth*, Stiftung&Sponsoring Rote Seiten 1999, 5/1999, 1, 3; *Bundesministerium der Finanzen*, Abgabenrechtliche Privilegierung gemeinnütziger Zwecke auf dem

gewinnmaximierenden Eigennutzorientierung durch die privatrechtlichen Anbieter. Steuerbegünstigte Zwecke können gleichermaßen durch öffentlich-rechtliche und privatrechtliche Bildungseinrichtungen verfolgt werden.

Die ursprüngliche Idee eines öffentlich-rechtlichen Weiterbildungsbereichs in Deutschland, der sich ausschließlich aus öffentlichen Mitteln finanziert, scheiterte an den begrenzten öffentlichen Geldern.[17] Stattdessen organisiert sich der Weiterbildungsmarkt nach wirtschaftlichen Aspekten[18] und wird gemischt finanziert durch: öffentliche Hand, private Haushalte, Organisationen ohne Erwerbszweck (d.h. Verzicht auf eigennützige Gewinnverwendung) und gewinnorientierte Unternehmen.[19]

Prüfstand, 2006, 54 und 59; *Wörle-Himmel*, Stiftung&Sponsoring Rote Seiten 2007, 2/2007, 1, 2.

16 Das Gemeinnützigkeitsrecht ist nicht in einem gesonderten Gesetz kodifiziert. In der einschlägigen Literatur wird der Begriff vielmehr synonym für die Regelungen der §§ 51-68 AO verwandt. Diese Paragrafen enthalten die allgemeinen Voraussetzungen des Gemeinnützigkeitsrechts, worauf die einzelnen Steuergesetze für entsprechende Vergünstigungen abstellen. *Gastl*, BgA im Körperschaftsteuerrecht, 2002, 48; *Hey* in: Tipke/Lang, Steuerrecht, § 20, Rz. 1; *Reiß* in: Walz/Hüttemann/Rawert/Schmidt, Non Profit Law Yearbook 2005, 2006, 47, 47 m.w.N. dortige Fußnote 1. Sofern eine Körperschaft, Personenvereinigung oder Vermögensmasse i.S.d. KStG selbstlos, ausschließlich und unmittelbar steuerbegünstigte (und satzungsgemäße) Zwecke, d.h. gemeinnützige, mildtätige oder kirchliche Zwecke verfolgt, kann die Tätigkeit aufgrund des Einsatzes für das Gemeinwohl (ertrag-) steuerbefreit sein. *Hey*, StuW 2000, 467, 468. In dem abschließenden Katalog der gemeinnützigen Zwecke des § 52 Abs. 2 AO ist u.a. der Begriff Bildung unter Nr. 7 normiert. Infolgedessen geht die vorliegende Arbeit im weiteren Verlauf ausschließlich auf die gemeinnützigen Zwecke ein. Mildtätige oder kirchliche Zwecke sind nicht Gegenstand der Analyse.

17 *Kappel*, Qualifikation und Erfolg, 1999, 18. Der Finanzierungsanteil der öffentlichen Hand scheint tendenziell zu stagnieren bzw. verringert sich zugunsten der Teilnehmerentgelte, EU-Mittel oder Gelder der Bundesanstalt für Arbeit. *Faulstich/Vespermann*, Weiterbildung in den Bundesländern, 2002, 26.

18 *Kappel*, Qualifikation und Erfolg, 1999, 21.

19 *Autorengruppe Bildungsberichterstattung*, Bildung in Deutschland 2010, 2010, 29; *Hetmeier/Buschle/Baumann* u.a., Bildungsfinanzbericht 2010, 2010, 26. Die Volkshochschulen als typische Bildungseinrichtungen finanzierten sich im Jahr 2010 bundesweit über folgende drei Säulen: öffentliche Zuschüsse (zu 40 %, von Bundesländern und Kommunen), Teilnahmegebühren (zu 38,7 %) und andere Einnahmen (zu 21,3 %, die sich u.a. aus SGB II/III-Mitteln, Bundesmitteln und EU-Mitteln zusammensetzen). *Huntemann/Reichart*, Volkshochschul-Statistik, http://www.die-bonn.de/doks/2011-volkshochschule-statistik-01.pdf, 19.10.2011, 23f.

1. Kooperationen im Weiterbildungsmarkt

Aus der oben angeführten Gemengelage resultieren für die Marktakteure Anreize für eine Zusammenarbeit bzw. für ein gemeinschaftliches Angebot von (Weiter-) Bildungsleistungen.

Kooperationen sind u.a. Erfolg versprechend, da vor dem Hintergrund des bestehenden Wettbewerbs durchschlagskräftigere Einheiten gegründet werden.[20] Zudem werden vorhandene Kompetenzen durch Einbeziehung des Know-how der (des) Kooperationspartner(s) gebündelt,[21] bzw. ergänzen sich die unterschiedlichen Stärken und Schwächen der Partner komplementär.[22] Weitere potenzielle Motivationsgründe sind die Risikoteilung,[23] der Eintritt in bisher unerschlossene Segmente des Weiterbildungsmarktes[24] sowie die erzielbaren Effizienzgewinne aus Kostenreduktion und Synergieeffekten infolge gemeinsamer Verwaltung und Organisation der Bildungsleistungen.[25] Ferner können durch Kooperationen zusätzliche Einnahmequellen erschlossen werden. In Verbindung mit der seit Jahrzehnten dauerhaft klammen Haushaltslage der öffentlichen Hand, die sich infolge der aktuellen Finanz- und Wirtschaftskrise nochmals drastisch verschlechtert hat, sind Kooperationen daher insbesondere für die öf-

---

20 *Kessler* in: Schaumburg, Internationale Joint Ventures, 1999, 191, 192. Insbesondere bei kostenintensiven Produktionen können Skaleneffekte genutzt werden. *Diebel/Groß* in: Strahl, Ertragsteuern, Joint Venture, 3. Zu Skaleneffekten aus Kooperationen für private Hochschulen vgl. *Frank/Hieronimus/Killius u.a.*, Rolle und Zukunft privater Hochschulen in Deutschland, 2010, 48f.

21 *Von Hoffmann/Zweigert* in: Glossner/Reimers, FS Luther, 1976, 203, 206; *Probst/Rüling* in: Schaumburg, Internationale Joint Ventures, 1999, 1, 7; *Uechtritz* in: Hoppe/Uechtritz, Handbuch Kommunale Unternehmen, 2007, 679, 683, Rz. 4.

22 *Diebel/Groß* in: Strahl, Ertragsteuern, Joint Venture, 3.

23 *Eckstein*, BB 1972, Beilage 1, 7, 12 m.w.N. Die Risikoteilung ist u.a. bei Forschungs- und Entwicklungsarbeiten ein Hauptmotiv für Kooperationen. *von Hoffmann/Zweigert* in: Glossner/Reimers, FS Luther, 1976, 203, 206.

24 *Benisch*, Kooperationsfibel, 1973, 92f.

25 *Hellermann* in: Hoppe/Uechtritz, Handbuch Kommunale Unternehmen, 2007, 124, 175, Rz. 134; *Jacobs*, Internationale Unternehmensbesteuerung, 2007, 1270; *Pitschas/Schoppa*, DÖV 2009, 469, 470; *Frank/Hieronimus/Killius u.a.*, Rolle und Zukunft privater Hochschulen in Deutschland, 2010, 12. Für eine umfangreiche Darstellung der Ziele sowie Vorteile und Nachteile eines Zusammenschlusses vgl. *Hüsemann*, Das internationale Joint Venture, 1972, 34ff. und *Benisch*, Kooperationsfibel, 1973, 92ff. Eine Aufzählung weiterer Motive hinsichtlich der Gründung eines Equity Joint Ventures nebst tabellarischen Vergleichen des Equity Joint Venture mit der Lizenzvergabe, der Vertragskooperation oder mit der Gründung einer 100% Tochtergesellschaft vgl. *Langefeld-Wirth*, Joint Ventures im internationalen Wirtschaftsverkehr, 1990, 46ff.

fentlich-rechtlichen Anbieter reizvoll.[26] Aus Sicht der privatwirtschaftlichen Unternehmen können als zentrale Motive einer Kooperation zwischen Unternehmen und Hochschule(n) der technische und strategische Wissenstransfer und - vor dem Hintergrund der demografischen Entwicklung - die Fachkräfterekrutierung angeführt werden.[27]

Kooperationen unter Beteiligung von juristischen Personen des öffentlichen Rechts und/oder gemeinnützigen Körperschaften und/oder gewinn-, bzw. eigennutzorientierten Unternehmen[28] haben sich auf anderen Gebieten bereits seit Langem etabliert. In unterschiedlichster Ausprägung ist die Zusammenarbeit insbesondere auf den Gebieten der Forschung[29] und Entwicklung,[30] bei den Sanierungs-/Bauvorhaben[31] und im interkommunalen Bereich[32] gängige Praxis.

---

26 *Wegehenkel*, BB 1985, 116, 116; *Brönner/Schroller*, Ertragsteuerliche und umsatzsteuerliche Probleme der BgA im Hochschulbereich, in: Schneider/Rückle/Küpper, FS Siegel, 2005, 479, 479; *Uechtritz* in: Hoppe/Uechtritz, Handbuch Kommunale Unternehmen, 2007, 679, 682, Rz. 4.

27 *Konegen-Grenier*, Hochschulen und Wirtschaft, 2009, 88f.; *Pawelek*, Wahrnehmung hoheitlicher Hochschulaufgaben durch private Weiterbildungseinrichtungen, 2009, 234; *Frank/Hieronimus/Killius u.a.*, Rolle und Zukunft privater Hochschulen in Deutschland, 2010, 56. Nach einer aktuellen Umfrage sind aus Unternehmenssicht die betriebliche Weiterbildung und das Bereitstellen von Ausbildungsplätzen die Schlüsselfaktoren zur Bewältigung des demografischen Wandels. *Deutscher Industrie- und Handelskammertag e.V.*, Weiterbildung 2010 - Ergebnisse einer IHK-Online-Unternehmensbefragung, http://www.dihk.de/presse/meldungen/meldung012469, abgefragt am 24.01.2012.

28 Der Zusammenschluss zweier oder mehrerer gewinnorientierter Unternehmen stellt die klassische Kooperationsvariante dar. Diese zwischenbetriebliche Zusammenarbeit kann in Abhängigkeit der Zugehörigkeit der Unternehmen zu derselben Marktstufe oder einer vor- bzw. nachgelagerten Marktstufe in eine horizontale oder eine vertikale Kooperation unterschieden werden. *Benisch*, Kooperationsfibel, 1973, 97f.; *Balling*, Kooperation, 1998, 8.

29 Die Forschung stellt für die staatlichen Hochschulen (juristische Personen des öffentlichen Rechts) eine gesetzlich zugewiesene Kernaufgabe dar. In § 22 HRG hat der Bundesgesetzgeber den Hochschulen explizit die Planung und Durchführung gemeinsamer Forschungsvorhaben untereinander, mit anderen Forschungseinrichtungen und mit Einrichtungen der überregionalen Forschungsplanung und Forschungsförderung vorgegeben.

30 Vgl. u.a. *Wegehenkel*, BB 1985, 116, 116ff.; *Wegehenkel*, BB 1985, 395, 395ff.; *Wegehenkel*, BB 1985, 792, 792ff.; *Janson*, Langfristige Kooperationsverträge, in: Arbeitsgruppe Fortbildung im Sprecherkreis der Hochschulkanzler, Drittmittel und An-Institute, 1992, 167, 167ff.; *Lang/Seer*, BB 1993, 262, 262ff.; *Vogel/Stratmann*, Public Private Partnership in der Forschung, 2000; *Oesterle*, Kooperationen in Forschung & Entwicklung, in: Zentes/Swoboda/Morschett, Kooperationen, Allianzen und Netzwerke, 2005, 769, 769ff.; *Wörle-Himmel*, Stiftung&Sponsoring Rote Seiten 2007, 2/2007, 1, 3;

Dementsprechend wird der Auf- und Ausbau von Kooperationen zwischen den Anbietern von (Weiter-) Bildungsleistungen in zunehmendem Maße von den verschiedensten Seiten angeregt und empfohlen.[33] Die Steuerwirkungen einer Kooperation werden allerdings oftmals ausgeblendet und rücken erst nach und nach in den Fokus der Kooperationspartner. Auf den ersten Blick betriebswirtschaftlich sinnvolle Kooperationen können u.U. ex post durch nicht bedachte steuerliche Mehrbelastungen teilweise neutralisiert oder in Ausnahmefällen überkompensiert werden. Infolgedessen sollten die Kooperationspartner vorab den komplexen steuerlichen Folgen einer geplanten Zusammenarbeit umfas-

---

Becker, PPP in der Forschung, 2008, 1ff.; *Konegen-Grenier*, Hochschulen und Wirtschaft, 2009, 33.

31 Hinsichtlich den Sanierungs-/Bauvorhaben vgl. *Schenke/Gebhardt*, DStZ 2005, 213, 213; *Becker/Dammer/Howaldt* u.a., Netzwerkmanagement, 2007, 3; *Immenga/Lübben/Schwintowski*, PPP Moving Ahead, 2007, 1ff.

32 Ausführlich zu Kooperationsfeldern im kommunalen Bereich *Schmidt*, Kommunale Kooperation, 2005, 18f.

33 *KMK*, Empfehlung KMK zur Weiterbildung, 2001, 5; *Stifterverband für die Deutsche Wissenschaft*, Innovationsfaktor Kooperation, 2007, 12 und 65; *Wissenschaftsrat*, Empfehlungen zur Interaktion von Wissenschaft und Wirtschaft, 2007, 11f. und 97f.; *KMK*, Bildungswesen 2007, 2008, 191; *BMBF*, Empfehlungen Innovationskreis Weiterbildung, 2008, 21 und 25; *BMBF*, Leben und Lernen, 2008, 49; *Freiling/Imhof* in: Kreklau/Siegers, Handbuch, 4242, 3; *Konegen-Grenier*, Hochschulen und Wirtschaft, 2009, 82; *Frank/Hieronimus/Killius u.a.*, Rolle und Zukunft privater Hochschulen in Deutschland, 2010, 12 und 55f. Die staatlichen und staatlich anerkannten Hochschulen als potenzieller Anbieter der sog. wissenschaftlichen Weiterbildung sind für Kooperationen geradezu prädestiniert. Dies hat auch der Gesetzgeber erkannt und die staatlichen Hochschulen zur Zusammenarbeit untereinander und mit anderen staatlichen und staatlich geförderten Forschungs- und Bildungseinrichtungen aufgefordert (§ 2 Abs. 6 HRG i.V.m. den jeweiligen Landesgesetzen, z.B. § 6 LHG-BW). Ein prominentes Beispiel für die Zusammenarbeit einer Hochschule mit einem Partner aus der Wirtschaft ist die „Deutsche Universität für Weiterbildung - Berlin University for Professional Studies". Die wissenschaftliche Hochschule wurde Mitte 2008 in privater Trägerschaft der DUW Deutsche Universität für Weiterbildung GmbH errichtet und staatlich anerkannt. Gesellschafter sind die Freie Universität Berlin und Deutsche Weiterbildungsgesellschaft mbH, Klett Gruppe. Stifterverband für die Deutsche Wissenschaft, Quartäre Bildung, 2008, 88f; http://www.duw-berlin.de/ abgerufen am 24.1.2012. Vgl. für eine Darstellung der Kooperationsformen und -felder sowie -potenziale für private Hochschulen *Frank/Hieronimus/Killius u.a.*, Rolle und Zukunft privater Hochschulen in Deutschland, 2010, 55ff. Im Vergleich zum Forschungsbereich sind gemeinsame Bildungseinrichtungen von Hochschulen und Wirtschaft bislang lediglich Randerscheinungen. *Konegen-Grenier*, Hochschulen und Wirtschaft, 2009, 42.

send[34] gewahr werden und sich deren potenzielle Gestaltbarkeit in ihrem ökonomischen Entscheidungskalkül zunutze machen. Dabei sind alle relevanten betriebswirtschaftlichen Entscheidungsparameter in eine ökonomisch optimale Rangfolge zu bringen. Ein ausschließliches Abstellen auf den Steuerfaktor verbietet sich, da steuerlich vorteilhafte betriebliche Dispositionen unter Berücksichtigung von weiteren betriebswirtschaftlichen Einflussgrößen so nachteilig sein können, dass sie als optimale Entscheidungsalternativen ausscheiden.[35] Die vorliegende Arbeit hat jedoch nicht ein vollständiges ökonomisches Entscheidungskalkül zum Gegenstand. Die Untersuchung fokussiert vielmehr auf dem bei Kooperationen im Weiterbildungsmarkt oftmals vernachlässigten Steuerfaktor, wobei ausschließlich umsatzsteuerrechtliche Fragestellungen hinsichtlich Steuerbarkeit und Steuerbefreiung der Bildungsleistungen bzw. der Leistungsbündel durch (Weiter-) Bildungseinrichtungen im Vordergrund stehen.

2. Parameter der steuerlichen Analyse dieser Kooperationen

Die steuerlichen Auswirkungen einer Kooperation im (Weiter-) Bildungsmarkt werden von mehreren Determinanten bestimmt. Die entscheidenden Parameter der Analyse sind:[36]

- Die Kombination der jeweils beteiligten Kooperationspartner und deren originäres Rechtskleid, d.h. juristische Personen des öffentlichen Rechts, gemeinnützige Körperschaften (Körperschaften, Personenvereinigungen und Vermögensmassen i.S.d. KStG) oder gewinn- bzw. eigennutzorientierte Unternehmen. Zu berücksichtigen sind die vielschichtigen Sonderregelungen der Besteuerung der öffentlichen Hand und des Gemeinnützigkeitsrechts.
- Die teilweise diametralen Zielvorgaben der Beteiligten und deren Rückwirkung auf die steuerrechtliche Beurteilung der Bildungsleistung: hoheitliche, gemeinnützige (ausschließliche, unmittelbare und selbstlose Förderung der Allgemeinheit) oder gewinnorientierte, eigennützige Betätigung. Juristische Personen des öffentlichen Rechts können tätigkeitsbezogen hoheitlich oder wirtschaftlich auf dem Weiterbildungsmarkt tätig werden. Die wirtschaftliche Tätigkeit als Steuerpflichtiger (i.S. einer nachhaltigen Tätigkeit zur Erzielung

34 Eine umfassende steuerliche Analyse muss alle Phasen der Zusammenarbeit, d.h. Gründung, Bestehen und Beendigung, inkludieren. *Diebel/Groß* in: Strahl, Ertragsteuern, Joint Venture, 3ff.

35 *Lang* in: Tipke/Lang, Steuerrecht, § 1, Rz. 48.

36 Für eine grafische Darstellung vgl. Abbildung 2, Anhang XXVII.

von Einnahmen) kann dabei auch in einen gemeinnützigen Mantel gekleidet werden. Oftmals bietet die öffentliche Hand die entsprechenden wirtschaftlichen Tätigkeiten ohne Gewinnerzielungsabsicht an, d.h. entweder zu Selbstkostenpreisen oder mit einem Dauerverlust.

- Das institutionelle Konstrukt der Zusammenarbeit bzw. die Wahl der Rechts-/Zusammenschlussform: schuldrechtliche Bindungen im Rahmen eines Contractual Joint Venture bzw. eines Non-Equity Joint Venture[37] oder die Gründung eines selbstständigen Gemeinschaftsunternehmens, d.h. eines Equity Joint Ventures[38].
- Die Vielfalt der angebotenen Bildungsleistungen. Bspw. Weiterbildungsleistungen, die eine bestimmte Qualifikation vermitteln und dies durch eine Bescheinigung dokumentieren. Das weite Spektrum reicht dabei von einer reinen Teilnahmebestätigung, über die Ausstellung eines Zertifikats mit Bestätigung der Bildungsinhalte und –dauer, bis hin zur Verleihung eines akademischen Grades. Hinsichtlich der vermittelten Inhalte können die Bildungsleistungen in aus-, fort- bzw. weiterbildende Maßnahmen und in die Vermittlung von Kenntnissen und Fähigkeiten, die einen reinen Freizeit-/ Unterhaltungscharakter zum Gegenstand haben, differenziert werden.

Die Kombination dieser Faktoren wirkt sich unterschiedlich auf die Unternehmereigenschaft und auf die Anwendung verschiedener Umsatzsteuerbefreiungen aus. Zudem entstehen divergierende umsatzsteuerliche Effekte aus der mangelnden Übereinstimmung zwischen Gemeinschaftsrecht und nationalem Umsatzsteuerrecht. Vor diesem Hintergrund sind die Steuerwirkungen möglicher Kooperationsverhältnisse zu analysieren. Daraus lassen sich Hinweise für eine rechtssichere Gestaltung ableiten.

Die vorliegende Arbeit richtet den Fokus auf die umsatzsteuerrechtlichen Aspekte von Kooperationen. Ausschlaggebend ist hierfür u.a. die enorme wirtschaftliche Bedeutung der Umsatzsteuer für die Wirtschaftssubjekte. Flankie-

---

37 *Kessler* in: Schaumburg, Internationale Joint Ventures, 1999, 191, 192.

38 *Jacobs*, Internationale Unternehmensbesteuerung, 2007, 1270; *Brinkmann* in: Lüdicke/Sistermann, Unternehmensteuerrecht, 628. Für den Bereich des Equity Joint Ventures sind ferner die unterschiedlichen rechtlichen Organisationsformen in die Analyse mit einzubeziehen, da das deutsche Steuerrecht trotz jüngster Reformbemühungen im Zuge der Unternehmenssteuerreform 2008 die viel beschworene Idealvorstellung der Rechtsformneutralität nicht erfüllt. Vgl. allgemein zur Rückwirkung der Rechtsformwahl auf die Steuerbelastung an Stelle vieler *Herzig/Kessler*, GmbHR 1992, 232, 232ff. Für Steuerbelastungsvergleiche nach der Unternehmenssteuerreform 2008 vgl. *Eisgruber*, Der Konzern 2008, 343, 343ff.; *Förster*, Ubg 2008, 185, 185ff.; *Harle*, BB 2008, 2151, 2151ff.; *Jorde*, BB 2008, 1032, 1032ff.

rend zum hohen Anteil am staatlichen Gesamtsteueraufkommen entfalten insbesondere die Unabhängigkeit der Umsatzsteuer von beabsichtigten bzw. entstehenden Gewinnen/Überschüssen und das (u.U. existenzbedrohende) Risiko einer umsatzsteuerrechtlichen Fehleinschätzung[39] für die Bildungseinrichtungen (Kooperationspartner und ggfs. Gemeinschaftsunternehmen) Relevanz.

Die nachfolgenden umsatzsteuerrechtlichen Fragestellungen werden vor dem Hintergrund der Vorgaben des nationalen Umsatzsteuerrechts und des vorrangigen Gemeinschaftsrechts - unter Berücksichtigung der höchstrichterlichen Rechtsprechung - analysiert:

- Fällt die (Weiter-) Bildungsleistung in den Anwendungsbereich der Umsatz- bzw. Mehrwertsteuer[40] - liegt ein steuerbarer Umsatz vor?

---

39 Umsatzsteuerrechtliche Fehleinschätzungen treten regelmäßig erst im Rahmen einer Umsatzsteuer-Sonderprüfung der Bildungseinrichtung hervor. Dabei zeigt sich, dass die ex ante Beurteilung einer erbrachten Bildungs-/Unterrichtsleistung, z.B. als steuerpflichtig, nicht korrekt war. Vgl. hierzu den Sachverhalt bei BFH, Urteil v. 7.10.2010, V R 12/10, BStBl. II 2011, 303. In diesem Fall erfolgte der gesonderte Mehrwertsteuerausweis in der Rechnung zu Unrecht, da die Unterrichtsleistung der privatrechtlichen Bildungseinrichtung zwingend steuerbefreit war. Demzufolge ist der Bildungseinrichtung der Vorsteuerabzug für mit der steuerbefreiten Unterrichtsleistung in direktem und unmittelbarem Zusammenhang stehende(n) Eingangsleistung(en) verwehrt. Nach h.M. handelt es sich in diesem Fall um einen unrichtigen Steuerausweis der Bildungseinrichtung nach § 14c Abs. 1 UStG. Bis zu einer Berichtigung der Rechnung gegenüber dem Leistungempfänger schuldet die Bildungseinrichtung die zu Unrecht ausgewiesene Umsatzsteuer, gleichwohl kann der Leistungsempfänger diese (nicht gesetzlich geschuldete) Umsatzsteuer nicht als Vorsteuer abziehen. Vgl. Abschn. 14c. 1. S. 5 und S. 6 UStAE; *Korn* in: Bunjes/Geist, UStG, § 14c, Rz. 17 und Rz. 31 jeweils m.w.N. In der Praxis dürfte das Vorsteuerabzugsverbot für den (Bildungs-) Teilnehmer, d.h. den Leistungsempfänger, regelmäßig keine Bedeutung haben, da er die Unterrichtsleistung meist für private Zwecke bezieht. Unabhängig davon, ob der Leistungsempfänger die Bildungs-/Unterrichtsleistung privat oder für Zwecke seiner besteuerte Umsätze bezieht, kann er die mit dem Kaufpreis entrichtete, unrichtige Umsatzsteuer grundsätzlich nicht direkt bei dem Finanzamt der Bildungseinrichtung zurückfordern. Stattdessen kann der Leistungsempfänger in der Regel nur eine zivilrechtliche Klage auf Rückzahlung der entrichteten Umsatzsteuer gegen die Bildungseinrichtung erheben. Für den Sonderfall eines direkten Anspruchs des Leistungsempfängers gegen das Finanzamt der Bildungseinrichtung vgl.: EuGH, Urteil v. 15.3.2007, C-35/05, *Reemtsma Cigarettenfabriken* GmbH, UR 2007, 343; *Burgmaier*, UR 2007, 343, 348; *Korn* in: Bunjes/Geist, UStG, § 14c, Rz. 32.

40 Die Begriffe Mehrwertsteuer und Umsatzsteuer sind inhaltsgleich. *Lohse*, DStR 2011, 1740, 1741.

- Wer ist in diesem Zusammenhang umsatzsteuerlicher Unternehmer bzw. Steuerpflichtiger?
- Erfordert eine nationale oder unionsrechtliche Vorschrift - zwingend oder optional - die Weiterbildungsleistung von der Umsatzsteuer zu befreien?
- Stimmen die nationalen Umsatzsteuerbefreiungen mit den gemeinschaftsrechtlichen Vorgaben der MwStSystRL überein oder sind Anpassungen durch den nationalen Gesetzgeber (zwingend oder optional) vorzunehmen? Falls Anpassungen der innerstaatlichen Normen u.a. aus Gründen der Rechtsklarheit und Rechtssicherheit unumgänglich sind, wird ein Formulierungsvorschlag entwickelt.
- Wie sind die verschiedenen Leistungen, die im Rahmen einer Bildungsmaßnahme regelmäßig als Leistungsbündel angeboten werden, umsatzsteuerrechtlich zu behandeln?

II. Untersuchungsbedarf

Die Grundlagen der Besteuerung der öffentlichen Hand und der gemeinnützigen Körperschaften wurden in der einschlägigen Literatur mehrfach erörtert.[41] Eine umfassende Analyse der umsatzsteuerlichen Aspekte von Kooperationen unter Beteiligung von juristischen Personen des öffentlichen Rechts und von steuerbegünstigten Körperschaften fand bisher noch nicht statt.

Die bislang erfolgten Analysen der umsatzsteuerlichen Aspekte beschränken sich auf grundlegende Fragestellungen, wie bspw. die Unternehmereigenschaft der öffentlichen Hand oder einer gemeinnützigen Körperschaft.[42] Ferner wurden

---

41 Hinsichtlich der Besteuerung von gemeinnützigen Einrichtungen vgl. *Herbert*, Der wirtschaftliche Geschäftsbetrieb, 1988; *Hüttemann*, Wirtschaftliche Betätigung und steuerliche Gemeinnützigkeit, 1991; *Fritz*, Aufnahme, Strukturwandel und Beendigung wirtschaftlicher Tätigkeiten, 2003. Bezüglich den grundlegenden Prinzipien der Besteuerung der öffentlichen Hand vgl. *König*, Subjektive Steuerpflicht der BgA, 1958; Ramme, BgA von Körperschaften des öffentlichen Rechts, 1970; *Kugel*, Öffentliche Betriebe, 1989; *Bader*, Hoheitsbetrieb und Betrieb gewerblicher Art, 1997; *Siegel*, Begriff des "Betriebs gewerblicher Art", 1999; *Landwehr*, Betriebe gewerblicher Art von jPdöR, 2000; *Gastl*, BgA im Körperschaftsteuerrecht, 2002; *Hüttemann*, Besteuerung der öffentlichen Hand, 2002; *Häck*, öffentliche Hand, 2004; *Heidler*, Besteuerung v. jPdöR, 2007.

42 Hinsichtlich der Unternehmereigenschaft der öffentlichen Hand vgl. grundlegend anstelle vieler *Küffner*, Umsatzsteuerliche Behandlung von jPdöR im Lichte der 6. EG-Richtlinie, 2001. Aktuelle Entwicklungen werden vor dem Hintergrund des EuGH-Urteils vom 04.06.2009, C-102/08, *Salix*, diskutiert von: *Hüllmann*, UStB 2009, 46, 46ff.; *Küffner*, UR 2009, 491; *Sterzinger*, UR 2009, 37, 37ff.; *Widmann*, UR 2009, 493

mögliche Umsatzsteuerbefreiungen oder auch der Übergang der Steuerschuldnerschaft auf den Leistungsempfänger[43] für ein nicht kooperatives Angebot von Bildungsleistungen durch die öffentliche Hand[44] oder alternativ durch eine gemeinnützige Körperschaft[45] untersucht.

III. Untersuchungsziel

Vor dem Hintergrund der o.g. Tendenzen und Problemstellungen gilt es die unterschiedlichen umsatzsteuerrechtlichen Implikationen der möglichen Kooperationen und verschiedenen (Weiter-) Bildungsleistungen im Rahmen dieser Arbeit sorgfältig zu untersuchen. Basierend auf einer systematischen Analyse der Steuerwirkungen der möglichen Erscheinungsformen einer Zusammenarbeit auf dem Weiterbildungsmarkt - unter Berücksichtigung der weiteren für die steuerliche Analyse bedeutsamen Parameter - arbeitet die Untersuchung Chancen und Risiken möglicher Kooperationsvarianten heraus. Sie zielt darauf ab, die betroffenen Institutionen zu sensibilisieren und steueroptimale, rechtssichere Handlungsalternativen bzw. Gestaltungsmöglichkeiten aufzuzeigen. Ferner werden die einschlägigen nationalen und supranationalen Vorgaben zur Umsatzbesteuerung von Weiterbildungsleistungen unter Berücksichtigung der Erscheinungs-

---

Für die Unternehmereigenschaft von gemeinnützigen Körperschaften vgl. *Buchna/Seeger/Brox*, Gemeinnützigkeit im Steuerrecht, 2010, 571ff.; *Kaufmann/Schmitz-Herscheidt*, Stiftung&Sponsoring Rote Seiten 2009, 1/2009, 1; *Weimann*, UStB 2009, 292, 292f.

43 Zur umsatzsteuerlichen Problematik des Übergangs der Steuerschuldnerschaft auf den Leistungsempfänger nach § 13b UStG bei Vorträgen von Gastdozenten an staatlichen Hochschulen, vgl. *Becker/Kretzschmann*, UR 2007, 873, 873ff.; *Hundsdoerfer/Sielaff*, UR 2009, 145, 145ff. Zur Auslegung des gemeinschaftsrechtlichen Begriffs der „Ansässigkeit" des Steuerpflichtigen vgl. den Vorlagebeschluss des BFH, Beschluss v. 30.6.2010, XI R 5/08, BFH/NV 2010, 1955 und das Urteil des EuGH, Urteil v. 6.10.2011, C-421/10, *Stoppelkamp*, beck-online , BeckRS 2011, 81434, sowie Art. 10 – 41 der Durchführungsverordnung (EU) Nr. 282/2011 v. 15.3.2011, zur Festlegung von Durchführungsvorschriften zur Richtlinie 2006/112/EG über das gemeinsame Mehrwertsteuersystem.

44 Bspw. die Zuordnung dieser Tätigkeit zur hoheitlichen Sphäre oder zu einem Betrieb gewerblicher Art hinsichtlich der Umsatzsteuerbarkeit und möglichen Anwendung der Befreiung des § 4 Nr. 22 a) UStG bei Hochschulen, vgl. *Strahl*, FR 1998, 761, 766.

45 *Engelsing/Latsch*, NWB 2006, 7, 6715, 6715ff. Vgl. zudem *Baur*, Gemeinnützigkeitsrecht i.S.d. 6. EG-Richtlinie, 2005; *Jacobs*, Umsatzsteuer und Gemeinnützigkeit, 2009. Beide haben die nationalen Umsatzsteuernormen, die auf die Gemeinnützigkeit gem. §§ 51 - 68 AO als Tatbestandsmerkmal abstellen, im Lichte der unionsrechtlichen Vorgaben der MwStSystRL analysiert.

formen der Zusammenarbeit beleuchtet und Normempfehlungen an den nationalen und europäischen Gesetzgeber entwickelt.

Die Arbeit legt den Fokus auf die umsatzsteuerlichen Implikationen von Kooperationen im Weiterbildungssegment unter Beteiligung von juristischen Personen des öffentlichen Rechts, gemeinnützigen Körperschaften und erwerbswirtschaftlichen Unternehmen. Wobei letztere mit Gewinnerzielungsabsicht und eigennütziger Gewinnverwendungsabsicht tätig werden. Die Zusammenarbeit zwischen ausschließlich gewinnorientierten Unternehmen wird nicht beleuchtet. Dasselbe gilt für Kooperationen unter Beteiligung von natürlichen Personen. Wie bereits erwähnt, beschränkt sich die Analyse auf die rein umsatzsteuerrechtlichen Aspekte einer Zusammenarbeit im Weiterbildungsmarkt. Infolgedessen werden andere Steuerarten (z.B. die KSt oder die GewSt) oder außersteuerliche Gesichtspunkte nur dann behandelt, falls diese für den Fortgang der Untersuchung und für das Untersuchungsziel von besonderer Relevanz sind.

Des Weiteren ist die vollständige Erfassung jeglicher Ausprägungsformen von Kooperationen im Weiterbildungsbereich nicht Ziel der Untersuchung. Die Analyse unterscheidet vielmehr grundlegend zwischen der Zusammenarbeit im Rahmen eines Non-Equity Joint Ventures und eines Equity Joint Ventures. Dabei kommen nur öffentlich-rechtliche und privatrechtliche Organisationsformen nach der deutschen Rechtsordnung in Betracht, alternative Rechtsformen nach anderen Rechtsordnungen bleiben außen vor.[46] Im Bereich des Non-Equity Joint Ventures legt die Untersuchung den Schwerpunkt auf die BGB-Innengesellschaft. Als Zusammenarbeit in einem weiten Sinne streift die Arbeit dabei auch kurz die Leistungsaustauschbeziehungen zwischen juristischen Personen des öffentlichen Rechts, d.h. die Fragestellungen der Amtshilfe bzw. Beistandsleistung. Hinsichtlich des institutionellen Rahmens der Zusammenarbeit im Rahmen eines Equity Joint Ventures differenziert die vorliegende Arbeit zwischen privatrechtlicher und öffentlich-rechtlicher Rechtsform des selbstständigen Gemeinschaftsunternehmens. Eine detailliertere Auseinandersetzung mit sämtlichen einzelnen Gesellschaftsrechtsformen ist vor dem Hintergrund der Rechtsformneutralität der Mehrwertbesteuerung entbehrlich.

Ein vollständiger Miteinbezug aller Weiterbildungsleistungen in die Analyse würde den Rahmen der Arbeit sprengen. Aus diesem Grunde werden drei stili-

---

46 Beispielhaft können diesbezüglich aufgezählt werden die Limited nach englischem Recht, die Société à Responsabilité Limitée nach französischem Recht oder die niederländische Naamloze Vennootschap. Ebenfalls nicht Gegenstand der Untersuchung sind die Rechtsformen des europäischen Gesellschaftsrechts (Europäische Wirtschaftliche Interessenvereinigung, Europäische Aktiengesellschaft, Europäische Genossenschaft oder der Europäische Verbund für territoriale Zusammenarbeit).

sierte Weiterbildungsleistungen bzw. Lehr-/Unterrichtstätigkeiten in der Untersuchung betrachtet: ein postgradualer Weiterbildungsstudiengang, der mit einem akademischen Grad abschließt, eine berufliche Weiterbildungsmaßnahme, die den Teilnehmern Kenntnisse und Fähigkeiten für ihre weitere Berufsausübung vermittelt, und eine allgemeinbildende Weiterbildungsmaßnahme, die auf die Freizeitgestaltung der Teilnehmer abzielt (bspw. ein Töpferkurs oder der Besuch eines - nicht beruflich veranlassten - Fremdsprachenkurses).

IV. Gang der Untersuchung

Einleitend beleuchtet die Arbeit den Weiterbildungsmarkt. Dabei werden dessen Bedeutung erörtert und die Bildungseinrichtungen nebst den vielfältigen Weiterbildungsleistungen (und deren Zuordnung zu den steuerlichen Sphären der Bildungseinrichtungen) kategorisiert. Flankierend dazu werden grundlegend die Begriffe und rechtlichen Ausprägungsformen von Kooperationen behandelt. In diesem Zusammenhang widmet sich die Arbeit u.a. den Fragestellungen der Beistandsleistung (bei Kooperation zwischen juristischen Personen des öffentlichen Rechts) und dem Kriterium der Unmittelbarkeit (bei Kooperationen zwischen steuerbegünstigten Körperschaften).

Im Kern der Arbeit werden die umsatzsteuerlichen Chancen und Risiken von Kooperationen im Weiterbildungsmarkt beleuchtet. Einführend sind die Vorgaben des Gemeinschaftsrechts und des nationalen Umsatzsteuerrechts zu diskutieren und in das Spannungsfeld der Rechtsprechung der nationalen Gerichte und des Europäischen Gerichtshofs zu setzen. In diesem Zusammenhang sind stets der dem (europäischen) Umsatzsteuersystem innewohnende Verbrauchsteuergedanke[47] und die sich aus dem Ziel der Schaffung eines europäi-

47 Der Verbrauchsteuergedanke wurde gemeinschaftsrechtlich bereits grundlegend in Art. 2 der Ersten Richtlinie 67/227/EWG vom 11.04.1967 kodifiziert. Die Mehrwertsteuersystem-Richtlinie 2006/112/EG vom 28.11.2006 (MwStSystRL) hat ihn unverändert übernommen (siehe auch 2. Erwägungsgrund der MwStSystRL). Der Verbrauchsteuercharakter findet sich als primäre Zielsetzung in Art. 1 Abs. 2 der MwStSystRL wieder. Die höchstrichterliche Rechtsprechung erkennt das Ziel der mehrwertsteuerlichen Belastung des Endverbrauchers, d.h. des Nichtsteuerpflichtigen oder des Steuerpflichtigen, der nicht als solcher handelt, uneingeschränkt an und orientiert daran die (teleologische) Auslegung des europäischen Mehrwertsteuerrichtliniensystems. *Reiß*, Die harmonisierte Umsatzsteuer, in: Seer, DStJG Band 32, 2009, 9, 11, dortige Fußnote 6. Bezüglich den Nachweisen der Rechtsprechung des EuGH und des BFH sowie umfangreichen Verweisen auf das Schrifttum hinsichtlich des Verbrauchsteuercharakters vgl. *Reiß*, Die harmonisierte Umsatzsteuer, in: Seer, DStJG Band 32, 2009, 9, 11, dortige Fußnote 6. Das gemeinschaftsrechtliche Mehrwertsteuersystem besteuert im

schen Binnenmarktes ableitende Wettbewerbsneutralität[48] zu beachten. Aus der Steuerbarkeit bzw. der Steuerbefreiung oder Steuerpflicht der Bildungs-/Unterrichtsleistungen lässt sich die Steuerbelastung ableiten, die als Grundlage für eine rechtssichere Ausgestaltung der Sachverhalte, i.S. einer Steuerplanung, dient.[49] Demgemäß sind die umsatzsteuerrechtlichen Aspekte der Kooperationen - in Abhängigkeit der Kombination der möglichen Kooperationspartner und der angebotenen Weiterbildungsleistung - zu untersuchen. Die normative Analyse relevanter umsatzsteuerlicher Regelungen bildet in Verbindung mit Hinweisen an den nationalen Gesetzgeber für eine unionskonforme Ausgestaltung bestimmter Befreiungsvorschriften den Schlusspunkt der Arbeit.

Grundgedanken nur die Konsumausgaben, während die Tätigkeiten der Herstellung, Produktion und Verteilung der Güter und Dienstleistungen durch das Institut des Vorsteuerabzugs nicht mit Mehrwertsteuer belastet werden. *Copenhagen Economics/KPMG AG*: Mehrwertsteuer im öffentlichen Sektor und Mehrwertsteuerbefreiungen im öffentlichen Interesse - Abschlussbericht für Taxud/2009/DE/316, 5.

48 Die mit der Errichtung des Binnenmarktes untrennbar verknüpfte Forderung der wettbewerbsneutralen Ausgestaltung der Umsatzsteuer spiegelt sich insbesondere in dem 4. und 7. Erwägungsgrund der MwStSystRL wieder.

49 Die Steuerplanung stellt eine der drei Kernaufgaben der Betriebswirtschaftlichen Steuerlehre dar. Die weiteren Aufgabengebiete sind die Steuerbelastungsmessung und Analyse von Steuerpflichten, Bemessungsgrundlagen, Tarifen und Verfahren und die normative Analyse mit zielgerichteten Politikhinweisen. Die Betriebswirtschaftliche Steuerlehre widmet sich als eine Teildisziplin der Allgemeinen Betriebswirtschaftslehre dem Einfluss der steuerrechtlichen Rahmenbedingungen auf die betrieblichen Entscheidungsprozesse. *Wöhe*, Aufgaben der BWL Steuerlehre und Postulat der Wertefreiheit, in: Fischer, FS Scherpf, 1983, 5, 8; *Marx*, SteuerStud 2009, 521, 523f. Die Grundlagen der Steuerplanung werden vor allem von den unabhängigen Gewalten der Exekutive, Legislative und Judikative determiniert und sind infolgedessen: die Verwaltungsvorschriften, die Steuergesetze und die höchstrichterliche Rechtsprechung. Eng verzahnt mit der Steuerplanung ist die Steuergestaltung, die auf eine Minimierung der Steuerbelastung abzielt. *Hey*, Steuerplanungssicherheit, 2002, 8ff.

B. Grundlagen der kooperativen Zusammenarbeit im Weiterbildungsmarkt

I. Weiterbildung

1. Terminologische Grundlagen

Der Weiterbildungsmarkt wird stets als ein Segment des Bildungssystems der Bundesrepublik Deutschland dargestellt. In Abhängigkeit der individuellen Begabungen gliedert sich das Bildungssystem für jeden Staatsbürger chronologisch in die folgenden Abschnitte: Elementar-, Primar-, Sekundar- und tertiärer Bereich sowie den Bereich der Weiterbildung.[50] Die Weiterbildung bildet abschließend die oberste Stufe des Bildungswesens und stellt demgemäß den letzten Abschnitt des lebenslangen Bildungsprozesses, des lebenslangen Lernens,[51] dar.[52]

In Deutschland existiert kein einheitliches und zusammenhängendes „Weiterbildungsrecht". Auf Bundes- und Länderebene bestehen Regelungen und unterschiedliche Zuständigkeiten, die sich auf die Unterteilung in allgemeine, berufliche und politische Weiterbildung stützen.[53] Für den überwiegenden Teil des

---

50 Dem Elementarbereich sind die Kindergärten und dem Primarbereich die Grundschulen zuzuordnen. Der sekundäre Bereich umfasst die weiterführenden Schulen. Davon abzugrenzen sind: der tertiäre Bereich der Hochschulen und der sonstigen Einrichtungen mit berufsqualifizierenden Studiengängen für Absolventen des Sekundarbereichs sowie der Bereich der Weiterbildung. *KMK*, Bildungswesen 2007, 2008, 33ff.; *OECD*, Wirtschaftsbericht Deutschland, 2008, 130. Diese Aufgliederung des Bildungswesens wurde bereits 1970 vom Deutschen Bildungsrat und 1973 von der Bund-Länder-Kommission vorgenommen. *Deutscher Bildungsrat*, Empfehlungen der Bildungskommission, 1970, 98; *Bund-Länder-Kommission für Bildungsplanung*, Bildungsgesamtplan, 1973, 9ff. A.A. die Autorengruppe Bildungsberichterstattung, die den Weiterbildungssektor als Teilbereich des tertiären Sektors abbildet. *Autorengruppe Bildungsberichterstattung*, Bildung in Deutschland 2008, 2008, 28; *Autorengruppe Bildungsberichterstattung*, Bildung in Deutschland 2010, 2010, X.

51 Die deutsche Übersetzung des angelsächsischen Begriffs „Lifelong Learning" könnte infolge der Terminologie „lebenslang" negative Assoziationen erwecken. Alternative Umschreibungen sind das lebensbegleitende Lernen oder auch die lebensentfaltenden Bildung. *Faulstich*, Weiterbildung, 2003, 15; *Dewe/Weber*, Wissensgesellschaft und Lebenslanges Lernen, 2007, 58.

52 *Scheuplein* in: Reimann/Reimann, Weiterbildung, 1977, 19, 19.

53 Inhaltlich kann Weiterbildung in allgemeine, berufliche und politische Weiterbildung unterteilt werden. *Bund-Länder-Kommission für Bildungsplanung*, Bildungsgesamtplan, 1973, 59; *KMK*, Bildungswesen 2007, 2008, 37. Auf der Bundesebene finden sich hauptsächlich arbeits- oder sozialrechtliche Vorschriften bezüglich der Weiterbildung.

Bildungswesens und der Kulturpolitik weist das Grundgesetz den Bundesländern die Gesetzgebungsbefugnis zu.[54] Relevante Gesetze für den Bereich der Weiterbildung sind auf Bundesebene das SGB III, welches u.a. Leistungen und Maßnahmen zur Arbeitsförderung durch die Bundesagentur für Arbeit normiert, und auf Landesebene die einzelnen Weiterbildungsgesetze der Bundesländer. Diese normieren landesspezifisch u.a. Aufgabenstellung und Einordnung der Weiterbildung, Stellung und Anerkennung sowie Förderbedingungen von Trägern bzw. Einrichtungen.[55]

Die ertrag- und umsatzsteuerrechtliche Analyse von Weiterbildungsleistungen basiert jedoch auf den bundesrechtlichen Steuergesetzen. Lediglich für die steuerrechtliche Beurteilung eines Weiterbildungsangebots durch die öffentliche Hand kann das landesrechtliche Weiterbildungsgesetz erste Anhaltspunkte liefern. Das Weiterbildungsgesetz gibt Aufschluss darüber, welche (Weiterbildungs-) Aufgaben in dem entsprechenden Bundesland der öffentlichen Hand ausschließlich zugewiesen und ggfs. (soweit ein öffentlich-rechtlicher Benutzungszwang besteht) vorbehalten sind.[56] Für eine abschließende umsatzsteuerrechtliche Beurteilung von Weiterbildungsleistungen der öffentlichen Hand sind jedoch weitere Faktoren zu beachten.

Trotz unzähliger Analysen und Statistiken ist eine abschließende und allgemeingültige Definition des Begriffs der Weiterbildung schwierig.[57] Entsprechend der Einordnung im Bildungssystem kann die Weiterbildung als „Fortsetzung oder Wiederaufnahme organisierten Lernens nach Abschluss einer unterschiedlich ausgedehnten ersten Bildungsphase“ definiert werden.[58] Infolgedes-

---

54 Den Bundesländern obliegt die so genannte Kulturhoheit. Die Kompetenzen, die dem Bund im Bildungswesen zustehen, wurden im Rahmen der Föderalismusreform des Jahres 2006 im Grundgesetz verankert. Dem Bund verbleiben demnach insbesondere die Kompetenzen der außerschulischen beruflichen Weiterbildung, die Entwicklung neuer Ansätze der Weiterbildung durch Modellvorhaben, Teile der politischen Weiterbildung sowie Fragen der Statistik der Weiterbildung. *KMK*, Bildungswesen 2007, 2008, 21, 32f. und 193f.

55 Für eine vergleichende Übersicht der landesspezifischen Rechtsgrundlagen und Regelungsbereiche vgl. *Faulstich/Vespermann*, Weiterbildung in den Bundesländern, 2002, 23ff.

56 *Baldauf*, DStZ 2011, 35, 42.

57 *Kuwan/Bilger/Gnahs u.a.*, Berichtssystem Weiterbildung IX, 2006, 12.

58 *Deutscher Bildungsrat*, Empfehlungen der Bildungskommission, 1970, 197. *Bund-Länder-Kommission für Bildungsplanung*, Bildungsgesamtplan, 1973, 11; *Herzig*, Steuerberateraus- und -fortbildung, 2008, 17. Vor dem Hintergrund des Konzeptes des lebenslangen Lernens und der sich verstärkenden Verzahnung von (Erst-) Ausbildungsangeboten und Weiterbildungsprodukten scheint diese Definition jedoch revisionsbedürftig. Weiterbildung ist vielmehr jede Kompetenzentwicklung durch Lernen - unab-

sen beginnt die Weiterbildungsphase mit dem Zeitpunkt des Abschlusses der ersten Ausbildung bzw. dem Eintritt in das Erwerbsleben.[59]

Falls die Weiterbildungsmaßnahme von einer Hochschule getragen und durchgeführt wird, hat sich dafür der Begriff der wissenschaftlichen Weiterbildung etabliert.[60] Je nach Philosophie der Hochschule erfolgt die Organisation und Durchführung der universitären Weiterbildungsleistung in dezentraler Verantwortung durch die jeweilige wissenschaftliche Einrichtung, d.h. durch das einzelne Institut oder Seminar, oder gebündelt durch eine zentrale Hochschuleinrichtung. Mit der Novellierung des HRG im Jahr 1998 wurde die Weiterbildung den Kernaufgaben der Hochschulen zugeordnet (nach § 2 Abs. 1 HRG). Universitäre Weiterbildungsangebote umfassen postgraduale Studiengänge und in anderer Weise angebotene Maßnahmen der Fort- und Weiterbildung.[61]

2. Weiterbildungsmarkt und Marktvolumen

Der Weiterbildungsmarkt ist gekennzeichnet durch Pluralismus verschiedenster Träger und Einrichtungen. Öffentlich-rechtliche und privatrechtliche[62] Bildungsinstitutionen konkurrieren mit vielfältigen - teilweise gleichartigen - Bildungsleistungen auf dem wirtschaftlich organisierten Weiterbildungsmarkt.[63] Die Konkurrenzsituation zwingt die Bildungseinrichtungen zu einer nachfrageorientierten Angebotspolitik.

---

hängig von der „Organisation" - nach einer ersten Bildungsphase. *Dohmen*, Das lebenslange Lernen, 1996, 85.

59 *Knust*, Geschäftsmodelle der wissenschaftlichen Weiterbildung, 2006, 23. Das kurzfristige Anlernen oder Einarbeiten an dem Arbeitsplatz ist allerdings noch nicht dem Weiterbildungssektor zuzuordnen. *Deutscher Bildungsrat*, Empfehlungen der Bildungskommission, 1970, 197.

60 *Knust*, Geschäftsmodelle der wissenschaftlichen Weiterbildung, 2006, 23. Vor dem Hintergrund des gesellschaftlich zwingend erforderlichen Lifelong Learnings und in Annäherung an das internationale Begriffsverständnis regen Hanft/Knust an, die Begriffe Hochschulweiterbildung oder lebenslanges Lernen an Hochschulen zu verwenden. *Hanft/Knust* in: Hanft/Knust, Weiterbildung in Hochschulen, 2007, 7, 8.

61 BT-Drs. 13/8796, Gesetzentwurf der Bundesregierung, Entwurf eines Vierten Gesetzes zur Änderung des Hochschulrahmengesetzes, 14. Zur Differenzierung der universitären Weiterbildungsangebote in Baden-Württemberg vgl. die Ausführungen in Fußnote 187.

62 Weitergehend können die privatrechtlichen Anbieter nochmals differenziert werden in Bildungseinrichtungen, die gemeinnützige Zwecke verfolgen, und in gewinnmaximierende Dritte.

63 *KMK*, Bildungswesen 2007, 2008, 37.

Wie bereits geschildert, mangelt es an einer verlässlichen und umfassenden Statistik des Weiterbildungsmarktes.[64] Weder die anbietenden Einrichtungen/Träger noch die gesamtwirtschaftlich getätigten Ausgaben bzw. die Umsatzvolumina einzelner Bildungsmaßnahmen können exakt beziffert werden.[65] Folglich kann die ökonomische Relevanz des Weiterbildungsmarktes nur näherungsweise quantifiziert werden. Als Grundlage vermag bspw. der jährliche Bildungsfinanzbericht des Statistischen Bundesamtes zu dienen.[66] Dieser bildet die öffentlichen und privaten Ausgaben des gesamten Bildungsprozesses[67] - nicht nur der Weiterbildung - und die Ausgaben für Forschung und Wissenschaft ab.

---

64 Regelmäßig fokussieren Analysen nur auf ausgewählte Bereiche des Weiterbildungsmarktes. So z.B. die Marktstichprobe großer Weiterbildungsanbieter der Lünendonk GmbH aus dem Jahr 2008. Im Rahmen dieser Stichprobe wurden 80 deutsche Unternehmen ausgewertet, deren Leistungsportfolio berufliche Weiterbildungsangebote enthält. Ausschnitte der Untersuchung konnten kostenfrei auf der Website eingesehen werden. Von den auszugsweise dargestellten 19 Unternehmen, u.a. Euroforum Deutschland, ILS GmbH, Telekom Training und die SRH Holding, waren die Weiterbildungsumsätze der Jahre 2006 und 2007 abgebildet. Insgesamt hatten die 19 genannten Weiterbildungsanbieter im Jahr 2007 ein Gesamtumsatzvolumen i.H.v. 3,5 Mrd. € zu verzeichnen. Vgl. http://www.luenendonk.de/weiterbildung.php, abgerufen am 17.01.2011. Nach Angaben des Handelsblattes sollen die privaten Seminaranbieter auf dem Weiterbildungsmarkt jährlich ca. 3,2 Mrd. € umsetzen. *Handelsblatt* v. 17.06.2008.

65 Aktuell existiert keine Trägerstatistik im Weiterbildungsbereich. Das Statistische Bundesamt plant diese Lücke zu schließen und will voraussichtlich im Jahr 2012 eine Piloterhebung durchführen. *Hetmeier/Buschle/Baumann u.a.*, Bildungsfinanzbericht 2010, 2010, 24.

66 Flankierend veröffentlicht das Statistische Bundesamt jährlich weiterführendes Zahlenmaterial in der Reihe „Weiterbildung“. Die Daten informieren in kompakter Form u.a. über die berufliche Weiterbildung von Erwerbspersonen, das Weiterbildungsangebot der Unternehmen und die Fortbildungsprüfungen der Wirtschaftsorganisationen. Neu hinzugekommen sind die Daten über die Förderung nach dem Aufstiegsfortbildungsförderungsgesetz (AFBG) und die Weiterbildungsbeteiligung in Deutschland. Danach beteiligen sich im Jahr 2007 43 % der Bevölkerung an nicht-formaler Weiterbildung (bspw. Kurse, Vorträge, Seminare oder angeleitete Ausbildung am Arbeitsplatz) und 52 % an informellem Lernen (lesen von Büchern, Fachzeitschriften, Radio- und Fernsehsendungen u.ä.). Zur formalen Weiterbildung, d.h. anerkannte Abschlüsse von Lernaktivitäten im regulären Schul- und Hochschulwesen, finden sich keine Angaben. *Statistisches Bundesamt*, Weiterbildung - Ausgabe 2009, 13.

67 Es werden u.a. (soweit möglich) private Ausgaben für Lehrbücher und Nachhilfeunterricht sowie unterrichtsbezogene Ausgaben, wie bspw. (Gehalts-) Zahlungen der Lehrkräfte, Lehr- und Lernmittel, Heizung und Reinigung, berücksichtigt.

Nach dem jüngsten Bildungsfinanzbericht wurden im Jahr 2007 für die betriebliche Weiterbildung 8,3 Mrd. €[68] und für die Teilnehmerförderung 0,8 Mrd. € ausgegeben.[69] Ferner wurden laut Bildungsfinanzbericht 2009 und 2010 2,0 Mrd. € an öffentlichen Ausgaben in die Förderung der Weiterbildung, der Volkshochschulen und anderer Einrichtungen der Weiterbildung, der Einrichtungen der Lehreraus- und -fortbildung sowie der Berufsakademien investiert.[70] Ergänzend sind die Ausgaben des Bundesministeriums für Arbeit und Soziales und der Bundesagentur für Arbeit - für individuelle und institutionelle Förderungsprogramme - sowie die geleisteten Zuschüsse aus öffentlichen Kassen an die privaten und öffentlich-rechtlichen (Träger der) Bildungseinrichtungen miteinzubeziehen.[71] Unberücksichtigt bleibt dagegen die Förderung unternehmerischer und privater Bildungsausgaben durch Steuermindereinnahmen, d.h. aus der (teilweisen) Abzugsfähigkeit der Bildungsaufwendungen als Betriebsausgaben bzw. Werbungskosten oder Sonderausgaben bei den jeweiligen Steuererklärungen. Die Ausgaben im Zusammenhang mit der wissenschaftlichen Weiterbildung durch Hochschulen bzw. universitätsnahe Einrichtungen können ebenfalls nicht explizit beziffert werden.

In realiter dürfte das tatsächliche Volumen des Marktes für Weiterbildung die genannten 11 Mrd. € bei weitem übersteigen. Der Expertenrat (im Rahmen des Qualitätspakts) Nordrhein-Westfalen schätzte das Marktvolumen anfangs des 21. Jahrhunderts bereits auf 25 Mrd. €.[72]

---

68 Nach der Studie des Stifterverbandes für die Deutsche Wissenschaft in Kooperation mit McKinsey & Company hatte die betriebliche Weiterbildung im Jahr 2007 bereits ein Volumen von 10,7 Mrd. €. *Frank/Hieronimus/Killius u.a.*, Rolle und Zukunft privater Hochschulen in Deutschland, 2010, 14.

69 *Hetmeier/Buschle/Baumann u.a.*, Bildungsfinanzbericht 2010, 2010, 18. Im Jahr 2006 wurden entsprechend ausgegeben: betriebliche Weiterbildung 8,0 Mrd. € und Teilnehmerförderung 0,9 Mrd. €. *Hetmeier/Schmidt/Baumann u.a.*, Bildungsfinanzbericht 2009, 2009, 20.

70 Für diesen Bereich sind die öffentlichen Aufwendungen in den Jahren 2006 und 2007 deckungsgleich geblieben. *Hetmeier/Buschle/Baumann u.a.*, Bildungsfinanzbericht 2010, 2010, 54 und *Hetmeier/Schmidt/Baumann u.a.*, Bildungsfinanzbericht 2009, 2009, 58.

71 Die Bundesagentur für Arbeit und das Bundesministerium für Arbeit und Soziales investierten in die Weiterbildung rund 3,5 Mrd. € im Jahr 2009 bzw. 2,7 Mrd. € im Jahr 2008. *Hetmeier/Buschle/Baumann u.a.*, Bildungsfinanzbericht 2010, 2010, 55 und *Hetmeier/Schmidt/Baumann u.a.*, Bildungsfinanzbericht 2009, 2009, 60.

72 Expertenrat Nordrhein-Westfalen im Rahmen des Qualitätspaktes, Abschlussbericht v. 20.02.2001, http://www.verwaltung.uni-wuppertal.de/misc/ExpertenratAllgemein.pdf, abgerufen am 24.01.2012, 138f.

3. Weiterbildungsanbieter/-einrichtungen

Der Weiterbildungsmarkt zeichnet sich durch eine heterogene, öffentlich-rechtliche und privatrechtliche Anbieter-/Trägerstruktur aus.[73] Die Vielfalt ist insbesondere darauf zurückzuführen, dass viele Berufsstände ihre berufsbezogenen Fortbildungen in Eigenregie organisieren, z.B. die Steuerberaterfortbildung durch die Steuerberaterkammern oder Fortbildungen für Ingenieure durch den Verein Deutscher Ingenieure (VDI).[74]

Anbieter auf dem Weiterbildungsmarkt sind bspw.: kommunale Einrichtungen - insbesondere Volkshochschulen[75], private Träger, Einrichtungen der Kirchen, der Gewerkschaften, der Kammern, der Parteien und Verbände (Berufsverbände), der Betriebe und der öffentlichen Verwaltungen, Elternschulen und Familienbildungsstätten, Akademien, staatliche Hochschulen bzw. staatlich anerkannte Privathochschulen[76] sowie Fernlehrinstitute.[77] Weiterbildungseinrich-

---

73 OFD Rheinland v. 22.1.2008, S 7149 - 1000 - St 435, UR 2008, 282.

74 *Frank/Hieronimus/Killius u.a.*, Rolle und Zukunft privater Hochschulen in Deutschland, 2010, 63.

75 Die Finanzverwaltung definiert die Volkshochschule als eine Einrichtung, die auf freiwilliger, überparteilicher und überkonfessioneller Grundlage Bildungsziele verfolgt. Abschn. 4.22.1 UStAE.

76 Im Jahr 2010 existierten in Deutschland 94 staatliche anerkannte Privathochschulen, überwiegend in der Rechtsform der GmbH. Knapp die Hälfte der staatlich anerkannten Privathochschulen sind steuerbegünstigte bzw. gemeinnützig tätige Körperschaften i.S.d. §§ 51-68 AO. *Bayer/Hoffmann*, AG 2010, R340, R340; *Frank/Hieronimus/Killius u.a.*, Rolle und Zukunft privater Hochschulen in Deutschland, 2010, 18 und 21. Die Hochschulrektorenkonferenz, ein freiwilliger Zusammenschluss staatlicher und staatlich anerkannter Hochschulen, bietet online eine Abfragemöglichkeit zur Trägerschaft ihrer Mitgliedshochschulen in den einzelnen Bundesländern. Die insgesamt 379 Mitgliedshochschulen teilen sich auf in 240 staatliche Hochschulen, 100 private, staatlich anerkannte Hochschulen und 39 kirchliche, staatlich anerkannte Hochschulen (Stand: 2.5.2011). http://www.hochschulkompass.de/hochschulen/statistik-hochschulen-nach.html, abgefragt am 2.5.2011. Prominente staatliche anerkannte Hochschulen in privater Trägerschaft sind z.B. die Handelshochschule Leipzig (Träger: Handelshochschule Leipzig gGmbH), die European Business School (EBS gGmbH), die Bucerius Law School Hochschule für Rechtswissenschaft gGmbH, die DEKRA Hochschule der DEKRA Akademie GmbH, die Deutsche Universität für Weiterbildung GmbH (DUW), die Frankfurt School of Finance & Management gGmbH, die Hertie School of Governance GmbH, die Zeppelin University oder auch die privaten Hochschulen des SRH-Konzerns, wie die SRH Hochschule Calw gGmbH. Vgl. zur Typologie und zur Landschaft privater Hochschulen in Deutschland *Frank/Hieronimus/Killius u.a.*, Rolle und Zukunft privater Hochschulen in Deutschland, 2010, 18ff.

tungen verfolgen unterschiedliche Interessen: erwerbswirtschaftliche (private Bildungsunternehmen), partikulare gesellschaftliche (z.B. kirchliche Bildungswerke), öffentliche (bspw. Volkshochschulen) oder organisatorische Interessen (z.B. Betriebe).[78] Demnach agieren die Einrichtungen in Abhängigkeit der Zielverfolgung und Rechtsform teils hoheitlich, gemeinnützig oder erwerbswirtschaftlich (mit Gewinnerzielungsabsicht bzw. Gewinnmaximierung und eigennütziger Gewinnverwendung).[79]

Eine verlässliche und umfassende Trägerstatistik existiert derzeit im Weiterbildungsbereich nicht. Das Statistische Bundesamt plant diese Lücke zu schließen und will voraussichtlich im Jahr 2012 eine Piloterhebung durchführen.[80] Ohne den Anspruch auf Vollständigkeit zu erheben, versucht das vom BMBF geförderte Projekt „Weiterbildungskataster" einen Überblick hinsichtlich der Weiterbildungsanbieter in Deutschland zu geben.[81] Es wurden mit Stand Juni 2008 insgesamt ca. 16.800 Anbieter ermittelt.[82] Die Anbietertypen schlüsseln sich demnach auf in 41,3 % private Bildungseinrichtungen und 23,5 % Volkshochschulen[83] mit deren Zweigstellen.[84] Dem Projektbericht zufolge sind 40 %

---

77 *KMK*, Bildungswesen 2007, 2008, 37. Übersichten der Anbieterstruktur sind einzusehen bei *Kuwan/Bilger/Gnahs u.a.*, Berichtssystem Weiterbildung IX, 2006, 283ff.; *Dietrich/Widany*, Weiterbildungseinrichtungen in Deutschland, http://www.die-bonn.de/doks/dietrich0701.pdf, 17.6.2008, abgerufen am 2.5.2011; *Dietrich/Schade/Behrensdorf*, Projekt Weiterbildungskataster, http://www.die-bonn.de/doks/dietrich0803.pdf, 2.6.2008, abgerufen am 2.5.2011.

78 *BMBF*, Leben und Lernen, 2008, 48.

79 *KMK*, Bildungswesen 2007, 2008, 59.

80 *Hetmeier/Buschle/Baumann u.a.*, Bildungsfinanzbericht 2010, 2010, 24.

81 *Dietrich/Schade/Behrensdorf*, Projekt Weiterbildungskataster, http://www.die-bonn.de/doks/dietrich0803.pdf, 2.6.2008, abgerufen am 2.5.2011.

82 Unter Einbezug der nicht im Projekt berücksichtigten Filialen erhöht sich die Anzahl der Weiterbildungsanbieter auf geschätzt 25.000. *Dietrich/Schade/Behrensdorf*, Projekt Weiterbildungskataster, http://www.die-bonn.de/doks/dietrich0803.pdf, 2.6.2008, 21 und 24, abgerufen am 2.5.2011. Die gemeinsame Studie des Stifterverbandes für die Deutsche Wissenschaft und McKinsey & Company geht gleichfalls von ca. 17.000 Weiterbildungsanbietern aus. *Frank/Hieronimus/Killius u.a.*, Rolle und Zukunft privater Hochschulen in Deutschland, 2010, 63.

83 Nach Angaben des Statistischen Bundesamtes waren im Jahr 2009 (2008) bundesweit ohne Zweigstellen 940 (957) Volkshochschulen registriert, die insgesamt knapp 569.341 (569.108) Kursveranstaltungen und 126.776 (81.385) Einzelveranstaltungen angeboten haben. *Statistisches Bundesamt*, Weiterbildung - Ausgabe 2010, 22 (*Statistisches Bundesamt*, Weiterbildung - Ausgabe 2009, 14). Nach der im Herbst 2011 online veröffentlichten Volkshochschul-Statistik des Deutschen Instituts für Erwachsenenbildung (DIE) befinden sich die 938 Volkshochschulen des Jahres 2010 zu 63,8 % in öffentlich-rechtlicher Trägerschaft von Gemeinden, Kreisen, Zweckverbänden. Des

der Anbieter auf einer gemeinnützigen Grundlage tätig, wobei sich dieser Prozentsatz auf eine Gesamtzahl von ca. 13.000 Anbieter bezieht.[85]

3.1 Juristische Personen des öffentlichen Rechts

Die klassischen Anbieter von (Weiter-) Bildungsleistungen sind juristische Personen des öffentlichen Rechts,[86] z.B. Hochschulen i.S.d. § 1 HRG[87], Industrie-

---

Weiteren sind die Rechtsträger von Hochschulen zu 32,3 % e.V. und zu 4,0 % GmbH bzw. sonstige private Träger. *Huntemann/Reichart*, Volkshochschul-Statistik, http://www.die-bonn.de/doks/2011-volkshochschule-statistik-01.pdf, 19.10.2011, 19.

84 Bei den weiteren Bildungseinrichtungen handelt es sich um Einrichtungen eines Vereins/Verbandes (7,5 %), um Bildungseinrichtungen von Arbeitgebern und Kammern (5,2 %). Bildungseinrichtungen von Hochschulen/Universitäten und Fachhochschulen werden lediglich mit 2,4 % aufgeführt. Der verbleibenden Anteil i.H.v. ca. 20 % verteilt sich auf Kleinanbieter. *Dietrich/Schade/Behrensdorf*, Projekt Weiterbildungskataster, http://www.die-bonn.de/doks/dietrich0803.pdf, 2.6.2008, 26, abgerufen am 2.5.2011.

85 Der Projektbericht kann online abgerufen werden. *Dietrich/Schade/Behrensdorf*, Projekt Weiterbildungskataster, http://www.die-bonn.de/doks/dietrich0803.pdf, 2.6.2008, abgerufen am 2.5.2011.

86 Die Gesamtheit der juristischen Personen des öffentlichen Rechts ist mit dem Begriff der öffentlichen Hand gleichzusetzen. Die öffentliche Hand umfasst als Kernkörperschaften die öffentlich-rechtlichen Gebietskörperschaften (Bund, Länder und Gemeinden). Juristische Personen des öffentlichen Rechts sind insbesondere zudem die öffentlich-rechtlichen Religionsgemeinschaften, Rundfunkanstalten des öffentlichen Rechts, Sozialversicherungsträger, Zweckverbände, Landwirtschafts-, Handwerks- sowie Industrie- und Handelskammern wie auch berufsständische Vereinigungen. R. 6 Abs. 1 KStR; *Kalbfleisch* in: Ernst & Young AG, KStG, § 1, Rz. 118.

87 Hochschulrahmengesetz, in der Fassung der Bekanntmachung v. 19.1.1999 (BGBl I 1999, 18), zuletzt geändert durch Artikel 2 des Gesetzes v. 12.4.2007 (BGBl I 2007, 506). Der Gesetzgeber hat gem. § 2 HRG die staatlichen Hochschulen zur Pflege und der Entwicklung der Wissenschaften und der Künste durch Forschung, Lehre, Studium und Weiterbildung verpflichtet. Trotz des gesetzlichen Auftrages fristen die Weiterbildungsangebote von Hochschulen jedoch - bislang - oftmals ein Schattendasein. ,*Wolter* in: DGWF e.V., Wissenschaftliche Weiterbildung im Hochschulraum Europa, 2006, 85, 86; *Hanft* in: Hanft/Simmel, Vermarktung von Hochschulweiterbildung, 2007, 45, 46; *Hanft/Teichler* in: Hanft/Knust, Weiterbildung in Hochschulen, 2007, 23, 24. Infolge des Bologna-Prozesses haben die Hochschulen zum Sommersemester 2010 bereits 81% ihrer traditionellen Studienangebote auf die gestufte Struktur der Bachelor- und Masterstudiengänge umgestellt. Vor diesem Hintergrund wurden von den Hochschulen flankierend zu den konsekutiven Masterstudiengängen auch verstärkt berufsbegleitende nicht-konsekutive, weiterbildende Masterstudiengänge angeboten. Nach Angaben der Hochschulrektorenkonferenz wurden bundesweit im Sommersemester 2010 in toto 506 Weiterbildungsstudiengänge angeboten. Im Wintersemester 2010/2011 wurden 559 weiterbildende Masterstudiengänge angeboten. In den genannten Zeiträumen beträgt

und Handelskammern sowie die Handwerkskammern oder Volkshochschulen in öffentlich-rechtlicher Trägerschaft[88]. Juristische Personen des öffentlichen Rechts üben in ihrem Kernbereich hoheitliche Aufgaben aus (Ausübung im Rahmen der öffentlichen Gewalt) und sind damit „grundsätzlich nicht steuerpflichtig“[89].[90] Hoheitliche Tätigkeiten erfolgen im Interesse der Allgemeinheit und unterliegen nicht der Gewinnerzielungsmaxime.[91] Flankierend kann die öffentliche Hand auch wirtschaftliche Tätigkeiten (i.S. einer nachhaltigen Tätig-

---

das Angebot weiterbildender Studiengänge lediglich 12% aller konsekutiven und nicht konsekutiven Masterstudienangebote. *Hochschulrektorenkonferenz*, Einführung von Bachelor- und Masterstudiengängen - Sommersemester 2010, 2010, 7 und 18; *Hochschulrektorenkonferenz*, Einführung von Bachelor- und Masterstudiengängen - Wintersemester 2010/2011, 2010, 18. Die Entwicklung nachfrageorientierter Weiterbildungsstudiengänge bietet einen hervorragenden Ansatzpunkt Kooperationen zwischen Hochschulen und Wirtschaft anzustoßen oder zu erweitern. Vgl. auch die Forderungen des Stifterverbands für die Deutsche Wissenschaft. *Stifterverband für die Deutsche Wissenschaft*, Innovationsfaktor Kooperation, 2007, 52ff.; *Frank/Hieronimus/Killius u.a.*, Rolle und Zukunft privater Hochschulen in Deutschland, 2010, 12f.

88 OFD Rheinland v. 22.1.2008, S 7149 - 1000 - St 435, UR 2008, 282; *Scharpenberg* in: Hartmann/Metzenmacher, UStG, § 2, Rz. 732, Volkshochschulen. Vorwiegend befindet sich die Volkshochschule in öffentlich-rechtlicher Trägerschaft, bspw. Gemeinden oder Zweckverbände, wobei sich der Zweckverband regelmäßig aus Städten oder Gemeinden zusammensetzt. Alternativ befinden sich die Volkshochschulen auch in privatrechtlicher Trägerschaft, bspw. der gemeinnützige Volkshochschule Freiburg e.V. Mitglieder des Vereins sind natürliche und juristische Personen, u.a. auch juristische Personen des öffentlichen Rechts wie die Stadt Freiburg und die Albert-Ludwigs-Universität Freiburg. Für eine aktuelle Übersicht der Rechtsträger von Hochschulen vgl. *Huntemann/Reichart*, Volkshochschul-Statistik, http://www.die-bonn.de/doks/2011-volkshochschule-statistik-01.pdf, 19.10.2011,19.

89 BFH, Urteil v. 25.1.2005, I R 63/03, BStBl. II 2005, 501, Gründe II. 2.; BFH, Urteil v. 29.10.2008, I R 51/07, DStR 2008, 2470, Rz. 8.

90 *Wallenhorst* in: Wallenhorst/Halaczinsky, Besteuerung gemeinnütziger Vereine, Stiftungen und der jPdöR, 454. Nach h.M. sind bspw. die Tätigkeiten der Forschung und Lehre von staatlichen Hochschulen (und deren Instituten) als Ausübung öffentlicher Gewalt und damit als hoheitlich anzusehen. RFH, Gutachten v. 2.7.1938, Gr. S. D 5/38, RStBl. 1938, 743; BFH, Urteil v. 13.4.1961, V 120/59 U, BStBl. III 1961, 298; BFH, Urteil v. 14.3.1990, I R 156/87, BStBl. II 1990, 866. Bayerisches Landesamt für Steuern, Verfügung v. 13.2.2008, S 7100-6034 M, DStR 2008, 619.

91 So verfolgen bspw. öffentlich-rechtliche Hochschulen klassischerweise keine erwerbswirtschaftlichen Zwecke und werden nicht mit Gewinnerzielungsabsicht tätig. *Erichsen*, Hochschulprivatisierung, 2000, 157, http://www.che.de/downloads/Gutachten.pdf, abgefragt am 26.01.2012; *Herberger* in: Haug, Hochschulrecht in Baden-Württemberg, Kapitel 2, Rz. 227; *Pawelek*, Wahrnehmung hoheitlicher Hochschulaufgaben durch private Weiterbildungseinrichtungen, 2009, 68.

keit zur Erzielung von Einnahmen) ausüben. Sie unterliegt bezüglich des Umfangs dieser wirtschaftlichen Betätigungen keinen steuerrechtlichen Beschränkungen - im Gegensatz zu den gemeinnützigen Körperschaften, für die die Berücksichtigung der sog. Geprägetheorie zu Zwistigkeiten mit der Finanzverwaltung führen kann.

3.1.1 Steuerliche Sphären

Die steuerliche Beurteilung von juristischen Personen des öffentlichen Rechts erfordert eine tätigkeitsbezogene Betrachtung. Grundsätzlich[92] sind die ausgeübten Tätigkeiten jeweils gesondert für sich zu betrachten und den verschiedenen (ertrag-) steuerlichen Sphären des Hoheitsbetriebs, der Vermögensverwaltung oder dem jeweiligen Betrieb gewerblicher Art bzw. dem einzelnen nach §§ 51-68 AO steuerbegünstigten Betrieb gewerblicher Art (Zweckbetrieb)[93] zuzuordnen.

Leitgedanke der Besteuerung der öffentlichen Hand ist die Wahrung der Wettbewerbsneutralität[94].[95] Infolgedessen begründet die öffentliche Hand mit

---

92 Vgl. zur tätigkeitsorientierten Beurteilung nach Ansicht der Finanzverwaltung: R. 6 Abs. 3 KStR.

93 Juristische Personen des öffentlichen Rechts können im Rahmen ihrer Betriebe gewerblicher Art steuerbegünstigte Zwecke verfolgen. AEAO Nr. 1 S. 2 zu § 51; *Hey*, StuW 2000, 467; *Seer/Wolsztynski*, Gemeinnützigkeit der öffentlichen Hand, 2002; *Hey* in: Tipke/Lang, Steuerrecht, § 20, Rz. 4; *Koenig* in: Pahlke/Koenig, AO, § 51, Rz. 15.

94 Die Wettbewerbsneutralität der Besteuerung ist verfassungsrechtlich geboten. *Klein*, StuW 1967, 658, 667; *Boetius*, DB 1996, Beilage 17, 1, 7; *Steffen*, BgA, 2001, 58. Das Postulat der Wettbewerbsneutralität bzw. der Gedanke der gleichmässigen steuerlichen Belastungen von miteinander konkurrierenden privaten und öffentlich-rechtlichen Betrieben findet sich in der Gesetzgebung wieder und wurde sowohl von der Rechtsprechung als auch im Schrifttum bestätigt. Vgl. Begründung zum Entwurf eines Körperschaftsteuergesetzes v. 23.4.1925, Verhandlungen des Reichstags, III. Wahlperiode 1924/25, Bd. 400, Drs. 796, 8 ff.; BT-Drs. 7/1470, Gesetzentwurf der Bundesregierung, Entwurf eines Dritten Steuerreformgesetzes, 336. Hinsichtlich der Judikatur vgl. zum KStG: RFH, Urteil v. 17.6.1930, I A 564/29, RStBl. 1930, 466, 466; BFH, Urteil v. 15.1.1952, I 96/51 U, BStBl. III 1952, 61, 63; BFH, Urteil v. 20.3.1956, I 317/55 U, BStBl. III 1956, 166, 168; BFH, Urteil v. 14.3.1984, I R 223/80, BStBl. II 1984, 496, 497; BFH, Urteil v. 4.12.1991, I R 74/89, BStBl. II 1992, 432, 433. Bezüglich der Rechtsprechung zum Umsatzsteuerrecht vgl.: RFH, Gutachten v. 2.7.1938, Gr. S. D 5/38, RStBl. 1938, 743, 744; RFH, Urteil v. 9.2.1940, V 293/38, RStBl. 1940, 575, 575; BFH, Urteil v. 18.8.1966, V 21/64, BStBl. III 1967, 100, 101; BFH, Urteil v. 26.5.1977, V R 15/74, BStBl. II 1977, 813, 814. Bezüglich des Schrifttums vgl. u.a. *Hensel*, StuW 1930, 873, 875; *König*, Subjektive Steuerpflicht der BgA, 1958, 14; *Selmer/Schulze-Osterloh*, DÖV 1978, 381, 381ff.; *Laule*, DStZ 1988, 183, 184; *Seer*, DStR 1992, 1751,

einer Tätigkeit dann eine partielle Steuerpflicht, wenn diese Aktivität mit einer gleichartigen Leistung eines privaten Anbieters in (potenziellem oder tatsächlichem) Wettbewerb steht. Gemäß dem nationalen Ertragsteuerrecht begründet diese Tätigkeit für die juristische Person des öffentlichen Rechts unter den weiteren Voraussetzungen des § 4 KStG einen Betrieb gewerblicher Art (BgA).

Im Rahmen eines BgA verfolgt die öffentliche Hand nicht zwangsläufig erwerbswirtschaftliche Zwecke. Denn bereits die Legaldefinition des § 4 KStG hält die Gewinnerzielungsabsicht sowie die Beteiligung am allgemeinen wirtschaftlichen Verkehr für nicht erforderlich.[96] Ein BgA kann auch aus der Wahrnehmung öffentlicher Aufgaben („öffentliche Interessen") resultieren, hierbei stehen Gewinnerzielung und -maximierung („fiskalische Interessen") meist nicht im Vordergrund.[97] Die juristische Person des öffentlichen Rechts wird vielfach mit ihrer jeweiligen wirtschaftlichen Tätigkeit im Rahmen eines BgA lediglich (selbst-) kostendeckend oder teilweise gar mit einem Dauerverlust tätig.[98]

1752; *Seer/Wendt*, DStR 2001, 825, 826; *Gastl*, BgA im Körperschaftsteuerrecht, 2002, 15; *Hilgenstock*, Besteuerung öffentlicher Unternehmen, 2002, 49; *Hüttemann*, Besteuerung der öffentlichen Hand, 2002, 8ff.; *Orth*, FR 2007, 326, 328; *Heger*, FR 2009, 301, 301; *Hey* in: Tipke/Lang, Steuerrecht, 429; *Wallenhorst* in: Wallenhorst/Halaczinsky, Besteuerung gemeinnütziger Vereine, Stiftungen und der jPdöR, 342.

95 Im Schrifttum werden stets zwei weitere Gründe für eine Besteuerung von öffentlichen Unternehmen angeführt: die Effizienzthese des historischen Gesetzgebers von 1925 und der Fiskalzweck (vor dem Hintergrund der föderalen Struktur der Bundesrepublik sowie dem damit verknüpften, komplexen System des föderalen Finanzausgleichs). Vgl. zur Effizienzthese die Anmerkungen von *Hensel*, wobei *Hüttemann* die These der Besteuerung aus Effizienzgründen zutreffend als „nicht nur zweifelhaft, sondern vor allem [als] zu unbestimmt" zurückweist. *Hensel*, StuW 1930, 873, 878; *Hüttemann*, Besteuerung der öffentlichen Hand, 2002, 7. Vgl. ausführlich zur Besteuerung aufgrund des Finanzausgleichs: *Hensel*, StuW 1930, 873, 881; *Steffen*, BgA, 2001, 66; *Hüttemann*, Besteuerung der öffentlichen Hand, 2002, 13, m.w.N.

96 Wie der Gesetzgeber mit dem im Rahmen des JStG 2009 eingeführten § 8 Abs. 1 S. 2 KStG verdeutlichte, müssen dauerdefizitäre BgA (und Eigen- bzw. Selbstversorgungs-BgA) ein Einkommen ermitteln. Die einkommensteuerrechtlichen Liebhabereigrundsätze sind daher auf dauerdefizitäre BgA nicht anzuwenden. BT-Drs. 16/10189, Gesetzentwurf der Bundesregierung, Entwurf eines Jahressteuergesetzes 2009, 69.

97 Insbesondere bei einer Vielzahl gemeindlicher Tätigkeitsfelder - bspw. Badeanstalten, Theater und Büchereien - sind öffentliche Zwecke („öffentliche Interessen") ursächlich und primärer Veranlassungsgrund. *König*, Subjektive Steuerpflicht der BgA, 1958, 62; *Kugel*, Öffentliche Betriebe, 1989, 24; *Seer*, DStR 1992, 1790, 1791; *Knobbe-Keuck*, StuW 1983, 227, 230.

98 Die öffentliche Hand übt regelmäßig wirtschaftliche Tätigkeiten ohne kostendeckende Entgelte - mit einem Dauerverlust - aus. Bspw. in den Bereichen des Öffentlichen Per-

Entfaltet die öffentliche Hand eine hoheitliche Tätigkeit, d. h. im Rahmen der Ausübung der öffentlichen Gewalt, bspw. im Rahmen der Eingriffsverwaltung, unterliegt diese Tätigkeit meist mangels eines Wettbewerbsverhältnisses nicht der Steuerpflicht.[99] In der Praxis ist die steuerliche Beurteilung und Abgrenzung von Tätigkeiten der öffentlichen Hand dennoch oftmals äußerst komplex.[100] Gründe sind u.a. die Tendenz der materiellen Aufgabenprivatisierung im Zeitverlauf, die neue Wettbewerbsverhältnisse zwischen der öffentlichen Hand und privaten Anbietern generiert,[101] und das Fehlen eines geschlossenen Konzeptes der Besteuerung öffentlicher Unternehmen[102].

3.1.2 Steuerliche Sphären und Zuordnung von (Weiter-) Bildungsleistungen der öffentlichen Hand

Die öffentlich-rechtlichen Anbieter von Weiterbildungsleistungen können in Abhängigkeit der jeweiligen Tätigkeit hoheitlich (nicht steuerbar und damit steuerlich nicht relevant) oder wirtschaftlich (steuerbar, ggfs. steuerbefreit oder steuerpflichtig) tätig sein. Typische Beispiele für diese Differenzierung finden sich bei den unterschiedlichen Weiterbildungsleistungen staatlicher Hochschulen, bei Volkshochschulen in öffentlich-rechtlicher Trägerschaft oder bei (Weiter-) Bildungsmaßnahmen von Handwerkskammern, Kreishandwerkerschaften und Innungen.

---

sonennahverkehrs, Kindergärten, Bäderbetrieb, Krankenhäuser, Volkshochschulen, Bibliotheken, Theater u.v.m.

99 *Laule*, DStZ 1988, 183. Allerdings prüft die höchstrichterliche Rechtsprechung sowohl gem. dem nationalen Ertragsteuerrecht als auch nach dem - gemeinschaftsrechtlichen und nationalen - Mehrwertsteuerrecht bei einer dem Grunde nach hoheitlichen Tätigkeit stets das Vorliegen eines tatsächlichen oder potenziellen Wettbewerbsverhältnisses. Nur unter der Voraussetzung, dass kein schädlicher Wettbewerb vorliegt, bleibt es bei der Beurteilung der (hoheitlichen) Tätigkeit im Rahmen der öffentlichen Gewalt als nicht steuerbar. BFH, Urteil v. 29.10.2008, I R 51/07, DStR 2008, 2470, Rz. 12ff.; EuGH, Urteil v. 16.9.2008, C-288/07, Isle of Wight, IStR 2008, 734, Rz. 24; BFH, Urteil v. 15.4.2010, V R 10/09, DStR 2010, 1280, Rz. 43.

100 Abgrenzungskriterien aus Sicht der Finanzverwaltung: R. 6 KStR, R. 9 KStR, R. 10 KStR und aktuell BMF-Schreiben v. 11.12.2009, IV C 7 - S 2706/07/10006 [2009/0833347], DB 2010, 84. Hinsichtlich der Abgrenzung aus Sicht der Rechtsprechung vgl. an Stelle vieler *Heger*, FR 2009, 301, 305.

101 *Heger*, FR 2009, 301, 305; *Hey* in: Tipke/Lang, Steuerrecht, 429; *Scharpenberg* in: Hartmann/Metzenmacher, UStG, § 2 , Rz. 718.

102 *Hensel*, StuW 1930, 873, 885; *Seer*, DStR 1992, 1790, 1794; *Hüttemann*, Besteuerung der öffentlichen Hand, 2002, 19; *Häck*, öffentliche Hand, 2004, 101.

3.1.2.1 Volkshochschulen in öffentlich-rechtlicher Trägerschaft

Bspw. sind nach Ansicht der OFD Münster[103] die nordrhein-westfälischen Volkshochschulen in öffentlich-rechtlicher Trägerschaft regelmäßig hoheitlich tätig. Die OFD Münster leitet dies aus dem Weiterbildungsgesetz Nordrhein-Westfalen (WbG-NRW) ab. Das WbG-NRW verpflichtet Städte, Kreise und Gemeinden Volkshochschulen - als Einrichtungen der Weiterbildung - zu errichten und zu unterhalten. „Mit der Erfüllung der ihr auferlegten Pflichten übt die Volkshochschule hoheitliche Tätigkeiten aus (z.B. hinsichtlich des Nachholens von Schulabschlüssen).“[104]

Sollte die Volkshochschule darüber hinaus nachhaltige wirtschaftliche Tätigkeiten ausüben, können diese bei Vorliegen der Voraussetzungen des § 4 Abs. 1 KStG einen BgA begründen. Steuerlich relevante Tätigkeiten sind anzunehmen, wenn bei den angebotenen Veranstaltungen nicht die in § 3 WbG-NRW genannten Aufgaben im Vordergrund stehen.[105] Wirtschaftliche Tätigkeiten liegen demnach stets in folgenden Fällen vor: bei Reisen, die in erster Linie der Freizeitgestaltung und dem touristischen Interesse der Teilnehmer dienen,[106] oder bei speziell auf Firmen zugeschnittenen Weiterbildungsangeboten (sog. In-House-Seminare[107]).

Der steuerrechtlichen Beurteilung der OFD ist grundsätzlich zuzustimmen. M.E. muss sich die Qualifikation der Tätigkeit als hoheitlich jedoch in zwei Schritten vollziehen: Flankierend zur landesrechtlichen Zuweisung der Tätigkeit

---

103 OFD Münster v. 1.8.2009, http://www.ofd-muenster.de/die_ofd_ms/Arbeitshilfen__Leitfaeden__Praxishilfen/PDF_Arbeitshilfen/2007_Jur_pers_oeff_Recht.pdf, 106f., abgefragt am 24.1.2012.

104 OFD Münster v. 1.8.2009, http://www.ofd-muenster.de/die_ofd_ms/Arbeitshilfen__Leitfaeden__Praxishilfen/PDF_Arbeitshilfen/2007_Jur_pers_oeff_Recht.pdf, 107, abgefragt am 24.1.2012.

105 OFD Rheinland v. 22.1.2008, S 7149 - 1000 - St 435, UR 2008, 282; OFD Münster v. 1.8.2009, http://www.ofd-muenster.de/die_ofd_ms/Arbeitshilfen__Leitfaeden__Praxishilfen/PDF_Arbeitshilfen/2007_Jur_pers_oeff_Recht.pdf, 107, abgefragt am 24.1.2012.

106 Das Angebot von touristischen Bildungsreisen (oder unterhaltenden Veranstaltungen) durch Volkshochschulen oder andere steuerbegünstigte Körperschaften kann nicht dem steuerbegünstigten (Weiter) Bildungszweckbetrieb nach § 68 Nr. 8 AO zugeordnet werden und stellt demnach eine (ertrag- und umsatz-) steuerpflichtige wirtschaftliche Tätigkeit der Volkshochschule dar. Einen Zweckbetrieb grundsätzlich ablehnend *Fischer* in: Hübschmann/Hepp/Spitaler, AO FGO, § 68 AO, Rz. 22; *Koenig* in: Pahlke/Koenig, AO, § 68, Rz. 17.

107 Inhouse-Seminare sind mangels Förderung im Interesse der Allgemeinheit nicht steuerbegünstigt bzw. gemeinnützig. Diese wirtschaftliche Tätigkeit ist ertragsteuerpflichtig. Umsatzsteuerrechtlich kann u.U. auf die Steuerbefreiung nach § 4 Nr. 22 a) UStG zurückgegriffen werden.

als der öffentlichen Hand vorbehalten muss (ertrag- und umsatzsteuerlich) das Korrektiv des potenziellen oder tatsächlichen Wettbewerbs zu gleichartigen, steuerpflichtigen Leistungen privatwirtschaftlichen Unternehmen geprüft werden.[108]

Nach einem bisher nicht im BStBl. veröffentlichtem Urteil des BFH unterhält eine juristische Person des öffentlichen Rechts mit dem Betrieb einer Volkshochschule einen BgA.[109] Gleichfalls kann aus dem BMF-Schreiben v. 11.12.2009 abgeleitet werden, dass eine Volkshochschule für die öffentlich-rechtliche Trägerkörperschaft einen BgA darstellt.[110] Das BMF-Schreiben widmet sich u.a. der Sonderregelung des mit dem JStG 2009 eingeführten § 8 Abs. 7 KStG. Danach sind die Rechtsfolgen einer verdeckten Gewinnausschüttung bei bestimmten Dauerverlustgeschäften[111] von juristischen Personen des öffentlichen Rechts in einzeln aufgezählten Bereichen - u.a. dem Bildungsbereich - nicht zu ziehen. Beispiele für begünstigte Dauerverlustgeschäfte im Bildungsbereich sind „Schulen und Kurstätigkeit von Kammern (soweit nicht hoheitlich) oder Volkshochschulen“.[112] Der Rückschluss, dass die Durchführung von Bildungsmaßnahmen durch die öffentliche Hand infolge § 8 Abs. 7 KStG stets einen BgA begründen soll, ist jedoch keinesfalls zutreffend.[113]

3.1.2.2 Handwerkskammern, Kreishandwerkerschaften und Innungen

Eine differenzierte (und damit zutreffendere) steuerliche Beurteilung von (Aus-, Fort- und Weiter-) Bildungsmaßnahmen durch juristische Personen des öffentlichen Rechts liefern die Verfügungen des Bayerischen Landesamtes für Steuern[114] und der OFD Chemnitz[115]. Am Beispiel der Handwerkskammern, Kreis-

---

108 BFH, Urteil v. 29.10.2008, I R 51/07, DStR 2008, 2470, Leitsatz; BFH, Urteil v. 15.4.2010, V R 10/09, DStR 2010, 1280, Rz. 42ff.

109 BFH, Beschluss v. 25.7.2002, I B 52/02, BFH/NV 2002, 1341; *Baldauf*, DStZ 2008, 327, 333; *Krämer* in: Dötsch/Jost/Pung u.a., KStG, § 4, Rz. 109, *Volkshochschule.*

110 BMF-Schreiben v. 12.11.2009, IV C 7 - S 2706/08/10004, BStBl. I 2009, 1303, Rz. 45.

111 Ein Dauerverlustgeschäft der öffentlichen Hand i.S.d. § 8 Abs. 7 S. 2 KStG liegt vor, wenn eine wirtschaftliche Tätigkeit aus explizit aufgelisteten politischen Gründen ohne kostendeckendes Entgelt ausgeübt wird und der dabei entstehende Verlust ein Dauerverlust ist. BMF-Schreiben v. 12.11.2009, IV C 7 - S 2706/08/10004, BStBl. I 2009, 1303, Rz. 36.

112 BMF-Schreiben v. 12.11.2009, IV C 7 - S 2706/08/10004, BStBl. I 2009, 1303, Rz. 45.

113 So auch die OFD Chemnitz v. 22.6.2010, S 2706 - 109/4 - St 21, beck-online 2011, BeckVerw 240016.

114 Bayerisches Landesamt für Steuern, Verfügung v. 7.1.2010, S 2706.2.1 - 29/2 St 31, DB 2010, 307.

handwerkerschaften und Innungen werden die allgemeinen Grundsätze der steuerlichen Beurteilung der Durchführung von Bildungsmaßnahmen durch die öffentliche Hand erläutert.

Eine Bildungsleistung, die tatsächlich oder potenziell auch gleichartig von privaten Dritten angeboten werden kann, stellt eine wirtschaftliche Tätigkeit dar, die unter den weiteren Voraussetzungen des § 4 KStG einen grundsätzlich steuerpflichtigen BgA für die juristische Person des öffentlichen Rechts begründet.[116] Dieser BgA kann steuerbegünstigt i.S.d. §§ 51 - 68 AO sein, da § 52 Abs. 2 Nr. 7 AO die Förderung der (Erziehung und der) Bildung[117] als einen gemeinnützigen Zweck normiert.[118] Soweit die öffentliche Hand mit ihrem BgA die formellen und materiellen Anforderungen des Gemeinnützigkeitsrechts (§§ 51-68 AO) einhält, ist sie gemeinnützig tätig und kommt in den Genuss der entsprechenden Steuervergünstigungen.[119] Anzuführen sind diesbezüglich insbesondere die ertragsteuerlichen Befreiungen der § 5 Abs. 1 Nr. 9 KStG und § 3 Nr. 6 GewStG sowie umsatzsteuerrechtlich die Anwendung des ermäßigten Umsatzsteuersatzes nach § 12 Abs. 2 Nr. 8 UStG, soweit die Bildungsleistung nicht bereits nach § 4 Nr. 22 a) UStG[120] befreit ist.[121]

---

115 OFD Chemnitz v. 22.6.2010, S 2706 - 109/4 - St 21, beck-online 2011, BeckVerw 240016.

116 Bayerisches Landesamt für Steuern, Verfügung v. 7.1.2010, S 2706.2.1 - 29/2 St 31, DB 2010, 307; OFD Chemnitz v. 22.6.2010, S 2706 - 109/4 - St 21, beck-online 2011, BeckVerw 240016.

117 Zur Auslegung des Bildungsbegriffs in der steuerrechtlichen Literatur die Ausführungen in Fußnote 163.

118 OFD Chemnitz v. 22.6.2010, S 2706 - 109/4 - St 21, beck-online 2011, BeckVerw 240016.

119 Aus formeller Sicht muss die juristische Person des öffentlichen Rechts u.a. für jeden einzelnen BgA der steuerbegünstigte Zwecke i.S.d. §§ 52 - 54 AO verfolgt, eine eigene Satzung erlassen, die zwingend die Vorgaben der Mustersatzung nach § 60 Abs. 1 S. 2 AO i.V.m. Anlage 1 AO enthält. AEAO zu § 59, Nr. 2. Vgl. allgemein zur Gemeinnützigkeit von Betrieben gewerblicher Art: *Hüttemann*, Gemeinnützigkeits- und Spendenrecht, 2008, § 2, Rz. 66ff.; *Strahl*, NWB 2008, 4, 5293, 5293ff.; *Schauhoff* in: Schauhoff, Handbuch der Gemeinnützigkeit, § 5, Rz. 10ff; *Eversberg/Baldauf*, DStZ 2011, 597, 597ff.

120 Die Vorschrift des § 4 Nr. 22 a) UStG befreit bestimmte Bildungs-/Unterrichtsleistungen juristischer Personen des öffentlichen Rechts unabhängig davon, ob diese Tätigkeit in eine gemeinnützige Hülle gekleidet wurde (vgl. ausführlich Kapitel E. V. 1).

121 Ausführlich zu den direkten und indirekten Steuervergünstigung steuerbegünstigter Körperschaften: *Schmidt*, Rechtsformwahl bei privaten gemeinnützigen Organisationen, 2000, 55ff.; *Hüttemann*, Gemeinnützigkeits- und Spendenrecht, 2008, 10ff.; *Hey* in: Tipke/Lang, Steuerrecht, § 20, Rz. 1. Für eine umfassende - nicht nur auf steuerliche

Da es sich um eine wirtschaftliche Aktivität der öffentlichen Hand im Rahmen eines BgA handelt, kann diese Betätigung zwingend nur dann gemeinnützig sein, wenn der BgA die Voraussetzungen eines Zweckbetriebs gem. §§ 65 – 68 AO[122] erfüllt. Entgeltliche Weiterbildungsleistungen, die einen BgA begründen, können für die öffentlich-rechtliche Trägerkörperschaft einen sog. (Weiter-) Bildungszweckbetrieb nach § 68 Nr. 8 AO darstellen.[123]

Übt die öffentliche Hand wirtschaftlich, funktionell und organisatorisch eng mit dem steuerbegünstigten Bildungszweckbetrieb verbundene wirtschaftliche Tätigkeiten aus, handelt es sich um partiell steuerpflichtige wirtschaftliche Geschäftsbetriebe (Mittelbeschaffungsbetriebe) des gemeinnützigen BgA.[124] Zu denken wäre bspw. an eine Handwerkskammer (oder z.B. auch an eine staatliche Hochschule), die einen steuerbegünstigten Bildungszweckbetrieb eingerichtet hat und in diesem Rahmen einen wissenschaftlichen Kongress gegen Entgelt veranstaltet, wobei in der zugehörigen Tagungsmappe ganzseitige Anzeigenwerbung für Dritte abgedruckt ist. Das entgeltliche wissenschaftliche Bildungsangebot erfolgt im Rahmen des steuerbegünstigten Zweckbetriebs nach § 68 Nr. 8 AO und umfasst zugleich den partiell (ertrag-) steuerpflichtigen wirt-

---

Aspekte begrenzte - Darstellung der Vorteile und Pflichten gemeinnütziger Körperschaften vgl. *Fischer*, FR 2009, 929, 932.

122 § 65 AO definiert allgemein die Voraussetzungen eines Zweckbetriebs. Dagegen konstituieren die §§ 66 – 68 AO einzelne, spezielle Zweckbetriebe, die nicht die allgemeinen Voraussetzungen des § 65 AO erfüllen müssen. Die speziellen Zweckbetriebe nach § 68 AO gehen als lex specialis dem § 65 AO vor. BFH, Urteil v. 4.6.2003, I R 25/02, BStBl. II 2004, 660; *Eversberg/Baldauf*, DStZ 2011, 597, 600. Tätigkeiten einer juristischen Person des öffentlichen Rechts, die einen BgA begründen, erfolgen regelmäßig in einem Wettbewerbsverhältnis mit Dritten. Eine Qualifikation der Tätigkeit im Rahmen eines BgA als steuerbegünstigter Zweckbetrieb nach § 65 AO kollidiert dann folgerichtig mit der Konkurrenzklausel des § 65 Nr. 3 AO. Es kann daher nur ein Zweckbetrieb nach §§ 66 – 68 AO vorliegen. *Eversberg/Baldauf*, DStZ 2011, 597, 600.

123 Ausführlich zu steuerbegünstigten Zweckbetrieben vgl. Kapitel B. I. 3. 2 1.

124 OFD Rostock v. 26.2.2003, S 2706 - 1/01 - St 24a, DB 2003, 1301; *Wallenhorst* in: Wallenhorst/Halaczinsky, Besteuerung gemeinnütziger Vereine, Stiftungen und der jPdöR, 85; *Eversberg/Baldauf*, DStZ 2011, 597, 601. Nach Ansicht des Ministeriums für Finanzen und Wirtschaft Baden-Württemberg sollen diese eng verbundenen wirtschaftlichen Tätigkeiten dagegen jeweils einen eigenständigen BgA begründen. Allerdings soll die juristische Person des öffentlichen Rechts diese eigenständigen BgA „wegen der engen »technisch« wirtschaftlichen Verflechtung zu einem BgA“ zusammenfassen können. Bis auf die Gewichtigkeitsgrenzen gelangt das Ministerium für Finanzen und Wirtschaft Baden-Württemberg somit zu den gleichen Rechtsfolgen. Vgl. *Steuertipps für gemeinnützige Vereine* (Stand: April 2010), http://www.mfw.baden-wuerttemberg.de (abgerufen am 29.8.2011), 56.

schaftlichen Geschäftsbetrieb „Werbung".[125] Unterhält der steuerbegünstigte BgA mehrere wirtschaftliche Geschäftsbetriebe werden diese gem. § 64 Abs. 2 AO als ein steuerpflichtiger wirtschaftlicher Geschäftsbetrieb behandelt.[126] Bei der Beköstigung und Beherbergung der Teilnehmer liegt kein wirtschaftlicher Geschäftsbetrieb vor, da diese Tätigkeiten nach dem Gesetzeswortlaut des § 68 Nr. 8 AO dem gemeinnützigen Bildungszweckbetrieb/-BgA zuzuordnen sind.

Dagegen sind die von den Handwerkskammern, Kreishandwerkerschaften und Innungen durchgeführten Prüfungen, die Teil der (Berufs-) Ausbildung sind, dem hoheitlichen Bereich zuzurechnen. Gleichfalls ordnet die Finanzverwaltung die Bildungsmaßnahmen, die nicht von privaten Dritten angeboten werden können, „weil z.B. die Teilnahme an einem bestimmten Kurs der Kammer unabdingbare Voraussetzung ist, um an der Prüfung vor der Kammer teilnehmen zu können,"[127] dem hoheitlichen Bereich zu. Diese Tätigkeit begründet für die juristische Person des öffentlichen Rechts keinen Betrieb gewerblicher Art.[128]

---

125 *Eversberg/Baldauf*, DStZ 2011, 597, 601f. Für den dargestellten Sachverhalt bilden die beiden wirtschaftlichen Tätigkeiten der Bildungs- und Werbeleistung zusammen eine Einheit gem. R. 6 Abs. 3 S. 3 KStR. Es liegt ein einheitlicher steuerbegünstigter BgA nach § 68 Nr. 8 AO vor, in dessen Rahmen die Hochschule einen steuerpflichtigen wirtschaftlichen Geschäftsbetrieb „Werbung" unterhält. Für Zwecke der Ertragsbesteuerung des wirtschaftlichen Geschäftsbetriebs „Werbung" kann die öffentliche Hand m.E. dann das Wahlrecht der pauschalierten Gewinnermittlung gem. § 64 Abs. 6 Nr. 1 AO nutzen: Es „kann der Besteuerung ein Gewinn in Höhe von 15 % der Einnahmen" des wirtschaftlichen Geschäftsbetriebs zu Grunde gelegt werden. Diese Ansicht vertreten gleichfalls *Eversberg/Baldauf* (*Eversberg/Baldauf*, DStZ 2011, 597, 601f.). Erschöpfen sich die Leistungen der Hochschule an Stelle eines Anzeigenabdrucks dagegen in der nicht besonders hervorgehobenen Darstellung des Logos des Dritten in den Tagungsunterlagen (Sponsoring), liegt gem. Nr. 9 zu § 64 Abs. 1 AEAO kein (ertrag) steuerpflichtiger wirtschaftlicher Geschäftsbetrieb des gemeinnützigen Zweckbetriebs vor. M.E. sind diese Sponsoringeinnahmen dann der Sphäre der Vermögensverwaltung zuzuordnen und ertragsteuerlich unbeachtlich. Gleichwohl handelt es sich noch um eine Mittelbeschaffungsmaßnahme für die gemeinnützige Bildungsveranstaltung, weshalb die öffentliche Hand die Mittel zeitnah für die satzungsgemäßen Zwecke in dem steuerbegünstigten Bildungszweckbetrieb zu verwenden hat.

126 OFD Rostock v. 26.2.2003, S 2706 - 1/01 - St 24a, DB 2003, 1301; *Wallenhorst* in: Wallenhorst/Halaczinsky, Besteuerung gemeinnütziger Vereine, Stiftungen und der jPdöR, 85; *Eversberg/Baldauf*, DStZ 2011, 597, 603.

127 Bayerisches Landesamt für Steuern, Verfügung v. 7.1.2010, S 2706.2.1 - 29/2 St 31, DB 2010, 307.

128 Bayerisches Landesamt für Steuern, Verfügung v. 7.1.2010, S 2706.2.1 - 29/2 St 31, DB 2010, 307.

Im weiteren Verlauf der Untersuchung wird deutlich, dass hinsichtlich der umsatzsteuerrechtlichen Beurteilung von Weiterbildungsleistungen durch öffentlich-rechtliche Bildungseinrichtungen, ein bloßes Abstellen auf den ertragsteuerlichen, nationalen Begriff des Betriebs gewerblicher Art (§ 4 KStG) infolge der Verweisung des § 2 Abs. 3 UStG nicht ausreicht. Stattdessen sind insbesondere die unionsrechtlichen Vorgaben der MwStSystRL zu beachten. Folglich ist § 2 Abs. 3 UStG i.V.m. § 4 KStG im Lichte des Unionsrechts gemeinschaftskonform auszulegen.[129] Ferner können in Abhängigkeit von den Umständen des konkreten Einzelfalls die (Weiter-)Bildungsmaßnahmen der öffentlichen Hand nach § 4 Nr. 22 a) UStG[130] bzw. Art. 132 Abs. 1 i) MwStSystRL von der Umsatzsteuer befreit sein.

3.2 Privatrechtliche Rechtsformen

3.2.1 Steuerbegünstigte Körperschaften

Ferner bieten auch Unternehmen in privatrechtlicher Rechtsform (Weiter-) Bildungsleistungen an. Oftmals verfolgen diese Unternehmen mit den Bildungsmaßnahmen steuerbegünstigte, bzw. gemeinnützige Zwecke i.S.d. §§ 51-68 AO. D.h. sie fördern die Bildung durch selbstlose, an die Allgemeinheit gerichtete Tätigkeiten. Dabei unterliegen diese (Weiter-) Bildungseinrichtungen den Begünstigungen sowie den Restriktionen des Gemeinnützigkeitsrechts. Klassische Beispiele gemeinnütziger Körperschaften im Bildungssektor sind staatlich anerkannte Privathochschulen,[131] Volkshochschulen oder Verwaltungs- und Wirtschaftsakademien[132].

Steuerbegünstigte Körperschaften entfalten allgemein eine bedeutende Wirtschaftskraft und tragen in entwickelten Marktwirtschaften im Durchschnitt zu ca. 6 % des Bruttoinlandsproduktes bei.[133] Damit einhergehend haben gemein-

---

129 Vgl. BFH, Urteil v. 20.8.2009, V R 30/06, DB 2009, 2527; BFH, Urteil v. 20.8.2009, V R 70/05, DB 2009, 2471; BFH, Urteil v. 15.4.2010, V R 10/09, DStR 2010, 1280; *Küffner*, UR 2009, 491, 491; *Widmann*, UR 2009, 493, 493; *Küffner*, UR 2010, 654, 655.

130 Weiterbildungsangebote staatlicher Hochschulen im Rahmen eines BgA können nach § 4 Nr. 22 a) UStG von der Umsatzsteuer befreit sein. *Strahl*, KÖSDI 2011, 17546, 17550.

131 Für Beispiele staatlich anerkannter (Fach-) Hochschulen in privater Trägerschaft vgl. die Ausführungen in Fußnote 76 und BFH, Beschluss v. 12.10.2010, I R 59/09, DStR 2011, 20, Rz. 1.

132 Verwaltungs- und Wirtschaftsakademien sind hochschulmäßige Aus- und Fortbildungseinrichtungen für Fachkräfte aus Verwaltung und Wirtschaft. *Heidner* in: Bunjes/Geist, UStG, § 4 Nr. 22, Rz. 2; *Tehler* in: Rau/Dürrwächter, UStG, § 4 Nr. 22, Rz. 86.

133 *Anheier/Toepler* in: Hopt/von Hippel/Walz, Nonprofit-Organisationen in Recht, Wirtschaft und Gesellschaft, 2005, 17, 22; *Kühling/Pisal* in: *Hüttemann/Ra-*

nützige Körperschaften eine hohe arbeitsmarktpolitische Bedeutung. In Deutschland beschäftigen sie knapp 6 % der berufstätigen Bevölkerung, wobei ca. 3,8 % dieser gemeinnützigen Beschäftigungsverhältnisse gegen Bezahlung und die restlichen Aktivitäten ehrenamtlich bzw. freiwillig erfolgen.[134] Auf gemeinnützige Körperschaften, die im Bildungsbereich tätig sind, entfallen 23 % der Beschäftigten.[135] Ausgehend von rund 40 Mio. Erwerbstätigen gem. dem *Statistischen Bundesamt Deutschland*[136] beschäftigen die steuerbegünstigten Institutionen demnach in toto geschätzte 1,5 Mio. Arbeitnehmer,[137] wovon ein Fünftel im gemeinnützigen Bildungsbereich tätig ist.

3.2.1.1 Steuerliche Sphären

§ 51 AO kodifiziert als Grundnorm die unmittelbaren Voraussetzungen des Gemeinnützigkeitsrechts, auf das die Steuerbegünstigungen verschiedener Gesetze rekurrieren.[138] Das Gemeinnützigkeitsrecht greift demnach, wenn „eine Körperschaft ausschließlich und unmittelbar gemeinnützige, mildtätige oder kirchliche Zwecke (steuerbegünstigte Zwecke) verfolgt." Die steuerlichen Vergünstigungen des Gemeinnützigkeitsrechts sind nach dem Wortlaut des § 51 Abs. 1 S. 2 AO abschließend den Körperschaften, Personenvereinigungen und Vermö-

---

wert/Schmidt/Weitemeyer, Non Profit Law Yearbook 2009, 2010, 115, 115. Im Jahr 1995 betrug der Anteil des Dritten Sektors in Deutschland am Bruttoinlandsprodukt 4,0 % und an der Gesamtbeschäftigung 3,6 %. *Blankart/Gehrmann* in: Schmidt-Trenz/Stober, Jahrbuch Recht und Ökonomik des Dritten Sektors 2005/2006, 2006, 36, 40. Übereinstimmend für den Anteil am Bruttoinlandsprodukt, jedoch mit einem höheren Anteil in Vollzeitäquivalenten an der Gesamtbeschäftigung in Höhe von 4,9 % vgl. *Priller/Zimmer*, Der Dritte Sektor, 2001, 16 und 17.

134 *Anheier/Toepler* in: Hopt/von Hippel/Walz, Nonprofit-Organisationen in Recht, Wirtschaft und Gesellschaft, 2005, 17, 23 (basierend auf den Daten des „*Johns Hopkins Comparative Nonprofit Sector Project*" aus den 90er Jahren).

135 *Anheier/Toepler* in: Hopt/von Hippel/Walz, Nonprofit-Organisationen in Recht, Wirtschaft und Gesellschaft, 2005, 17, 25 (basierend auf den Daten des „*Johns Hopkins Comparative Nonprofit Sector Project*" aus den 90er Jahren).

136 Vgl. *Statistisches Bundesamt Deutschland*, „Themen", „Arbeitsmarkt", http://www.destatis.de.

137 Im Jahr 2002 stellten die gemeinnützigen Körperschaften geschätzte 1,7 Mio. Arbeitspätze. *Bundesministerium der Finanzen*, Abgabenrechtliche Privilegierung gemeinnütziger Zwecke auf dem Prüfstand, 2006, 6. Dagegen sollen nach *Priller/Zimmer* bereits im Jahr 1995 bundesweit im Nonprofit-Sektor - in Vollzeit, Teilzeit oder als geringfügig - insgesamt 2,1 Mio Personen gearbeitet haben. *Priller/Zimmer*, Der Dritte Sektor, 2001, 17.

138 *Gersch* in: Klein, AO, § 51, Rz. 1.

gensmassen i.S.d. KStG vorbehalten.[139] Im Umkehrschluss sind natürliche Personen und Personengesellschaften, bspw. OHG, KG[140] oder GbR, gemeinnützigkeitsunfähig und grundsätzlich[141] von der Steuervergünstigung ausgeschlossen.[142]

Das Gemeinnützigkeitsrecht zielt dem Grunde nach darauf ab, dass Private den Staat durch die Übernahme von Staatsaufgaben entlasten.[143] Die steuerbegünstigten Körperschaften i.S.d. KStG fördern durch ihr altruistisches Handeln das Gemeinwohl.[144] Der nationale Gesetzgeber honoriert die Gemeinwohlförderung der gemeinnützigen Körperschaften durch direkte und indirekte Begünsti-

---

139 AEAO Nr. 1 zu § 51. *Buchna/Seeger/Brox*, Gemeinnützigkeit im Steuerrecht, 2010, 26; *Hey* in: Tipke/Lang, Steuerrecht, § 20, Rz. 4; *Tipke* in: Tipke/Kruse, AO/FGO, § 51, Rz. 3; *Wallenhorst* in: Wallenhorst/Halaczinsky, Besteuerung gemeinnütziger Vereine, Stiftungen und der jPdöR, 79.

140 Die Mischrechtsform der GmbH & Co. KG ist kein Körperschaftsteuersubjekt und kann infolgedessen den Status der Gemeinnützigkeit nicht beanspruchen.

141 Gemeinnützige Körperschaften können die Rechtsform der Personengesellschaft als Kooperationsform nutzen. In der Praxis wird insbesondere die GbR für Gemeinschaftsprojekte (joint ventures) zwischen zweien oder mehreren gemeinnützigen Körperschaften genutzt. *Hüttemann*, Gemeinnützigkeits- und Spendenrecht, 2008, 84; *Jachmann/Unger* in: Beermann/Gosch, AO FGO, § 51 AO, Rz. 8 i.V.m. Rz. 57.

142 *Bundesministerium der Finanzen*, Abgabenrechtliche Privilegierung gemeinnütziger Zwecke auf dem Prüfstand, 2006, 9; *Hüttemann*, Gemeinnützigkeits- und Spendenrecht, 2008, 83f.; *Buchna/Seeger/Brox*, Gemeinnützigkeit im Steuerrecht, 2010, 26; *Schauhoff* in: Schauhoff, Handbuch der Gemeinnützigkeit, § 6, Rz. 2; *Tipke* in: Tipke/Kruse, AO/FGO, § 51, Rz. 3. Kritisch zu den Gründen des generellen Ausschlusses (kein selbstloses Handeln und fehlende Voraussetzungen zur Prüfung und Anerkennung des Gemeinnützigkeitsrechts, insbesondere fehlende Satzung) von Personengesellschaften vgl. *Jachmann/Unger* in: Beermann/Gosch, AO FGO, § 51 AO, Rz. 57; *Leisner-Egensperger* in: Hübschmann/Hepp/Spitaler, AO FGO, § 51 AO, Rz. 26 -28. Der Ausschluss von Personengesellschaften aus dem Kreis der potenziell steuerbegünstigten Körperschaften ist nach Ansicht von *Droege* nicht verfassungskonform und lässt sich nicht rechtfertigen. *Droege*, Gemeinnützigkeit im offenen Steuerstaat, 2010, 553.

143 *Eversberg/Baldauf*, DStZ 2011, 597, 598; *Leisner-Egensperger* in: Hübschmann/Hepp/Spitaler, AO FGO, Vor §§ 51 - 68 AO, Rz. 35ff.

144 *Heidler*, Besteuerung v. jPdöR, 2007, 86. Das Gemeinnützigkeitsrecht sollte aus ökonomischer Perspektive nur das Allokationsproblem der privaten Bereitstellung von sog. Kollektivgütern begünstigen. Bei einem Kollektivgut kann und soll die Allgemeinheit nicht von der Mitnutzung ausgeschlossen werden, stattdessen soll die externe Nutzenstiftung des Gutes allen zugute kommen. Ein klassisches Beispiel wäre die Grundlagenforschung. *Bundesministerium der Finanzen*, Abgabenrechtliche Privilegierung gemeinnütziger Zwecke auf dem Prüfstand, 2006, 3 und 16.

gungsregelungen in verschiedenen Einzelsteuergesetzen.[145] Unter Rückgriff auf § 64 AO i.V.m. § 14 AO und die Normen in den Einzelsteuergesetzen zur partiellen Steuerpflicht steuerbegünstigter Körperschaften unterscheidet das Gemeinnützigkeitsrecht vier Sphären (ähnlich den steuerlichen Sphären einer juristischen Person des öffentlichen Rechts):

- i) ideeller Bereich (Kernbereich satzungsgemäßer steuerbegünstigter Tätigkeiten),
- ii) nicht steuerschädliche Vermögensverwaltung,[146]
- iii) steuerpflichtiger wirtschaftlicher Geschäftsbetrieb[147] und
- iv) (ertragsteuerbefreiter) Zweckbetrieb.[148]

---

145 *Schmidt*, Rechtsformwahl bei privaten gemeinnützigen Organisationen, 2000, 55ff.; *Hüttemann*, Gemeinnützigkeits- und Spendenrecht, 2008, 10ff.; *Droege*, Gemeinnützigkeit im offenen Steuerstaat, 2010, 79ff.; *Hey* in: Tipke/Lang, Steuerrecht, § 20, Rz. 1. Zur Rechtfertigung und den Grenzen der Steuerverschonung steuerbegünstigter Körperschaften vgl. *Reiß* in: Walz/Hüttemann/Rawert/Schmidt, Non Profit Law Yearbook 2005, 2006, 47, 50ff. Für eine umfassende - nicht nur auf steuerliche Aspekte begrenzte - Darstellung der Vorteile und Pflichten gemeinnütziger Körperschaften vgl. *Fischer*, FR 2009, 929, 932.

146 Ausführlich zu den Abgrenzungsfragen der Vermögensverwaltung zum wirtschaftlichen Geschäftsbetrieb vgl. *Eversberg*, Gemeinnützigkeit und Vermögensverwaltung: Abgrenzungsfragen und Problembereiche, in: Wachter, FS Spiegelberger, 2009, 1272.

147 § 14 AO kodifiziert den wirtschaftlichen Geschäftsbetrieb, der nach den Regelungen in den Einzelsteuergesetzen i.V.m. § 64 Abs. 1 AO von den Steuervergünstigungen des Gemeinnützigkeitsrechts ausgeschlossen ist, soweit der wirtschaftliche Geschäftsbetrieb kein Zweckbetrieb (§§ 65 - 68 AO) ist. Die partielle Steuerpflicht bzw. Besteuerung des wirtschaftlichen Geschäftsbetriebs bezweckt die Herstellung der Wettbewerbsneutralität zwischen gemeinnütziger Körperschaft und steuerpflichtigen Dritten. Denn im Fall der Nichtbesteuerung hätte die gemeinnützige Körperschaft einen Kosten- und damit einen Wettbewerbsvorteil in Höhe der ersparten Steuer. Obwohl ein wirtschaftlicher Geschäftsbetrieb - als Oberbegriff - in der Regel durch die Erzielung von Einkünften aus Gewerbebetrieb i.S.d. § 15 EStG begründet wird, ist der eigenständige abgabenrechtliche Begriff des wirtschaftlichen Geschäftsbetriebs nicht per Gesetzesdefinition mit der Erzielung gewerblicher Einkünfte verknüpft. Infolgedessen stellen fiktive gewerbliche Einkünfte aus der Beteiligung einer gemeinnützigen Körperschaft an einer vermögensverwaltenden, gewerblich geprägten Personengesellschaft (§ 15 Abs. 3 Nr. 2 EStG) keinen wirtschaftlichen Geschäftsbetrieb dar. BFH, Urteil v. 25.5.2011, I R 60/10, DStR 2011, 1460, Rz. 8 und Rz. 11 sowie Leitsatz.

148 *Hey* in: Tipke/Lang, Steuerrecht, § 20, Rz. 7; *Schauhoff* in: Schauhoff, Handbuch der Gemeinnützigkeit, § 7, Rz. 18; *Wallenhorst* in: Wallenhorst/Halaczinsky, Besteuerung gemeinnütziger Vereine, Stiftungen und der jPdöR, 80f.

Die steuerlichen Vorteile und der Gemeinnützigkeitsstatus per se sind dabei an explizite „Verhaltensweisen“ geknüpft - der in den §§ 51-68 AO kodifizierte Handlungsrahmen gibt den gemeinnützigen Körperschaften die formelle und tatsächliche Ausgestaltung sowie die Grenzen Ihrer Betätigungen vor.[149] Die §§ 52-54 AO normieren den Inhalt und die §§ 55-57 AO die Modalitäten der steuerbegünstigten Zweckverfolgung.[150] Gemeinnützige Einrichtungen müssen demnach kumulativ die Gebote der Selbstlosigkeit (§ 55 AO), der Ausschließlichkeit (§ 56 AO) und der Unmittelbarkeit (§ 57 AO) einhalten. Flankierend listet § 58 AO abschließend Tätigkeiten auf, die diese Grundsätze des Gemeinnützigkeitsrechts zwar durchbrechen, aber die Steuerbegünstigung dennoch nicht ausschließen. Sofern die Körperschaft für einen bestimmten Veranlagungszeitraum nicht alle Anforderungen des Gemeinnützigkeitsrechts erfüllt, wird die Steuerbegünstigung nur für den zu beurteilenden Veranlagungszeitraum versagt.[151]

Von besonderer Bedeutung ist das Gebot der Selbstlosigkeit. Neben der zeitnahen und grundsätzlich ausschließlichen Mittelverwendung für satzungsgemäße Zwecke sowie dem Gewinnausschüttungs- bzw. Zuwendungsverbot an Mitglieder oder Gesellschafter der Körperschaft schreibt das Selbstlosigkeitsgebot u.a. insbesondere vor, dass die steuerbegünstigte Körperschaft nicht in erster Linie eigenwirtschaftliche Zwecke - bspw. gewerbliche Zwecke oder sonstige Erwerbszwecke - verfolgen darf (vgl. § 55 Abs. 1 AO).[152] Infolgedessen ist den steuerbegünstigten Körperschaften eine eigennützige Verwendung von Gewinnen untersagt.[153] Im Gegensatz zu den gewerblichen Wirtschaftsunternehmen

---

149 Metaphorisch wird dies zutreffend als „Korsett der Gemeinnützigkeit“ bezeichnet. *Strahl*, KÖSDI 2004, 14291, 14291; Strahl, FR 2004, 72, 74.

150 *Jachmann/Unger* in: Beermann/Gosch, AO FGO, § 57, Rz. 1; *Pöllath/Richter* in: Seifart/von Campenhausen, Stiftungsrechts-Handbuch, § 43.

151 BMF-Schreiben v. 15.2.2002, IV C 4 - S 0174 - 2/01, BStBl. I 2002, 267; BFH, Beschluss v. 2011, I R 59/09, DStR 2011, 20, Leitsatz. Die Gemeinnützigkeit kann unter den Voraussetzungen des § 61 Abs. 3 AO auch für mehrere Veranlagungszeiträume versagt werden. Ein derartiger Anwendungsfall liegt bspw. vor, wenn eine gGmbH die aus der gemeinnützigen Tätigkeit erzielten Gewinne überwiegend verdeckt an ihre steuerpflichtigen Gesellschafter ausschüttet (schwerwiegender Verstoß gegen die Selbstlosigkeit nach § 55 Abs. 1 Nr. 1 bis 3 AO). BFH, Beschluss v. 2011, I R 59/09, DStR 2011, 20, Leitsatz

152 Die eigenwirtschaftlichen Zwecke sind stets lediglich Nebenzweck und dem steuerbegünstigten Hauptzweck untergeordnet. *Woitschell* in: Ernst & Young AG, KStG, § 5 Abs. 1 Nr. 9, Rz. 401ff.

153 *Bundesministerium der Finanzen*, Abgabenrechtliche Privilegierung gemeinnütziger Zwecke auf dem Prüfstand, 2006, 36.

streben die gemeinnützigen Einrichtungen nicht primär nach Gewinnen.[154] Nach Ansicht des BFH ist die gemeinnützige Körperschaft „nach §§ 52, 55 der AO selbstlos tätig und handelt daher ohne Gewinnstreben."[155]

Die Finanzverwaltung hat aus dem Gebot der Selbstlosigkeit die sog. Geprägetheorie entwickelt.[156] Danach ist zwischen den steuerbegünstigten Tätigkeiten und den wirtschaftlichen Tätigkeiten im Rahmen eines wirtschaftlichen Geschäftsbetriebs zu gewichten, wobei letztere Tätigkeiten der gemeinnützigen Einrichtung im Rahmen einer Gesamtbetrachtung nicht das Gepräge geben dürfen.[157] Andernfalls droht der Körperschaft nach Denkweise der Finanzverwaltung in toto der Verlust Ihrer Steuerbegünstigung.

Die strikte Position der Finanzverwaltung findet in der BFH-Rechtsprechung jedoch keine Stütze. Die höchstrichterliche Rechtsprechung führt - m.E. folgerichtig - aus, dass eine Körperschaft nicht allein deswegen gegen die Selbstlosigkeit verstößt, weil sie einen wirtschaftlichen Geschäftsbetrieb unterhält und die nicht begünstigten (wirtschaftlichen und auf Gewinnerzielung gerichteten Tätigkeiten) die steuerbegünstigten Aktivitäten übersteigen.[158] Entscheidend ist vielmehr, ob das Vermögen der gemeinnützigen Körperschaft zweckgerichtet für die ideellen Zwecke eingesetzt wird und die Einnahmen des wirtschaftlichen Geschäftsbetriebs zeitnah für die steuerbegünstigte, satzungsgemäße Tätigkeit verwendet werden.[159] Wenn wirtschaftliche Tätigkeiten die Einkünfte erhöhen und die Mittel zur Förderung des gemeinnützigen Satzungszwecks verwendet werden, sind die wirtschaftlichen Tätigkeiten nicht gemein-

---

154 *Orth*, Stiftung&Sponsoring Rote Seiten 1999, 5/1999, 1, 3; *Wörle-Himmel*, Stiftung&Sponsoring Rote Seiten 2007, 2/2007, 1, 2; *Widmann* in: Plückebaum/Widmann, UStG, § 12, Rz. 1163.

155 BFH, Urteil v. 2.3.2011, XI R 21/09, DStR 2011, 1179, Rz. 30.

156 AEAO Nr. 2 zu § 55 Abs. 1 Nr. 1.

157 Für die Geprägetheorie ist der jeweilige Zeit- und Personalaufwand entscheidend. OFD Frankfurt/Main v. 6.8.2003, S 0174 A - 20 - St II 1.03, DB 2003, 1932, 1932; BFH, Urteil v. 4.4.2007, I R 76/05, BStBl. II 2007, 631; *Strahl*, KÖSDI 2008, 16130, 16131. Vgl. zur Kritik an der Geprägetheorie der Finanzverwaltung an Stelle vieler *Hüttemann*, Gemeinnützigkeits- und Spendenrecht, 2008, § 4, Rz. 95. Umfassend zu der in der Praxis streitanfälligen Geprägetheorie und den verschiedenen Lösungsansätzen vgl. *Wallenhorst*, DStR 2009, 717, 717ff. und *Weitemeyer/Mager*, Geprägetheorie im Gemeinnützigkeitsrecht, in: Hüttemann/Rawert/Schmidt/Weitemeyer, Non Profit Law Yearbook 2008, 2009, 69, 69ff.

158 BFH, Urteil v. 15.7.1998, I R 156/94, DStR 1998, 1710 1. Leitsatz ; BFH, Urteil v. 4.4.2007, I R 76/05, BStBl. II 2007, 631, Rz. 28.

159 BFH, Urteil v. 4.4.2007, I R 76/05, BStBl. II 2007, 631, Rz. 28.

nützigkeitsschädlich, außer sie werden in der Gesamtschau zum Selbstzweck und verletzen dadurch das Ausschließlichkeitsgebot des § 56 AO.[160]

Dient der wirtschaftliche Geschäftsbetrieb der Mittelbeschaffung zur Erfüllung der gemeinnützigen Aufgabe, ist er nach zutreffender Ansicht des BFH gemeinnützigkeitsrechtlich unschädlich.[161] Ist der wirtschaftliche Geschäftsbetrieb dagegen nicht mehr dem gemeinnützigen Zweck untergeordnet, „sondern ein davon losgelöster Zweck oder gar der Hauptzweck der Betätigung der Körperschaft," liegt ein Verstoß gegen § 56 AO vor - die Körperschaft ist insgesamt steuerpflichtig.[162] Da das BFH-Urteil v. 4.4.2007 im BStBl. II 2007 veröffentlicht wurde, ist es für die Finanzverwaltung verbindlich und steht daher im Widerspruch zu den Ausführungen des AEAO. Seit geraumer Zeit plant die Finanzverwaltung den AEAO zu §§ 51 - 68 AO zu überarbeiten. Es ist zu erwarten, dass die strikte Auffassung zur Geprägetheorie revidiert, bzw. vollständig gestrichen wird.

3.2.1.2 Steuerliche Sphären und (Weiter-) Bildungsleistungen steuerbegünstigter Körperschaften

Gemeinnützige Bildungseinrichtungen verfolgen satzungsgemäß den gemeinnützigen Zweck der Förderung der Bildung gem. § 52 Abs. 2 S. 1 Nr. 7 AO.[163]

---

160 BFH, Urteil v. 4.4.2007, I R 76/05, BStBl. II 2007, 631, Rz. 28 und Rz. 29. Zustimmend *Eversberg/Baldauf*, DStZ 2011, 597, 599, dortige Fußnote 7.

161 BFH, Urteil v. 4.4.2007, I R 76/05, BStBl. II 2007, 631, Rz. 30.

162 BFH, Urteil v. 4.4.2007, I R 76/05, BStBl. II 2007, 631, Rz. 30.

163 Bildung ist die Vermehrung der Kenntnisse und Fähigkeiten des Einzelnen in den Bereichen Allgemeinbildung, Studium, (Berufs-) Ausbildung oder Fortbildung (berufliche Weiterbildung) und Erwachsenenbildung. Vgl. dazu FG Schleswig-Holstein v. 22.3.1996, I 535/92, EFG 1996, 940, rechtskräftig (mit Verweis auf *Frotscher* in Schwarz, AO, § 52 und auf *Tipke/Kruse*, AO, 16. Auflage, § 52); *Buchna/Seeger/Brox*, Gemeinnützigkeit im Steuerrecht, 2010, 73f.; *Leisner-Egensperger* in: Hübschmann/Hepp/Spitaler, AO FGO, § 52 AO, Rz. 152; *Sauter/Voigt de Oliveira* in: Erle/Sauter, KStG, § 5, Rz. 71, 217; *Schauhoff* in: Schauhoff, Handbuch der Gemeinnützigkeit, § 6, Rz. 54; *Wallenhorst* in: Wallenhorst/Halaczinsky, Besteuerung gemeinnütziger Vereine, Stiftungen und der jPdöR, 236. Dagegen differenzieren *Geserich* und *Hüttemann* zwischen der Bildung und Erziehung i.S.v. § 52 Abs. 2 Nr. 7 AO (schulische Aus- und Berufsbildung oder Fortbildung, Allgemein- und Erwachsenenbildung) und der Abhaltung von Lehrveranstaltungen an wissenschaftlichen Hochschulen (Universitäten und Fachhochschulen). Universitäre Lehrveranstaltungen im Rahmen eines Studiums stellen eine wissenschaftliche Tätigkeit dar. Im Gegensatz zu den Bildungsangeboten nach § 52 Abs. 2 Nr. 7 AO qualifiziert die inhaltlich, systematisch und methodisch tiefergehende Wissensvermittlung der Lehrveranstaltungen an wissenschaftlichen Hochschulen für Forschungstätigkeiten. Infolgedessen sind diese Lehrveranstal-

Werden die Bildungsleistungen unentgeltlich angeboten, sind diese dem ideellen Bereich des steuerbegünstigten Anbieters zuzuordnen.[164] In der Praxis erfolgen Weiterbildungsangebote überwiegend gegen Entgelt und begründen für die Körperschaft grundsätzlich einen steuerpflichtigen wirtschaftlichen Geschäftsbetrieb.

Führt die Körperschaft - satzungsgemäß - den Vortrag, Kurs oder die Veranstaltung wissenschaftlicher oder belehrender Art gegen Entgelt selbst durch, liegt ein steuerbegünstigter (Bildungs-) Zweckbetrieb nach § 68 Nr. 8 AO vor. Dabei muss sich die gemeinnützige Bildungsmaßnahme des Zweckbetriebs gem. § 52 Abs. 1 AO an die Allgemeinheit richten. „Die Bildung einzelner Personen, bspw. der Einzelunterricht im Rahmen von Nachhilfeangeboten, oder aber die innerbetrieblichen Seminare, die speziell auf die Interessen eines einzelnen Unternehmens zugeschnitten werden, fallen nicht in den Bereich der steuerbegünstigten Tätigkeit, es sei denn, allein aus organisatorischen Gründen wird dieselbe Weiterbildungsveranstaltung, die sich an die Allgemeinheit richtet, sukzessive für mehrere Gruppen durchgeführt."[165] Zweckbetriebsgewinne sind nach § 5 Abs. 1 Nr. 9 KStG und § 3 Nr. 6 GewStG (ertrag-) steuerbefreit. Wettbewerbsaspekte spielen bei der Qualifikation als steuerbegünstigter Zweckbetrieb gem. § 68 Nr. 8 AO keine Rolle.[166]

Allerdings könnte die Wettbewerbsrelevanz steuerbegünstigter Tätigkeiten im Rahmen der besonderen Zweckbetriebe gem. §§ 66 - 68 AO im Einzelfall

---

tungen unter dem gemeinnützigen Zweck der Förderung von Wissenschaft und Forschung nach § 52 Abs. 2 Nr. 1 AO zu subsumieren. *Geserich* in: Kirchhof/Söhn/Mellinghoff, EStG, § 10b, Rz. B 110; *Hüttemann*, Gemeinnützigkeits- und Spendenrecht, 2008, § 3, Rz. 84. Hinsichtlich der umsatzsteuerrechtlichen Behandlung von Weiterbildungsleistungen steuerbegünstigter Bildungseinrichtungen - unter Berücksichtigung des vorrangigen Gemeinschaftsrechts - entfaltet die dargestellte Differenzierung zwischen schulischen und universitären Lehrveranstaltungen keine Relevanz.

164 Bspw. hat die gemeinnützige Absolventenvereinigung der wirtschaftswissenschaftlichen Fakultät der Albert-Ludwigs-Universität Freiburg, *„Freiburger Wirtschaftswissenschaftler - Absolventenvereinigung e.V.“*, in der Vergangenheit pro Semester mehrere (wirtschafts-) wissenschaftliche Vorträge unentgeltlich angeboten. Die Veranstaltungen standen dabei der Allgemeinheit offen und wurden u.a. über die Website des Vereins und durch Aushänge angekündigt.

165 *Schauhoff* in: Schauhoff, Handbuch der Gemeinnützigkeit, § 7, Rz. 103.

166 BFH, Urteil v. 4.6.2003, I R 25/02, BStBl. II 2004, 660; *Hüttemann*, Gemeinnützigkeits- und Spendenrecht, 2008, § 6, Rz. 270; *Strahl*, NWB 2008, 4, 5293, 5296; *Buchna/Seeger/Brox*, Gemeinnützigkeit im Steuerrecht, 2010, 341 und 398; *Eversberg/Baldauf*, DStZ 2011, 597, 600; *Hey* in: Tipke/Lang, Steuerrecht, § 20, Rz. 8; *Sauer* in: Beermann/Gosch, AO FGO, § 68 AO, Rz. 2.3; *Schauhoff* in: Schauhoff, Handbuch der Gemeinnützigkeit, § 7, Rz. 90 und Rz. 103.

dazu führen, dass der Beihilfentatbestand des Art. 107 AEUV (ehemals Art. 87 EG) verwirklicht wird.[167] Die (einzelne Zweckbetriebs-) Vergünstigung stellt gleichwohl nur dann eine unzulässige, verbotene Beihilfe dar, soweit sie sich nicht durch einen der Ausnahmetatbestände des Art. 107 Abs. 2 oder Abs. 3 AEUV legitimiert.[168] Das Schrifttum[169] rechtfertigt die gemeinnützigkeitsrechtlichen Beihilfen über Art. 107 Abs. 3 b) AEUV. Demnach ist die gemeinnützige Zweckverfolgung - vorbehaltlich der Genehmigung durch die Europäischen Kommission[170] - als eine mit dem Gemeinsamen Markt vereinbare „Beihilfe zur Förderung wichtiger Vorhaben von gemeinsamem europäischem Interesse" zu qualifizieren.

Flankierend zur Begünstigung der (wissenschaftlichen oder belehrenden) Bildungsleistung erstreckt sich der Bildungszweckbetrieb nach § 68 Nr. 8 AO zudem auf den Teilnehmern gewährte Beherbergungs- und Beköstigungsleistungen[171].[172] Die Zuordnung von Leistungen zu dem Bildungszweckbetrieb kann

---

167 *Heger* in: Gosch, KStG, § 5, Rz. 244; *Helios* in: Schauhoff, Handbuch der Gemeinnützigkeit, § 22, Rz. 79; *Hey* in: Tipke/Lang, Steuerrecht, § 20, Rz. 2; *Hüttemann*, Gemeinnützigkeits- und Spendenrecht, 2008, § 1, Rz. 119; *Kühling/Pisal* in: Hüttemann/Rawert/Schmidt/Weitemeyer, Non Profit Law Yearbook 2009, 2010, 115, 117; *Jachmann*, Gemeinnützigkeit in Europa, 2006, 52; *Jachmann/Unger* in: Beermann/Gosch, AO FGO, Vor §§ 51 - 68 AO, Rz. 148.

168 *Hüttemann*, Gemeinnützigkeits- und Spendenrecht, 2008, § 1, Rz. 120; *Droege*, Gemeinnützigkeit im offenen Steuerstaat, 2010, 523.

169 *Jachmann*, Gemeinnützigkeit in Europa, 2006, 53f.; *Hüttemann*, Gemeinnützigkeits- und Spendenrecht, 2008, § 1, Rz. 120; *Helios* in: Schauhoff, Handbuch der Gemeinnützigkeit, § 22, Rz. 87ff. m.w.N. dortige Fußnote 160; *Droege*, Gemeinnützigkeit im offenen Steuerstaat, 2010, 524. Kritisch zur Legitimation *Kühling/Pisal* in: Hüttemann/Rawert/Schmidt/Weitemeyer, Non Profit Law Yearbook 2009, 2010, 115, 115ff.

170 Beihilfen nach Art 107 Abs. 2 AEUV sind de jure mit dem Gemeinsamen Markt vereinbar, wohingegen die Vereinbarkeit von Beihilfen nach Art 107 Abs. 3 AEUV in der Hand der Europäischen Kommission liegt. Der Kommission steht diesbezüglich ein Beurteilungsspielraum zu, der sich in der Form von Leitlinien und Gemeinschaftsrahmen niederschlägt. *Von Wallenberg* in: Grabitz/Hilf, Recht der EU EGV Art. 87, Rz. 102ff.

171 § 68 Nr. 8 AO wurde im Jahr 1979 eingeführt. Die Rechtsfolge, dass die Veranstaltungen wissenschaftlicher oder belehrender Art von gemeinnützigen Körperschaften als Zweckbetrieb zu behandeln sind, hat nach Ansicht des Gesetzgebers lediglich klarstellenden Charakter und „läßt sich unmittelbar aus § 65 [AO] herleiten". Entscheidend für die Einführung des § 68 Nr. 8 AO war nach dem Willen des Gesetzgebers wohl vielmehr der Einbezug entgeltlicher Beherbergungs- und Beköstigungsleistungen (gegenüber den Veranstaltungsteilnehmern) in den Zweckbetrieb. Die Veranstaltungen wissenschaftlicher oder belehrender Art werden dadurch besser gefördert, da die Beherbergungs- und Beköstigungsleistungen mit dem ermäßigten Umsatzsteuersatz abzurechnen sind und „Zuschüsse und Spenden ohne Gefahr für die Gemeinnützigkeit zur Deckung

auch auf die umsatzsteuerliche Behandlung ausstrahlen. Soweit die Leistungen umsatzsteuerbar und nicht steuerbefreit sind, ist nach nationalem Umsatzsteuerrecht die Anwendung des ermäßigten Steuersatzes nach § 12 Abs. 2 Nr. 8 a) UStG zu prüfen.

3.2.2. Eigennützige Weiterbildungseinrichtungen

Die übrigen privatrechtlichen Anbieter von (Weiter-) Bildungsleistungen sind dagegen kommerziell orientiert und verfolgen erwerbswirtschaftliche Zwecke, d.h. sie werden mit Gewinnerzielungsabsicht tätig und verwenden den erzielten Gewinn eigennützig. Die Anbieter firmieren regelmäßig als Kapitalgesellschaft, meist als GmbH oder AG. Beispielhaft können angeführt werden: die Unternehmen der Klett Gruppe (u.a. FORUM Institut für Management GmbH oder ILS Institut für Lernsysteme GmbH)[173], Euroforum Deutschland SE, Semigator AG[174] oder die „AKAD. Die Privat-Hochschulen GmbH“[175]. Weitere Weiterbil-

---

von Kosten im Bereich der Beherbergung und Beköstigung von Veranstaltungsteilnehmern verwendet werden“ können. BT-Drs. 8/2827, Beschlußempfehlung und Bericht des Finanzausschusses (7. Ausschuß) zu dem von der Bundesregierung eingebrachten Entwurf eines Umsatzsteuergesetzes (UStG 1979), 79. Allerdings wird mit den Beherbergungs- oder Beköstigungsleistungen nicht direkt der steuerbegünstigte Bildungszweck verwirklicht. Infolge der Erweiterung des § 12 Abs. 2 Nr. 8 a) UStG um einen Satz 3 ist künftig nach den Vorgaben des BMF-Schreiben v. 9.2.2007, IV A 5 - S 7242a/07/0001, BStBl. I 2007, 218 (in Abschn. 12.9 Abs. 8 bis Abs. 15 UStAE eingegangen) die Anwendung des Regelsteuersatzes auf Beherbergungs- oder Beköstigungsleistungen zu prüfen.

172 Sollten diese Pensionsleistungen auch gegenüber Nichtteilnehmern erbracht werden, begründen die Beherbergungs- und Beköstigungsleistungen insgesamt einen eigenständigen steuerpflichtigen wirtschaftlichen Geschäftsbetrieb, der kein Zweckbetrieb sein kann. BFH, Urteil v. 11.4.1990, I R 122/87, BStBl. II 1990, 724.

173 Die Stuttgarter Klett Gruppe ist nach eigenen Angaben der führende private Anbieter im deutschen Weiterbildungsmarkt. Das Weiterbildungsangebot der Gruppe besteht neben dem Seminargeschäft (Seminare, Konferenzen und Kongresse) der FORUM Institut für Management GmbH im Betrieb von mehreren in- und ausländischen Fernschulen und Fernhochschulen. Das Fernschul- und Hochschulgeschäft der Gruppe bündelt die Deutsche Weiterbildungsgesellschaft mbH (DWG). Dieser Holdinggesellschaft sind neben dem ILS u.a. die Deutsche Universität für Weiterbildung (DUW) und die Studiengemeinschaft Darmstadt zuzuordnen. Vgl. http://www.dwg.de/ und http://www.klett-gruppe.de/startseite.30.htm, jeweils abgerufen am 17.01.2011.

174 Die Semigator AG bietet selbst keine Weiterbildungsleistungen an. Stattdessen fungiert sie als Dienstleisterin, die verschiedenste Seminar- und Weiterbildungsleistungen von Dritten auf einer Online-Plattform bündelt. Nach eigenen Angaben größter Aktionär ist die Verlagsgruppe Handelsblatt GmbH & Co. KG.

dungseinrichtungen sind u.a. die Fernlehrinstitute[176] oder ausgegliederte Bildungsabteilungen einzelner Unternehmen.[177] Ferner bieten auch gewerbliche Unternehmen zu den von ihnen vertriebenen Produkten entsprechende (Produkt) Schulungen an, die als berufliche Weiterbildungsleistungen qualifiziert werden können.[178]

Die Heterogenität der Anbieter von Bildungsleistungen kann an dem Beispiel der sogenannten Fachberaterlehrgänge verdeutlicht werden.[179] Diese spezielle Bildungsleistung wird kompetitiv u.a. von einer gemeinnützigen Körperschaft (e.V.), einer erwerbswirtschaftlichen GmbH & Co. KG und von staatlichen Hochschulen angeboten.[180]

4. Weiterbildungsleistungen

4.1 Grundlegende Merkmale

Das Angebot an (Weiter-) Bildungsleistungen ist äußerst vielfältig. Grundsätzlich kann die einzelne Weiterbildungsleistung von dem komplexen Weiterbildungsangebot, bestehend aus mehreren Weiterbildungsleistungen, unterschieden werden.[181] Bspw. stellt ein berufsbegleitender, modular aufgebauter Masterstudiengang einer Hochschule, ein komplexes Weiterbildungsangebot dar, wenn ein einzelnes Modul als Fachberaterlehrgang und damit als eigenständige Wei-

---

175 Die AKAD ist ein privater Fernhochschulverbund und ein Teil der Cornelsen-Verlagsgruppe. Das Angebot der AKAD umfasst berufsbegleitende Weiterbildungsstudiengänge (staatlich anerkannt und akkreditiert), Sprachlehrgänge, kompakte Fachlehrgänge für die berufliche Weiterbildung und maßgeschneiderte Weiterbildungsangebote für Firmen. Vgl. http://www.akad.de/ abgerufen am 17.01.2011.

176 Bspw. die Fernschulen der Klett Gruppe: die SGD Studiengemeinschaft Darmstadt GmbH, das ILS Institut für Lernsysteme GmbH und die Fernakademie für Erwachsenenbildung GmbH.

177 Die betriebliche Funktion der Aus- und Weiterbildung wurde von dem produzierenden Unternehmen auf eine rechtlich selbstständige Tochtergesellschaft ausgegliedert. Üblicherweise handelt es sich um (100%-ige) Tochtergesellschaften wie die VW Coaching GmbH der Volkswagen AG oder die RAG Bildung GmbH der RAG AG.

178 Bspw. der Microsoft Certified Systems Engineer (MCSE) des amerikanischen Softwareproduzenten Microsoft.

179 Vgl. für die Fachberaterlehrgänge die Ausführungen in der Fußnote 186.

180 *Kudert*, DStR 2009, 553, 553.

181 *Knust*, Geschäftsmodelle der wissenschaftlichen Weiterbildung, 2006, 25. Alternative Kriterien der Differenzierung sind Standardisierung und Komplexität der Weiterbildungsangebote. *Hagenhoff*, Universitäre Bildungskooperationen, 2002, 152; *Knust*, Geschäftsmodelle der wissenschaftlichen Weiterbildung, 2006, 25.

terbildungsleistung konzipiert wurde.[182] Nach der Analyse des Projektes Weiterbildungskataster fokussieren die Angebote auf dem Weiterbildungsmarkt überwiegend in dem Segment der beruflichen Weiterbildung.[183]

Im Zusammenhang mit der Bildungsleistung stehen die entsprechenden Lernaktivitäten. Idealtypisch wird differenziert zwischen formalen und nonformalen/informellen Lernaktivitäten.[184] Das formale Lernen findet geplant und strukturiert durch Bildungseinrichtungen statt und endet mit anerkannten Abschlüssen, wohingegen nicht-formales Lernen jede Art von Lernen - ohne formalen Abschluss - darstellt.[185]

Klassische Weiterbildungsangebote sind berufsqualifizierende Lehrgänge oder Kurse.[186] Des Weiteren werden u.a. folgende Weiterbildungsleistungen angeboten: Einzelvorträge, Tagungen, Workshops, Studienreisen, Kolloquien,

---

182 *Kudert*, DStR 2009, 553, 553.

183 Von den in der Studie berücksichtigen knapp 16.800 (Weiter-) Bildungseinrichtungen bieten 56 % der Anbieter ausschließlich berufliche Weiterbildung an. Allgemeine, politische oder kulturelle Weiterbildung werden lediglich von 6 % der Einrichtungen angeboten. Das restliche Drittel der Bildungseinrichtungen bietet beide Weiterbildungsformen an. *Dietrich/Schade/Behrensdorf*, Projekt Weiterbildungskataster, http://www.diebonn.de/doks/dietrich0803.pdf, 2.6.2008, abgerufen am 2.5.2011.

184 *Kommission der Europäischen Gemeinschaften*, Lebenslanges Lernen, 30.10.2000, 9; *Knust*, Geschäftsmodelle der wissenschaftlichen Weiterbildung, 2006, 22; *KMK*, Bildungswesen 2007, 2008, 192.

185 *Dohmen*, Das lebenslange Lernen, 1996, 29; *Kommission der Europäischen Gemeinschaften*, Lebenslanges Lernen, 30.10.2000, 9; *Knust*, Geschäftsmodelle der wissenschaftlichen Weiterbildung, 2006, 22. Im Jahr 2007 haben 43 % der Bundesbevölkerung an nicht-formalen Weiterbildungsmaßnahmen (bspw. Kurse, Vorträge, Seminare oder angeleitete Ausbildung am Arbeitsplatz) teilgenommen und 52 % haben informelle Lernaktivitäten (lesen von Büchern, Fachzeitschriften, Radio- und Fernsehsendungen u.ä.) verfolgt. Zur formalen Weiterbildung, d.h. anerkannte Abschlüsse von Lernaktivitäten im regulären Schul- und Hochschulwesen, finden sich keine Angaben. *Statistisches Bundesamt*, Weiterbildung - Ausgabe 2009, 13.

186 Ein bekanntes Beispiel ist der an die Berufsgruppe der Steuerberater adressierte Fachberaterlehrgang. Bei erfolgreichem Abschluss wird den Teilnehmern der Titel „Fachberater für Zölle und Verbrauchsteuern“ oder „Fachberater für Internationales Steuerrecht“ - als Zusatz zur Berufsbezeichnung „Steuerberater“ - amtlich verliehen. Im Bereich anderer Berufsgruppen, bspw. bei Juristen oder Medizinern, stellt die Möglichkeit der Spezialisierung durch entsprechende Lehrgänge den Normalfall dar. *Schmidt-Keßeler*, DStR 2007, 825, 825ff.; *Kudert*, DStR 2009, 553, 553. Nach der statistischen Analyse von *Herzig* dominieren bei der Steuerberaterfortbildung der Besuch betriebsexterner Seminare/Tagungen und das Selbststudium der einschlägigen Fachzeitschriften. *Herzig*, Steuerberateraus- und -fortbildung, 2008, 177ff. Dieses Ergebnis deckt sich mit den Aussagen von *Sommer*, DStR 2004, 745, 746.

Symposien oder Zertifikatsprogramme - bspw. in Form von Abend- und Wochenendkursen, Sommerakademien oder Seminarveranstaltungen - und auch postgraduale Weiterbildungsstudiengänge[187]. Aus Anbietersicht scheinen Wei-

187 Seit 1998 ist die Förderung der wissenschaftlichen Weiterbildung gem. § 2 HRG eine der Primäraufgaben staatlicher Hochschulen und der privaten, als staatliche Hochschule anerkannten Einrichtungen des Bildungswesens (bezüglich der Anerkennung von Einrichtungen vgl. § 70 HRG). Aufgrund der Kulturhoheit der Bundesländer steht es diesen frei, in den jeweiligen Landesgesetzen über das HRG hinausgehende Detailregelungen zu verabschieden. Nach § 31 LHG-BW „sollen" die Hochschulen in Baden-Württemberg Weiterbildungsangebote entwickeln. Wissenschaftliche Weiterbildungsangebote sind dabei in zwei unterschiedlichen Formen durchzuführen: als postgradualer nicht konsekutiver Studiengang für Absolventen eines ersten Hochschulabschlusses oder als sog. Kontaktstudium. Der postgraduale Studiengang vermittelt einen (zusätzlichen) akademischen Grad. Die Vorgaben für diesen Hochschulabschluss regeln die von der Hochschule erlassenen Studien- und Prüfungsordnungen. Flankierend muss die Hochschule eine Zulassungsordnung erlassen, die die Zugangsvoraussetzungen entsprechend den Regelungen bei grundständigen Studiengängen normiert. Die Teilnehmer eines Weiterbildungsstudiengangs sind ordentliche Studierende, die an der jeweiligen Hochschule immatrikuliert und in deren Studien- und Lehrbetrieb eingebettet sind. Demnach muss die Hochschule ebenfalls eine Gebührensatzung erlassen. Gem. § 13 Abs. 1 LHGebG-BW erheben die Hochschulen für einen postgradualen, nicht konsekutiven Studiengang Studiengebühren i.H.v. mindestens 500,- € je Semester. Die max. Höhe der Studiengebühr resultiert aus dem geltenden Kostendeckungs- und Äquivalenzprinzip gem. § 2 Abs. 3 LHGebG-BW i.V.m. § 7 Abs. 2 LGebG-BW. Zulassung und Ausschluss der Studierenden basieren somit auf öffentlich-rechtlichen Sonderregelungen. Zwischen Hochschule und Studierenden besteht ein Über-/Unterordnungsverhältnis. Bei Streitigkeiten ist den Studierenden der Verwaltungsrechtsweg eröffnet. Letztlich erfordert die Einrichtung, Änderung und Aufhebung des Studiengangs die Zustimmung des Wissenschaftsministeriums und eine Akkreditierung durch eine anerkannte Einrichtung. Dem postgradualen nicht konsekutiven Weiterbildungsstudiengang steht das Kontaktstudium diametral gegenüber. Es zielt auf die Vertiefung und Ergänzung berufspraktischer Erfahrungen ab (nach § 31 Abs. 3 S. 1 LHG-BW) und ist nach § 31 Abs. 3 S. 4 LHG-BW privatrechtlich ausgestaltet. Die Regelungen über Studiengänge finden keine Anwendung. Nach erfolgreicher Abschlussprüfung erhalten die Teilnehmer lediglich ein Zertifikat bzw. eine Teilnahmebescheinigung von der Hochschule. Für Kontaktstudien können die Hochschulen gem. § 14 LHGebG-BW privatrechtliche Entgelte erheben. Die Hochschulen sind bei der Entgelthöhe nicht durch gesetzliche Vorgaben eingeengt. Stattdessen können sich die Entgelte an den Marktpreisen orientieren. Der Kategorie Kontaktstudien wären demnach die Zertifikatskurse von Hochschulen zuzuordnen. Vgl. Abbildung 6, Anhang XXX. *Kalous* in: Haug, Hochschulrecht in Baden-Württemberg, Kapitel 3, Rz. 636ff., 215ff und *Faisst* in: Haug, Hochschulrecht in Baden-Württemberg, Kapitel 5, Rz. 1292f., 469f. Für eine umsatzsteuerrechtliche Beurteilung hin-

terbildungsleistungen, die sich an Juristen und/oder Wirtschaftswissenschaftler richten, finanziell besonders lukrativ zu sein.[188]

Ergänzend zur Wissensvermittlung erhalten die Teilnehmer bei erfolgreichem Abschluss der Bildungsleistung eine Bescheinigung. Diese enthält u.a. die absolvierten Inhalte und die vermittelte Qualifikation bzw. erbrachte und/oder bestandene (Prüfungs-) Leistungen. Üblicherweise wird die Bescheinigung als Zeugnis, Zertifikat oder Teilnahmebescheinigung bezeichnet. Dagegen können die Teilnehmer von postgradualen, weiterbildenden Studiengängen, die staatliche oder staatlich anerkannte Hochschulen anbieten, bei erfolgreichem Abschluss einen akademischen (Master-) Grad erwerben. Die Bandbreite der Bescheinigung reicht demnach von bloßen Teilnahmezertifikaten bis zu Zeugnissen und Urkunden im Falle privater aber zugleich staatlich anerkannter bzw. staatlicher Abschlüsse.

Ferner sind einzelne (Weiter-) Bildungsleistungen ausschließlich auf Wissensvermittlung zur Prüfungsvorbereitung gerichtet. In diesen Fällen benötigt der Teilnehmer regelmäßig keine Teilnahmebescheinigung für seine Unterlagen.[189] Die Vielfalt der möglichen Bescheinigungen spiegelt die heterogene Anbieterstruktur des Weiterbildungssektors wieder. Bislang fehlt in Deutschland ein einheitliches, standardisiertes Zertifizierungssystem. Infolgedessen sind die im Rahmen der Weiterbildung erworbenen Kenntnisse und Fähigkeiten nur eingeschränkt vergleichbar.[190]

---

sichtlich der Steuerbarkeit vgl. Kapitel D. und bezüglich einer möglichen Steuerbefreiung vgl. Kapitel E.

188 *Pawelek*, Wahrnehmung hoheitlicher Hochschulaufgaben durch private Weiterbildungseinrichtungen, 2009

189 Bspw. in den Fällen der Repetitorien zur Vorbereitung auf die beiden Staatsexamensprüfungen in dem Bereich der Rechtswissenschaften oder der Vorbereitungskurse auf die Steuerberaterprüfung. Dagegen sollten berufliche Weiterbildungsmaßnahmen stets durch Teilnahmezertifikate gegenüber dem (aktuellen oder zukünftigen) Arbeitgeber nachgewiesen werden. Hinsichtlich einer Analyse der Aus- und Fortbildung von Steuerberatern vgl. *Herzig*, Steuerberateraus- und -fortbildung, 2008.

190 Auf europäischer Ebene wurde Ende 2004 ein einheitliches Rahmenkonzept zur Förderung der Transparenz bei Qualifikationen und Kompetenzen (*Europass*) verabschiedet. Das Rahmenkonzept basiert auf einem Portfolio verschiedener, vorgegebener Europass-Dokumente, die die relevanten individuellen Fähigkeiten und Qualifikationen der Bürger beinhalten. Das Europass-Konzept ist nicht verpflichtend, sondern basiert auf der freiwilligen Inanspruchnahme durch die Bürger. Vgl. die Entscheidung Nr. 2241/2004/EG des Europäischen Parlaments und des Rates v. 15.12.2004, ABl. 2004, L 390/6.

4.2 Stilisierte Weiterbildungsleistungen

Hinsichtlich einer Analyse der umsatzsteuerlichen Implikationen von Kooperationen auf dem Weiterbildungsmarkt sind die vielfältigen Weiterbildungsmaßnahmen zu typisieren. Die Arbeit beschränkt den Fortgang der Untersuchung auf drei stilisierte Weiterbildungsangebote. Betrachtet werden:

- ein postgradualer Weiterbildungsstudiengang der mit einem akademischen Grad abschließt,[191]
- eine berufliche Weiterbildungsmaßnahme, in deren Rahmen den Teilnehmern Kenntnisse und Fähigkeiten für die weitere Ausübung eines Berufs vermittelt werden (i.S. einer Veranstaltung wissenschaftlicher oder belehrender Art, die zu einem gewissen Grad berufspraktische Erfahrung voraussetzt),
- eine allgemeinbildende Weiterbildungsmaßnahme, bei der die Freizeitgestaltung der Teilnehmer im Vordergrund steht (bspw. ein Töpferkurs oder ein Fremdsprachenkurs für den nächsten Urlaub).

Die gewählten „Produktklassen" resultieren u.a. aus unterschiedlicher Zielsetzung und Nutzen von beruflicher und allgemeiner Weiterbildung sowie der Qualität des erworbenen Abschlusses (akademischer Grad vs. Teilnahmebestätigung/Zertifikat).[192] Dementsprechend variieren die umsatzsteuerlichen Rechtsfolgen hinsichtlich der Qualifikation des Anbieters als Steuerpflichtiger/Unternehmer bzw. des gewählten Rechtskleids der Anbieterkooperation und der Tatbestandsmerkmale bedeutsamer Umsatzsteuerbefreiungen.

---

191 Von den bundesweit ca. 5.000 angebotenen konsekutiven und nicht konsekutiven Masterstudiengängen sind nach Angaben der Hochschulrektorenkonferenz lediglich 506 weiterbildende Masterstudiengänge, die sich an berufserfahrene Personen richten. Gem. den Angaben der *Stiftung zur Akkreditierung von Studiengängen* in Deutschland sind 243 der Weiterbildungsstudiengänge akkreditiert. *Hochschulrektorenkonferenz*, Einführung von Bachelor- und Masterstudiengängen - Sommersemester 2010, 2010, 18. Vgl. Abbildung 5, Anhang XXIX.

192 Der zeitliche Rahmen der Weiterbildungsleistungen (Einzelvortrag, Tagesveranstaltung oder mehrere Monate bzw. Semester) ist m.E. für die umsatzsteuerliche Beurteilung nur eingeschränkt bzw. nicht von Bedeutung. Vgl. die Ausführungen in Kapitel D. und Art. 44 Durchführungsverordnung (EU) Nr. 282/2011 v. 15.3.2011, zur Festlegung von Durchführungsvorschriften zur Richtlinie 2006/112/EG über das gemeinsame Mehrwertsteuersystem; BFH, Urteil v. 7.10.2010, V R 12/10, BStBl. II 2011, 303, Rz. 18.

II. Kooperationen

1. Terminologische Grundlagen

Kooperationen waren bereits vielfach Gegenstand wissenschaftlicher Forschungsarbeiten.[193] Das breite Spektrum der Analysen umfasst u.a. das theoretische Fundament und die Motivation der Individuen hinsichtlich einer Zusammenarbeit,[194] kartellrechtliche Fragestellungen bezüglich einer möglichen Wettbewerbsbeschränkung durch Unternehmenskooperationen[195] sowie die Untersuchung von Kooperationen aus betriebswirtschaftlicher Sicht.[196] Steuerrechtliche Untersuchungen richten den Fokus regelmäßig auf die Fragestellungen grenzüberschreitender Kooperationen von gewerblichen, gewinnmaximierenden (erwerbswirtschaftlichen) Unternehmen.[197] Trotz der vielfältigen Analysen entwickelten Literatur und Wirtschaftspraxis kein einheitliches Begriffsverständnis und keine standardisierte Definition für das Phänomen der Kooperation.[198] Die einzelnen Autoren benutzen für Kooperationen teilweise synonym oder spezifi-

---

193 Eine Kooperation ist ein Grundphänomen des Rechts und bedeutet das gemeinsame („co“) Schaffen eines Werkes („opus“). *Schmidt*, Kommunale Kooperation, 2005, 617.

194 *Coase*, Journal of Law and Economics 1960, Volume 3, 1, 1ff.; *Balling*, Kooperation, 1998, 51ff.; *Axelrod*, Evolution der Kooperation, 2005 1ff.; *Swoboda*, Erklärungsperspektiven grundlegender Theorien, Ansätze und Konzepte im Überblick, in: Zentes/Swoboda/Morschett, Kooperationen, Allianzen und Netzwerke, 2005, 3, 3ff.

195 *Benisch*, Kooperationsfibel, 1973, 67ff.; *Gansweid*, Gemeinsame Tochtergesellschaften im deutschen Konzern- und Wettbewerbsrecht, 1976, 209ff.; *Wiedemann*, Gemeinschaftsunternehmen im deutschen Kartellrecht, 1981, 1ff.; *Schmidtchen*, Wettbewerb und Kooperation, in: Zentes/Swoboda/Moschett, Kooperationen, Allianzen und Netzwerke, 2005, 65, 65ff. ; *Rust* in: Gummert, Münchener Anwaltshandbuch Personengesellschaftsrecht, § 13 Kartellrecht, Rz. 114ff.

196 *Probst/Rüling* in: Schaumburg, Internationale Joint Ventures, 1999, 1, 1ff.; *Schmalen*, Grundlagen und Probleme der Betriebswirtschaft, 2002, 95ff.; *Stengel*, § 21 Joint-Ventures, in: Müller/Hoffmann, Beck'sches Handbuch der Personengesellschaften, 2002, 1241, ff.; *Jacobs*, Internationale Unternehmensbesteuerung, 2007, 1270ff.; *Schierenbeck/Wöhle*, Grundzüge der Betriebswirtschaftslehre, 2008, 58f.

197 *Von Hoffmann/Zweigert* in: Glossner/Reimers, FS Luther, 1976, 203, 204; *Mann*, Besteuerungsprobleme bei zwischenbetrieblicher Kooperation, in: Fischer, FS Scherpf, 1983, 201, 201; *Balling*, Kooperation, 1998; *Schulte/Pohl*, Joint-Venture-Gesellschaften, 2008.

198 *Benkenstein/Beyer*, Kooperationen im Marketing, in: Zentes/Swoboda/Morschett, Kooperationen, Allianzen und Netzwerke, 2005, 797, 799. Eine chronologische Übersicht verschiedener Definitionen der Bezeichnung „Kooperation“ ist einzusehen bei *Scholta*, Erfolgsfaktoren unternehmensübergreifender Kooperation, 2004, 12f.

zierend Termini wie Joint Venture,[199] strategische Allianzen,[200] Netzwerke,[201] Koalitionen und Koordinationen.[202]

Hinsichtlich der Analyse umsatzsteuerrechtlicher Implikationen im Weiterbildungsmarkt wird die Kooperation im folgenden als ein Joint Venture von mindestens zwei rechtlich und wirtschaftlich selbstständigen juristischen Personen (des öffentlichen oder des privaten Rechts)[203] zur gemeinsamen Verfolgung eines bestimmten unternehmerischen Ziels - dem Angebot von Weiterbildungsleistungen - definiert. Die Rechtsform der jeweiligen Kooperationspartner kann privatrechtlich oder öffentlich-rechtlich ausgestaltet sein.[204] Der Begriff Joint Venture wird speziell im Rahmen der grenzüberschreitenden Zusammenarbeit zwischen erwerbswirtschaftlichen Unternehmen verwendet,[205] kann aber auch auf eine inlandsbezogene Zusammenarbeit begrenzt sein. Im Rahmen der vorliegenden Arbeit werden ausschließlich Kooperationen im Inland betrachtet.

Joint Venture ist kein Rechtsbegriff[206] und nach nationalem Rechtsverständnis nicht durch eine eigene, spezielle Rechtsform charakterisiert.[207] Grundlegend

---

199 Das Joint Venture bezeichnet unternehmerische Kooperationen verschiedenster Art und leitet sich von „joint adventure" (gemeinsames Abenteuer/Wagnis) ab. *Baumanns/Wirbel* in: Gummert/Weipert, MünchHdb. GesR I, § 28 Joint Ventures, Rz. 1.

200 Eine „strategische Allianz" stellt nach Jacobs ein rein schuldrechtliches Vertrags-Joint Venture ohne gesellschaftsrechtliche Organisationseinbindung dar. *Jacobs*, Internationale Unternehmensbesteuerung, 2007, 1270.

201 *Glückler/Németh/de Beauregard*, DB 2011, 2701, 2701ff.

202 *Balling*, Kooperation, 1998, 8.

203 Da die Weiterbildungseinrichtungen in der Regel nicht von natürlichen Personen, d.h. als Einzelunternehmen, oder von Personengesellschaften getragen werden, sind diese möglichen Kooperationspartner nicht in die Analyse miteinzubeziehen.

204 Die privatrechtlichen Rechtsformen umfassen Einzelunternehmen, Personengesellschaften und Kapitalgesellschaften sowie Mischformen nebst den Genossenschaften und Versicherungsvereinen auf Gegenseitigkeit. Im Bereich der öffentlich-rechtlichen Betriebe ist zwischen Formen mit eigener Rechtspersönlichkeit, z.B. juristische Personen des öffentlichen Rechts, und ohne eigene Rechtspersönlichkeit zu differenzieren. *Schierenbeck/Wöhle*, Grundzüge der Betriebswirtschaftslehre, 2008, 36. Betriebe der öffentlichen Hand ohne eigene Rechtspersönlichkeit können nochmals in Eigenbetriebe und Regiebetriebe unterteilt werden, wobei die Eigenbetriebe zumindest wirtschaftlich verselbstständigt sind. *Wallenhorst* in: Wallenhorst/Halaczinsky, Besteuerung gemeinnütziger Vereine, Stiftungen und der jPdöR, 32.

205 *Hüsemann*, Das internationale Joint Venture, 1972, 1ff.; *von Hoffmann/Zweigert* in: Glossner/Reimers, FS Luther, 1976, 203, 203ff.; *Kraushaar/Müller* in: Kley/Sünner/Willemsen, FS Ritter, 1997, 693, 693ff.; *Jacobs*, Internationale Unternehmensbesteuerung, 2007, 1270.

206 *Orth*, DStR 2012, 116, 116.

kann das Joint Venture bzw. die Kooperation auf einer losen überwiegend schuldrechtlichen Zusammenarbeit oder auf einer gesellschaftsrechtlichen Verflechtung mit Errichtung eines (formal) juristisch selbstständigen Gemeinschaftsunternehmens basieren.[208] Die gemeinschaftliche Bildungseinrichtung kann in öffentlich-rechtlicher oder privatrechtlicher Rechtsform errichtet werden. Denkbar wäre bspw. die Gründung eines Zweckverbandes oder einer gemeinsam betriebenen Personen- bzw. Kapitalgesellschaft.

Folglich sind als konträre Grundkonstellationen der Zusammenarbeit das Contractual Joint Venture bzw. Non-Equity Joint Venture[209] (schuldrechtliche Bindung) und das Equity Joint Venture[210] (rechtlich selbstständige Bildungseinrichtung) voneinander abzugrenzen.[211] Dabei ist zu beachten, dass das Gemeinschaftsunternehmen in Form einer Personengesellschaft nach internationalem Rechtsverständnis teilweise ein Contractual Joint Venture darstellt, wohingegen die Personengesellschaft nach deutschem Gesellschaftsrecht als eigenständige Rechtsform dem Bereich des Equity Joint Ventures zugeordnet werden kann.[212] Der Entscheidungsprozess hinsichtlich des „richtigen" Rechtskleides des Ge-

---

207 Demgegenüber haben einzelne Staaten, z.B. Saudi-Arabien oder das Sultanat Oman, für das Joint Venture eine besondere Gesellschaftsform vorgesehen. Für eine Übersicht der ausländischen Gesellschaftsformen und dem korrespondierenden inländischen Pendant vgl. *Grützner* in: Lange, Personengesellschaften im Steuerrecht, 479ff., Rz. 1891.

208 *Kessler* in: Schaumburg, Internationale Joint Ventures, 1999, 191, 192.; *Jacobs*, Internationale Unternehmensbesteuerung, 2007, 1270; *Wilde*, DB 2007, 269, 269; *Grützner* in: Lange, Personengesellschaften im Steuerrecht, 67, Rz. 121. Bei der Zusammenarbeit zwischen öffentlicher Hand (hauptsächlich Kommunen) und Privatwirtschaft, den sog. Public Private Partnerships (PPP), erfolgt gleichfalls eine analoge Differenzierung in die beiden Grundtypen „Vertrags-PPP" und „institutionelle PPP" *Hellermann* in: Hoppe/Uechtritz, Handbuch Kommunale Unternehmen, 2007, 124, 184, Rz. 167; *Uechtritz* in: Hoppe/Uechtritz, Handbuch Kommunale Unternehmen, 2007, 679, 682, Rz. 4. Vgl. zu den steuerrechtlichen Implikationen von PPP *Schenke/Gebhardt*, DStZ 2005, 213, 215ff.; *Ax/Reichert*, LKV 2007, 265, 265f.; *Schenke/Gebhardt*, UR 2007, 4, 4ff.; *Hilger/Utermann*, Ubg 2010, 326, 326ff.

209 *Kessler* in: Schaumburg, Internationale Joint Ventures, 1999, 191, 192.

210 *Schulte/Pohl* verwenden den Begriff des inkorporierten Joint Ventures. *Schulte/Pohl*, Joint-Venture-Gesellschaften, 2008, 4.

211 *Von Hoffmann/Zweigert* in: Glossner/Reimers, FS Luther, 1976, 203, 205; *Langefeld-Wirth*, Joint Ventures im internationalen Wirtschaftsverkehr, 1990, 35; *Zacher*, IStR 1997, 408, 408; *Brinkmann* in: Lüdicke/Sistermann, Unternehmensteuerrecht, 628; *Schulte/Pohl*, Joint-Venture-Gesellschaften, 2008, 3.

212 Nach nationaler Rechtsansicht handelt es sich bei einer Personengesellschaft um ein selbstständiges Rechtsgebilde mit eigenem Gesamthandsvermögen. *Zacher*, IStR 1997, 408, 408.

meinschaftsunternehmens wird maßgeblich von steuerlichen Kriterien, Haftungs-, Bilanzierungs- und Konsolidierungsfragen sowie der Flexibilität des relevanten Gesellschaftsrechts beeinflusst.[213]

Basierend auf den beiden Ausprägungsformen des Non-Equity Joint Ventures und des Equity Joint Ventures hat die Literatur eine Vielzahl von Charakteristika zur weitergehenden Klassifizierung von Joint Ventures hervorgebracht.[214] Für den Fortgang dieser Untersuchung genügt die Differenzierung zwischen den o.g. Grundkonstellationen, eine umfassendere Darstellung ist entbehrlich.

2. Non-Equity Joint Venture

Im Rahmen eines Contractual Joint Ventures bzw. Non-Equity Joint Ventures beruht die Zusammenarbeit der Kooperationspartner auf einer schuldrechtlichen Vereinbarung. Als Non-Equity Joint Venture (und damit als Kooperation) werden regelmäßig Leistungen im Rahmen eines Leistungsaustauschverhältnisses[215] qualifiziert. Als Kooperationen in einem weiten Sinn werden oftmals bereits philanthropische Zuwendungen bezeichnet. Ferner stellt auch die Zusammenarbeit in Form einer BGB-Innengesellschaft, einem Sondertypus der BGB-

---

213 *Baumanns/Wirbel* in: Gummert/Weipert, MünchHdb. GesR I, § 28 Joint Ventures, Rz. 4.

214 Hinsichtlich einführender Erläuterungen nebst tabellarischer Darstellung der relevantesten Klassifikationen vgl. *Probst/Rüling* in: Schaumburg, Internationale Joint Ventures, 1999, 1, 8ff.; *Albach*, Joint Ventures, 1991, 5f.

215 Ein umsatzsteuerbarer Leistungsaustausch liegt vor, wenn i) ein Leistender und ein Leistungsempfänger vorhanden sind, ii) zwischen Leistung (Lieferung oder Dienstleistung) und Gegenleistung (Entgelt bzw. alternativ Lieferung oder Dienstleistung) ein Rechtsverhältnis besteht, das einen unmittelbaren, wechselseitigen Zusammenhang herstellt, so dass das Entgelt als Gegenwert für die Leistung anzusehen ist und iii) der identifizierbare Leistungsempfänger einen Vorteil erhält, der zu einem Verbrauch i.S.d. Gemeinschaftsrechts führt. Für Vertragsverhältnisse zwischen Gesellschaft und Gesellschafter gelten keine Besonderheiten. In diesen Fällen kann das Rechtsverhältnis auf einer schuld- oder auch gesellschaftsrechtlichen Vereinbarung beruhen. Leistungen auf der Grundlage eines gegenseitigen Vertrages begründen grundsätzlich einen Leistungsaustausch. Zwischen Leistung und Entgelt muss ein unmittelbarer Zusammenhang - aber nicht ein innerer (synallagmatischer) bzw. finaler Zusammenhang i.S.d. eines "do ut des" bestehen. BFH, Urteil v. 5.12.2007, V R 60/05, UR 2008, 616, 1. Leitsatz und Rz. 29; BFH, Urteil v. 15.4.2010, V R 10/08, DStR 2010, 1331, 1. Leitsatz; Abschn. 1.1 Abs. 1 UStAE. Die unionsrechtlichen Grundsätze für einen Leistungsaustausch hat die höchstricherliche Rechtsprechung des EuGH geklärt. Vgl. hierzu m.w.N. BFH, Urteil v. 27.11.2008, V R 8/07, DB 2009, 599, Rz. 19 bis Rz. 22.

Gesellschaft, ein Non-Equity Joint Venture dar.[216] Die BGB-Innengesellschaft wird auch als verdeckte GbR bezeichnet.[217] Am Rechtsverkehr nimmt die BGB-Innengesellschaft nicht teil, stattdessen tritt nur der einzelne Gesellschafter, im eigenen Namen, auf.[218] Bei der verdeckten GbR handelt sich um eine lose Form der Zusammenarbeit, die regelmäßig zeitlich begrenzt erfolgt und sich typischerweise für die Abwicklung eines einzelnen Projektes eignet.[219] Bewährte Anwendungsfelder für Contractual oder Non-Equity Joint Ventures in der Form von Innengesellschaften sind Bietergemeinschaften, Arbeitsgemeinschaften im Anlagenbau und Banken- und Versicherungskonsortien bei der Finanzierung bestimmter Vorhaben.[220]

Ein Non-Equity Joint Venture kommt grundsätzlich für alle stilisierten Weiterbildungsleistungen in Betracht. Neben dem kooperativen Angebot von ein- bis mehrtägigen Bildungsleistungen wie Tagungen oder Kongressveranstaltungen eignet sich das Non-Equity Joint Venture gleichfalls für eine längerfristige Zusammenarbeit im Rahmen sog. Zertifikatsprogramme[221] oder in Einzelfällen

---

216 Die BGB-Gesellschaft, auch GbR, stellt die Grundform der Gesamthandsgemeinschaft bzw. einer Personengesellschaft dar und ist in den §§ 705-740 BGB kodifiziert. Der gesetzliche Normaltypus ist die BGB-Außengesellschaft, die als solche am Rechtsverkehr teilnimmt. Literatur und Rechtsprechung haben zwei Abgrenzungskriterien zur Unterscheidung des Sondertypus der Innengesellschaft von der Außengesellschaft entwickelt: Zum einen die vertraglich geregelte Nichtteilnahme der (Innen-) Gesellschaft am Rechtsverkehr und folgerichtig das Fehlen von Vertretungsregelungen im Gesellschaftsvertrag, andererseits der Verzicht auf die Bildung von Gesamthandsvermögen. *Ulmer* in: Säcker/Rixecker, Münchener Kommentar zum BGB - Band 5, BGB § 705 Inhalt des Gesellschaftsvertrags, Rz. 275 mit umfangreichen Literatur- und Rechtsprechungsnachweisen und BGB § 714 Vertretungsmacht, Rz. 8. Vgl. ferner *Schöne* in: Bamberger/Roth, BGB - BeckOK, § 705, Rz. 133ff. Zudem scheidet infolge der fehlenden Teilnahme der BGB-Innengesellschaft am Rechtsverkehr eine Außenhaftung der Gesamthand, d.h. der GbR, aus. Haftungsfolgen sind auf den jeweiligen Gesellschafter beschränkt, der individuell im eigenen Namen nach außen auftritt. *Ulmer* in: Säcker/Rixecker, Münchener Kommentar zum BGB - Band 5, BGB § 705 Inhalt des Gesellschaftsvertrags, Rz. 284 und § 714 Vertretungsmacht, Rz. 8ff.

217 *Pump/Fittkau*, StBp 2007, 7, 8.

218 *Stürner* in: Jauernig, BGB, § 705 Inhalt des Gesellschaftsvertrags, Rz. 24.

219 *Baumanns/Wirbel* in: Gummert/Weipert, MünchHdb. GesR I, § 28 Joint Ventures, Rz. 2; *Orth*, DStR 2012, 116, 116.

220 *Stengel*, § 21 Joint-Ventures, in: Müller/Hoffmann, Beck´sches Handbuch der Personengesellschaften, 2002, 1241, 1246; *Baumanns/Wirbel* in: Gummert/Weipert, Münch-Hdb. GesR I, § 28 Joint Ventures, Rz. 2.

221 Bspw. berufsbegleitende Fachberaterlehrgänge, die von Hochschulen in Kooperation mit gemeinnützigen Körperschaften oder erwerbswirtschaftlichen Unternehmen angeboten werden.

auch für das Angebot von postgradualen, nicht konsekutiven Masterstudiengängen.

Vorteile eines Contractual Joint Ventures sind die mit geringen Formerfordernissen verbundene Gründung der Innengesellschaft mittels Kooperationsvereinbarung sowie deren liquidationsfreie Beendigung.[222] Allerdings kann die BGB-Innengesellschaft - analog der BGB-Außengesellschaft - auch formfrei durch konkludentes Handeln bzw. stillschweigend entstehen.[223] Der Vorteil der geringen Formerfordernisse eines Contractual Joint Ventures verkehrt sich demnach möglicherweise auch zum Nachteil. Sofern die Verträge nicht alle Aspekte der Zusammenarbeit regeln, droht den kooperierenden Bildungseinrichtungen (zumeist steuerliches) Ungemach im Zuge des gemeinsamen Angebots der Bildungsleistung.

Wie bereits kurz erwähnt, können die in der Praxis oftmals in Erscheinung tretenden Leistungsbeziehungen auf der Grundlage eines gegenseitigen Vertragsverhältnisses in einem weiten Sinne ebenfalls als Non-Equity Joint Venture klassifiziert werden.[224] Typische Beispiele dieser Form der Zusammenarbeit zwischen erwerbswirtschaftlichen Unternehmen und der öffentlichen Hand oder gemeinnützigen Körperschaften sind die Tätigkeitsfelder der Auftragsforschung und des Sponsorings.[225] Ebenfalls zur Kategorie des umsatzsteuerbaren Leis-

---

222 *Zacher*, IStR 1997, 408, 414; Stengel, § 21 Joint-Ventures, in: Müller/Hoffmann, Beck'sches Handbuch der Personengesellschaften, 2002, 1241, 1246; *Brinkmann* in: Lüdicke/Rieger, Münchener Anwaltshandbuch Unternehmenssteuerrecht, 519.

223 BFH, Urteil v. 1.8.1996, VIII R 12/94, BStBl. II 1997, 272 m.w.N. unter Entscheidungsgründe II. 1. a); *Pump/Fittkau*, StBp 2007, 7, 8; *Stürner* in: Jauernig, BGB, § 705 Inhalt des Gesellschaftsvertrags, Rz. 24.

224 *Zacher*, IStR 1997, 408, 408. Flankierend zu diesen Rechtsverhältnissen, die einen Leistungsaustausch begründen, werden bereits regelmäßig philanthropische bzw. altruistische Zuwendungen natürlicher oder juristischer Personen an die öffentliche Hand oder an steuerbegünstigte Körperschaften als Form der Kooperation postuliert. Diesen Kooperationsverhältnissen in weitem Sinne werden meist auch die Vergabe von Stipendien und Preisen zugeordnet. Im Rahmen dieser Untersuchung wird das Mäzenatentum jedoch nicht als Zusammenarbeit eingeordnet. Zudem sind altruistische Zuwendungen mangels Entgelt nicht umsatzsteuerbar und fallen demgemäß nicht in den Anwendungsbereich der Mehrwertsteuer.

225 An Stelle vieler grundlegend zur Auftragsforschung und zum Sponsoring bei juristischen Personen des öffentlichen Rechts und gemeinnützigen Körperschaften Heidler, Besteuerung v. jPdöR, 2007, 171ff. und 205ff. Nach Ansicht der Finanzverwaltung in § 64 Abs. 1 AEAO ist der Begriff des „Sponsoring" weit gefasst und umfasst neben unentgeltlichen Leistungen (Spenden) des Sponsors auch Zahlungen des Sponsors im Gegenzug für passive oder/und aktive Werbetätigkeiten der öffentlichen Hand bzw. der gemeinnützigen Körperschaft. Für die aktive Werbetätigkeit, die ertragsteuerlich als ei-

tungsaustausches im Rahmen eines gegenseitigen Rechtsverhältnisses gehören die in praxi oft genutzten Unterauftragsverhältnisse.

Bezüglich Kooperationen im Rahmen synallagmatischer Vertragsverhältnisse zwischen juristischen Personen des öffentlichen Rechts kann das steuerliche Konstrukt der Beistandsleistung Relevanz entfalten (vgl. Kapitel B. II. 2. 1). Sofern eine derartige Zusammenarbeit unter Beteiligung von gemeinnützigen Körperschaften erfolgt, sind bei Vertragsgestaltung der Zusammenarbeit potenzielle Rückwirkungen hinsichtlich des Gemeinnützigkeitsstatus der auftraggebenden Körperschaft zu bedenken. Dabei ist insbesondere das in § 57 AO normierte Gebot der Unmittelbarkeit zu beachten (vgl. hierzu Kapitel B. II. 2. 2).

2.1 Kooperationen zwischen juristischen Personen des öffentlichen Rechts als Beistandsleistungen

Kooperationen im Rahmen gegenseitiger Vertragsverhältnisse, die einen steuerbaren Leistungsaustausch begründen, können im Einzelfall steuerliche Fallstricke beinhalten. In dem Fall der ausschließlichen Zusammenarbeit zwischen juristischen Personen des öffentlichen Rechts muss das steuerliche Konstrukt der Beistandsleistung beachtet werden.[226] Nach Ansicht der Finanzverwaltung bleibt der hoheitliche Charakter einer Tätigkeit, die bei originärer Ausführung durch die auftraggebende juristische Person des öffentlichen Rechts selbst ihrer hoheitlichen Sphäre zuzuordnen ist, bei der übernehmenden juristischen Person des öffentlichen Rechts erhalten. Beispielhaft führt die Finanzverwaltung folgenden Sachverhalt an: „Ein Zweckverband für kommunale Datenverarbeitung, der für die angeschlossenen Kommunen diejenigen Aufgaben der Datenverarbeitung erledigt, die dort im hoheitlichen Bereich anfallen, ist als Hoheitsbetrieb, nicht als Betrieb gewerblicher Art zu behandeln.“[227]

---

genständige wirtschaftliche Tätigkeit beurteilt wird, hat sich dabei der Begriff der „Werbung“ herausgebildet. *Wallenhorst* in: Wallenhorst/Halaczinsky, Besteuerung gemeinnütziger Vereine, Stiftungen und der jPdöR, 369.

226 Ein Beispiel der privatrechtlichen Zusammenarbeit auf Basis eines synallagmatischen Vertrages zwischen zwei juristischen Personen des öffentlichen Rechts stellt bereits die Vermietung von Gerätschaften einer Gemeinde an eine andere Gemeinde dar. Nach Ansicht von Schmidt entfalten synallagmatische Vertragsbeziehungen für die jeweils beteiligten Vertrags-/Kooperationspartner jedoch keine erwähnenswerten Besonderheiten. *Schmidt*, Kommunale Kooperation, 2005, 21.

227 Nach Auffassung der Finanzverwaltung kann die Leistung einer juristischen Person des öffentlichen Rechts bei dieser noch als hoheitlich qualifiziert werden, sofern die Tätigkeit bei der leistungsempfangenden juristischen Person des öffentlichen Rechts originär ebenfalls als hoheitlich einzustufen wäre. Vgl. OFD Rostock v. 21.11.2002, S 2706 -

Die ertragsteuerliche Qualifikation als nicht steuerbare, hoheitliche Beistandsleistung kann m.E. nicht uneingeschränkt in den Bereich des Umsatzsteuerrechts übertragen werden.[228] Dies resultiert aus den gemeinschaftsrechtlichen Vorgaben der MwStSystRL und deren Bindungswirkung für den deutschen Gesetzgeber. Vor dem Hintergrund der unionsrechtlichen Vorschriften scheint die nationale Norm des § 2 Abs. 3 UStG, der die Unternehmereigenschaft der öffentlichen Hand kodifiziert, infolge des Verweises auf den körperschaftsteuerlichen Begriff des Betriebs gewerblicher Art reformbedürftig. Nach Ansicht der höchstrichterlichen Rechtsprechung des BFH ist § 2 Abs. 3 UStG einer richtlinienkonformen Auslegung zugänglich.[229] Folgt man dieser Auffassung, ist eine Gesetzesänderung des § 2 Abs. 3 UStG zwar aus Gründen der Rechtsklarheit sowie der Rechtssicherheit wünschenswert, aber nicht zwingend erforderlich.[230]

Die von der Finanzverwaltung geduldete steuerliche Abfärbung des hoheitlichen Charakters der Tätigkeit bei dem öffentlich-rechtlichen Auftraggeber auf die Beistand leistende juristische Person des öffentlichen Rechts findet in den gemeinschaftsrechtlichen Normen der MwStSystRL keine Stütze. Deshalb ist das o.g. Beispiel m.E. umsatzsteuerlich wie folgt zu beurteilen: Vorbehaltlich einer möglichen Anwendung der sog. Kleinunternehmerregelung ist die entgelt-

---

04/01 - St 242, UR 2003, 303; FinMin Hessen v. 13.12.2006, S 7106 A - 096 - II 51, UR 2007, 661.

228 Kritisch zur steuerlichen Behandlung von entgeltlichen Beistandsleistungen durch die öffentliche Hand und den resultierenden Wettbewerbsverzerrungen äußerte sich der *Bundesrechnungshof* bereits mehrfach: BT-Drs. 15/60, Bemerkungen des Bundesrechnungshofes 2002 zur Haushalts- und Wirtschaftsführung (einschließlich der Feststellungen zur Jahresrechnung des Bundes 2001), 36; BT-Drs. 15/4081, Bericht nach § 99 BHO zur umsatzsteuerlichen Behandlung der öffentlichen Hand - Vorschläge für eine EG-konforme Besteuerung juristischer Personen des öffentlichen Rechts, 5ff.; BT-Drs. 16/7100, Bemerkungen des Bundesrechnungshofes 2007 zur Haushalts- und Wirtschaftsführung des Bundes (einschließlich der Feststellungen zur Jahresrechnung 2006), 37.

229 Für die Voraussetzungen der Unternehmereigenschaft der öffentlichen Hand und die richtlinienkonforme Auslegung des § 2 Abs. 3 UStG vergleiche jüngst BFH, Urteil v. 20.8.2009, V R 30/06, DB 2009, 2527; BFH, Urteil v. 20.8.2009, V R 70/05, DB 2009, 2471; BFH, Urteil v. 15.4.2010, V R 10/09, DStR 2010, 1280; *Küffner*, UR 2009, 491, 491; *Widmann*, UR 2009, 493, 493; Küffner, UR 2010, 654, 655.

230 Nur soweit eine nationale Norm (teilweise) nicht mit dem Gemeinschaftsrecht vereinbar ist und sich der richtlinienkonformen Auslegung entzieht, erlangt das Gemeinschaftsrecht entsprechend Geltungs- und Anwendungsvorrang. In diesem Fall ist der Mitgliedstaat dann verpflichtet das bestehende nicht gemeinschaftskonforme (und nicht anwendbare) nationale Recht aufheben oder zu ändern. *Birkenfeld* in: Birkenfeld, Umsatzsteuer-Handbuch, § 22, Rz. 25 und Rz. 41.

liche Tätigkeit des Zweckverbands umsatzsteuerbar und mangels einer Umsatzsteuerbefreiung auch steuerpflichtig.

2.2 Kooperationen zwischen gemeinnützigen Körperschaften im Lichte des Unmittelbarkeitsgebots

2.2.1 Unmittelbarkeitsgebot aus Sicht des gemeinnützigen Auftraggebers

Bei einer Zusammenarbeit unter Beteiligung von gemeinnützigen Körperschaften sind dagegen die potenziellen Rückwirkungen hinsichtlich des Gemeinnützigkeitsstatus der auftraggebenden Körperschaft zu bedenken. Im Fokus der Überlegungen steht das in § 57 AO normierte Gebot der Unmittelbarkeit (für den gemeinnützigen Auftraggeber). Nach § 57 Abs. 1 AO muss die gemeinnützige Körperschaft ihre steuerbegünstigten satzungsmäßigen Zwecke grundsätzlich selbst, d.h. durch eigenes Tätigwerden/Handeln, verwirklichen. Alternativ kann sich die gemeinnützige Körperschaft stets auch beliebiger externer natürlicher oder juristischer Personen als sog. Hilfspersonen nach § 57 Abs. 1 S. 2 AO bedienen.[231] Gem. Nr. 2 S. 2ff. zu § 57 AEAO soll das Wirken der Hilfsperson nach den rechtlichen und tatsächlichen Beziehungen, die zwischen der Körperschaft und der Hilfsperson bestehen, wie eigenes Wirken der Körperschaft anzusehen sein.

Im Rahmen eines gegenseitigen Vertragsverhältnisses (Leistungsaustausch) muss die auftraggebende gemeinnützige Körperschaft den Auftragnehmer dementsprechend als Hilfsperson einbinden, um aus ihrer Sicht einen Verstoß gegen das Unmittelbarkeitsgebot - eine Voraussetzung der steuerlichen Gemeinnützigkeit nach § 51 Abs. 1 S. 1 AO - zu vermeiden.[232]

Im Weiterbildungsmarkt sind folgende Beispiele bezüglich der Einbindung einer Hilfsperson denkbar:

Beispiel 1:[233] Eine gemeinnützige Volkshochschule schließt einen schuldrechtlichen Vertrag mit einem außenstehenden, nicht weisungsgebundenen Dozenten hinsichtlich seiner Vortragstätigkeit an der Volkshochschule ab. Der Do-

---

231 Ausnahmen des Unmittelbarkeitsgebots sind in den § 57 Abs. 2 AO und § 58 Nr. 2 - 4 und Nr. 10 AO normiert. *Tipke* in: Tipke/Kruse, AO/FGO, § 57, Rz. 1. Vgl. ausführlich zu den Ausnahmen *Hüttemann*, Gemeinnützigkeits- und Spendenrecht, 2008, § 4, Rz. 59ff.

232 Sämtliche Anforderungen des Gemeinnützigkeitsrechts müssen in dem relevanten Beurteilungszeitraum nachweislich vorgelegen haben. Die zeitlich verzögerte Erfüllung eines der Kriterien wirkt nicht auf frühere Veranlagungszeiträume zurück. BMF-Schreiben v. 15.2.2002, IV C 4 - S 0174 - 2/01, BStBl. I 2002, 267. Zustimmend *Jachmann/Unger* in: Beermann/Gosch, AO FGO, § 57, Rz. 1.

233 Beispiel in Anlehnung an *Koenig* in: Pahlke/Koenig, AO, § 57, Rz. 2.

zent erfüllt mit seiner Vortragstätigkeit den Bildungsauftrag - und damit die (gemeinnützige) satzungsmäßige Aufgabe - der Volkshochschule.

Beispiel 2:[234] Ein gemeinnütziger Bildungsverein bietet satzungsgemäß ausschließlich Bildungsmaßnahmen an. Aufgrund personeller Engpässe kann er eine Bildungsleistung, für die noch finanzielle Mittel vorhanden sind, nicht abwickeln. Daher beauftragt der Bildungsverein einen steuerpflichtigen Seminaranbieter, z.B. eine GmbH, diese Bildungsmaßnahme gegen ein angemessenes, marktübliches Entgelt durchzuführen bzw. zu organisieren. Diese ist entsprechend den vertraglichen Vereinbarungen und der tatsächlichen Durchführung als Hilfsperson nach § 57 Abs. 1 S. 2 AO tätig. Der Seminaranbieter vermittelt dem Bildungsverein die Gemeinnützigkeit.

2.2.2 Unmittelbarkeitsgebot aus Sicht des gemeinnützigen Auftragnehmers

Sofern im Rahmen eines synallagmatischen Vertragsverhältnisses Auftraggeber und Auftragnehmer jeweils steuerbegünstigte Körperschaften (Bildungseinrichtungen) sind, ist strittig, ob die Einbindung des Auftragnehmers als Hilfsperson dessen eigene Gemeinnützigkeit generell gefährdet.

2.2.2.1 Verbot der Doppelzurechnung nach Finanzverwaltung und älterer Rechtsprechung des BFH

Nach Ansicht der Finanzverwaltung und des Bundesfinanzhofs begründet die Tätigkeit als Hilfsperson für sich genommen keine eigene steuerbegünstigte Tätigkeit.[235] Durch das Handeln als Hilfsperson alleine fördert der Auftragnehmer lediglich mittelbar - fremde - steuerbegünstigte Zwecke i.S.d. §§ 52-54 AO, was insoweit keine eigene Steuerbefreiung legitimieren soll.[236] Im Jahr 2007 verneinte der BFH grundsätzlich eine doppelte Zurechnung der gemeinnützigen Tätigkeit zu - dem jeweils steuerbegünstigten - Auftraggeber und Auftragnehmer.[237] Demnach soll eine gemeinnützige Aktivität immer nur einmal einer steuerbegünstigten Organisation - und zwar dem gemeinnützigen Auftraggeber, nicht der Hilfsperson (dem Auftragnehmer) - zugerechnet werden können.

---

234 Beispiel in Anlehnung an OFD Düsseldorf v. 15.8.2005, S-2729 A -St 132, LEXinform Nr. 2005, 0579642; *Buchna/Seeger/Brox*, Gemeinnützigkeit im Steuerrecht, 2010, 207.

235 OFD Düsseldorf v. 15.8.2005, S-2729 A -St 132, LEXinform Nr. 2005, 0579642; AEAO Nr. 2 S. 12 zu § 57; BFH, Urteil v. 7.3.2007, I R 90/04, BStBl. II 2007, 628, 2. Leitsatz; BFH, Urteil v. 17.2.2010, I R 2/08, DB 2010, 1104, Rz. 26.

236 BFH, Urteil v. 7.3.2007, I R 90/04, BStBl. II 2007, 628, Rz. 25; BFH, Urteil v. 17.2.2010, I R 2/08, DB 2010, 1104, Rz. 26.

237 BFH, Urteil v. 7.3.2007, I R 90/04, BStBl. II 2007, 628, 2. Leitsatz und insbesondere Rz. 25.

Vorausgesetzt die Hilfspersonentätigkeit stellt die einzige satzungsgemäße gemeinnützige Tätigkeit der auftragnehmenden bzw. beauftragten Körperschaft dar, würde ein Tätigwerden als Hilfsperson mangels unmittelbarer Zweckverfolgung per se den Verlust der Gemeinnützigkeit der Hilfsperson nach sich ziehen. Die Steuerbegünstigung könnte dann nur erreicht werden, wenn die auftragnehmende Körperschaft eine eigenständige (andere) satzungsgemäße steuerbegünstigte Tätigkeit ausübt, die sich nach ihrem Inhalt und Zweck von der Tätigkeit als Hilfsperson unterscheidet.[238] Gleichwohl kann die entgeltliche Hilfspersonentätigkeit dann die Steuerbegünstigung immer noch bedrohen, da die Tätigkeit für die beauftragte Körperschaft einen steuerpflichtigen wirtschaftlichen Geschäftsbetrieb begründet.[239] Folgt man der von der Finanzverwaltung vertretenen Geprägetheorie,[240] entfällt die Steuerbegünstigung der Körperschaft, wenn ihr die wirtschaftliche Tätigkeit bei einer Gesamtbetrachtung das Gepräge gibt.[241]

Das BMF hat mit Schreiben vom 17.7.2008[242] den AEAO hinsichtlich der Tätigkeit als Hilfsperson (im Auftrag einer juristischen Person des öffentlichen

---

238 BMF-Schreiben v. 21.1.2003, IV C 4 - S 0171 - 6/03, BStBl. I 2003, 107 ; BFH, Urteil v. 7.3.2007, I R 90/04, BStBl. II 2007, 628; *Jachmann/Unger* in: Beermann/Gosch, AO FGO, § 57, Rz. 31; *Jost* in: Dötsch/Jost/Pung u.a., KStG, § 5 Abs. 1 Nr. 9 KStG nF, Rz. 113; *Leisner-Egensperger* in: Hübschmann/Hepp/Spitaler, AO FGO, § 57, Rz. 26.

239 OFD Düsseldorf v. 15.8.2005, S-2729 A -St 132, LEXinform Nr. 2005, 0579642; *Jost* in: Dötsch/Jost/Pung u.a., KStG, § 5 Abs. 1 Nr. 9 KStG nF, Rz. 113; *Leisner-Egensperger* in: Hübschmann/Hepp/Spitaler, AO FGO, § 57, Rz. 33.

240 Nr. 2 zu § 55 Abs. 1 Nr. 1 AEAO. OFD Frankfurt/Main v. 6.8.2003, S 0174 A - 20 - St II 1.03, DB 2003, 1932, 1932. Demgegenüber vertritt der BFH die Ansicht, dass eine Körperschaft dennoch selbstlos tätig sein kann, wenn sie einen wirtschaftlichen Geschäftsbetrieb unterhält und die nicht begünstigten die gemeinnützigen Aktivitäten übersteigen. Allerdings sind die Einnahmen aus der nicht begünstigten (wirtschaftlichen) Tätigkeit für die steuerbegünstigte Tätigkeit zu verwenden und die wirtschaftliche Tätigkeit darf in der Gesamtschau nicht zum Selbstzweck werden, der neben den steuerbegünstigten Satzungszweck tritt. Andernfalls würde die Körperschaft gegen das Ausschließlichkeitsgebot des § 56 AO verstoßen und wäre als insgesamt steuerpflichtig zu bewerten. BFH, Urteil v. 4.4.2007, I R 76/05, BStBl. II 2007, 631, Rz. 28ff. Der BFH hat mit diesem Urteil die Geprägetheorie aufgegeben.

241 Zur Geprägetheorie und deren Kritik vgl. an Stelle vieler *Hüttemann*, Gemeinnützigkeits- und Spendenrecht, 2008, § 4, Rz. 95. Umfassend zu der in der Praxis streitanfälligen Geprägetheorie und den verschiedenen Lösungsansätzen vgl. *Wallenhorst*, DStR 2009, 717, 717ff. und *Weitemeyer/Mager*, Geprägetheorie im Gemeinnützigkeitsrecht, in: Hüttemann/Rawert/Schmidt/Weitemeyer, Non Profit Law Yearbook 2008, 2009, 69, 69ff.

242 BMF-Schreiben v. 17.7.2008, IV A 3 - S 0062/08/10006, BStBl. I , 694; sowie bereits zuvor OFD Düsseldorf v. 15.8.2005, S-2729 A -St 132, LEXinform Nr. 2005, 0579642.

Rechts) erweitert. Nach Nr. 2 S. 12 zu § 57 AEAO liegt eine im o.g. Sinn schädliche Hilfspersonentätigkeit nicht vor, wenn dem Auftraggeber keine Gemeinnützigkeit vermittelt wird - da die Hilfspersonentätigkeit im Auftrag einer juristischen Personen des öffentlichen Rechts (für ihren Hoheitsbereich),[243] einer voll steuerpflichtigen Körperschaften oder natürliche Personen erfolgt. In diesen Fällen kann die gemeinnützige Tätigkeit der leistenden Hilfsperson zugerechnet werden. Diese Lockerung ist zwar uneingeschränkt zu begrüßen, dessen ungeachtet kann „die Gemeinnützigkeit einer Hilfsperson aber nicht davon abhängen, ob man für die öffentliche Hand oder eine andere steuerbegünstigte Einrichtung tätig wird."[244]

2.2.2.2 Kritik und jüngste Rechtsprechung des BFH

Der Ansicht der Finanzverwaltung, dass ein Handeln als Hilfsperson keine eigene steuerbegünstigte Tätigkeit der Hilfsperson begründet, ist nicht ausnahmslos zuzustimmen. Das Verbot der doppelten Zurechnung einer Hilfspersonentätigkeit kann nur durch den Gesetzgeber ausgeschlossen werden und findet im geltenden Gemeinnützigkeitsrecht keine gesetzliche Grundlage.[245] Richtigerweise ist im Einzelfall zu prüfen, ob die Hilfspersonentätigkeit bei der leistenden gemeinnützigen Körperschaft die Voraussetzungen der §§ 52 bis 54 AO erfüllt, da das Unmittelbarkeitskriterium nach § 57 Abs. 1 S. 1 AO keine unmittelbare Förderung, sondern lediglich die (persönliche) Zweckverfolgung durch die Körperschaft selbst verlange.[246] Schließlich lässt sich aus § 57 Abs. 1 S. 2 AO nicht herleiten, dass die Zurechnung des Wirkens der Hilfsperson als eigenes Wirken

---

243 Folgender Sachverhalt des Weiterbildungsmarkts verdeutlicht diese Regelung: Eine staatliche Hochschule in Baden-Württemberg bietet einen postgradualen, nicht konsekutiven, berufsbegleitenden Weiterbildungsstudiengang an. Bei erfolgreichem Studienabschluss wird den Studierenden der akademische Grad „Master" verliehen. Die Hochschule wird im Rahmen des Studiengangs auf der Grundlage einer öffentlichrechtlichen Sonderregelung mit Genehmigungs- und Sanktionsbefugnissen tätig. Das Angebot des Studiengangs ist dem hoheitlichen Bereich zuzuordnen. In Abhängigkeit des jeweiligen Landeshochschulrechts (für das Beispiel § 31 Abs. 2 S. 6f. LHG-BW) könnte die Hochschule gegen Entgelt eine gemeinnützige Bildungseinrichtung, z.B. eine gGmbH, mit der Durchführung der Lehre beauftragen. Mit der Durchführung der Lehre verwirklicht die gGmbH eigene steuerbegünstigte, satzungsgemäße Zwecke. Die Tätigkeit begründet bei der gGmbH einen sog. Bildungszweckbetrieb nach § 68 Nr. 8 AO. Vgl. auch *Buchna/Seeger/Brox*, Gemeinnützigkeit im Steuerrecht, 2010, 207.

244 *Hüttemann*, Gemeinnützigkeits- und Spendenrecht, 2008, § 4, Rz. 56.

245 *Jachmann/Unger* in: Beermann/Gosch, AO FGO, § 57, Rz. 34.

246 *Hüttemann/Schauhoff*, FR 2007, 1133, 1137f.; *Hüttemann*, Gemeinnützigkeits- und Spendenrecht, 2008, § 4, Rz. 54ff; *Tipke* in: Tipke/Kruse, AO/FGO, § 57, Rz. 2.

des gemeinnützigen Auftraggebers, eine Steuerbegünstigung der Hilfsperson durch eben diese Tätigkeit selbst ausschließt.[247]

Jüngst hat der BFH seine Rechtsprechung zur Hilfspersonentätigkeit bei der Verfolgung eigener gemeinnütziger Zwecke weiterentwickelt bzw. verdeutlicht.[248] Demnach gilt für das arbeitsteilige Zusammenwirken mehrerer nach §§ 51-68 AO steuerbefreiter Körperschaften Folgendes: Eine gemeinnützige Körperschaft kann mit einer Tätigkeit gegen Entgelt sowohl die steuerbegünstigte Tätigkeit des gemeinnützigen Auftraggebers als auch zugleich eigene steuerbegünstigte Satzungszwecke - in Form eines Zweckbetriebs - verfolgen.[249] Dieses Urteil ist gleichermaßen bedeutsam für die o.g. (Unter-) Auftragsverhältnisse zwischen gemeinnützigen Körperschaften untereinander, als auch für gemeinnützige Zusammenschlüsse in Form eines Equity-Joint Venture.[250] Dennoch bleibt der BFH grundsätzlich seiner strengen Linie der Auslegung des Unmittelbarkeitserfordernisses treu.[251]

Eine Abwandlung des o.g. Beispiels 2 verdeutlicht die Problemstellung:[252] Der beauftragte Seminaranbieter soll nun eine gemeinnützige GmbH (gGmbH) sein. Die gGmbH verfolgt satzungsgemäß denselben steuerbegünstigten, gemeinnützigen Zweck wie der Bildungsverein: Angebot und Durchführung von Bildungsmaßnahmen. Aufgrund der Tätigkeit als Hilfsperson vermittelt die gGmbH dem Bildungsverein die Gemeinnützigkeit. Da die gGmbH mit der (Hilfspersonen-) Tätigkeit - nach Satzung und tatsächlicher Geschäftsführung - steuerbegünstigte Zwecke verfolgt und diese unmittelbar selbst verwirklicht, ist m.E. der gGmbH die Gemeinnützigkeit zuzusprechen.[253] Die entgeltliche Tätig-

---

247 *Schauhoff* in: Schauhoff, Handbuch der Gemeinnützigkeit, § 9, Rz. 45 ; *Hüttemann*, Gemeinnützigkeits- und Spendenrecht, 2008, § 4, Rz. 56; *Heger* in: Gosch, KStG, § 5, Rz. 200b; *Jachmann/Unger* in: Beermann/Gosch, AO FGO, § 57, Rz. 36.

248 BFH, Urteil v. 17.2.2010, I R 2/08, DB 2010, 1104.

249 BFH, Urteil v. 17.2.2010, I R 2/08, DB 2010, 1104, Rz. 26. Diese Beurteilung steht der höchstrichterlichen Rechtsprechung aus dem Jahr 2007 nicht entgegen, da in dem damaligen Sachverhalt die leistende bzw. die Hilfstätigkeit erbringende Körperschaft in ihrer Satzung keinen steuerbegünstigten Zweck verfolgte. BFH, Urteil v. 17.2.2010, I R 2/08, DB 2010, 1104, Rz. 27.

250 *Strahl*, KÖSDI 2010, 17064, 17075.

251 BFH, Urteil v. 17.2.2010, I R 2/08, DB 2010, 1104; Gosch, BFH/PR 2010, 334; *von Holt*, DB 2010, 1791.

252 Beispiel in Anlehnung an *Buchna/Seeger/Brox*, Gemeinnützigkeit im Steuerrecht, 2010, 207.

253 Gl. A. (ohne direkten Bezug zu dem angeführten Beispiel) *Hüttemann/Schauhoff*, FR 2007, 1133, 1138; *Hüttemann*, Gemeinnützigkeits- und Spendenrecht, 2008, § 4, Rz. 56; *Heger* in: Gosch, KStG, § 5, Rz. 200b; *Jachmann/Unger* in: Beermann/Gosch, AO FGO, § 57, Rz. 36; *Sauter/Voigt de Oliveira* in: Erle/Sauter, KStG, § 5 I, Rz. 205. A.A.

keit begründet für die gGmbH einen steuerbegünstigten Zweckbetrieb nach § 68 Nr. 8 AO.

Eine Möglichkeit die voraussichtlich strittigen Auseinandersetzungen mit der Finanzverwaltung hinsichtlich der Hilfspersonenproblematik zu umgehen, könnte darin bestehen die (Unter-) Auftragsverhältnisse zu vermeiden.[254] Diese Strategie verhindert jedoch eine arbeitsteilig sinnvolle Zusammenarbeit (auf der Basis eines synallagmatischen Vertragsverhältnisses) verschiedener gemeinnütziger Körperschaften, deren Kooperationspotenzial insbesondere bei einer (satzungsgemäß) gleichgerichteten Zweckverfolgung am größten sein dürfte. Infolgedessen ist den im Schrifttum vorgetragenen Forderungen nach einer Gesetzesänderung bzw. zumindest einer gesetzlichen Klarstellung uneingeschränkt zuzustimmen.[255]

Bspw. könnte die Legislative vollständig auf das Unmittelbarkeitskriterium verzichten. Weniger einschneidend wäre die Ergänzung des § 57 Abs. 1 AO um einen dritten Satz: „Sofern eine Körperschaft eine steuerbegünstigte satzungsmäßige Tätigkeit als Hilfsperson i.S.d. § 57 Abs. 1 S. 2 AO ausübt, verfolgt die Körperschaft mit der Hilfspersonentätigkeit gleichsam unmittelbar ihre eigenen steuerbegünstigten satzungsgemäßen Zwecke."

Bei der Ausgestaltung von Kooperationsverträgen erweist sich der Begriff der Hilfsperson in der Praxis meist als untauglich. Der Vertragspartner fühlt sich durch diese Bezeichnung degradiert. Stattdessen empfiehlt sich die Bezeichnung „Kooperationspartner i.S.d. § 57 AO".

Alternativ können die entsprechenden Tätigkeiten gegebenenfalls auch durch einen gemeinsamen Auftritt der beiden gemeinnützigen Körperschaften (ehemaliger Auftraggeber und Auftragnehmer) am Markt - in Form eines Equity Joint Ventures - verfolgt werden.

3. Equity Joint Venture

Sofern die kooperierenden Bildungseinrichtungen eine dauerhafte Zusammenarbeit bevorzugen, empfiehlt sich regelmäßig das sog. Equity Joint Venture.[256]

Buchna/Seeger/Brox, Gemeinnützigkeit im Steuerrecht, 2010, 207; *Jost* in: Dötsch/Jost/Pung u.a., KStG, § 5 Abs. 1 Nr. 9 KStG nF, Rz. 113.

254 *Strahl*, KÖSDI 2008, 16130, 16133.

255 An Stelle vieler und m.w.N. *Hüttemann/Schauhoff*, FR 2007, 1133, 1139; *Leisner-Egensperger* in: Hübschmann/Hepp/Spitaler, AO FGO, § 57, Rz. 26.

256 Eine Übersicht hinsichtlich der Vorteile von Joint Ventures geben *Probst/Rüling* in: Schaumburg, Internationale Joint Ventures, 1999, 1, 7f.. Vgl. weiterführend zu typischen Konstellationen der Vorteilhaftigkeit von Equity Joint Ventures gegenüber einem Contractual Joint Venture sowie Überlegungen zum feindlichen Eindringen eines Wett-

Das Equity Joint Venture ist aus rechtlicher Sicht zweistufig aufgebaut.[257] Das Fundament bildet regelmäßig eine gesonderte Grund-/Basisvereinbarung zwischen den Kooperationspartnern, aus der kraft Verfolgung des gemeinsamen unternehmerischen Zwecks für die Partner eine BGB-Innengesellschaft nach § 705 BGB resultiert.[258] Gesellschaftsrechtlich wird darauf aufbauend die Gründungssatzung der gemeinsamen Tochtergesellschaft/des Gemeinschaftsunternehmens, d.h. der Equity Joint Venture Gesellschaft selbst, erlassen. Infolge des Nebeneinanders der BGB-Innengesellschaft (Grundvereinbarung) und der Equity Joint Venture Gesellschaft (Satzung) hat sich im Schrifttum der Begriff der „Doppelgesellschaft" herausgebildet.[259] Aus steuerrechtlicher Sicht handelt es sich um keine Doppelgesellschaft, da sonst die Gewinne der Tochtergesellschaft der BGB-Innengesellschaft zugewiesen und demgemäß einheitlich und gesondert gegenüber den einzelnen Gesellschaftern der Innengesellschaft festgesetzt werden müssten.[260]

Wie beschrieben gründen die Joint Venture Partner ein Gemeinschaftsunternehmen, d.h. eine gesonderte, rechtlich selbstständige Bildungseinrichtung. Für diese kommen grundsätzlich alle öffentlich-rechtlichen oder privatrechtlichen Rechtsformen in Betracht. Denkbar wäre auch die Begründung des Gemeinschaftsunternehmens in der Privatrechtsform einer anderen Rechtsordnung.[261]

Die mangelnde Rechtsformneutralität des nationalen Steuerrechts gewährt den Kooperationspartnern den Freiheitsgrad das für ihre Zwecke - in Abhängigkeit der individuellen Zielvorstellungen - passende Rechtskleid für das Gemeinschaftsunternehmen auszuwählen.[262] In der Mehrzahl der Fälle entscheiden sich

---

bewerbers in das Gemeinschaftsunternehmen, das sog. Change-of-Control-Risiko, *Wilde*, DB 2007, 269, 269ff.

257 *Zacher*, IStR 1997, 408, 412; *Schulte/Pohl*, Joint-Venture-Gesellschaften, 2008, 8.

258 *Baumanns/Wirbel* in: Gummert/Weipert, MünchHdb. GesR I, § 28 Joint Ventures, Rz. 2; *Schulte/Pohl*, Joint-Venture-Gesellschaften, 2008, 8.

259 *Stengel*, § 21 Joint-Ventures, in: Müller/Hoffmann, Beck'sches Handbuch der Personengesellschaften, 2002, 1241, 1244f.; *Brinkmann* in: Lüdicke/Sistermann, Unternehmensteuerrecht, 629; *Ulmer* in: Säcker/Rixecker, Münchener Kommentar zum BGB - Band 5, Vorbemerkungen, Rz. 67.

260 *Zacher*, IStR 1997, 408, 413.

261 Bspw. die Limited nach englischem Recht, die Société à Responsabilité Limitée nach französischem Recht, die niederländische Naamloze Vennootschap oder die Rechtsformen des europäischen Gesellschaftsrechts (Europäische Wirtschaftliche Interessenvereinigung, Europäische Aktiengesellschaft, Europäische Genossenschaft oder der Europäische Verbund für territoriale Zusammenarbeit).

262 *Baumanns/Wirbel* in: Gummert/Weipert, MünchHdb. GesR I, § 28 Joint Ventures, Rz. 4. Für einen Abriss der umfangreichen Entscheidungskriterien hinsichtlich der Rechtsformwahl vgl. anstelle vieler *Kessler/Schiffers/Teufel*, Rechtsformwahl, 2002, 16f. Das

die kooperierenden Bildungseinrichtungen bewusst für eine privatrechtliche Rechtsform des Gemeinschaftsunternehmens.

Allgemein gilt, dass Equity Joint Ventures operativ auf allen Tätigkeitsfeldern von Produktions-, Dienstleistungs-, und Handelsunternehmen aktiv sind.[263] Des Weiteren treten sie - insbesondere bei grenzüberschreitenden Kooperationen - auch als reine (Konzern-) Holdinggesellschaften bzw. teilweise als Holdinggesellschaft mit operativer Tätigkeit in Erscheinung.[264]

3.1 Privatrechtliche Rechtsformen des Gemeinschaftsunternehmens

Das Gemeinschaftsunternehmen wird vorwiegend in der Rechtsform des privaten Gesellschaftsrechts organisiert. Zur Auswahl stehen Personengesellschaften (bspw. GbR, OHG, KG und stille Gesellschaft) und Körperschaften (Verein des bürgerlichen Rechts, Stiftung des privaten Rechts, AG, KGaA, GmbH, Genossenschaft und VVaG). Die Personengesellschaften sind gekennzeichnet durch die Abhängigkeit von der Individualität ihrer Gesellschafter und den teilweisen Haftungsdurchgriff bzw. die unbeschränkte persönliche Haftung der Gesellschafter, wohingegen die Körperschaften durch die Verselbstständigung, insbesondere durch Fortdauer bei Tod und Austritt des individuellen Gesellschafters sowie die grundsätzliche Beschränkung der Haftung auf die Gesellschaft, charakterisiert werden.[265] Den Grundtyp der Personengesellschaft stellt die GbR gem. §§ 705ff. BGB dar. Die Grundform einer Körperschaft bildet der Verein (§§ 21ff. BGB).

Für die Errichtung des Gemeinschaftsunternehmens bzw. der gemeinschaftlichen Bildungseinrichtung in privater Rechtsform bieten sich die Personengesellschaft in Form der (Außen- bzw. Innen-) GbR oder die Kapitalgesellschaft in

---

Kriterium der Besteuerung bzw. die steuerlichen Implikationen eines inländischen Gemeinschaftsunternehmens - vor dem Hintergrund der fehlenden Rechtsformneutralität des deutschen Steuerrechts - beleuchten grundlegend *Köhler* in: Kessler/Kröner/Köhler, Konzernsteuerrecht, 339ff. und *Schulte/Pohl*, Joint-Venture-Gesellschaften, 2008, 61ff.

263 *Baumanns/Wirbel* in: Gummert/Weipert, MünchHdb. GesR I, § 28 Joint Ventures, Rz. 2.

264 *Albach*, Joint Ventures, 1991; Hüsemann, Das internationale Joint Venture, 1972; *Kessler*, Euro-Holding, 1996; *Kraushaar/Müller* in: Kley/Sünner/Willemsen, FS Ritter, 1997, 693, 698f.; *Schulte/Pohl*, Joint-Venture-Gesellschaften, 2008, 7f.

265 *Schmidt*, Gesellschaftsrecht, 2002, 46; *Glückler/Németh/de Beauregard*, DB 2011, 2701, 2704. Im Gegensatz zu den Personengesellschaften bleiben die Körperschaften von einem Mitgliederwechsel stets unberührt, d.h. sie sind nicht auf die einzelnen Gesellschafter ausgerichtet. Der Gesellschaftszweck einer Körperschaft hat sich gegenüber den Mitgliedern verselbstständigt. *Fabry* in: Fabry/Augsten, Handbuch, 13.

Form einer GmbH an.[266] Hinsichtlich den Kooperationen auf dem Weiterbildungsmarkt sind regelmäßig diese Alternativen relevant.

Juristische Personen des öffentlichen Rechts, insbesondere Hochschulen und Gemeinden, müssen bei Gründung/Beteiligung an einem Equity Joint Venture - neben den gesellschaftsrechtlichen - weitere rechtliche Vorgaben beachten. Die öffentliche Hand unterliegt bei Gründung oder Beteiligung an privatrechtlichen Organisationsformen u.U. einem institutionellen Gesetzesvorbehalt.[267] Zudem sollten die Gebietskörperschaften daran interessiert sein, ihre wirtschaftlichen Betätigungen in privater Rechtsform strategisch und operativ zu steuern. Die Ausübung öffentlicher Aufgaben durch kommunale Unternehmen in privater Rechtsform kann zu Zielkonflikten zwischen dem Sachziel (öffentlicher Zweck) und dem Formalziel (betriebswirtschaftliche Unternehmensführung mit Gewinnerzielungsabsicht) führen.[268]

3.1.1 Staatliche Hochschulen als Gesellschafter

Staatliche Hochschulen unterliegen den bundesgesetzlichen Vorgaben des HRG und deren konkreter Ausgestaltung in den jeweiligen Landeshochschulgesetzen. Weiterbildung stellt nach § 2 Abs. 1 HRG eine Kernaufgabe staatlicher Hochschulen dar.[269] Des Weiteren fordert § 2 Abs. 6 S. 1 HRG die Hochschulen zur Zusammenarbeit - untereinander oder gemeinsam mit anderen staatlichen und staatlich geförderten Forschungs- und Bildungseinrichtungen - bei der Wahrnehmung ihrer gesetzlich zugewiesenen Aufgaben auf. Allerdings dürfen die Hochschulen gesellschaftsrechtliche Verbindungen nur eingehen, wenn vorab eine ministerielle Genehmigung eingeholt wurde und weitere in den einzelnen Landeshochschulgesetzen (LHG) geregelte Anforderungen erfüllt sind.[270]

---

266 Die Rechtsformvarianten der GmbH oder der GmbH & Co. KG sind aufgrund der vergleichsweise großen Gestaltungsfreiheit und der ausgeprägten Mitspracherechte der Gesellschafter besonders geeignet. *Schulte/Pohl*, Joint-Venture-Gesellschaften, 2008, 17.

267 *Pawelek*, Wahrnehmung hoheitlicher Hochschulaufgaben durch private Weiterbildungseinrichtungen, 2009, 59f.

268 *Geis/Nowak*, Der Konzern 2011, 98, 105f.

269 Der Aufgabenkatalog der staatlichen Hochschulen umfasst nach § 2 Abs. 1 HRG die Pflege und die Entwicklung der Wissenschaften und der Künste durch Forschung, Lehre, Studium und Weiterbildung. Flankierend sollen der wissenschaftliche und künstlerische Nachwuchs, die Weiterbildung des universitären Personals, der Wissens- und Technologietransfer, die Studierenden und der Sport im Hochschulbereich gefördert werden.

270 *Janson*, Langfristige Kooperationsverträge, in: Arbeitsgruppe Fortbildung im Sprecherkreis der Hochschulkanzler, Drittmittel und An-Institute, 1992, 167, 180.

Soweit die LHG den Hochschulen für die Verfolgung bestimmter Zwecke die Gründung und den Betrieb (bzw. die Beteiligung an) einer privatrechtlichen Bildungseinrichtung gestatten, sind ergänzend die ggfs. konkurrierenden haushaltsrechtlichen Vorgaben der einschlägigen Landeshaushaltsordnung (LHO) zu prüfen.[271] Aus dem Zusammenspiel des anzuwendenden LHG und der jeweiligen LHO können Verwerfungen hinsichtlich abweichenden Einwilligungs- und Genehmigungsvorbehalten verschiedener Ministerien resultieren.[272]

3.1.1.1 Vorgaben des LHG Baden-Württemberg

Mit dem zweiten Gesetz zur Änderung hochschulrechtlicher Vorschriften wurde die Handlungsfreiheit der Hochschulen des Landes Baden-Württemberg zur Gründung wirtschaftlicher Unternehmen erweitert. Flankierend zum bisherigen Zweck des Technologietransfers können die baden-württembergischen Hochschulen seit dem 1.1.2005 wirtschaftliche Unternehmen auch für die Zwecke der wissenschaftlichen Weiterbildung (und der Verwertung von Forschungsergebnissen) errichten.[273] Nach § 2 Abs. 5 S. 1 LHG BW ist die Beteiligung bzw. Errichtung, Übernahme oder eine wesentliche Erweiterung an wirtschaftlichen Unternehmen/Bildungseinrichtungen - ungeachtet der Rechtsform - möglich, falls kumulativ die folgenden Voraussetzungen erfüllt werden:

- die öffentlichen Zwecke (u.a.) der wissenschaftlichen Weiterbildung legitimieren die Beteiligung,

---

271 Vgl. ausführlich zu den landeshaushaltsrechtlichen Betätigungsvoraussetzungen sowie dem Verhältnis der LHO zu den Regelungen des LHG, *Pawelek*, Wahrnehmung hoheitlicher Hochschulaufgaben durch private Weiterbildungseinrichtungen, 2009, 67ff. Die Regelungen der LHO und des HRG alleine sind keine ausreichende Rechtsgrundlage für die Beteiligung der Hochschulen an privatrechtlichen Unternehmen. *Erichsen*, Hochschulprivatisierung, 2000, 141, http://www.che.de/downloads/Gutachten.pdf, abgefragt am 26.01.2012.

272 *Pawelek*, Wahrnehmung hoheitlicher Hochschulaufgaben durch private Weiterbildungseinrichtungen, 2009, 76f. In Baden-Württemberg wurden die Genehmigungsvorbehalte für das *Finanzministerium* und das *Wissenschaftsministerium* im Rahmen der Deregulierung durch die Anzeigepflichten gegenüber dem Wissenschaftsministerium und dem Rechnungshof ersetzt. Zweites Gesetz zur Änderung hochschulrechtlicher Vorschriften v. 01.01.2005, GBl. für Baden-Württemberg 2005, 1.

273 *Landtag von Baden-Württemberg*, Gesetzentwurf der Landesregierung v. 06.10.2004, Zweites Gesetz zur Änderung hochschulrechtlicher Vorschriften, LT-Drs.13/3640, 174f. und Zweites Gesetz zur Änderung hochschulrechtlicher Vorschriften v. 01.01.2005, Gbl. für Baden-Württemberg 2005, 1; *Kalous* in: Haug, Hochschulrecht in Baden-Württemberg, Kapitel 3, Rz. 643, 218.

- das Unternehmen steht nach Art und Umfang in einem angemessenen Verhältnis zur Leistungsfähigkeit der Hochschule und zum voraussichtlichen Bedarf,
- die Hochschule erhält einen angemessenen Einfluss in den Organen des Unternehmens und
- die Einlageverpflichtung sowie Haftung der Hochschule wird auf einen bestimmten und ihrer Leistungsfähigkeit angemessenen Betrag begrenzt.[274]

Zudem ist nach § 2 Abs. 5 S. 2 1. Halbsatz LHG BW die Gründung und/oder Beteiligung an einem wirtschaftlichen Unternehmen durch die Hochschule gegenüber dem Wissenschaftsministerium anzeigepflichtig. Flankierend besteht in den Fällen des mehrheitlichen Anteilserwerbs durch die Hochschule eine zusätzliche Anzeigepflicht gegenüber dem Landesrechnungshof (2. Halbsatz). Dieser prüft dann die Haushalts- und Wirtschaftsführung des Beteiligungsunternehmens.[275]

3.1.1.2 Auslegung der Vorgaben des LHG Baden-Württemberg

Aufgrund der in § 2 Abs. 5 S. 1 Nr. 4 LHG BW genannten betragsmäßigen Begrenzung der Einlageverpflichtung und der Haftung scheint den baden-württembergischen Hochschulen eine Unternehmensbeteiligung im Weiterbildungsmarkt nicht an allen privatrechtlichen (Gesellschafts-) Rechtsformen möglich. Einlageverpflichtung und Haftungsregelung lehnen sich nach der Gesetzesbegründung der Landesregierung[276] an § 65 Abs. 1 Landeshaushaltsordnung Baden-Württemberg (LHO BW) an.[277] Dieser Paragraf bildet wortgetreu § 65 Abs. 1 Bundeshaushaltsordnung (BHO) nach. Die Formulierung dieser Regelungen (LHO und BHO) erfordert zwar eine Begrenzung der Einzahlungsverpflichtung - eine begrenzte Haftung wird dagegen jedoch nicht explizit angeordnet.[278] Eventuelle Haftungsfälle sind von der jeweiligen baden-württembergischen Hochschule aus ihrem Budget abzudecken und gehen zu Lasten der zur Verfü-

274 Ähnliche Regelungen sehen die Hochschulgesetze anderer Bundesländer vor. Nahezu deckungsgleich: Art. 73 Abs. 3 BayHSchG; § 4 Abs. 11 BerlHG, § 5 Abs. 7 HG NRW 2007, § 6 Abs. 3 SächsHSG.

275 In Nordrhein-Westfalen liegt die Prüfaufgabe nicht mehr in den Händen der staatlichen Kontrollinstanz des Landesrechnungshofs. Nach § 5 Abs. 7 S. 5 HG NRW obliegt die Aufgabe einem externer Wirtschaftsprüfer.

276 *Landtag von Baden-Württemberg*, Gesetzentwurf der Landesregierung v. 06.10.2004, Zweites Gesetz zur Änderung hochschulrechtlicher Vorschriften, LT-Drs.13/3640, 175.

277 *Walter* in: Haug, Hochschulrecht in Baden-Württemberg, Kapitel 3, Rz. 768, 268.

278 *Forst/Traut*, DÖV 2010, 210, 212.

gung stehenden Haushaltsmittel, den Rücklagen oder dem Körperschaftsvermögen.[279]

Entsprechend der grammatikalischen Auslegung des § 2 Abs. 5 S. 1 Nr. 4 LHG BW und der Begründung des Landtages[280] stehen nur diejenigen Rechtsformen für ein Equity Joint Venture zur Disposition, die die finanziellen Risiken der unbeschränkten Haftung durch eine gesellschaftsrechtliche Haftungsbeschränkung ausschließen.[281] Demzufolge ist das Rechtskleid der GmbH wie geschaffen für eine gemeinschaftliche Bildungseinrichtung, an der sich die staatliche Hochschule beteiligen kann.[282]

Dagegen dürfte die Beteiligung der Hochschule als Kommanditist an einer Bildungs-KG unter Berücksichtigung von § 164 S. 1 HGB an dem geforderten angemessenen Einfluss in den Unternehmensorganen (nach § 2 Abs. 5 S. 1 Nr. 3 LHG BW) scheitern.[283] Nach dem Gesetzentwurf der Landesregierung soll diese Beteiligungsform allerdings möglich sein.[284] Dagegen scheidet die OHG als Rechtsform aufgrund der Einzahlungs- und Haftungsbegrenzungspflicht

---

279 *Landtag von Baden-Württemberg*, Gesetzentwurf der Landesregierung v. 06.10.2004, Zweites Gesetz zur Änderung hochschulrechtlicher Vorschriften, LT-Drs.13/3640, 175. *Walter* in: Haug, Hochschulrecht in Baden-Württemberg, Kapitel 3, Rz. 768, 268. Indessen können sich Hochschulen in Nordrhein-Westfalen lediglich begrenzt - auf die freien Rücklagen und das Körperschaftsvermögen - beteiligen (und haften). *Pawelek*, Wahrnehmung hoheitlicher Hochschulaufgaben durch private Weiterbildungseinrichtungen, 2009, 154.

280 *Landtag von Baden-Württemberg*, Gesetzentwurf der Landesregierung v. 06.10.2004, Zweites Gesetz zur Änderung hochschulrechtlicher Vorschriften, LT-Drs.13/3640, 175.

281 *Walter* in: Haug, Hochschulrecht in Baden-Württemberg, Kapitel 3, Rz. 768, 260. Eine Beteiligung der Hochschule an Unternehmen in ausländischer Rechtsform ist grundsätzlich möglich, aber rechtlich und wirtschaftlich besonders riskant. *Landtag von Baden-Württemberg*, Gesetzentwurf der Landesregierung v. 06.10.2004, Zweites Gesetz zur Änderung hochschulrechtlicher Vorschriften, LT-Drs.13/3640, 175.

282 Unter Rückgriff auf die Auslegung des § 65 LHO und des § 65 BHO können sich staatliche Hochschulen an einer Bildungseinrichtung in der Rechtsform einer Kapitalgesellschaft (AG oder GmbH), eines eingetragenen Vereins und Stiftung des privaten Rechts sowie an einer Genossenschaft, (soweit die Satzung eine Nachschusspflicht des öffentlich-rechtlichen Genossen im Falle der Insolvenz nach § 6 Nr. 3 GenG ausschließt) beteiligen. *Erichsen*, Hochschulprivatisierung, 2000, 160, http://www.che.de/downloads/Gutachten.pdf, abgefragt am 26.01.2012; *Nöhrbaß* in: Piduch, Bundeshaushaltsrecht, § 65 BHO, Rz. 5 und 9.

283 Nach § 164 S. 1 HGB sind Kommanditisten von der Geschäftsführung ausgeschlossen und können den Handlungen der Komplementäre bis auf wenige Ausnahmefälle nicht widersprechen. *Hermesmeier*, Staatliche Beteiligungsverwaltung, 2010, 106.

284 *Landtag von Baden-Württemberg*, Gesetzentwurf der Landesregierung v. 06.10.2004, Zweites Gesetz zur Änderung hochschulrechtlicher Vorschriften, LT-Drs.13/3640, 175.

aus.[285] Dasselbe Schicksal soll eine universitäre Beteiligung an einer BGB-(Außen) Gesellschaft teilen, da die Gesellschafter persönlich und unbegrenzt für die Gesellschaftsschulden haften (analog § 128 HGB).[286] Gleichwohl ist nach überzeugender Argumentation von *Forst/Traut* eine Beteiligung des Bundes oder einzelner Länder an einer GbR auch nach den Vorgaben des § 65 BHO bzw. § 65 LHO denkbar.[287] Insoweit könnten sich Hochschulen in einer BGB-Außengesellschaft zur gemeinsamen Forschung, Lehre und Verwaltung zusammenschließen.[288]

3.1.1.3 Zwischenfazit

Staatliche Hochschulen sind vom Bundesgesetzgeber aufgefordert, auf dem Weiterbildungsmarkt tätig zu sein. Rechtliche Grenzen dieser Tätigkeit können sich aus den einschlägigen Landeshochschulgesetzen ergeben. Nach dem LHG-BW kann eine baden-württembergische Hochschule für Zwecke der Weiterbildung ein Gemeinschaftsunternehmen bzw. eine Bildungseinrichtung in der Rechtsform einer GmbH gründen. Die Alternative einer BGB-Außengesellschaft scheint vor dem Hintergrund der im LHG-BW geforderten betragsmäßigen Begrenzung der Einlageverpflichtung und der Haftung zweifelhaft. Da die Gründung und/oder Beteiligung an einem wirtschaftlichen Unternehmen stets dem Wissenschaftsministerium anzuzeigen ist, sollten sich die Hochschulen durch eine vorgezogene Anfrage bei dem Ministerium Rechtsklarheit und Rechtssicherheit im Hinblick auf die Konformität der angedachten Beteiligung verschaffen.

---

285 *Hermesmeier*, Staatliche Beteiligungsverwaltung, 2010, 106.

286 BGH, Urteil v. 29.1.2001, II ZR 331/00, BGHZ 146, 341.

287 *Forst/Traut*, DÖV 2010, 210, 212f. A.A. und die privatrechtliche Gesellschaftsform der GbR nach § 65 Abs. 1 Nr. 2 BHO als unzulässig einstufend: *Hermesmeier*, Staatliche Beteiligungsverwaltung, 2010, 106; *Heuer/Engels/Eibelshäuser*, § 65 BHO, 5, Rz. 14; *Patzig* in: Patzig, Haushaltsrecht, C/65/11, Rz. 4; *Soldner* in: von Koeckritz/Dittrich/Lamm, BHO, § 65, Rz. 19.

288 *Strahl*, FR 2008, 15, 15; *Forst/Traut*, DÖV 2010, 210, 211. Auch nach *Wallenhorst* bestehen keine Einwände gegen Beteiligungen (einer juristischen Person des öffentlichen Rechts oder einer gemeinnützigen Körperschaft) an Personengesellschaften. Er verweist diesbezüglich auf die Rechtsprechung zur satzungsgemäßen Möglichkeit der Beteiligung eines steuerbegünstigten e.V. an Nichtzweckbetrieben. *Wallenhorst* in: Wallenhorst/Halaczinsky, Besteuerung gemeinnütziger Vereine, Stiftungen und der jPdöR, 359; FG Berlin, Urteil v. 18.12.2001, 7 K 7499/00, EFG 2002, 519, bestätigt durch BFH, Urteil v. 18.12.2002, I R 15/02, BStBl. II 2003, 384 und von der Finanzverwaltung übernommen in: zu § 59 Nr. 1 AEAO.

Eine gangbare Alternative zu (den finanziellen Risiken einer unbeschränkten Haftung im Rahmen) einer Außen-GbR stellt in jedem Fall die Beteiligung einer Hochschule an einer BGB-Innengesellschaft dar. Diese Ausprägung eines Non-Equity Joint Ventures (vgl. Kapitel B. II. 2.) ermöglicht Hochschulen stets die Zusammenarbeit mit Dritten. Da die BGB-Innengesellschaft als solche selbst nicht am Marktgeschehen teilnimmt, existiert bei ihr keine bedenkliche Gesellschafter(außen)haftung.[289]

Aus steuerrechtlicher Sicht ist die Beteiligung einer staatlichen Hochschule (oder einer anderen juristischen Person des öffentlichen Rechts - bspw. Gemeinde) an einem privatrechtlichen Gemeinschaftsunternehmen uneingeschränkt möglich. Das Steuerrecht sieht in dieser Hinsicht keine Einschränkungen vor. Allgemein gilt Folgendes: Soweit ein Betrieb (das Gemeinschaftsunternehmen) in privatrechtlicher Rechtsform errichtet wurde, wird dieser nach den für diese Rechtsform geltenden Vorschriften besteuert.[290]

In der Praxis bereitet die ertragsteuerliche Beurteilung von Beteiligungen der öffentlichen Hand regelmäßig Probleme, wenn das Gemeinschaftsunternehmen als Personengesellschaft (in der Form der GbR) errichtet wurde. Vorausgesetzt, es schließen sich ausschließlich jPdöR als Gesellschafter in einer Außen-GbR zusammen und üben gemeinsam eine Tätigkeit aus, die steuerrechtlich bei den jeweiligen Gesellschaftern originär als hoheitlich einzustufen ist, begründet die Beteiligung an der GbR keine Mitunternehmerschaft und keinen BgA bei den öffentlich-rechtlichen Gesellschaftern.[291] Demnach können sich Hochschulen nach steuerrechtlichen Vorgaben in einer BGB-Außengesellschaft zusammenschließen und gemeinsam eine originär hoheitliche Tätigkeit ausüben. Solche Tätigkeiten im Rahmen des Zusammenschlusses wären bspw. Grundlagenforschung[292] oder das Angebot von (Weiterbildungs-) Studiengängen[293]. Soweit

---

289 *Ulmer* in: Säcker/Rixecker, Münchener Kommentar zum BGB - Band 5, BGB § 705 Inhalt des Gesellschaftsvertrags, Rz. 284 und § 714 Vertretungsmacht, Rz. 8ff.; *Forst/Traut*, DÖV 2010, 210, 211.

290 R. 6 Abs. 7 KStR; *Krämer* in: Dötsch/Jost/Pung u.a., KStG, § 4, Rz. 24. Vgl. Kapitel D. III. zur umsatzsteuerrechtlichen Beurteilung von Kooperationen als Unternehmer.

291 R. 6 Abs. 2 S. 4 und S. 5 KStR. OFD Frankfurt v. 4.2.2002, S 2706 A - 83 - St II 13, FR 2002, 421. *Krämer* in: Dötsch/Jost/Pung u.a., KStG, § 4, Rz. 52.

292 Die Grundlagen- oder Eigenforschungstätigkeit einer staatlichen Hochschule ist dem nichtsteuerbaren hoheitlichen Bereich zuzuordnen. RFH, Gutachten v. 9.7.1937, V D 1/37, RStBl. 1937, 1306; OFD Münster v. 1.8.2009, http://www.ofd-muenster.de/die_ofd_ms/Arbeitshilfen__Leitfaeden__Praxishilfen/PDF_Arbeitshilfen/2007_Jur_pers_oeff_Recht.pdf 1.8.2009, 86; OFD Rheinland and OFD Münster v. 28.9.2009, S 2706 - 1032 - St 134 [Rhld] / S 2706 - 73 - St 13 - 33 [Ms], DB 2009, 2292.

die genannten Voraussetzungen nicht erfüllt sind, folgt im Umkehrschluss die eventuelle Begründung eines BgA auf Ebene der öffentlich-rechtlichen Gesellschafter.[294]

3.1.2 Gemeinden als Gesellschafter

3.1.2.1 Vorgaben der Gemeindeordnung

Gemeinden unterliegen bei Gründung (eines) oder Beteiligung an einem Equity Joint Venture u.a.[295] den Vorgaben der Gemeindeordnung ihres Bundeslandes. Das Kommunalrecht differenziert zwischen sog. wirtschaftlichen und nichtwirtschaftlichen Unternehmen von Gemeinden.[296]

Dabei setzen die Gemeindeordnungen der kommunalen Wirtschaftsbetätigung - und damit auch der Errichtung, Übernahme oder wesentlicher Erweiterung von wirtschaftlichen Unternehmen durch die Gemeinden - Grenzen. Trotz landesspezifischer Unterschiede existieren drei Zulässigkeitsvoraussetzungen der wirtschaftlichen Betätigung von Gemeinden, die ihren Ursprung in den Regelungen des § 67 Abs. 1 DGO[297] haben. Nach dieser sog. Schrankentrias sind kumulativ folgende Vorgaben zu beachten:[298] a) ein öffentlicher Zweck muss das Unternehmen legitimieren,[299] b) Art und Umfang des Unternehmens müssen

---

293 Zur umsatzsteuerrechtlichen Beurteilung von Weiterbildungsangeboten durch staatlichen Hochschulen im Rahmen eines Non-Equity Joint Ventures vgl. Kapitel D. III. 1. 1. 3.

294 OFD Frankfurt v. 4.2.2002, S 2706 A - 83 - St II 13, FR 2002, 421.

295 Grundsätzlich ist die kommunale Wirtschaftstätigkeit zuvor in den Kontext des allgemeinen Rechtsrahmens zu setzen. Für einen grundlegenden Überblick vgl. *Burgi*, Kommunalrecht, 2008, 250f.

296 Wirtschaftliche Unternehmen von Gemeinden definieren sich in Anlehnung an die Volks- und Betriebswirtschaft als „rechtlich selbstständige oder unselbstständige Zusammenfassungen persönlicher und sächlicher Mittel in der Hand von Rechtsträgern zum Zwecke der Teilnahme am Wirtschaftsverkehr, d.h. zum Zwecke des Handelns mit dem Ziele der Produktion und des Umsatzes von Gütern und Dienstleistungen mit der regelmäßigen Absicht der Gewinnerzielung.“ *Gern*, Deutsches Kommunalrecht, 2003, Rz. 725.

297 Das Pendant zu den kommunalrechtlichen Vorgaben der wirtschaftlichen Betätigung von Kommunen in Privatrechtsform (ehemals in § 67 Abs. 1 DGO) bildet auf Bundesebene § 65 BHO. *Hermesmeier*, Staatliche Beteiligungsverwaltung, 2010, 45.

298 *Ronellenfitsch/Stein* in: Hoppe/Uechtritz, Handbuch Kommunale Unternehmen, 2007, 43, 47, Rz. 10f.; *Uechtritz/Otting* in: Hoppe/Uechtritz, Handbuch Kommunale Unternehmen, 2007, 58, 64, Rz. 4; *Geis/Nowak*, Der Konzern 2011, 98, 99.

299 Die zwingende Verfolgung eines öffentlichen Zweckes verbietet der Gemeinde den Betrieb eines kommunalen wirtschaftlichen Unternehmens mit dem alleinigen oder dem

in einem angemessenen Verhältnis zur Leistungsfähigkeit und zum voraussichtlichen Bedarf der Gemeinde stehen, c) der Zweck kann nicht besser oder wirtschaftlicher durch einen privaten Dritten erfüllt werden (sog. Subsidiaritätsklausel).[300]

Nichtwirtschaftliche Unternehmen unterliegen zwar kraft den jeweiligen Normen der Gemeindeordnungen nicht den o.g. Schrankenbestimmungen, dessen ungeachtet müssen diese stets einen öffentlichen Zweck verfolgen.[301] Bei den nichtwirtschaftlichen Unternehmen wird in traditionalistischer, teilweise historisch überholter Sichtweise typisierend davon ausgegangen, dass die begriffskonstituierenden Merkmale eines wirtschaftlichen Unternehmens - ausdrücklich die Betätigung mit Gewinnerzielungsabsicht - nicht vorliegen.[302] Sog. nichtwirtschaftliche Unternehmen sind kraft Gesetz u.a. Unternehmen, die die gesetzlichen Pflichtaufgaben der Gemeinde erfüllen oder auch der Betrieb von Einrichtungen des Unterrichts-, Erziehungs- und Bildungswesens (bspw. Schulen oder Volkshochschulen).[303] Dennoch sind die Gemeinden bei Kooperationen im Weiterbildungsmarkt in ihrer Wahl hinsichtlich der privatrechtlichen Organisationsform des Gemeinschaftsunternehmens nicht vollständig frei. Die jeweiligen Gemeindeordnungen sehen auch bei nichtwirtschaftlichen Unternehmen explizite Schrankenbestimmungen, bspw. betragsmäßige Haftungsbegrenzungen, vor.[304]

Hauptzweck der Gewinnerzielung. Allerdings verbleibt den Gemeinden aufgrund der vielfältigen potenziellen öffentlichen Zwecke (bspw. soziale Gesichtspunkte wie Schaffung von Arbeitsplätzen) ein großer Beurteilungsspielraum hinsichtlich der Rechtfertigung eines wirtschaftlichen Unternehmens. *Gern*, Deutsches Kommunalrecht, 2003, Rz. 718f. und Rz. 727; *Burgi*, Kommunalrecht, 2008, 251, Rz. 24 und 259, Rz. 42.

300 Ähnlich: § 102 GemO BW; § 87 GemO Bayern; § 121 HGO; § 136 NKomVG; § 107 GO NRW.

301 Gem. den verfassungsrechtlichen Vorgaben erfordert jede kommunale Betätigung die Verfolgung eines öffentlichen Zwecks. *Burgi*, Kommunalrecht, 2008, 251, Rz. 24 i.V.m. 258, Rz. 40.

302 *Gern*, Deutsches Kommunalrecht, 2003, Rz. 726.

303 *Gern*, Deutsches Kommunalrecht, 2003, Rz. 726; *Ronellenfitsch/Stein* in: Hoppe/Uechtritz, Handbuch Kommunale Unternehmen, 2007, 43, 45, Rz. 5f.; *Burgi*, Kommunalrecht, 2008, 258, Rz. 39. Vgl. bspw. § 103 GemO BW; § 108 GO NRW.

304 In Baden-Württemberg wurden mit dem Gesetz zur Änderung gemeindewirtschaftsrechtlicher Vorschriften und anderer Gesetze v. 14.07.1999 die unterschiedlichen Zulässigkeitsvoraussetzungen für kommunale Unternehmen vereinheitlicht. Eine Differenzierung zwischen wirtschaftlichen und nichtwirtschaftlichen Unternehmen findet nicht mehr statt, vgl. § 103 GemO BW. *Landtag von Baden-Württemberg*, Gesetzentwurf der Landesregierung v. 14.05.1999, Gesetz zur Änderung gemeindewirtschaftsrechtlicher Vorschriften und anderer Gesetze, LT-Drs.12/4055, 19f.; *Landtag von Baden-Württem-*

Somit stehen den Gemeinden zwar grundsätzlich sowohl für wirtschaftliche als auch für nichtwirtschaftliche Unternehmen sämtliche privatrechtliche (und öffentlich-rechtliche) Organisationsformen zur Verfügung.[305] Da die Kommunen jedoch an öffentlich-rechtliche Handlungsgrundsätze gebunden sind und die Privatrechtsformen für diese Vorgaben ein Gefahrenpotenzial darstellen können, setzen die Gemeindeordnungen der kommunalen - wirtschaftlichen oder nichtwirtschaftlichen - Betätigung Schranken.[306]

3.1.2.2 Auslegung der Vorgaben der Gemeindeordnung und Zwischenfazit

Eine Gemeinde kann ein wirtschaftliches Unternehmen in den nachfolgenden Rechtsformen gründen bzw. betreiben: GmbH, AG, Verein, eingetragene Genossenschaften oder privatrechtliche Stiftung.[307] Personengesellschaften wie die GbR, OHG oder KG[308] scheinen dabei aufgrund der originären unbeschränkten Gesellschafterhaftung regelmäßig auszuscheiden, da dies mit der von den Gemeindeordnungen geforderten (betragsmäßigen) Haftungsbeschränkung kollidiert.[309] Gemeinden des Landes Baden-Württemberg dürfen Unternehmen in

---

berg, Gesetz zur Änderung gemeindewirtschaftsrechtlicher Vorschriften und anderer Gesetze v. 14.07.1999, LT-Drs. 12/4268; *Gern*, Kommunalrecht Baden-Württemberg, 2005, 328.

305 *Burgi*, Kommunalrecht, 2008, 271, Rz. 73; *Geis/Nowak*, Der Konzern 2011, 98, 99.

306 *Gern*, Deutsches Kommunalrecht, 2003, Rz. 720; *Kasper* in: Kleerbaum/Palmen, Gemeindeordnung NRW, § 108 GO NRW, II.3. Steuerungs- und Kontrollmöglichkeiten. Vgl. bspw. § 103 GemO BW; § 108 Abs. 1 Nr. 3 bis Nr. 8 GO NW.

307 *Gern*, Deutsches Kommunalrecht, 2003, Rz. 756.

308 Hinsichtlich der KG sind zwei Arten von Gesellschaftern zu unterscheiden: der persönlich haftende Gesellschafter (Komplementär) und der Kommanditist, dessen Haftung betragsmäßig auf die entsprechende Vermögenseinlage begrenzt ist. Von Seiten der Haftungsbegrenzung stünde den Gemeinden eine Kommanditbeteiligung an einer KG prinzipiell zur Verfügung. Die kommunale Beteiligung als Kommanditist ist jedoch grundsätzlich nicht zulässig, da der kommunalrechtlich geforderte mitbestimmende Einfluss auf die unternehmerische Steuerung aufgrund der Kommanditbeteiligung nicht möglich ist. *Fabry* in: Fabry/Augsten, Handbuch, 19; *Gern*, Deutsches Kommunalrecht, 2003, Rz. 758; *Hellermann* in: Hoppe/Uechtritz, Handbuch Kommunale Unternehmen, 2007, 124, 172, Rz. 124. Vgl. zur kommunalen Beteiligung an einer GmbH & Co. KG einführend *Kronawitter*, DStZ 2010, 370, 370f.

309 *Kugel*, Öffentliche Betriebe, 1989, 61; *Fabry* in: Fabry/Augsten, Handbuch, 19; *Gern*, Deutsches Kommunalrecht, 2003, Rz. 758; *Hellermann* in: Hoppe/Uechtritz, Handbuch Kommunale Unternehmen, 2007, 124, 171, Rz. 121ff.; *Oebbecke* in: Hoppe/Uechtritz, Handbuch Kommunale Unternehmen, 2007, 203, 217, Rz. 45; *Pitschas/Schoppa*, DÖV 2009, 469, 473; *Kasper* in: Kleerbaum/Palmen, Gemeindeordnung NRW, § 108 GO NRW, II.3. *Steuerungs- und Kontrollmöglichkeiten.*

privatrechtlicher Rechtsform nach § 103 Abs. 1 Nr. 4 GemO BW nur begründen bzw. sich daran beteiligen, wenn „die Haftung der Gemeinde auf einen ihrer Leistungsfähigkeit angemessenen Betrag begrenzt wird."[310]

Eine abschließende pauschale Beurteilung ist aufgrund potenzieller landesrechtlicher Eigenheiten nicht möglich. Es muss stets der konkrete Einzelfall unter Berücksichtigung des Telos der Regelungen zur kommunalen Wirtschaftsbetätigung geprüft werden. Die Normen zielen dabei auf die Vermeidung unüberschaubarer Haftungsrisiken für die Kommune bzw. finanzieller Risiken für den Gemeindehaushalt ab.[311] Gem. der Ansicht von *Gern* ist die Begründung eines Gemeinschaftsunternehmens in Form der GbR nur bei nichtwirtschaftlichen Unternehmen denkbar, soweit die jeweilige Gemeindeordnung für die nichtwirtschaftliche Betätigung keine Haftungsbeschränkung verlangt.[312] *Forst/Traut* arbeiten dagegen überzeugend heraus, dass eine Beteiligung der öffentlichen Hand an einer GbR grundsätzlich möglich ist, wobei die Genehmigung einer kommunale Beteiligung an einer GbR stets vor dem Hintergrund des o.g. Telos abzuwägen ist.[313]

Regelmäßig errichten Gemeinden ein wirtschaftliches Unternehmen in der privatrechtlichen Rechtsform der GmbH, was durch empirische Studien nachgewiesen wurde.[314] Indiziell lässt sich die Vorherrschaft privatwirtschaftlicher Rechtsformen[315] auch aus der Mitgliederstatistik des *Verbandes Kommunaler Unternehmen (VKU) e.V.* ableiten. Zum Ende des Jahres 2008 haben die Mitgliedsunternehmen, die in Abbildung 1 aufgeführten Rechtsformen gewählt.[316]

---

310 Weitere Beispiele mit ähnlichem Wortlaut: § 108 Abs. 1 Nr. 3 GO NRW; § 122 Abs. 1 S. 1 Nr. 2 HGO; § 137 Abs. 1 Nr. 2 NKomVG.

311 *Hidien*, Gemeindliche Betätigungen, 1981, 194f.; *Kugel*, Öffentliche Betriebe, 1989, 117; *Gern*, Deutsches Kommunalrecht, 2003, Rz. 722; *Forst/Traut*, DÖV 2010, 210, 212.

312 *Gern*, Deutsches Kommunalrecht, 2003, Rz. 758.

313 *Forst/Traut*, DÖV 2010, 210, 210ff. Die Beteiligung der öffentlichen Hand an einer BGB-Innengesellschaft ist in jedem Fall möglich, da bei der BGB-Innengesellschaft keine Gesellschafter(außen)haftung existiert. *Ulmer* in: Säcker/Rixecker, Münchener Kommentar zum BGB - Band 5, BGB § 705 Inhalt des Gesellschaftsvertrags, Rz. 284 und § 714 Vertretungsmacht, Rz. 8ff. ; *Forst/Traut*, DÖV 2010, 210, 211.

314 *Pitschas/Schoppa*, DÖV 2009, 469, 469; *Forst/Traut*, DÖV 2010, 210, 210. Den Studien zufolge, betrug das Marktvolumen kommunaler GmbHs zu Beginn dieses Jahrtausends 70 %.

315 Kritisch zur „Flucht" der Gemeinden in die privatrechtlichen Gesellschaftsformen *Pitschas/Schoppa*, DÖV 2009, 469, 472.

316 Dieser Trend zeigt sich auch bei einer chronologischen Betrachtung der verschiedenen Rechtsformen der Mitglieder des VKU e.V. (vgl. Anhang, Abbildungen, Abbildung 3 und Abbildung 4, Anhang XXVIII).

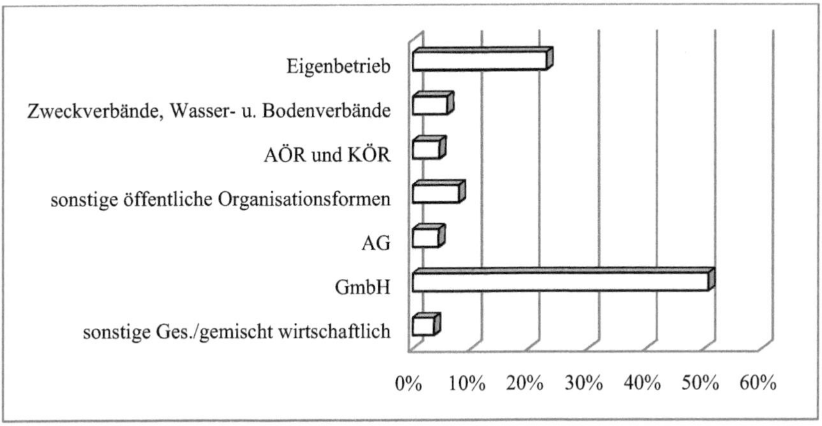

Abbildung 1: Rechtsformen Mitglieder VKU e.V., eigene Berechnung

3.2 Öffentlich-rechtliche Rechtsformen des Gemeinschaftsunternehmens

Eine Alternative zur privatrechtlichen Ausgestaltung stellt das Gemeinschaftsunternehmen in öffentlich-rechtlicher Organisationsform, als sog. Zweckverband, dar.[317] Die Kooperation mittels eines Zweckverbands wird meist für den kommunalen (Aufgaben-) Bereich realisiert.[318] Die Rechtsgrundlagen für Gründung und Arbeit des Zweckverbands sind in den jeweiligen Landesgesetzen zur kommunalen Zusammenarbeit (GKZ) kodifiziert.[319] Der Zweckverband ist -

317 *Gern*, Deutsches Kommunalrecht, 2003, Rz. 919; *Schmidt*, Kommunale Kooperation, 2005, 25f.; *Müller*, Interkommunale Zusammenarbeit und Vergaberecht, 2006, 13ff. Die kommunale wirtschaftliche Betätigung kann auch in einer öffentlich-rechtlichen Organisationsform ausgeübt werden, bspw. Amt, Regie- oder Eigenbetrieb, Anstalt des öffentlichen Rechts oder Zweckverband. *Geis/Nowak*, Der Konzern 2011, 98, 99, dortige Fußnote 15.

318 Klassische Felder kommunaler Zusammenarbeit in der Organisationsform eines Zweckverbands sind die Trinkwasserversorgung, die Abwasser- und Abfallentsorgung, Feuerwehr und Rettungsdienst oder der öffentliche Personennahverkehr. *Schmidt*, Kommunale Kooperation, 2005, 18f.; *Hellermann* in: Hoppe/Uechtritz, Handbuch Kommunale Unternehmen, 2007, 124, 177, Rz. 141.

319 Z.B. GKZ Baden-Württemberg, GBl. 1974, 408. Die Gesetze zur kommunalen Zusammenarbeit der Bundesländer Bayern und Niedersachsen normieren als weitere potenzielle öffentlich-rechtliche Kooperationsform die rechtsfähige Anstalt des öffentlichen

trotz fehlender Legaldefinition - rechtlich als juristische Person des öffentlichen Rechts zu qualifizieren.[320] Verbandsmitglieder sind typischerweise Gebietskörperschaften und andere juristische Personen des öffentlichen Rechts. Unter gewissen Einschränkungen können nach den jeweiligen landesrechtlichen Vorgaben auch natürliche Personen und juristische Personen des Privatrechts Mitglieder eines Zweckverbands werden.[321] Deren Mitgliedschaft muss die Erfüllung der Verbandsaufgaben fördern und es dürfen einer Mitgliedschaft keine Gründe des öffentlichen Wohles entgegenstehen. In der Praxis stellen Zweckverbände mit Beteiligung Privater tendenziell die Ausnahme dar.[322] Auf dem Weiterbildungsmarkt existieren mehrere Zweckverbände, deren Aufgabe regelmäßig der Betrieb einer Volkshochschule ist.[323] Die betreffenden Verbandsmitglieder sind ausschließlich Gemeinden. Die betriebene Volkshochschule ist eine nicht rechtsfähige Anstalt des Zweckverbands.

Rechts. *Hellermann* in: Hoppe/Uechtritz, Handbuch Kommunale Unternehmen, 2007, 124, 176, Rz. 136. Da die Anstalt des öffentlichen Rechts mit mehreren Anstaltsträgern jedoch nur in den genannten Bundesländern möglich ist, wird auf eine weitergehende Analyse dieser öffentlich-rechtlichen Organisationsform verzichtet. Vgl. ausführlich die diversen öffentlich-rechtlichen Formen der Zusammenarbeit von Kommunen bei *Gern*, Deutsches Kommunalrecht, 2003, Rz. 920 und Rz. 929ff.

320 Vgl. allgemein: BFH, Urteil v. 13.3.1974, I R 7/71, BStBl. II 1974, 391, 2. Leitsatz. R 6 Abs. 1 S. 1 KStR; Abschn. 23 Abs. 1 S.1 UStR. *Weissenborn/Schaaf*, KStZ 1969, 65, 67; *Alvermann* in: Streck, KStG, § 4, Rz. 6; *Heger* in: Gosch, KStG, § 4, Rz. 29; *Krämer* in: Dötsch/Jost/Pung u.a., KStG, § 4, Rz. 12; *Wallenhorst* in: Wallenhorst/Halaczinsky, Besteuerung gemeinnütziger Vereine, Stiftungen und der jPdöR, 33. Für Baden-Württemberg normiert § 3 GKZ BW: „Der Zweckverband ist eine Körperschaft des öffentlichen Rechts.“.

321 *Gern*, Deutsches Kommunalrecht, 2003, Rz. 934. Vgl. bspw. § 2 GKZ BW; Art. 17 KommZG Bayern.

322 *Hellermann* in: Hoppe/Uechtritz, Handbuch Kommunale Unternehmen, 2007, 124, 186f., Rz. 172.

323 *Prahl*, VerwRdsch 1994, 347, 347f.; *Schmidt*, Kommunale Kooperation, 2005, 18.

C. Grundlagen des Mehrwertsteuerrechts

I. Gemeinschaftsrechtliche Grundlagen

Die autonomen Rechtsordnungen des Europarechts und des nationalen Steuerrechts der einzelnen EU-Mitgliedstaaten überschneiden sich sowohl auf dem Gebiet der direkten Steuern[324] als auch im Bereich der indirekten Steuern. Die Umsatzsteuer - bzw. nach europäischem Sprachgebrauch die Mehrwertsteuer - wird als indirekte Steuer erhoben.[325] Sie ist ihrem Wesen nach eine allgemeine Verbrauchssteuer[326].[327]

Das nationale Umsatzsteuerrecht ist seit mittlerweile über vier Jahrzehnten untrennbar mit dem Recht der Europäischen Gemeinschaft verknüpft.[328] Die

---

324 Die Rückwirkungen des Gemeinschaftsrechts auf die direkten Steuern der Mitgliedstaaten werden im Verlauf dieser Arbeit nicht erörtert. Vgl. grundlegend zu den Rückwirkungen der im EG-Vertrag kodifizierten, primärrechtlichen Grundfreiheiten auf die direkten Steuern an Stelle vieler *Schnitger*, Einwirkung der Grundfreiheiten des EG-Vertrages auf das Ertragsteuerrecht, 2006. Das Gemeinschaftsrecht birgt in diesem Bereich erheblichen steuerrechtlichen Sprengstoff für den nationalen Gesetzgeber. Hinsichtlich potenziell EG-rechtswidriger Normen des deutschen direkten Steuerrechts vgl. an Stelle vieler: *Kessler/Spengel*, DB 2010, Beilage Nr. 1; *Schenke/Mohr*, DStZ 2009, 439, 439ff.

325 *Stadie*, UR 2011, 45, 48; EuGH, Urteil v. 27.9.2007, C-409/04, *Teleos*, BStBl. II 2009, 70, Rz. 60.

326 EuGH, Urteil v. 27.9.2007, C-409/04, *Teleos*, BStBl. II 2009, 70, Rz. 60. Bezüglich weiterer Nachweise der Rechtsprechung sowie umfangreichen Verweisen auf das Schrifttum hinsichtlich des Verbrauchssteuercharakters vgl. *Reiß*, Die harmonisierte Umsatzsteuer, in: Seer, DStJG Band 32, 2009, 9, 11, dortige Fußnote 6.

327 Der EuGH hat in ständiger Rechtsprechung vier charakteristische Merkmale der Mehrwertsteuer herausgearbeitet. Erstens gilt die Mehrwertsteuer ganz allgemein für alle sich auf Gegenstände und Dienstleistungen beziehenden Geschäfte. Zweitens wird die Steuer ihrer Höhe nach proportional zu dem Preis erhoben, den der Steuerpflichtige als Gegenleistung für die Lieferung der Gegenstände und Erbringung von Dienstleistungen erhält. Drittens ist die Steuer auf jeder Produktions- und Vertriebsstufe einschließlich der Einzelhandelsstufe zu berücksichtigen bzw. zu erheben. Das vierte und letzte Charakteristikum ist der Verbrauchsteuergedanke, wonach der (End-) Verbraucher letztlich die Belastung trägt und dem Steuerpflichtigen bei Leistungsbezug für sein Unternehmen das Recht auf Vorsteuerabzug zusteht. EuGH, Urteil v. 7.5.1992, C-347/90, *Bozzi*, Slg der Rechtsprechung 1992, I-02947, Rz. 12 m.w.N.; EuGH, Urteil v. 3.10.2006, C-475/03, *Banca popolare di Cremona*, IStR 2006, 783, Rz. 28; BFH, Urteil v. 1.9.2010, V R 32/09, BFH/NV 2011, 536, Rz 24 m.w.N. der Rechtsprechung.

328 *Spetzler*, DB 1993, 553, 553; *Hidien*, StuW 2005, 265, 267; *Kirchhof*, DStR 2008, 1, 3.

unionsrechtliche Rechtsordnung geht dem nationalstaatlichen Umsatzsteuerrecht der Mitgliedstaaten vor.[329]

Das Gemeinschaftsrecht basiert auf den Gründungsverträgen der Europäischen Gemeinschaften,[330] die durch den EU-Vertrag[331] in die Europäische Union umgewandelt wurden,[332] und auf dem Vertrag zur Gründung der Europäischen Gemeinschaft (EG-Vertrag).[333] Infolge des mittlerweile ratifizierten Vertrags von Lissabon[334] wurde aus dem EG-Vertrag der Vertrag über die Arbeitsweise der Europäischen Union (AEUV),[335] der zum 01.12.2009 in Kraft trat.[336] Das primärrechtliche Fundament des Unionsrechts bilden somit künftig gleichrangig der EU-Vertrag und der AEUV.[337] Davon abzugrenzen ist das sekundäre Gemeinschaftsrecht, das die erlassenen Rechtsakte der Gemeinschaftsorgane beinhaltet.[338]

---

329 BVerfG, Urteil v. 9.6.1971, 2 BvR 225/69, DB 1971, 1651; BVerfG, Beschluss v. 8.4.1987, 2 BvR 687/85, DB 1987, 2339; BVerwG, Urteil v. 29.11.1990, 3 C 77.87, RIW 1991, 426, 2. Leitsatz; BFH, Beschluss v. 29.8.1991, V B 113/91, BStBl. II 1992, 267; EuGH, Gutachten v. 14.12.1991, Gutachten 1/91, EuGHE 1991, I-06079, Rz. 21; *Spetzler*, DB 1993, 553, 553; *Lohse/Peltner*, 6. MwSt-Richtlinie und Rechtsprechung des EuGH, 1999, 6. MwSt-RL, Einf. V, 1; *Tipke*, Steuerrechtsordnung - Band II, 2003, 989; *Berger/Kindl/Wakounig*, Mehrwertsteuersystemrichtlinie, 2009, 21.

330 Vertrag über die Gründung der Europäischen Gemeinschaft für Kohle und Stahl v. 18.04.1951, BGBl II 1952, 445; Vertrag zur Gründung der Europäischen Atomgemeinschaft v. 25.03.1957, BGBl 1957, 1014; Vertrag zur Gründung der Europäischen Wirtschaftsgemeinschaft v. 24.03.1957, BGBl II 1957, 766, berichtigt durch BGBl II 1957, 1678.

331 Vertrag über die Europäische Union, ABl. 1992, Nr. C 191. Der damalige EU-Vertrag wurde mehrfach geändert. Für die konsolidierte Fassung des EU-Vertrags i.d.F. des Vertrags von Lissabon vgl. Abl C 115/13.

332 *Birkenfeld/Forst*, Umsatzsteuerrecht im Europäischen Binnenmarkt, 1998, 21.

333 Vertrag zur Gründung der Europäischen Wirtschaftsgemeinschaft v. 24.03.1957, neu gefasst durch Vertrag von Amsterdam vom 02.10.1997, ABl. 1997, Nr. C 340, 1.

334 Vertrag von Lissabon zur Änderung des Vertrags über die Europäische Union und des Vertrags über die Gründung der Europäischen Gemeinschaft, unterzeichnet in Lissabon am 13. 12. 2007, ABl. 2007, Nr. C 306, 1.

335 Vertrag über die Arbeitsweise der Europäischen Union, in der Fassung der Bekanntmachung vom 09.05.2008, ABl. 2008, Nr. C 115, 47.

336 *Hatje/Kindt*, NJW 2008, 1761, 1761; *Häde*, EuR 2009, 200, 201.

337 *Häde*, EuR 2009, 200, 201. Das Recht der Gründungsverträge nebst Annexe und der späteren Änderungs- und Beitrittsverträge kann unter dem Begriff des primären Gemeinschaftsrechts zusammengefasst werden.

338 *Heißenberg*, KÖSDI 1996, 10825, 10825; *Birkenfeld/Forst*, Umsatzsteuerrecht im Europäischen Binnenmarkt, 1998, 42f. Für eine grafische Übersicht der entsprechenden Rechtsquellen des Gemeinschaftsrechts vgl. *Herdegen*, Europarecht, 2008, 147.

Die Kernziele des europäischen Staatenverbundes normiert Art. 3 EU-Vertrag. Diese werden u.a. durch die Errichtung eines Gemeinsamen Marktes und einer Wirtschafts- und Währungsunion gefördert.[339] Das Schlüsselziel des Gemeinsamen Marktes beschreibt Art. 26 AEUV als einen Raum ohne Binnengrenzen, in dem der freie Waren-, Personen-, Dienstleistungs- und Kapitalverkehr gewährleistet ist. Neben der Beseitigung von Handelshemmnissen erfordert dies ein harmonisiertes, wettbewerbsneutrales Mehrwertsteuerrecht in der EU.[340]

D.h. die nationale Umsatzsteuerbelastung darf die Wettbewerbssituation eines Unternehmers im europäischen Binnenmarkt - unabhängig von einem Leistungsbezug aus dem Inland oder einem anderen Mitgliedstaat und einer Leistungserbringung im Inland oder in einem anderen Mitgliedstaat - nicht verschlechtern.[341] Soweit für die Errichtung und den reibungslosen Ablauf des Binnenmarktes erforderlich, kann der Europäische Rat durch einstimmigen Beschluss Bestimmungen zur Harmonisierung der Rechtsvorschriften über die Umsatzsteuern (sowie die Verbrauchsabgaben und sonstigen indirekten Steuern) auf der Rechtsgrundlage des Art. 113 AEUV (ehemals Art. 93 EG-Vertrag) erlassen.[342] Von diesem Recht macht der Europäische Rat u.a. durch den Erlass von Verordnungen und Richtlinien regen Gebrauch.[343]

Die Verordnung richtet sich als generelle Rechtsnorm des Gemeinschaftsrechts nach Art. 288 Unterabsatz 2 AEUV (ehemals Art. 249 Unterabsatz 2 EG-Vertrag) direkt an alle Rechtspersonen[344] in sämtlichen Mitgliedstaaten und ist

339 *Birkenfeld/Forst*, Umsatzsteuerrecht im Europäischen Binnenmarkt, 1998, 22.

340 Vgl. die Begründungserwägungen Nr. 4ff der MwStSystRL.

341 *Birkenfeld/Forst*, Umsatzsteuerrecht im Europäischen Binnenmarkt, 1998, 89; *Lohse*, UR 2004, 582, 583f.; *Reiß*, Die harmonisierte Umsatzsteuer, in: Seer, DStJG Band 32, 2009, 9, 14ff.; *Reiß* in: Tipke/Lang, Steuerrecht, § 14, Rz. 7 und Rz. 103. Zur Neutralität der Mehrwertsteuer im Lichte verfassungsrechtlicher Vorgaben und zur Auslegung des Neutralitätsgebots der europäischen Umsatzsteuerrichtlinien durch den EuGH vgl. *Stadie* in: Rau/Dürrwächter, UStG, Einf., Rz. 195 und Rz. 247ff.

342 Der freie Waren- und Dienstleistungsverkehr zwischen den EU-Mitgliedstaaten wurde durch die Binnenmarktrichtlinie 91/680/EWG des Rates v. 16.12.1991 - Ergänzung des gemeinsamen Mehrwertsteuersystem und Änderung der Sechsten Richtlinie im Hinblick auf die Beseitigung der Steuergrenzen, ABl. 1991, Nr. L 376, 1. - umgesetzt. Mit Wirkung zum 01.01.1993 wurde die Binnenmarktrichtlinie in das nationale Umsatzsteuerrecht transferiert. *Langer*, DB 1992, 340, 340; *Rokos*, DB 1992, Beilage 13, 1; *Reiß* in: Tipke/Lang, Steuerrecht, § 14, Rz. 7.

343 *Heißenberg*, KÖSDI 1996, 10825, 10825.

344 In Abhängigkeit des Inhaltes sind die Adressaten einer Verordnung die Organe der EU, die EU-Mitgliedstaaten selbst und ihre nach innerstaatlichem Recht zuständigen Organe (insbesondere Behörden und Gerichte), sowie typischerweise juristische und natürliche

in allen Teilen verbindlich.[345] Sie generiert demgemäß unmittelbar allgemein geltendes Recht in den Rechtsordnungen aller Mitgliedstaaten, entsprechend einem innerstaatlichen Gesetz.

Dagegen sind die Adressaten einer Richtlinie gem. Art. 288 Unterabsatz 3 AEUV explizit und ausschließlich die Mitgliedstaaten als juristische Personen selbst. Die Richtlinie ist für alle staatlichen Organe eines Mitgliedstaates bzw. alle Träger öffentlicher Gewalt des Mitgliedstaates bindend.[346] Das mit der Richtlinie zu erreichende Ziel ist für die Staaten zwar verbindlich und fristgerecht umzusetzen, den Staaten steht aber die Wahl und Form der Mittel zur Rechtsangleichung frei (nach Art. 288 AEUV).[347] Regelmäßig erfolgt die konkrete Umsetzung der Richtlinienvorgaben durch nationalen Rechtsakt, durch ein formelles und materielles Gesetz,[348] das den gemeinschaftsrechtlichen Inhalt singetreu[349] umsetzt. Eine alternative Umsetzung stellt die Rechtsverordnung oder eine nicht beliebig änderbare Verwaltungspraxis dar.[350] Nach ständiger Rechtsprechung des EuGH erfordert die Umsetzung einer europäischen Richtli-

---

Personen in den Mitgliedstaaten. *Nettesheim* in: Grabitz/Hilf, Recht der EU, EGV Art. 249, Rz. 118.

345 *Nettesheim* in: Grabitz/Hilf, Recht der EU, EGV Art. 249, Rz. 110ff.

346 EuGH, Urteil v. 11.7.2002, C-62/00, *Marks & Spencer*, HFR 2002, 943, 1. Leitsatz. Bezogen auf die Bundesrepublik Deutschland ist die MwStSystRL für den deutschen Gesetzgeber, die nationale Steuerverwaltung und für die Finanzgerichte bindend. *Birkenfeld* in: Birkenfeld, Umsatzsteuer-Handbuch, § 22, I. 1., Rz. 1; *Wissenschaftlicher Beirat Ernst & Young Gruppe Umsatzsteuer*, DB 2010, Beilage Nr. 3, 2010, 1, 1; *Wissenschaftlicher Beirat Ernst & Young Gruppe Umsatzsteuer*, DB 2011, Beilage Nr. 3, 2011, 1, 2.

347 *Nettesheim* in: Grabitz/Hilf, Recht der EU, EGV Art. 249, Rz. 124ff. *Ruffert* in: Calliess/Ruffert, EUV/EGV, EGV Art. 249, Rz. 45.

348 Formelle Gesetze sind Rechtsnormen, die für den von Ihnen betroffenen Staatsbürger rechtsverbindlich sind. Sie kommen in einem förmlichen Gesetzgebungsverfahren zu Stande, werden ordnungsmäßig ausgefertigt und in den dafür vorgeschriebenen amtlichen Blättern verkündet. *Lang* in: Tipke/Lang, Steuerrecht, 139, Rz. 1 und Rz. 3.

349 *Birkenfeld* in: Birkenfeld, Umsatzsteuer-Handbuch, § 22, I. 1., Rz. 3.

350 *Wissenschaftlicher Beirat Ernst & Young Gruppe Umsatzsteuer*, DB 2011, Beilage Nr. 3, 2011, 1, 2. Rechtsverordnungen sind gleichfalls Rechtsnormen, die aber im Gegensatz zu den formellen Gesetzen, nicht in einem förmlichen Gesetzgebungsverfahren zu Stande gekommen sind, sondern von der Exekutive (im Steuerrecht: Bundesregierung oder Bundesfinanzminister) erlassen werden. Eine Rechtsverordnung stellt die UStDV dar. *Lang* in: Tipke/Lang, Steuerrecht, 140, Rz. 6. Dagegen handelt es sich bei den Verwaltungsvorschriften wie z.B. der UStR oder Erlassen und Verfügungen, nicht um Rechtsnormen. Die Verwaltungsvorschriften sind nur für die Verwaltungsbehörden verbindlich und binden weder die Staatsbürger noch die Gerichte. *Lang* in: Tipke/Lang, Steuerrecht, 144, Rz. 20f.

nie in innerstaatliches Recht nicht zwingend eine förmliche und wortgetreue[351] Übernahme der Richtlinien-Bestimmungen in eine ausdrückliche und spezifische Rechtsnorm.[352] Basierend auf der idealtypischen Vorstellung der vollständigen und fristgerechten Umsetzung in nationales Recht entfalten die Richtlinien für die Gemeinschaftsbürger folglich regelmäßig eine mittelbare Wirkung.[353]

II. Spannungsverhältnis Gemeinschaftsrecht und nationales Umsatzsteuerrecht

Seit dem Jahr 1967 setzt der *Europäische Rat* den umsatzsteuerlichen Harmonisierungsauftrag gem. Art. 113 AEUV konsequent durch den Erlass einer Vielzahl von (Umsatzsteuer-) Richtlinien[354] und von Verordnungen[355] um. Ein wich-

---

351 *Wäger* merkt - m.E. zu Recht - an, dass eine grammatikalische Umsetzung gemeinschaftsrechtlicher Vorgaben unter Rückgriff auf national besetzte Begriffe regelmäßig „zu einer sinnlosen Verkomplizierung der Rechtslage" führt. *Wäger*, DStR 2011, 433, 433.

352 Stattdessen kann die Umsetzung in einem allgemeinen rechtlichen Kontext erfolgen, soweit dieser die vollständige Anwendung der Richtlinie tatsächlich hinreichend klar und bestimmt gewährleistet. EuGH, Urteil v. 4.6.2009, C-102/08, *SALIX*, DStR 2009, 1196, Rz. 40 m.w.N. der Rechtsprechung. In diesem Zusammenhang gilt zu beachten, dass Erlasse oder eine bloße Verwaltungspraxis, die die Verwaltung naturgemäß beliebig ändern kann und die nur unzureichend bekannt sind, keine ausreichende Umsetzung der gemeinschaftsrechtlichen Richtlinienvorgaben darstellen. Denn die Richtlinienbestimmungen sind von den Mitgliedstaaten „mit unbestreitbarer Verbindlichkeit sowie mit der erforderlichen Konkretheit, Bestimmtheit und Klarheit umzusetzen." EuGH, Urteil v. 4.6.2009, C-102/08, *SALIX*, DStR 2009, 1196, Rz. 42f. m.w.N. der Rechtsprechung; *Berger/Kindl/Wakounig*, Mehrwertsteuersystemrichtlinie, 2009, 21.

353 EuGH, Urteil v. 19.1.1982, 8/81, *Becker*, BStBl. II 1981, 53, Rz. 21, 22 und 25; *Heidner*, UR 2003, 69, 70; *Heidner*, UR 2006, 74,75.

354 Der Startschuss zur europäischen Umsatzsteuerharmonisierung fiel am 11.4.1967 durch den Erlass der Ersten Richtlinie 67/227/EWG und der Zweiten Richtlinie 67/228/EWG, die das gemeinsame System einer Mehrwertsteuer mit Vorsteuerabzug grob skizzierten. Deutschland hat die europäischen Vorgaben zum 1.1.1968 im Rahmen des UStG 1967 in nationales Recht umgesetzt. Für eine (ältere) Zusammenstellung relevanter Umsatzsteuerrichtlinien des Gemeinschaftsrechts vgl. (*Birkenfeld/Forst*, Umsatzsteuerrecht im Europäischen Binnenmarkt, 1998, 115f.) *Wissenschaftlicher Beirat Ernst & Young Gruppe Umsatzsteuer*, DB 2011, Beilage Nr. 3, 2011, 1, 1ff.

355 Relevante Verordnungen sind bspw. die Durchführungsverordnung (EG) Nr. 1777/2005 des Rates v. 17.10.2005 zur Festlegung von Durchführungsvorschriften zur Richtlinie 77/388/EWG über das allgemeine Mehrwertsteuersystem, Abl. 2005, L 288/1, die mittlerweile durch die Verordnung (EU) Nr. 5531/11 des Rates v. 4.3.2011 zur Festlegung

tiger Schritt zur Vereinheitlichung war der Erlass der Sechsten Richtlinie 77/388/EWG,[356] deren Regelungsgehalt sich insbesondere auf die Steuerbarkeit, die Steuerbefreiungen und die Bemessungsgrundlage sowie den Vorsteuerabzug erstreckt.[357] Das umfassende Normengeflecht der Sechsten Richtlinie hat dem Umsatzsteuerrecht der Mitgliedstaaten maßgeblich seine heutige Form gegeben.[358] Vor fünf Jahren wurde die Sechste Richtlinie inhaltlich nahezu unverändert, zusammen mit weiteren Nebenrichtlinien, durch die Mehrwertsteuersystem-Richtlinie 2006/112/EG (MwStSystRL) vom 28.11.2006 abgelöst.[359]

Die ausgeprägte Regelungsdichte der MwStSystRL reglementiert den nationalen Gesetzgeber und engt dessen umsatzsteuerrechtlichen Spielraum immer stärker ein.[360] Dem Primat des supranationalen Gemeinschaftsrechts vermag sich der einzelne Mitgliedstaat auch nicht dadurch zu entziehen, dass unliebsame Vorgaben der EU-Richtlinien gänzlich nicht, bzw. nicht ordnungsgemäß oder nicht fristgerecht, in nationale Rechtsvorschriften transformiert werden. Falls Zweifel an der eindeutigen Umsetzung der Richtlinienvorgaben in nationale Umsatzsteuernormen bestehen, müssen die innerstaatlichen Gerichte die nationale Vorschrift unions- bzw. richtlinienkonform auslegen.[361] Das Gemein-

---

von Durchführungsvorschriften zur Richtlinie 2006/112/EG über das gemeinsame Mehrwertsteuersystem ersetzt und deutlich erweitert wurde. Nach Lohse ist diese Durchführungsverordnung nur insoweit verbindlich und unmittelbar geltend, wie die in der Durchführungsverordnung konkretisierte Regelung der MwStSystRL ordnungsgemäß in nationales Recht umgesetzt wurde. Lohse, DStR 2011, 1740, 1740.

356 Sechste Richtlinie des Rates v. 17.5.1977 zur Harmonisierung der Rechtsvorschriften der Mitgliedstaaten über die Umsatzsteuer - Gemeinsames Mehrwertsteuersystem: einheitliche steuerpflichtige Bemessungsgrundlage (77/388/EWG), ABl. 1977, Nr. L 145, 1.

357 *Reiß* in: Tipke/Lang, Steuerrecht, § 14, Rz. 7; *Stadie* in: Rau/Dürrwächter, UStG, Einf., Rz. 226.

358 *Birkenfeld/Forst*, Umsatzsteuerrecht im Europäischen Binnenmarkt, 1998, 102; *Kirchhof*, DStR 2008, 1, 3.

359 *Wissenschaftlicher Beirat Ernst & Young Gruppe Umsatzsteuer*, DB 2010, Beilage Nr. 3, 2010, 1, 1; *Reiß* in: Tipke/Lang, Steuerrecht, § 14, Rz. 7; Begründungserwägung Nr. 3 der MwStSystRL.

360 *Reiß*, UR 2004, 275, 276; *Hidien*, StuW 2005, 265, 269; *Kirchhof* in: UmsatzsteuerForum - Vereinigung zur wissenschaftlichen Pflege des Umsatzsteuerrechts e.V.-, Umsatzsteuer im europäischen Kontext, 2008, 55, 59; *Reiß* in: Tipke/Lang, Steuerrecht, § 14, Rz. 7.

361 BFH, Urteil v. 27.4.2006, V R 53/04, BStBl. II 2007, 16, unter II. 1. c) m.w.N.; *Birkenfeld* in: Birkenfeld, Umsatzsteuer-Handbuch, § 22, Rz. 6 und Rz. 21; *Wäger*, DStR 2011, 433, 433. Bestehen Zweifel hinsichtlich der Gültigkeit und eindeutigen Auslegung der Gemeinschaftsrechtsbestimmung, muss das Gericht den Sachverhalt dem

schaftsrecht fungiert als Auslegungsmaßstab des nationalen Rechts.[362] Ist eine richtlinienkonforme Auslegung der nationalen Vorschrift nicht möglich, wird der Normkonflikt zwingend durch den Vorrang und die direkte Anwendung der (den Steuerpflichtigen begünstigenden)[363] Richtlinienbestimmung gelöst - d.h. die Richtlinie entfaltet unter bestimmten Voraussetzungen eine unmittelbare Wirkung.[364]

1. Richtlinienkonforme Auslegung nationaler Normen

Wie beschrieben, hat die richtlinien- bzw. gemeinschaftskonforme Auslegung der nationalstaatlichen Regelungen gegenüber der unmittelbaren Wirkung (des Gemeinschaftsrechts bzw.) der Richtlinien Vorrang.[365] Im Gegensatz zur unmittelbaren Wirkung von Richtlinienbestimmungen kann sich die richtlinienkonforme Auslegung zu Gunsten (Rechte verleihen), aber auch zu Lasten (Verpflichtungen auferlegen) des Steuerpflichtigen auswirken.[366] „Denn im Fall der richtlinienkonformen Auslegung erlegt nicht die Richtlinie selbst dem Einzelnen

---

EuGH zur Vorabentscheidung vorlegen. Dadurch wird eine einheitliche (harmonisierte) Auslegung des Gemeinschaftsrechts sichergestellt. *Berger/Kindl/Wakounig*, Mehrwertsteuersystemrichtlinie, 2009, 25f.; *Birkenfeld* in: Birkenfeld, Umsatzsteuer-Handbuch, § 22, Rz. 7.

362 *Hey*, StuW 2010, 301, 306.

363 Konfligiert eine Norm des nationalen Umsatzsteuerrechts mit einer EU-Richtlinienbestimmung kommt dem Gemeinschaftsrecht der Anwendungsvorrang zu. Folglich dürfen die innerstaatlichen Verwaltungsbehörden und Gerichte die unionsrechtswidrige nationale Vorschrift nicht anwenden. Allerdings ist eine Richtlinienbestimmung, die sich für den Steuerpflichtigen ungünstiger auswirkt als die regelwidrige nationale Vorschrift, nicht vorrangig. Eine unmittelbare Richtlinienwirkung erfolgt ausschließlich zu Gunsten des Steuerpflichtigen und nicht zu seinen Lasten. OFD Hannover v. 28.7.2004, S 7056 b - 3 - StO 351 / S 7056 b - 1 - StH 441, DStR 2004, 1654; *Birkenfeld* in: Birkenfeld, Umsatzsteuer-Handbuch, § 22, Rz. 71; *Ehrt*, DStR 2008, 1469, 1470; *Hey*, StuW 2010, 301, 307.

364 *Birkenfeld* in: Birkenfeld, Umsatzsteuer-Handbuch, § 22, Rz. 6; *Wissenschaftlicher Beirat Ernst & Young Gruppe Umsatzsteuer*, DB 2011, Beilage Nr. 3, 2011, 1, 3.

365 EuGH, Urteil v. 27.2.2003, C-327/00, *Santex*, Slg der Rechtsprechung 2003, I, 01877, Rz. 63 und Rz. 64; *Heidner*, UR 2006, 74, 75; *Berger/Kindl/Wakounig*, Mehrwertsteuersystemrichtlinie, 2009, 25.

366 *Heidner*, UR 2006, 74, 75; *Küffner*, UR 2009, 491, 493; *Reiß* in: Tipke/Lang, Steuerrecht, § 14, Rz. 8; *Wissenschaftlicher Beirat Ernst & Young Gruppe Umsatzsteuer*, DB 2010, Beilage Nr. 3, 2010, 1, 2. Für eine grafische Übersicht der Grundsätze zur Auslegung der MwStSystRL vgl. Abbildung 7, Anhang XXXI.

Verpflichtungen auf, sondern das nationale Recht, das in Einklang mit der Richtlinie zur Anwendung gebracht wird.“[367]

Die richtlinienkonforme Auslegung des nationalen Rechts durch die Rechtsprechung ist für den Einzelnen bindend, d.h. der Einzelne kann sich nicht auf eine Auslegung rein nationaler Rechtsvorschriften, die das Gemeinschaftsrecht unberücksichtigt lässt und infolgedessen ein divergierendes (und für den Einzelnen günstigeres) Ergebnis generiert, stützen.[368] Richtlinienkonforme Auslegung bedeutet, dass die einzelstaatlichen Regelungen nach Ablauf der Umsetzungsfrist durch die nationalen Gerichte und Behörden unter Berücksichtigung der nationalen juristischen Auslegungsmethoden und im Lichte des Wortlauts sowie Zwecks/Ziels der jeweiligen EU-Richtlinie interpretiert werden.[369] Bei der Bestimmung des Telos ist das gesamte Gemeinschaftsrecht, insbesondere auch die Auslegung der MwStSystRL durch den EuGH, zu beachten.[370] Die Grenze der richtlinienkonformen Auslegung bildet der Wortsinn bzw. die grammatische Auslegung der innerstaatlichen Vorschrift.[371] Eine richtlinienkonforme Auslegung der nationalen Vorschrift entgegen deren Wortlaut, d.h. contra legem, ist nicht möglich.[372]

---

367 Schlussanträge der Generalanwältin Kokott, C-369/04, *Hutchison 3G UK Ltd und andere*, beck-online, BeckEuRS 2006, 432663, Rz. 148.

368 *Meyer*, EFG 2009, 1060, 1063; *Kraeusel*, UR 2010, 480, 481.

369 EuGH, Urteil v. 10.4.1984, Rs. 14/83, *von Colson und Kamann*, Slg der Rechtsprechung 1984, 1891, 1. Leitsatz und Rz. 26; *Heidner*, UR 2006, 74, 75f.; *Küffner*, UR 2009, 491, 493; *Kraeusel*, UR 2010, 480, 481; *Birkenfeld* in: Birkenfeld, Umsatzsteuer-Handbuch, § 22, Rz. 21ff.; *Stadie* in: Rau/Dürrwächter, UStG, Einf., Rz. 239.

370 *Forst*, UR 1989, 264, 266; *Stadie* in: Rau/Dürrwächter, UStG, Einf., Rz. 240f.

371 Die richtlinienkonforme Auslegung ist dahingehend beschränkt, dass einer nach Wortlaut und Sinn eindeutigen nationalen Norm kein entgegenstehender Sinn gegeben werden darf. Der normative Gehalt darf nicht grundlegend neu bestimmt werden, bzw. das Regelungsziel darf nicht in einem wesentlichen Punkt verfehlt werden. Eine Norminterpretation gegen den Wortsinn erfolgt nicht mehr im Rahmen der Auslegung, sondern unter den besonderen Bedingungen der Rechtsfortbildung (Analogieschluss, teleologische Reduktion oder Lückenergänzung). *Gellermann*, Beeinflussung des bundesdeutschen Rechts durch Richtlinien der EG, 1994, 108 m.w.N.; *Heidner*, UR 2006, 74, 76; *Birkenfeld* in: Birkenfeld, Umsatzsteuer-Handbuch, § 22, Rz. 25. Vgl. allgemein zur juristischen Methodenlehre sowie zur Auslegung und zur Rechtsfortbildung als die beiden Methoden der Rechtsgewinnung *Larenz*, Methodenlehre der Rechtswissenschaft, 1991, 312ff. und 366ff.

372 *Berger/Kindl/Wakounig*, Mehrwertsteuersystemrichtlinie, 2009, 24f.

2. Unmittelbare Wirkung von Richtlinien

Sollte eine richtlinienkonforme Auslegung der nationalen Norm nicht möglich sein,[373] kann sich der Steuerpflichtige direkt auf die für ihn günstigere Norm des Gemeinschaftsrechts berufen.[374] Diesbezüglich müssten allerdings die nachfolgenden Voraussetzungen kumulativ erfüllt sein: Die gemeinschaftsrechtliche Bestimmung einer Richtlinie

- ist inhaltlich unbedingt und hinreichend genau bestimmt[375] und
- wurde nicht fristgemäß oder nur unzulänglich[376] in innerstaatliches Recht umgesetzt (nicht richtlinienkonform) und
- verleiht dem Einzelnen nur Rechte, aber keine Verpflichtungen.[377]

Zudem kann sich der Einzelne auch dann auf eine inhaltlich unbedingte und hinreichend genaue Richtlinienbestimmung berufen, wenn die nationale Rechtsvorschrift, mit der die Richtlinie ordnungsgemäß umgesetzt wird, nicht entspre-

---

373 Vgl. Kapitel C. II 1.

374 Dagegen steht der Finanzverwaltung explizit kein Berufungsrecht zu. Eine Gemeinschaftsbestimmung, die nicht in nationales Recht umgesetzt wurde, darf nicht von der Finanzverwaltung zu Lasten des Bürgers angewandt werden. OFD Hannover v. 28.7.2004, S 7056 b - 3 - StO 351 / S 7056 b - 1 - StH 441, DStR 2004, 1654; *Becker/Kretzschmann*, DStR 2008, 1985, 1986; *Wissenschaftlicher Beirat Ernst & Young Gruppe Umsatzsteuer*, DB 2010, Beilage Nr. 3, 2010, 1, 2; *Stadie* in: Rau/Dürrwächter, UStG, Einf. Rz. 255f.

375 Bspw. hat der EuGH entschieden, dass die Sonderregelung bezüglich der Eigenschaft von Einrichtungen des öffentlichen Rechts als Steuerpflichtiger (Art. 13 MwStSystRL) inhaltlich unbedingt und hinreichend genau bestimmt ist. EuGH, Urteil v. 17.10.1989, 231/87 und 129/88, *Comune di Carpaneto Piacentino und Comune di Rivergaro*, Slg der Rechtsprechung 1989, 3233, Rz. 31. Dagegen entsprechen einzelne andere Artikel der europäischen Umsatzsteuerrichtlinien nicht den genannten Kriterien und lassen daher dem Mitgliedstaat für die Umsetzung in nationales Recht einen Ermessensspielraum. Vgl. bspw. das Urteil des BFH zur Vorsteuerberichtigung nach Art. 20 Abs. 1 Buchst. a und b der Richtlinie 77/388/EWG. BFH, Urteil v. 12.6.1997, V R 36/95, BStBl. II 1997, 589.

376 D.h. die Richtlinienbestimmung wurde nicht bzw. nur unzureichend in innerstaatliches Recht umgesetzt, oder die Umsetzung erfolgte zwar ordnungsgemäß, aber die nationale Vorschrift wird von der Verwaltung so angewandt, dass das mit der Richtlinie verfolgte Ziel gerade nicht erreicht wird. EuGH, Urteil v. 11.7.2002, C-62/00, *Marks & Spencer*, HFR 2002, 943, Rz. 27f.; EuGH, Urteil v. 8.6.2006, C-430/04, *Feuerbestattungsverein Halle*, HFR 2006, 830, Rz. 29.

377 EuGH, Urteil v. 19.1.1982, 8/81, *Becker*, BStBl. II 1981, 53, Rz. 25; EuGH, Urteil v. 8.6.2006, C-430/04, *Feuerbestattungsverein Halle*, HFR 2006, 830, Rz. 28f.; *Berger/Kindl/Wakounig*, Mehrwertsteuersystemrichtlinie, 2009, 22.

chend den Zielen der Richtlinien angewandt werden kann.[378] Insoweit hat der Gerichtshof der Europäischen Union, dem die alleinige Auslegungskompetenz hinsichtlich des (primären und sekundären) Gemeinschaftsrechts zukommt,[379] in ständiger Rechtsprechung den europäischen Richtlinien - abweichend vom Regelfall - doch eine unmittelbare Wirkung bzw. einen Anwendungsvorrang zu Gunsten der Steuerpflichtigen zugesprochen.[380] D.h. die unionsrechtswidrige „nationale Vorschrift bleibt wirksam, wird aber nicht angewendet (Anwendungsvorrang).“[381] Das Auslegungsmonopol des EuGH[382] bzw. die zwingende

378 EuGH, Urteil v. 11.7.2002, C-62/00, *Marks & Spencer*, HFR 2002, 943, Rz. 27; EuGH, Urteil v. 8.6.2006, C-430/04, *Feuerbestattungsverein Halle*, HFR 2006, 830, Rz. 29.

379 Art. 267 AEUV (ehemals Art. 234 EGV). Vgl. ausführlich zu den Grundsätzen der Auslegung, den Auslegungsmethoden und den allgemeinen Rechtsgrundsätzen des europäischen Mehrwertsteuerrechts *Wäger*, Besteuerung ig Reihengeschäfte, 2001, 19ff. und *Berger/Kindl/Wakounig*, Mehrwertsteuersystemrichtlinie, 2009, 9ff. sowie Abbildung 7, Anhang XXXI.

380 EuGH, Urteil v. 6.10.1970, 9/70, *Franz Grad*, UR 1971, 55; EuGH, Urteil v. 19.1.1982, 8/81, *Becker*, BStBl. II 1981, 53, 1. Leitsatz und Rz. 25; EuGH, Urteil v. 25.7.1991, C-208/90, *Emmott*, UR 1993, 315, 1. Leitsatz; EuGH, Urteil v. 25.5.1993, C-191/93, *Mohsche*, BStBl. II 1993, 812, Rz. 17;EuGH, Urteil v. 6.7.1995, C-62/93, *BP Soupergaz*, BB 1995, 1187, Rz. 35; EuGH, Urteil v. 26.9.2000, C-134/99, *IGI*, IStR 2000, 750, Rz. 36 m.w.N.; EuGH, Urteil v. 10.9.2002, C-141/00, *Kügler*, HFR 2002, 1146, 3. Leitsatz a) und Rz. 51; EuGH, Urteil v. 28.6.2007, C-363/05, *JP Morgan Fleming Claverhouse Investment Trust plc*, HFR 2007, 920, Rz. 58 m.w.N. Dem EuGH zustimmend, BVerfG, BFH und die Finanzverwaltung. BVerfG, Beschluss v. 8.4.1987, 2 BvR 687/85, DB 1987, 2339; BFH, Urteil v. 18.8.2005, V R 71/03, BStBl. II 2006, 143; BFH, Urteil v. 12.6.2008, V R 22/06, UR 2009, 66; BFH, Urteil v. 11.3.2009, XI R 68/06, HFR 2009, 1229; OFD Hannover v. 28.7.2004, S 7056 b - 3 - StO 351 / S 7056 b - 1 - StH 441, DStR 2004, 1654. Vgl. auch das Schrifttum *Spetzler*, DB 1993, 553, 554; *Heidner*, UR 2003, 69, 71; *Heidner*, UR 2006, 170, 170; *Ruffert* in: Calliess/Ruffert, EUV/EGV, EGV Art. 249, Rz. 77ff.; *Martin*, UR 2008, 34, 35; *Thieme*, DB 2008, 2103, 2105. Aus Sicht der Rechtsquellenlehre kritisch zur Anwendbarkeit der begünstigenden bei gleichzeitiger Nichtanwendbarkeit der belastenden Steuernorm vgl. *Kirchhof* in: UmsatzsteuerForum - Vereinigung zur wissenschaftlichen Pflege des Umsatzsteuerrechts e.V.-, Umsatzsteuer im europäischen Kontext, 2008, 55, 59; *Kirchhof*, DStR 2008, 1, 5.

381 *Wissenschaftlicher Beirat Ernst & Young Gruppe Umsatzsteuer*, DB 2011, Beilage Nr. 3, 2011, 1, 2; Hey, StuW 2010, 301, 307.

382 Der EuGH beschränkt sich auf die Prüfung, Auslegung und Anwendung der gemeinschaftsrechtlichen Normen (des Europarechts). Ob die innerstaatlichen Rechtsvorschriften oder die nationale Praxis mit dem Unionsrecht vereinbar sind, bleibt dagegen dem vorlegenden Gericht des jeweiligen Mitgliedstaats vorbehalten. Nichtanwendungserlasse der Finanzverwaltung zu EuGH-Entscheidungen oder gegen diese umsetzende BFH-Urteile sind nicht zulässig. *Hey*, StuW 2010, 301, 303 und 310 sowie 312; EuGH, Urteil v. 15.7.2010, C-368/09, *Pannon Gép Centrum kft*, DStR 2010, 1475, Rz. 28 und 29

Vorlagepflicht des nationalstaatlichen Gerichts besteht nur dann nicht, wenn das innerstaatliche Gericht festgestellt hat, „dass die richtige Anwendung des Gemeinschaftsrechts derart offenkundig[383] ist, dass für einen vernünftigen Zweifel keinerlei Raum bleibt."[384]

3. Zwischenfazit

Grundsätzlich stellen die in der MwStSystRL verwendeten Begriffe eigenständige gemeinschaftsrechtliche Begriffe dar, die eine einheitliche unionsrechtliche Definition bedingen.[385] Infolgedessen sind die Begriffe der MwStSystRL autonom und losgelöst vom innerstaatlichen Recht der einzelnen Mitgliedstaaten auszulegen, sofern das Gemeinschaftsrecht die Auslegung des Begriffs nicht ausnahmsweise den Mitgliedstaaten überlässt.[386]

---

m.w.N. Dagegen ist eine verfassungsrechtliche Prüfung nationaler Umsatzsteuernormen durch das BVerfG möglich, sofern das Gemeinschaftsrecht einen Umsetzungsspielraum zulässt und die innerstaatlichen Normen nicht auf zwingenden Vorgaben einer EG-Richtlinie beruhen. BVerfG, Beschluss v. 13.3.2007, 1 BvF 1/05, NVwZ 2007, 937, 1. Leitsatz; BVerfG, Beschluss v. 31.5.2007, 1 BvR 1316/04, UR 2007, 737, Rz. 47f.

383 Die Offenkundigkeit muss für das nationale Gericht so weit gediehen sein, dass nach seiner Auffassung die Gerichte aller anderen EU-Mitgliedstaaten und der EuGH selbst den Sachverhalt analog beurteilen würden. Die Rechtsprechung soll eine zwischen allen Mitgliedstaaten übereinstimmende Auslegung der gemeinschaftsrechtlichen Normen generieren.

384 EuGH, Urteil v. 6.10.1982, Rs. 283/81, *Srl C.I.L.F.I.T. und Lanificio Di Gavardo S.p.A.*, Slg der Rechtsprechung 1982, 3415, 5. Leitsatz und Rz. 21; EuGH, Urteil v. 15.9.2005, C-495/03, *Intermodal Transports BV*, HFR 2005, 1236, 1. Leitsatz und Rz. 33. Vgl. ausführlich und kritisch zu den verfassungsrechtlichen Fragestellungen im Zusammenhang mit der unmittelbaren Anwendung von gemeinschaftsrechtlichen Umsatzsteuerbefreiungen der MwStSystRL durch den BFH: *Stadie*, BFH und die Gewaltenteilung, in: Kirchhof/Nieskens, FS Reiss, 2008, 67, 67ff.; *Stadie*, Befreiungen und Ermäßigungen, in: Seer, DStJG Band 32, 2009, 143, 154ff.

385 Dies gilt nach der ständigen Rechtsprechung des EuGH insbesondere für die Regelungen der Steuerbefreiung in Art. 132 MwStSystRL (ehemals Art. 13 der Richtlinie 77/388/EWG). EuGH, Urteil v. 15.6.1989, 348/87, *Stichting Uitvoering Financiële Acties*, Slg der Rechtsprechung , 1737, Rz. 11; EuGH, Urteil v. 11.8.1995, C-453/93, *Bulthuis-Griffioen*, UR 1995, 476, Rz. 18; EuGH, Urteil v. 20.6.2002, C-287/00, *Kommission / Bundesrepublik Deutschland*, IStR 2002, 483, Rz. 44; EuGH, Urteil v. 26.5.2005, C-498/03, *Kingscrest Associates und Montecello*, UR 2005, 453, Rz. 22. Vgl. *Wäger*, Besteuerung ig Reihengeschäfte, 2001, 24 m.w.N.

386 *Everling*, ZGR 1992, 376, 376ff.; *Wäger*, Besteuerung ig Reihengeschäfte, 2001, 24. Das Ziel der europaweiten Harmonisierung der Umsatzsteuer bedingt, dass der EuGH die gemeinschaftsrechtlichen Begriffe unabhängig von den zivilrechtlichen Eigenheiten

Eine steueroptimale Gestaltung bedingt demnach zweifelsfrei, auch für rein inlandsbezogene Sachverhalte, umfassende Kenntnisse des nationalen Umsatzsteuerrechts und des europäischen „Parallelrechts“[387]. Es ist zu konstatieren, dass die nationalstaatliche Legislative infolge der Einbettung in die Europäische Union, seit geraumer Zeit die „Lufthoheit“ über das Umsatzsteuerrecht im Wesentlichen - bis auf die Höhe der Umsatzsteuersätze - an Europa verloren hat.[388]

Dank der mangelhaften Umsetzung einzelner Vorgaben der MwStSystRL in das nationale Umsatzsteuerrecht, meist im Bereich der Steuerbefreiungsvorschriften, eröffnen sich dem Steuerpflichtigen Handlungsalternativen und Gestaltungsspielräume. Sollte die richtlinienkonforme Auslegung der nationalen Rechtsvorschrift nicht möglich sein, besteht für den Steuerpflichtigen ein faktisches Wahlrecht bzw. ein Gestaltungsrecht.[389] Wahlweise kann er unter den o.g. Bedingungen die Anwendung der ihn begünstigenden Gemeinschaftsnorm verlangen, bzw. sich alternativ hinsichtlich der steuerrechtlichen Beurteilung auf die für ihn ggfs. vorteilhaftere, von der MwStSystRL abweichende, nationale Vorschrift berufen.[390] Dieses Gestaltungsrecht kann der Steuerpflichtige zwar in jedem Veranlagungszeitraum neu ausüben, dabei müssen jedoch stets die Rückwirkungen auf den Vorsteuerabzug sowie eventuelle Berichtigungen des Vor-

---

der nationalen Rechtskreise auslegt. Vgl. bspw. die umsatzsteuerliche Behandlung der Reinigung von Gemeinschaftsräumen im Zusammenhang mit der Vermietung eines Grundstücks, *Widmann*, BB 2009, 2017, 2018f.

387 *Dickopp*, UR 2007, 553, 565.

388 *Reiß*, UR 2004, 275, 276; *Hidien*, StuW 2005, 265, 269; *Dziadkowski*, UR 2006, 87, 91; *Kirchhof* in: UmsatzsteuerForum - Vereinigung zur wissenschaftlichen Pflege des Umsatzsteuerrechts e.V.-, Umsatzsteuer im europäischen Kontext, 2008, 55, 59; *Hüttemann*, FR 2009, 308, 313; *Wissenschaftlicher Beirat Ernst & Young Gruppe Umsatzsteuer*, DB 2010, Beilage Nr. 3, 2010, 1, 1; *Wissenschaftlicher Beirat Ernst & Young Gruppe Umsatzsteuer*, DB 2011, Beilage Nr. 3, 2011, 1, 2. Vgl. zudem bereits BT-Drs. 8/1779, Entwurf eines Umsatzsteuergesetzes (UStG 1979), 27.

389 *Kraeusel*, UR 2010, 480, 481.

390 Der Steuerpflichtige kann bspw. davon profitieren, dass eine gemeinschaftsrechtliche Steuerbefreiung nicht oder nicht umfassend in das nationale Umsatzsteuerrecht umgesetzt wurde (und die nationale Norm keiner richtlinienkonformen Auslegung zugänglich ist). Vgl. *Alvermann*, Umsatzbesteuerung der Mitgliedsbeiträge, in: Hüttemann/Rawert/Schmidt/Weitemeyer, Non Profit Law Yearbook 2008, 2009, 55, 66; *Becker/Kretzschmann*, DStR 2008, 1985, 1985ff.; *Klein*, DStR 2008, 1016, 1016ff.; ausführlich *Martin*, UR 2008, 34, 34ff. und *Tehler*, UVR 2009, 378, 379; *Tehler* in: Rau/Dürrwächter, UStG, § 4 Nr. 22, Rz. 277ff. Divergenzen zwischen nationalem Recht und dem „Parallelrecht“ der EU hinsichtlich der Steuerbefreiungen bestimmter dem Gemeinwohl dienender Tätigkeiten erörtern *Heidner*, UR 2006, 74, 74 ff. und *Dickopp*, UR 2007, 553, 553ff.

steuerabzugs (innerhalb des Korrekturzeitraums) in das Entscheidungskalkül mit einfließen.[391] Wenn sich ein Steuerpflichtiger für die Steuerbefreiung seiner Leistungen unmittelbar auf eine Richtlinienvorschrift beruft, „hängt die Steuerbefreiung allein davon ab, ob die streitigen Leistungen alle Voraussetzungen der betreffenden gemeinschaftsrechtlichen Befreiungsvorschrift erfüllen."[392]

Die nachfolgende Überlegung soll die Handlungsalternativen des Steuerpflichtigen verdeutlichen: Wortlaut und Sinn einer innerstaatlichen Steuerbefreiungsnorm sollen beispielhaft von den Vorgaben einer europarechtlichen „unechten"[393] Steuerbefreiung der MwStSystRL abweichen. Eine richtlinienkonforme Auslegung der nationalen Befreiungsnorm ist demnach nicht möglich. Die Gemeinschaftsregelung sei inhaltlich unbedingt und hinreichend genau bestimmt. Gegenüber dem Unionsrecht sei der Anwendungsbereich der nationalen Vorschrift zu eng gefasst. Unter ausschließlicher Berücksichtigung der nationalen Norm sei die zur Disposition stehende Leistung steuerpflichtig. Nach dem Gemeinschaftsrecht fällt der fragliche Umsatz dagegen zweifelsfrei in den Anwendungsbereich der „unechten" Steuerbefreiung.

Dem Steuerpflichtigen eröffnen sich in der Praxis zwei Varianten. Einerseits könnte er sich gegenüber den Finanzbehörden auf das nationale Recht berufen, wonach der betrachtete Ausgangsumsatz der Mehrwertsteuer unterliegt. Korrespondierend zur Steuerpflicht steht dem leistenden Unternehmer das Vorsteuerabzugsrecht aus hierfür bezogenen Eingangsleistungen zu. Alternativ könnte er sich direkt auf die (Steuerbefreiung der) MwStSystRL berufen. Deren Anwendung könnte er im finanzgerichtlichen Verfahren und vor dem EuGH durchset-

---

391 *Martin*, UR 2008, 34, 39; *Tehler*, UVR 2009, 378, 380. Wenn sich ein Steuerpflichtiger innerhalb des Berichtigungszeitraums nach § 15a UStG auf das Unionsrecht beruft und seine Verwendungsumsätze ab diesem Zeitpunkt als steuerfreie Umsätze behandelt, obwohl diese gem. nationalem Recht nach wie vor steuerpflichtig sind, tritt eine Änderung der für den uspründlichen Vorsteuerabzug maßgeblichen Verhältnisse ein. BFH, Urteil v. 15.9.2011, V R 8/11, beck-online, BeckRS 2012, 94152, Leitsatz und Rz. 19ff.

392 BFH, Urteil v. 8.11.2007, V R 2/06, BStBl. II 2008, 634, Rz. 35. Falls Deutschland eine unionsrechtliche Mehrwertsteuerbefreiung fehlerhaft umgesetzt hat und sich die Befreiung erst nachträglich aus einem EuGH-Urteil ergibt, können die betroffenen Steuerpflichtigen die Steuerfreiheit für vergangene Besteuerungszeiträume dann nicht beanspruchen, wenn für diese bereits bestandskräftige Umsatzsteuerbescheide ohne Vorbehalt der Nachprüfung vorliegen. Die unionsrechtliche Mehrwertsteuerbefreiung kann rückwirkend nur im Rahmen der allgemeinen Rechtsbehelfs- und Korrekturvorschriften für Steuerbescheide - d.h. unter denselben Bedingungen wie eine Rechtswidrigkeit nach innerstaatlichem Recht - geltend gemacht werden. BFH, Urteil v. 16.9.2010, V R 57/09, BStBl. II 2011, 151 und die zugehörige BFH-Pressemitteilung Nr. 99 v. 24.11.2010.

393 Vgl. zu unechten bzw. echten Steuerbefreiungen ausführlich Kapitel C. III. 2.

zen, da eine richtlinienkonforme Auslegung der nationalen Vorschrift nicht möglich ist und die Voraussetzungen einer unmittelbaren Anwendung der Richtlinien vorliegen sollen. Infolgedessen muss der Steuerpflichtige für die erbrachten Leistungen keine Mehrwertsteuer ausweisen. Da es sich um eine unechte Befreiung handeln soll, ist ihm zugleich das Recht auf Vorsteuerabzug aus den Eingangsleistungen verwehrt.

Dabei ist jedoch zu beachten, dass sich der Steuerpflichtige dann nicht mehr auf eine Steuerbefreiung der MwStSystRL berufen kann, wenn er die nach nationalem Umsatzsteuerrecht geschuldete Steuer auf den - selbst mehrwertsteuerpflichtigen und damit vorsteuerabzugsberechtigten - Leistungsempfänger abgewälzt und dieser die Mehrwertsteuer an den Steuerpflichtigen bezahlt hat.[394]

III. Umsatzsteuerliches Prüfschema

Wie bereits dargestellt sind die Steuerwirkungen der Kooperationen im Weiterbildungsmarkt von verschiedenen Parametern[395] abhängig und infolgedessen gestaltbar. Im weiteren Verlauf der Arbeit werden die umsatzsteuerlichen Aspekte und Folgen von Kooperationen unter Berücksichtigung der relevanten Parameter untersucht. Diese werden in den Kontext des umsatzsteuerlichen Prüfschemas eingebettet und im Lichte der nationalen und gemeinschaftsrechtlichen Normen - sowie deren Auslegung durch die Rechtsprechung - analysiert. Das Prüfschema kann grob in drei Stufen aufgegliedert werden, die den nachfolgenden Unterkapiteln entsprechen.

1. Steuerbarkeit

In einem EU-Mitgliedstaat fällt ein Umsatz gem. Art. 2 MwStSystRL dann in den Anwendungsbereich der Mehrwertsteuer, wenn ein Steuerpflichtiger als solcher im Gebiet dieses Mitgliedstaats gegen Entgelt eine Lieferung von Gegenständen tätigt oder eine Dienstleistung erbringt. Inhaltsgleiche Vorgaben normiert das nationale Umsatzsteuerrecht in § 1 Abs. 1 Nr. 1 UStG. Danach unterliegt ein

---

394 EuGH, Urteil v. 14.7.1988, Rs. 207/87, *Gerd Weissgerber*, Slg der Rechtsprechung 1988, 04433, Leitsatz und Rz. 15; *Wissenschaftlicher Beirat Ernst & Young Gruppe Umsatzsteuer*, DB 2011, Beilage Nr. 3, 2011, 1, 2.

395 Institutionelles Konstrukt der Zusammenarbeit (Non-Equity Joint Venture oder Equity Joint Venture), Status und Zielsetzung der beteiligten Kooperationspartner (öffentlich-rechtlich, privatrechtlich, steuerbegünstigte Förderung der Allgemeinheit oder Gewinnerzielungsabsicht mit eigennütziger Gewinnverwendung) sowie (stilisierter) Weiterbildungsleistung.

Umsatz der Mehrwertsteuer, wenn ein Unternehmer im Inland gegen Entgelt im Rahmen seines Unternehmens eine Lieferung oder eine sonstige Leistung ausführt. Aus dem Wesen der Mehrwertsteuer als allgemeine Verbrauchsteuer folgt, dass grundsätzlich jeder einzelne Verkehrsvorgang, d.h. jede einzelne Tätigkeit gegen Entgelt, umsatzsteuerbar ist - unabhängig davon, wer diese ausübt und welcher Zweck damit verfolgt wird.[396]

1.1 Steuerpflichtiger

Hinsichtlich der Umsatzsteuerbarkeit von Kooperationen auf dem Weiterbildungsmarkt sind die institutionellen Kooperationsformen und deren angebotene Weiterbildungsleistung für die Eigenschaft als Steuerpflichtiger bzw. Unternehmer entscheidend. Die Qualifikation als Steuerpflichtiger ist von zentraler Bedeutung im Mehrwertsteuerrecht.[397] Verschiedene umsatzsteuerrechtliche Normen knüpfen an das Tätigwerden als Unternehmer als Tatbestandsmerkmal an. U.a. der steuerbare Umsatz gem. § 1 Abs. 1 Nr. 1 UStG,[398] denn nur ein Steuerpflichtiger erbringt steuerbare Leistungen, oder der Abzug von Vorsteuerbeträgen nach § 15 Abs. 1 Nr. 1 UStG,[399] da das Recht auf Vorsteuerabzug für bezogene, umsatzsteuerbehaftete Leistungen ausschließlich dem Steuerpflichti-

---

396 So bereits der Große Senat des RFH zur damaligen Brutto-Allphasen-Umsatzsteuer. RFH, Gutachten v. 2.7.1938, Gr. S. D 5/38, RStBl. 1938, 743 (zur Steuerbarkeit der Krankenbehandlung und der Krankenpflege einer Universitätsklinik sowie über die Umsatzsteuerpflicht der Einnahmen aus Eintrittsgeldern von staatlichen Museen). Für das Gemeinschaftsrecht vgl. Art. 9 MwStSystRL, nach dem jede einzelne wirtschaftliche Tätigkeit, die selbstständig ausgeübt wird, unabhängig von Zweck, Ergebnis und Ort für den Ausübenden die Eigenschaft als Steuerpflichtiger begründen kann.

397 Vgl. zur Bedeutung der Unternehmereigenschaft *Birkenfeld* in: Birkenfeld, Umsatzsteuer-Handbuch, § 40 I. 2., Rz. 11ff.

398 Die weiteren Tatbestandsmerkmale der Steuerbarkeit des Umsatzes (Lieferung eines Gegenstandes oder Erbringung einer sonstigen Leistung, gegen Entgelt im Gebiet des Mitgliedstaates) sind für den weiteren Verlauf der Untersuchung als gegeben anzunehmen.

399 Nach Art. 168 MwStSystRL (§ 15 UStG) kann der Steuerpflichtige (Unternehmer nach § 2 UStG) für Gegenstände und Dienstleistungen, die er für Zwecke seiner besteuerten Umsätze (für sein Unternehmen) verwendet, den Vorsteuerabzug geltend machen. Diese gemeinschaftsrechtlichen Vorgaben führen im Umkehrschluss dazu, dass dem Steuerpflichtigen der Vorsteuerabzug für bezogene Gegenstände oder Dienstleistungen, die er für steuerbefreite oder nicht steuerbare (Ausgangs-) Umsätze verwendet, nicht zusteht. Dieses grundsätzliche Abzugsverbot - für Eingangsleistungen, die in direktem und unmittelbaren Zusammenhang mit steuerbefreiten Ausgangsumsätzen stehen, - wird für bestimmte Umsätze gem. Art. 169 MwStSystRL bzw. § 15 Abs. 3 UStG durchbrochen.

gen zusteht.[400] Dabei ist der Begriff des Steuerpflichtigen hinsichtlich Leistungserbringung (steuerbare Ausgangsumsätze) und Leistungsbezug (Vorsteuerabzug) übereinstimmend auszulegen.[401] Ferner ist nach derzeitiger Systematik der leistende Unternehmer im Inlandsfall auch regelmäßig Steuerschuldner. Seit dem 1.1.2010 entfaltet der Begriff „Steuerpflichtiger“ auch bezüglich der Bestimmung des Ortes der Dienstleistung - nach nationalem Sprachgebrauch der sonstigen Leistung - Relevanz.[402] Zudem ist die Differenzierung zwischen „Steuerpflichtiger“ und „Nichtsteuerpflichtiger“ infolge der grundlegenden Belastungskonzeption der Mehrwertsteuer als Verbrauchsteuer, d.h. der (indirekten) Besteuerung der Einkommensverwendung des Verbrauch(er)s - essenziell.[403]

1.2 Weiterbildungsleistungen als Leistungsbündel

Die Weiterbildungsangebote beinhalten regelmäßig ein Bündel von Leistungen. Marktakteure, die die jeweilige Bildungsleistung nachfragen, richten ihren Fokus ausschließlich auf die Weiterbildungsleistung selbst, d.h. auf die Unterrichts-/ oder Vortragsleistung. Flankierend enthält das Angebot oftmals weitere implizite Leistungen.[404] Je nach Einzelfall werden den Teilnehmern nachfolgende ergänzende Leistungen zur Verfügung gestellt: Weiterbildungsunterlagen in physischer oder elektronischer Form, Erfrischungsgetränke, Speisen (von Pausensnacks bis zu warmen Gerichten inkl. Vor- und Nachspeisen) sowie auch Rahmenprogramme („Get Together“, Stadtrundführungen, u.ä.). Im Vorfeld muss sich der Anbieter gewahr werden, ob eine einheitliche Leistung[405] oder

---

400 BFH, Urteil v. 2.3.2011, XI R 65/07, KommJur 2011, 387, Rz. 13.

401 Dies gilt jeweils einheitlich für das Unionsrecht der MwStSystRL und das nationale Umsatzsteuerrecht. *Reiß*, Die harmonisierte Umsatzsteuer, in: Seer, DStJG Band 32, 2009, 9, 36.

402 Die unionsrechtlichen Regelungen zur Bestimmung des Ortes von grenzüberschreitenden, innergemeinschaftlichen sonstigen Leistungen wurden durch die Richtlinie 2008/8/EG v. 12.2.2008 grundlegend neu gefasst. Entscheidendes Kriterium für die Ortsbestimmung ist nach den neu eingeführten Grundregelungen der Status des Leistungsempfängers als Steuerpflichtiger oder als Nichtsteuerpflichtiger. Vgl. diesbezüglich insbesondere Art. 10ff. Durchführungsverordnung (EU) Nr. 282/2011.

403 *Reiß*, Die harmonisierte Umsatzsteuer, in: Seer, DStJG Band 32, 2009, 9, 36.

404 OFD Rheinland v. 22.1.2008, S 7149 - 1000 - St 435, UR 2008, 282.

405 Die Rechtsprechung grenzt zwei Fallgruppen einer einheitlichen Leistung voneinander ab. Einerseits können die Einzelleistungen zueinander im Verhältnis von einer Hauptleistung und ggfs. mehreren Nebenleistungen stehen. Nach der zweiten Fallgruppe bilden alle Einzelleistungen eine einzige untrennbare wirtschaftliche (Gesamt-) Leistung. *Lange*, UR 2009, 289, 293f.

mehrere unterschiedliche und umsatzsteuerlich getrennt zu beurteilende Leistungen vorliegen (vgl. Kapitel E. II. 3 und Kapitel E. VI. 3).[406]

Die umsatzsteuerrechtliche Behandlung der o.g. Leistungen ist für Anbieter und Leistungsempfänger von Weiterbildungsleistungen gleichermaßen bedeutsam. Eine fehlerhafte Beurteilung kann auf die Rechnungserteilung (u.U. unrichtiger oder unberechtigter Steuerausweis) sowie den Vorsteuerabzug zurückwirken. Sofern die angebotenen Leistungen aus Sicht des Durchschnittsverbrauchers einen einheitlichen, wirtschaftlich zusammenhängenden Vorgang und demnach eine einheitliche Leistung darstellen, gilt der - nach Ansicht von *Tipke* systematisch-teleologisch nicht fundierte[407] - Grundsatz des Primats der Hauptleistung: d.h. diese bestimmt das umsatzsteuerrechtliche Schicksal der Nebenleistungen.[408] Daher stellt sich die Frage, ob die genannten Zusatzleistungen bei einem Weiterbildungsangebot möglicherweise untergeordnete Nebenleistungen oder jeweils eigene, selbstständige gleichwertige Leistungen darstellen. Die Qualifikation der Leistungen erlangt insbesondere Bedeutung für die Steuerbarkeit (Bestimmung wem die Leistung zuzurechnen ist und hinsichtlich des Ortes der Leistung), für die Abgrenzung zwischen Steuerbefreiung und Steuerpflicht sowie grundsätzlich[409] für den anzuwendenden Steuersatz.[410]

2. Steuerbefreiung und Verzicht auf die Steuerbefreiung

Sofern die (Weiter-) Bildungsleistung steuerbar ist, fällt sie in den Anwendungsbereich der Mehrwertsteuer. Im Rahmen der zweiten Prüfstufe ist die angebotene Bildungs-/ Unterrichtsleistung auf eine potenzielle Steuerbefreiung zu untersuchen. Die Analyse erfolgt unter Berücksichtigung der steuerlichen Parameter von Kooperationen.

---

406 *Tipke*, Steuerrechtsordnung - Band II, 2003, 991; *Lange*, UR 2009, 289, 289.

407 *Tipke*, Steuerrechtsordnung - Band II, 2003, 991.

408 Abschn. 3.10. Abs. 5 S. 1 UStAE.

409 Nach der jüngeren Rechtsprechung des EuGH können die Mitgliedstaaten unter bestimmten Voraussetzungen den ermäßigten Steuersatz auf einzelne Aspekte/Teile eines - möglicherweise aus Sicht des Durchschnittverbrauchers - einheitlichen Umsatzes anwenden. EuGH, Urteil v. 6.5.2010, C-94/09, *Kommission / Frankreich*, DStR 2010, 977, Rz. 33 und Rz. 34.

410 Abschn. 3.10. Abs. 1 S. 1 UStAE; *Lange*, UR 2009, 289 289; *Reiß* in: Tipke/Lang, Steuerrecht, § 14, Rz. 29; *Tehler*, UVR 2009, 261, 262.

2.1 Konkurrenzen von Steuerbefreiungen

Grundlegend können die Mehrwertsteuerbefreiungen in die beiden Kategorien „mit Recht auf Vorsteuerabzug“ (sog. Nullumsätze oder auch echte Steuerbefreiungen)[411] und „ohne Recht auf Vorsteuerabzug“ (sog. unechte Steuerbefreiungen)[412] unterteilt werden.[413] Falls ein Umsatz zugleich einer echten und einer unechten Steuerbefreiung unterliegen sollte,[414] bleibt dem leistenden Unternehmer nach der Rechtsprechung des EuGH vom 7.12.2006 - trotz des innergemeinschaftlichen Charakters des Umsatzes - der Vorsteuerabzug verwehrt.[415] In Deutschland ging die h.M. bislang von einem Vorrang der (echten) Befreiungen mit Vorsteuerabzug nach § 15 Abs. 3 Nr. 1 UStG aus und räumte in diesen Fällen dem leistenden Unternehmer das Recht auf den Vorsteuerabzug ein.[416] Ungeachtet der scharfen Kritik des Schrifttums[417] gegenüber der o.g. EuGH-

---

411 Unionsrechtlich: Art. 138, 142, 144, 146-148, 151 - 153, 157ff. MwStSystRL. Nationales Umsatzsteuerrecht: § 4 Nr. 1 - 7 UStG. Diese Befreiungen werden für (Export-) Leistungen mit Auslandsberührung gewährt. *Reiß* in: Tipke/Lang, Steuerrecht, § 14, Rz. 87; *Englisch*, UR 2011, 401, 403. Es handelt sich u.a. um grenzüberschreitende Lieferungen (Ausfuhrlieferungen in Drittlandsgebiete oder innergemeinschaftliche Lieferungen in andere EU-Mitgliedstaaten), Lohnveredelungen an Gegenständen der Ausfuhr sowie Schiffs- und Luftfahrzeugumsätze.

412 Unionsrechtlich: Art. 132 - 136 MwStSystRL. Innerstaatlich: § 4 Nr. 8 - 28 UStG.

413 Schlussanträge der Generalanwältin Sharpston, C-434/05, *Horizon College*, und C-445/05, *Haderer*, beck-online, BeckEuRS 2007, 444686, Rz. 24. Gleichfalls können die Befreiungen nach der Wirkung auf den Vorsteuerabzug unterschieden werden in: verzichtbare oder unverzichtbare Steuerbefreiungen. Bei den verzichtbaren Steuerbefreiungen kann der Steuerpflichtige wahlweise zur Steuerpflicht der Umsätze optieren und sich dadurch den Vorsteuerabzug erschließen. Bei unverzichtbaren Steuerbefreiungen ist keine Option möglich und der Vorsteuerabzug demgemäß ausgeschlossen. *Birkenfeld* in: Birkenfeld, Umsatzsteuer-Handbuch, § 91 zu § 4 Nr. 1 - 3 UStG, Rz. 13.

414 Als typisches Beispiel nennt die Finanzverwaltung die steuerbefreite Ausfuhrlieferung von Blutkonserven (in das Drittlandsgebiet). Vgl. Abschn. 204 Abs. 4 UStR 2005, damals noch mit der Rechtsfolge des Vorsteuerabzugs, und neuerdings Abschn. 15.13. Abs. 5 UStAE mit der Schlussfolgerung, dass kein Vorsteuerabzug möglich sei.

415 EuGH, Urteil v. 7.12.2006, C-240/05, *Eurodental*, DStRE 2007, 1042, Leitsatz und Rz. 37.

416 Abschn. 204 Abs. 4 UStR 2005; *Birkenfeld* in: Birkenfeld, Umsatzsteuer-Handbuch, § 91 zu § 4 Nr. 1 - 3 UStG, Rz. 21 (Dokumentenstand: 34. Lieferung, April/2004); *Lippross*, Vorsteuerabzug bei konkurrierenden Befreiungsvorschriften, in: Kirchhof/Nieskens, FS Reiss, 2008, 195, 196.

417 *Reiß*, UR 2007, 565, 565ff.; *Achatz*, Handel mit Zahnersatz im Binnenmarkt, in: Kirchhof/Nieskens, FS Reiss, 2008, 169, 178 und 183f.; *Lippross*, Vorsteuerabzug bei konkurrierenden Befreiungsvorschriften, in: Kirchhof/Nieskens, FS Reiss, 2008, 195, 199ff.; *Stadie* in: Rau/Dürrwächter, UStG, Vor §§ 4-9, Rz. 115 und 117.

Entscheidung hat die Finanzverwaltung jüngst die Ansicht des EuGH übernommen und kommt zu dem Schluss, dass im Konkurrenzfall die echten gegenüber den unechten Steuerbefreiungen subsidiär sind.[418]

Hinsichtlich der Umsatzsteuerbefreiung von grenzüberschreitenden Weiterbildungsleistungen entstehen grundsätzlich keine Konkurrenzen zwischen echten und unechten Steuerbefreiungen. Dies liegt darin begründet, dass Weiterbildungsangebote ausschließlich als sonstige Leistungen zu qualifizieren sind und dass das Besteuerungsrecht grenzüberschreitender Dienstleistungen den einzelnen Staaten bereits durch die Ortsnormen zugewiesen wird.[419] (Nachteilige) Auswirkungen aus der o.g. Position der Finanzverwaltung für den Weiterbildungsbereich können sich dann ergeben, wenn bspw. ein Gegenstand für umsatzsteuerbefreite Weiterbildungsleistungen genutzt wurde und vor Ende des fünfjährigen Vorsteuer-Berichtigungszeitraums gem. § 15a Abs. 1 UStG in das Ausland veräußert wurde.

2.2 Weiterbildungsleistungen und Steuerbefreiungen

Potenzielle Steuerbefreiungen für die verschiedenen Weiterbildungsangebote normieren die Art. 132 bis Art. 134 MwStSystRL[420] und im nationalen Umsatzsteuerrecht § 4 Nr. 21 UStG und § 4 Nr. 22 a) UStG. Sämtliche für die Weiterbildungs-/ Unterrichtsleistungen in Frage kommenden Umsatzsteuerbefreiungen sind der Kategorie der sog. unechten Steuerbefreiungen zuzuordnen.

---

418 BMF-Schreiben v. 11.4.2011, IV D 3 - S 7130/07/10008, DOK 2011/0294414, beck-online 2011, becklink 316817. Übernommen in Abschn. 15.13. Abs. 5 UStAE.

419 Dennoch kann bei grenzüberschreitenden Dienstleistungen eine umsatzsteuerrechtliche Doppelbesteuerung (falls beide Staaten den Ort der Dienstleistung jeweils ihrem eigenen Staatsgebiet zuordnen) oder eine Nichtbesteuerung (wenn der Ort der Dienstleistung jeweils auf dem anderen Staatsgebiet gesehen wird) entstehen. *Birkenfeld*, Global Contracts, in: Kirchhof/Nieskens, FS Reiss, 2008, 137, 147ff.; *Stadie* in: Rau/Dürrwächter, UStG, Vorbemerkung, Rz. 745; *Sterzinger*, UR 2011, 205.

420 Die genannten Artikel sind dem Kapitel 2 „Steuerbefreiungen für bestimmte dem Gemeinwohl dienende Tätigkeiten" des Titels IX „Steuerbefreiungen" der MwStSystRL zugeordnet. Das Gemeinschaftsrecht befreit jedoch nicht alle dem Gemeinwohl dienenden Tätigkeiten, sondern lediglich die in der Vorschrift einzeln aufgeführten und sehr genau beschriebenen Tätigkeiten. Vgl. jeweils m.w.N. EuGH, Urteil v. 12.11.1998, C-149/97, *Institute of the Motor Industry*, Slg der Rechtsprechung 1998, I-7053, Rz. 18; EuGH, Urteil v. 14.6.2007, C-445/05, *Haderer*, HFR 2007, 806, Rz. 16; EuGH, Urteil v. 28.1.2010, C-473/08, *Ingenieurbüro Eulitz GbR*, DStR 2010, 218, Rz. 26. Das „Gemeinwohl" entsprechend der Kapitelüberschrift der MwStSystRL ist nicht kongruent mit dem nationalen Begriff der Gemeinnützigkeit i.S.d. Gemeinnützigkeitsrechts der §§ 51-68 AO. *Alvermann*, Umsatzbesteuerung der Mitgliedsbeiträge, in: Hüttemann/Rawert/Schmidt/Weitemeyer, Non Profit Law Yearbook 2008, 2009, 55, 62.

Gemeinschaftsrechtlich steht es den einzelnen Mitgliedstaaten frei, für die in Art. 137 MwStSystRL enumerativ aufgelisteten, steuerbefreiten Umsätze, eine Option zur Steuerpflicht im nationalen UStG zu kodifizieren.[421] Unterrichtende bzw. wissensvermittelnde Tätigkeiten finden sich dort jedoch nicht. Sofern die typisierten Weiterbildungsleistungen[422] umsatzsteuerbar sind und in den Anwendungsbereich einer Mehrwertsteuerbefreiung fallen, ist demnach keine Option zur Steuerpflicht möglich. Der Anbieter stellt den Teilnehmern eine Rechnung ohne Umsatzsteuerausweis, aber mit Verweis auf die vorliegende Befreiungsnorm.

Diese abschließende Qualifikation als steuerbefreit hat für die anbietende Weiterbildungseinrichtung zudem Rückwirkungen bezüglich des Vorsteuerabzugs von bezogenen Gegenständen oder Dienstleistungen.[423] Wie oben beschrieben handelt es sich bei den relevanten Steuerbefreiungen im Bereich der Weiterbildungsleistungen durchweg um sog. unechte Steuerbefreiungen. Soweit die Weiterbildungsleistung in den Anwendungsbereich einer Steuerbefreiung fällt, ist daher ein Verzicht auf die Steuerbefreiung nicht möglich und der Vorsteuerabzug für Eingangsleistungen ausgeschlossen - bei gleichzeitig zwingender Steuerbefreiung der Ausgangsumsätze.[424]

Der definitive Ausschluss des Vorsteuerabzugs bei unechten Steuerbefreiungen verletzt den Neutralitätsgrundsatz und stellt nach h.M. einen bewusst in Kauf genommenen Systembruch[425] dar.[426] Aus unechten Steuerbefreiungen re-

---

421 Die gemeinschaftsrechtliche Regelung findet ihre innerstaatliche Entsprechung in § 9 UStG. Die Möglichkeit des Verzichts auf die Steuerbefreiung dient der Vermeidung von Wettbewerbsnachteilen - die Legislative stellt dem Steuerpflichtigen eine Gestaltungsmöglichkeit zur Verfügung. *Stadie*, Befreiungen und Ermäßigungen, in: Seer, DStJG Band 32, 2009, 143, 147; *Tehler*, UVR 2009, 378, 378.

422 Vgl. Kapitel B. I. 4. 2.

423 Allgemein stellt das nationale Umsatzsteuerrecht die Verbindung zwischen Vorsteuerabzug und Steuerbefreiung über das grundsätzliche Abzugsverbot und dessen Rückausnahme für einzeln aufgeführte Steuerbefreiungen gem. § 15 Abs. 2 i.V.m. Abs. 3 UStG her. Wohingegen das Gemeinschaftsrecht dem Steuerpflichtigen das Vorsteuerabzugsrecht für die explizit in Art. 169 MwStSystRL genannten Befreiungen zuspricht. *Wagner* in: Sölch/Ringleb, UStG, § 15, Rz. 553ff.

424 Die sog. Kleinunternehmerregelung gem. § 19 UStG entfaltet eine identische Wirkung.

425 *Achatz*, Handel mit Zahnersatz im Binnenmarkt, in: Kirchhof/Nieskens, FS Reiss, 2008, 169, 169; *Birkenfeld* in: Birkenfeld, Umsatzsteuer-Handbuch, § 91 zu § 4 Nr. 1 - 3 UStG, Rz. 26; *Kirchhof*, Umsatzsteuergesetzbuch, 2008, § 11, Rz. 55ff; *Reiß* in: Tipke/Lang, Steuerrecht, § 14, Rz. 170f.; *Widmann* in: Plückebaum/Widmann, UStG, § 15, Rz. 3. „Unechte Befreiungen sind […] ein Fremdkörper im europäischen Umsatzsteuersystem.“ *Reiß* in: Walz/Hüttemann/Rawert/Schmidt, Non Profit Law Yearbook 2005, 2006, 47, 69. A.A. *Stadie*, nach dem keine Systemwidrigkeit vorliegt. Stattdessen sei

sultieren infolge umsatzsteuerbehafteter Eingangsleistungen verdeckte Steuerbelastungen,[427] da der leistende Unternehmer die nichtabziehbare Vorsteuer regelmäßig nicht selbst trägt - ansonsten würde sich der Gewinn entsprechend mindern - und diese letztlich auf den Leistungsempfänger überwälzt.[428] Aus einer Umsatzsteuersatzerhöhung folgt daher ceteris paribus eine Kostensteigerung der steuerbefreiten Weiterbildungsleistungen, die in der Regel eine (Markt) Preissteigerung der Bildungsleistungen nach sich zieht.

---

der Ausschluss des Vorsteuerabzugs für bestimmte Steuerbefreiungen ein Subsystem der gemeinschaftsrechtlichen Mehrwertsteuerrichtlinien und des nationalen Umsatzsteuerrechts. *Stadie*, Befreiungen und Ermäßigungen, in: Seer, DStJG Band 32, 2009, 143, 151.

426 BFH, Urteil v. 6.5.2004, V R 73/03, BStBl. II 2004, 856. Sofern die steuerbefreite Leistung innerhalb der unternehmerischen Leistungskette (an einen anderen Unternehmer für Zwecke seiner besteuerten Umsätze) ausgeführt wird, ergeben sich nachteilige Folgen für den Endverbraucher. Es entsteht insoweit „heimliche" Umsatzsteuer auf die mangels Vorsteuerabzug erhöhte Bemessungsgrundlage. Die in den Eingangsleistungen enthaltene Mehrwertsteuer wird zum Kostenelement und bleibt im Preis der Ausgangsleistung eingeschlossen. Diese Kumulations-/ Kaskadeneffekte stellen systemwidrige Neutralitätsstörungen dar, die diametral zur Konzeption der Umsatzsteuer als (End-) Verbrauchsteuer stehen. *Dziadkowski*, DStZ 1985, 419, 419; *Dziadkowski*, UR 2006, 87, 88; *Reiß*, Die harmonisierte Umsatzsteuer, in: Seer, DStJG Band 32, 2009, 9, 48; *Reiß* in: Tipke/Lang, Steuerrecht, § 14, Rz. 170. Flankierend zum Kaskadeneffekt können unechte Steuerbefreiungen (ohne Vorsteuerabzug) dazu führen, dass die Bildungseinrichtungen die Vorleistungen bevorzugt internalisieren und nicht an Dritte auslagern. Insoweit wird der Kostenfaktor Umsatzsteuer vermieden. Alternativ kann diesbezüglich auch eine umsatzsteuerliche Organschaft nach § 2 Abs. 2 Nr. 2 UStG mit dem Dritten begründet werden. Einer effizienteren Leistungsbereitstellung durch Dritte, z.B. aufgrund von Skaleneffekten, steht aus Sicht der Bildungseinrichtung die nichtabzugsfähige Umsatzsteuer bei externem Leistungsbezug entgegen. *Copenhagen Economics/KPMG AG*: Mehrwertsteuer im öffentlichen Sektor und Mehrwertsteuerbefreiungen im öffentlichen Interesse - Abschlussbericht für Taxud/2009/DE/316, 9f.; *Schmitz/Erdbrügger/Liegmann*, DStR 2011, 1157, 1158. Die o.g. (Internalisierungstendenzen und Kaskaden-) Effekte existieren gleichermaßen bei entgeltlichen Leistungen der öffentlichen Hand als Nichtsteuerpflichtiger nach Art. 13 MwStSystRL, d.h. bei Tätigkeiten im Rahmen der öffentlichen Gewalt, die nicht zu größeren Wettbewerbsverzerrungen führen.

427 *Zimmermann*, DB 1967, 913, 914f.; *Dziadkowski*, UR 2006, 87, 88; *Stadie*, Befreiungen und Ermäßigungen, in: Seer, DStJG Band 32, 2009, 143, 151; *Reiß* in: Tipke/Lang, Steuerrecht, § 14, Rz. 170; *Schmitz/Erdbrügger/Liegmann*, DStR 2011, 1157, 1158.

428 Vgl. ausführlich (mit Beispiel) Schlussanträge der Generalanwältin Sharpston, C-434/05, *Horizon College*, und C-445/05, *Haderer*, beck-online, BeckEuRS 2007, 444686, Rz. 24 bis Rz. 29.

Trotz alledem werden Befreiungen ohne Vorsteuerabzugsrecht „intuitiv als eine gute Sache wahrgenommen".[429] So sind die Leistungsempfänger steuerbefreiter Bildungsleistungen oftmals Endverbraucher, deren Bildungskosten durch die Befreiung entsprechend gemindert werden.[430] Andererseits richten sich bestimmte Bildungsleistungen (wie Aus-, Fortbildung oder Umschulungsmaßnahmen) zwar an Arbeitnehmer, werden aber vom Arbeitgeber „gebucht" und bezahlt. Für den Arbeitgeber stellen diese (Weiter-) Bildungsausgaben ein Kostenelement seiner eigenen Leistungen dar: „Vorausgesetzt, die Leistungen des Arbeitgebers unterliegen - wie es der Regelfall sein wird - der Steuer, führt in solchen Fällen die Befreiung zu höheren Kosten als bei einer Mehrwertsteuerpflichtigkeit der Schulung, und diese Steigerung wird sich auf den Preis dieser Leistungen [des Arbeitgebers] auswirken."[431]

Das Schrifttum führt zwei alternative Reformvorschläge an: i) die „unechten" Steuerbefreiungen (end-) verbrauchsteuerkonform vollständig in echte Befreiungen mit Vorsteuerabzug umzuwandeln oder ii) falls die Belastung des Endverbrauchers gewünscht sei, die Befreiungsnorm ersatzlos zu streichen und die Leistung u.U. dem ermäßigten Steuersatz zu unterwerfen.[432] Allerdings

---

429 Schlussanträge der Generalanwältin Sharpston, C-434/05, *Horizon College*, und C-445/05, *Haderer*, beck-online, BeckEuRS 2007, 444686, Rz. 30.

430 Schlussanträge der Generalanwältin Sharpston, C-434/05, *Horizon College*, und C-445/05, *Haderer*, beck-online, BeckEuRS 2007, 444686, Rz. 30. Nach den allgemeinen Ausführungen des Generalanwalts Mischo zum unionsrechtlichen Mehrwertsteuersystem legitimieren sich die Befreiungen, ebenso wie die Behandlung als Nichtsteuerpflichtiger, durch die geminderten Endkosten des Verbrauchers. Schlussanträge des Generalanwalts Mischo, C-8/01, *Assurandør-Societetet Taksatorringen*, beck-online, BeckEuRS 2002, 264189, Rz. 9.

431 Schlussanträge der Generalanwältin Sharpston, C-434/05, *Horizon College*, und C-445/05, *Haderer*, beck-online, BeckEuRS 2007, 444686, Rz. 31.

432 *Kirchhof*, Umsatzsteuergesetzbuch, 2008, § 11, Rz. 1ff; *Reiß*, Die harmonisierte Umsatzsteuer, in: Seer, DStJG Band 32, 2009, 9, 50; *Schmitz/Erdbrügger/Liegmann*, DStR 2011, 1157, 1159ff.; *Englisch*, UR 2011, 401, 403 und 409. Sollte der Katalog der Steuerbefreiungen deutlich reduziert werden, könnte die EU dies zu einer relativen Effizienzsteigerung der Mehrwertsteuer nutzen: Die Streichung von Befreiungen verbreitert die Bemessungsgrundlage und „ermöglicht niedrigere Steuersätze, wodurch die Besteuerung weniger Verzerrungen bewirkt und Wachstum und Beschäftigung gefördert werden." *Europäische Kommission*, Grünbuch über die Zukunft der Mehrwertsteuer - Wege zu einem einfacheren, robusteren und effizienteren MwSt-System, KOM (2010) 695 = BR-Drs. 799/10, 3 und 12. Zu ähnlichen Lösungen (Erstattungssystem für derzeit nicht abzugsfähige Umsatzsteuer oder System der Vollbesteuerung) gelangt eine von der *Europäischen Kommission* in Auftrag gegebene Studie der *Copenhagen Economics und der KPMG AG*. Die Studie aus dem Frühjahr 2011 widmete sich den Fragestellungen

müssten die entsprechenden Änderungen in der MwStSystRL kodifiziert werden, was sich vor dem Hintergrund des Erfordernisses der Einstimmigkeit nach Art. 113 AEUV als sehr diffizil bzw. „realpolitisch“[433] nahezu unmöglich erweisen dürfte.

3. Steuersätze und Vorsteuerabzug

3.1 Steuersätze

Falls die typisierten Weiterbildungsleistungen nicht von der Umsatzsteuer befreit sind, stellt sich die Frage nach dem anzuwendenden Mehrwertsteuersatz. Das Unionsrecht differenziert nach Art. 96ff. MwStSystRL zwischen einem Mehrwertsteuer-Normalsatz[434] und einem bzw. zwei ermäßigten Steuersätzen. Korrespondierend dazu normiert das nationale Umsatzsteuerrecht in § 12 Abs. 1 UStG den Regelsteuersatz und in Abs. 2 den ermäßigten Steuersatz.

Steuerbare und steuerpflichtige Umsätze unterliegen grundsätzlich dem Normalsatz gem. Art. 96 MwStSystRL. Nach Art. 98 MwStSystRL steht es den Mitgliedstaaten frei, im nationalen Umsatzsteuerrecht einen oder zwei ermäßigte Steuersätze zu kodifizieren. Den Anwendungsbereich dieser ermäßigten Steuersätze schreibt das Unionsrecht jedoch explizit und abschließend in Anhang III vor. Die Mitgliedstaaten dürfen gem. Art. 98 Abs. 2 MwStSystRL ausschließlich diejenigen Leistungen einem ermäßigten Steuersatz unterwerfen, die in Anhang III aufgelistet sind (vorbehaltlich der besonderen Ausnahmebestimmungen der Art. 102 und 103 MwStSystRL).

Nach der Rechtsprechung des Gerichtshofs können die Mitgliedstaaten ermäßigte Mehrwertsteuersätze nur einführen und beibehalten, wenn sie dabei den Grundsatz der steuerlichen Neutralität beachten.[435] Darüber hinaus ist es den Mitgliedstaaten - unter Berücksichtigung des Neutralitätsgrundsatzes und soweit die Gefahr einer Wettbewerbsverzerrung ausgeschlossen ist - zudem möglich,

---

einer möglichen Reform bzw. Optimierung der unionsrechtlichen Mehrwertsteuerregelungen des öffentlichen und gemeinnützigen Sektors. *Copenhagen Economics/KPMG AG*: Mehrwertsteuer im öffentlichen Sektor und Mehrwertsteuerbefreiungen im öffentlichen Interesse - Abschlussbericht für Taxud/2009/DE/316.

433 *Englisch*, UR 2011, 401, 401 und 404.

434 Vgl. die Begründungserwägung Nr. 29 der MwStSystRL.

435 EuGH, Urteil v. 3.4.2008, C-442/05, *Zweckverband zur Trinkwasserversorgung und Abwasserbeseitigung Torgau-Westelbien*, BStBl. II 2009, 328, Rz. 42 m.w.N.; EuGH, Urteil v. 6.5.2010, C-94/09, *Kommission / Frankreich*, DStR 2010, 977, Rz. 25 bis Rz. 27.

den ermäßigten Steuersatz selektiv auf konkrete und spezifische Aspekte einer Kategorie von Dienstleistungen anzuwenden.[436]

3.1.1 Ermäßigter Steuersatz für Bildungseinrichtungen nach dem Gemeinschaftsrecht

Hinsichtlich der umsatzsteuerrechtlichen Analyse von Weiterbildungsleistungen könnte unionsrechtlich Nr. 15 des Anhangs III der MwStSystRL Relevanz entfalten. Danach kann die „Lieferung von Gegenständen und Erbringung von Dienstleistungen durch von den Mitgliedstaaten anerkannte gemeinnützige Einrichtungen für wohltätige Zwecke und im Bereich der sozialen Sicherheit, soweit sie nicht gemäß den Artikeln 132, 135 und 136 von der Steuer befreit sind" einem ermäßigten Steuersatz unterworfen werden.

Da diese Wendung der Nr. 15 des Anhangs III der MwStSystRL nicht weiter definiert wird, muss eine Auslegung des Ausdrucks im Lichte des Zusammenhangs der MwStSystRL erfolgen.[437] Anhang III der MwStSystRL, d.h. das Verzeichnis der Leistungen, die die Mitgliedstaaten wahlweise einem ermäßigten Steuersatz unterwerfen können, zielt auf die steuerliche Entlastung der Verbraucher ab.[438] Nach den zutreffenden Ausführungen des Generalanwalts[439] *Jääskinen* lässt das Verzeichnis eine innere Logik vermissen und ist daher einer systematischen Auslegung nicht zugänglich.[440] Allgemein legt der Gerichtshof die Bestimmungen zu den ermäßigten Steuersätzen als Ausnahmen von dem allgemeinen Grundsatz - der Anwendung des Mehrwertsteuer-Normalsatzes - eng aus.[441]

Die Anwendung des ermäßigten Steuersatzes setzt kumulativ zwei Tatbestandsmerkmale voraus: i) der Dienstleistungserbringer muss eine „von den Mit-

---

436 EuGH, Urteil v. 3.4.2008, C-442/05, *Zweckverband zur Trinkwasserversorgung und Abwasserbeseitigung Torgau-Westelbien*, BStBl. II 2009, 328, Rz. 41f.; EuGH, Urteil v. 6.5.2010, C-94/09, *Kommission / Frankreich*, DStR 2010, 977, Rz. 25 bis Rz. 27.

437 EuGH, Urteil v. 18.3.2010, C-492/08, *Kommission / Frankreich*, UR 2010, 662, Rz. 34.

438 Schlussanträge des Generalanwalts Jääskinen, C-492/08, *Kommission / Frankreich*, beck-online, BeckRS 2010, 90149, Rz. 42.

439 Nach Art. 252 AEUV wird der EuGH von acht Generalanwälten unterstützt. Demnach besteht die Aufgabe des Generalanwaltes bzw. der Generalanwältin darin, „öffentlich in völliger Unparteilichkeit und Unabhängigkeit begründete Schlussanträge zu den Rechtssachen zu stellen, in denen nach der Satzung des Gerichtshofs der Europäischen Union seine Mitwirkung erforderlich ist."

440 Schlussanträge des Generalanwalts Jääskinen, C-492/08, *Kommission / Frankreich*, beck-online, BeckRS 2010, 90149, Rz. 43.

441 EuGH, Urteil v. 18.3.2010, C-492/08, *Kommission / Frankreich*, UR 2010, 662, Rz. 35 m.w.N. der EuGH-Rechtsprechung.

gliedstaaten anerkannte gemeinnützige Einrichtung“ sein, und zugleich, ii) muss es sich bei den ausgeführten Tätigkeiten um solche „für wohltätige Zwecke und im Bereich der sozialen Sicherheit“ handeln.[442]

Den Begriff „anerkannte gemeinnützige Einrichtungen“ beurteilt der EuGH für Mehrwertsteuersatzermäßigungen und Mehrwertsteuerbefreiungen[443] übereinstimmend: Folglich kann dieser Begriff u.U. auch einzelne, natürliche Personen oder private Einheiten mit Gewinnerzielungsabsicht[444] umfassen.[445] Hinsichtlich der Anerkennung der Einrichtung als dem Gemeinwohl dienend bzw. dem sozialen Charakter der Einrichtung[446] steht den Mitgliedstaaten ein gewisser Ermessensspielraum - unter Berücksichtigung des Gemeinschaftsrechts und insbesondere der MwStSystRL - zu.[447] Der Mitgliedstaat überschreitet seine Kompetenzen dann, wenn er Leistungen einer privaten Einheit mit Gewinnerzielungsabsicht, alleine aufgrund der Qualifikation der Tätigkeiten bzw. Leistungen als gemeinnützig, oder aufgrund des sozialen Charakters der Leistungen, diese

---

442 Schlussanträge des Generalanwalts Jääskinen, C-492/08, *Kommission / Frankreich*, beck-online, BeckRS 2010, 90149, Rz. 61.

443 Die Auslegung des unionsrechtlichen Begriffs „als Einrichtungen mit sozialem Charakter anerkannte Einrichtungen“ nach Art 132 Abs. 1 g) MwStSystRL ist übertragbar. Schlussanträge des Generalanwalts Jääskinen, C-492/08, *Kommission / Frankreich*, beck-online, BeckRS 2010, 90149, Rz. 40; EuGH, Urteil v. 18.3.2010, C-492/08, *Kommission / Frankreich*, UR 2010, 662, Rz. 36 bis Rz. 38.

444 Wenn eine einzelne Mehrwertsteuerbefreiung nur Einrichtungen ohne Gewinnerzielungsabsicht vorbehalten sein soll, bzw. Tätigkeiten mit gewerblichem Charakter nicht steuerbefreit sein sollen, dann hat der Gemeinschaftsgesetzgeber dieses Kriterium explizit in dem Normwortlaut kodifiziert (vgl. Art. 132 Abs. 1 l), m) und q) MwStSystRL). EuGH, Urteil v. 26.5.2005, C-498/03, *Kingscrest Associates und Montecello*, UR 2005, 453, Rz. 37.

445 EuGH, Urteil v. 18.3.2010, C-492/08, *Kommission / Frankreich*, UR 2010, 662, Rz. 38; Schlussanträge des Generalanwalts Jääskinen, C-492/08, *Kommission / Frankreich*, beck-online, BeckRS 2010, 90149, Rz. 82 bis Rz. 84. Vgl. zum gemeinschaftsrechtlichen Begriff der „Einrichtung“ EuGH, Urteil v. 7.9.1999, C-216/97, *Gregg*, UR 1999, 419, Rz. 17 und Rz. 21; EuGH, Urteil v. 26.5.2005, C-498/03, *Kingscrest Associates und Montecello*, UR 2005, 453, Rz. 35.

446 Nr. 15 Anhang III MwStSystRL fordert nach Interpretation des Generalanwalts Jääkinen einen doppelten „sozialen Charakter“ - hinsichtlich der ausgeführten Lieferung bzw. Dienstleistung und bezüglich der betreffenden, die Leistung erbringenden Einrichtung. Schlussanträge des Generalanwalts Jääskinen, C-492/08, *Kommission / Frankreich*, beck-online, BeckRS 2010, 90149, Rz. 91.

447 EuGH, Urteil v. 26.5.2005, C-498/03, *Kingscrest Associates und Montecello*, UR 2005, 453, Rz. 51 und Rz. 52; EuGH, Urteil v. 9.2.2006, C-415/04, *Stichting Kinderopvang Enschede*, DB 2006, 430, Rz. 23; EuGH, Urteil v. 18.3.2010, C-492/08, *Kommission / Frankreich*, UR 2010, 662, Rz. 41.

dem ermäßigten Steuersatz unterwerfen will.[448] Stattdessen muss der Mitgliedstaat „u. a. die Ziele, die diese Einheiten in ihrer Gesamtheit betrachtet verfolgen, und die Beständigkeit ihres sozialen Engagements [...] berücksichtigen."[449] Folglich ist auf das Gesamtziel und die Dauerhaftigkeit des sozialen Engagements abzustellen.[450] Nach Ansicht des Generalanwalts *Jääskinen* müssen die besagte Tätigkeit und die betreffende Einrichtung kumulativ einen hinreichend ausgeprägten, wenn nicht sogar überwiegenden bzw. nahezu ausschließlich sozialen Charakter haben; wobei bezüglich des sozialen Charakters sämtliche Tätigkeiten der Einrichtung zu berücksichtigen seien.[451]

Nach dem unionsrechtlichen Wortlaut des Nr. 15 ist der ermäßigte Steuersatz nicht auf alle gemeinnützigen Leistungen anzuwenden, „sondern nur auf diejenigen, die von Einrichtungen erbracht werden, die sowohl gemeinnützig als auch für wohltätige Zwecke und im Bereich der sozialen Sicherheit tätig sind."[452]

3.1.2 Ermäßigter Steuersatz für Bildungseinrichtungen nach dem nationalen Umsatzsteuerrecht

Deutschland hat den unionsrechtlichen Gestaltungsspielraum des Art. 98 i.V.m. Anhang III MwStSystRL genutzt und wendet auf die in § 12 Abs. 2 UStG aufgelisteten Umsätze den ermäßigten Steuersatz i.H.v. derzeit 7% an.[453] Dabei sieht § 12 Abs. 2 Nr. 8 a) S. 1 UStG für Leistungen der Körperschaften, die ausschließlich und unmittelbar gemeinnützige, mildtätige oder kirchliche Zwecke verfolgen (§§ 51 - 68 AO), die Anwendung des ermäßigten Steuersatzes vor, soweit die Leistungen nicht unter eine der Befreiungsnormen fallen.[454] Der er-

---

448 In diesem Sinne wohl auch EuGH, Urteil v. 18.3.2010, C-492/08, *Kommission / Frankreich*, UR 2010, 662, Rz. 43.

449 EuGH, Urteil v. 18.3.2010, C-492/08, *Kommission / Frankreich*, UR 2010, 662, Rz. 45.

450 EuGH, Urteil v. 18.3.2010, C-492/08, *Kommission / Frankreich*, UR 2010, 662, Rz. 46.

451 Schlussanträge des Generalanwalts Jääskinen, C-492/08, *Kommission / Frankreich*, beck-online, BeckRS 2010, 90149, Rz. 88 und Rz. 91.

452 EuGH, Urteil v. 18.3.2010, C-492/08, *Kommission / Frankreich*, UR 2010, 662, Rz. 43.

453 Gleichwohl hat der nationale Gesetzgeber den unionsrechtlichen Katalog der ermäßigt zu besteuernden Umsätze des Anhang III der MwStSystRL nicht vollständig ausgeschöpft. In Deutschland unterliegen bspw. Humanarzneimittel dem Regelsteuersatz. *Widmann*, UR 2011, 421, 423.

454 Vor dem Hintergrund der gemeinschaftsrechtlichen Vorgaben äußerte sich jüngst der *Bundesrechnungshof* kritisch zu dieser Begünstigung. BT-Drs. 17/2290, Bundesrechnungshof, Bericht nach § 99 BHO über den ermäßigten Umsatzsteuersatz - Vorschläge für eine künftige Ausgestaltung der Steuerermäßigung, 14f. Flankierend empfiehlt ein vom BMF bezüglich der Umsatzsteuersätze in Auftrag gegebenes Forschungsgutachten

mäßigte Steuersatz ist nach § 12 Abs. 2 Nr. 8 a) S. 2 und S. 3 UStG explizit nicht auf diejenigen Leistungen anzuwenden, die i) im Rahmen eines wirtschaftlichen Geschäftsbetriebs ausgeführt werden, dem keine Zweckbetriebseigenschaft zukommt,[455] oder ii) auf die Leistungen eines Zweckbetriebs, wenn dieser in erster Linie der Erzielung von zusätzlichen Einnahmen dient, die in einem unmittelbaren Wettbewerbsverhältnis mit Regelsteuersatzleistungen stehen.[456]

3.1.3 Kritische Würdigung

Die nationale Regelung ist vor dem Hintergrund der beiden gemeinschaftsrechtlichen Vorgaben - einerseits der anerkannten gemeinnützigen Einrichtung sowie andererseits der Leistungen für wohltätige Zwecke und im Bereich der sozialen Sicherheit – zu analysieren.

Die eingeschränkte Anwendung des § 12 Abs. 2 Nr. 8 a) UStG auf steuerbegünstigte Körperschaften i.S.d. §§ 51 - 68 AO ist m.E. unionsrechtlich bedenklich, da das deutsche Gemeinnützigkeitsrecht zwingend die Rechtsform einer Körperschaft, Personenvereinigung oder Vermögensmasse i.S.d. KStG voraus-

---

die vollständige Streichung der Steuersatzermäßigung für die Leistungen gemeinnütziger Organisationen. Begründet wird dies u.a. durch unionsrechtliche Bedenken für Randbereiche, wie die Förderung von Wissenschaft und Forschung sowie für den Bereich der Vermögensverwaltung. *Ismer/Kaul/Reiß u.a.*, DStR 2010, 1970, 1974. Zu den Voraussetzungen der Anwendung des ermäßigten Umsatzsteuersatzes auf Forschungsleistungen, die unselbstständige Wissenschaftseinrichtungen von juristischen Personen des öffentlichen Rechts gegen Entgelt erbringen, vgl. FG Münster, Urteil v. 7.12.2010, 15 K 3110/06 U, rechtskräftig, EFG 2011, 842.

455 BFH, Urteil v. 27.4.2006, V R 53/04, BStBl. II 2007, 16, unter II. 3. b) m.w.N.; BFH, Urteil v. 12.6.2008, V R 33/05, DStR 2008, 1688, Rz. 27; BFH, Urteil v. 29.1.2009, V R 46/06, UR 2009, 385, Rz. 33.

456 Der mit dem JStG 2007 eingeführte Satz 3 zielt darauf ab, dass ungerechtfertigte Wettbewerbsverzerrungen und daraus resultierende Steuervorteile verhindert werden. Die Ergänzung hat nach dem Willen des Gesetzgebers nur eine klarstellende Funktion. Zukünftig sind spezifische Gestaltungsmodelle wie die Integrationsprojekte i.S.d. § 132 Abs. 1 SGB IX, die nicht der Förderung von steuerbegünstigten Zwecken dienen, sondern nur auf Umsatzsteuervorteile (Vorsteuerdifferenz zwischen ermäßigter Besteuerung der Ausgangsleistungen und ungekürztem Vorsteuerabzug bezogener Regelsteuersatzleistungen) abzielen, vom ermäßigten Steuersatz ausgeschlossen. BT-Drs. 16/2712, Gesetzentwurf der Bundesregierung: Entwurf eines Jahressteuergesetzes 2007 (JStG 2007), 75. Vgl. für Interpretation des Satz 3 aus Sicht der Finanzverwaltung Abschn. 12.9 Abs. 9ff. UStAE.

setzt.[457] Diese nationale Sichtweise konfligiert mit dem unionsrechtlichen Begriff der mitgliedstaatlich anerkannten gemeinnützigen Einrichtung (nach Nr. 15 Anhang III MwStSystRL). Eine Einrichtung i.S.d. MwStSystRL ist vor dem Hintergrund des Grundsatzes der steuerlichen Neutralität nicht auf eine bestimmte Rechtsform begrenzt. Das unionsrechtliche Adjektiv gemeinnützig beschreibt nach den Ausführungen des Gerichtshofs[458] dabei das dauerhaft zu verfolgende Gesamtziel des sozialen Engagements und beschränkt die Begünstigung m.E. gleichfalls nicht auf eine bestimmte Rechtsform.

Trotz der Begrenzung auf Körperschaften i.S.d. KStG ist die nationale Regelung hinsichtlich der begünstigten Tätigkeit bzw. Leistung weiter gefasst als die unionsrechtliche Vorschrift. Nach innerstaatlichem Umsatzsteuerrecht kann bereits „die bloße Leistungserbringung durch eine gemeinnützige Einrichtung zur Anwendung des ermäßigten Steuersatzes" führen.[459] Infolgedessen unterliegen nach deutscher Rechtsauffassung neben den Leistungen des Zweckbetriebs (d.h. auch des steuerbegünstigten Bildungszweckbetriebs nach § 68 Nr. 8 AO) genauso steuerpflichtige Tätigkeiten des Bereichs der Vermögensverwaltung[460] dem ermäßigten Steuersatz.[461]

Demgegenüber stellt das Gemeinschaftsrecht neben der Leistungserbringung durch eine von den Mitgliedstaaten als gemeinnützig anerkannte Einrichtung zusätzlich darauf ab, dass die Tätigkeiten für wohltätige Zwecke und im Bereich der sozialen Sicherheit erfolgen.[462] Der unionsrechtliche Anwendungsbereich ist tätigkeitsbezogen deutlich enger gefasst und begünstigt in keinem Fall vermögensverwaltende Tätigkeiten, soweit diese nicht bereits steuerbefreit sein soll-

457 A.A., dass die Einschränkung des § 51 Abs. 1 S. 2 AO richtlinienkonform sei, sind *Baur*, Gemeinnützigkeitsrecht i.S.d. 6. EG-Richtlinie, 2005, 120ff. und *Jacobs*, Umsatzsteuer und Gemeinnützigkeit, 2009, 182f.

458 EuGH, Urteil v. 18.3.2010, C-492/08, *Kommission/Frankreich*, UR 2010, 662, Rz. 45f.

459 BFH, Urteil v. 12.6.2008, V R 33/05, DStR 2008, 1688, Rz. 34; BFH, Urteil v. 29.1.2009, V R 46/06, UR 2009, 385, Rz. 46.

460 Dabei muss jedoch beachtet werden, dass die öffentliche Hand mit Tätigkeiten der Vermögensverwaltung nach aktueller Auffassung der Finanzverwaltung nicht als Steuerpflichtiger - und damit nicht umsatzsteuerbar - tätig ist. Zutreffenderweise a.A. BFH, Urteil v. 15.4.2010, V R 10/09, DStR 2010, 1280, 1. Leitsatz und Rz. 22ff.

461 *Reiß* in: Walz/Hüttemann/Rawert/Schmidt, Non Profit Law Yearbook 2005, 2006, 47, 66; *Jacobs*, Umsatzsteuer und Gemeinnützigkeit, 2009, 185; *Huschens* in: Vogel/Schwarz, UStG, § 12 Abs. 2 Nr. 8, Rz. 6.

462 BFH, Urteil v. 12.6.2008, V R 33/05, DStR 2008, 1688, Rz. 34; BFH, Urteil v. 29.1.2009, V R 46/06, UR 2009, 385, Rz. 46.

ten.[463] Ob unter dem unionsrechtlichen Ausdruck „für wohltätige Zwecke“ alle gemeinnützigen Tätigkeiten i.S.d. § 52 Abs. 2 AO zu subsumieren sind, d.h. auch die Förderung von Wissenschaft und Forschung, (Weiter-) Bildung und Erziehung, ist umstritten und wurde vom EuGH bislang nicht entschieden.[464]

Unabhängig davon ist aufgrund des eindeutigen weiten Wortlauts der nationalen Vorschrift gegenüber der unionsrechtlichen Vorgabe, eine richtlinienkonforme (einschränkende) Auslegung der nationalen Vorschrift (zu Lasten des Steuerpflichtigen) m.E. nicht möglich.[465] Da jedoch die nationale, günstigere Regelung wirksam bleibt und die unmittelbare Wirkung der Richtlinienvorgabe nicht zu Lasten des Steuerpflichtigen gehen kann (vgl. Kapitel C. II.), ist wohl nicht mit einem Vorlageverfahren aus Deutschland zu rechnen.

3.2 Vorsteuerabzug

Eine umfassende Betrachtung erfordert abschließend in einem ergänzenden Schritt die Prüfung der bezogenen Eingangsumsätze des Steuerpflichtigen auf ein vorhandenes Vorsteuerabzugspotenzial nach Art. 167ff. MwStSystRL bzw. § 15 UStG. Das Institut des Vorsteuerabzugs soll den Steuerpflichtigen vollständig von der im Rahmen seiner wirtschaftlichen Tätigkeit geschuldeten oder entrichteten Mehrwertsteuer entlasten.[466]

Der Vorsteuerabzug auf Ebene der Eingangsumsätze ist dabei an die Erhebung der Mehrwertsteuer auf der nachfolgenden Stufe geknüpft.[467] D.h. sofern die von einem Steuerpflichtigen bezogenen Gegenstände und Dienstleistungen

---

463 Vgl. an Stelle vieler: *Reiß* in: Walz/Hüttemann/Rawert/Schmidt, Non Profit Law Yearbook 2005, 2006, 47, 66; *Jacobs*, Umsatzsteuer und Gemeinnützigkeit, 2009, 185.

464 Bejahend: *Jacobs*, Umsatzsteuer und Gemeinnützigkeit, 2009, 185. Verneinend bzw. kritisch: BT-Drs. 17/2290, *Bundesrechnungshof*, Bericht nach § 99 BHO über den ermäßigten Umsatzsteuersatz - Vorschläge für eine künftige Ausgestaltung der Steuerermäßigung, 14; *Huschens* in: Vogel/Schwarz, UStG, § 12 Abs. 2 Nr. 8, Rz. 9; *Ismer/Kaul/Reiß u.a.*, DStR 2010, 1970, 1974.

465 Der BFH hat die Frage der unionskonformen Auslegung des § 12 Abs. 2 Nr. 8 UStG offen gelassen, da das nationale Recht den Unternehmer begünstigt und im Falle der nicht richtlinienkonformen Auslegung eine unmittelbare Wirkung der Richtlinienvorgabe nicht zu Lasten des Unternehmers erfolgen darf. BFH, Urteil v. 27.4.2006, V R 53/04, BStBl. II 2007, 16, unter II. 4. b).

466 EuGH, Urteil v. 22.1.2001, C-408/98, *Abbey National*, UR 2001, 164, Rz. 24 m.w.N.; EuGH, Urteil v. 18.12.2008, C-488/07, *Royal Bank of Scotland Group*, DStRE 2009, 305, Rz. 16; EuGH, Urteil v. 12.2.2009, C-515/07, *Vereniging Noordelijke Land - en Tuinbouw Organisatie - VNLTO*, DStR 2009, 369, Rz. 27.

467 EuGH, Urteil v. 30.3.2006, C-184/04, *Uudenkaupungin kaupunki*, DB 2006, 821, Rz. 24; EuGH, Urteil v. 14.9.2006, C-72/05, *Wollny*, BStBl. II 2007, 32, Rz. 20.

direkt und unmittelbar für Zwecke seiner besteuerten[468] Umsätze verwendet werden,[469] gebietet die Systematik der MwStSystRL eine vollständige Neutralität der Umsatzsteuerbelastung aller wirtschaftlichen Tätigkeiten, unabhängig von Zweck und Ergebnis der Tätigkeiten.[470] Das Vorsteuerabzugsrecht entsteht grundsätzlich nur insoweit, als der Steuerpflichtige die Gegenstände und Dienstleistungen für die Zwecke seiner unternehmerischen Tätigkeit - „für seine wirt-

---

468 Besteuerte Umsätze setzen die Steuerbarkeit (nach Art. 2 MwSystRL) und Steuerpflicht (mangels Vorliegen einer Steuerbefreiung bzw. der Verzicht auf eine Steuerbefreiung) dieser Umsätze voraus. Den steuerpflichtigen Umsätzen gleichgestellt sind zudem die („echt“) steuerbefreiten Umsätze mit Vorsteuerabzugsrecht nach § 15 Abs. 3 UStG bzw. gem. Art. 169 MwStSystRL. *Wäger*, Aktuelle EuGH-Rechtsprechung zu Unternehmereigenschaft und Vorsteuerabzug, in: Arbeitsgemeinschaft der Fachanwälte für Steuerrecht e.V., Jahrbuch der Fachanwälte für Steuerrecht - 61. Steuerrechtliche Jahresarbeitstagung, 2010, 462, 462; *Wäger*, DStR 2011, 433, 434.

469 Das Recht auf den Vorsteuerabzug erfordert grundsätzlich einen direkten und unmittelbaren Zusammenhang der umsatzsteuerbehafteten Eingangsleistung(en) mit einem oder mehreren steuerpflichtigen Ausgangsumsätzen bzw. alternativ den gleichgestellten Ausgangsumsätzen i.S.v. Art. 169 MwStSystRL bzw. § 15 Abs. 3 UStG. Dann gehört der Aufwand der Eingangsleistung zu den Kostenelementen dieses oder dieser Ausgangsleistungen. Mangelt es an einem derartigen direkten und unmittelbaren Zusammenhang zwischen Eingangs- und Ausgangsumsatz, besteht das Vorsteuerabzugsrecht auch dann, wenn die Kosten für die fraglichen Eingangsleistungen zu den allgemeinen Aufwendungen des Steuerpflichtigen gehören und - als solche - (Kostenelemente) Bestandteile des Preises der steuerpflichtigen Ausgangsumsätze darstellen. In diesem Fall besteht ein direkter und unmittelbarer Zusammenhang der Kosten (der Eingangsleistung) mit der wirtschaftlichen Gesamttätigkeit des Steuerpflichtigen. Entsprechend der Qualifikation der Gesamttätigkeit kann der Steuerpflichtige zum Vorsteuerabzug berechtigt sein. Vgl. hierzu u.a. EuGH, Urteil v. 8.2.2007, C-435/05, *Investrand BV*, UR 2007, 225, Rz. 23 und 24; EuGH, Urteil v. 20.10.2009, C-29/08, *AB SKF*, BFH/NV 2009, 2099, Rz. 57ff.; *Wäger*, Aktuelle EuGH-Rechtsprechung zu Unternehmereigenschaft und Vorsteuerabzug, in: Arbeitsgemeinschaft der Fachanwälte für Steuerrecht e.V., Jahrbuch der Fachanwälte für Steuerrecht - 61. Steuerrechtliche Jahresarbeitstagung, 2010, 462, 467ff.; BFH, Urteil v. 27.1.2011, V R 38/09, DStR 2011, 454, Rz. 28ff.; BFH, Urteil v. 9.12.2010, V R 17/10, DStR 2011, 460, Rz. 12ff.; BFH, Urteil v. 3.3.2011, V R 23/10, DStR 2011, 1077, Rz. 13 und Rz. 15; Zu den verschiedenen Fallgruppen des Vorsteuerabzugs vgl. *Wäger*, DStR 2011, 433, 434f.

470 EuGH, Urteil v. 22.1.2001, C-408/98, *Abbey National*, UR 2001, 164, Rz. 24 m.w.N.; EuGH, Urteil v. 30.3.2006, C-184/04, *Uudenkaupungin kaupunki*, DB 2006, 821, Rz. 24; EuGH, Urteil v. 12.2.2009, C-515/07, *Vereniging Noordelijke Land - en Tuinbouw Organisatie - VNLTO*, DStR 2009, 369, Rz. 27. Ausführlich zu dem fundamentalen Neutralitätsgebot der Umsätze eines Steuerpflichtigen und den entsprechenden Grundausprägungen auf der Leistungsausgangsseite und der Leistungseingangsseite vgl. *Reiß*, Die harmonisierte Umsatzsteuer, in: Seer, DStJG Band 32, 2009, 9, 14ff.

schaftlichen Tätigkeiten zur Erbringung entgeltlicher Leistungen (wirtschaftliche Tätigkeiten)" -[471] verwendet,[472] bzw. zu verwenden beabsichtigt,[473] und kann für die gesamte Steuerbelastung der vorausgehenden Umsatzstufen grundsätzlich sofort ausgeübt werden.[474]

Der Vorsteuerabzug nach § 15 Abs. 1 S. 1 Nr. 1 UStG[475] kann erst in dem Besteuerungszeitraum ausgeübt werden, in dem die beiden nachfolgenden Voraussetzungen erstmalig erfüllt sind: i) die Leistung - Lieferung der Gegenstände oder Dienstleistung - wurde bewirkt und ii) der Steuerpflichtige besitzt eine Rechnung,[476] die die festgelegten Kriterien des Mitgliedstaats erfüllt.[477] In diesem Zusammenhang müssen die Mitgliedstaaten die unionsrechtlichen Vorgaben der Art. 220, Art. 221 i.V.m. Art. 226 MwStSystRL beachten. Der Wortlaut

---

471 BFH, Urteil v. 9.12.2010, V R 17/10, DStR 2011, 460, Rz. 12; BFH, Urteil v. 13.1.2011, V R 12/08, DStR 2011, 465, Rz. 21; BFH, Urteil v. 27.1.2011, V R 38/09, DStR 2011, 454, Rz. 29; BFH, Urteil v. 3.3.2011, V R 23/10, DStR 2011, 1077, Rz. 12.

472 9. Begründungserwägung, Richtlinie 2009/162/EU v. 22.12.2009, Abl L 10/14.

473 BFH, Urteil v. 3.3.2011, V R 23/10, DStR 2011, 1077, Rz. 12.

474 EuGH, Urteil v. 29.4.2004, C-152/02, *Terra Baubedarf-Handel GmbH*, IStR 2004, 493, Rz. 35 m.w.N.; EuGH, Urteil v. 15.7.2010, C-368/09, *Pannon Gép Centrum kft*, DStR 2010, 1475, Rz. 37 m.w.N.

475 Trotz unterschiedlichen Wortlauts gelangt die nationale Regelung des Vorsteuerabzugs zu demselben Ergebnis wie die MwStSystRL. Vgl. zur richtlinienkonformen Auslegung von § 15 Abs. 1 S. 1 Nr. 1 UStG und § 15 Abs. 2 S. 1 Nr. 1 UStG: BFH, Urteil v. 6.5.2010, V R 29/09, DB 2010, 1978, Rz. 15ff.

476 EuGH, Urteil v. 29.4.2004, C-152/02, *Terra Baubedarf-Handel GmbH*, IStR 2004, 493, Tenor und Rz. 34; BFH, Urteil v. 9.12.2010, V R 17/10, DStR 2011, 460, Rz. 33.

477 Jüngst hat sich der BFH zum Zeitpunkt des Vorsteuerabzugs geäußert. Strittig war der nachträgliche Vorsteuerabzug aus Abschlagsrechnungen mit Mehrwertsteuerausweis (geleistete Anzahlungen auf noch nicht fertiggestellte Leistungen). Korrespondierend zur Steuerentstehung bei vereinnahmten Anzahlungen nach § 13 Abs. 1 Nr. 1 a) S. 4 UStG ist die Vorsteuer aus Abschlagsrechnungen bei vorliegender Rechnung und geleisteter Anzahlung gem. § 15 Abs. 1 Nr. 1 S. 2 UStG abziehbar. Diese Beurteilung ist unabhängig von dem Zeitpunkt der tatsächlichen Fertigstellung der Leistung und der Endabrechnung. Im Streitfall war der Leistungsempfänger zum Zeitpunkt der geleisteten Anzahlung bei zugleich vorliegender Anzahlungsrechnung kein Unternehmer. Obwohl bei der späteren Fertigstellung der vereinbarten Leistung und Erteilung einer Schlussrechnung die Unternehmereigenschaft gegeben war, ist der Vorsteuerabzug oder eine Korrektur nach § 15a UStG nicht mehr möglich. „Der Vorsteuerabzug ist von einem Unternehmer für den Besteuerungszeitraum geltend zu machen, in dem die Berechtigung zum Vorsteuerabzug entstanden ist. War der Leistungsempfänger zu dem danach maßgeblichen Zeitpunkt nicht Unternehmer, kann der Vorsteuerabzug seinem Rechtsnachfolger nicht nachträglich gemäß § 15a UStG gewährt werden." BFH, Urteil v. 1.12.2010, XI R 28/08, DStR 2011, 1126, Leitsätze.

des nationalen Umsatzsteuerrechts fordert „eine nach den §§ 14, 14a UStG ausgestellte Rechnung“ (§ 15 Abs. 1 S. 1 Nr. 1 S. 2 UStG). Demzufolge berechtigt nur eine qualifizierte Rechnung[478] zum Vorsteuerabzug, die „über die Merkmale der Rechnungsdefinition in § 14 Abs. 1 UStG hinaus die in § 14 Abs. 4 S. 1 Nr. 1 bis 9 UStG aufgezählten [Pflicht-] Angaben enthält“.[479]

Dagegen kommt es bei einer (direkten und unmittelbaren) Verwendung der bezogenen Gegenstände oder Dienstleistungen durch den Steuerpflichtigen für Zwecke

- i) steuerbefreiter Umsätze[480] oder
- ii) für Zwecke solcher Leistungen, die nicht vom Anwendungsbereich der Mehrwertsteuer erfasst werden[481] (für nichtwirtschaftliche Tätigkeiten, bspw. für ideelle Tätigkeiten eines Vereins oder für den Hoheitsbereich einer juristischen Person des öffentlichen Rechts)[482]

---

478 Soweit der Steuerpflichtige den Vorsteuerabzug aus einer nicht ordnungsgemäßen (fehlerhaften) Rechnung geltend macht, geht die h.M. in Deutschland davon aus, dass eine spätere Rechnungsberichtigung nach § 14 Abs. 6 Nr. 5 UStG i.V.m. § 31 UStDV zwar möglich ist, aber daraus kein rückwirkender Vorsteuerabzug der berichtigten Rechnung folgt. Folglich konfrontieren die Finanzämter den Steuerpflichtigen mit (nach § 233a AO) verzinsten Umsatzsteuernachforderungen. Infolge der höchstrichterlichen Rechtsprechung des EuGH in der Rs. *Pannon Gép Centrum kft* kann eine Rechnungskorrektur unter bestimmten Voraussetzungen offenbar doch eine Rückwirkung auf den Zeitpunkt der erstmaligen Rechnungserteilung entfalten. Die Finanzverwaltung wendet das Urteil aktuell jedoch nicht an. EuGH, Urteil v. 15.7.2010, C-368/09, *Pannon Gép Centrum kft*, DStR 2010, 1475; FinMin Brandenburg, DStR 2011, 675.

479 BFH, Urteil v. 17.2.2011, V R 39/09, DStR 2011, 969, Rz. 21.

480 Kein Vorsteuerabzugsrecht für Steuerpflichtige, die ausschließlich steuerbefreite Umsätze tätigen. EuGH, Urteil v. 23.4.2009, C-460/07, *Puffer*, DStR 2009, 903, Rz. 49. Eine Ausnahme stellen jedoch die (sog. echten) Steuerbefreiungen mit Vorsteuerabzugsmöglichkeit nach Art. 169 MwStSystRL bzw. § 15 Abs. 3 UStG dar. Diese (echt) steuerbefreiten Ausgangsumsätze sind hinsichtlich des Vorsteuerabzugs den wirtschaftlichen, steuerpflichtigen Ausgangsumsätzen gleichgestellt. BFH, Urteil v. 9.12.2010, V R 17/10, DStR 2011, 460, Rz. 13; BFH, Urteil v. 13.1.2011, V R 12/08, DStR 2011, 465, Rz. 22; BFH, Urteil v. 3.3.2011, V R 23/10, DStR 2011, 1077, Rz. 13.

481 Kein Vorsteuerabzugsrecht des Steuerpflichtigen für Aufwendungen, die sich auf Tätigkeiten beziehen, die aufgrund ihres nichtwirtschaftlichen Charakters nicht in den Anwendungsbereich der MwStSystRL fallen. EuGH, Urteil v. 13.3.2008, C-437/06, *Securenta*, BStBl. II 2008, 727, Rz. 30.

482 BFH, Urteil v. 3.3.2011, V R 23/10, DStR 2011, 1077, Rz. 17 und Rz. 28.

nicht zur Erhebung der Steuer auf der nachfolgenden Stufe - folgerichtig ist auch kein Vorsteuerabzug möglich.[483]

Gleichfalls hat der Steuerpflichtige kein Recht auf Vorsteuerabzug der umsatzsteuerbehafteten Eingangsleistung, wenn diese lediglich mittelbar mit einer zum Vorsteuerabzug berechtigenden, wirtschaftlichen und steuerpflichtigen Tätigkeit verknüpft ist, aber in direktem und unmittelbaren Zusammenhang mit einem steuerbefreiten - nicht unter § 15 Abs. 3 UStG fallenden - Ausgangsumsatz steht.[484] Maßgeblich ist der direkte und unmittelbare Zusammenhang - „der vom Steuerpflichtigen verfolgte endgültige Zweck" ist dagegen unerheblich.[485]

Werden umsatzsteuerbehaftete Eingangsleistungen zugleich für wirtschaftliche und für nichtwirtschaftliche Tätigkeiten bezogen, ist der Unternehmer hinsichtlich dem Anteil der nichtwirtschaftlichen Tätigkeiten - bis auf den Sonderfall der Privatentnahme[486] - nicht zum Vorsteuerabzug berechtigt.[487] Aufgrund der nur teilweisen Berechtigung zum Vorsteuerabzug ist der abzugsfähige Vorsteueranteil nach der jüngsten BFH-Rechtsprechung „mangels gesetzlicher Regelung in analoger Anwendung des § 15 Abs. 4 UStG [...] im Wege einer sach-

483 EuGH, Urteil v. 14.9.2006, C-72/05, *Wollny*, BStBl. II 2007, 32, Rz. 20; EuGH, Urteil v. 18.12.2008, C-488/07, *Royal Bank of Scotland Group*, DStRE 2009, 305, Rz. 16; BFH, Urteil v. 9.12.2010, V R 17/10, DStR 2011, 460, Rz. 14; BFH, Urteil v. 13.1.2011, V R 12/08, DStR 2011, 465, Rz. 23; BFH, Urteil v. 27.1.2011, V R 38/09, DStR 2011, 454, Rz. 31.

484 BFH, Urteil v. 9.12.2010, V R 17/10, DStR 2011, 460, Rz. 15; BFH, Urteil v. 13.1.2011, V R 12/08, DStR 2011, 465, Rz. 24; BFH, Urteil v. 27.1.2011, V R 38/09, DStR 2011, 454, Rz. 32.

485 BFH, Urteil v. 9.12.2010, V R 17/10, DStR 2011, 460, Rz. 15; BFH, Urteil v. 13.1.2011, V R 12/08, DStR 2011, 465, Rz. 24; BFH, Urteil v. 27.1.2011, V R 38/09, DStR 2011, 454, Rz. 32.

486 Trotz einer anteiligen Entnahme für den privaten Bedarf kann der Unternehmer einen gemischt genutzen Gegenstand vollständig dem Unternehmensvermögen zuordnen. Bei Ausübung einer wirtschaftlichen, steuerpflichtigen Tätigkeit ist er zum vollen Vorsteuerabzug berechtigt, muss aber die Privatentnahmen als unentgeltliche Wertabgabe versteuern. Privatentnahmen in diesem Sinn sind „nur Entnahmen für den privaten Bedarf des Unternehmers als natürliche Person und --unabhängig von der Rechtsform des Unternehmens-- für den privaten Bedarf seines Personals, nicht dagegen eine Verwendung für z.B. ideelle Zwecke eines Vereins oder den Hoheitsbereich einer juristischen Person des öffentlichen Rechts." BFH, Urteil v. 3.3.2011, V R 23/10, DStR 2011, 1077, Rz. 17.

487 BFH, Urteil v. 3.3.2011, V R 23/10, DStR 2011, 1077, Rz. 16f., m.w.N. der Rechtsprechung des EuGH und des BFH.

gerechten und von der Finanzverwaltung zu überprüfenden Schätzung zu ermitteln".[488]

Die Finanzverwaltung hat die dargestellten Grundsätze der Rechtsprechung jüngst in den UStAE übernommen.[489]

---

488 BFH, Urteil v. 3.3.2011, V R 23/10, DStR 2011, 1077, Rz. 31 und 4. Leitsatz. In diesem Rechtsstreit hatte der BFH darüber zu entscheiden, ob eine Gemeinde die Vorsteuerbeträge aus Sanierungsarbeiten für den Marktplatz geltend machen kann. Auf dem Marktplatz vermietete die Gemeinde im Rahmen von (u.a. Wochen-) Marktveranstaltungen Standplätze an Händler, lieferte diesen zugleich Energie und reinigte die Standplätze anschließend. Damit liegt eine wirtschaftliche Tätigkeit vor, mit der die Gemeinde als Steuerpflichtiger / Unternehmer tätig ist. Da die Gemeinde beabsichtigte den sanierten Markplatz - neben der hoheitlichen Nutzung - auch unmittelbar für die steuerpflichtige wirtschaftliche Tätigkeit der Überlassung von Marktstandflächen zu verwenden, sprach der BFH der Gemeinde (für den gemischten Leistungsbezug) einen anteiligen Vorsteuerabzug aus der Marktplatzsanierung zu. Weil Unionsrecht und nationales Umsatzsteuerrecht keine unmittelbare Regelungen für die Aufteilung von Vorsteuerbeträgen zwischen wirtschaftlichen und nichtwirtschaftlichen (hoheitlichen) Tätigkeiten vorsehen, sei der anteilige Vorsteuerabzug nach Ansicht des BFH in analoger Anwendung des § 15 Abs. 4 UStG „im Wege einer sachgerechten und von der Finanzverwaltung zu überprüfenden Schätzung zu ermitteln". Der BFH hält bspw.eine Aufteilung der Anzahl der Markttage im Kalenderjahr für denkbar. BFH, Urteil v. 3.3.2011, V R 23/10, DStR 2011, 1077, Rz. 31. A.A. *Widmann*, der die primäre Veranlassung der Sanierung ausschließlich im hoheitlichen Bereich sieht und demzufolge den (anteiligen) Vorsteuerabzug verneint. *Widmann*, BB 2011, 2019, 2023.

489 BMF-Schreiben v. 2.1.2012, IV D 2 - S 7300/11/10002, BStBl. I 2012, 60.

D. Kooperationen im Weiterbildungsmarkt - Bildungseinrichtungen als Steuerpflichtiger/ Unternehmer

I. Steuerpflichtiger - Gemeinschaftsrechtliche Grundlagen

1. Allgemeine Definition

Dienstleistungen und Lieferungen eines Gegenstandes unterliegen dem Grunde nach der Mehrwertsteuer, sofern *ein Steuerpflichtiger als solcher* diese gegen Entgelt in dem Gebiet eines Mitgliedstaates erbringt bzw. tätigt.[490] Das Gemeinschaftsrecht regelt den umsatzsteuerrechtlich zentralen Begriff des Steuerpflichtigen in den Art. 9 bis Art. 13 MwStSystRL. Der Begriff des Steuerpflichtigen ist nach unionsrechtlicher Vorgabe der MwStSystRL weit auszulegen bzw. weit gefasst.[491] Er „sollte in einer Weise definiert werden, dass die Mitgliedstaaten zur Gewährleistung größtmöglicher Steuerneutralität auch Personen einbeziehen können, die nur gelegentlich Umsätze bewirken."[492]

Nach Art. 9 Abs. 1 S. 1 MwStSystRL gilt als Steuerpflichtiger, „wer eine wirtschaftliche Tätigkeit unabhängig von ihrem Ort, Zweck und Ergebnis selbstständig ausübt". Eine wirtschaftliche Tätigkeit umfasst gem. Art. 9 Abs. 1

490 Den Anwendungsbereich des unionsrechtlichen Mehrwertsteuersystems kodifiziert Art. 2 MwStSystRL. Zur Steuerbarkeit der Lieferung von Gegenständen und der Erbringung von Dienstleistungen vgl. Art. 2 Abs. 1 a) und c) MwStSystRL.

491 Im Rahmen grenzüberschreitender Kooperationen zwischen Partnern aus verschiedenen EU- bzw. EWR-Ländern wurde die Zusammenarbeit verstärkt in der Rechtsform einer Europäischen wirtschaftlichen Interessensvereinigung (EWIV) wahrgenommen. Grundsätzlich eignet sich die EWIV auch für grenzüberschreitende Kooperationen zwischen gemeinützigen Einrichtungen. *Helios* in: Schauhoff, Handbuch der Gemeinnützigkeit, § 22, Rz. 95ff. Umsatzsteuerrechtlich kann die EWIV nach Art. 5 Durchführungsverordnung (EU) Nr. 282/2011 ein Steuerpflichtiger i.S.d. Art. 9 Abs. 1 MwStSystRL sein, wenn sie gegen Entgelt Gegenstände liefert oder Dienstleistungen erbringt. Art. 5 Durchführungsverordnung (EU) Nr. 282/2011 v. 15.3.2011, zur Festlegung von Durchführungsvorschriften zur Richtlinie 2006/112/EG über das gemeinsame Mehrwertsteuersystem, 14.

492 Vgl. die 13. Begründungserwägung der MwStSystRL und Art. 12 MwStSystRL. Der Verbrauchsteuergedanke legitimiert die weite Auslegung des Begriffs des Steuerpflichtigen. Eine umsatzsteuerliche Erfassung gelegentlicher Umsätze sollte sich jedoch nicht ausschließlich am Verbrauchsteuerprinzip orientieren, sondern insbesondere Praktikabilitätserwägungen berücksichtigen. *Reiß* in: Tipke/Lang, Steuerrecht, § 14, Rz. 129.

S. 2 MwStSystRL alle Tätigkeiten eines Erzeugers, Händlers oder Dienstleistenden einschließlich der Tätigkeiten der Urproduzenten, der Landwirte sowie der freien Berufe und der diesen gleichgestellten Berufe.

Art. 9 Abs. 1 S. 3 MwStSystRL spezifiziert[493] die wirtschaftliche Tätigkeit. Diese soll ausdrücklich dann vorliegen, wenn körperliche oder nicht körperliche Gegenstände zur nachhaltigen Einnahmeerzielung genutzt werden. Der EuGH legt den gemeinschaftsrechtlichen Begriff der wirtschaftlichen Tätigkeit weit aus: Es handelt sich um eine objektiv festgelegte Definition, da die ausgeübte Tätigkeit an sich unabhängig von Zweck und Ergebnis[494] zu betrachten ist.[495]

Grundsätzlich liegt eine wirtschaftliche Tätigkeit vor, wenn kumulativ die Voraussetzungen der Nachhaltigkeit[496] und der Leistungserbringung gegen Entgelt erfüllt sind.[497] Demnach hat die Leistungserbringung gegen Entgelt bezüglich der Steuerbarkeit eines Umsatzes gem. Art. 2 Abs. 1 MwStSystRL eine Doppelbedeutung - einerseits bei der Beurteilung (der wirtschaftlichen Tätigkeit) des Handelns als Steuerpflichtiger und andererseits als eigenständiges Tatbestandsmerkmal.[498] Der EuGH richtet jüngst den Fokus - hinsichtlich der Aus-

---

493 Art. 9 Abs. 1 S. 3 MwStSystRL stellt keine Ausnahme von S. 2 dar. Vielmehr sind beide Sätze für die Qualifikation als Steuerpflichtiger relevant. EuGH, Urteil v. 26.9.1996, C-230/94, *Renate Enkler*, Slg der Rechtsprechung 1996, I-4517.

494 Das Gemeinschaftsrecht erfordert somit keine Erzielung eines Gewinns („Ergebnis"). *Georgy* in: Plückebaum/Widmann, UStG, § 2 Abs. 1 UStG, Rz. 14.

495 EuGH, Urteil v. 26.6.2007, C-284/04, *T-Mobile Austria GmbH*, UR 2007, 607, Rz. 35 ; EuGH, Urteil v. 6.10.2009, C-267/08, *SPÖ Landesorganisation Kärnten*, UR 2009, 760, Rz. 17; EuGH, Urteil v. 29.10.2009, C-246/08, *Kommission / Finnland*, UR 2010, 224, Rz. 37 m.w.N.

496 Keine nachhaltige Einnahmeerzielung verfolgt eine österreichische Partei in der Rechtsform einer Körperschaft des öffentlichen Rechts mit Werbeleistungen für rechtlich selbstständige Unterorganisationen gegen Erhebung einer nicht kostendeckenden Umlage. EuGH, Urteil v. 6.10.2009, C-267/08, *SPÖ Landesorganisation Kärnten*, UR 2009, 760, Tenor. Kritisch zu den Schlussfolgerungen des EuGH, *Korf*, IStR 2009, 778.

497 EuGH, Urteil v. 13.12.2007, C-408/06, *Götz*, IStR 2008, 180, Rz. 18. Alleine der Erhalt eines Entgelts begründet noch keine wirtschaftliche Tätigkeit. EuGH, Urteil v. 29.10.2009, C-246/08, *Kommission / Finnland*, UR 2010, 224, Rz. 37 und Rz. 38 m.w.N.

498 Eine entgeltliche Leistung liegt nach unionsrechtlich geklärten Grundsätzen dann vor, wenn zwischen der Leistung und einem erhaltenen Gegenwert ein unmittelbarer Zusammenhang besteht, der auf einem bestehenden Rechtsverhältnis zwischen Leistenden und Leistungsempfänger basiert. Im Rahmen dieses Rechtsverhältnisses erfolgt ein gegenseitiger Austausch von Leistungen, wobei die Vergütung den Gegenwert für die Leistung bildet. BFH, Urteil v. 5.12.2007, V R 60/05, UR 2008, 616, Rz. 24ff. m.w.N. der EuGH- und BFH-Rechtsprechung. Das Gemeinschaftsrecht erfordert keine Äquivalenz von Vergütung, bzw. tatsächlichem Aufwand des Leistungsempfängers, und objek-

legung der (wirtschaftlichen) Tätigkeit als Steuerpflichtiger - verstärkt auf das Vorliegen eines Entgelts.[499]

Das zweite Merkmal eines Steuerpflichtigen, das selbstständige Ausüben der wirtschaftlichen Tätigkeit, grenzt Art. 10 MwStSystRL negativ ab. Demnach sind Lohn-/Gehaltsempfänger und sonstige Personen nicht selbstständig wirtschaftlich tätig i.S.d. Art. 9 Abs. 1 MwStSystRL, wenn (arbeits-) vertraglich bezüglich Arbeitsbedingungen, -entgelt und Verantwortlichkeit ein Unterordnungsverhältnis gegenüber dem Arbeitgeber besteht.

Entgeltliche Tätigkeiten einer nach §§ 51-68 AO steuerbegünstigten Körperschaft sind unionsrechtlich nach den allgemeinen Regelungen des Art. 9 MwStSystRL zu beleuchten. Sonderregelungen sieht das Gemeinschaftsrecht lediglich für Einrichtungen des öffentlichen Rechts vor. Diese werden im nachfolgenden Unterkapitel erörtert.

2. Sonderregelung für Tätigkeiten von Einrichtungen des öffentlichen Rechts

Aufbauend auf der o.g. allgemeinen Definition des Steuerpflichtigen, hat das Gemeinschaftsrecht für Tätigkeiten, die von Einrichtungen des öffentlichen Rechts[500] unmittelbar selbst ausgeübt werden,[501] in Art. 13 MwStSystRL[502] eine

---

tivem Wert der Leistung. Demnach kann unionsrechtlich die gezahlte Gegenleistung - als ein subjektiver Wert - unter dem Selbstkostenpreis der Leistung liegen. EuGH, Urteil v. 20.1.2005, C-412/03, *Hotel Scandic Gåsabäck AB*, DB 2005, 202, Leitsatz. Im Gegensatz dazu erfordert das nationale Umsatzsteuerrecht bei Vereinbarung eines unangemessen niedrigen Entgelts die Beachtung der sog. Mindestbemessungsgrundlage. Diese nationale Sonderregelung hat ihre gemeinschaftsrechtliche Grundlage in Art. 395 MwStSystRL. *Wagner* in: Sölch/Ringleb, UStG, § 10, Rz. 445ff.

499 Kürzlich verneinte der EuGH in zwei Verfahren die Tätigkeit als Steuerpflichtiger mangels wirtschaftlicher Tätigkeit. Die jeweiligen nicht kostendeckenden Teilvergütungen bzw. unzureichenden Entgelte begründeten nach Ansicht des EuGH keinen unmittelbaren Zusammenhang zwischen erbrachten Dienstleistungen und empfangenen Gegenwerten. Da eine Verknüpfung zwischen Kostenbeitrag und erbrachter Leistung in den beiden Fällen nicht vorliege, handele es sich jeweils nicht um eine wirtschaftliche Tätigkeit i.S.v. Art. 9 MwStSystRL. EuGH, Urteil v. 6.10.2009, C-267/08, *SPÖ Landesorganisation Kärnten*, UR 2009, 760; EuGH, Urteil v. 29.10.2009, C-246/08, *Kommission / Finnland*, UR 2010, 224. Kritisch zu den Schlussfolgerungen des EuGH in der Rechtssache *Kommission / Finnland*, *Widmann*, UR 2010, 221, 221f. und *Huschens*, EU-UStB 2009, 59, 59f. Kritisch zu beiden Urteilen des EuGH, *Huschens*, UVR 2010, 61, 61ff.

500 Der Begriff der Einrichtung des öffentlichen Rechts umfasst nach Art. 13 Abs. 1 S. 1 MwStSystRL ausdrücklich Staaten, Länder und Gemeinden. „Einrichtungen des öffentlichen Rechts sind nur solche Einrichtungen, die (organisatorisch) in die öffentliche

komplexe „Ausnahme-Rückausnahme" Sonderregelung geschaffen. Der Anwendungsbereich des Art. 13 MwStSystRL ist für eine Tätigkeit der öffentlichen Hand eröffnet, wenn diese Tätigkeit die Kriterien des Art. 9 MwStSystRL erfüllt.[503] Infolgedessen liegt stets eine selbstständig ausgeübte, wirtschaftliche Tätigkeit (nachhaltige Einnahmenerzielung) vor.

Gem. Art. 13 Abs. 1 S. 1 MwStSystRL ist eine Einrichtung des öffentlichen Rechts mit ihrer wirtschaftlichen Tätigkeit nach Art. 9 MwStSystRL ausnahmsweise nicht als Steuerpflichtiger tätig, wenn sie diese Tätigkeit zugleich im Rahmen der öffentlichen Gewalt[504] ausübt.[505]

Verwaltung eingegliedert sind. Darunter fallen nach ständiger Rechtsprechung des EuGH nur die öffentlichen Einrichtungen selbst einschließlich ihrer organisatorisch unselbstständigen Einrichtungen." *Berger/Kindl/Wakounig*, Mehrwertsteuersystemrichtlinie, 2009, 21. Einrichtungen des öffentlichen Rechts sind mit juristischen Personen des öffentlichen Rechts gleichzusetzen. *Küffner*, Umsatzsteuerliche Behandlung von jPdöR im Lichte der 6. EG-Richtlinie, 2001, 144.

501 EuGH, Urteil v. 25.7.1991, C-202/90, *Ayuntamiento de Sevilla*, UR 1991, 122, Rz. 19. Die Norm des Art. 13 MwStSystRL ist Einrichtungen des öffentlichen Rechts vorbehalten. Sog. beliehene Unternehmer, z.B. Notare oder Gerichtsvollzieher, unterliegen der allgemeinen Regelung des Art. 9 MwStSystRL. Sie sind nicht in die öffentliche Verwaltung eingegliedert und werden folgerichtig nicht als Einrichtung des öffentlichen Rechts tätig. Dies gilt auch dann, wenn sie aufgrund einer öffentlichen Bestallung Tätigkeiten der öffentlichen Gewalt ausüben. EuGH, Urteil v. 26.3.1987, 235/85, *Kommission / Niederlande*, Slg der Rechtsprechung 1987, 1471, Rz. 22.

502 Die Mitgliedstaaten sind auch verpflichtet die Sonderreglungen der Umsatzbesteuerung von Tätigkeiten der öffentlichen Hand in das innerstaatliche Umsatzsteuerrecht zu transferieren. Vgl. hierzu EuGH, Urteil v. 16.7.2009, C-554/07, *Kommission / Irland*, HFR 2009, 1149.

503 EuGH, Urteil v. 13.12.2007, C-408/06, *Götz*, IStR 2008, 180, Rz. 15; EuGH, Urteil v. 29.10.2009, C-246/08, *Kommission / Finnland*, UR 2010, 224, Rz. 53. Vgl. zur Prüfungsreihenfolge der MwStSystRL ausführlich *Kraeusel*, UR 2010, 480, 482ff.

504 Das gemeinschaftsrechtliche Erfordernis des Ausübens einer Tätigkeit im Rahmen der öffentlich Gewalt (durch eine Einrichtung des öffentlichen Rechts) legt der EuGH wie folgt aus: Es muss sich um eine Tätigkeit handeln, die die Einrichtung des öffentlichen Rechts im Rahmen der eigens für sie geltenden rechtlichen Regelungen - d.h. im Rahmen einer öffentlich-rechtlichen Sonderregelung - ausübt. Entscheidend sind alleine die Ausübungsmodalitäten bzw. die Art und Weise der Tätigkeitsausübung. Gegenstand und Zielsetzung der Tätigkeit sind unerheblich. Eine Tätigkeit im Rahmen der öffentlichen Gewalt bzw. auf Basis einer öffentlich-rechtlichen Sonderregelung umfasst das Gebrauchmachen hoheitlicher (Genehmigungs- und Sanktions-) Befugnisse. Dagegen liegt keine Tätigkeit im Rahmen der öffentlichen Gewalt vor, wenn die Einrichtung des öffentlichen Rechts die Tätigkeit unter den gleichen rechtlichen Bedingungen wie ein privater Wirtschaftsteilnehmer ausübt. Diejenigen wirtschaftlichen Tätigkeiten, die von

Sollte diese Ausnahme (der Grundregelung des Art. 9 MwStSystRL) jedoch zu größeren Wettbewerbsverzerrungen führen, so ist die Einrichtung des öffentlichen Rechts bezüglich der ausgeübten Tätigkeit gem. Art. 13 Abs. 1 S. 2 MwStSystRL in einem nachfolgenden Prüfschritt dennoch als Steuerpflichtiger zu qualifizieren.[506] Art. 13 Abs. 1 S. 2 MwStSystRL (Rückausnahme) zielt auf den Grundsatz der steuerlichen Neutralität ab.[507] Die Rückausnahme soll gewährleisten, dass gleichartige und miteinander in Wettbewerb stehende Tätigkeiten von Einrichtungen des öffentlichen Rechts und von privaten Einrichtungen bezüglich

---

Einrichtungen des öffentlichen Rechts nicht als Rechtssubjekte des öffentlichen Rechts, sondern als Rechtssubjekte des Privatrechts ausgeübt werden, können demnach nicht unter Art. 13 MwStSystRL subsumiert werden. EuGH, Urteil v. 17.10.1989, 231/87 und 129/88, *Comune di Carpaneto Piacentino und Comune di Rivergaro*, Slg der Rechtsprechung 1989, 3233, 1. Leitsatz sowie Rz. 15f; EuGH, Urteil v. 15.5.1990, C-4/89, *Comune di Carpaneto Piacentino u.a.*, Slg der Rechtsprechung 1990, I-1869, Leitsätze sowie Rz. 10 und 12; EuGH, Urteil v. 6.2.1997, C-247/95, *Marktgemeinde Welden*, Slg der Rechtsprechung , I-779, Rz. 17; EuGH, Urteil v. 14.12.2000, C-446/98, *Camara Municipal do Porto Fazenda Pública*, UR 2001, 108, 1. Leitsatz sowie Rz. 16f und Rz. 24; EuGH, Urteil v. 16.9.2008, C-288/07, *Isle of Wight*, IStR 2008, 734, Rz. 21.

505 Die Anwendung des Art. 13 Abs. 1 S. 1 MwStSystRL erfordert kumulativ, dass die wirtschaftliche Tätigkeit durch eine Einrichtung des öffentlichen Rechts ausgeübt wird und dass die Ausübung dieser Tätigkeit im Rahmen der öffentlichen Gewalt erfolgt. EuGH, Urteil v. 14.12.2000, C-446/98, *Camara Municipal do Porto Fazenda Pública*, UR 2001, 108, Rz. 15.

506 EuGH, Urteil v. 17.10.1989, 231/87 und 129/88, *Comune di Carpaneto Piacentino und Comune di Rivergaro*, Slg der Rechtsprechung 1989, 3233, Rz. 22; EuGH, Urteil v. 16.9.2008, C-288/07, *Isle of Wight*, IStR 2008, 734, 1. Leitsatz. Das Kriterium der größeren Wettbewerbsverzerrung muss von den Mitgliedstaaten nicht wörtlich in das innerstaatliche Umsatzsteuerrecht übernommen werden. Ferner sind die Mitgliedsländer nicht verpflichtet quantitative Grenzen für die Behandlung als Nichtsteuerpflichtiger festzulegen. EuGH, Urteil v. 17.10.1989, 231/87 und 129/88, *Comune di Carpaneto Piacentino und Comune di Rivergaro*, Slg der Rechtsprechung 1989, 3233, Rz. 23. Zudem billigt der EuGH den Mitgliedstaaten zu, dass der jeweilige Finanzminister durch ein nationales Gesetz ermächtigt werden kann, festzulegen, was unter dem Begriff der größeren Wettbewerbsverzerrungen zu verstehen ist, sofern seine Entscheidung von den nationalen Gerichten überprüft werden kann. EuGH, Urteil v. 14.12.2000, C-446/98, *Camara Municipal do Porto Fazenda Pública*, UR 2001, 108, 3, Leitsatz und Rz. 35.

507 EuGH, Urteil v. 17.10.1989, 231/87 und 129/88, *Comune di Carpaneto Piacentino und Comune di Rivergaro*, Slg der Rechtsprechung 1989, 3233, Rz. 22; EuGH, Urteil v. 8.6.2006, C-430/04, *Feuerbestattungsverein Halle*, HFR 2006, 830, Rz. 24; EuGH, Urteil v. 16.9.2008, C-288/07, *Isle of Wight*, IStR 2008, 734, Rz. 43.

der Mehrwertsteuer nicht unterschiedlich behandelt werden.[508] Somit kann eine wirtschaftliche Tätigkeit der öffentlichen Hand (gem. Art. 9 MwStSystRL), die diese zwar im Rahmen der öffentlichen Gewalt ausführt (nach Art. 13 Abs. 1 S. 1 MwStSystRL), aufgrund des Wettbewerbsvorbehalts - bei Vorliegen von größeren Wettbewerbsverzerrungen - die Unternehmereigenschaft begründen (nach Art. 13 Abs. 1 S. 2 MwStSystRL).[509] Größere Wettbewerbsverzerrungen[510] einer derartigen Tätigkeit führen zur Behandlung der Einrichtung des öf-

---

508 Nach der Rechtsprechung des V. (Umsatzsteuer-) Senats des BFH liegt keine Wettbewerbsverzerrung vor, „wenn private Anbieter entweder keine vergleichbaren Leistungen erbringen oder aber die Leistungen privater Anbieter - [...] - steuerfrei sind“. Sofern die vergleichbaren Leistungen des privaten Wettbewerbers umsatzsteuerbefreit sind und ein Verzicht auf die Steuerbefreiung (gem. § 9 UStG / Art. 137, 391 MwStSystRL) nicht möglich ist, führt die Nichtbesteuerung der Leistungen der öffentlichen Hand folglich nicht zu einer Wettbewerbsverzerrung. BFH, Urteil v. 15.4.2010, V R 10/09, DStR 2010, 1280, Rz. 48 (zur Überlassung von Personal und Sachmitteln auf öffentlich-rechtlicher Grundlage durch eine staatliche Hochschule im Vergleich zu der nach § 4 Nr. 16 UStG steuerbefreiten Überlassung von Einrichtungen inkl. Gestellung von medizinischem Hilfspersonal durch private Anbieter); BFH, Urteil v. 3.3.2011, V R 23/10, DStR 2011, 1077, Rz. 26. Dieser Idee der nicht existenten Wettbewerbsverzerrung liegt wohl auch Art. 13 Abs. 2 MwStSystRL zu Grunde. Danach können die Mitgliedstaaten steuerbefreite Umsätze von Einrichtungen des öffentlichen Rechts als Tätigkeiten im Rahmen der öffentlichen Gewalt behandeln. Die Steuerbefreiungen knüpfen idealtypisch an Tätigkeiten an und sind unabhängig von der Rechtsform des leistenden Unternehmers. Soweit private Wettbewerber und öffentlich-rechtliche Institutionen eine identische, steuerbefreite Tätigkeit/Leistung erbringen, resultiert aus der Qualifikation als Ausübung im Rahmen der öffentlichen Gewalt für die öffentliche Hand kein Wettbewerbsvorteil. Die vergleichbare Tätigkeit unterliegt in beiden Fällen nicht der Umsatzsteuer, da die Leistung bei der Einrichtung des öffentlichen Rechts nicht steuerbar und bei dem privaten Wettbewerber zwar steuerbar, aber steuerbefreit ist.

509 Überlässt eine öffentlich-rechtliche Hochschule bspw. Sachmittel gegen Entgelt an bei ihr beschäftigtes Personal - auf der Grundlage der landeseigenen Nebentätigkeitsverordnung - kann die Hochschule zwar im Rahmen einer Sonderregelung des öffentlichen Rechts tätig werden, d.h. diese Tätigkeit obliegt ihr im Rahmen der öffentlichen Gewalt. Gleichwohl darf die (Überlassungs-) Tätigkeit für eine abschließende Beurteilung der staatlichen Hochschule als Nichtsteuerpflichtiger keine größere Wettbewerbsverzerrung auslösen. Vgl. BFH, Urteil v. 15.4.2010, V R 10/09, DStR 2010, 1280, Rz. 19

510 Vgl. ausführlich zu den möglichen Wettbewerbsverzerrungen zwischen öffentlichen und privaten Einrichtungen, den negativen Folgen dieser Verzerrungen auf die wirtschaftliche Effizienz und das Gemeinwohl sowie den Vorschlägen für eine Beseitigung der Verzerrungen (Erstattungssystem der aktuell nicht abzugsfähigen Umsatzsteuer auf Leistungen, die auf private Anbieter „outgesourct“ werden, vs. Vollbesteuerungssystem mit umsatzsteuerrechtlicher Gleichbehandlung von privaten und öffentlichen Einrichtungen): *Copenhagen Economics/KPMG AG*: Mehrwertsteuer im öffentlichen Sektor

fentlichen Rechts als Steuerpflichtiger, unabhängig davon, ob diese Verzerrungen zulasten privater Wettbewerber oder zulasten der Einrichtung des öffentlichen Rechts selbst gehen.[511] Ob eine Tätigkeit, die der öffentlichen Hand im Rahmen der öffentlichen Gewalt obliegt, aufgrund der Behandlung der öffentlichen Einrichtung als Nichtsteuerpflichtiger zu größeren Wettbewerbsverzerrungen führt, ist nach Ansicht des EuGH mit Bezug auf die fragliche Tätigkeit als solche - unabhängig von (den Wettbewerbsbedingungen auf) der Ebene des lokalen Marktes - zu beurteilen.[512]

Ergänzend kodifiziert Art. 13 Abs. 1 S. 3 MwStSystRL, dass eine Einrichtung des öffentlichen Rechts hinsichtlich der in Anhang I MwStSystRL aufgeführten Tätigkeiten in jedem Fall als Steuerpflichtiger tätig wird, sofern „der Umfang dieser Tätigkeiten nicht unbedeutend ist".[513] Infolgedessen kann die öffentliche Hand mit einer Tätigkeit im Rahmen der öffentlichen Gewalt, die bspw. mangels vergleichbarer Leistungen privater Anbieter zu keiner Wettbewerbsverzerrung führt, unter den Voraussetzungen des Art. 13 Abs. 1 S. 3 i.V.m. Anhang I MwStSystRL dennoch als Steuerpflichtiger zu beurteilen sein. Denn diese Regelung zielt darauf ab, dass bestimmte Arten von wirtschaftlichen Tätigkeiten von größerer Bedeutung „nicht deshalb von der Mehrwertsteuer befreit werden, weil sie von Einrichtungen des öffentlichen Rechts im Rahmen der öffentlichen Gewalt ausgeübt werden."[514] Für den Bereich der Weiterbildungs-

---

und Mehrwertsteuerbefreiungen im öffentlichen Interesse - Abschlussbericht für Taxud/2009/DE/316.

511 EuGH, Urteil v. 4.6.2009, C-102/08, *SALIX*, DStR 2009, 1196, 2. Leitsatz. Bezüglich des drittschützenden Charakters der Norm vgl. EuGH, Urteil v. 8.6.2006, C-430/04, *Feuerbestattungsverein Halle*, HFR 2006, 830, Leitsatz.

512 EuGH, Urteil v. 16.9.2008, C-288/07, *Isle of Wight*, IStR 2008, 734, 1. Leitsatz und Rz. 46. Demgemäß erfolgt die Bewertung stets für den ganzen Tätigkeitsbereich und für alle öffentlichen Einrichtungen in einem Mitgliedstaat. Nach dieser branchenbezogenen Beurteilung, die unabhängig von den Wettbewerbsbedingungen eines konkreten lokalen Marktes vorgenommen wird, ist bspw. der Betrieb von Parkhäusern durch öffentliche Einrichtungen im Besteuerungsgebiet des Mitgliedstaats einheitlich mehrwertsteuerpflichtig oder nicht. *Kraeusel*, UR 2010, 480, 485.

513 Die S. 2 und 3 des Art. 13 Abs. 1 MwStSystRL sind nach der Rechtsprechung des EuGH in einer Gesamtschau auszulegen. Beide Vorgaben verfolgen einen identischen Zweck, „nämlich die Heranziehung von Einrichtungen des öffentlichen Rechts zur Mehrwertsteuer, selbst wenn diese Einrichtungen im Rahmen der öffentlichen Gewalt tätig werden." EuGH, Urteil v. 16.9.2008, C-288/07, *Isle of Wight*, IStR 2008, 734, Rz 38f.; EuGH, Urteil v. 3.4.2008, C-442/05, *Zweckverband zur Trinkwasserversorgung und Abwasserbeseitigung Torgau-Westelbien*, BStBl. II 2009, 328, Rz. 31.

514 EuGH, Urteil v. 17.10.1989, 231/87 und 129/88, *Comune di Carpaneto Piacentino und Comune di Rivergaro*, Slg der Rechtsprechung 1989, 3233, Rz. 26; EuGH, Urteil v.

leistungen ist Art. 13 Abs. 1 S. 3 MwStSystRL nicht von Bedeutung, da die Bildungs-/Unterrichtsleistungen nicht in Anhang I aufgelistet sind.

Wahlweise können die Mitgliedstaaten bestimmte steuerbefreite Tätigkeiten nach Art. 13 Abs. 2 MwStSystRL als Tätigkeiten qualifizieren, die den Einrichtungen des öffentlichen Rechts im Rahmen der öffentlichen Gewalt obliegen.[515] Bisher hat Deutschland von diesem Wahlrecht keinen Gebrauch gemacht.[516]

Zusammenfassend rekurriert das Gemeinschaftsrecht hinsichtlich der Qualifikation als Steuerpflichtiger auf die ausgeübte Tätigkeit. Aus dem Neutralitätsgebot der Umsatzbesteuerung folgt, dass „gleichartige und substituierbare Leistungen an Endverbraucher" umsatzsteuerlich identisch zu behandeln sind.[517] Die umsatzsteuerliche Behandlung darf insbesondere nicht nach der Rechtsform des leistenden Steuerpflichtigen differenzieren. Ob die Tätigkeit einer Einrichtung des öffentlichen Rechts im Rahmen der öffentlichen Gewalt und demnach in der Eigenschaft als Nichtsteuerpflichtiger erfolgt, ist - vorbehaltlich einer größeren Wettbewerbsverzerrung - anhand der Ausübungsmodalität (Handlungsform) und Qualität der Rechtsvorschriften, auf deren Grundlage die Tätigkeit ausgeübt wird, zu beurteilen.

II. Unternehmer - Nationales Umsatzsteuerrecht

1. Allgemeine Definition

Das innerstaatliche Umsatzsteuerrecht stellt hinsichtlich der Steuerbarkeit eines Umsatzes in § 1 Abs. 1 Nr. 1 UStG - analog den gemeinschaftsrechtlichen Richtlinienvorgaben - darauf ab, dass *ein Unternehmer*[518] im Inland gegen Ent-

---

3.4.2008, C-442/05, *Zweckverband zur Trinkwasserversorgung und Abwasserbeseitigung Torgau-Westelbien*, BStBl. II 2009, 328, Rz. 31.

515 Vgl. hinsichtlich den Anforderungen an eine klare und rechtssichere Umsetzung durch die Mitgliedstaaten die Rechtsprechung des EuGH, Urteil v. 4.6.2009, C-102/08, *SALIX*, DStR 2009, 1196, Rz. 40f. Vgl. zur Interpretation dieser Norm auch die Ausführungen in der Fußnote 508.

516 BFH, Urteil v. 20.8.2009, V R 70/05, DB 2009, 2471, Rz. 37; BFH, Urteil v. 15.4.2010, V R 10/09, DStR 2010, 1280, Rz. 48; OFD Niedersachsen v. 26.1.2011, S 7106-283-St 171, beck-online 2011, BeckVerw 246805.

517 *Reiß*, Die harmonisierte Umsatzsteuer, in: Seer, DStJG Band 32, 2009, 9, 14.

518 „Der in § 2 UStG beschriebene Unternehmerbegriff ist dabei ebenso wie andere im Umsatzsteuergesetz verwendete Begriffe (z. B. Lieferung, sonstige Leistung, Eigenverbrauch) ein dem Umsatzsteuerrecht eigentümlicher Begriff (sog. steuerrechtlicher Wirtschaftsbegriff), mit einem völlig eigenen und selbstständigen Inhalt, der nur nach

gelt *im Rahmen seines Unternehmens* Lieferungen und/oder sonstige Leistungen erbringt. Den allgemeinen Unternehmerbegriff normiert § 2 Abs. 1 S. 1 UStG: „Unternehmer ist, wer eine gewerbliche oder berufliche Tätigkeit selbstständig ausübt." Nach S. 2 umfasst das Unternehmen die gesamte gewerbliche oder berufliche Tätigkeit des Unternehmers. Es gilt der Grundsatz der Unternehmenseinheit - ein Unternehmer hat nur ein Unternehmen.[519]

Die unternehmerischen Tatbestandsmerkmale gewerblich oder beruflich kodifiziert § 2 Abs. 1 S. 3 UStG: Demzufolge muss die Tätigkeit nachhaltig und zur Erzielung von Einnahmen ausgeübt werden. Eine Gewinnerzielungsabsicht ist - so der Wortlaut der Norm - explizit nicht erforderlich.[520] Zudem formuliert § 2 Abs. 1 S. 3 UStG, dass eine Personenvereinigung auch dann unternehmerisch, d.h. gewerblich oder beruflich, tätig wird, wenn sie sich nachhaltig und mit Einnahmeerzielungsabsicht ausschließlich gegenüber ihren Mitgliedern betätigt.[521]

In Anlehnung an die jüngere BFH-Rechtsprechung[522] grenzt die Finanzverwaltung in Abschn. 2.3 Abs. 1a UStAE die gewerbliche oder berufliche Tätigkeit, d.h. die sog. unternehmerische Tätigkeit, von den nichtunternehmerischen Tätigkeiten ab. Dabei setzt die Finanzverwaltung die Begriffspaare unternehmerisch (nationales Umsatzsteuerrecht) mit wirtschaftlich (Unionsrecht) und nichtunternehmerisch (nationales Umsatzsteuerrecht) mit nichtwirtschaftlich (Unionsrecht) gleich.[523] Zutreffend werden die nichtunternehmerischen Tätigkeiten nach Abschn. 2.3 Abs. 1a S. 2ff. UStAE in unternehmensfremde Tätigkeiten[524] und nichtwirtschaftliche Tätigkeiten i.e.S. unterschieden, wobei letztere z.B. ho-

---

dem Sinn und Zweck des Umsatzsteuerrechts ausgelegt werden darf." *Georgy* in: Plückebaum/Widmann, UStG, § 2, Rz. 22.

519 *Scharpenberg* in: Hartmann/Metzenmacher, UStG, E § 2, Rz. 17. Umsatzsteuerrechtlich hat auch eine jPdöR nur ein einheitliches Unternehmen. Dieses umfasst sämtliche Umsätze der von der jPdöR betriebenen BgA und land- und forstwirtschaftlichen Betriebe. BFH, Urteil v. 17.3.2010, XI R 17/08, DStR 2010, 2234, Rz. 26; BFH, Beschluss v. 3.12.2010, V B 35/10, BFH/NV 2011, 462, Rz. 8.

520 BFH, Urteil v. 15.4.2010, V R 10/09, DStR 2010, 1280, Rz. 19.

521 Vgl. auch die Rechtsprechung: BFH, Urteil v. 3.8.1992, V B 36/92 (NV), BFH/NV 1993, 277.

522 BFH, Urteil v. 6.5.2010, V R 29/09, DB 2010, 1978; BFH, Urteil v. 12.1.2011, XI R 9/08, DStR 2011, 570; BFH, Urteil v. 3.3.2011, V R 23/10, DStR 2011, 1077.

523 BMF-Schreiben v. 2.1.2012, IV D 2 - S 7300/11/10002, BStBl. I 2012, 60.

524 Als unternehmensfremde Tätigkeiten gelten Entnahmen für den privaten Bedarf des Unternehmers als natürliche Person und Entnahmen - unabhängig von der Rechtsform des Unternehmens - für den privaten Bedarf seines Personals oder für private Zwecke des Gesellschafters. Abschn. 2.3 Abs. 1a S. 3 UStAE.

heitliche Tätigkeiten von juristischen Personen des öffentlichen Rechts oder unentgeltliche Tätigkeiten eines Vereins, im Rahmen der ideellen Verfolgung des Vereinszwecks, umfassen.[525]

Das Tatbestandsmerkmal der selbstständigen Ausübung normiert § 2 Abs. 2 UStG negativ. Die gewerbliche oder berufliche Tätigkeit wird gem. § 2 Abs. 2 Nr. 1 UStG nicht selbstständig ausgeübt, „soweit natürliche Personen, einzeln oder zusammengeschlossen, einem Unternehmen so eingegliedert sind, dass sie den Weisungen des Unternehmers zu folgen verpflichtet sind“. Weisungsgebundenheit (bspw. des Arbeitnehmers gegenüber dem Arbeitgeber) schließt die Selbstständigkeit aus.[526] Ferner gilt nach deutschem Umsatzsteuerrecht die Tätigkeit einer juristischen Person, die Teil einer umsatzsteuerlichen Organschaft nach den Vorgaben des § 2 Abs. 2 Nr. 2 UStG ist, ebenfalls als nicht selbstständig.[527]

Zusammengefasst ist nach nationalem Rechtsverständnis derjenige Unternehmer, der selbstständig eine nachhaltige Tätigkeit zur Erzielung von Einnahmen ausübt.[528] Für die Unternehmereigenschaft ist die Unternehmensform - infolge des mehrwertsteuerlichen Verbrauchsteuerprinzips - unbeachtlich.[529] Unbestritten kommt es weder auf die Rechtsform noch auf die zivilrechtliche Rechtsfähigkeit an.[530] Maßgebend ist vielmehr die wirtschaftliche Tätigkeit[531] - sie „macht den Unternehmer und das Unternehmen aus.“[532] Infolgedessen kann jedes selbstständig tätige wirtschaftliche Gebilde Unternehmer sein, sofern es

---

525 Vgl. zur unionsrechtlichen Grundlage dieser differenzierten Betrachtungsweise vgl. EuGH, Urteil v. 12.2.2009, C-515/07, *Vereniging Noordelijke Land - en Tuinbouw Organisatie - VNLTO*, DStR 2009, 369; *Lohse*, IStR 2009, 486, 486f.; *Spiegel/Heidler*, DStR 2009, 1507, 1507ff.; *Sterzinger*, UR 2010, 125, 125ff.

526 Für die Qualifikation der Tätigkeit als selbstständig oder nichtselbstständig i.S.d. § 2 Abs. 2 Nr. 1 UStG ist stets das Gesamtbild der Verhältnisse maßgeblich. Dabei sind die konkreten einzelnen Merkmale jeweils gegeneinander abzuwägen. Vgl. diesbezüglich BFH, Urteil v. 25.6.2009, V R 37/08, DStR 2009, 1848, Rz. 17ff.

527 Diese Vorschrift basiert auf dem unionsrechtlichen Wahlrecht des Art. 11 MwStSyst-RL, der es den Mitgliedstaaten ermöglicht, eine entsprechende nationale Regelung zu erlassen.

528 *Reiß* in: Tipke/Lang, Steuerrecht, § 14, Rz. 129; *Scharpenberg* in: Hartmann/Metzenmacher, UStG, E § 2, Rz. 63; Abschn. 2.1 Abs. 1 S. 2 UStAE.

529 *Tipke*, Steuerrechtsordnung - Band II, 2003, 995; *Reiß* in: Tipke/Lang, Steuerrecht, § 14,Rz. 130.

530 BFH, Urteil v. 21.5.1971, V R 117/67, BStBl. II 1971, 540 ; BFH, Urteil v. 21.4.1994, V R 105/91, BStBl. II 1994, 671; Abschn. 2.1 Abs. 1 S. 3 UStAE; *Georgy* in: Plückebaum/Widmann, UStG, § 2 Abs. 1 UStG, Rz. 30.

531 BFH, Urteil v. 1.8.2002, V R 21/01, BStBl. II 2003, 438.

532 *Birkenfeld* in: Birkenfeld, Umsatzsteuer-Handbuch, § 40 III. 1., Rz. 122.

sich als solches erkennbar *nach außen* (unter den Voraussetzungen des § 2 Abs. 1 UStG i.V.m. § 1 Abs. 1 Nr. 1 S. 1 UStG) betätigt.[533]

Als Unternehmer kommen demnach in Betracht: natürliche Personen (Einzelunternehmer), nicht rechtsfähige und rechtsfähige Personenvereinigungen des bürgerlichen Rechts und des Handelsrechts,[534] juristische Personen des Privatrechts sowie juristische Personen des öffentlichen Rechts.[535] Personenvereinigung und Mitglieder bzw. Gesellschaft und Gesellschafter sind umsatzsteuerrechtlich unterschiedliche Steuersubjekte, die untereinander auch schuldrechtliche Leistungsaustauschverhältnisse eingehen bzw. vereinbaren können.[536] Allerdings sind die Gesellschafter (bzw. Mitglieder) selbst - in ihrer Eigenschaft als Gesellschafter (bzw. Mitglied) - keine Unternehmer.[537] So begründet die Beteiligung eines Gesellschafters am allgemeinen Gewinn oder Verlust einer Gesellschaft keinen - für einen Leistungsaustausch erforderlichen - unmittelbaren

---

533 RFH, Urteil v. 24.6.1932, V A 676/31, RStBl 1933, 1232; BFH, Urteil v. 4.7.1956, V 56/55 U, BStBl. III 1956, 275; BFH, Urteil v. 11.11.1965, V 146/93 S, BStBl. III 1966, 28; BFH, Urteil v. 25.7.1968, V 150/65, BStBl. II 1968, 731; BFH, Urteil v. 12.2.1970, V R 50/66, BStBl. II 1970, 477; BFH, Urteil v. 28.4.1994, V R 80/91 (NV), BFH/NV 1995, 557; *Birkenfeld* in: Birkenfeld, Umsatzsteuer-Handbuch, § 41, Rz. 21; *Georgy* in: Plückebaum/Widmann, UStG, § 2 Abs. 1 UStG, Rz. 31.

534 Grundlegend zur gesonderten (Umsatz-) Steuerrechtssubjektivität von Personengesellschaft und Gesellschafter und der beiderseitigen Rechtsbeziehung vgl. *Schön* in: Woerner, DStJG Band 13, 1990, 81, 81ff.

535 *Birkenfeld* in: Birkenfeld, Umsatzsteuer-Handbuch, § 41, Rz. 5; *Reiß* in: Tipke/Lang, Steuerrecht, § 14, Rz. 130; *Scharpenberg* in: Hartmann/Metzenmacher, UStG, E § 2, Rz. 63; Abschn. 2.1. Abs. 1 S. 1 UStAE. Unternehmerfähig ist umsatzsteuerrechtlich jedes selbstständig tätige Wirtschaftsgebilde, das ein Mindestmaß an Organisation besitzt und als Gebilde nach außen hin am Markt auftreten und Leistungen erbringen kann. Folglich sind auch steuerbegünstigte Körperschaften (Körperschaften, Personenvereinigungen und Vermögensmassen i.S.d. KStG, d.h. bspw. Vereine, Stiftungen, Kapitalgesellschaften oder auch BgA von jPdöR) grundsätzlich unternehmerfähige Gebilde. *Buchna/Seeger/Brox*, Gemeinnützigkeit im Steuerrecht, 2010, 578.

536 *Georgy* in: Plückebaum/Widmann, UStG, § 2 Abs. 1 UStG, Rz. 72; Abschn. 1.6. Abs. 1 und Abs 3 UStAE. Hinsichtlich der Steuersubjektivität kommt es bei Personengesellschaften und ihren Gesellschaftern zu Divergenzen zwischen der Umsatz- und der Einkommensbesteuerung. „Das ertragsteuerliche Bild einer Zusammenfassung von Personengesellschaft und Gesellschafter zur „Mitunternehmerschaft“ mit einheitlicher Gesamtbilanz findet in der Umsatzbesteuerung keine Entsprechung.“ *Schön* in: Woerner, DStJG Band 13, 1990, 81, 82; Abschn. 2.1. Abs. 2 S. 1 UStAE mit Verweis auf BFH, Urteil v. 18.12.1980, V R 142/73, BStBl. II 1981, 408. „Das Umsatzsteuerrecht kennt keine Mitunternehmerschaft.“ BFH, Beschluss v. 1.9.2010, XI S 6/10, UR 2010, 905, 2. Leitsatz, nicht amtlich.

537 *Reiß* in: Tipke/Lang, Steuerrecht, § 14, Rz. 130.

Zusammenhang zwischen Leistung und Entgelt.[538] Dies gilt auch für Zahlungen an die Gesellschaft, die lediglich dazu bestimmt sind, die Gesellschaft ganz allgemein in die Lage zu versetzen, ihren satzungsmäßigen Aufgaben zu genügen, soweit die Tätigkeit der Gesellschaft nicht dem konkreten Individualinteresse des Gesellschafters dient.[539] Es handelt sich um einen nicht steuerbaren Gesellschafterbeitrag.

Analog dem Unionsrecht ist der Gemeinnützigkeitsstatus, d.h. die Verfolgung steuerbegünstigter Zwecke gem. §§ 51-68 AO, für die Unternehmereigenschaft rechtsunerheblich.[540]

2. Sonderregelung für Tätigkeiten von juristischen Personen des öffentlichen Rechts

Das nationale Umsatzsteuerrecht sieht in § 2 Abs. 3 UStG eine Sonderregelung für die Unternehmereigenschaft der öffentlichen Hand vor.[541] Die nationale Norm stimmt jedoch nicht wortlautgetreu mit dem Gemeinschaftsrecht überein.

§ 2 Abs. 3 S. 1 UStG begrenzt die Unternehmereigenschaft der öffentlichen Hand auf den Rahmen ihrer Betriebe gewerblicher Art und ihrer land- oder forstwirtschaftlichen Betriebe.[542] Per Klammerverweis verknüpft der nationale Gesetzgeber die Unternehmereigenschaft der öffentlichen Hand mit der körperschaftsteuerlichen Kodifikation des BgA-Begriffs in § 4 KStG.[543] Infolgedessen soll die öffentliche Hand nach nationalem Recht bis dato mit hoheitlichen Tätig-

---

538 BFH, Urteil v. 27.11.2008, V R 8/07, DB 2009, 599 , Rz. 22 m.w.N. der Rechtsprechung des EuGH und des BFH.

539 BFH, Urteil v. 27.11.2008, V R 8/07, DB 2009, 599 , Rz. 22.

540 BFH, Urteil v. 1.8.2002, V R 21/01, BStBl. II 2003, 438; FG Baden-Württemberg, Urteil v. 29.3.2010, 9 K 115/06, EFG 2010, 1167; *Hüttemann*, Gemeinnützigkeits- und Spendenrecht, 2008, § 1, Rz. 36.

541 Vgl. grundlegend zur umsatzsteuerlichen Behandlung von juristischen Personen des öffentlichen Rechts *Birkenfeld*, UR 1989, 1; *Sterzinger*, UR 2009, 37; *Reimer*, Die öffentliche Hand als Steuerpflichtiger, in: Seer, DStJG Band 32, 2009, 325, 325ff.

542 Die Regelung des § 2 Abs. 3 UStG i.V.m. § 4 Abs. 5 KStG schränkt die Umsatzsteuerpflicht der öffentlichen Hand gem. der gemeinschaftsrechtlichen Vorgabe des Art. 13 MwStSystRL ein. Die Normen selbst begründen keine Umsatzsteuerpflicht. BFH, Urteil v. 15.4.2010, V R 10/09, DStR 2010, 1280, Rz. 21.

543 Die Finanzverwaltung stellt in Absch. 2.11. Abs. 4 S. 1 UStAE bezüglich der Frage, ob ein Betrieb gewerblicher Art vorliegt, ebenfalls auf § 1 Abs. 1 Nr. 6 und § 4 KStG ab. Nach Ansicht der Finanzverwaltung soll zudem auf die von Rechtsprechung und Verwaltung für das Gebiet der Körperschaftsteuer entwickelten Grundsätze zurückgegriffen werden. Vgl. hierzu R. 6 KStR.

keiten[544] und den Tätigkeiten, die der Vermögensverwaltung gem. § 14 S. 3 AO zuzuordnen sind, grundsätzlich nicht als Unternehmer tätig sein.

Ein derartiger Rückgriff auf das KStG[545] - ohne unionskonforme Auslegung des § 2 Abs. 3 UStG - generiert keinen vollumfänglichen Gleichlauf der innerstaatlichen Regelung mit den europäischen Richtlinienvorgaben. Verwerfungen ergeben sich insbesondere bei Tätigkeiten der öffentlichen Hand, die der Sphäre der Vermögensverwaltung zugeordnet werden,[546] oder bei Tätigkeiten deren

---

544 Nach § 4 Abs. 5 KStG gehören (Hoheits-) Betriebe, die überwiegend der Ausübung der öffentlichen Gewalt dienen, nicht zu den Betrieben gewerblicher Art. Die hoheitliche Tätigkeit und das Kriterium der Ausübung im Rahmen der öffentlichen Gewalt (bzw. § 2 Abs. 3 S. 1 UStG) legt der Umsatzsteuersenat des BFH (richtlinienkonform) auf Basis der Rechtsprechung des EuGH zu Art. 13 MwStSystRL wie folgt aus: Eine Einrichtung des öffentlichen Rechts ist nichtunternehmerisch (als Nichtsteuerpflichtiger) tätig, wenn sie im Rahmen der eigens für sie geltenden öffentlich-rechtlichen Sonderregelungen - und nicht unter den gleichen (privat-) rechtlichen Bedingungen wie ein privater Wirtschaftsteilnehmer - tätig wird, und die Qualifikation als Nichtsteuerpflichtiger nicht zu größeren Wettbewerbsverzerrungen führen würde. D.h. flankierend zur Ausübungsmodalität der wirtschaftlichen Tätigkeit ist stets auch das Kriterium der größeren Wettbewerbsverzerrung zu prüfen. BFH, Urteil v. 20.8.2009, V R 30/06, DB 2009, 2527, Rz. 36; BFH, Urteil v. 22.10.2009, V R 33/08, UR 2010, 368, Rz. 23 m.w.N. der Rechtsprechung des EuGH und BFH; BFH, Urteil v. 15.4.2010, V R 10/09, DStR 2010, 1280, Rz. 43f.; BFH, Urteil v. 3.3.2011, V R 23/10, DStR 2011, 1077, Rz. 20f. Folglich handelt z.B. ein Finanzamt bei Erteilung einer verbindlichen Auskunft auf der Grundlage einer öffentlich-rechtlichen Regelung und ist somit nichtunternehmerisch tätig. Rechtsgrundlage hierfür ist § 89 Abs. 2 AO. Die hoheitliche Tätigkeit steht nicht mit gleichartigen und umsatzsteuerpflichtigen Tätigkeiten von Dritten in einem Wettbewerbsverhältnis. Rechtsgutachten von Steuerberatern, Wirtschaftsprüfern sowie Rechtsanwälten beinhalten lediglich eine steuerrechtliche Beurteilung. Dagegen entfaltet eine verbindliche Auskunft des Finanzamtes nach § 89 Abs. 2 AO eine rechtliche Bindungswirkung für das Besteuerungsverfahren und steht damit in unmittelbarem Zusammenhang mit dem hoheitlichen Besteuerungsverfahren. Mangels gleichartiger Tätigkeit erzeugt die Erteilung einer verbindlichen Auskunft keine Wettbewerbsverzerrung. FG München, Urteil v. 17.3.2010, 3 K 3055/07, beck-online 2010, 26029006, Rz. 39 und 43f.; *Fritsch*, UStB 2010, 205, 206.

545 Der Gesetzgeber begründete die Anknüpfung durch das Interesse an einer besseren Trennung zwischen nichtunternehmerischem und unternehmerischem Bereich der juristischen Personen des öffentlichen Rechts und durch eine Erleichterung der zu erfassenden abzugsfähigen Vorsteuern. *Schriftlicher Bericht des Finanzausschusses*, zu BT-Drs. V/1581, zu § 2, 11.

546 *Brönner/Schroller*, Ertragsteuerliche und umsatzsteuerliche Probleme der BgA im Hochschulbereich, in: Schneider/Rückle/Küpper, FS Siegel, 2005, 479, 494. Bspw. die langfristige Vermietung und Verpachtung von Grundstücken durch die öffentliche Hand sowie das sog. „nicht hervorgehobene" Sponsoring. *Küffner*, UR 2009, 491, 493.

Einnahmen unterhalb der verwaltungsseitigen Nichtaufgriffsgrenze(n)[547] des Abschn. 2.11 Abs. 4 UStAE i.V.m. R. 6 Abs. 4 und Abs. 5 KStR liegen[548]. Das nationale Recht stellt hinsichtlich der Unternehmereigenschaft der öffentlichen Hand auf den Inhalt und die Qualität der ausgeübten Tätigkeit ab. Dagegen knüpfen die gemeinschaftsrechtlichen Vorgaben auf die Handlungsform/die Ausübungsmodalität unter Berücksichtigung des Wettbewerbsaspektes an. Unionsrechtlich ist das - nationalstaatliche - Konstrukt des BgA unbekannt. Die seit Langem im Schrifttum[549] geforderte Gesetzesänderung des § 2 Abs. 3 UStG ist nicht zuletzt infolge der jüngsten höchstrichterlichen Rechtsprechung[550] und aus Gründen der Rechtssicherheit unumgänglich.

Seit geraumer Zeit legt der BFH[551] § 2 Abs. 3 S. 1 UStG unionskonform (im Lichte der MwStSystRL und der Rechtsprechung des EuGH) aus. Demzufolge ist eine juristische Person des öffentlichen Rechts als Unternehmer i.S.v. § 2 Abs. 3 UStG i.V.m. § 4 KStG tätig, wenn „sie Leistungen gegen Entgelt auf privatrechtlicher Grundlage unter den gleichen rechtlichen Bedingungen wie ein privater Wirtschaftsteilnehmer erbringt.“[552] Gleichfalls liegt eine Tätigkeit als

---

547 Entgeltliche Tätigkeiten der öffentlichen Hand erfasst die Finanzverwaltung erst dann als steuerpflichtiger BgA, wenn bestimmte Umsatzgrenzen überschritten werden. Andernfalls nimmt die Verwaltung - m.E. aus Vereinfachungsgründen - keinen BgA an. *Dötsch/Pinkos*, DB 2005, 125, 126.

548 Die höchstrichterliche BFH-Rechtsprechung lehnt die starren Umsatzgrenzen der Finanzverwaltung hinsichtlich des Vorliegens eines BgA für ertrag- und umsatzsteuerliche Zwecke ab. BFH, Urteil v. 15.4.2010, V R 10/09, DStR 2010, 1280, Rz. 18 und Rz. 29 m.w.N. der Rechtsprechung; BFH, Urteil v. 17.3.2010, XI R 17/08, DStR 2010, 2234, Leitsätze und Rz. 33; Niedersächsisches FG v. 22.3.2010, 16 K 11189/08, rechtskräftig, EFG 2010, 1263.

549 Vgl. an Stelle vieler bereits *Wagner* in: Woerner, DStJG Band 13, 1990, 59, 79 und jüngst *Dziadkowski*, IStR 2009, 835, 836 m.w.N.; *Küffner*, UR 2009, 491; *Reimer*, Die öffentliche Hand als Steuerpflichtiger, in: Seer, DStJG Band 32, 2009, 325, 351; *Widmann*, UR 2009, 493.

550 EuGH, Urteil v. 4.6.2009, C-102/08, *SALIX*, DStR 2009, 1196; BFH, Urteil v. 20.8.2009, V R 70/05, DB 2009, 2471; BFH, Urteil v. 15.4.2010, V R 10/09, DStR 2010, 1280.

551 BFH, Urteil v. 27.2.2003, V R 78/01, BStBl. II 2004, 431, unter II.3; BFH, Urteil v. 20.8.2009, V R 70/05, DB 2009, 2471, Rz. 28; BFH, Urteil v. 17.3.2010, XI R 17/08, DStR 2010, 2234, Rz. 23; BFH, Urteil v. 2.3.2011, XI R 65/07, KommJur 2011, 387, Rz. 17 m.w.N. der Rechtsprechung; BFH, Urteil v. 3.3.2011, V R 23/10, DStR 2011, 1077, Rz. 20.

552 BFH, Urteil v. 27.2.2003, V R 78/01, BStBl. II 2004, 431; BFH, Urteil v. 22.9.2005, V R 28/03, BStBl. II 2006, 280, unter II. 2. der Entscheidungsgründe ; BFH, Urteil v. 20.8.2009, V R 30/06, DB 2009, 2527, 1. Leitsatz; BFH, Urteil v. 17.3.2010, XI R 17/08, DStR 2010, 2234, Rz. 27 m.w.N. der Rechtsprechung.

Unternehmer vor, wenn die öffentliche Hand die wirtschaftliche Tätigkeit[553] gegen Entgelt auf öffentlich-rechtlicher Grundlage ausübt und die Behandlung als Nichtsteuerpflichtiger bzw. Nichtunternehmer zu größeren Wettbewerbsverzerrungen führen würde.[554]

Ferner kommt nach jüngster Rechtsprechung des BFH dem Begriff der "Vermögensverwaltung" umsatzsteuerrechtlich für die Unternehmerstellung der öffentlichen Hand keine Bedeutung zu.[555] Die Tätigkeit einer juristischen Person des öffentlichen Rechts kann infolgedessen steuerrechtlich nicht (mehr) grundsätzlich für die Körperschaftsteuer und die Umsatzsteuer einheitlich beurteilt werden. Im Einzelfall liegt für körperschaftsteuerliche Zwecke zwar weiterhin eine nichtsteuerbare Vermögensverwaltung vor - dagegen kann dieselbe Tätigkeit nach umsatzsteuerrechtlicher Beurteilung umsatzsteuerbar sein.[556] Die jüngsten Urteile des BFH[557] zur Unternehmereigenschaft von juristischen Personen des öffentlichen Rechts wurden bislang noch nicht amtlich veröffentlicht.[558] Somit wendet die Finanzverwaltung die Rechtsprechung derzeit (noch) nicht an, gleichwohl steht es der öffentlichen Hand frei, sich auf die Urteile zu berufen.[559]

Nach Ansicht des BFH entspricht die allgemeine nationalstaatliche Unternehmerdefinition des § 2 Abs. 1 UStG der Begriffsbestimmung des BgA gem. § 4 Abs. 1 KStG, wobei die Begriffsdefinitionen dieser beiden Normen mit der allgemeinen gemeinschaftsrechtlichen Bestimmung des Steuerpflichtigen nach Art. 9 MwStSystRL übereinstimmen.[560] Maßgeblich ist stets das Vorliegen einer „nachhaltigen wirtschaftlichen Tätigkeit mit Einnahmeerzielungsabsicht". Die Auslegung der Merkmale, insbesondere des Begriffs der wirtschaftlichen Tätig-

553 Bei unionskonformer Auslegung des § 2 Abs. 3 UStG ist die öffentliche Hand „Unternehmer, wenn sie eine wirtschaftliche und damit eine nachhaltige Tätigkeit zur Erbringung entgeltlicher Leistungen (wirtschaftliche Tätigkeit) ausübt, die sich innerhalb ihrer Gesamtbetätigung heraushebt." BFH, Urteil v. 3.3.2011, V R 23/10, DStR 2011, 1077, Rz. 21.

554 BFH, Urteil v. 15.4.2010, V R 10/09, DStR 2010, 1280, Rz. 16ff. m.w.N. der Rechtsprechung des EuGH und des BFH; BFH, Urteil v. 3.3.2011, V R 23/10, DStR 2011, 1077, Rz. 21.

555 BFH, Urteil v. 15.4.2010, V R 10/09, DStR 2010, 1280, 1. Leitsatz.

556 BFH, Urteil v. 15.4.2010, V R 10/09, DStR 2010, 1280, Rz. 22 und Rz. 24.

557 BFH, Urteil v. 20.8.2009, V R 70/05, DB 2009, 2471; BFH, Urteil v. 15.4.2010, V R 10/09, DStR 2010, 1280.

558 OFD Niedersachsen v. 26.1.2011, S 7106-283-St 171, beck-online 2011, BeckVerw 246805.

559 OFD Niedersachsen v. 26.1.2011, S 7106-283-St 171, beck-online 2011, BeckVerw 246805.

560 BFH, Urteil v. 15.4.2010, V R 10/09, DStR 2010, 1280, Rz. 17ff.

keit - erfolgt für juristische Personen des öffentlichen Rechts wie für andere Personen einheitlich und nach denselben Grundsätzen bzw. Maßstäben.[561]

Wie bereits im vorangegangenen Unterkapitel erläutert, ist die Unternehmensform für die Qualifikation als Unternehmer unbeachtlich, entscheidend ist die unternehmerische Tätigkeit.[562] Die bestehenden gemeinschaftsrechtlichen und nationalen Sonderregelungen der Umsatzbesteuerung von öffentlichen Einrichtungen laufen in Teilen dem mehrwertsteuerlichen Verbrauchsteuerprinzip zuwider.[563] Unter dem Verbrauchsteueraspekt sollte die öffentliche Hand mit sämtlichen entgeltlichen individualisierbaren Leistungen uneingeschränkt als Steuerpflichtiger bzw. Unternehmer zu qualifizieren sein, unbeachtlich der hoheitlichen oder gewerblichen Art der jeweiligen Tätigkeit.[564]

III. Übertragung auf Kooperationsverhältnisse im Weiterbildungsmarkt

Der Grundtatbestand der beiden Begriffe Steuerpflichtiger (nach Art. 9 Abs. 1 MwStSystRL) und Unternehmer (nach § 2 Abs. 1 UStG) ist trotz unterschiedlicher Formulierungen deckungsgleich. Die Begriffe sind inhaltlich übereinstimmend auszulegen und synonym zu verwenden.[565] Der Steuerpflichtige/der Un-

561 BFH, Urteil v. 15.4.2010, V R 10/09, DStR 2010, 1280, Rz. 24.

562 *Tipke*, Steuerrechtsordnung - Band II, 2003, 995; *Reiß* in: Tipke/Lang, Steuerrecht, § 14, Rz. 130.

563 *Reiß* in: Tipke/Lang, Steuerrecht, § 14, Rz. 130.

564 *Weich*, Öffentliche Hand, 1996 , 276ff.; *Tipke*, Steuerrechtsordnung - Band II, 2003, 996; *Achatz*, IStR 2008, 541, 543; *Reiß* in: Tipke/Lang, Steuerrecht, § 14,Rz. 130; *Stadie* in: Rau/Dürrwächter, UStG, § 2, Rz. 802. Da die Mehrwertsteuer auf die Besteuerung des privaten Konsums bzw. der privat eingesetzten Kaufkraft abzielt, fordert das Schrifttum die umsatzsteuerliche Behandlung der öffentlichen Hand dahingehend zu reformieren, dass die öffentliche Hand bei jeglichem Leistungsbezug nicht mehr wie ein Verbraucher behandelt wird. D.h. die Eingangsumsätze der öffentlichen Hand sind umfassend von der Mehrwertsteuer zu entlasten, auch bei einem Bezug für hoheitliche Zwecke. *Kirchhof*, Umsatzsteuergesetzbuch, 2008, § 4, Rz. 1ff; *Reimer*, Die öffentliche Hand als Steuerpflichtiger, in: Seer, DStJG Band 32, 2009, 325, 364; *Reiß*, Die harmonisierte Umsatzsteuer, in: Seer, DStJG Band 32, 2009, 9, 39ff.; *Dziadkowski*, BB 2011, 3031, 3033ff.

565 *Nieskens*, UR 2004, 590, 595; *Lohse*, UR 2006, 92, 92; *Reiß*, Die harmonisierte Umsatzsteuer, in: Seer, DStJG Band 32, 2009, 9, 36. *Georgy* in: Plückebaum/Widmann, UStG, § 2 Abs. 1 UStG, Rz. 10 m.w.N. und Rz. 18; *Scharpenberg* in: Hartmann/Metzenmacher, UStG, E § 2, Rz. 29 und Rz. 73; BFH, Urteil v. 13.1.2011, V R 12/08, DStR 2011, 465, Rz. 30. Ebenfalls (inhaltlich) kongruent sind die Begriffspaare Mehr-

ternehmer charakterisiert sich durch eine selbstständige und nachhaltige Tätigkeit zur Erzielung von Einnahmen.

Unabhängig von der gewählten Kooperationsform (und von der Rechtsform des Gemeinschaftsunternehmens im Rahmen eines Equity Joint Ventures) werden die Weiterbildungsleistungen regelmäßig nachhaltig und gegen Entgelt, d.h. mit Einnahmeerzielung, angeboten.[566] Folglich handelt es sich um eine wirtschaftliche Tätigkeit (Art. 9 MwStSystRL) bzw. um eine gewerbliche oder berufliche Tätigkeit (§ 2 Abs. 1 UStG). Dagegen ist die Zuordnung des Angebots der Weiterbildungsleistung - wer übt diese wirtschaftliche Tätigkeit selbstständig aus - von der tatsächlichen Ausgestaltung der Zusammenarbeit abhängig.

Vor diesem Hintergrund sind ausdrücklich auch die Sonderregelungen hinsichtlich der Unternehmereigenschaft von Einrichtungen des öffentlichen Rechts zu beachten. Denn die öffentliche Hand wird auf dem Weiterbildungsmarkt mit entgeltlichen Bildungs-/Lehrmaßnahmen nachhaltig tätig, die ihr teilweise zugleich per Gesetzeszuweisung obliegen, weshalb die einzelne Einrichtung des öffentlichen Rechts u.U. im Rahmen der öffentlichen Gewalt - als Nichtsteuerpflichtiger - tätig wird. Zudem konfligiert der Wortlaut der nationalen Norm bezüglich der Unternehmereigenschaft der öffentlichen Hand, d.h. § 2 Abs. 3 UStG, gegenwärtig (noch) mit den entsprechenden unionsrechtlichen Vorgaben.[567]

---

wertsteuer und Umsatzsteuer sowie Dienstleistung und sonstige Leistung. *Nieskens*, UR 2004, 590, 595.

566 Sofern die Weiterbildungstätigkeiten unentgeltlich erfolgen, d.h. der Weiterbildungsleistung keine unmittelbare Gegenleistung gegenübersteht, mangelt es an einer Besteuerungsgrundlage. Derartige Leistungen fallen nicht in den Anwendungsbereich der MwStSystRL und unterliegen nicht der Mehrwertsteuer. EuGH, Urteil v. 1.4.1982, 89/81, *Hong-Kong Trade Development Council*, Slg der Rechtsprechung 1982, 1277, Rz. 10 und Rz. 12; EuGH, Urteil v. 3.3.1994, C-16/93, *Tolsma*, Slg der Rechtsprechung 1994, I-473, Rz. 12f.; EuGH, Urteil v. 29.10.2009, C-246/08, *Kommission / Finnland*, UR 2010, 224, Rz. 43. Unentgeltliche Weiterbildungsangebote sind kein Untersuchungsgegenstand der vorliegenden Arbeit.

567 Reduzierend knüpft der Gesetzeswortlaut des § 2 Abs. 3 UStG die Unternehmereigenschaft derzeit an den Begriff des (körperschaftsteuerlichen) Betriebs gewerblicher Art und an die Tätigkeit im Rahmen der land- und forstwirtschaftlichen Betriebe sowie an enumerativ aufgelistete Tätigkeiten. Der BFH legt § 2 Abs. 3 UStG in seiner neueren Rechtsprechung unter Beachtung des Art. 13 MwStSystRL und der zu dieser Bestimmung ergangenen Rechtsprechung des EuGH richtlinienkonform aus. BFH, Urteil v. 27.2.2003, V R 78/01, BStBl. II 2004, 431, unter II. 3.; BFH, Urteil v. 5.2.2004, V R 90/01, BStBl. II 2004, 795, unter II. 4. b bb); BFH, Urteil v. 31.7.2007, V B 44/06, BFH/NV 2007, 2365; BFH, Urteil v. 20.8.2009, V R 70/05, DB 2009, 2471; BFH, Ur-

Folgt man der richtlinienkonformen Auslegung der nationalen Vorschrift durch den BFH, so generieren Unionsrecht und nationales Recht identische Rechtsfolgen. Eine Änderung des Gesetzeswortlautes des § 2 Abs. 3 UStG hätte infolgedessen lediglich eine klarstellende Wirkung, sollte aber aus Gründen der Rechtssicherheit zeitnah erfolgen. Die Änderung sollte sich idealerweise an dem Wortlaut der MwStSystRL bzw. an den unionsrechtlichen Begriffen des Art. 13 MwStSystRL orientieren, da ein Festhalten an nationalen Begrifflichkeiten „letztlich nur zu einer sinnlosen Verkomplizierung der Rechtslage führt".[568]

Hinsichtlich der Unternehmerfähigkeit von Zusammenschlüssen/Kooperationen auf dem Weiterbildungsmarkt stellen sich aus der umsatzsteuerrechtlichen Perspektive die Fragen, ob der Zusammenschluss als solcher ein Steuerpflichtiger/ein Unternehmer ist, ob die Mitglieder des Zusammenschlusses ihre Unternehmereigenschaft behalten und wie sich das Verhältnis des Zusammenschlusses zu seinen Mitgliedern darstellt.[569]

1. Non-Equity Joint Venture

Wie bereits aufgezeigt, sind die denkbaren Formen einer Zusammenarbeit der Kooperationspartner im Rahmen eines Contractual- oder Non-Equity Joint Ventures i) eine BGB-Innengesellschaft oder ii) ein Leistungsaustausch auf der Grundlage eines gegenseitigen Vertrags-/Rechtsverhältnisses. Altruistische Zuwendungen als Form der Zusammenarbeit in einem weiten Sinne begründen umsatzsteuerrechtlich keinen Leistungsaustausch und werden im Rahmen der Analyse nicht weiter erörtert.

1.1 BGB-Innengesellschaft

Das Auftreten eines Zusammenschlusses als eigenständiges Rechtssubjekt nach außen beurteilt sich nach dem Verhalten auf der Leistungsausgangs- und Leistungseingangsseite, wobei der Außenauftritt lediglich über die Unternehmerfähigkeit des Zusammenschlusses entscheidet.[570] Eine BGB-Innengesellschaft,

---

teil v. 15.4.2010, V R 10/09, DStR 2010, 1280; BFH, Urteil v. 3.3.2011, V R 23/10, DStR 2011, 1077.

568 *Wäger*, DStR 2011, 433, 433.

569 *Radeisen* in: Vogel/Schwarz, UStG, § 2, Rz. 38; *Scharpenberg* in: Hartmann/Metzenmacher, UStG, E § 2, Rz. 94.

570 Die Unternehmerfähigkeit beantwortet lediglich die Frage, wer bzw. welche Person oder welches Gebilde Unternehmer sein kann. Tritt der Zusammenschluss auf der Leistungseingangsseite als steuerfähige Außengesellschaft auf, erlangt er die Unternehmereigenschaft jedoch erst dann, wenn der Zusammenschluss auf der Leistungsausgangs-

bzw. eine verdeckte GbR, tritt „als solche“ nicht nach außen gegenüber Dritten oder den jeweiligen Gesellschaftern auf.[571]

Ein erkennbares Auftreten nach außen, bzw. eine Teilnahme der Gesellschaft „als solche“ am Rechtsverkehr, würde nur dann vorliegen, wenn ein Gesellschafter im Namen der Gesellschaft agiert und diese vertritt, z.B. indem ein Vertrag im Namen der Gesellschaft geschlossen wird.[572] Eine BGB-Innengesellschaft beteiligt sich jedoch nicht selbst oder durch einen Vertreter mit einer gewerblichen oder beruflichen Tätigkeit am Wirtschaftsleben.

Nach der ständigen Rechtsprechung des RFH und des BFH sind Innengesellschaften (des bürgerlichen Rechts und des Handelsrechts) daher umsatzsteuerrechtlich unbeachtlich.[573] In Anlehnung an die nicht umsatzsteuerbaren Innen-

---

seite im eigenen Namen nachhaltig Lieferungen oder sonstige Leistungen gegen Entgelt erbringt. *Georgy* in: Plückebaum/Widmann, UStG, § 2 Abs. 1, Rz. 121.

571 *Ulmer* in: Säcker/Rixecker, Münchener Kommentar zum BGB - Band 5, BGB § 705 Inhalt des Gesellschaftsvertrags, Rz. 275; *Stürner* in: Jauernig, BGB, § 705 Inhalt des Gesellschaftsvertrags, Rz. 24. Das Gesellschaftsverhältnis einer verdeckten GbR tritt nicht nach außen hervor. *Fittkau*, GbR im Umsatzsteuerrecht, 2008, 154.

572 *Schöne* in: Bamberger/Roth, BGB - BeckOK, § 705, Rz. 139. Vertragspartner wäre in diesem Fall die BGB-Gesellschaft. Weitere Indizien für den Außenauftritt der BGB-Gesellschaft als Beteiligter eines Umsatzgeschäftes finden sich bspw. auf den Rechnungen oder bei den genutzten Briefköpfen. *Pump/Fittkau*, StBp 2007, 7, 12. Zur Relevanz der zivilrechtlichen Vereinbarungen bei Leistungen eines Zusammenschlusses natürlicher Personen hinsichtlich der Qualifikation als Unternehmer vgl. BFH, Urteil v. 16.8.2001, V R 67/00 (NV), BFH/NV 2002, 223.

573 RFH, Urteil v. 24.6.1932, V A 676/31, RStBl 1933, 1232; BFH, Urteil v. 11.11.1965, V 146/93 S, BStBl. III 1966, 28; BFH, Urteil v. 12.2.1970, V R 50/66, BStBl. II 1970, 477, unter Entscheidungsgründe 2., m.w.N.; *Georgy* in: Plückebaum/Widmann, UStG, § 2 Abs. 1, Rz. 120. Aus ertragsteuerlicher Perspektive kann die Beteiligung an der Innengesellschaft für den einzelnen Gesellschafter eine Mitunternehmerschaft gemäß § 15 Abs. 1 S. 1 Nr. 2 EStG begründen. Bspw. wenn die einzelnen Gesellschafter lt. Kooperationsvertrag zu gleichen Teilen Anspruch auf einen erzielten Gewinn haben und im Verlustfall anteilig einen Verlust tragen. Gesellschafterbezogen sind jeweils einheitliche und gesonderte Feststellungen von Besteuerungsgrundlagen nach § 180 Abs. 1 Nr. 2 a) AO durchzuführen. Bietet die Außen-GbR, bzw. einer der Gesellschafter der Innen-GbR, selbst entgeltliche Weiterbildungsleistungen (Vorträge, Kurse und andere Veranstaltungen wissenschaftlicher oder belehrender Art) an, resultiert für die Gesellschafter Folgendes: Die Beteiligung ist bei einer gemeinnützigen Körperschaft, bzw. bei einer juristischen Person des öffentlichen Rechts, als wirtschaftlicher Geschäftsbetrieb bzw. BgA oder u.U. auch als Zweckbetrieb nach §§ 65 - 68 AO (als Weiterbildungszweckbetrieb nach § 68 Nr. 8 AO) zu behandeln. Vgl. AEAO zu § 64 Abs. 1 Nr. 3; H 15.8 EStH 2009, *Innengesellschaft*; *Wallenhorst* in: Wallenhorst/Halaczinsky, Besteuerung gemeinnütziger Vereine, Stiftungen und der jPdöR, 360f.

umsätze (bei einer umsatzsteuerrechtlichen Organschaft nach § 2 Abs. 2 Nr. 2 UStG oder bei grenzüberschreitenden Dienstleistungen zwischen Stammhaus und Betriebsstätte[574]) soll der Wortteil „Innen-" implizit auf die umsatzsteuerrechtliche Bedeutungslosigkeit der Innen-Gesellschaft hinweisen.[575] Eine BGB-Innengesellschaft bzw. eine verdeckte GbR ist kein tauglicher Unternehmer i.S.d. § 2 UStG, da sich diese nicht nach außen hin durch Bewirken von entgeltlichen Umsätzen am Wirtschaftsverkehr beteiligt[576] - es mangelt an der Unternehmerfähigkeit.

BGB-Innengesellschaften stellen in der umsatzsteuerrechtlichen Praxis eine bedeutsame Fehlerquelle dar.[577] Der regelmäßig formfreien Gründung einer Innengesellschaft - mündlich oder auch stillschweigend durch konkludentes Handeln - (analog der BGB-Außengesellschaft)[578] sind sich die Gesellschafter oftmals nicht gewahr.[579] Zur Abgrenzung einer Innen- von einer Außengesellschaft ist grundsätzlich auf die Vereinbarungen des Gesellschaftsvertrags abzustellen: Beschränkt sich der Zusammenschluss auf Innenbeziehungen oder nehmen die Gesellschafter gemeinsam als Gesamthand am Rechtsverkehr teil.[580] Steuerlich

---

574 EuGH, Urteil v. 23.3.2006, C-210/04, *FCE Bank plc*, UR 2006, 331, Leitsatz.

575 *Scharpenberg* in: Hartmann/Metzenmacher, UStG, E § 2, Rz. 95.

576 BFH, Urteil v. 11.11.1965, V 146/93 S, BStBl. III 1966, 28; BFH, Urteil v. 12.2.1970, V R 50/66, BStBl. II 1970, 477; BFH, Urteil v. 18.12.1980, V R 142/73, BStBl. II 1981, 408; Abschn. 2.1. Abs. 5 S. 1 UStAE; *Katterbe*, BGB-Gesellschaft im Steuerrecht, 1999, 155, Rz. 319; *Pump/Fittkau*, StBp 2008, 37, 37; *Fittkau*, GbR im Umsatzsteuerrecht, 2008, 45; *Reiß* in: Tipke/Lang, Steuerrecht, § 14, Rz. 130. *Birkenfeld* in: Birkenfeld, Umsatzsteuer-Handbuch, § 41, Rz. 193; *Georgy* in: Plückebaum/Widmann, UStG, § 2 Abs. 1 UStG, Rz. 120.

577 *Pump/Fittkau*, StBp 2007, 7, 7.

578 BFH, Urteil v. 1.8.1996, VIII R 12/94, BStBl. II 1997, 272 m.w.N. unter Entscheidungsgründe II. 1. a); *Pump/Fittkau*, StBp 2007, 7, 8; *Stürner* in: Jauernig, BGB, § 705 Inhalt des Gesellschaftsvertrags, Rz. 24.

579 *Scharpenberg* in: Hartmann/Metzenmacher, UStG, E § 2, Rz. 96. *Pump/Fittkau* weisen jedoch daraufhin, dass in einzelnen Fällen den Beteiligten die Gründung einer BGB-Innengesellschaft durchaus bewusst ist, eine Betriebsanzeige jedoch unterbleibt. *Pump/Fittkau*, StBp 2007, 7, 7. Die Existenz einer BGB-Innengesellschaft muss nicht von den Gesellschaftern gegenüber Dritten geheim gehalten, die Gesellschafter dürfen lediglich nicht als Gesellschaft im Rechtsverkehr tätig werden. *Schöne* in: Bamberger/Roth, BGB - BeckOK, § 705, Rz. 159; *Ulmer* in: Säcker/Rixecker, Münchener Kommentar zum BGB - Band 5, BGB § 705 Inhalt des Gesellschaftsvertrags, Rz. 276.

580 *Schöne* in: Bamberger/Roth, BGB - BeckOK, § 705, Rz. 141; *Ulmer* in: Säcker/Rixecker, Münchener Kommentar zum BGB - Band 5, BGB § 705 Inhalt des Gesellschaftsvertrags, Rz. 279.

ist die tatsächliche Handhabung entscheidend,[581] insbesondere wenn die BGB-Außen- oder BGB-Innengesellschaft stillschweigend durch konkludentes Handeln gegründet wurde.

Liegt kein Gesellschaftsvertrag vor und ist fraglich, wer die entgeltlichen Umsätze erbringt/ausübt und wem infolgedessen die Unternehmereigenschaft zuzurechnen ist, muss das zwingend erforderliche Kriterium des Auftretens nach Außen anhand von Indizien geprüft werden. Maßgebliche Anhaltspunkte sind nach Ansicht des BFH bspw. das Auftreten gegenüber Kunden und Lieferanten sowie gegenüber Behörden (wer hat die Gewerbeanmeldung und Steuererklärungen abgegeben).[582]

Im Fall einer verdeckten GbR handelt nur einer (oder jeweils jeder) der im Innenverhältnis schuldrechtlich verpflichteten Gesellschafter - der BGB-Innengesellschaft - im Außenverhältnis in eigenem Namen.[583] Der einzelne Gesellschafter übt im eigenen Namen eine selbstständige und nachhaltige Tätigkeit mit Einnahmeerzielung aus. D.h. alleine der einzelne Gesellschafter ist Steuerpflichtiger, soweit er entgeltliche Leistungen gegenüber Dritten im eigenen Namen erbringt.[584]

Umsatzsteuerliche Leistungsbeziehungen der BGB-Innengesellschaft selbst sind weder im Verhältnis zu Dritten noch im Verhältnis zu den eigenen Gesellschaftern möglich, da die Innengesellschaft nicht als solche nach außen hin mit Leistungsbezügen oder Leistungserbringung tätig wird.[585] Denkbar wäre lediglich ein Leistungsaustausch zwischen den einzelnen Gesellschaftern selbst.[586]

1.1.1 Weiterbildungsleistung durch privaten, eigennützigen Dritten als Gesellschafter einer BGB-Innengesellschaft

Unter Berücksichtigung der entsprechenden Tätigkeit vollzieht sich die Einstufung als Unternehmer folglich auf Ebene des einzelnen, nach außen auftretenden Gesellschafters der Innengesellschaft. Entgeltliche Weiterbildungs-/Unterrichtsleistungen im Rahmen einer BGB-Innengesellschaft bietet nur einer der Gesell-

---

581 *Pump/Fittkau*, StBp 2007, 7, 8.

582 BFH, Beschluss v. 30.7.1990, V B 48/90 (NV), BFH/NV 1991, 62, Leitsatz. Weitere Indizien für ein Auftreten nach außen finden sich bei *Pump/Fittkau*, StBp 2007, 7, 11.

583 BFH, Urteil v. 1.8.1996, VIII R 12/94, BStBl. II 1997, 272; *Pump/Fittkau*, StBp 2007, 7, 8; *Schöne* in: Bamberger/Roth, BGB - BeckOK, § 705, Rz. 159.

584 Abschn. 2.1 Abs. 5 S. 2 UStAE; BFH, Urteil v. 11.11.1965, V 146/93 S, BStBl. III 1966, 28; *Scharpenberg* in: Hartmann/Metzenmacher, UStG, E § 2, Rz. 96.

585 *Georgy* in: Plückebaum/Widmann, UStG, § 2 Abs. 1 UStG, Rz. 123ff.

586 *Georgy* in: Plückebaum/Widmann, UStG, § 2 Abs. 1 UStG, Rz. 123; *Scharpenberg* in: Hartmann/Metzenmacher, UStG, E § 2, Rz. 97.

schafter - Einrichtung des öffentlichen Rechts, steuerbegünstigte Körperschaft i.S.d. §§ 51-68 AO oder privater Dritter - selbst am Markt an. Die übrigen Gesellschafter beschränken sich auf vorbereitende oder unterstützende Maßnahmen.

Die umsatzsteuerrechtlichen Folgen der Qualifikation als Unternehmer bzw. Steuerpflichtiger sollen an dem nachfolgenden Beispiel illustriert werden. Annahmegemäß schließen sich ein privater Dritter (gewinnmaximierendes, eigennütziges Wirtschaftsunternehmen), eine steuerbegünstigte Körperschaft und eine juristische Person des öffentlichen Rechts in einer BGB-Innengesellschaft zusammen. Vertragsgemäß soll nur einer der Gesellschafter im Außenverhältnis gegenüber Dritten die Weiterbildungsleistung im eigenen Namen, nachhaltig und gegen Entgelt erbringen.

Soweit die Weiterbildungsmaßnahme demgemäß durch den privaten Dritten als Gesellschafter der BGB-Innengesellschaft angeboten wird, ist der Private als Steuerpflichtiger bzw. als Unternehmer zu qualifizieren. Die Weiterbildungsmaßnahme ist ihm zuzurechnen. Folgerichtig hat er die umsatzsteuerrechtlichen Pflichten zu erfüllen.

Diese Qualifikation gilt unabhängig von der Zuordnung der Weiterbildungsleistung zu einer der drei stilisierten Produktklassen.[587] Das entsprechende Angebot begründet einen steuerbaren Umsatz des privaten Dritten gem. Art. 2 Abs. 1 c) MwStSystRL bzw. § 1 Abs. 1 Nr. 1 UStG.

1.1.2 Weiterbildungsleistung durch steuerbegünstigte Körperschaft als Gesellschafter einer BGB-Innengesellschaft

In der ersten Abwandlung des Beispiels soll die entgeltliche Weiterbildungs-/ Unterrichtstätigkeit nun durch die steuerbegünstigte Körperschaft (als Gesellschafter der verdeckten GbR) angeboten werden. Das im vorangegangenen Unterkapitel dargelegte Ergebnis kann nahtlos auf diese Variante übertragen werden, da für die Unternehmereigenschaft steuerbegünstigter Körperschaften keine Sonderregelungen gelten. Unabhängig von der Zuordnung der Bildungsmaßnahme zu einer der drei stilisierten Weiterbildungsleistungen wird die steuerbegünstigte Körperschaft mit dem nachhaltigen, entgeltlichen Weiterbildungsangebot stets als Steuerpflichtiger tätig. Das entgeltliche Weiterbildungsangebot

587 Vgl. Kapitel B. I. 4.2. Diesbzüglich ist zu beachten, dass das Angebot eines postgradualen Weiterbildungsstudiengangs, der mit einem akademischen Grad abschließt, durch den Privaten nur für den Fall der staatlichen (landesrechtlichen) Anerkennung als Hochschule möglich ist. Vgl. § 70 HRG und die entsprechende Umsetzung in den Landeshochschulgesetzen, bspw. § 70 LHG-BW.

begründet einen steuerbaren Umsatz nach Art. 2 Abs. 1 c) MwStSystRL bzw. § 1 Abs. 1 Nr. 1 UStG.

Dem Gemeinnützigkeitsstatus kommt nach nationalem Umsatzsteuerrecht erst auf den nachfolgenden Stufen des Prüfschemas - Steuerbefreiung und Steuersatz - eine Bedeutung zu.[588] Dabei knüpfen die Begünstigungen, insbesondere der ermäßigte Steuersatz nach § 12 Abs. 2 Nr. 8 a) UStG, an das Bestehen eines Zweckbetriebs an.[589]

Das entgeltliche Bildungsangebot der steuerbegünstigten Körperschaft ist dem Grunde nach der ertragsteuerlichen Sphäre des wirtschaftlichen Geschäftsbetriebs (§ 64 Abs. 1 AO i.V.m. § 14 AO) zuzuordnen und begründet insoweit für die gemeinnützige Körperschaft eine partielle Ertragsteuerpflicht. Dessen ungeachtet kann dieser wirtschaftliche Geschäftsbetrieb unter den weiteren Voraussetzungen der §§ 65 -68 AO[590] als Zweckbetrieb qualifiziert werden. Dazu muss die entgeltliche (Weiter-) Bildungstätigkeit satzungsgemäß ausgeübt werden. D.h. die gemeinnützige Körperschaft fördert satzungsgemäß zumindest den Zweck der Erziehung, Volks- und Berufsbildung i.S.d. § 52 Abs. 2 Nr. 7 AO[591] und verfolgt diesen Zweck selbstlos, ausschließlich und unmittelbar (§ 51 AO i.V.m. § 52 AO). Zudem muss sich die Bildungsmaßnahme an die Allgemein-

---

588 M.E. kann der nationale Gesetzgeber die Anwendung einer Umsatzsteuerbefreiung nicht von der Qualifikation der Bildungseinrichtung als gemeinnützig nach §§ 51–68 AO abhängig machen. Vgl. ausführlich Kapitel E. V. 1. 1. 2.

589 Vgl. zum ermäßigten Steuersatz im Lichte der unionsrechtlichen Vorgaben Kapitel C. III. 3. 1.

590 Das Gesetz differenziert die Zweckbetriebe in: allgemeine Zweckbetriebe nach § 65 AO, Zweckbetriebe für Einrichtungen der Wohlfahrtspflege, Krankenhäuser und sportliche Veranstaltungen nach § 66 - 67a AO sowie Katalogzweckbetriebe des § 68 AO. Dabei gehen die speziellen Regelungen der §§ 66 - 68 AO den allgemeinen Anforderungen des Zweckbetriebs nach § 65 AO vor. § 68 AO hat als lex specialis eine rechtsbegründende Wirkung und wird nach dem Willen des Gesetzgebers „so ausgelegt, dass die genannten Beispiele Zweckbetriebe sind, ohne dass noch geprüft zu werden braucht, ob auch die allgemeinen Voraussetzungen für die Annahme eines Zweckbetriebs (§ 65 AO) im Einzelfall erfüllt werden. Diese Auslegung ist zwingend […]." BT-Drs. 11/4176, v. 13.03.1989, Gesetzentwurf zur Verbesserung und Vereinfachung der Vereinsbesteuerung (Vereinsförderungsgesetz), 12. Vgl. auch BFH, Urteil v. 4.6.2003, I R 25/02, BStBl. II 2004, 660, Leitsatz und unter Gründe II. 2; AEAO zu § 68 Nr. 1 S. 1; *Koenig* in: Pahlke/Koenig, AO, § 65, Rz. 2; *Buchna/Seeger/Brox*, Gemeinnützigkeit im Steuerrecht, 2010, 398; *Schauhoff* in: Schauhoff, Handbuch der Gemeinnützigkeit, § 7, Rz. 90. Im Rahmen eines Zweckbetriebes nach § 68 AO ist die Begünstigungskette „steuerbegünstigte Körperschaft - steuerbegünstigter Zweck - Zweckbetrieb" zu prüfen. *Sauer* in: Beermann/Gosch, AO FGO, § 68 AO, Rz. 1.

591 *Engelsing/Latsch*, NWB 2006, 7, 6715, 6717.

heit richten.[592] Infolgedessen können weder der Einzelunterricht im Rahmen von Nachhilfeangeboten noch innerbetriebliche Seminare, die speziell auf die Interessen eines einzelnen Unternehmens bzw. einer einzelnen Institution zugeschnitten sind, im Rahmen eines steuerbegünstigten Zweckbetriebs erfolgen.[593] Unschädlich für einen Zweckbetrieb ist dagegen eine sachlich gebotene Begrenzung der (Weiter-) Bildungsmaßnahme, d.h. wenn sich das satzungsgemäße (Berufs-) Aus- und Fortbildungsangebot einer steuerbegünstigten Bildungseinrichtung tatsächlich nur an Angehörige der entsprechenden Berufsgruppe richtet.[594] Dementsprechend erfolgt die satzungsgemäße Durchführung eines Fachanwaltslehrgangs einer gGmbH im Rahmen ihres Bildungszweckbetriebs (nach § 68 Nr. 8 AO), auch wenn sich das Angebot ausschließlich an Rechtsanwälte richtet.

Sind die allgemeinen Anforderungen des Gemeinnützigkeitsrechts erfüllt, können die (Weiter-) Bildungsleistungen grundsätzlich einen „allgemeinen" Zweckbetrieb gem. § 65 AO oder einen Katalogzweckbetrieb nach § 68 Nr. 8 AO begründen. Vor dem Hintergrund einer möglichen oder tatsächlichen Konkurrenzsituation mit nicht steuerbegünstigten Wettbewerbern dürfte in praxi stets der sog. (Weiter-) Bildungszweckbetrieb nach § 68 Nr. 8 AO einschlägig sein.[595] Hierunter subsumiert der Gesetzeswortlaut Vorträge, Kurse und andere

---

592 Die Förderung der Allgemeinheit liegt nach § 52 Abs. 1 S. 2 AO nicht vor, „wenn der Kreis der Personen, dem die Förderung zugute kommt, fest abgeschlossen ist, zum Beispiel Zugehörigkeit zu einer Familie oder zur Belegschaft eines Unternehmens, oder infolge seiner Abgrenzung, insbesondere nach räumlichen oder beruflichen Merkmalen, dauernd nur klein sein kann."

593 *Schauhoff* in: Schauhoff, Handbuch der Gemeinnützigkeit, § 7, Rz. 103.

594 *Buchna/Seeger/Brox*, Gemeinnützigkeit im Steuerrecht, 2010, 62.

595 Die Katalogzweckbetriebe nach § 68 AO unterliegen zwar den allgemeinen Grundsätzen des Gemeinnützigkeitsrechts, aber die Prüfung der Tatbestandsmerkmale des § 65 AO sieht § 68 AO nicht vor. Die Beantwortung der Frage, ob ein Bildungszweckbetrieb „zu nicht begünstigten Betrieben derselben oder ähnlicher Art nicht in größerem Umfang in Wettbewerb tritt, als es bei Erfüllung der steuerbegünstigten Zwecke unvermeidbar ist" (d.h. der Wettbewerbsaspekt nach § 65 Nr. 3 AO) spielt bei einem Zweckbetrieb nach § 68 Nr. 8 AO keine Rolle. Aufgrund der fehlenden Wettbewerbsklausel misst der Gesetzgeber der – selbstlosen, gemeinnützigen und im Interesse der Allgemeinheit erfolgenden - Förderung von Bildungsangeboten in Form von Vorträgen und Kursen wissenschaftlicher oder belehrender Art, mehr Bedeutung zu als der eventuellen Beeinträchtigung des Wettbewerbs auf dem Weiterbildungsmarkt. BFH, Urteil v. 4.6.2003, I R 25/02, BStBl. II 2004, 660; *Buchna/Seeger/Brox*, Gemeinnützigkeit im Steuerrecht, 2010, 341 und 398; *Sauer* in: Beermann/Gosch, AO FGO, § 68 AO, Rz. 2.3; *Schauhoff* in: Schauhoff, Handbuch der Gemeinnützigkeit, § 7, Rz. 90 und Rz. 103; *Strahl*, NWB 2008, 4, 5293, 5296. „Zwar nimmt der Wettbewerb durch private Bildungseinrichtungen zu. Angesichts der herausragenden Bedeutung, die der Aus- und

Veranstaltungen wissenschaftlicher oder belehrender Art, die von der steuerbegünstigten Körperschaft selbst durchgeführt werden. Sind die Weiterbildungsmaßnahmen einer gemeinnützigen Bildungseinrichtung als Zweckbetrieb zu qualifizieren, die keiner Steuerbefreiung unterliegen, können die entsprechenden Unterrichtsleistungen nach § 12 Abs. 2 Nr. 8 a) UStG (ohne Berücksichtigung der unionsrechtlichen Vorgaben)[596] mit dem ermäßigten Steuersatz angeboten.

Die Regelung des § 68 Nr. 8 AO bildet hinsichtlich den begünstigten Bildungsleistungen die Umsatzsteuerbefreiung des § 4 Nr. 22 a) UStG nach.[597] Abweichungen ergeben sich jedoch bei den Beherbergungs- und Beköstigungsleistungen gegenüber den Veranstaltungsteilnehmern. Der Wortlaut des § 68 Nr. 8 AO ordnet diese Leistungen gleichfalls dem steuerbegünstigten Zweckbetrieb zu, falls die Körperschaft diese Leistungen selbst (oder unter Zuhilfenahme Dritter, z.B. eines Hotels)[598] gegenüber den Teilnehmern gewährt.[599] Dagegen begünstigt der eindeutige Wortlaut der Umsatzsteuerbefreiung des § 4 Nr. 22 a) UStG ausschließlich die dort angeführten Bildungsleistungen, falls diese von den im Gesetzestext abschließend aufgezählten Bildungs-/Lehreinrichtungen angeboten werden.[600] Die Beherbergungs- und Verköstigungsleistungen sind grundsätzlich - bis auf die Sonderfälle der Leistungserbringung an Jugendliche nach § 4 Nr. 23 UStG oder die Qualifikation als Nebenleistung zur (Haupt-) Bildungsleistung - steuerpflichtig.

Weiterbildung in einer modernen Wissensgesellschaft zukommt, wird man aber dem Allgemeininteresse an einem möglichst vielfältigen Bildungsangebot den Vorrang vor Wettbewerbsinteressen einräumen müssen." *Hüttemann*, Gemeinnützigkeits- und Spendenrecht, 2008, § 6, Rz. 270.

596 Vgl. hierzu Kapitel C. III. 3. 1.

597 *Fischer* in: Hübschmann/Hepp/Spitaler, AO FGO, § 68, Rz. 22; *Koenig* in: Pahlke/Koenig, AO, § 68, Rz. 17.

598 *Buchna/Seeger/Brox*, Gemeinnützigkeit im Steuerrecht, 2010, 413; *Schauhoff* in: Schauhoff, Handbuch der Gemeinnützigkeit, § 7, Rz. 103.

599 *Sauer* in: Beermann/Gosch, AO FGO, § 68 AO, Rz. 26. Falls die Beherbergungs- und Beköstigungsleistungen auch Personen offen stehen, die nicht Teilnehmer der Bildungsmaßnahme sind, kann die Unterbringung und Beköstigung in Gänze kein Teil des Bildungszweckbetriebs mehr sein. Stattdessen liegt ein eigenständiger (ertrag-) steuerpflichtiger wirtschaftlicher Geschäftsbetrieb vor. BFH, Urteil v. 11.4.1990, I R 122/87, BStBl. II 1990, 724.

600 Zur richtlinienkonformen Auslegung des § 4 Nr. 22 a) UStG vgl. Kapitel E. V. 1.

1.1.3 Weiterbildungsleistung durch juristische Person des öffentlichen Rechts als Gesellschafter einer BGB-Innengesellschaft

In der letzten Abwandlung des Ausgangsbeispiels wird die Weiterbildungsmaßnahme (nachhaltig und gegen Entgelt) durch eine juristische Person des öffentlichen Rechts als Gesellschafter der BGB-Innengesellschaft angeboten. Dieser Fall erfordert eine tiefer gehende Analyse. Im Gegensatz zu den beiden vorangegangenen Varianten sind jetzt auch die Rückwirkungen der angebotenen, stilisierten Weiterbildungsleistungen auf die Qualifikation als Steuerpflichtiger zu berücksichtigen.

Sollte die juristische Person des öffentlichen Rechts die Weiterbildungsleistung im Rahmen der öffentlichen Gewalt ausüben und damit zugleich keine größere Wettbewerbsverzerrung mit gleichartigen, umsatzsteuerpflichtigen Bildungstätigkeiten Dritter begründen, übt die öffentlich-rechtliche Bildungseinrichtung die Weiterbildungsmaßnahme als Nichtsteuerpflichtiger aus. Unter diesen Voraussetzungen fällt die Weiterbildungsleistung trotz entgeltlicher nachhaltiger Tätigkeit nicht in den Anwendungsbereich der Mehrwertsteuer. Die Unterrichts-/Lehrtätigkeit ist als hoheitliche Tätigkeit nicht umsatzsteuerbar. Aus dieser Tätigkeit resultieren für die öffentlich-rechtliche Bildungseinrichtung keinerlei Erklärungs-/Meldepflichten gegenüber den zuständigen Finanzbehörden.

Folgendes Beispiel soll den Zusammenhang verdeutlichen: Die (Bildungs-) Einrichtung des öffentlichen Rechts sei eine staatliche Hochschule, deren Leistungsportfolio annahmegemäß die drei stilisierten Weiterbildungstätigkeiten beinhaltet. Die staatliche Hochschule wird mit der Lehr-/Unterrichtstätigkeit im Rahmen eines postgradualen Weiterbildungsstudiengangs, der mit einem akademischen Grad abschließt,[601] auf einer eigens für sie geltenden öffentlich-rechtlichen Sonderregelung tätig.[602] Die Tätigkeit obliegt ihr im Rahmen der öf-

---

601 Kostenpflichtige Weiterbildungsstudiengänge, die nicht mit einem staatlich anerkannten Abschluss enden, begründen aus ertragsteuerlicher Sicht bei der staatlichen Hochschule unter den Voraussetzungen des § 4 KStG einen BgA. Gleichartige Bildungsmaßnahmen können potenziell auch steuerpflichtig von Drittanbietern angeboten werden. Unter Berücksichtigung der Vorgaben des Gemeinnützigkeitsrechts (§§ 51-68 AO) kann dieser BgA als gemeinnützig anerkannt werden. Es liegt in der Praxis regelmäßig ein sog. (Weiter-) Bildungszweckbetrieb nach § 68 Nr. 8 AO vor. Dieser ist nach § 5 Abs. 1 Nr. 9 KStG und § 3 Nr. 6 GewStG von der Körperschaft- und Gewerbesteuer befreit. OFD Münster v. 1.8.2009, http://www.ofd-muenster.de/die_ofd_ms/Arbeitshilfen__Leitfaeden__Praxishilfen/PDF_Arbeitshilfen/2007_Jur_pers_oeff_Recht.pdf, 105, abgefragt am 4.1.2012.

602 Vgl. ausführlich zur Unterscheidung der wissenschaftlichen Weiterbildungsangebote von Hochschulen die Ausführungen in Fußnote 187 sowie Abbildung 6, Anhang XXX.

fentlichen Gewalt. Diese universitäre Weiterbildungsleistung generiert keine größeren Wettbewerbsverzerrungen i.S.v. Art. 13 Abs. 1 S. 2 MwStSystRL. Eine gleichartige Bildungsleistung (postgradualer Studiengang mit Verleihung eines akademischen Grades) bietet kein umsatzsteuerpflichtiger Dritter an.[603] Die juristische Person des öffentlichen Rechts handelt folglich als Nichtsteuerpflichtiger. Es liegt mit dieser Tätigkeit kein steuerbarer Umsatz vor.

Soweit die staatliche Hochschule als Gesellschafter einer BGB-Innengesellschaft eine der beiden anderen typisierten Weiterbildungsleistungen anbietet,

---

Aus- und Fortbildungstätigkeiten durch eine Universität gegen (öffentlich-rechtliche) Studiengebühren sind hoheitlich und damit nicht steuerbar. *Klenk* in: Sölch/Ringleb, UStG, § 2, Rz. 255, unter *Universität*. Bisher werden Lehrtätigkeiten der Hochschulen als Ausübung öffentlicher Gewalt und demnach als nicht steuerbare Tätigkeiten qualifiziert. RFH, Gutachten v. 9.7.1937, V D 1/37, RStBl. 1937, 1306; RFH, Gutachten v. 2.7.1938, Gr. S. D 5/38, RStBl. 1938, 743; BFH, Urteil v. 14.3.1990, I R 156/87, BStBl. II 1990, 866. Erheben staatliche Hochschulen gegenüber ihren Studierenden Studiengebühren bzw. Studienbeiträge auf Grund entsprechender gesetzlicher Vorschriften, handelt es sich nicht um ein Entgelt für eine steuerbare Tätigkeit. *Strahl*, FR 1998, 761, 765; *Walz/Wulff*, WissR 2004, 26, 40; *Regierer/Becker*, DStR 2006, 1494, 1497; *Sädtler*, Körperschaftsteuer- und Umsatzsteuerpflicht öffentlicher Hochschulen, 2006, 184; OFD Münster v. 1.8.2009, http://www.ofd-muenster.de/die_ofd_ms/Arbeitshilfen__Leitfaeden__Praxishilfen/PDF_Arbeitshilfen/2007_Jur_per_oeff_Recht.pdf, 105; *Krämer* in: Dötsch/Jost/Pung u.a., KStG, § 4, Rz. 109, *Hochschulen*; *Widmann* in: Plückebaum/Widmann, UStG, § 2 Abs. 3, Rz. 257.

603 Das Angebot vergleichbarer Weiterbildungsleistungen durch private Hochschulen ändert nichts an der Einstufung als hoheitliche Tätigkeit für die staatlichen Hochschule, soweit „die Angebote privater Anbieter zu ihrer Anerkennung einer staatlich reglementierten oder durchgeführten Prüfung und eines durch Hoheitsakt verliehenen Abschlusstitels [staatlich anerkannter Abschluss, akademischer Grad] bedürfen." *Krämer* in: Dötsch/Jost/Pung u.a., KStG, § 4, Rz. 109, *Hochschulen*. Gleichartige Weiterbildungsleistungen staatlich anerkannter privater Hochschulen sind nach Art. 132 Abs. 1 i) MwStSystRL von der Umsatzsteuer befreit. Auf die Steuerbefreiung kann nach Unionsrecht nicht verzichtet werden. Da die vergleichbaren Leistungen privater Anbieter - ohne Verzichts-/Optionsmöglichkeit - steuerbefreit sind, kann die Nichtbesteuerung der staatlichen Hochschulen (für die hoheitlichen Weiterbildungsstudiengänge mit Abschluss eines akademischen Grades) nicht zu einer schädlichen Wettbewerbsverzerrung und damit nicht zum Tätigwerden der juristischen Person des öffentlichen Rechts als Steuerpflichtiger führen. Ähnlich auch BFH hinsichtlich der Beurteilung der entgeltlichen Überlassung von Personal und Sachmitteln durch eine staatliche Hochschule an bei ihr Beschäftige für deren Nebentätigkeiten. BFH, Urteil v. 15.4.2010, V R 10/09, DStR 2010, 1280, Rz. 48. Zu Steuerbefreiungen mit bestehender Verzichtsmöglichkeit auf dieselbigen und einem daraus resultierendem potenziellen Wettbewerbsverhältnis vgl. BFH, Urteil v. 3.3.2011, V R 23/10, DStR 2011, 1077, Rz. 25 und Rz. 26.

ändert sich die steuerrechtliche Beurteilung. Die Hochschule wird dann - im Rahmen einer beruflichen Weiterbildungsmaßnahme oder alternativ einer allgemeinbildenden Bildungsmaßnahme, die rein auf die Freizeitgestaltung der Teilnehmer ausgerichtet ist - auf privatrechtlicher Grundlage und unter den gleichen rechtlichen Bedingungen wie ein privater Wirtschaftsteilnehmer tätig. Die Sonderregelung des Art. 13 MwStSystRL ist demnach nicht einschlägig und nicht zu prüfen. Es handelt sich bei den beiden genannten Weiterbildungsleistungen jeweils um eine selbstständig ausgeübte wirtschaftliche Tätigkeit nach Art. 9 MwStSystRL. Die öffentliche Einrichtung handelt folglich als Steuerpflichtiger. Da die weiteren Voraussetzungen (Dienstleistung gegen Entgelt im Inland) vorliegen, sind die Leistungen nach Art. 2 Abs. 1 c) MwStSystRL bzw. § 1 Abs. 1 Nr. 1 UStG umsatzsteuerbar.

Die Hochschule kann die berufliche Weiterbildungsmaßnahme als gemeinnützig ausgestalten, wenn die formellen und materiellen Anforderungen der §§ 51 - 68 AO erfüllt werden. Der Gemeinnützigkeitsstatus wirkt u.U. auf die Anwendung des Steuersatzes zurück. Dagegen verfolgt die Hochschule mit einer Veranstaltung, bei der die Freizeitgestaltung der Teilnehmer im Vordergrund steht, keine gemeinnützigen Zwecke i.S.d. §§ 51 - 68 AO.

1.2 Leistungsaustausch im Rahmen eines gegenseitigen Vertragsverhältnisses

Wie bereits unter Kapitel B. II. 2. erläutert, können die in der Praxis oftmals in Erscheinung tretenden Leistungsbeziehungen im Rahmen eines gegenseitigen Vertragsverhältnisses (Leistungsaustausch) in einem weiten Sinne ebenfalls als Non-Equity Joint Venture klassifiziert werden.[604]

Typische Beispiele dieser Form der Zusammenarbeit zwischen erwerbswirtschaftlichen Unternehmen und der öffentlichen Hand oder gemeinnützigen Körperschaften sind die Tätigkeitsfelder der Auftragsforschung und des Sponsorings.[605] Ferner fallen unter diese Kooperationen in einem weiten Sinne gleichfalls alle denkbaren gegenseitigen Vertragsverhältnisse, u.a. auch die vertragliche Einbindung einer Hilfsperson nach § 57 AO durch einen steuerbegünstigten

---

604 *Zacher*, IStR 1997, 408, 408. Flankierend zu den synallagmatischen Vertragsverhältnissen werden bereits regelmäßig philanthropische bzw. altruistische Zuwendungen natürlicher oder juristischer Personen an die öffentliche Hand oder an steuerbegünstigte Körperschaften als Form der Kooperation postuliert. Im Rahmen dieser Arbeit wird das Mäzenatentum nicht weiter untersucht.

605 An Stelle vieler grundlegend zur Auftragsforschung und zum Sponsoring bei juristischen Personen des öffentlichen Rechts und gemeinnützigen Körperschaften *Heidler*, Besteuerung v. jPdöR, 2007, 171ff. und 205ff.

Auftraggeber oder auch Unterauftragsverhältnisse im Rahmen von Forschungskooperationen. Grundsätzlich sind bei diesen Vertragsverhältnissen hinsichtlich der Eigenschaft als Steuerpflichtiger bzw. Unternehmer keine umsatzsteuerlichen Fallstricke zu befürchten.[606] In der Regel liegt ein steuerbarer Umsatz vor, wobei derjenige Vertragspartner, der die Leistung erbringt, als Steuerpflichtiger zu qualifizieren ist.

Übertragen auf das Angebot von Weiterbildungsleistungen resultieren Leistungsbeziehungen im Rahmen eines gegenseitigen Vertragsverhältnisses (Leistungsaustausch) bspw. aus: Der Anmietung von Veranstaltungsräumen, den Vereinbarungen mit den Lehrenden bzw. Referenten, den Verträgen mit den Teilnehmern - wenn ein Teilnahmeentgelt erhoben wird, den Beherbergungs-/Beköstigungsleistungen gegenüber den Weiterbildungsteilnehmern und dem Abschluss von Sponsoringverträgen (z.B. bezüglich der Überlassung von Standflächen, dem Abdruck des Sponsorenlogos bzw. Firmenporträts auf den Veranstaltungsmaterialien wie Eintrittskarten oder Flyern oder Plakaten, die Darstellung des Logos auf der Website des Veranstalters - mit oder ohne Verlinkung auf die Sponsorenwebsite -, das Einlegen von Werbematerialien in die Weiterbildungsunterlagen wie Skripte oder Tagungsbände).

1.2.1 Leistungsaustausch zwischen steuerbegünstigten Körperschaften

Bei einem Leistungsaustausch zwischen den möglichen Kooperationspartnern im Weiterbildungsmarkt - juristische Person des öffentlichen Rechts, steuerbegünstigte Körperschaft oder privater Dritter - ergeben sich in zwei Fallkonstellationen steuerliche Besonderheiten.

Der erste Fall betrifft gegenseitige Vertragsbeziehungen (mit Leistungsaustausch) zwischen zwei steuerbegünstigten Körperschaften. Dabei sind die Rückwirkungen des Gebots der Unmittelbarkeit nach § 57 AO auf die beteiligten Vertragsparteien zu beachten. Der Status der Gemeinnützigkeit, d.h. die Steuerbegünstigung, knüpft zwingend an die Einhaltung des Unmittelbarkeitsgebotes. Sofern das Kriterium der Unmittelbarkeit bei der leistenden Körperschaft nicht vorliegen sollte und daher die Gemeinnützigkeit versagt wird, resultieren daraus regelmäßig auch umsatzsteuerliche Folgen für die Inanspruchnahme eventueller Umsatzsteuerbefreiungen oder des ermäßigten Steuersatzes. Un-

606 Besonderheiten können sich jedoch bspw. bei einer Mittelweiterleitung durch den Erstzuwendungsempfänger im Rahmen eines Verbund(forschungs)projektes ergeben. In Abhängigkeit der tatsächlichen Vertragsausgestaltung kann trotz eines privatrechtlichen Vertrages zwischen Erstzuwendungsempfänger und Letztzuwendungsempfänger die Mittelweiterleitung als nicht steuerbarer Zuschuss qualifiziert werden. Vgl. ausführlich *Strahl*, KÖSDI 2010, 17064, 17068.

berührt bleibt hingegen die Qualifikation der Körperschaft als Steuerpflichtiger, da das Gemeinschaftsrecht und das nationale Umsatzsteuerrecht für steuerbegünstigte Körperschaften diesbezüglich keine Sonderregelungen vorsehen.

1.2.2 Leistungsaustausch zwischen juristischen Personen des öffentlichen Rechts

Dagegen kann sich der zweite Fall - öffentlich-rechtliche Vertragsbeziehungen zwischen zwei juristischen Personen des öffentlichen Rechts - auf die Unternehmereigenschaft des leistenden Vertragspartners auswirken. Die leistende juristische Person des öffentlichen Rechts wird nach Ansicht der Finanzverwaltung im Fall einer sog. hoheitlichen Beistandsleistung ausnahmsweise nicht als Steuerpflichtiger tätig.[607] Wie bereits unter Kapitel B. II. 2. 1 erläutert, verstößt dieses (auf Leistungsbeziehungen zwischen juristischen Personen des öffentlichen Rechts begrenzte) Umsatzsteuerprivileg der hoheitlichen Beistandsleistung m.E. gegen das Unionsrecht.

Nach den gemeinschaftsrechtlichen Vorgaben und deren Auslegung durch die höchstrichterliche Rechtsprechung ist bei einem gegenseitigen Vertragsverhältnis dieser Art die Unternehmereigenschaft nach folgender Maßgabe zu prüfen: Wird die leistende juristische Person des öffentlichen Rechts mit der wirtschaftlichen Tätigkeit i.S.v. Art. 9 Abs. 1 MwStSystRL auf einer privatrechtlichen Grundlage oder auf Basis einer öffentlich-rechtlichen Sonderregelung tätig? Sofern die Tätigkeit im Rahmen der öffentlichen Gewalt ausgeübt wird, muss zwingend die steuerliche Wettbewerbsneutralität gewahrt werden. Es ist zu prüfen, ob die Tätigkeit im Rahmen der öffentlichen Gewalt eine größere Wettbewerbsverzerrung begründet. M.E. ist die steuerrechtliche Beurteilung nicht darauf abzustellen, ob die Tätigkeit, würde sie von der leistungsempfangenden juristischen Person des öffentlichen Rechts selbst ausgeübt werden, bei ihr ori-

607 Ein Beispiel der Zusammenarbeit auf Basis eines synallagmatischen Vertrages zwischen zwei juristischen Personen des öffentlichen Rechts stellt bereits die Vermietung von Gerätschaften einer Gemeinde an eine andere Gemeinde dar. Nach Ansicht von Schmidt entfalten synallagmatische Vertragsbeziehungen für die jeweils beteiligten Vertrags-/Kooperationspartner keine erwähnenswerten Besonderheiten. *Schmidt*, Kommunale Kooperation, 2005, 21. Aus steuerrechtlicher Sicht ist bei Leistungsbeziehungen zwischen juristischen Person des öffentlichen Rechts jedoch das durch die Finanzverwaltung geduldete Konstrukt der hoheitlichen Beistandsleistung zu beachten. Vgl. OFD Rostock v. 21.11.2002, S 2706 - 04/01 - St 242, UR 2003, 303; FinMin Hessen v. 13.12.2006, S 7106 A - 096 - II 51, UR 2007, 661. Die ertragsteuerrechtliche Qualifikation der Beistandsleistung kann nach der hier vertretenen Auffassung jedoch aufgrund der europarechtlichen Vorgaben der Mehrwertsteuersystem-Richtlinie nicht für die Zwecke der Umsatzbesteuerung übertragen werden.

ginär als hoheitliche Tätigkeit oder zumindest als hoheitliche Teilaufgabe oder hoheitliches Hilfsgeschäft einzustufen wäre.[608]

Unter Rückgriff auf die Vorgaben der Finanzverwaltung[609] sind auf dem Weiterbildungsmarkt die nachfolgenden Leistungsbeziehungen (Kooperation in weitem Sinne, vgl. Kapitel B. II. 2. 1) zwischen juristischen Personen des öffentlichen Rechts als hoheitliche Beistandsleistung zu qualifizieren.

Beispiel 1: Die staatliche Hochschule H bietet einen berufsbegleitenden, postgradualen Weiterbildungsmasterstudiengang an. Da der Studiengang berufsbegleitend angelegt ist, beruht das Konzept auf einer Mischung aus Präsenzveranstaltungen und webbasierten Lernformen bzw. Online-Selbstlernphasen (E-Learning-Kurse und Online-Aufgaben mit tutorieller Betreuung)[610]. H beauftragt die gleichfalls staatliche Universität U, die bereits Erfahrungen mit E-Learning-Kursen sammeln konnte, mit der Umsetzung und Betreuung dieser Kurse. U erhält ein vertraglich vereinbartes Entgelt. Der Weiterbildungsstudiengang stellt für H eine hoheitliche Tätigkeit dar. Die Umsetzung und Betreuung der E-Learning-Kurse durch U ist als hoheitliche Beistandsleistung zu qualifizieren. Infolgedessen wird U mit dieser wirtschaftlichen Tätigkeit nicht als Steuerpflichtiger tätig.

Beispiel 2: Die staatliche Hochschule H bietet ausschließlich postgraduale Weiterbildungsmasterstudiengänge an. Gerne würde H Ihren Studierenden die Nutzung verschiedener elektronischer, wissenschaftlicher Datenbanken ermöglichen. Leider verfügt H weder über die zwingend erforderliche technische Ausstattung noch über qualifiziertes Personal für die Wartung der anzuschaffenden Ausstattung. Die staatliche Universität U hat dagegen noch entsprechende Kapazitäten frei. U ermöglich den Studierenden der H den Zugriff. Im Gegenzug entrichtet H der U ein vertraglich vereinbartes Entgelt. Analog dem o.g. Beispiel stellt der Weiterbildungsstudiengang für H eine hoheitliche Tätigkeit dar. Die Einräumung des Zugriffs (der Studierenden) auf die wissenschaftlichen Datenbanken ist nach Ansicht der Finanzverwaltung für U als eine hoheitliche und damit nicht umsatzsteuerbare Beistandsleistung gegenüber H zu qualifizieren.

---

608 So aber die Finanzverwaltung, vgl. OFD Rostock v. 21.11.2002, S 2706 - 04/01 - St 242, UR 2003, 303; FinMin Hessen v. 13.12.2006, S 7106 A - 096 - II 51, UR 2007, 661.

609 OFD Rostock v. 21.11.2002, S 2706 - 04/01 - St 242, UR 2003, 303; FinMin Hessen v. 13.12.2006, S 7106 A - 096 - II 51, UR 2007, 661.

610 Allgemein zur onlinegestützten Aus- und Fortbildung als moderne Lernform und dem Begriff des „Blended Learning“ vgl. *Sommer*, DStR 2004, 745, 746f.

2. Equity Joint Venture

Entsprechend den Ausführungen des Kapitels B. II. 3 gründen die beteiligten Kooperationspartner ein Gemeinschaftsunternehmen, das die Weiterbildungsleistung nachhaltig und gegen Entgelt am Markt anbietet. Das Gemeinschaftsunternehmen stellt eine gesonderte, rechtlich selbstständige Gesellschaft dar. Besonderheiten hinsichtlich der Unternehmereigenschaft können sich aus der privatrechtlichen oder der öffentlich-rechtlichen Ausgestaltung des Gemeinschaftsunternehmens unter Berücksichtigung der verschiedenen stilisierten Weiterbildungsangebote ergeben.

2.1 Privatrechtliche Ausgestaltung des Gemeinschaftsunternehmens

Dem Gemeinschaftsunternehmen stehen für die Erbringung von Weiterbildungstätigkeiten sämtliche privatrechtlichen Rechtsformen offen. Die Analyse beschränkt sich jedoch auf die beiden Varianten der Außen-GbR und der GmbH.

Das privatrechtliche Gemeinschaftsunternehmen tritt mit einer entgeltlichen Weiterbildungsmaßnahme nach außen im eigenen Namen und auf eigene Rechnung am Markt auf. Infolgedessen wird das Gemeinschaftsunternehmen umsatzsteuerrechtlich als Unternehmer bzw. Steuerpflichtiger tätig. Das Gemeinschaftsunternehmen erbringt eine Weiterbildungsleistung und übt diese Tätigkeit selbstständig, nachhaltig und mit Einnahmeerzielungsabsicht (d.h. als Unternehmer) aus - die Tatbestandsmerkmale des Art. 9 MwStSystRL bzw. § 2 Abs. 1 UStG sind erfüllt. Die Unternehmereigenschaft des Gemeinschaftsunternehmens ist unabhängig von Zweck (Eigennutz oder Gemeinnutz) und Ergebnis (Gewinnerzielung, Kostendeckung oder Dauerverlust) der jeweils angebotenen (Weiterbildungs-) Leistung. Infolgedessen begründet das nachhaltige Weiterbildungsangebot gegen Entgelt für die Außen-GbR bzw. alternativ für die GmbH einen steuerbaren Umsatz (nach Art. 2 Abs. 1 c) MwStSystRL bzw. § 1 Abs. 1 Nr. 1 UStG).

Eine Verknüpfung zwischen der Ebene des Gemeinschaftsunternehmens und der Gesellschafterebene analog dem nationalen Ertragsteuerrecht kennt das Mehrwertsteuerrecht nicht. Die umsatzsteuerrechtliche Behandlung eines Zusammenschlusses in privatrechtlicher Form erfolgt unabhängig davon, wem die Anteile gehören oder wem letztlich die Erträge zufließen.[611] Folglich gilt dies

611 *Widmann* in: Plückebaum/Widmann, UStG, § 2 Abs. 3 UStG, Rz. 13. Die im Bereich der Personengesellschaften für die Ertragsbesteuerung bedeutsame Qualifikation der Gesellschafter als Mitunternehmer nach § 15 Abs. 1 Nr. 2 EStG ist für die Unternehmereigenschaft der Personengesellschaft unerheblich. BFH, Urteil v. 18.12.1980, V R 142/73, BStBl. II 1981, 408; BFH, Urteil v. 27.6.1995, V R 36/94, BStBl. II 1995, 915;

umsatzsteuerrechtlich auch für Gemeinschaftsunternehmen, deren Gesellschafter ausschließlich juristische Personen des öffentlichen Rechts sind.[612] Bspw. könnten mehrere juristische Personen des öffentlichen Rechts eine Außen-GbR gründen, die die gemeinsame Durchführung bestimmter Verwaltungsmaßnahmen für die jeweiligen Weiterbildungsleistungen der einzelnen Einrichtung des öffentlichen Rechts gegen Kostenersatz bezweckt und aufgrund von Skaleneffekten der Kostenersparnis dient.[613] Ein Zusammenschluss des Privatrechts ist (auch) in dieser Konstellation als Steuerpflichtiger bzw. Unternehmer zu qualifizieren, gleichgültig ob das privatrechtliche Gemeinschaftsunternehmen eine öffentlich-rechtliche Aufgabe gegen Entgelt durchführt oder eine klassische gewerbliche Tätigkeit gegen Entgelt ausübt.

Auch bei Ausübung einer originär hoheitlichen Aufgabe der öffentlich-rechtlichen Gesellschafter kann das privatrechtliche Gemeinschaftsunternehmen nicht im Rahmen der öffentlichen Gewalt - d.h. als Nichtsteuerpflichtiger i.S.v. Art. 13 Abs. 1 MwStSystRL - tätig werden.[614] Um in den Anwendungsbereich

---

Katterbe, BGB-Gesellschaft im Steuerrecht, 1999, 155f.; *Fittkau*, GbR im Umsatzsteuerrecht, 2008, 126.

612 *Reimer*, Die öffentliche Hand als Steuerpflichtiger, in: Seer, DStJG Band 32, 2009, 325, 337f. Die ertragsteuerrechtliche Behandlung von Betrieben der öffentlichen Hand, die in eine privatrechtliche Form (z.B. AG oder GmbH) gekleidet sind, richtet sich nach den für diese Rechtsform geltenden Vorschriften. Hinsichtlich der Umsatzbesteuerung sind derartige Eigengesellschaften (d.h. eine Gesellschaft, deren Gesellschaftsanteile vollständig von einer juristischen Person des öffentlichen Rechts gehalten werden) grundsätzlich selbstständige Unternehmer. Die Ausnahme liegt im Fall einer umsatzsteuerlichen Organschaft vor, d.h. einer finanziellen, wirtschaftlichen und organisatorischen Eingliederung der Eigengesellschaft in das Unternehmen der juristischen Person des öffentlichen Rechts (in ihrer Tätigkeit als Steuerpflichtiger). R. 6 Abs. 7 KStR und A. 2.11. Abs. 20 UStAE. Zur umsatzsteuerlichen Organschaft bei der öffentlichen Hand vgl. BFH, Urteil v. 9.12.2002, V R 64/99, BStBl. II 2003, 375, Leitsätze; BFH, Urteil v. 20.8.2009, V R 30/06, DB 2009, 2527; Rz. 31ff.; BFH, Urteil v. 18.6.2009, V R 4/08, DStRE 2009, 1389, Rz. 29ff.; *Spiegel/Heidler*, DStR 2010, 1062. Falls die Eigengesellschaft eine originär (aus Sicht des öffentlich-rechtlichen Gesellschafters) öffentlich-rechtliche, hoheitliche Aufgabe ausübt, kann keine wirtschaftliche Eingliederung in den wirtschaftlichen Tätigkeits- bzw. Unternehmensbereich der juristischen Person des öffentlichen Rechts vorliegen. *Widmann* in: Plückebaum/Widmann, UStG, § 2 Abs. 3 UStG, Rz. 15.

613 *Widmann* in: Plückebaum/Widmann, UStG, § 2 Abs. 3 UStG, Rz. 13. Diese entgeltlichen Dienstleistungen des selbstständigen Gemeinschaftsunternehmens können nach Art. 132 Abs. 1 f) MwStSystRL umsatzsteuerfrei sein. Vgl. ausführlich Kapitel E. IV.

614 Denkbar wäre bspw. eine Kooperation zwischen zwei staatlichen Hochschulen, die gemeinsam einen Weiterbildungsmasterstudiengang anbieten wollen. Der Studiengang soll mit einem von beiden Hochschulen verliehenen akademischen Grad abschließen.

der Sonderregelungen des Art. 13 MwStSystRL zu gelangen, müssten nach der EuGH-Rechtsprechung zwingend die nachfolgenden Bedingungen kumulativ vorliegen: Die fragliche Tätigkeit muss i) im Rahmen der öffentlichen Gewalt und ii) durch eine öffentliche Einrichtung ausgeübt werden.[615] Infolgedessen üben privatrechtliche Zusammenschlüsse in der Form der GbR oder der GmbH, keinesfalls eine hoheitliche Tätigkeit als Nichtsteuerpflichtiger, sondern vielmehr eine wirtschaftliche Tätigkeit als Steuerpflichtiger nach Art. 9 MwStSystRL aus.[616] Den juristischen Personen des öffentlichen Rechts steht es frei, durch

---

Sofern im Kooperationsvertrag keine einschränkenden Regelungen hinsichtlich der Geschäftsführung und Vertretung nach außen sowie der anteiligen Gewinn- und Verlustübernahme durch die einzelnen Gesellschafter vorgesehen sind, begründen die beiden Hochschulen mit der Verfolgung des gemeinsamen Zwecks und dem gemeinsamen Auftritt am Markt (Teilnahme der Gesellschaft am Wirtschaftsleben) eine Außen-GbR mit den entsprechenden steuerlichen Pflichten. Soweit die beiden Hochschulen als Außen-GbR ein Masterstudiengang gegen Entgelt anbieten, handelt die GbR aus umsatzsteuerlicher Sicht als Steuerpflichtiger gem. Art. 9 MwStSystRL. Die Sonderregelung des Art. 13 MwStSystRL greift nicht, da eine GbR keine Einrichtung des öffentlichen Rechts darstellt. Ferner ist die GbR nicht in die öffentliche Verwaltung eingegliedert und auch keine organisatorisch unselbstständige Einrichtung einer Einrichtung des öffentlichen Rechts. Deshalb sind die Einnahmen der GbR unter den weiteren Voraussetzungen des Art. 2 MwStSystRL bzw. des § 1 Abs. 1 Nr. 1 UStG umsatzsteuerbar. Gleichwohl kann die Bildungsleistung der GbR m.E. nach Art. 132 i) MwStSystRL von der Umsatzsteuer befreit sein, da die GbR eine den Einrichtungen des öffentlichen Rechts vergleichbare Zielsetzung erfolgt. Den dargestellten Folgen können sich die Hochschulen entziehen, falls jede Hochschule nur für sich selbst und in ihrem Namen nach außen Auftritt. Infolgedessen wird keine Außen-GbR, sondern eine reine Innen-GbR begründet.

615 EuGH, Urteil v. 26.3.1987, 235/85, *Kommission / Niederlande*, Slg der Rechtsprechung 1987, 1471, Rz. 20 und 21; EuGH, Urteil v. 25.7.1991, C-202/90, *Ayuntamiento de Sevilla*, UR 1991, 122, Rz. 18; EuGH, Urteil v. 16.9.2008, C-288/07, *Isle of Wight,* IStR 2008, 734, Rz. 19.

616 BFH, Urteil v. 28.1.1971, V R 38/66, BStBl. II 1971, 281; BFH, Urteil v. 3.8.1992, V B 36/92 (NV), BFH/NV 1993, 277. Bedient sich die öffentliche Hand zur Erfüllung einer hoheitlichen Aufgabe einer natürlichen oder juristischen Person des Privatrechts (Privater), wird der Private je nach Ausgestaltung Erfüllungsgehilfe oder beliehener Unternehmer. Als Erfüllungsgehilfe übt der Private eine umsatzsteuerbare Tätigkeit nur gegenüber der juristischen Person des öffentlichen Rechts aus - diese erbringt die Leistung nach wie vor gegenüber dem Dritten. Dagegen führt ein beliehener Unternehmer seine umsatzsteuerbare Leistung - im eigenen Namen und für eigene Rechnung - direkt gegenüber dem Dritten aus. A. 2.11. Abs. 3 UStAE; *Halaczinsky* in: Wallenhorst/Halaczinsky, Besteuerung gemeinnütziger Vereine, Stiftungen und der jPdöR, 658; *Sterzinger*, UR 2009, 37, 37f.; *Radeisen* in: Vogel/Schwarz, UStG, § 2, Rz. 328ff.; *Scharpenberg* in: Hartmann/Metzenmacher, UStG, § 2, Rz. 718.

Gründung eines privatrechtlichen Zusammenschlusses, originär öffentlich-rechtliche (hoheitliche) Aufgaben - vorbehaltlich etwaiger Befreiungsvorschriften - in die Umsatzsteuerpflicht zu treiben und dadurch Vorsteuerabzugspotenziale zu heben.[617]

2.2 Öffentlich-rechtliche Ausgestaltung des Gemeinschaftsunternehmens

Bei einer öffentlich-rechtlichen Ausgestaltung des Gemeinschaftsunternehmens in der Form eines Zweckverbandes (vgl. Kapitel B II. 3. 2) wird dieser nicht bei jedem Angebot der typisierten Weiterbildungsleistungen als Steuerpflichtiger tätig. Der Zweckverband ist eine juristische Person des öffentlichen Rechts.[618] Demnach kommen für wirtschaftliche, entgeltliche Tätigkeiten dieses öffentlich-rechtlichen Zusammenschlusses grundsätzlich die Sonderregelungen zur Unternehmereigenschaft der öffentlichen Hand in Betracht.

Die Unternehmereigenschaft des Zweckverbandes beurteilt sich folglich aus der umsatzsteuerlichen Qualifikation des typisierten Weiterbildungsangebots als unternehmerische (und steuerbare) oder nichtunternehmerische Tätigkeit. Entsprechend den Ausführungen in Kapitel D. III. 1. 1. 3 könnte der Zweckverband die Weiterbildungsleistung u.U. im Rahmen der öffentlichen Gewalt ausüben und dadurch dem Grunde nach hoheitlich, d.h. als Nichtsteuerpflichtiger, tätig werden. Die umsatzsteuerrechtliche Beurteilung der öffentlichen Hand als Nichtsteuerpflichtiger steht jedoch unter dem Vorbehalt, dass diese Beurteilung nicht - tatsächlich oder potenziell - zu größeren Wettbewerbsverzerrungen führt (vgl. Art. 13 Abs. 1 MwStSystRL). Die Tätigkeit im Rahmen der öffentlichen Gewalt als Nichtsteuerpflichtiger darf nicht mit einer gleichartigen, umsatzsteuerpflichtigen Leistung eines Dritten in Wettbewerb stehen. Nur dann handelt der Zweckverband bezogen auf diese Tätigkeit als Nichtsteuerpflichtiger und ist mit dieser nicht umsatzsteuerbar.

Sollte die Weiterbildungsleistung dem Zweckverband zwar im Rahmen der öffentlichen Gewalt obliegen, aber die Behandlung als Nichtsteuerpflichtiger zu größeren Wettbewerbsverzerrungen führen, gilt der Zweckverband mit dieser Aktivität als Steuerpflichtiger bzw. als Unternehmer. Gleichfalls übt der öffentlich-rechtliche Zusammenschluss eine wirtschaftliche und grundsätzlich steuer-

---

617 *Widmann* in: Plückebaum/Widmann, UStG, § 2 Abs. 3 UStG, Rz. 13.

618 BFH, Urteil v. 13.3.1974, I R 7/71, BStBl. II 1974, 391, 2. Leitsatz. R 6 Abs. 1 S. 1 KStR; Abschn. 23 Abs. 1 S.1 UStR. *Weissenborn/Schaaf*, KStZ 1969, 65, 67; *Alvermann* in: Streck, KStG, § 4, Rz. 6; *Heger* in: Gosch, KStG, § 4, Rz. 29; *Krämer* in: Dötsch/Jost/Pung u.a., KStG, § 4, Rz. 12; *Wallenhorst* in: Wallenhorst/Halaczinsky, Besteuerung gemeinnütziger Vereine, Stiftungen und der jPdöR, 33.

bare Weiterbildungsleistung aus, wenn diese entgeltlich und auf privatrechtlicher Grundlage angeboten wird. Öffentlich-rechtliche ausgestaltete Gemeinschaftsunternehmen dürften allerdings in der Praxis der Kooperationen auf dem Weiterbildungsmarkt wohl einen Ausnahmefall darstellen.

E. Kooperationen im Weiterbildungsmarkt - Umsatzsteuerbefreiungen für (Weiter-) Bildungsleistungen

Privatrechtliche und öffentlich-rechtliche Zusammenschlüsse sind unter den in Kapitel D. dargelegten Voraussetzungen mit ihren entgeltlichen Weiterbildungsangeboten als Steuerpflichtiger bzw. Unternehmer tätig. Im konkreten Einzelfall kann anstelle des Zusammenschlusses auch lediglich ein einzelner Kooperationspartner als Unternehmer tätig sein. Die (Weiter-) Bildungsleistung wird dann durch diesen Kooperationspartner angeboten. Beide Varianten stellen umsatzsteuerbare Weiterbildungstätigkeiten dar, soweit die Bildungs(dienst)leistung im Inland ausgeführt wird, bzw. der Ort der Dienstleistung im Inland liegt.

Wie bereits unter Kapitel C. III. 2. einführend angedeutet, befreien Unionsrecht und nationales Umsatzsteuerrecht die steuerbaren (Weiter-) Bildungsleistungen unter gewissen Voraussetzungen von der Mehrwertsteuer. Die Befreiungsvorschriften für das Angebot von Bildungsleistungen finden sich in Titel IX, Kapitel 2 der MwStSystRL (Art. 132 bis Art. 134 MwStSystRL)[619] und im nationalen Umsatzsteuerrecht in § 4 UStG.

Die potenziell relevanten Befreiungsnormen sind durchweg sog. unechte Steuerbefreiungen. D.h. aus den steuerbaren, umsatzsteuerbefreiten Ausgangsleistungen (Bildungsleistungen) folgt nach Art. 168 MwStSystRL und § 15 Abs. 2 UStG das Vorsteuerabzugsverbot für die - mit Mehrwertsteuer belasteten - Eingangsleistungen, die direkt und unmittelbar mit den steuerfreien Bildungsleistungen zusammenhängen. Die Bildungseinrichtung kann auf die Steuerbefreiung der Bildungsleistung nicht verzichten, da Unionsrecht und nationales

---

619 Die Überschrift des Kapitels 2, Titel IX „Steuerbefreiungen" der MwStSystRL, lautet *„Steuerbefreiungen für bestimmte dem Gemeinwohl dienende Tätigkeiten"*. Nach ständiger Rechtsprechung des EuGH befreit das Unionsrecht gleichwohl nicht alle dem Gemeinwohl dienenden Tätigkeiten, sondern ausschließlich die in der Vorschrift einzeln aufgeführten und sehr genau beschriebenen Tätigkeiten. Vgl. jeweils m.w.N. EuGH, Urteil v. 12.11.1998, C-149/97, *Institute of the Motor Industry*, Slg der Rechtsprechung 1998, I-7053, Rz. 18; EuGH, Urteil v. 14.6.2007, C-445/05, *Haderer*, HFR 2007, 806, Rz. 16; EuGH, Urteil v. 16.10.2008, C-253/07, *Canterbury Hockey Club*, UR 2008, 854, Rz. 18; EuGH, Urteil v. 28.1.2010, C-473/08, *Ingenieurbüro Eulitz GbR*, DStR 2010, 218, Rz. 26. Zudem ist das „Gemeinwohl" entsprechend der Kapitelüberschrift der MwStSystRL nicht kongruent mit dem nationalen Begriff der Gemeinnützigkeit i.S.d. sog. Gemeinnützigkeitsrechts der §§ 51-68 AO. *Alvermann*, Umsatzbesteuerung der Mitgliedsbeiträge, in: Hüttemann/Rawert/Schmidt/Weitemeyer, Non Profit Law Yearbook 2008, 2009, 55, 62.

Umsatzsteuerrecht in Art. 169 MwStSystRL bzw. § 9 UStG keine Option zur Steuerpflicht für die Bildungsleistungen vorsehen. Folglich geht für die Bildungseinrichtung mit der Steuerbefreiung der Weiterbildungsleistung zweifelsfrei der Ausschluss des Vorsteuerabzugs - für mit dieser Tätigkeit in unmittelbarem und direktem Zusammenhang stehende Eingangsleistungen - einher.

Die mitgliedstaatliche Legislative kann die Inanspruchnahme einer (nationalen) Befreiungsvorschrift von bestimmten Eigenschaften eines Steuerpflichtigen (Vorbildung bzw. berufliche Qualifikation, staatliche Anerkennung) abhängig machen.[620] Folglich steht dem nationalen Gesetzgeber in gewissen Grenzen eine Gestaltungsfreiheit zu. Allerdings ist es dem nationalen Gesetzgeber nicht möglich, die Mehrwertsteuerbefreiung alleine an eine bestimmte Rechtsform des Steuerpflichtigen zu knüpfen.[621]

Die Umsatzsteuer bzw. Mehrwertsteuer ist eine „indirekte Verbrauchsteuer"[622], die konzeptionell zwar auf die entgeltliche unternehmerische Leistung erhoben wird, aber vom Unternehmer auf den Endverbraucher überwälzt wird.[623] Sie „erfasst die Kaufkraft, den Markterfolg des Konsumenten".[624] Der umsatzsteuerliche Grundtatbestand eines steuerbaren Umsatzes nach § 1 Abs. 1 Nr. 1 UStG sorgt dafür, dass jede unternehmerische Tätigkeit gegen Entgelt im Inland grundsätzlich der Mehrwertsteuer unterliegt.[625] Aufgrund des Verbrauch-

---

620 *Birkenfeld* in: Birkenfeld, Umsatzsteuer-Handbuch, § 91 zu § 4 Nr. 1 - 3 UStG, Rz. 36 unter Verweis auf BVerfG, Beschluss v. 29.11.1989, 1 BvR 1402/87, 1 BvR 1528/87, BStBl. II 1990, 479.

621 *Birkenfeld* in: Birkenfeld, Umsatzsteuer-Handbuch, § 91 zu § 4 Nr. 1 - 3 UStG, Rz. 36. Bspw. können die Steuerbefreiungen für Krankenhausbehandlungen oder für eng mit der Sozialfürsorge verbundene Leistungen (unionsrechtliche Grundlagen: Art. 132 Abs. 1 b) und g) MwStSystRL) nicht von der jeweiligen Rechtsform des leistenden Steuerpflichtigen abhängen, da nach der Rechtsprechung des EuGH ansonsten ein Verstoß gegen den Grundsatz der steuerlichen Neutralität vorliegen würde. EuGH, Urteil v. 7.9.1999, C-216/97, *Gregg*, UR 1999, 419, Rz. 20. Das im Grundgesetz verankerte Gleichbehandlungsgebot (nach Art. 3 Abs. 1 GG) verbietet eine allein nach der Rechtsform eines Unternehmens unterscheidende Umsatzsteuerbefreiung. BVerfG, Beschluss v. 10.11.1999, 2 BvR 2861/93, BStBl. II 2000, 160, Leitsatz.

622 EuGH, Urteil v. 27.9.2007, C-409/04, *Teleos*, BStBl. II 2009, 70 , Rz. 60.

623 BVerfG, Beschluss v. 29.10.1999, 2 BvR 1264/90, BStBl. II 2000, 155, unter B.I.3.; BVerfG, Beschluss v. 10.11.1999, 2 BvR 2861/93, BStBl. II 2000, 160, unter B.I.3; EuGH, Urteil v. 3.10.2006b, C-475/03, *Banca popolare di Cremona*, IStR 2006b, 783, Rz. 28.

624 BVerfG, Beschluss v. 29.10.1999, 2 BvR 1264/90, BStBl. II 2000, 155, unter B.I.3.; BVerfG, Beschluss v. 10.11.1999, 2 BvR 2861/93, BStBl. II 2000, 160, unter B.I.3.

625 BVerfG, Beschluss v. 29.10.1999, 2 BvR 1264/90, BStBl. II 2000, 155, unter B.I.3.; BVerfG, Beschluss v. 10.11.1999, 2 BvR 2861/93, BStBl. II 2000, 160, unter B.I.3. Das

steuercharakters neutralisiert das ausschließlich dem Unternehmer vorbehaltene Recht auf Vorsteuerabzug die Mehrwertsteuerbelastung bei Leistungsbezug, wenn der Unternehmer die Leistungen für Zwecke seiner besteuerten oder diesen gleichgestellten (Art. 169 MwStSystRL bzw. § 15 Abs. 3 UStG) Umsätze bezieht. Demnach sind alle unternehmerischen Tätigkeiten gleichgestellt.[626]

Systemkonform sind ausschließlich Vergünstigungen im Interesse der Verbraucher, nicht aber zu Gunsten einzelner Unternehmergruppen.[627] Eine umsatzsteuerliche Differenzierung nach Umsatzarten und verschiedenen Unternehmern (Rechtsformen) - mit jeweils unterschiedlichen Rechtsfolgen - kann sich nur durch besondere sachliche Gründe legitimieren.[628] Eine Differenzierung nach der Rechtsform, in der ein Unternehmen betrieben wird, ist kein hinreichender Differenzierungsgrund für eine Umsatzsteuerbefreiung.[629]

Soweit die Inanspruchnahme einer Steuerbefreiung (oder die Anwendung des ermäßigten Steuersatzes) mit subjektiven Eigenschaften des Steuerpflichtigen verquickt wäre, würden gleichartige Leistungen unterschiedlicher Anbieter umsatzsteuerrechtlich nicht mehr identisch behandelt werden. Dies wäre ein Verstoß gegen den - dem gemeinsamen Mehrwertsteuersystem zugrunde liegenden - Grundsatz der steuerlichen Neutralität[630] und gegen die Belastungskonzep-

---

unionsrechtliche Pendant stellt Art. 2 MwStSystRL dar. Die grundsätzliche Besteuerung jedes einzelnen Verkehrsvorgangs beruht auf dem Wesen der Mehrwertsteuer als allgemeine Verbrauchsteuer und ist in Art. 1 MwStSystRL normiert.

626 BVerfG, Beschluss v. 29.10.1999, 2 BvR 1264/90, BStBl. II 2000, 155, unter B.I.3.; BVerfG, Beschluss v. 10.11.1999, 2 BvR 2861/93, BStBl. II 2000, 160, unter B.I.3.

627 BT-Drs. 9/842, Entwurf eines Zweiten Gesetzes zur Verbesserung der Haushaltsstruktur, 74; BVerfG, Beschluss v. 29.10.1999, 2 BvR 1264/90, BStBl. II 2000, 155, unter B.I.3.; BVerfG, Beschluss v. 10.11.1999, 2 BvR 2861/93, BStBl. II 2000, 160, unter B.I.3.

628 BVerfG, Beschluss v. 29.10.1999, 2 BvR 1264/90, BStBl. II 2000, 155, m.w.N. der Rechtsprechung des BVerfG unter B.I.4.; BVerfG, Beschluss v. 10.11.1999, 2 BvR 2861/93, BStBl. II 2000, 160, unter B.I.3.

629 BVerfG, Beschluss v. 10.11.1999, 2 BvR 2861/93, BStBl. II 2000, 160, Orientierungssatz 2a.; *Huschens* in: Vogel/Schwarz, UStG, § 4 Nr. 22, Rz. 8.

630 EuGH, Urteil v. 7.9.1999, C-216/97, *Gregg*, UR 1999, 419, Rz. 20; EuGH, Urteil v. 16.10.2008, C-253/07, *Canterbury Hockey Club*, UR 2008, 854, Rz. 30. Der Begriff der steuerlichen Neutralität gewährleistet grundsätzlich, dass die Wirtschaftsteilnehmer das Organisationsmodell auswählen können, „das ihnen, rein wirtschaftlich betrachtet, am besten zusagt." EuGH, Urteil v. 3.4.2008, C-124/07, *J.C.M. Beheer BV*, HFR 2008, 649, Rz. 28 (hinsichtlich Versicherungsumsätzen nach Art. 135 a) MwStSystRL m.w.N. für Vermittlungsumsätze nach Art. 135 b) – f) MwStSystRL sowie für Umsätze der Portfolioverwaltung nach Art. 135 g) MwStSystRL.

tion der Mehrwertsteuer als Verbrauchsteuer.[631] Aus einer unterschiedlichen umsatzsteuerlichen Behandlung gleichartiger Leistungen resultieren Wettbewerbsverzerrungen - der Anbieter, der die (persönlichen) Anforderungen nicht erfüllt, wird bei gleichartiger Leistungserbringung benachteiligt. Ihm kann keine Überwälzung der Mehrwertsteuer auf den Endverbraucher gelingen.[632]

I. Gemeinschaftsrechtliche Befreiungsnormen für (Weiter-) Bildungsleistungen

Art. 2 MwStSystRL formuliert als allgemeinen Grundsatz, dass jede Leistung (Lieferung von Gegenständen oder Dienstleistung) eines Steuerpflichtigen gegen Entgelt der Mehrwertsteuer unterliegt. Für bestimme Kategorien dieser steuerbaren Umsätze sieht das Unionsrecht in Titel IX MwStSystRL (Art. 131 bis Art. 166) einen abschließenden Katalog diverser Steuerbefreiungen vor.[633]

Als allgemeine Bestimmung formuliert Art. 131 MwStSystRL, dass die Mitgliedstaaten die Bedingungen für sämtliche Steuerbefreiungen dahingehend festsetzen, dass eine korrekte und einfache Anwendung dieser Befreiungen gewährleistet und Steuerhinterziehungen sowie Steuerumgehungen oder Missbräuche verhindert werden. Diese mitgliedstaatlichen Voraussetzungen dürfen sich allerdings nicht auf den Inhalt und Umfang der vorgesehenen Befreiungsnormen erstrecken: Eine einzelstaatliche Beeinflussung des originären unionsrechtlichen Norminhalts darf nicht erfolgen.[634] Tatbestandliche Spielräume eröffnen sich der mitgliedstaatlichen Legislative nur in den Fällen zusätzlich eingeräumter Wahlrechte, wie bspw. hinsichtlich der Zusatzkriterien des Art. 133 MwStSystRL.[635] Dessen ungeachtet kann die Beurteilung eines bestimmten Umsatzes als steuerbefreit oder steuerpflichtig grundsätzlich nicht davon abhängen, wie er nach (abweichendem) nationalem Recht qualifiziert wird.[636]

---

631 *Reiß*, Die harmonisierte Umsatzsteuer, in: Seer, DStJG Band 32, 2009, 9, 47f.

632 *Reiß*, Die harmonisierte Umsatzsteuer, in: Seer, DStJG Band 32, 2009, 9, 48.

633 *Birkenfeld* in: Birkenfeld, Umsatzsteuer-Handbuch, § 91 zu § 4 Nr. 1 - 3 UStG, Rz. 46. Vgl. auch EuGH, Urteil v. 20.6.2002, C-287/00, *Kommission / Bundesrepublik Deutschland*, IStR 2002, 483, Rz. 39.

634 EuGH, Urteil v. 11.1.2001, C-76/99, *Kommission / Frankreich*, UR 2001, 62, Rz. 26; EuGH, Urteil v. 20.6.2002, C-287/00, *Kommission / Bundesrepublik Deutschland*, IStR 2002, 483, Rz. 50.

635 Vgl. hierzu Kapitel E. II. 4.

636 EuGH, Urteil v. 11.1.2001, C-76/99, *Kommission / Frankreich*, UR 2001, 62, Rz. 26; EuGH, Urteil v. 20.6.2002, C-287/00, *Kommission / Bundesrepublik Deutschland*, IStR 2002, 483, Rz. 50.

1. Auslegung gemeinschaftsrechtlicher Begriffe

Sofern es sich um im Inland steuerbare Weiterbildungsleistungen handelt, sind die Art. 132 bis 134 MwStSystRL relevant. Diese basieren auf den wortgleichen Ausführungen des Art. 13 Teil A der 6. EG-Richtlinie, der früheren Fassung der MwStSystRL. Die Steuerbefreiungen des Art. 13 der 6. EG-Richtlinie (in der neuen Fassung: Art. 131 – 137 MwStSystRL) stellen Ausnahmen der o.g. allgemeinen Grundregel dar, nach denen jede entgeltliche Leistung eines Steuerpflichtigen der Mehrwertsteuer unterliegen soll.[637] Infolgedessen legt der EuGH in ständiger Rechtsprechung die unionsrechtlichen Begriffe, die diese Befreiungen umschreiben, eng aus.[638] Allerdings darf diese Richtschnur der engen Begriffsauslegung den Befreiungen nicht ihre intendierte Wirkung nehmen und die Befreiungen praktisch unanwendbar machen.[639] Deshalb muss die Auslegung der unionsrechtlichen Begriffe nach dem Willen des Gerichtshofs „mit den Zielen in Einklang stehen, die mit den Befreiungen verfolgt werden" und zugleich „den Erfordernissen des Grundsatzes der steuerlichen Neutralität entsprechen, auf dem das gemeinsame Mehrwertsteuersystem beruht."[640]

---

637 EuGH, Urteil v. 15.6.1989, 348/87, *Stichting Uitvoering Financiële Acties*, Slg der Rechtsprechung , 1737, Leitsätze; EuGH, Urteil v. 20.6.2002, C-287/00, *Kommission / Bundesrepublik Deutschland*, IStR 2002, 483, Rz. 43

638 EuGH, Urteil v. 15.6.1989, 348/87, *Stichting Uitvoering Financiële Acties*, Slg der Rechtsprechung , 1737, Leitsätze und Rz. 13; EuGH, Urteil v. 20.6.2002, C-287/00, *Kommission / Bundesrepublik Deutschland*, IStR 2002, 483, Rz. 43; EuGH, Urteil v. 3.4.2008, C-124/07, *J.C.M. Beheer BV*, HFR 2008, 649, Rz. 14; EuGH, Urteil v. 11.12.2008, C-407/07, *Stichting Centraal Begeleidingsorgaan voor de Intercollegiale Toetsing*, UR 2009, 52, Rz. 30. Kritisch zur „engen Auslegung" *Stadie* in: Rau/Dürrwächter, UStG, Vor §§ 4-9, Rz. 19.

639 EuGH, Urteil v. 20.6.2002, C-287/00, *Kommission / Bundesrepublik Deutschland*, IStR 2002, 483, Rz. 47; EuGH, Urteil v. 14.6.2007, C-445/05, *Haderer*, HFR 2007, 806, Rz. 18; EuGH, Urteil v. 14.6.2007, C-434/05, *Horizon College*, DB 2007, 1450, Rz. 16; EuGH, Urteil v. 11.12.2008, C-407/07, *Stichting Centraal Begeleidingsorgaan voor de Intercollegiale Toetsing*, UR 2009, 52, Rz. 30. „Dies muss auch für die spezifischen Bedingungen gelten, von denen die Gewährung dieser Befreiungen abhängig gemacht wird, und insbesondere für diejenigen, die die Eigenschaft oder die Identität des Wirtschaftsteilnehmers betreffen, der die von der Befreiung erfassten Leistungen erbringt." EuGH, Urteil v. 14.6.2007, C-445/05, *Haderer*, HFR 2007, 806, Rz. 19.

640 EuGH, Urteil v. 6.11.2003, C-45/01, *Christoph-Dornier-Stiftung*, DStRE 2004, 99, Rz. 42; EuGH, Urteil v. 14.6.2007, C-434/05, *Horizon College*, DB 2007, 1450, Rz. 16 m.w.N.; EuGH, Urteil v. 11.12.2008, C-407/07, *Stichting Centraal Begeleidingsorgaan voor de Intercollegiale Toetsing*, UR 2009, 52, Rz. 30; EuGH, Urteil v. 28.1.2010, C-473/08, *Ingenieurbüro Eulitz GbR*, DStR 2010, 218, Rz. 27.

Nach ständiger Rechtsprechung des EuGH erfordern die eigenständigen Begriffe der gemeinschaftsrechtlichen Befreiungsnormen zwingend eine einheitliche, unionsrechtliche Anwendung und Auslegung.[641] Dies ist nur gewährleistet, wenn die unionsrechtlichen Normen nach dem wirklichen Willen ihres Urhebers und dem Telos im Lichte aller Fassungen der Amtssprachen der Gemeinschaft angewandt und ausgelegt werden.[642] Die Begriffe „sind nach ihrem Sprachzusammenhang sowie nach den Zielsetzungen und der Systematik der MwStSystRL auszulegen, wobei insbesondere der Normzweck der betreffenden Steuerbefreiung zu berücksichtigen ist."[643] Inwieweit der europäische Richtliniengeber bei Erlass der Befreiungsvorschriften einen autonomen Willen äußerte, bzw. einen eigenständigen Zweck verfolgte, scheint zweifelhaft. Denn die Liste der Steuerbefreiungen des Vorschlags der Kommission für die 6. EG-Richtlinie (damals Art 14 des Vorschlags)[644] ist unsystematisch und zählt mehrere Befreiungen auf, „die bereits in den meisten Mitgliedstaaten Anwendung finden. Es handelt sich vor allem um die Steuerbefreiungen im Bereich [...] des Unterrichts- und Erziehungswesens (h, i)"[645].[646] Gleichwohl verfolgt der Ge-

---

641 EuGH, Urteil v. 15.6.1989, 348/87, *Stichting Uitvoering Financiële Acties*, Slg der Rechtsprechung , 1737, Rz. 11; EuGH, Urteil v. 11.8.1995, C-453/93, *Bulthuis-Griffioen*, UR 1995, 476, Rz. 18; EuGH, Urteil v. 20.6.2002, C-287/00, *Kommission / Bundesrepublik Deutschland*, IStR 2002, 483, Rz. 44; EuGH, Urteil v. 26.5.2005, C-498/03, *Kingscrest Associates und Montecello*, UR 2005, 453, Rz. 22.

642 EuGH, Urteil v. 26.5.2005, C-498/03, *Kingscrest Associates und Montecello*, UR 2005, 453, Rz. 26; EuGH, Urteil v. 28.1.2010, C-473/08, *Ingenieurbüro Eulitz GbR*, DStR 2010, 218, Rz. 22. Hinsichtlich der Anwendung einer unionsrechtlichen Vorschrift sind u.a. der Wortlaut und der Normzweck sowie die Grundsätze der Wettbewerbsneutralität und der engen Auslegung entscheidend. *Philipowski*, UR 2008, 581, 587.

643 EuGH, Urteil v. 16.10.2008, C-253/07, *Canterbury Hockey Club*, UR 2008, 854, Rz. 17 m.w.N.

644 Vgl. zur Entwicklung der Befreiungen im Rahmen der 6. EG-Richtlinie *Jacobs*, Umsatzsteuer und Gemeinnützigkeit, 2009, 110.

645 BT-Drs. 7/913, Unterrichtung durch die Bundesregierung: Vorschlag einer sechsten Richtlinie des Rates zur Harmonisierung der Rechtsvorschriften der Mitgliedstaaten über die Umsatzsteuern - Gemeinsames Mehrwertsteuersystem: einheitliche steuerpflichtige Bemessungsgrundlage, 43.

646 Schlussanträge der Generalanwältin Sharpston v. 8.3.2007, C-434/05, *Horizon College*, und C-445/05, *Haderer*, beck-online, BeckEuRS 2007, 444686, dortige Fußnote 26; *Stadie* in: Rau/Dürrwächter, UStG, Vor §§ 4-9, Rz. 13, dortige Fußnote 2. Der BFH eruierte mehrfach, dass die unionsrechtlichen Befreiungsregeln des Art. 132 MwStSystRL bislang nicht hinreichend in innerstaatliches Umsatzsteuerrecht umgesetzt wurden. Die Umsetzung der Vorgaben des Gemeinschaftsgesetzgebers erfolgte zum Teil lediglich dadurch, dass die bereits bei Inkrafttreten der 6. EG-Richtlinie vorhandenen - teilweise bereits im UStG 1951 enthaltenen - Steuerbefreiungstatbestände im Wesentlichen

meinschaftsgesetzgeber, nach den Ausführungen der Generalanwälte des EuGH, mit den Befreiungen für bestimmte dem Gemeinwohl dienende Tätigkeiten (Art. 132 bis Art. 134 MwStSystRL) das Ziel der steuerlichen Entlastung der Verbraucher.[647] Trotz dieses Ziels kann eine nach Art. 132 MwStSystRL steuerbefreite, dem Gemeinwohl dienende Tätigkeit auch einen gewerblichen Charakter besitzen.[648]

2. Systematik der zu beleuchtenden Befreiungen

In den nachfolgenden Unterkapiteln sind die für das Angebot umsatzsteuerbarer Bildungsleistungen relevanten unionsrechtlichen Steuerbefreiungen und deren Auslegung zu beleuchten. Diese sind im Einzelnen:

- der Schul- und Hochschulunterricht, bzw. die Aus- und Fortbildung sowie berufliche Umschulung durch Einrichtungen des öffentlichen Rechts, die mit solchen Aufgaben betraut sind, oder durch andere Einrichtungen mit anerkannter vergleichbarer Zielsetzung nach Art. 132 Abs. 1 i) MwStSystRL (i. V. m. Art. 133 und Art. 134 MwStSystRL);
- die sich auf den Schul- und Hochschulunterricht beziehenden Unterrichtseinheiten durch Privatlehrer nach Art. 132 Abs. 1 j) MwStSystRL;
- und die Erbringung von Dienstleistungen eines eigenständigen Personenzusammenschlusses gegenüber seinen Mitglieder für deren steuerbefreite Tätigkeiten oder Tätigkeiten als Nichtsteuerpflichtiger, wenn der Zusammenschluss eine anteilige Kostenumlage berechnet (nach Art. 132 Abs. 1 f) MwStSystRL).

Die beiden Befreiungen des Art. 132 Abs. 1 i) und j) MwStSystRL erfassen im Kern Bildungs-/Unterrichtsleistungen und damit eng verbundene Dienstleistun-

---

unverändert weitergeführt wurden. BFH, Urteil v. 8.11.2007, V R 2/06, BStBl. II 2008, 634, Rz. 15 und speziell Rz. 27 zur Umsetzung von Art. 132 Abs. 1 g) und h) MwStSystRL.

647 Schlussanträge der Generalanwältin Sharpston v. 8.3.2007, C-434/05, *Horizon College*, und C-445/05, *Haderer*, beck-online, BeckEuRS 2007, 444686, Rz. 23 und Rz. 30ff.; Schlussanträge des Generalanwalts Jääskinen v. 11.2.2010, C-492/08, *Kommission / Frankreich*, beck-online, BeckRS 2010, 90149, Rz. 41. So bezweckt bspw. die Mehrwertsteuerbefreiung bestimmter im Sozialbereich erbrachter Leistungen eine Kostensenkung, wodurch dem Einzelnen der Zugang zu den angebotenen Leistungen erleichtert wird. EuGH, Urteil v. 26.5.2005, C-498/03, *Kingscrest Associates und Montecello*, UR 2005, 453, Rz. 30.

648 EuGH, Urteil v. 26.5.2005, C-498/03, *Kingscrest Associates und Montecello*, UR 2005, 453, Rz. 31; BFH, Urteil v. 8.11.2007, V R 2/06, BStBl. II 2008, 634, Rz. 33.

gen, die entweder von bestimmten (Lehr-) Einrichtungen oder von Privatlehrern erteilt werden.[649] Der Wortlaut dieser Befreiungen begünstigt u.a. den „Schul- und Hochschulunterricht", der lt. EuGH eine förderungswürdige Tätigkeit von allgemeinem Interesse darstellt.[650] Dieser gemeinschaftsrechtliche Begriff ist für beide Normen übereinstimmend auszulegen.[651] Dennoch bilden die beiden spezifischen Steuerbefreiungen - entgegen der Meinung der Europäischen Kommission - kein gemeinsames System, mit dem entsprechende Unterrichtstätigkeiten[652] von der Mehrwertsteuer befreit werden sollen, wenn nicht jeweils die weiteren Voraussetzungen nach der einen oder nach der anderen Vorschrift vorliegen.[653] Stattdessen sind die Normen getrennt voneinander zu betrachten.[654]

II. Befreiung nach Art. 132 Abs. 1 i) MwStSystRL

Gem. Art. 132 Abs. 1 i) MwStSystRL befreien die Mitgliedstaaten „die Erziehung von Kindern und Jugendlichen, Schul- und Hochschulunterricht, Aus- und Fortbildung sowie berufliche Umschulung und damit eng verbundene Dienstleistungen und Lieferungen von Gegenständen durch Einrichtungen des öffentlichen Rechts, die mit solchen Aufgaben betraut sind, oder andere Einrichtungen mit von dem betreffenden Mitgliedstaat anerkannter vergleichbarer Zielsetzung" von der Mehrwertsteuer.

---

649 Beide Vorschriften fallen unter die weite Kategorie der Befreiungen für bestimmte, dem Gemeinwohl dienende Tätigkeiten, und zudem der engeren Kategorie Erziehung und Unterricht. Schlussanträge der Generalanwältin Sharpston v. 8.3.2007, C-434/05, *Horizon College*, und C-445/05, Haderer, beck-online, BeckEuRS 2007, 444686, Rz. 1 und Rz. 40.

650 EuGH, Urteil v. 14.6.2007, C-445/05, *Haderer*, HFR 2007, 806, Rz. 37.

651 EuGH, Urteil v. 28.1.2010, C-473/08, *Ingenieurbüro Eulitz GbR*, DStR 2010, 218, Rz. 29 bis Rz. 31 und die Ausführungen in den nachfolgenden Unterkapiteln.

652 I.S.d. gemeinschaftsrechtlichen Begriffs *„Schul- und Hochschulunterricht*".

653 EuGH, Urteil v. 14.6.2007, C-445/05, *Haderer*, HFR 2007, 806, Rz 36 i.V.m. Rz. 37; *Huschens* in: Vogel/Schwarz, UStG, Einführung in das europäische Gemeinschaftsrecht der Umsatzsteuer, Rz. 158. Nach (hinfälliger) Meinung der Kommission sollten die beiden Befreiungen „zusammen im Wesentlichen die gesamte Bandbreite von Befreiungen für Unterrichtstätigkeiten abdecken, und zwar Buchst. i) in Bezug auf juristische Personen und Buchst. j) im Hinblick auf natürliche Personen." Schlussanträge der Generalanwältin Sharpston v. 8.3.2007, C-434/05, *Horizon College*, und C-445/05, *Haderer*, beck-online, BeckEuRS 2007, 444686, Rz. 57.

654 *Huschens* in: Vogel/Schwarz, UStG, Einführung in das europäische Gemeinschaftsrecht der Umsatzsteuer, Rz. 158.

Bezüglich der Gewährung bestimmter steuerbefreiter Tätigkeiten, die von einer anderen - d.h. privatrechtlichen - Einrichtung ausgeübt werden (u.a. auch für die Bildungsleistungen gem. Art. 132 Abs. 1 i) MwStSystRL), hat der Gemeinschaftsgesetzgeber den Mitgliedstaaten in Art. 133 MwStSystRL ergänzende fakultative Bedingungen zugestanden. Ferner verbietet das Unionsrecht in Art. 134 MwStSystRL die Anwendung bestimmter Steuerbefreiungen, u.a. die Befreiung von Bildungsleistungen nach Art. 132 Abs. 1 i) MwStSystRL, auf zwei Kategorien von Umsätzen. Die Ausschlusskriterien des Art. 134 MwStSystRL sind für die Mitgliedstaaten verpflichtend und stellen kein Wahlrecht dar.

Das möglicherweise umgesetzte Wahlrecht des Art. 133 MwStSystRL und die Verpflichtungen gem. Art. 134 MwStSystRL sind bei einer richtlinienkonformen Auslegung der innerstaatlichen Umsatzsteuervorschriften - ergänzend zu den Tatbestandsmerkmalen des Art. 132 Abs. 1 i) MwStSystRL - zu beachten. Es bleibt festzuhalten, dass der Mitgliedstaat die innerstaatliche, richtlinienkonforme Befreiung ausschließlich von den unionsrechtlichen Bedingungen der relevanten Norm des Art. 132 Abs. 1 MwStSystRL und den fakultativen Vorgaben des Art. 133 MwStSystRL bzw. den verpflichtenden Vorgaben des Art. 134 MwStSystRL abhängig machen kann.[655]

Nach Ansicht der Generalanwältin *Sharpston* zielt Art. 132 Abs. 1 i) MwStSystRL unter Berücksichtigung seines aktuellen Wortlauts und seiner Entstehungsgeschichte[656] darauf ab, „den öffentlichen und öffentlich anerkannten Unterricht zu befreien, aber sonstige Unterrichtsleistungen im Privatsektor zu besteuern."[657] Die Befreiung des Schul- und Hochschulunterrichts bezweckt ferner den Zugang zur Bildung zu erleichtern, da: i) die begünstigten Unterrichtsleistungen nicht durch die Mehrwertsteuer künstlich verteuert werden und ii) der Schul- und Hochschulunterricht Bildung vermittelt und gem. der Kapitelüberschrift der MwStSystRL eine dem Gemeinwohl dienende Tätigkeit darstellt.[658]

---

655 *Achatz*, Umsatzsteuer und Gemeinnützigkeit, in: Jachman, DStJG Band 26, 2003, 279, 300; *Jacobs*, Umsatzsteuer und Gemeinnützigkeit, 2009, 72.

656 Vgl. für den Wortlaut der Steuerbefreiung für Unterrichtsleistungen in dem ursprünglichen Vorschlag der 6. Richtlinie 77/388/EWG die Schlussanträge der Generalanwältin Sharpston v. 8.3.2007, C-434/05, *Horizon College*, und C-445/05, Haderer, beck-online, BeckEuRS 2007, 444686, Rz. 58.

657 Schlussanträge der Generalanwältin Sharpston v. 8.3.2007, C-434/05, *Horizon College*, und C-445/05, *Haderer*, beck-online, BeckEuRS 2007, 444686, Rz. 59.

658 *Philipowski*, UR 2008, 581, 588; *Tehler* in: Rau/Dürrwächter, UStG, § 4 Nr. 21, Rz. 409. Die Umsatzsteuerbefreiung der Unterrichtstätigkeiten soll die Kosten für die Verbraucher senken und diese entlasten. Schlussanträge der Generalanwältin Sharpston v. 8.3.2007, C-434/05, *Horizon College*, und C-445/05, *Haderer*, beck-online, Be-

1. Begünstigte Steuerpflichtige

Art. 132 Abs. 1 i) MwStSystRL begünstigt verschiedene Unterrichtsformen[659] bzw. Bildungsleistungen, sofern diese Tätigkeiten von einer Einrichtung des öffentlichen Rechts, die mit solchen Aufgaben betraut ist, oder von einer anderen (privatrechtlichen) Einrichtung, die nach den Vorgaben des betreffenden Mitgliedstaats eine den öffentlichen Einrichtungen vergleichbare Zielsetzung verfolgt, erbracht werden.

1.1 Einrichtungen des öffentlichen Rechts

Einrichtungen des öffentlichen Rechts sind u.a. Staaten, Länder und Gemeinden (vgl. Art. 13 MwStSystRL). Da die Befreiung u.a. auf Einrichtungen des öffentlichen Rechts abstellt, geht der Gemeinschaftsgesetzgeber davon aus, dass eine öffentliche Einrichtung mit entgeltlich erbrachtem Schul-/ Hochschulunterricht als Steuerpflichtiger tätig wird und steuerbare Umsätze ausführt.[660] Denn eine Leistung kann nur steuerbefreit sein, wenn sie zugleich umsatzsteuerbar ist.

Der Wortlaut der deutschen Richtlinienfassung des Art. 132 Abs. 1 i) MwStSystRL fordert, dass die Einrichtungen des öffentlichen Rechts „mit solchen Aufgaben betraut sind."[661] Infolgedessen muss die Ausübung der verschiedenen Unterrichtsformen für die Einrichtung des öffentlichen Rechts eine gesetzlich zugewiesene Aufgabe darstellen oder zumindest als Aufgabe in ihrer öffentlichrechtlichen Satzung definiert sein.

1.2 Andere Einrichtungen

Hinsichtlich der „anderen Einrichtungen mit von dem betreffenden Mitgliedstaat anerkannter vergleichbarer Zielsetzung" ist zu beachten, dass der unionsrechtliche Begriff der Einrichtung nicht auf eine spezifische Rechtsform abstellt.[662] Es muss sich lediglich um eine abgegrenzte Einheit handeln, die eine bestimmte Funktion erfüllt.[663] Der Begriff umfasst sowohl juristische Personen des privaten Rechts als auch eine oder zugleich mehrere natürliche Personen, die ein Unter-

---

ckEuRS 2007, 444686, Rz. 23 und Rz. 30ff.; Schlussanträge des Generalanwalts Jääskinen v. 11.2.2010, C-492/08, *Kommission / Frankreich*, beck-online, BeckRS 2010, 90149, Rz. 41.

659 EuGH, Urteil v. 14.6.2007, C-434/05, *Horizon College*, DB 2007, 1450, Rz. 17.

660 *Tehler* in: Rau/Dürrwächter, UStG, § 4 Nr. 21, Rz. 65.

661 Andere Sprachfassungen der Richtlinie stellen auf die Wendungen „having such as their aim", „de même objet" „aventi lo stesso scopo", „que tengan este mismo objeto" ab.

662 EuGH, Urteil v. 7.9.1999, C-216/97, *Gregg*, UR 1999, 419, Leitsatz; *Huschens* in: Vogel/Schwarz, UStG, § 4 Nr. 22, Rz. 7.

663 EuGH, Urteil v. 7.9.1999, C-216/97, *Gregg*, UR 1999, 419, Rz. 18.

nehmen (bzw. die Einrichtung) betreiben.[664] Gleichfalls kann eine private Einheit mit Gewinnerzielungsabsicht als andere (privatrechtliche) Einrichtung i.S.d. Art. 132 Abs. 1 i) MwStSystRL qualifiziert werden, da der Wortlaut dieser Befreiung das Streben nach Gewinnerzielung nicht explizit ausgeschlossen hat - im Gegensatz zu den Befreiungen des Art. 132 Abs. 1 l), m) oder q) MwStSystRL.[665] Folglich kann eine nach Art. 132 MwStSystRL steuerbefreite, dem Gemeinwohl dienende Tätigkeit auch einen gewerblichen Charakter besitzen.[666]

1.2.1 Anerkannte vergleichbare Zielsetzung

Die privatrechtliche Einrichtung muss nach Art. 132 Abs. 1 i) MwStSystRL eine von dem Mitgliedstaat anerkannte vergleichbare Zielsetzung - entsprechend den mit diesen Aufgaben betrauten Einrichtungen des öffentlichen Rechts - verfolgen. Diese Anerkennung bezieht sich auf die befreite (Bildungs-/Unterrichts-) Tätigkeit der Einrichtung.[667] Voraussetzungen und Modalitäten des Anerkennungsverfahrens definiert die MwStSystRL nicht.[668] Vielmehr liegt es im Ermessen der einzelnen Mitgliedstaaten, nach dem Gemeinschaftsrecht und unter der Kontrolle der nationalen Gerichte, die Bedingungen bzw. Vorschriften für eine Anerkennung festzulegen.[669] Hinsichtlich der Anerkennung kann sich der einzelstaatliche Gesetzgeber - nach zutreffender Ansicht des BFH - nicht wahlweise einer oder mehrerer der fakultativen Kriterien des Art. 133 MwStSystRL bedienen.[670] Stattdessen müssen die Mitgliedstaaten bzw. die nationalen Behör-

---

664 EuGH, Urteil v. 7.9.1999, C-216/97, *Gregg*, UR 1999, 419, Leitsatz und Rz. 14 bis Rz. 20; BFH, Beschluss v. 12.5.2005, V B 146/03, BStBl. II 2005, 714 und BFH, Urteil v. 23.8.2007, V R 4/05, BFH/NV 2007, 2215, Rz. 27 m.w.N.

665 EuGH, Urteil v. 26.5.2005, C-498/03, *Kingscrest Associates und Montecello*, UR 2005, 453, Rz. 35 und Rz. 37; BFH, Urteil v. 24.1.2008, V R 3/05, BFH/NV 2008, 1078, Rz. 25.

666 EuGH, Urteil v. 26.5.2005, C-498/03, *Kingscrest Associates und Montecello*, UR 2005, 453, Rz. 31; BFH, Urteil v. 8.11.2007, V R 2/06, BStBl. II 2008, 634, Rz. 33.

667 *Tehler* in: Rau/Dürrwächter, UStG, § 4 Nr. 22, Rz. 65.

668 *Tehler* in: Rau/Dürrwächter, UStG, § 4 Nr. 21, Rz. 93.

669 EuGH, Urteil v. 10.9.2002, C-141/00, *Ambulanter Pflegedienst Kügler GmbH*, DStRE 2002, 1196, Rz. 57; *EuGH, Urteil v. 26.5.2005, C-498/03, Kingscrest Associates und Montecello*, UR 2005, 453, 3. Leitsatz und insbesondere Rz. 48 bis Rz. 53; EuGH, Urteil v. 9.2.2006, C-415/04, *Stichting Kinderopvang Enschede*, DB 2006, 430, Rz. 23.

670 Wie der BFH zutreffend eruierte, erlaubt Art. 133 MwStSystRL den Mitgliedstaaten bei der jeweiligen Umsetzung der Befreiungen des Artikel 132 Abs. 1 b), g), h), i), l), m) und n) MwStSystRL, die korrespondierenden nationalen Vorschriften zusätzlich von einer oder mehreren weiteren fakultativen Kriterien des Art. 133 MwStSystRL abhängig zu machen. Dabei müssen die Mitgliedstaaten beachten, dass diese Zusatzkriterien nach

den bei ihrer Ermessensausübung die Gemeinschaftsgrundsätze, insbesondere den Grundsatz der Gleichbehandlung, beachten.[671] Sollte die privatrechtliche Bildungs-/Erziehungseinrichtung nicht vom Mitgliedstaat als „andere Einrichtung mit von dem betreffenden Mitgliedstaat anerkannter vergleichbarer Zielsetzung“ anerkannt sein, können sämtliche von ihr erteilten Unterrichtsleistungen nicht nach Art. 132 Abs. 1 i) MwStSystRL steuerfrei sein.[672]

1.2.2 Umsetzung im nationalen Umsatzsteuerrecht

Das nationale Umsatzsteuerrecht hat das unionsrechtliche Kriterium der Anerkennung für privatrechtliche Bildungseinrichtungen bislang nur in § 4 Nr. 21 a) UStG aufgenommen. Die Befreiung des § 4 Nr. 22 a) UStG kodifiziert diese Vorgaben nicht. Nach § 4 Nr. 21 a) UStG muss die nichtstaatliche Bildungseinrichtung die vergleichbare Zielsetzung durch eine - ihr erteilte[673] - staatliche Genehmigung oder (landes-) behördliche Bescheinigung nachweisen.[674]

Die Bescheinigung ist materiell-rechtliche Voraussetzung für die Befreiung und muss nach § 4 Nr. 21 a) bb) UStG bestätigen, dass die Bildungsleistungen

---

dem eindeutigen Wortlaut nur auf Leistungen der privatrechtlichen Einrichtungen Anwendung finden können. Die Zusatzkriterien des Art. 133 MwStSystRL sind unabhängig von den Tatbestandsmerkmalen der jeweiligen o.g. unionsrechtlichen Befreiungsregel. Nur diese originären tätigkeitsbezogenen Kriterien sind für die Anerkennung der Einrichtungen relevant. BFH, Urteil v. 12.2.2009, V R 47/07, BStBl. II 2009, 677, Rz. 27. Vgl. auch Unterkapitel E. II. 4.

671 EuGH, Urteil v. 10.9.2002, C-141/00, *Ambulanter Pflegedienst Kügler GmbH*, DStRE 2002, 1196, Rz. 56f.; EuGH, Urteil v. 26.5.2005, C-498/03, *Kingscrest Associates und Montecello*, UR 2005, 453, Rz. 52; *Tehler* in: Rau/Dürrwächter, UStG, § 4 Nr. 21, Rz. 95.

672 BFH, Urteil v. 17.4.2008, V R 58/05, DStR 2008, 1329, 4. Leitsatz und Rz. 45.

673 BFH, Urteil v. 23.8.2007, V R 4/05, BFH/NV 2007, 2215, 3. Leitsatz; BFH, Urteil v. 23.8.2007, V R 10/05, BFH/NV 2007, 2217, Rz. 35; BFH, Urteil v. 17.4.2008, V R 58/05, DStR 2008, 1329, 3. Leitsatz und Rz. 36.

674 BFH, Urteil v. 23.8.2007, V R 4/05, BFH/NV 2007, 2215, 1. und 2. Leitsatz sowie Rz. 27; BFH, Urteil v. 27.9.2007, V R 75/03, BStBl. II 2008, 323, Rz. 35; BFH, Urteil v. 24.1.2008, V R 3/05, BFH/NV 2008, 1078, Rz. 26; BFH, Urteil v. 20.8.2009, V R 25/08, BStBl. II 2010, 15, Rz. 23; *Jacobs*, Umsatzsteuer und Gemeinnützigkeit, 2009, 114; *Oelmaier* in: Sölch/Ringleb, UStG, § 4 Nr. 21, Rz. 20. Vgl. zur behördlichen Zuständigkeit für die Erteilung der Bescheinigung FinMin Brandenburg v. 3.12.2010, o.Az., beck-online, 2010, BeckVerw 249068 sowie OFD Frankfurt/Main v. 16.12.2010, S 7179 A - 1 - St 112, beck-online, 2010, BeckVerw 248516. Regelmäßig sind die Landesschul- bzw. Kultusbehörden zuständig. Nach Abschn. 4.21.2. Abs. 3a UStAE müssen bspw. Anbieter von sog. Integrationskursen gem. § 43 AufenthG von dem Bundesamt für Migration und Flüchtlinge zugelassen sein.

„auf einen Beruf oder eine vor einer juristischen Person des öffentlichen Rechts abzulegende Prüfung ordnungsgemäß vorbereiten".[675] Wenn der Steuerpflichtige eine entsprechende Bescheinigung besitzt, reicht dies nach Ansicht des BFH „für die Anerkennung durch den Mitgliedstaat Deutschland als Einrichtung mit vergleichbarer Zielsetzung"[676] aus.

Da die Bescheinigung insoweit nur erteilt wird, wenn die Bildungseinrichtung auf einen Beruf oder auf eine Prüfung vor einer juristischen Person des öffentlichen Rechts ordnungsgemäß vorbereitet, setzt § 4 Nr. 21 a) bb) UStG nach Ansicht von *Oelmaier* das Unionsrecht nicht hinreichend um.[677] Er begründet dies darüber, dass Art. 132 Abs. 1 i) MwStSystRL den Schul- und Hochschulunterricht befreit, der allerdings keine Vorbereitung auf einen Beruf oder eine Prüfung voraussetzt und zugleich Fortbildungsmaßnahmen umfasst. Dem ist m.E. nicht zuzustimmen, da das Gemeinschaftsrecht bezüglich der Anerkennung keine Voraussetzungen und Modalitäten vorgibt und ein vollständiger Rückgriff auf die begünstigten Leistungen, dem Tatbestandsmerkmal der „andere[n] Einrichtungen mit von dem betreffenden Mitgliedstaat anerkannter vergleichbarer Zielsetzung" den eigenständigen Sinn nehmen würde.

Nach der BFH-Rechtsprechung gibt es allerdings noch eine Alternative gegenüber der Vorlage einer entsprechenden behördlichen Bescheinigung. Der BFH leitet die „vom Mitgliedstaat anerkannte vergleichbare Zielsetzung" i.S.d. Art. 132 Abs. 1 i) MwStSystRL aus der Kostenerstattung bzw. Kostenübernahme (der steuerbefreiten Bildungsleistungen des Art. 132 Abs. 1 i) MwStSystRL) durch den betreffenden Sozialversicherungsträger ab.[678] In dem entschiedenen Rechtsstreit wurden die Kosten der Fortbildungs- und Umschulungsmaßnahmen und die damit eng verbundenen, individuellen sozialpädagogischen Betreuungs-

---

675 BFH, Urteil v. 23.8.2007, V R 4/05, BFH/NV 2007, 2215, 2. Leitsatz; BFH, Urteil v. 17.1.2008, V R 52/06, BFH/NV 2008, 725, Rz. 44f.; BFH, Urteil v. 17.4.2008, V R 58/05, DStR 2008, 1329, 3. Leitsatz und Rz. 36.

676 BFH, Urteil v. 24.1.2008, V R 3/05, BFH/NV 2008, 1078, Rz. 26.

677 *Oelmaier* in: Sölch/Ringleb, UStG, § 4 Nr. 21, Rz. 64.

678 BFH, Urteil v. 21.3.2007, V R 28/04, BStBl. II 2010, 999, Rz. 33 und Rz. 34; *Heidner* in: Bunjes/Geist, UStG, § 4 Nr. 21, Rz. 22; *Oelmaier* in: Sölch/Ringleb, UStG, § 4 Nr. 21, Rz. 15. Nach der Rechtsprechung des BFH kann für die Anerkennung einer privaten Einrichtung auch auf eine unmittelbare vertragliche - Inhalt, Umfang sowie Verantwortung für die vertragsgemäße Durchführung konkretisierende - Beziehung zwischen der Einrichtung und dem örtlichen Träger der Sozialversicherung abgestellt werden. Dagegen wird ein Subunternehmer, der lediglich für eine in dieser Weise begünstigte bzw. anerkannte Bildungseinrichtung tätig wird, nicht alleine deshalb auch als anerkannte andere Einrichtung qualifiziert. BFH, Urteil v. 8.11.2007, V R 2/06, BStBl. II 2008, 634, 3. Leitsatz und Rz. 42f.

leistungen einer GmbH von der Bundesanstalt für Arbeit und von dem Arbeitsförderungsdienst der Bundeswehr erstattet.[679] Dass sich die Anerkennung der vergleichbaren Zielsetzung auch aus der Kostenübernahme des Sozialversicherungsträgers herleiten lässt, folgert der BFH unter Rückgriff auf seine Rechtsprechung zur Anerkennung eines Unternehmers als (privatrechtliche) Einrichtung mit sozialem Charakter nach Art. 132 Abs. 1 g) und h) MwStSystRL.[680] Aus dieser Judikatur folgt zugleich, dass die anerkannte vergleichbare Zielsetzung vorliegen muss, wenn die Kosten für die erbrachten Erziehungs-/Bildungsleistungen sowie der damit eng verbundenen Leistungen i.S.d. Art. 132 Abs. 1 i) MwStSystRL von dem betreffenden Sozialversicherungsträger nach den gesetzlichen Vorgaben übernehmbar wären. Auf eine tatsächliche Kostenübernahme würde es daher im konkreten Fall nicht ankommen.[681]

Bestätigt eine Stadt einem eingetragenen (Eltern-) Förderverein einer Ganztagesschule, dass die Vereinstätigkeit in ihrem Interesse durchgeführt wird und sämtliche entstandenen Gewinne aus dem Cafeteria-Betrieb in die Ausstattung der Cafeteria oder der Schule zurückfließen, handelt es sich allerdings nicht um eine Anerkennung einer vergleichbaren Zielsetzung i.S.d.Art. 132 Abs. 1 i) MwStSystRL.[682]

Letztlich ist zu beachten, dass weder das Gemeinschaftsrecht noch das innerstaatliche Umsatzsteuerrecht eine Ausnahme von dem erforderlichen Anerkennungs-/ bzw. Bescheinigungsverfahren vorsehen.[683]

2. Begünstigte (Weiter-) Bildungsleistungen

Die Norm des Art. 132 Abs. 1 i) MwStSystRL begünstigt die Tätigkeiten der Erziehung von Kindern und Jugendlichen, Schul- und Hochschulunterricht, Aus- und Fortbildung sowie berufliche Umschulung und damit eng verbundene Dienstleistungen und Lieferungen, wenn diese von den in Kapitel E. II. 1. genannten (Bildungs-) Einrichtungen durchgeführt werden. Art. 132 Abs. 1 i) MwStSystRL enthält keine Auslegung der begünstigten Tätigkeiten bzw. Unter-

679 BFH, Urteil v. 21.3.2007, V R 28/04, BStBl. II 2010, 999.

680 BFH, Urteil v. 21.3.2007, V R 28/04, BStBl. II 2010, 999, Rz. 33 mit Verweis auf: BFH, Urteil v. 8.11.2007, V R 2/06, BStBl. II 2008, 634, Rz. 41; BFH, Urteil v. 22.4.2004, V R 1/98, BStBl. II 2004, 849, II. 3. b) und c), in Übereinstimmung mit der EuGH-Rechtsprechung, vgl. EuGH, Urteil v. 10.9.2002, C-141/00, *Ambulanter Pflegedienst Kügler GmbH*, DStRE 2002, 1196, Rz 58.

681 BFH, Urteil v. 22.4.2004, V R 1/98, BStBl. II 2004, 849, II. 3. b); BFH, Urteil v. 8.6.2011, XI R 22/09, DStR 2011, 1659, Rz. 38.

682 BFH, Urteil v. 12.2.2009, V R 47/07, BStBl. II 2009, 677, Rz. 25 i.V.m. Rz. 3.

683 BFH, Urteil v. 17.4.2008, V R 58/05, DStR 2008, 1329, Rz. 69.

richtsformen.[684] Vor dem Hintergrund des Untersuchungsgegenstands der vorliegenden Arbeit wird auf die begünstigte Tätigkeit der Erziehung von Kindern und Jugendlichen nicht eingegangen.[685]

2.1 Ausbildung, Fortbildung und berufliche Umschulung

Um eine gemeinschaftsweite einheitliche steuerliche Behandlung bestimmter Vorschriften der 6. EG-Richtlinie zu gewährleisten, hat der Rat der Europäischen Union am 17.10.2005 die Verordnung (EG) Nr. 1777/2005 erlassen.[686] Sie definiert u.a. die Dienstleistungen der Ausbildung, Fortbildung oder beruflichen Umschulung, die unter den Voraussetzungen des Art. 13 Teil A Abs. 1 i) der 6. EG-Richtlinie (entspricht im Wortlaut dem Art. 132 Abs. 1 i) MwStSystRL) steuerfrei erbracht werden.

Jüngst wurde die Verordnung in einigen wesentlichen Punkten geändert bzw. erweitert und aus Gründen der Klarheit und der Vereinfachung als Durchführungsverordnung (EU) Nr. 282/2011 neu gefasst.[687] Die Durchführungsvorschriften hinsichtlich der Ausbildung, Fortbildung oder beruflichen Umschulung wurden wortgleich aus der „alten“ Verordnung übernommen. Die spezifischen Regelungen der Durchführungsverordnung gelten ausschließlich für die einzelnen Anwendungsfragen und sind auf der Grundlage ihres Wortlauts restriktiv anzuwenden; eine Übertragung auf andere Fälle scheidet aus.[688]

---

684 EuGH, Urteil v. 14.6.2007, C-434/05, *Horizon College*, DB 2007, 1450, Rz. 17.

685 Das innerstaatliche Umsatzsteuerrecht hat die unionsrechtliche Vorgabe der steuerbefreiten Erziehungsleistungen insbesondere in § 4 Nr. 23, § 4 Nr. 25 und auch § 4 Nr. 18 UStG umgesetzt. *Weber*, UR 2008, 525, 530.

686 Verordnung (EG) Nr. 1777/2005 des Rates v. 17.10.2005 zur Festlegung von Durchführungsvorschriften zur Richtlinie 77/388/EWG über das allgemeine Mehrwertsteuersystem, Abl. 2005, L 288/1, 3. Erwägungsgrund. Ab dem Zeitpunkt des Inkrafttretens gelten die Durchführungsvorschriften der Verordnung in allen Mitgliedstaaten für die Staatsorgane (Legislative, Exekutive und Judikative) und Bürger unmittelbar und rechtsverbindlich. Ein gesonderter Rechtsetzungsakt zur Anwendung für das deutsche Umsatzsteuerrecht ist nicht erforderlich. Die Verordnung ist gem. Art. 23 Verordnung (EG) Nr. 1777/2005 am 1.7.2006 in Kraft getreten.

687 Durchführungsverordnung (EU) Nr. 282/2011 v. 15.3.2011, zur Festlegung von Durchführungsvorschriften zur Richtlinie 2006/112/EG über das gemeinsame Mehrwertsteuersystem. Die Durchführungsverordnung ist zum 1.7.2011 in Kraft getreten. Vgl. auch *Nieskens*, DB 2011, 1470, 1470ff.

688 Verordnung (EG) Nr. 1777/2005 des Rates v. 17.10.2005 zur Festlegung von Durchführungsvorschriften zur Richtlinie 77/388/EWG über das allgemeine Mehrwertsteuersystem, Abl. 2005, L 288/1, 3. Erwägungsgrund; Durchführungsverordnung (EU) Nr. 282/2011 v. 15.3.2011, zur Festlegung von Durchführungsvorschriften zur Richtlinie

Nach Art. 44 der Durchführungsverordnung (EU) Nr. 282/2011[689] umfassen die gem. Art. 132 Abs. 1 i) MwStSystRL steuerbefreiten Dienstleistungen der Ausbildung, Fortbildung oder beruflichen Umschulung

- Schulungsmaßnahmen mit einem direkten Bezug zu einem Gewerbe oder einem Beruf
- und jegliche Schulungsmaßnahmen, die dem Erwerb oder der Erhaltung beruflicher Kenntnisse dienen.

Die Dauer der Ausbildung, Fortbildung oder beruflichen Umschulung ist (nach Art. 44 Durchführungsverordnung) für die Qualifikation als steuerbefreiter Umsatz gem. Art. 132 Abs. 1 i) MwStSystRL unerheblich.[690] Infolgedessen können nach meiner Auffassung die o.g. Schulungsmaßnahmen keinen zeitlichen Mindestanforderungen unterliegen. Dies ist zu begrüßen, da insoweit strittige Abgrenzungsfragen hinsichtlich der Inanspruchnahme der Steuerbefreiung vermieden werden.

Vor dem Hintergrund der Durchführungsvorschriften[691] befreit das Unionsrecht m.E. auch Schulungsmaßnahmen wie Einzelvorträge oder Vortragsreihen von der Mehrwertsteuer, sofern diese Maßnahmen in direktem Zusammenhang mit einem Gewerbe oder Beruf stehen, oder dem Erwerb bzw. der Erhaltung beruflicher Kenntnisse dienen.[692] Die Schulungsmaßnahmen müssen von öffentli-

---

2006/112/EG über das gemeinsame Mehrwertsteuersystem; 5. Erwägungsgrund; *Nieskens*, DB 2011, 1470, 1470.

689 Durchführungsverordnung (EU) Nr. 282/2011 v. 15.3.2011, zur Festlegung von Durchführungsvorschriften zur Richtlinie 2006/112/EG über das gemeinsame Mehrwertsteuersystem, 42 und 32. Erwägungsgrund. Entspricht wortgleich dem Art. 14 der Verordnung (EG) Nr. 1777/2005 des Rates v. 17.10.2005 zur Festlegung von Durchführungsvor-schriften zur Richtlinie 77/388/EWG über das allgemeine Mehrwertsteuersystem, Abl. 2005, L 288/1, L 288/4.

690 Art. 44 S. 2 und 32. Erwägungsgrund der Verordnung (EU) Nr. 5531/11 des Rates v. 4.3.2011 zur Festlegung von Durchführungsvorschriften zur Richtlinie 2006/112/EG über das gemeinsame Mehrwertsteuersystem.

691 Art. 44 der Durchführungsverordnung (EU) Nr. 282/2011 v. 15.3.2011, zur Festlegung von Durchführungsvorschriften zur Richtlinie 2006/112/EG über das gemeinsame Mehrwertsteuersystem.

692 Vgl. auch *Tehler* in: Rau/Dürrwächter, UStG, § 4 Nr. 21, Rz. 151ff. A.A. die Finanzverwaltung, die zwischen steuerbefreiter Unterrichtsleistung und steuerpflichtigem Einzelvortrag differenziert. Vgl. allgemein Abschn. 4.21.2. Abs. 2 UStAE (für die Leistungen privater Schulen und anderer allgemeinbildender oder berufsbildender Einrichtungen nach § 4 Nr. 21 a) UStG) und Abschn. 4.21.3 Abs. 2 UStAE (für die Leistungen selbstständiger Lehrer nach § 4 Nr. 21 b) UStG). Hinweise für eine mögliche Abgren-

chen oder von anerkannten privatrechtlichen Einrichtungen angeboten werden. Die tatsächliche Dauer der mit einem Beruf verknüpften Schulungsmaßnahme ist unionsrechtlich für ihre Befreiung nicht maßgeblich. Demzufolge begünstigt Art. 132 Abs. 1 i) MwStSystRL auch einzelne Vorträge einer Bildungseinrichtung, wie bspw. Tagesseminare im Rahmen der Ausbildung, Fortbildung oder beruflichen Umschulung.[693] Dies hatte der BFH für die von einem e.V. in verschiedenen Hotels veranstalteten Tagesseminare zur beruflichen Fortbildung selbstständiger Unternehmer[694] und für die von der Bundessteuerberaterkammer (Körperschaft des öffentlichen Rechts) angebotenen eintägigen Fortbildungsseminare für praktizierende Steuerberater entschieden.[695]

2.2 Schul- und Hochschulunterricht

2.2.1 Weite Auslegung durch den EuGH

Der EuGH hält eine genaue Definition des unionsrechtlichen Begriffs des Schul- und Hochschulunterrichts für nicht erforderlich bzw. hat diese ausdrücklich vermieden.[696] Eine besonders enge Auslegung der Wendung Schul- und Hochschulunterricht, etwa in Anlehnung an das spezifische Bildungs-/ Unterrichtssystem eines einzelnen Mitgliedstaates, ist jedoch nicht vorzunehmen.[697] Denn dies würde dem europäischen Ziel eines harmonisierten Mehrwertsteuerrechts widersprechen, da der fragliche Umsatz dann in Abhängigkeit der nationalen Rechtslage bzw. Ausgestaltung des Bildungssystems, in den einzelnen Mitgliedstaaten unterschiedlich beurteilt werden würde.[698]

Nach der höchstrichterlichen Rechtsprechung des EuGH umfasst der Begriff Schul- und Hochschulunterricht:

- Unterrichtsleistungen, die zu einer Abschlussprüfung zur Erlangung einer Qualifikation führen,
- Unterricht, der eine Ausbildung im Hinblick auf die Ausübung einer Berufstätigkeit vermittelt (nach der Rechtsprechung des Gerichtshofs bezweckt der

---

zung aus Sicht der Finanzverwaltung sind zu finden bei OFD Frankfurt/Main v. 25.4.2002, S 7179A - 25 - St I 22, UR 2003, 204.

693 Vgl. auch *Tehler* in: Rau/Dürrwächter, UStG, § 4 Nr. 21, Rz. 153.

694 BFH, Urteil v. 7.10.2010, V R 12/10, BStBl. II 2011, 303, Rz. 17f.

695 BFH, Urteil v. 17.4.2008, V R 58/05, DStR 2008, 1329, Rz. 4.

696 EuGH, Urteil v. 14.6.2007, C-445/05, *Haderer*, HFR 2007, 806, Rz. 26; EuGH, Urteil v. 28.1.2010, C-473/08, *Ingenieurbüro Eulitz GbR*, DStR 2010, 218, Rz. 29.

697 EuGH, Urteil v. 14.6.2007, C-445/05, *Haderer*, HFR 2007, 806, Rz. 25; EuGH, Urteil v. 28.1.2010, C-473/08, *Ingenieurbüro Eulitz GbR*, DStR 2010, 218, Rz. 36.

698 EuGH, Urteil v. 14.6.2007, C-445/05, *Haderer*, HFR 2007, 806, Rz. 24 und 25.

Hochschulunterricht insbesondere, die Studierenden für/auf die künftige Ausübung einer beruflichen Tätigkeit auszubilden)[699],

- sowie andere Tätigkeiten, die im Rahmen der Unterweisung in Schulen und Hochschulen erfolgen, um die Kenntnisse sowie Fähigkeiten der Schüler und Studierenden (weiter) zu entwickeln, vorausgesetzt diese Tätigkeiten haben nicht den Charakter einer bloßen Freizeitgestaltung.[700]

Dementsprechend ist die gemeinschaftsrechtliche Wendung „Schul- und Hochschulunterricht" sehr weit gefasst. Gem. der angeführten Rechtsprechung des Gerichtshofs fallen unter den begünstigten Unterrichtsbegriff z.B. auch die Vermittlung von handwerklichen oder künstlerischen Fertigkeiten und Kenntnissen[701] oder allgemeinbildende Unterrichtstätigkeiten, soweit dabei der reine Freizeit-/Unterhaltungszweck nicht im Vordergrund steht.[702] Nach Ansicht von Generalanwältin *Sharpston* müssen „alle Fächer und Tätigkeiten, die gemeinhin in Schulen oder Hochschulen unterrichtet werden" als Schul-/Hochschulunterricht qualifiziert werden, unabhängig davon, ob diese Fächer bzw. Tätigkeiten einem streng vorgegebenen (Lehr-) Plan[703] oder Ablauf folgen.[704]

---

699 EuGH, Urteil v. 20.6.2002, C-287/00, *Kommission / Bundesrepublik Deutschland*, IStR 2002, 483, Rz. 48. Deckungsgleich das innerstaatliche Hochschulrecht in § 2 Abs. 1 S. 2 HRG i.V.m. § 7 HRG: „Lehre und Studium sollen den Studenten auf ein berufliches Tätigkeitsfeld vorbereiten…".

700 EuGH, Urteil v. 14.6.2007, C-445/05, *Haderer*, HFR 2007, 806, Rz. 26; EuGH, Urteil v. 28.1.2010, C-473/08, *Ingenieurbüro Eulitz GbR*, DStR 2010, 218, Rz. 29. Nach der Rechtsprechung des BFH folgt aus der behördlichen Anerkennung bestimmter Unterrichtstätigkeiten einer privatrechtlichen (Bildungs-) Einrichtung indiziell, dass diese Leistungen nicht den Charakter einer bloßen Freizeitgestaltung inne haben und demnach steuerbefreit sind. Die Indizwirkung der Bescheinigung gilt allerdings nur, sofern keine gegenteiligen Anhaltspunkte vorliegen. Bei der Anerkennung handelt es sich um die Bescheinigung der zuständigen (Landes-) Behörde, dass eine privatrechtliche Einrichtung auf einen Beruf oder eine vor einer juristischen Person des öffentlichen Rechts abzulegende Prüfung ordnungsgemäß vorbereitet. BFH, Urteil v. 24.1.2008, V R 3/05, BFH/NV 2008, 1078, 4. Leitsatz und Rz. 32.

701 Schlussanträge der Generalanwältin Sharpston v. 8.3.2007, C-434/05, *Horizon College*, und C-445/05, *Haderer*, beck-online, BeckEuRS 2007, 444686, Rz. 88.

702 *Jacobs*, Umsatzsteuer und Gemeinnützigkeit, 2009, 122.

703 A.A. die Finanzverwaltung für die Unterrichtsleistungen privater Schulen oder anderer allgemeinbildender oder berufsbildender Einrichtungen gem. § 4 Nr. 21 a) UStG (vgl. Abschn. 4.21.2. Abs. 2 UStAE) und gleichermaßen für die Unterrichtstätigkeit selbstständiger Lehrer nach § 4 Nr. 21 b) UStG (vgl. Abschn. 4.21.3. Abs. 2 UStAE).

704 Schlussanträge der Generalanwältin Sharpston v. 8.3.2007, C-434/05, *Horizon College*, und C-445/05, *Haderer*, beck-online, BeckEuRS 2007, 444686, Rz. 89.

2.2.2 *Verhältnis Schul- und Hochschulunterricht zu Aus-, Fortbildung und beruflicher Umschulung*

Auf den ersten Blick differenziert der Wortlaut des Art. 132 Abs. 1 i) MwSt-SystRL zwischen den begünstigten Leistungen des Schul- und Hochschulunterrichts und der Aus- und Fortbildung.[705] Nach der jüngst ergangenen EuGH-Rechtsprechung in der Rs. *Eulitz* ist für die Zwecke der Mehrwertsteuer allerdings nicht zwischen dem Schul- und Hochschulunterricht zu unterscheiden, der einerseits gegenüber Schülern und Studierenden im Rahmen einer erstmaligen Schul- oder Hochschulausbildung, bzw. andererseits gegenüber Personen erbracht wird, die bereits über einen Schul- oder Hochschulabschluss verfügen und „die aufgrund dieses Abschlusses ihre Berufsausbildung betreiben"[706].[707] Bekräftigend führt der EuGH - übereinstimmend mit der Europäischen Kommission - aus, dass eine derartige Differenzierung mittels der Unterrichtsinhalte schwierig sein könnte.[708]

Da nach Ansicht des EuGH[709] unter Schul- und Hochschulunterricht auch Tätigkeiten zu subsumieren sind, die in Schulen und Hochschulen erfolgen und Kenntnisse sowie Fähigkeiten von Schülern/Studierenden (weiter) entwickeln und zugleich nicht den Charakter einer bloßen Freizeitgestaltung haben, beinhaltet der Begriff m.E. auch „Schulungsmaßnahmen mit direktem Bezug zu einem Gewerbe oder Beruf sowie jegliche Schulungsmaßnahme, die dem Erwerb oder

---

705 Dieser Unterschied tritt bei einem Vergleich der deutschen Sprachfassung der Befreiungen des Art. 132 Abs. 1 i) MwStSystRL und Art. 132 Abs. 1 j) MwStSystRL deutlich hervor. EuGH, Urteil v. 28.1.2010, C-473/08, *Ingenieurbüro Eulitz GbR*, DStR 2010, 218, Rz. 34.

706 EuGH, Urteil v. 28.1.2010, C-473/08, *Ingenieurbüro Eulitz GbR*, DStR 2010, 218, Rz. 35. Nach Ansicht des EuGH gilt dies gleichermaßen für Unterrichtseinheiten, die sich auf den Schul- und Hochschulunterricht beziehen, d.h. für Art. 132 Abs. 1 j) MwSt-SystRL.

707 Diese Schlussfolgerung leitete *Philipowski* bereits aus den Aussagen des EuGH zum Begriff Schul- und Hochschulunterricht in der Rs. *Haderer* ab. Hinsichtlich des Begriffs unterschied der EuGH bereits damals u.a. zwischen Unterricht, der zu einer Abschlussprüfung zur Erlangung einer Qualifikation führt und Unterricht, der eine Ausbildung im Hinblick auf die Ausübung einer Berufstätigkeit vermittelt (EuGH, Urteil v. 14.6.2007, C-445/05, *Haderer*, HFR 2007, 806, Rz. 26). Infolgedessen soll es sich bei letzteren Unterrichtsleistungen um zusätzlichen „Unterricht handeln, der solchen Personen erteilt wird, die schon eine Erstausbildung (Grundausbildung) abgeschlossen haben und berufstätig sind." *Philipowski*, UR 2008, 581, 586.

708 EuGH, Urteil v. 28.1.2010, C-473/08, *Ingenieurbüro Eulitz GbR*, DStR 2010, 218, Rz. 36.

709 EuGH, Urteil v. 14.6.2007, C-445/05, *Haderer*, HFR 2007, 806, Rz. 26; EuGH, Urteil v. 28.1.2010, C-473/08, *Ingenieurbüro Eulitz GbR*, DStR 2010, 218, Rz. 29.

der Erhaltung beruflicher Kenntnisse dient"[710]. Folglich umfasst die unionsrechtliche Wendung Schul- und Hochschulunterricht auch die Ausbildung, Fortbildung und berufliche Umschulung.[711]

Dass der unionsrechtliche Begriff des Schul- und Hochschulunterrichts u.a. die erstmalige Berufsausbildung und die berufliche Weiter- bzw. Fortbildung umfasst,[712] kann an dem Beispiel der den öffentlich-rechtlichen und staatlich anerkannten Hochschulen gesetzlich zugewiesenen Aufgabe der Pflege und Entwicklung von Lehre, Studium und Weiterbildung verdeutlicht werden.[713]

---

710 Bei diesen Schulungsmaßnahmen handelt es sich um die unionsrechtliche Auslegung der (nach Art. 132 Abs. 1 i) MwStSystRL befreiten) Dienstleistungen der Ausbildung, Fortbildung oder beruflichen Umschulung nach Art. 44 Durchführungsverordnung (EU) Nr. 282/2011 v. 15.3.2011, zur Festlegung von Durchführungsvorschriften zur Richtlinie 2006/112/EG über das gemeinsame Mehrwertsteuersystem. Zwar hat der Gemeinschaftsgesetzgeber im Rahmen der Neufassung der Durchführungsverordnung den Wortlaut der „alten" Verordnung aus dem Jahr 2005 beibehalten hat, dies ist m.E. nur der Richtlinienformulierung des Art. 132 Abs. 1 i) MwStSystRL geschuldet, da deren Wortlaut die unterschiedlichen Begriffe verwendet und eine Formulierungsänderung der Richtlinien Einstimmigkeit erfordert.

711 Die Begriffe der Ausbildung und Fortbildung in Art. 132 Abs. 1 i) MwStSystRL sind keine selbstständigen Tatbestandsmerkmale, sondern stellen unselbstständige Begriffsdefinition der Wendung Schul- und Hochschulunterricht dar. *Tehler* in: Rau/Dürrwächter, UStG, § 4 Nr. 21, Rz. 156ff.

712 *Philipowski*, UR 2008, 581, 587f.; *Tehler* in: Rau/Dürrwächter, UStG, § 4 Nr. 21, Rz. 160.

713 *Tehler* in: Rau/Dürrwächter, UStG, § 4 Nr. 21, Rz. 158ff. A.A. die bisherige BFH-Rechtsprechung: Regelmäßige CAD-Schulungen an einer Handwerkskammer und einem Berufsförderungswerk stellen berufliche Fortbildungsmaßnahmen dar (BFH, Urteil v. 23.8.2007, V R 4/05, BFH/NV 2007, 2215, Rz. 34) und können daher nicht als „Schul- und Hochschulunterricht" i.S.d. Art. 132 Abs. 1 j) MwStSystRL beurteilt werden. Gleiches gilt für die beruflichen Fortbildungsmaßnahmen durch eine freiberufliche Dozentin an einer Berufsakademie (BFH, Urteil v. 23.8.2007, V R 10/05, BFH/NV 2007, 2217, Rz. 45f.) sowie hinsichtlich der Durchführung eines eintägigen Fortbildungsseminars für Steuerberater durch einen Hochschullehrer an der Bundessteuerberaterkammer (BFH, Urteil v. 17.4.2008, V R 58/05, DStR 2008, 1329, Rz. 51 und Rz. 58). Dagegen sind nach jüngster Rechtsprechung des EuGH die Lehrtätigkeiten eines Diplom-Ingenieurs im Rahmen von Fortbildungslehrgängen, die mit einer Prüfung abschließen und deren Teilnehmer mindestens einen ersten berufsqualifizierenden Hochschulabschluss vorweisen, als Unterrichtseinheiten, die sich auf Schul- und Hochschulunterricht beziehen, zu qualifizieren. EuGH, Urteil v. 28.1.2010, C-473/08, *Ingenieurbüro Eulitz GbR*, DStR 2010, 218, Rz. 38. Vgl. zudem die weite Definition des EuGH in EuGH, Urteil v. 14.6.2007, C-445/05, *Haderer*, HFR 2007, 806, Rz. 26; EuGH, Urteil v. 28.1.2010, C-473/08, *Ingenieurbüro Eulitz GbR*, DStR 2010, 218, Rz. 29.

Ein Studierender erwirbt im Rahmen eines Bachelorstudiengangs einen ersten berufsqualifizierenden (Regel-) Abschluss (nach § 19 Abs. 2 HRG), d.h. die Hochschule leistet eine erstmalige Berufsausbildung bzw. bereitet die Studierenden auf eine berufliche Tätigkeit vor (vgl. § 29 Abs. 1 HRG). Der anschließende - einen ersten berufsqualifizierenden Hochschulabschluss voraussetzende - Masterstudiengang führt zu einem weiteren (zweiten) berufsqualifizierenden Abschluss (nach § 19 Abs. 3 HRG).[714] Dieser ist als berufliche Weiter- bzw. Fortbildung einzustufen. Besonders deutlich wird der Begriffsumfang bei Betrachtung der für gewöhnlich berufsbegleitenden Weiterbildungs(master)studiengänge. Der eindeutige Bezug zur beruflichen Fort- bzw. Weiterbildung zeigt sich hier bereits bei den Zulassungsvoraussetzungen zum Studiengang: neben dem ersten berufsqualifizierenden Hochschulabschluss muss der Studierende zudem (fach-) spezifische, berufliche Praxiserfahrung (über einen gewissen Zeitraum hinweg) vorweisen.

Flankierend zu dem Angebot von postgradualen Studiengängen erfüllen die baden-württembergischen Hochschulen ihre gesetzliche Weiterbildungsaufgabe nach den Vorgaben des § 31 LHG-BW zudem durch das Angebot von Kontaktstudien. Diese dienen per Definition nach § 31 Abs. 3 S. 1 LHG-BW der Vertiefung und Ergänzung berufspraktischer Erfahrungen. Folglich erfüllen die Bildungsmaßnahmen der genannten universitären Kontaktstudien zugleich die Kriterien des gemeinschaftsrechtlichen Begriffs der Aus- und Fortbildung (Schulungsmaßnahmen mit einem direkten Bezug zu einem Gewerbe oder einem Beruf bzw. zum Erwerb oder zur Erhaltung beruflicher Kenntnisse) und des Schul- und Hochschulunterrichts (Unterrichtsleistungen, die die Kenntnisse und Fähigkeiten von Studierenden weiterentwickeln und die zugleich nicht den Charakter einer bloßen Freizeitgestaltung inne haben).

2.3 Elemente der (steuerbefreiten) Unterrichtstätigkeit i.S.d. Art. 132 Abs. 1 i) MwStSystRL

Der Begriff Unterricht bzw. Unterrichtstätigkeit i.S.d. Art. 132 Abs. 1 i) MwStSystRL setzt sich nach einhelliger Meinung der Kommission und des EuGH aus einer Gesamtheit von mehreren Elementen zusammen: U.a. aus - dem besonders wichtigen Bestandteil[715] - der Vermittlung von Kenntnissen und Fähigkeiten durch den Unterrichtenden gegenüber den Schülern bzw. Studierenden, aber zugleich auch aus den Beziehungen, die den organisatorischen Rahmen einer

---

714 Vgl. zur gestuften Studienstruktur auch § 29 LHG-Baden-Württemberg und zu postgradualen Weiterbildungsstudiengängen § 31 LHG-Baden-Württemberg sowie die Ausführungen in Fußnote 189 der hier vorliegenden Arbeit.

715 EuGH, Urteil v. 14.6.2007, C-434/05, *Horizon College*, DB 2007, 1450, Rz. 18.

Einrichtung i.S.d. Art. 132 Abs. 1 i) MwStSystRL ausmachen.[716] Zu letzteren gehören die gesamten Rahmenbedingungen im Hinblick auf die Einrichtung selbst, die Lehrmaterialien, die technischen Mittel, die Unterrichtspolitik und die organisatorische Infrastruktur.[717]

Infolgedessen fiel die vorübergehende entgeltliche Personalgestellung (Überlassung einer Lehrkraft) durch die Bildungseinrichtung *Horizon College* an eine andere Bildungseinrichtung (nachfolgend Zieleinrichtung) nicht unter den Unterrichtsbegriff nach Art. 132 Abs. 1 i) MwStSystRL.[718] Beide Bildungseinrichtungen waren zwar als Einrichtungen i.S.d. Art. 132 Abs. 1 i) MwStSystRL zu qualifizieren,[719] allerdings oblag der organisatorische Rahmen (der Unterrichtstätigkeit) nach den maßgeblichen Gestellungsverträgen der Zieleinrichtung. Diese bestimmte die Aufgaben der überlassenen Lehrkraft und versicherte bzw. zahlte für den Gestellungszeitraum die Haftpflichtversicherung der Lehrkraft.[720] „Daher kann die unter derartigen Voraussetzungen erfolgende Gestellung einer Lehrkraft an die Zieleinrichtung als solche nicht als eine Tätigkeit angesehen werden, die unter den Unterrichtsbegriff im Sinne von Art. 132 Abs. 1 i) MwStSystRL fällt“.[721]

Es könnte sich die Frage stellen, ob im Falle eines alternativen Gestellungsvertrags, d.h. falls bspw. der organisatorische Rahmen der Aufgabenzuweisung und die Versicherungspflicht vertraglich dem *Horizon College* zugestanden hätten, die Lehrpersonalgestellung steuerbefreit wäre. Der Gestellungsvertrag zwischen den beiden Bildungseinrichtungen und der Lehrkraft bezweckt jedoch allenfalls die Unterrichtserteilung durch die Zieleinrichtung zu erleichtern.[722] Die

716 EuGH, Urteil v. 14.6.2007, C-434/05, *Horizon College*, DB 2007, 1450, 1. Leitsatz und Rz. 20; EuGH, Urteil v. 28.1.2010, C-473/08, *Ingenieurbüro Eulitz GbR*, DStR 2010, 218, Rz. 30.

717 Schlussanträge der Generalanwältin Sharpston v. 8.3.2007, C-434/05, *Horizon College*, und C-445/05, *Haderer*, beck-online, BeckEuRS 2007, 444686, Rz. 49.

718 EuGH, Urteil v. 14.6.2007, C-434/05, *Horizon College*, DB 2007, 1450, 1. Leitsatz und Rz. 22. Die unionsrechtliche Befreiung für Personalgestellung nach Art. 132 Abs. 1 k) MwStSystRL - die Gestellung von Personal durch religiöse und weltanschauliche Einrichtungen für die unter den Befreiungen des Abs. 1 b), g), h) und i) genannten Tätigkeiten und für Zwecke geistlichen Beistands - war im Streitfall nicht einschlägig.

719 EuGH, Urteil v. 14.6.2007, C-434/05, *Horizon College*, DB 2007, 1450, Rz. 23.

720 EuGH, Urteil v. 14.6.2007, C-434/05, *Horizon College*, DB 2007, 1450, Rz. 21.

721 EuGH, Urteil v. 14.6.2007, C-434/05, *Horizon College*, DB 2007, 1450, Rz. 22.

722 EuGH, Urteil v. 14.6.2007, C-434/05, *Horizon College*, DB 2007, 1450, Rz. 22.

Tätigkeit der Lehrpersonalgestellung[723] fällt von sich aus nicht unter den Begriff der Unterrichtstätigkeit i.S.d. Art. 132 Abs. 1 i) MwStSystRL.

2.4 Abgrenzung steuerbefreiter und steuerpflichtiger Unterrichtstätigkeiten

Werden der Schul-/Hochschulunterricht sowie Aus- und Fort- bzw. Weiterbildungsleistungen durch mit solchen Aufgaben betraute Einrichtungen des öffentlichen Rechts oder durch privatrechtliche Bildungseinrichtungen mit anerkannter vergleichbarer Zielsetzung erbracht, sind diese (Weiter-) Bildungsleistungen dann mehrwertsteuerpflichtig, wenn sie der reinen Freizeitgestaltung dienen.[724] Vor diesem Hintergrund obliegt es dem nationalstaatlichen Gericht im konkreten Einzelfall zu prüfen, ob die fraglichen Bildungstätigkeiten noch in den Bereich des begünstigten Schul- und Hochschulunterrichts fallen.[725] Für die abschließende Beurteilung, ob eine Unterrichtsleistung den Charakter einer bloßen Freizeitgestaltung inne hat, oder doch steuerbefreit sein kann, sind nach Ansicht des BFH u.a. Feststellungen dazu erforderlich, welche Vorbildung der Leiter der entsprechenden Bildungsmaßnahme hat, wie sich der Teilnehmerkreis der jeweiligen Veranstaltung zusammensetzt, was genau vom Unterrichtenden und den Teilnehmern in der Veranstaltung gemacht wurde und welches Ziel die Bildungsmaßnahme hat.[726] Folglich sind bestimmte Qualitätsanforderungen zu erfüllen.[727]

2.4.1 Indizien für steuerpflichtige Unterrichtstätigkeiten

Nach der BFH-Rechtsprechung lassen sich Indizien für die Qualifikation einer Bildungsleistung als reine Freizeitgestaltung -- d.h. steuerpflichtige Unterrichtsleistung -- bspw. aus dem Teilnehmerkreis oder aus der thematischen Zielsetzung der Bildungsmaßnahme herleiten.[728] Der bloßen Freizeitgestaltung dienen

---

723 Losgelöst von dieser Überlegung kann die Personalgestellung im Ausgangssachverhalt in Abhängigkeit des konkreten Einzelfalls alternativ als eng verbundene Dienstleistung doch nach Art. 132 Abs. 1 i) MwStSystRL mehrwertsteuerfrei sein. EuGH, Urteil v. 14.6.2007, C-434/05, *Horizon College*, DB 2007, 1450, 2. Leitsatz.

724 EuGH, Urteil v. 14.6.2007, C-445/05, *Haderer*, HFR 2007, 806, Rz. 26; EuGH, Urteil v. 28.1.2010, C-473/08, *Ingenieurbüro Eulitz GbR*, DStR 2010, 218, Rz. 29.

725 EuGH, Urteil v. 14.6.2007, C-445/05, *Haderer*, HFR 2007, 806, Rz. 27.

726 BFH, Urteil v. 27.9.2007, V R 75/03, BStBl. II 2008, 323, Rz. 42; *Philipowski*, UR 2010, 161, 164; *Tehler* in: Rau/Dürrwächter, UStG, § 4 Nr. 22, Rz. 156.

727 *Philipowski*, UR 2010, 161, 164.

728 BFH, Urteil v. 27.9.2007, V R 75/03, BStBl. II 2008, 323, Rz. 42; BFH, Urteil v. 24.1.2008, V R 3/05, BFH/NV 2008, 1078, Rz. 33; BFH, Urteil v. 7.10.2010, V R

„bspw. Kurse, die sich an Eltern von Schülern richten, um die Wartezeit während des Unterrichts der Kinder sinnvoll zu nutzen, Kurse für Senioren[729] oder allgemein am Tanz interessierte Menschen[730]".[731] Ferner sind nach Ansicht des BFH und der Finanzverwaltung die Schulungsmaßnahmen durch eine „Jagdschule" zur Vorbereitung auf die Jägerprüfung[732] und grundsätzlich auch Fahrschullehrgänge[733] nicht umsatzsteuerbefreit. Gleichfalls tendiert der BFH zur Steuerpflicht eines Keramik-/Töpferkurses, den ein sog. freier Mitarbeiter an einer Volkshochschule und einem Elternzentrum geleitet hat.[734]

12/10, BStBl. II 2011, 303, Rz. 17. Vgl. auch *Tehler* in: Rau/Dürrwächter, UStG, § 4 Nr. 21, Rz. 148.

729 Grundsätzlich ist dem BFH zuzustimmen, dass Kurse, die sich ausschließlich an Senioren richten, der reinen Freizeitgestaltung dienen (bspw. Computergrundlagenkurse für Senioren). Demgegenüber könnte jedoch ein Pensionär ein Weiterbildungsstudium absolvieren und nach dem offiziellen Rentenbeginn weiterhin einer beruflichen Tätigkeit mit Einnahmeerzielungsabsicht nachgehen, die auf den im Studiengang vermittelten Kenntnissen und Fähigkeiten basiert.

730 Tanzkurse im Gesellschaftstanz, Salsa/Merengue und Tango Argentino dienen nach Ansicht des BFH der Freizeitgestaltung der Teilnehmer, da der Tanzschüler das Tanzen regelmäßig als reine Freizeitbeschäftigung betreibt. Unter Berücksichtigung der unionsrechtlichen Definition des Schul-/Hochschulunterrichts sind Tanzkurse demzufolge nicht nach § 4 Nr. 22 a) UStG befreit. In dem Urteil v. 27.4.2006 qualifizierte der BFH in Übereinstimmung mit den Ausführungen des Steuerpflichtigen die Tanzkurse weder als sportliche Veranstaltung (kein Sportunterricht) noch als kulturelle Veranstaltung i.S.d. § 4 Nr. 22 b) UStG. BFH, Urteil v. 27.4.2006, V R 53/04, BStBl. II 2007, 16, unter II. 1. d). A.A. mit der Beurteilung von Tanzkursen als sportliche oder kulturelle, d.h. steuerbefreite, Veranstaltung, vgl. *Jacobs*, UR 2007, 45, 53.

731 BFH, Urteil v. 24.1.2008, V R 3/05, BFH/NV 2008, 1078, Rz. 33. Vgl. auch *Tehler* in: Rau/Dürrwächter, UStG, § 4 Nr. 21, Rz. 148.

732 BFH, Urteil v. 18.12.2003, V R 62/02, BStBl. II 2004, 252; BFH, Urteil v. 17.1.2008, V R 52/06, BFH/NV 2008, 725, Rz. 39; Abschn. 4.21.2 Abs. 7 UStAE. Das vermittelte Spezialwissen wird zwar für eine Prüfung benötigt, ist aber nicht Teil einer gesetzlich geregelten Berufsausbildung oder – fortbildung und kann auch nicht als Allgemeinwissen angesehen werden. Weber, UR 2008, 525, 528.

733 BFH, Urteil v. 14.3.1974, V R 54/73, BStBl. II , 527 ; Abschn. 4.21.2 Abs. 6 UStAE und vgl. auch OFD Frankfurt/Main v. 11.3.2010, S 7179 A - 2 - St 112, UR 2010, 711. Da das Fahrsicherheitstraining von (i.d.R. jungen) Zivildienstleistenden nur die fehlende Fahrpraxis kompensiert, ist das Training nicht steuerbefreit. OFD Rheinland v. 9.9.2010, Kurzinformation Umsatzsteuer Nr. 16/2010, UR 2011, 192.

734 BFH, Urteil v. 27.9.2007, V R 75/03, BStBl. II 2008, 323, Rz. 42. Zugleich erteilte der freie Mitarbeiter an einer anderen Volkshochschule Schularbeitshilfe, die nach Ansicht des BFH wohl noch als Schul-/Hochschulunterricht i.S.d. Art. 132 Abs. 1 i) bzw. j) MwStSystRL anzusehen sei.

Falls eine privatrechtliche Bildungseinrichtung (d.h. keine Einrichtung des öffentlichen Rechts) für ihre Unterrichtsleistungen keine - auf sie lautende[735] - behördliche Bescheinigung nach § 4 Nr. 21 a) bb) UStG eingeholt hat, sind die Leistungen stets steuerpflichtig. Dies gilt unabhängig davon, ob die Unterrichtstätigkeit den Charakter einer bloßen Freizeitgestaltung inne hat, da die Anerkennung bzw. Bescheinigung ein zwingendes gemeinschaftsrechtliches (und innerstaatliches) Tatbestandsmerkmal ist. Zudem können nach Auffassung des BFH die o.g. Indizien auch dann die Mehrwertsteuerpflicht begründen, wenn eine Bescheinigung vorliegen würde,[736] wobei m.E. für diesen Fall die Bescheinigung nicht hätte erteilt werden dürfen.

2.4.2 Indizien für steuerbefreite Unterrichtstätigkeiten

Dagegen sollen begünstigte -- d.h. umsatzsteuerbefreite -- Unterrichtstätigkeiten bei erteilter Bescheinigung dann vorliegen, wenn sie „einem Teilnehmer ermöglichen, die vermittelten Kenntnisse und Fähigkeiten durch Vertiefung und Fortentwicklung schließlich beruflich zu nutzen", auch falls „von dieser Möglichkeit nur wenige Teilnehmer Gebrauch machen."[737] Die (private oder berufliche) Motivation der Teilnehmer spielt für die Befreiung keine Rolle, d.h. es ist bedeutungslos, wieviele Teilnehmer die Bildungsleistung tatsächlich im Hinblick auf eine Berufsausbildung oder für eine Prüfungsvorbereitung besucht haben.[738] Fraglich scheint, wie die Bildungseinrichtung nachweisen kann, dass es sich bei der erbrachten Bildungsleistung um begünstigten Schul-/Hochschulunterricht handelt. Als praktikablen Lösungsweg stellt der BFH daher auf die entsprechende behördliche Bescheinigung/Anerkennung ab. Sofern keine gegenteiligen Anhaltspunkte (siehe vorheriges Unterkapitel) ersichtlich sind, ist die Bescheinigung bzw. Anerkennung der zuständigen Landesbehörde, dass die privatrechtliche Einrichtung auf einen Beruf oder auf eine vor einer juristischen Person des öffentlichen Rechts abzulegende Prüfung ordnungsgemäß vorbereitet, ein starkes Indiz dafür, dass die bescheinigten Bildungsleistungen nicht den Charakter einer bloßen Freizeitgestaltung inne haben.[739] Übertragen auf die unionsrechtlichen Tatbestandsmerkmale des Art. 132 Abs. 1 i) MwStSystRL kommt der be-

---

735 BFH, Urteil v. 23.8.2007, V R 4/05, BFH/NV 2007, 2215, 3. Leitsatz; BFH, Urteil v. 23.8.2007, V R 10/05, BFH/NV 2007, 2217, Rz. 35; BFH, Urteil v. 17.4.2008, V R 58/05, DStR 2008, 1329, 3. Leitsatz und Rz. 36.

736 BFH, Urteil v. 24.1.2008, V R 3/05, BFH/NV 2008, 1078, Rz. 32f.

737 BFH, Urteil v. 24.1.2008, V R 3/05, BFH/NV 2008, 1078, Rz. 31 und Rz.33.

738 BFH, Urteil v. 24.1.2008, V R 3/05, BFH/NV 2008, 1078, Rz. 31.

739 BFH, Urteil v. 24.1.2008, V R 3/05, BFH/NV 2008, 1078, Rz. 32. *Heidner* in: Bunjes/Geist, UStG, § 4 Nr. 21, Rz. 21.

hördlichen Anerkennung eine Doppelfunktion hinsichtlich der „anderen Einrichtung mit vergleichbarer Zielsetzung“ und dem „Schul- und Hochschulunterricht“ zu.

Infolgedessen ist der Ballettunterricht durch ein Ballett- und Tanzstudio, dem eine entsprechende Bescheinigung erteilt wurde, (indiziell) nach Art. 132 Abs. 1 i) MwStSystRL steuerbefreit.[740] Ferner qualifiziert der BFH, die von einer GmbH angebotenen Kurse der „Sofortmaßnahmen am Unfallort“, als Schul- oder Hochschulunterricht i.S.v. Art. 132 Abs. 1 i) MwStSystRL.[741] Die Kurse haben nicht den Charakter bloßer Freizeitgestaltung.[742] Folglich sind diese Kurse nach Art. 132 Abs. 1 i) MwStSystRL steuerbefreit, da es sich bei der GmbH infolge behördlicher Bescheinigung um eine anerkannte Einrichtung handelt und der Kursinhalt - nach der Stellungnahme zweier Kultusministerien - zum erforderlichen oder zumindest wünschenswerten Gegenstand der Schulausbildung gehört.[743]

Nach der Rechtsprechung des BFH eignen sich bereits Seminare, mit der thematischen Zielsetzung die Effizienz bei der Bewältigung beruflicher Herausforderungen zu verbessern, ihrem Zweck nach für die berufliche Fortbildung.[744] Diese Seminare dienen nicht der bloßen Freizeitgestaltung und sind folglich als begünstigte Bildungsleistungen zu qualifizieren.[745]

Befreit sind nach der h.M. im Schrifttum auch berufsbildende und fortbildende Maßnahmen, die lediglich handwerkliche oder technische Fähigkeiten

---

740 Diese Beurteilung ist unabhängig davon, wieviele Ballettschüler an dem Unterricht hinsichtlich einer Berufsausbildung oder als Vorbereitung für eine später abzulegende Aufnahmeprüfung an einer staatlichen Musikschule teilgenommen haben oder zukünftig tatsächlich Beruf des Tänzers ausübten. BFH, Urteil v. 24.1.2008, V R 3/05, BFH/NV 2008, 1078, Rz. 31.

741 BFH, Urteil v. 17.1.2008, V R 52/06, BFH/NV 2008, 725, Rz. 24 und Rz. 39.

742 BFH, Urteil v. 17.1.2008, V R 52/06, BFH/NV 2008, 725, Rz. 39.

743 BFH, Urteil v. 17.1.2008, V R 52/06, BFH/NV 2008, 725. Leitsatz.

744 Zweifellos eignen sich Seminare eines e.V., der satzungsgemäß die Aus- und Weiterbildung selbstständiger Unternehmer, des Unternehmernachwuchses und der Mitarbeiter fördert, zur beruflichen Fortbildung und stellen demnach begünstigte Unterrichtsleistungen dar, wenn sich die Seminare thematisch bspw. mit "Kundenbindung", "Verkaufen im Verdrängungswettbewerb" oder "Personalmanagement" befassen. BFH, Urteil v. 7.10.2010, V R 12/10, BStBl. II 2011, 303, Rz. 17. Gleichfalls liegen steuerbefreite Unterrichtsleistungen vor, wenn eine gGmbH Seminare anbietet, die sich an Betriebs- und Personalräte richten und bspw. Kenntnisse im Arbeitsrecht, Arbeits- und Gesundheitsschutz sowie Schwerbehindertenrecht vermitteln. FG Münster, Urteil v. 15.3.2011, 15 K 3840/08 U, Rev. anhängig unter Az. V R 14/11, beck-online, 2011, BeckRs 95165, Rz. 3f.

745 BFH, Urteil v. 7.10.2010, V R 12/10, BStBl. II 2011, 303, Rz. 17.

vermitteln, wie bspw. Kurse in Maschineschreiben, Kurzschrift, technisches Schweißen, Kochen, Backen, Nähen, technisches Rechnen, Zeichnen, Malen usw., wenn der Kursleiter eine entsprechende Vorbildung hat und die Kurse im konkreten Einzelfall nicht der reinen Freizeitgestaltung dienen.[746] Ebenfalls steuerbefreit sind EDV-/ Computerkurse,[747] Sprachkurse sowie Kurse in Buchführung und Betriebslehre, da diese regelmäßig nicht den Charakter einer bloßen Freizeitgestaltung inne haben.[748]

3. Begünstigte eng verbundene Dienstleistungen und Lieferungen von Gegenständen

Art. 132 Abs. 1 i) MwStSystRL befreit nach seinem Wortlaut auch die eng mit den begünstigten Unterrichtsleistungen verbundenen Dienstleistungen und Lieferungen von Gegenständen. Den unionsrechtlichen Begriff der eng verbundenen Leistungen definiert diese Vorschrift jedoch nicht weiter.[749]

Da die Bildungseinrichtung im Gefolge der originären Weiterbildungs- bzw. Unterrichtstätigkeiten regelmäßig weitere Leistungen erbringt, ist die Auslegung des Begriffs der eng verbundenen Leistung äußerst praxisrelevant. Üblicherweise wird die Bildungs-/Unterrichtstätigkeit durch folgende Leistungen ergänzt:

---

746 *Huschens* in: Vogel/Schwarz, UStG, § 4 Nr. 22, Rz. 33; *Philipowski*, UR 2010, 161, 163;*Tehler* in: Rau/Dürrwächter, UStG, § 4 Nr. 22, Rz. 154 und Rz. 158. A.A. *Klenk/Oelmaier* in: Sölch/Ringleb, UStG, § 4 Nr. 22, Rz. 17.

747 Z.B. Grundkurse für die Erstellung v. Textdokumenten. Abschn. 4.21.2 Abs. 5 UStAE.

748 *Huschens* in: Vogel/Schwarz, UStG, § 4 Nr. 22, Rz. 33; *Tehler* in: Rau/Dürrwächter, UStG, § 4 Nr. 22, Rz. 154.

749 EuGH, Urteil v. 20.6.2002, C-287/00, *Kommission / Bundesrepublik Deutschland*, IStR 2002, 483, Rz. 46; EuGH, Urteil v. 14.6.2007, C-434/05, *Horizon College*, DB 2007, 1450, Rz. 27. Auch andere dem Gemeinwohl dienende Befreiungen des Art. 132 Abs. 1 MwStSystRL begünstigen die mit der jeweiligen Hauptleistung eng verbundenen Lieferungen und Dienstleistungen. Folgende Umsatzsteuerbefreiungen stellen auf den Begriff der eng verbundenen Umsätze ab: Art. 132 Abs. 1 b), g), h), i), l), m) und n) MwStSystRL. Allerdings hat der Gemeinschaftsgesetzgeber auf eine Definition des Begriffs der eng verbundenen Umsätze in den Vorschriften verzichtet. Vgl. bspw. Krankenhausbehandlungen und ärztliche Heilbehandlungen sowie die damit eng verbundenen Umsätze nach Art. 132 Abs. 1 b) MwStSystRL. EuGH, Urteil v. 11.1.2001, C-76/99, *Kommission / Frankreich*, UR 2001, 62, Rz. 22; EuGH, Urteil v. 6.11.2003, C-45/01, *Christoph-Dornier-Stiftung*, DStRE 2004, 99, Rz. 33; EuGH, Urteil v. 1.12.2005, C-394/04 und C-395/04, *Diagnostiko & Therapeftiko Kentro Athinon-Ygeia AE*, IStR 2006, 86, Rz. 17.

Bereitstellen von Lehr-/ Lernmaterial in physischer oder elektronischer Form[750], Verköstigung[751] und Beherbergung der Teilnehmer sowie diverse Rahmenprogramme rund um die Bildungsveranstaltung („Get Together", Stadtrundführungen, u.ä.).

Der EuGH hat zur unionsrechtlichen Wendung der eng verbundenen Leistung folgende Feststellungen getroffen: Eng verbundene Leistungen i.S.d. Art. 132 Abs. 1 i) MwStSystRL stehen immer in Zusammenhang mit den begünstigten Unterrichts-/ Bildungsleistungen[752].[753] Der Ausdruck der mit dem Hochschulunterricht „eng verbundene[n] Dienstleistungen und Lieferungen von Gegenständen" ist nach Meinung des Gerichtshofs nicht besonders eng auszulegen.[754] Denn die Befreiung der eng verbundenen Leistungen soll sicherstellen, dass der Zugang zum mehrwertsteuerbefreiten (Hochschul-) Unterricht nicht durch höhere Kosten versperrt wird, wenn die eng mit der Unterrichtsleistung verbundenen (Dienst-) Leistungen - oder gar der Hochschulunterricht selbst - mehrwertsteuerpflichtig wären.[755] Die eng mit der Unterrichtsleistung verbundenen Dienstleistungen und Lieferungen von Gegenständen müssen tatsächlich

750 Bspw. die Unterrichtsleistung ergänzenden Skripte (Abdruck der Präsentationsfolien oder ausformuliertes Skriptum) oder E-Learning Module zur individuell gesteuerten Vor- und Nachbereitung der Bildungsinhalte.

751 Die Bildungseinrichtung bietet den Teilnehmern regelmäßig Speisen und Getränke an. In Abhängigkeit von der Dauer des Bildungsangebots sind die unterschiedlichsten Variationen denkbar, von Pausensnacks bis hin zu vollständigen Menüs.

752 Dem Schul- und Hochschulunterricht, der Aus- und Fortbildung sowie der beruflichen Umschulung.

753 Leistungen, die keine Verbindung mit der begünstigten Unterrichtstätigkeit aufweisen, scheiden aus mehreren Gründen als steuerbefreite eng verbundene Leistungen aus: Einerseits aufgrund des eindeutigen Wortlauts des Art. 132 Abs. 1 i) MwStSystRL [„...und damit..."] und andererseits da Art. 134 a) MwStSystRL einen Zusammenhang in der Form fordert, dass die eng verbundenen Leistungen für die begünstigte Unterrichtsleistung unerlässlich sein müssen. EuGH, Urteil v. 14.6.2007, C-434/05, *Horizon College*, DB 2007, 1450, Rz. 27 und Rz. 38. Vgl. auch EuGH, Urteil v. 1.12.2005, C-394/04 und C-395/04, *Diagnostiko & Therapeftiko Kentro Athinon-Ygeia AE*, IStR 2006, 86, Rz. 17.

754 EuGH, Urteil v. 20.6.2002, C-287/00, *Kommission / Bundesrepublik Deutschland*, IStR 2002, 483, Rz. 47.

755 EuGH, Urteil v. 11.1.2001, C-76/99, *Kommission / Frankreich*, UR 2001, 62, Rz. 23; EuGH, Urteil v. 20.6.2002, C-287/00, *Kommission / Bundesrepublik Deutschland*, IStR 2002, 483, Rz. 47. So auch das gemeinsame Ziel der nach Art. 132 Abs. 1 b) und c) MwStSystRL steuerbefreiten Krankenhaus- und ärztlichen Heilbehandlungen sowie Heilbehandlungen im Bereich der Humanmedizin: EuGH, Urteil v. 1.12.2005, C-394/04 und C-395/04, *Diagnostiko & Therapeftiko Kentro Athinon-Ygeia AE*, IStR 2006, 86, Rz. 23; EuGH, Urteil v. 8.6.2006, C-106/05, *L. u. P. GmbH*, DStRE 2006, 811, Rz. 25.

als Nebenleistungen zur Bildungsleistung/Unterrichtstätigkeit, die die steuerbefreite Hauptleistung darstellt, erbracht werden.[756]

Demgemäß muss eine eng verbundene Leistung die von der EuGH-Rechtsprechung entwickelten Kriterien einer Nebenleistung zur Hauptleistung erfüllen. Wenn die erbrachten Leistungen als Haupt- und Nebenleistung zu qualifizieren sind, liegt eine sog. einheitliche Leistung vor.[757] Bislang hat der deutsche Gesetzgeber die gemeinschaftsrechtliche Wendung der eng verbundenen Leistung nicht in dem Wortlaut der innerstaatlichen Befreiungsvorschriften des UStG aufgegriffen.

3.1 Einheitliche Leistung vs. eigenständige Einzelleistungen

Die Leistungen - Unterrichtstätigkeit und o.g. flankierende Leistungen - einer Bildungseinrichtung[758] können umsatzsteuerrechtlich entweder als mehrere getrennt voneinander zu beurteilende Einzelleistungen, oder als eine einheitliche

---

756 EuGH, Urteil v. 14.6.2007, C-434/05, *Horizon College*, DB 2007, 1450, Rz. 28. Zu mit Krankenhausbehandlungen und ärztlichen Heilbehandlungen eng verbundenen (Neben-) Leistungen vgl. EuGH, Urteil v. 6.11.2003, C-45/01, *Christoph-Dornier-Stiftung*, DStRE 2004, 99, Rz. 34; EuGH, Urteil v. 1.12.2005, C-394/04 und C-395/04, *Diagnostiko & Therapeftiko Kentro Athinon-Ygeia AE*, IStR 2006, 86, Rz. 18.

757 EuGH, Urteil v. 14.6.2007, C-434/05, *Horizon College*, DB 2007, 1450, Rz. 29 u.a. mit Verweis auf EuGH, Urteil v. 25.2.1999, C-349/96, *Card Protection Plan Ltd (CPP)*, Slg der Rechtsprechung 1999, I-973, Rz. 30; *Tehler*, UVR 2009, 261, 265; *von Streit*, EU-UStB 2010, 9, 15.

758 Der BFH und die Finanzverwaltung bewerten mehrerer Leistungen nur dann als eine einheitliche Leistung, wenn es sich um Leistungen desselben Unternehmers handelt. Bei dem Unternehmer kann es sich um eine Person oder mehrere Personen eines Organkreises handeln. Falls die entgeltlichen Tätigkeiten dagegen von unterschiedlichen Unternehmern erbracht werden, sollen diese Leistungen stets für sich zu beurteilen sein; auch falls sie an denselben Leistungempfänger geleistet werden und die weiteren Voraussetzungen für das Vorliegen einer einheitlichen Leistung erfüllt sind. BFH, Beschluss v. 18.4.2007, V B 157/05 (NV), BFH/NV 2007, 1544, II. 2.; BFH, Urteil v. 29.10.2008, XI R 74/07, BStBl. II 2009, 256, Rz. 30; Abschn. 3.10. Abs. 4 UStAE; *Tehler*, UVR 2009, 261, 263. Demgegenüber beurteilt der EuGH in Abhängigkeit des Einzelfalls auch Leistungen, die bspw. von zwei selbstständigen Unternehmern erbracht werden, umsatzsteuerrechtlich als eine einheitliche Leistung. So der EuGH zur Frage der rechtsmissbräuchlichen Gestaltung bei Aufspaltung von Leistungen, die in der Geschäfts-/ Rechtspraxis des Mitgliedstaats üblicherweise ein Unternehmer erbringt, auf zwei Unternehmen. EuGH, Urteil v. 21.2.2008, C-425/06, *Part Service SRL*, UR 2008, 461; *von Streit*, EU-UStB 2010, 9, 14. Tendenziell ähnlich die Personalgestellung durch eine Bildungseinrichtung an eine andere Bildungseinrichtung für deren steuerbefreite Unterrichtstätigkeit. EuGH, Urteil v. 14.6.2007, C-434/05, *Horizon College*, DB 2007, 1450.

Leistung, beurteilt werden.[759] Die Unterscheidung wirkt sich auf die Bestimmung des Ortes sowie den Zeitpunkt der Leistung aus und entfaltet für die eventuelle Inanspruchnahme einer Steuerbefreiung sowie grundsätzlich[760] für die Anwendung des Steuersatzes Relevanz.[761]

Den Begriff der einheitlichen Leistung normiert weder das Gemeinschaftsrecht noch das nationale Umsatzsteuerrecht. Er wurde vielmehr durch die Rechtsprechung des EuGH und des BFH mit Leben gefüllt. Demgemäß liegt eine einheitliche Leistung vor, falls

- ein oder mehrere Teile die Hauptleistung, ein oder mehrere andere Teile aber Nebenleistungen darstellen, die das umsatzsteuerliche Schicksal der Hauptleistung teilen (dies trifft auf die sog. eng verbundenen Umsätze i.S.d. Art. 132 Abs. 1 i) MwStSystRL zu) oder
- die Leistungen so eng miteinander verbunden sind, dass sie objektiv eine einzige untrennbare wirtschaftliche (Gesamt-) Leistung bilden, deren Aufspaltung wirklichkeitsfremd wäre[762].[763]

---

759 EuGH, Urteil v. 2.5.1996, C-231/94, *Faaborg–Gelting A/S*, DStR 1996, 1005, Rz. 12f.; EuGH, Urteil v. 25.2.1999, C-349/96, *Card Protection Plan Ltd (CPP)*, Slg der Rechtsprechung 1999, I-973, Rz. 29ff.; EuGH, Urteil v. 27.10.2005, C-41/04, *Levob*, UR 2006, 20, Rz. 19ff.; EuGH, Urteil v. 11.6.2009, C-572/07, *RLRE Tellmer Property*, DStR 2009, 1260, Rz. 17ff. BFH, Urteil v. 17.4.2008, V R 39/05, BFH/NV 2008, 1712, Rz. 22f; BFH, Urteil v. 25.6.2009, V R 25/07, BStBl. II 2010, 239, Rz. 18f.; *Birkenfeld* in: Birkenfeld, Umsatzsteuer-Handbuch, § 31, Rz. 281; *Lange*, UR 2009, 289, 290; *von Streit*, EU-UStB 2010, 9, 9.

760 Nach der EuGH-Rechtsprechung ist unter Beachtung des Neutralitätsgrundsatzes eine selektive Anwendung unterschiedlicher Steuersätze auf verschiedene Aspekte einer Kategorie von Dienstleistungen möglich, soweit diese Behandlung keine Gefahr einer Wettbewerbsverzerrung nach sich zieht. EuGH, Urteil v. 3.4.2008, C-442/05, *Zweckverband zur Trinkwasserversorgung und Abwasserbeseitigung Torgau-Westelbien*, BStBl. II 2009, 328, Rz. 41 m.w.N.; EuGH, Urteil v. 6.5.2010, C-94/09, *Kommission / Frankreich*, DStR 2010, 977, Rz. 25f.

761 EuGH, Urteil v. 25.2.1999, C-349/96, *Card Protection Plan Ltd (CPP)*, Slg der Rechtsprechung 1999, I-973, Rz. 27; EuGH, Urteil v. 27.10.2005, C-41/04, *Levob*, UR 2006, 20, Rz. 18; EuGH, Urteil v. 21.2.2008, C-425/06, *Part Service SRL*, UR 2008, 461, Rz. 49. So auch die Finanzverwaltung in Absch. 3.10. Abs. 1 S. 1 UStAE. Vgl. für das Schrifttum an Stelle vieler: *Tehler*, UVR 2009, 261, 262; *Neeser*, Praxisfragen zum ermäßigten Steuersatz für das Hotelgewerbe ab 1.1.2010, in: Arbeitsgemeinschaft der Fachanwälte für Steuerrecht e.V., Jahrbuch der Fachanwälte für Steuerrecht - 61. Steuerrechtliche Jahresarbeitstagung, 2010, 495, 500.

762 Entgegen der früheren BFH-Rechtsprechung ist für Sachverhalte dieser Fallgruppe wohl nicht erforderlich, dass die Leistungen untereinander exakt gleichwertig sind. *Lange*, UR 2009, 289, 296.

Mangels klarer Abgrenzungskriterien zwischen diesen beiden Fallgruppen beurteilt *von Streit* diese Differenzierung als von „wohl eher akademischer Natur".[764]

Ausgangspunkt der Überlegungen bildet der Grundsatz des gemeinschaftsrechtlichen Trennungsprinzips des Art. 2 MwStSystRL.[765] Daraus folgt, dass in der Regel jeder Umsatz, d.h. jede Lieferung oder sonstige Leistung, als eigene selbstständige Leistung zu betrachten ist - gleichwohl darf eine wirtschaftlich einheitliche Leistung im Interesse eines funktionierenden Mehrwertsteuersystems nicht künstlich aufgespalten werden.[766] Ob eine einheitliche Leistung oder getrennte Leistungen vorliegen, muss im Rahmen einer Gesamtbetrachtung aller Umstände des jeweiligen Einzelfalls entschieden werden - hierbei ist auf die Sicht des Durchschnittsverbrauchers[767] abzustellen.[768] Hinsichtlich der Gesamtbetrachtung sind die vorliegenden Besonderheiten des konkreten Sachverhalts jeweils zu bewerten und tatsächlich zu würdigen.[769] Die Rechtsprechung hat

---

763 EuGH, Urteil v. 11.6.2009, C-572/07, *RLRE Tellmer Property*, DStR 2009, 1260, Rz. 18 und Rz. 19; BFH, Urteil v. 17.4.2008, V R 39/05, BFH/NV 2008, 1712, Rz. 24f.; BFH, Urteil v. 25.6.2009, V R 25/07, BStBl. II 2010, 239, Rz. 20 und Rz. 21; *Lange*, UR 2009, 289, 294ff.

764 *von Streit*, EU-UStB 2010, 9, 12.

765 *Lange*, UR 2009, 289, 300; EuGH, Urteil v. 11.6.2009, C-572/07, *RLRE Tellmer Property*, DStR 2009, 1260, Rz. 17.

766 Abschn. 3.10. Abs. 2 S. 1 UStAE unter Verweis auf EuGH, Urteil v. 25.2.1999, C-349/96, *Card Protection Plan Ltd (CPP)*, Slg der Rechtsprechung 1999, I-973, Rz. 29. Vgl. ferner EuGH, Urteil v. 27.10.2005, C-41/04, *Levob*, UR 2006, 20, Rz. 20; EuGH, Urteil v. 21.2.2008, C-425/06, *Part Service SRL*, UR 2008, 461, Rz. 50; *Birkenfeld* in: Birkenfeld, Umsatzsteuer-Handbuch, § 31, Rz. 291; *Lange*, UR 2009, 289, 292; *Tehler*, UVR 2009, 261, 262; *von Streit*, EU-UStB 2010, 9, 10.

767 Bei der Frage nach der Sichtweise eines durchschnittlichen Leistungsempfängers bzw. eines Durchschnittsverbrauchers handelt es sich lediglich um eine „gedankliche Perspektive". Eine Beweiserhebung „seiner" Sichtweise z.B. durch eine empirische Untersuchung ist nicht erforderlich. BFH, Urteil v. 17.4.2008, V R 39/05, BFH/NV 2008, 1712, Rz. 40. Der gedachte Durchschnittsverbraucher dient der Abstraktion der individuellen Vorstellungen des konkreten, einzelnen Leistungsempfängers, weshalb in den Gedankenprozess stets die Sichtweise der beteiligten Wirtschaftskreise und deren Erkenntnisstand miteinbezogen werden muss. *Lange*, UR 2009, 289, 292.

768 EuGH, Urteil v. 2.5.1996, C-231/94, *Faaborg–Gelting A/S*, DStR 1996, 1005, Rz. 12f.; EuGH, Urteil v. 25.2.1999, C-349/96, *Card Protection Plan Ltd (CPP)*, Slg der Rechtsprechung 1999, I-973, Rz. 28 und Rz. 29; EuGH, Urteil v. 27.10.2005, C-41/04, *Levob*, UR 2006, 20, Rz. 20; *Lange*, UR 2009, 289, 290. Abschn. 3.10. Abs. 1 S. 2 und S. 3 UStAE.

769 *Lange*, UR 2009, 289, 300. Zur tatsächlichen Würdigung der erforderlichen Gesamtbetrachtung aus Sicht des Durchschnittsverbrauchers in einem finanzgerichtlichen Verfahren, vgl. BFH, Urteil v. 17.4.2008, V R 39/05, BFH/NV 2008, 1712, Rz. 27 und Rz. 35.

verschiedene Abgrenzungs-/ Entscheidungskriterien[770] bezüglich einer Gesamtwürdigung herausgearbeitet.[771] Die Kriterien, wie etwa die Erwartung eines Durchschnittsverbrauchers, sollen das Funktionieren des Mehrwertsteuersystems angesichts der Vielfalt gewerblicher Umsätze schützen.[772] Allerdings hat der EuGH bereits 1999[773] darauf hingewiesen, dass es auf Grund der Fülle gewerblicher Umsätze nicht möglich ist, eine richtige Vorgehensweise für alle denkbaren Fälle zu definieren. Eine Gesamtbetrachtung aller Umstände des jeweiligen Einzelfalls ist daher unausweichlich.

Die abschließende Beurteilung eines Leistungsbündels hinsichtlich der Frage, ob eine einheitliche Leistung - mit Haupt- und Nebenleistung - oder mehrere selbstständige Leistungen vorliegen, obliegt dem Gericht des Mitgliedstaats.[774]

Handelt es sich um eine einheitliche Leistung, unterliegen die einzelnen Bestandteile grundsätzlich einer einheitlichen mehrwertsteuerrechtlichen Beurteilung.[775] Nach der jüngeren Rechtsprechung des EuGH sind jedoch auch Abweichungen von diesem Grundsatz der Einheitlichkeit der Besteuerung möglich. So steht den Mitgliedstaaten - unter Berücksichtigung gewisser Voraussetzungen[776]

---

770 So lässt bspw. die Abrechnung bzw. Entrichtung eines Gesamtentgeltes zwar keine abschließende Beurteilung zu, kann aber indiziell für eine einheitliche Leistung sprechen. EuGH, Urteil v. 25.2.1999, C-349/96, *Card Protection Plan Ltd (CPP)*, Slg der Rechtsprechung 1999, I-973, Rz. 31. Gleiches gilt, wenn die fraglichen Leistungen auf Grund einer einzigen Vertragsgrundlage erbracht werden. BFH, Urteil v. 31.5.2007, V R 18/05, BStBl. II 2008, 206 , Rz. 19 m.w.N. Gleicher Ansicht die Finanzverwaltung, nach der es für die einheitliche Behandlung von Leistungen nicht bereits ausreicht, dass die einzelnen Leistungen auf einem einheitlichen Vertrag beruhen und für sie ein Gesamtentgelt entrichtet wird. Abschn. 3.10. Abs. 2 S. 3 UStAE.

771 Vgl. hierzu *Lange*, UR 2009, 289, 300 und ausführlich - mit kritischen Anmerkungen zur Aussagekraft der diversen Kriterien - *von Streit*, EU-UStB 2010, 9, 10ff.

772 EuGH, Urteil v. 6.5.2010, C-94/09, *Kommission / Frankreich*, DStR 2010, 977, Rz. 32.

773 EuGH, Urteil v. 25.2.1999, C-349/96, *Card Protection Plan Ltd (CPP)*, Slg der Rechtsprechung 1999, I-973, Rz. 27.

774 EuGH, Urteil v. 25.2.1999, C-349/96, *Card Protection Plan Ltd (CPP)*, Slg der Rechtsprechung 1999, I-973, 2. Leisatz; EuGH, Urteil v. 21.2.2008, C-425/06, *Part Service SRL*, UR 2008, 461, Rz. 54 und Rz. 56; *von Streit*, EU-UStB 2010, 9, 10; *Tehler*, UVR 2009, 261, 263.

775 *von Streit*, EU-UStB 2010, 9, 9.

776 Die selektive Anwendung eines ermäßigten Steuersatzes ist auf konkrete und spezifische Aspekte einer Kategorie von Dienstleistungen begrenzt. Zudem knüpft die selektive Anwendung - wie allgemein die Einführung und Beibehaltung eines ermäßigten Steuersatzes - an die Beachtung des Grundsatzes der steuerlichen Neutralität. Infolgedessen darf aus der selektiven Anwendung des ermäßigten Steuersatzes keine Wettbewerbsverzerrung resultieren. Gleichartige und deshalb miteinander in Wettbewerb stehende Lieferungen von Gegenständen oder Dienstleistungen sind hinsichtlich der

- ein Wertungsspielraum hinsichtlich der selektiven Anwendung eines ermäßigten Steuersatzes auf einen bzw. mehrere Aspekte einer Kategorie von Dienstleistungen zu.[777] Infolgedessen kann ein einheitlicher Umsatz entgegen der Sicht des Durchschnittsverbrauchers doch aufgespalten und verschiedene Teile der einheitlichen Leistung mit unterschiedlichen Steuersätzen[778] abgerechnet werden.[779]

Mehrwertsteuer gleich zu behandeln. EuGH, Urteil v. 3.4.2008, C-442/05, *Zweckverband zur Trinkwasserversorgung und Abwasserbeseitigung Torgau-Westelbien*, BStBl. II 2009, 328, Rz. 41f.; EuGH, Urteil v. 6.5.2010, C-94/09, *Kommission / Frankreich*, DStR 2010, 977, Rz. 25f. und explizit auf den Sachverhalt des Urteils angewandt Rz. 35ff.

777 EuGH, Urteil v. 3.4.2008, C-442/05, *Zweckverband zur Trinkwasserversorgung und Abwasserbeseitigung Torgau-Westelbien*, BStBl. II 2009, 328, Rz. 41 m.w.N.; EuGH, Urteil v. 6.5.2010, C-94/09, *Kommission / Frankreich*, DStR 2010, 977, Rz. 25f.

778 Die EuGH-Rechtsprechung v. 6.5.2010, C-94/09, lässt die Rechtsprechung des BFH, Urteil v. 15.1.2009, V R 9/06, BStBl. II 2010, 433, in einem neuen Licht erscheinen. In dem Urteil bewertete der BFH die Verpflegungsleistungen der Hotelgäste als Nebenleistungen zur Unterbringungsleistung. Aus der o.g. EuGH-Rechtsprechung folgt, dass die einheitliche Leistung hinsichtlich des anzuwendenden Steuersatzes aufgespalten werden kann. Die Kriterien des EuGH bezüglich der selektiven Anwendung des ermäßigten Steuersatzes auf Aspekte einer Dienstleistung sind erfüllt. Die Beherbergungsumsätze sind nach § 12 Abs. 2 Nr. 11 UStG mit dem ermäßigten Steuersatzes und die Verpflegungsleistungen mit dem Regelsteuersatz nach § 12 Abs. 1 UStG abzurechnen. *Korn*, DStR 2010, 979, 980; *Neeser*, Praxisfragen zum ermäßigten Steuersatz für das Hotelgewerbe ab 1.1.2010, in: Arbeitsgemeinschaft der Fachanwälte für Steuerrecht e.V., Jahrbuch der Fachanwälte für Steuerrecht - 61. Steuerrechtliche Jahresarbeitstagung, 2010, 495, 498f.

779 *Korn*, DStR 2010, 979, 979. Nach Ansicht von *Klenk* relativiert der EuGH seine Rechtsprechung zu Leistungsbündeln und dem Abstellen auf den Erwartungshorizont eines gedachten Durchschnittsverbrauchers. „Wichtiger ist [dem EuGH] die Beachtung des Neutralitätsprinzips der Mehrwertsteuer." *Klenk*, HFR 2010, 781, 783; so auch Bosche, UR 2011, 641, 642. In eine ähnliche Richtung ging der EuGH bereits im Jahr 2006 mit dem Urteil in der Rs. *Talacre Beach Caravan Sales Ltd.* Das Urteil basierte auf einer britischen Ausnahmeregelung gem. Art. 28 Abs. 2 der 6. EG-Richtlinie. Der EuGH entschied, dass trotz des Vorliegens einer einheitlichen Lieferung von Gegenständen (Lieferung eines Wohnwagens und seiner Inneneinrichtung), die Erhebung des Nullsteuersatzes auf die Hauptleistung (Lieferung eines Wohnwagens) und die Anwendung des Regelsteuersatzes auf die anderen Gegenstände (Lieferung der Inneneinrichtung) durch den Mitgliedstaat möglich ist. EuGH, Urteil v. 6.7.2006, C-251/05, *Talacre Beach Caravan Sales Ltd*, DStR 2006, 1272, Leitsatz. Kritisch zum Urteil des EuGH vgl. *von Streit*, EU-UStB 2010, 9, 16f.

3.2 Auslegung eng verbundener Umsätze

3.2.1 Nebenleistung zur steuerbefreiten Hauptleistung

Nach der Rechtsprechung des EuGH ist eine Leistung dann als ein mit dem Schul-/ Hochschulunterricht eng verbundener Umsatz nach Art. 132 Abs. 1 i) MwStSystRL anzusehen, wenn die Leistung tatsächlich als Nebenleistung zur steuerbefreiten Hauptleistung - der Unterrichtsleistung - erbracht wird.[780] Dabei legt der Gerichtshof die Begriffe Nebenleistung und Hauptleistung unter Rückgriff auf die von ihm entwickelte Rechtsprechung zur einheitlichen Leistung aus.[781] Wie im vorherigen Unterkapitel beschrieben, stellt der EuGH diesbezüglich auf die Sicht des Leistungsempfängers bzw. des (Durchschnitts-) Verbrauchers ab:[782] „Eine Leistung ist als Nebenleistung zu einer Hauptleistung anzusehen, wenn sie für die Kundschaft [bzw. den Leistungsempfänger] keinen eigenen Zweck, sondern das Mittel darstellt, um die Hauptleistung des Leistungserbringers unter optimalen Bedingungen in Anspruch zu nehmen."[783]

Ob eine flankierende Leistung sinngemäß das Mittel darstellt, die steuerbefreite Unterrichtstätigkeit einer Bildungseinrichtung unter bestmöglichen Bedingungen in Anspruch zu nehmen, ist unter Beachtung des Zwecks der flankieren-

---

780 EuGH, Urteil v. 14.6.2007, C-434/05, *Horizon College*, DB 2007, 1450, Rz. 28; BFH, Urteil v. 7.10.2010, V R 12/10, BStBl. II 2011, 303, Rz. 23ff. Zu mit Krankenhausbehandlungen und ärztlichen Heilbehandlungen eng verbundenen (Neben-) Leistungen vgl. EuGH, Urteil v. 6.11.2003, C-45/01, *Christoph-Dornier-Stiftung*, DStRE 2004, 99, Rz. 34; EuGH, Urteil v. 1.12.2005, C-394/04 und C-395/04, *Diagnostiko & Therapeftiko Kentro Athinon-Ygeia AE*, IStR 2006, 86, Rz. 18f.

781 EuGH, Urteil v. 14.6.2007, C-434/05, *Horizon College*, DB 2007, 1450, Rz. 29 u.a. mit Verweis auf EuGH, Urteil v. 25.2.1999, C-349/96, *Card Protection Plan Ltd (CPP)*, Slg der Rechtsprechung 1999, I-973, Rz. 30; *Tehler*, UVR 2009, 261, 265; *von Streit*, EU-UStB 2010, 9, 15.

782 *Raudszus/Wagner*, UStB 2007, 283, 283.

783 EuGH, Urteil v. 22.10.1998, C-308/96 und C-94/97, *Madgett und Baldwin*, Slg der Rechtsprechung 1998, I-06229, Rz. 24; EuGH, Urteil v. 25.2.1999, C-349/96, *Card Protection Plan Ltd (CPP)*, Slg der Rechtsprechung 1999, I-973, Rz. 30; EuGH, Urteil v. 1.12.2005, C-394/04 und C-395/04, *Diagnostiko & Therapeftiko Kentro Athinon-Ygeia AE*, IStR 2006, 86, Rz. 19; EuGH, Urteil v. 14.6.2007, C-434/05, *Horizon College*, DB 2007, 1450, Rz. 29; EuGH, Urteil v. 21.2.2008, C-425/06, *Part Service SRL*, UR 2008, 461, Rz. 52. Der BFH und die Finanzverwaltung haben dies entsprechend übernommen: BFH, Urteil v. 17.4.2008, V R 39/05, BFH/NV 2008, 1712, Rz. 24; BFH, Urteil v. 15.1.2009, V R 9/06, BStBl. II 2010, 433, Rz. 19; Abschn. 3.10. Abs. 5 S. 3 und S. 4 UStAE. Dabei ist anzumerken, dass die Finanzverwaltung auf das missverständliche Wort „insbesondere" in Abschn. 3.10. Abs. 5 S. 4 UStR verzichten sollte, da eine Nebenleistung stets die dort genannten Kriterien aufweisen muss. *Lange*, UR 2009, 289, 295.

den Leistung und des Zwecks des Art. 132 Abs. 1 i) MwStSystRL zu prüfen.[784] Eng verbundene Leistungen bzw. Nebenleistungen tragen keinen eigenen, von der Hauptleistung losgelösten Zweck in sich.[785] Es handelt sich um eng verbundene Leistungen, wenn diese naturgemäß im Rahmen der Unterrichtsleistung erbracht werden und für das mit der Unterrichtsleistung angestrebte Ziel unentbehrlich sind.[786]

3.2.2 Zusammenspiel mit Art. 134 MwStSystRL

Bei der Beurteilung, ob eine eng verbundene Leistung vorliegt, stellt die höchstrichterliche Rechtsprechung des EuGH und des BFH nach meiner Auffassung auf die Vorgaben des Art. 134 MwStSystRL ab.

Diese Vorschrift ergänzt nach ihrem Wortlaut ausschließlich die Befreiungen des Art. 132 Abs. 1 b), g), h), i), l), m) und n) MwStSystRL. D.h. der Anwendungsbereich des Art. 134 MwStSystRL beschränkt sich auf sämtliche dem Gemeinwohl dienende Befreiungen des Art. 132 MwStSystRL, die nach ihrem Wortlaut neben einer Hauptleistung, wie z.B. dem Schul- und Hochschulunterricht, auch damit eng verbundene Leistungen begünstigen. Dabei gibt Art. 134 MwStSystRL zwei Bedingungen vor, die jeweils für sich betrachtet zu einem Ausschluss der Lieferungen von Gegenständen und Dienstleistungen von den o.g. Befreiungen führen. Aus dem Wortlaut des Art. 134 MwStSystRL folgt m.E., dass die Vorschrift ausschließlich zur Beurteilung sog. eng verbundener Leistungen dient.[787]

Nach Art. 134 MwStSystRL (vgl. ausführlicher zu den Tatbestandsmerkmalen Kapitel E. II. 5) muss die Nebenleistung - d.h. die eng verbundene Leistung -

---

784 EuGH, Urteil v. 1.12.2005, C-394/04 und C-395/04, *Diagnostiko & Therapeftiko Kentro Athinon-Ygeia AE*, IStR 2006, 86, Rz. 22f.

785 So bspw. die psychotherapeutischen Behandlungen von Diplompsychologen, die keine Ärzte sind. Die Behandlungen können grundsätzlich nicht als Nebenleistungen zur Krankenhausbehandlung oder ärztlichen Behandlung nach Art. 132 Abs. 1 b) MwStSystRL qualifiziert werden. EuGH, Urteil v. 6.11.2003, C-45/01, *Christoph-Dornier-Stiftung*, DStRE 2004, 99, Rz. 34. Gleichfalls handelt es sich bei der Zurverfügungstellung eines Telefons und der Vermietung von Fernsehgeräten an Krankenhauspatienten sowie der Unterbringung und Verpflegung von Begleitpersonen nicht um eng verbundene Leistungen, da diese regelmäßig nicht unerlässlich für die therapeutischen Ziele der Kranken-/Heilbehandlung sind. EuGH, Urteil v. 1.12.2005, C-394/04 und C-395/04, *Diagnostiko & Therapeftiko Kentro Athinon-Ygeia AE*, IStR 2006, 86,Rz. 29.

786 EuGH, Urteil v. 1.12.2005, C-394/04 und C-395/04, *Diagnostiko & Therapeftiko Kentro Athinon-Ygeia AE*, IStR 2006, 86, Rz. 25.

787 So auch *von Streit*, EU-UStB 2010, 9,15.

für die steuerbefreite Hauptleistung a) unerlässlich bzw. unverzichtbar sein[788] und b) darf eine zusätzliche Einnahmeerzielungsabsicht durch die eng verbundene Leistung nicht Hauptzweck sein, wobei der Grundsatz der steuerlichen Neutralität zu berücksichtigen ist.[789]

Darüber hinaus liegt nach der EuGH-Rechtsprechung eine Nebenleistung zur Hauptleistung auch dann vor, wenn diese durch einen Unternehmer außerhalb des Erbringer-Empfänger-Verhältnisses der steuerfreien Hauptleistung er-

788 Die Durchführung entgeltlicher Forschungstätigkeiten durch staatliche Hochschulen ist nach Ansicht der Kommission und des EuGH keine mit dem Schul-/Hochschulunterricht eng verbundene Tätigkeit i.S.d. Art. 132 Abs. 1 i) MwStSystRL. Der angestrebte Zweck des Hochschulunterrichts besteht insbesondere darin, dass die Studierenden hinsichtlich der künftigen Ausübung einer beruflichen Tätigkeit ausgebildet werden (deckungsgleich das innerstaatliche Hochschulrecht in § 2 Abs. 1 S. 2 HRG i.V.m. § 7 HRG: „Lehre und Studium sollen den Studenten auf ein berufliches Tätigkeitsfeld vorbereiten…"). Die entgeltliche Durchführung von Forschungsvorhaben ist hierfür nicht unverzichtbar bzw. nicht unerlässlich, da zahlreiche Hochschulen „dieses [Ausbildungs-] Ziel ohne die entgeltliche Durchführung von Forschungsvorhaben erreichen und dass eine Verbindung zwischen dem Hochschulunterricht und dem Berufsleben auf andere Art und Weise gewährleistet werden kann." EuGH, Urteil v. 20.6.2002, C-287/00, *Kommission / Bundesrepublik Deutschland*, IStR 2002, 483, Rz. 48 und Rz. 49 (und Rz. 31 für die Ansicht der *Kommission*; a.A. die *Bundesregierung* in Rz. 35ff.); EuGH, Urteil v. 1.12.2005, C-394/04 und C-395/04, *Diagnostiko & Therapeftiko Kentro Athinon-Ygeia AE*, IStR 2006, 86, Rz. 27. Forschungsleistungen staatlicher Hochschulen fallen nicht unter die nach Art. 132 Abs. 1 i) MwStSystRL befreiten Unterrichtsleistungen. *Huschens* in: Vogel/Schwarz, UStG, Einführung in das europäische Gemeinschaftsrecht der Umsatzsteuer, Rz. 158. Folglich stellte die innerstaatliche Befreiung der Forschungstätigkeiten staatlicher Hochschulen gem. § 4 Nr. 21a) UStG 2002 einen Verstoß gegen das Gemeinschaftsrecht dar und wurde zum 1.1.2004 ersatzlos gestrichen.

789 Das Ausschlusskriterium des Art. 134 b) MwStSystRL stellt eine spezifische Ausprägung des Grundsatzes der steuerlichen Neutralität dar. Gleichartige und deshalb miteinander in Wettbewerb stehende Lieferungen von Gegenständen bzw. Dienstleistungen dürfen umsatzsteuerrechtlich nicht unterschiedlich behandelt werden. Gleichartige Leistungen, die miteinander in einem unmittelbaren Wettbewerbsverhältnis stehen, dürfen nicht einerseits als steuerbefreite eng verbundene Umsätze und zugleich auf der anderen Seite als steuerpflichtige Umsätze bewertet werden. EuGH, Urteil v. 14.6.2007, C-434/05, *Horizon College*, DB 2007, 1450, Rz. 43 m.w.N. Vgl. auch zum Neutralitätsgrundsatz - bei der selektiven Anwendung von Steuersätzen - EuGH, Urteil v. 3.4.2008, C-442/05, *Zweckverband zur Trinkwasserversorgung und Abwasserbeseitigung Torgau-Westelbien*, BStBl. II 2009, 328, Rz. 42 m.w.N.; EuGH, Urteil v. 6.5.2010, C-94/09, *Kommission / Frankreich*, DStR 2010, 977, Rz. 40.

bracht wird.[790] Dabei müssen beide Unternehmer mit den jeweiligen (Haupt- u. Neben-) Leistungen die Tatbestandsmerkmale des Art. 132 Abs. 1 i) MwStSystRL erfüllen,[791] wobei die Nebenleistung zugleich nicht gegen die Vorgaben des Art. 134 MwStSystRL verstoßen darf. Da eine steuerbefreite Nebenleistung nach dem Unionsrecht auch außerhalb des Erbringer-Empfänger-Verhältnisses der zugehörigen Hauptleistung erfolgen kann, ist der gemeinschaftsrechtliche Nebenleistungsbegriff weiter gefasst als in der nationalen Rechtspraxis.[792]

4. Zusätzliche fakultative Bedingungen nach Art. 133 MwStSystRL

Bei der Umsetzung des Art. 132 Abs. 1 i) MwStSystRL steht es den Mitgliedstaaten frei, die korrespondierende nationale Befreiungsvorschrift für Bildungs-/ Erziehungstätigkeiten zusätzlich an eine oder mehrere, weitere Bedingungen des Art. 133 a) bis d) MwStSystRL[793] zu knüpfen.[794] Bei einer Übernahme der ein-

790 Bei der vorübergehenden Gestellung von Lehrkräften durch die Bildungseinrichtung *Horizon College* an eine andere Lehreinrichtung, der es an qualifizierten Lehrkräften mangelt, handelt es sich um eine mit der Unterrichtsleistung der anderen Lehreinrichtung (= Hauptleistung) eng verbundene Dienstleistung (= Nebenleistung). Diese Beurteilung gilt unabhängig davon, dass zwischen *Horizon College* und den Studierenden der anderen Lehreinrichtung keine Verbindung besteht, und dass die Gestellung von Lehrkräften von der Unterrichtsleistung, die *Horizon College* selbst anbietet, unterschieden werden kann. Der eng verbundene Umsatz der Lehrkraftgestellung erfolgt außerhalb des Erbringer-Empfänger-Verhältnisses der Hauptleistung, d.h. der Unterrichtsleistung der anderen Lehreinrichtung. EuGH, Urteil v. 14.6.2007, C-434/05, *Horizon College*, DB 2007, 1450, Rz. 30ff. Vgl. ebenso *Tehler*, UVR 2009, 261, 265; *Tehler* in: Rau/Dürrwächter, UStG, § 4 Nr. 21, Rz. 274.

791 EuGH, Urteil v. 14.6.2007, C-434/05, *Horizon College*, DB 2007, 1450, Rz. 33. Ähnlich legte der Gerichtshof bereits Art. 132 Abs. 1 g) und h) MwStSystRL aus. Dieser qualifizierte die Vermittlungsleistung geeigneter Tageseltern, durch eine vom Mitgliedstaat mit sozialem Charakter anerkannte Stiftung, gegenüber den Kindeseltern als steuerbefreite Nebenleistung. Denn die Vermittlungsleistung war eng mit der steuerbefreiten Kinderbetreuungsleistung (= Hauptleistung) der Tageseltern, die gleichfalls mitgliedstaatlich anerkannt sein müssen, verbunden. EuGH, Urteil v. 9.2.2006, C-415/04, *Stichting Kinderopvang Enschede*, DB 2006, 430, Rz. 16 bis Rz. 23.

792 *Tehler*, UVR 2009, 261, 266. Sowie BFH, Urteil v. 29.10.2008, XI R 74/07, BStBl. II 2009, 256, Rz. 30 und Abschn. 3.10. Abs. 4 UStAE.

793 Entspricht Art. 13 Teil A Abs. 2 a) 6. EG-Richtlinie.

794 Die optionalen Tatbestandsmerkmale des Art. 133 MwStSystRL können die Mitgliedstaaten zudem auch bei der Umsetzung der Steuerbefreiungen des Art. 132 Abs. 1 b), g), h), l) m) und n) MwStSystRL in nationales Umsatzsteuerrecht normieren. Die Be-

zelnen unionsrechtlichen Bedingung muss der Mitgliedstaat diese jeweils vollständig umsetzen; eine partielle Umsetzung ist nicht zulässig.[795] Die zusätzlichen fakultativen Bedingungen sind unabhängig von den in Art. 132 Abs. 1 i) MwStSystRL genannten Tatbestandsmerkmalen, wie bspw. die tätigkeitsbezogenen Kriterien für die Anerkennung als Einrichtung mit von dem betreffenden Mitgliedstaat anerkannter „vergleichbarer Zielsetzung".[796]

Allerdings dürfen die Mitgliedstaaten die zusätzlichen Bedingungen ausschließlich den privatrechtlichen Einrichtungen auferlegen. Der Wortlaut des Art. 133 MwStSystRL stellt explizit auf „Einrichtungen, die keine Einrichtungen des öffentlichen Rechts sind" ab.[797] Das Gemeinschaftsrecht nennt in Art. 133 MwStSystRL vier fakultative Bedingungen, auf die in den nachfolgenden Unterkapiteln eingegangen wird.

4.1 Keine systematische Gewinnerzielung nach Art. 133 a) MwStSystRL

Bezogen auf die Steuerbefreiung von (Weiter-) Bildungsleistungen verbietet die Bedingung des Art. 133 a) MwStSystRL, soweit der Mitgliedstaat diese in das nationale Recht übernommen hat, der privatrechtlichen Bildungseinrichtung eine systematische Gewinnerzielung. Dessen ungeachtet können nach dem Wortlaut des Unionsrechts trotzdem „etwaige Gewinne" anfallen, wobei diese explizit nicht verteilt bzw. ausgeschüttet werden dürfen. Vielmehr sind diese Gewinne zur Erhaltung oder Verbesserung der umsatzsteuerfrei erbrachten Bildungs-/ Unterrichtsleistung einzusetzen.

Folglich setzt sich Art. 133 a) MwStSystRL aus drei kumulativen Bedingungen zusammen: i) Verbot der systematischen Gewinnerzielung, ii) Verbot der Verteilung von etwaig trotzdem anfallenden Gewinnen und iii) Verwen-

---

schränkung der nationalen Befreiungsregeln nach Art. 133 MwStSystRL hat lediglich Eventualcharakter. EuGH, Urteil v. 10.9.2002, C-141/00, *Ambulanter Pflegedienst Kügler GmbH*, DStRE 2002, 1196, Rz 60; BFH, Urteil v. 21.3.2007, V R 28/04, BStBl. II 2010, 999, Rz. 39.

795 *Hüttemann*, UR 2006, 441, 451.

796 BFH, Urteil v. 12.2.2009, V R 47/07, BStBl. II 2009, 677, Rz. 27.

797 Die fakultativen Voraussetzungen enfalten daher keine Relevanz für ein Studentenwerk in der Rechtsform einer rechtsfähigen Anstalt des öffentlichen Rechts. Unionsrechtlich handelt es sich um eine Einrichtung des öffentlichen Rechts, die per Gesetz oder Satzung i.S.d. Art. 132 Abs. 1 i) MwStSystRL mit den Aufgaben des Schul- und Hochschulunterrichts, der Aus- und Fortbildung sowie der beruflichen Umschulung betraut ist. BFH, Urteil v. 28.9.2006, V R 57/05, BStBl. II 2007, 846, II. 2.) c).

dungsauflage etwaig anfallende Gewinne für die erbrachten steuerbefreiten (Bildungs-) Leistungen zu gebrauchen.[798]

Der EuGH legt die erste Bedingung in gleicher Weise aus wie das Merkmal der Einrichtung ohne Gewinnstreben nach Art. 132 Abs. 1 m) MwStSystRL.[799] D.h. der Gerichtshof interpretiert den Gewinnbegriff i.S.v. finanziellen Vorteilen für die Mitglieder der privatrechtlichen Einrichtung und eben nicht i.S.v. Überschüssen am Ende des jeweiligen Geschäftsjahres.[800] Soweit der Mitgliedstaat die fakultative Bedingung des Art. 133 a) MwStSystRL und damit u.a. auch das Verbot der systematischen Gewinnerzielung auf die steuerbefreiten Bildungsleistungen von privatrechtlichen Lehreinrichtungen anwenden möchte, sollte die nationale Vorschrift die Erwirtschaftung und Verteilung von Gewinnen an die Mitglieder der Einrichtung/an natürliche oder juristische Personen verbieten und zudem ein Verwendungsgebot etwaiger Überschüsse zugunsten der steuerbefreiten Bildungsleistung normieren.

Auf den ersten Blick ähnelt die Bedingung des Art. 133 a) MwStSystRL dem Zwang einer gemeinnützigen Körperschaft zur ausschließlichen, satzungsgemäßen steuerbegünstigten Mittelverwendung und dem Ausschüttungs-/Zuwendungsverbot an deren Mitglieder nach § 55 Abs. 1 Nr. 1 AO. Bei diesen Vorgaben handelt es sich um eine Ausprägung des Gebots der Selbstlosigkeit des innerstaatlichen Gemeinnützigkeitsrechts der §§ 51 - 68 AO.

M.E. kann die fakultative Bedingung des Art. 133 a) MwStSystRL nicht allgemein mit den Anforderungen des Gemeinnützigkeitsrechts gleichgesetzt werden.[801] Implizit folgt dies bereits daraus, dass sich das komplexe Gemeinnützig-

---

798 EuGH, Urteil v. 21.3.2002, C-174/00, *Kennemer Golf & Country Club*, DStRE 2002, 642, Rz. 32; Schlussanträge des Generalanwalts Jacobs v. 13.12.2001, C-174/00, *Kennemer Golf & Country Club*, Slg der Rechtsprechung 2002, I-03293, Rz. 52.

799 EuGH, Urteil v. 21.3.2002, C-174/00, *Kennemer Golf & Country Club*, DStRE 2002, 642, 2. Leitsatz und Rz. 30ff.

800 EuGH, Urteil v. 21.3.2002, C-174/00, *Kennemer Golf & Country Club*, DStRE 2002, 642, Rz. 33; Schlussanträge des Generalanwalts Jacobs v. 13.12.2001, C-174/00, *Kennemer Golf & Country Club*, Slg der Rechtsprechung 2002, I-03293, Rz. 57 bis Rz. 61.

801 Gleichfalls scheint m.E. das unionsrechtliche Gewinnausschüttungsverbot und das Verwendungsgebot („zur Erhaltung oder Verbesserung der erbrachten Leistungen") nach Art. 133 a) MwStSystRL nicht vollumfänglich mit den Anforderungen des Selbstlosigkeitsgebots übereinzustimmen. Bspw. verwendet ein gemeinnütziger Bildungsverein die Mittel bzw. Überschüsse aus entgeltlichen, umsatzsteuerfreien Bildungsleistungen auch dann für satzungsmäßige Zwecke, wenn er diese zukünftig für Bildungsleistungen nutzt, die der Verein unentgeltlich anbietet. Dagegen zielt das unionsrechtliche Verwendungsgebot ausschließlich auf die Reinvestition von etwaigen Gewinnen in die steuerbefreiten, entgeltlichen Bildungsleistungen ab.

keitsrecht ansonsten auf den Satz des Art. 133 a) MwStSystRL reduzieren ließe. Ferner steht das nationale Gemeinnützigkeitsrecht nur Körperschaften i.S.d. KStG offen. Dagegen ist der unionsrechtliche Begriff der nichtstaatlichen (Bildungs-) Einrichtung nach Art. 133 a) MwStSystRL rechtsformneutral auszulegen und folglich auch auf natürliche Personen anwendbar.[802] Zudem gesteht das Gemeinnützigkeitsrecht den begünstigten Körperschaften steuerlich unschädliche Betätigungen (wie z.B. die Mittelweiterleitung nach § 58 Nr. 2 AO) zu, die gleichfalls nicht in Einklang mit der Maßgabe des Art. 133 a) MwStSystRL gebracht werden können.

Fordert eine nationale Umsatzsteuerbefreiungsnorm tatbestandlich die Gemeinnützigkeit des leistenden Unternehmers, legitimiert sich dies m.E. nicht durch die fakultative Bedingung des Art. 133 a) MwStSystRL. Die Gemeinnützigkeit einer Körperschaft nach §§ 51 - 68 AO eignet sich nicht als umsatzsteuerrechtliches Tatbestandsmerkmal, weder für die Unternehmereigenschaft, noch für eine Befreiung oder für eine Anwendung eines ermäßigten Steuersatzes.[803]

4.2 Ehrenamtliche Leitung und Verwaltung nach Art. 133 b) MwStSystRL

Soweit der Mitgliedstaat die zweite fakultative Bedingung des Art. 133MwStSystRL umsetzen möchte, muss die nationale Befreiungsnorm dafür Sorge tragen, dass die privatrechtliche Einrichtung, die sich auf diese Befreiung beruft, im Wesentlichen ehrenamtlich geleitet und verwaltet wird. Die in der Leitung und Verwaltung tätigen Personen dürfen nach Art. 133 b) MwStSystRL „weder selbst noch über zwischengeschaltete Personen ein unmittelbares oder mittelbares Interesse am wirtschaftlichen Ergebnis der betreffenden Tätigkeiten haben."

Mit der Bedingung des Art. 133 b) MwStSystRL wollte der Gemeinschaftsgesetzgeber die Tätigkeiten kommerzieller Unternehmen von den Tätigkeiten der Einrichtungen ohne Gewinnerzielungsabsicht abgrenzen, denn letztere bezwecken nicht die Erwirtschaftung und Verteilung von Gewinnen an ihre Mit-

---

802 EuGH, Urteil v. 3.4.2003, C-144/00, *Matthias Hoffmann*, UR 2003, 248 , Rz. 28.

803 Vgl. hierzu auch *Achatz*, Umsatzsteuer und Gemeinnützigkeit, in: Jachman, DStJG Band 26, 2003, 279, 301f. Vor dem Hintergrund des Verbauchersteuergedankens (Belastung des nichtunternehmerischen, privaten Konsums mit Mehrwertsteuer) verbietet es sich, Befreiungen oder Steuersatzermäßigungen zur Förderung des „gemeinnützigen" Leistenden wegen dessen zu fördernder Betätigung zu gewähren, während gleichartige oder leicht substituierbare Leistungen Dritter nicht befreit bzw. begünstigt sind und der „gemeinnützige" Leistende die Vorteile der Befreiung bzw. Steuersatzermäßigung nicht vollumfänglich an den Verbraucher weitergibt. Vgl. instruktiv *Reiß* in: Walz/Hüttemann/Rawert/Schmidt, Non Profit Law Yearbook 2005, 2006, 47, 68ff.

glieder.[804] Die Wendung „im Wesentlichen ehrenamtlich" bezieht sich gleichermaßen auf die Mitglieder und Personen, die in den mit Leitungs- und Verwaltungsaufgaben betrauten Gremien bzw. Organen der privatrechtlichen Einrichtung die letztinstanzlichen Entscheidungen treffen, sowie auf deren Vergütung.[805]

Im Einklang mit der unionsrechtlichen Bedingung des Art. 133 b) MwSt-SystRL steht dagegen die Vergütung von Personen, die lediglich auf die eine oder andere Weise in der Verwaltung (z.B. als Arbeitnehmer) arbeiten und nicht unmittelbar an der Leitung und Verwaltung der Einrichtung beteiligt sind.[806]

4.3 Preisobergrenzen nach Art. 133 c) MwStSystRL

Die dritte fakultative Bedingung des Art. 133 c) MwStSystRL stellt es dem nationalen Gesetzgeber frei, die steuerbefreiten Umsätze privatrechtlicher Einrichtungen an bestimmten Preisobergrenzen zu koppeln. D.h. der einzelne Mitgliedstaat kann die Befreiung von der Höhe der verlangten Entgelte abhängig machen und dadurch in letzter Konsequenz die (maximalen) Kosten des Verbrauchers für den Bezug steuerbefreiter Leistungen festlegen und zugleich die Umsätze mit zu „hohen" Preisen von der Befreiung ausschließen.[807]

Nach Art. 133 c) 1. Halbsatz MwStSystRL sind die Preise der privatrechtlichen Einrichtungen grundsätzlich von den zuständigen Behörden, d.h. einer staatlichen Stelle, zu genehmigen bzw. dürfen die behördliche Preisvorgabe nicht überschreiten.[808] Sollte dagegen keine behördliche Preisgenehmigung vorgesehen sein (vgl. 2. Halbsatz), müssen die Preise der Einrichtung nach dem Willen des Gemeinschaftsgesetzgebers unterhalb den Preisen für entsprechende Umsätze mehrwertsteuerpflichtiger, gewerblicher Unternehmen liegen. Allerdings gibt das Unionsrecht keine Hinweise, für welche Kategorie von Umsätzen eine behördliche Preisgenehmigung nicht erforderlich ist.

---

804 EuGH, Urteil v. 21.3.2002, C-267/00, *Zoological Society of London*, EuZW 2002, 308, Rz. 26 i.Vm. Rz. 17.

805 EuGH, Urteil v. 21.3.2002, C-267/00, *Zoological Society of London*, EuZW 2002, 308, 2. Leitsatz sowie Rz. 20f. hinsichtlich der Ermittlung der Personen, die i.S.d. Art. 133 b) MwStSystRL die Einrichtung leiten und verwalten.

806 EuGH, Urteil v. 21.3.2002, C-267/00, *Zoological Society of London*, EuZW 2002, 308, Rz. 19.

807 *Hüttemann*, UR 2006, 441, 455f.

808 Inwieweit die Übernahme von Kosten durch die öffentlich-rechtlichen Träger der Sozialversicherung als behördliche Preisobergrenze oder als Genehmigung der zuständigen Behörden gewertet werden kann, ist Gegenstand eines anhängigen EuGH-Verfahrens (Az. C-174/11). Das Verfahren wurden durch den BFH vorgelegt, vgl. BFH, Beschluss v. 2.3.2011, XI R 47/07, DStRE 2011, 755.

Betrachtet man die beiden Ausprägungen der Preisobergrenze nach Art. 133 c) MwStSystRL, geht das Unionsrecht bei einer behördlichen Preisgenehmigung wohl davon aus, dass dieser „Behördenpreis“ unterhalb des Preises entsprechender Leistungen mehrwertsteuerpflichtiger, gewerblicher Unternehmen liegt.[809]

4.4 Wettbewerbsvorbehalt nach Art. 133 d) MwStSystRL

Setzt der Mitgliedstaat die Wettbewerbsbestimmung des Art. 133 d) MwStSystRL im Rahmen einer nationalen Befreiungsvorschrift um, dann dürfen die befreiten Leistungen einer Einrichtung, die keine Einrichtung des öffentlichen Rechts ist, nicht zu einer Wettbewerbsverzerrung zuungunsten von der Mehrwertsteuer unterliegenden gewerblichen Unternehmen führen.

Demzufolge geht das Unionsrecht implizit davon aus, dass die steuerbefreiten Umsätze privatrechtlicher Einrichtungen nach Art. 132 Abs. 1 b), g), h), l) m) und n) MwStSystRL, bzw. deren mitgliedstaatliche Umsetzungen, eine Wettbewerbsverzerrung zu Lasten entsprechender Umsätze von der Mehrwertsteuer unterliegenden gewerblichen Dritten begründen kann. Diese Wettbewerbsverzerrung kann der Mitgliedstaat durch die Kodifikation der optionalen Bedingung des Art. 133 d) MwStSystRL verhindern.

Deutschland hat von diesem Wahlrecht im Rahmen der nationalstaatlichen Befreiungsvorschriften für (Weiter-) Bildungs-/Unterrichtsleistungen keinen Gebrauch gemacht. Steuerbefreite Unterrichtsleistungen privatrechtlicher Bildungseinrichtungen, die i.S.d. Art. 132 Abs. 1 i) MwStSystRL anerkannte vergleichbare Zielsetzungen verfolgen, stehen in Wettbewerb mit steuerpflichtigen Leistungen nicht anerkannter privatrechtlicher Bildungseinrichtungen.

4.5 Umsetzung der fakultativen Bedingungen

Soweit der mitgliedstaatliche Gesetzgeber eine oder mehrere der fakultativen Bedingungen des Art. 133 MwStSystRL in einzelne nationale Befreiungsvorschriften aufnehmen möchte, bedarf es einer ausdrücklichen gesetzlichen Regelung durch den Mitgliedstaat.[810] Die Zusatzkriterien sind ausschließlich bei den innerstaatlichen Befreiungen denkbar, die die Normen des Art. 132 Abs. 1 b), g), h), l) m) und n) MwStSystRL umsetzen. Ob die Mitgliedstaaten bei der Aufstellung der Voraussetzungen für die Befreiungen die Grundsätze des Gemeinschaftsrechts beachtet und die Grenzen ihres Ermessens nicht überschritten ha-

809 *Dickopp*, UR 2007, 553 , 556.

810 BFH, Urteil v. 8.11.2007, V R 2/06, BStBl. II 2008, 634, Rz. 37.

ben, prüfen nach ständiger Rechtsprechung des EuGH die nationalen Gerichte.[811]

Nach der Rechtsprechung des BFH muss der Mitgliedstaat dabei die gemeinschaftsrechtlichen Tatbestandsmerkmale der fraglichen Befreiungsvorschrift des Art. 132 Abs. 1 MwStSystRL vollständig umsetzen, da andernfalls der Anwendungsbereich eines oder mehrerer der zugleich innerstaatlich implementierten Zusatzkriterien des Art. 133 MwStSystRL eingeschränkt ist.[812]

Dies soll der nachfolgende Fall verdeutlichen: Ein Mitgliedstaat hat die Tatbestandsmerkmale der unionsrechtlichen Befreiung von Erziehungs-/Bildungsleistungen nach Art. 132 Abs. 1 i) MwStSystRL nicht vollständig umgesetzt. Das nationale Umsatzsteuerrecht befreit bspw. nicht die sog. eng mit der Bildungs-/Unterrichtsleistung verbundenen Dienstleistungen. Folglich werden nicht alle in Art. 132 Abs. 1 i) MwStSystRL angeführten Tätigkeiten in der entsprechenden innerstaatlichen Norm abgebildet. Zudem soll der nationale Gesetzgeber in dem Beispielsfall die Bedingung des Art. 133 a) MwStSystRL umgesetzt haben: Die nationale Regelung verbietet privatrechtlichen Bildungseinrichtungen, die steuerbefreite Unterrichtsleistungen ausüben, die Verfolgung einer systematischen Gewinnerzielung (vgl. zur Auslegung dieses Begriffs Kapitel E. II. 4. 1).

Falls nun eine private Bildungseinrichtung die o.g. eng mit der Unterrichtsleistung verbundenen Dienstleistungen ausübt, die nicht nach Art. 134 MwStSystRL von der Befreiung ausgeschlossen sind, kann sich die Einrichtung diesbezüglich direkt auf das Gemeinschaftsrecht berufen. Hinsichtlich dieser eng verbundenen Umsätze wirkt sich das im nationalen Recht - für die Bildungsleistungen - normierte Verbot der systematischen Gewinnerzielung nicht aus. Folglich ist die eng verbundene Tätigkeit steuerbefreit und kann mit Gewinnerzielung ausgeübt werden, d.h. etwaige Gewinne können infolge der fehlerhaften Umsetzung im nationalen Umsatzsteuerrecht an natürliche oder juristische Personen verteilt werden. Entscheidend ist alleine, ob die privatrechtliche Einrichtung mit der eng verbundenen Dienstleistung die Voraussetzungen der unionsrechtlichen Befreiung des Art. 132 Abs. 1 i) MwStSystRL erfüllt und nicht nach Art. 134 MwStSystRL von der Befreiung ausgeschlossen ist.

Der mitgliedstaatliche Gesetzgeber darf die innerstaatliche Befreiungsnorm, die die originären Vorgaben der jeweiligen unionsrechtlichen Befreiung nach Art. 132 Abs. 1 b), g), h), i), l), m) und n) MwStSystRL umsetzt, nicht mit von

---

811 Insbesondere muss der Gleichbehandlungsgrundsatz, der im Mehrwertsteuerbereich im Grundsatz der steuerlichen Neutralität zum Ausdruck kommt, beachetet werden. EuGH, Urteil v. 8.6.2006, C-106/05, *L. u. P. GmbH*, DStRE 2006, 811, Rz. 48 m.w.N.

812 BFH, Urteil v. 8.11.2007, V R 2/06, BStBl. II 2008, 634, Rz. 38.

dem Katalog des Art. 133 MwStSystRL abweichenden und/oder darüber hinausgehenden Bedingungen verknüpfen.[813] So kann der einzelne Mitgliedstaat die innerstaatliche Steuerbefreiung nicht von der Identität des formalen Leistungsempfängers und der Rechtsform, in der der Empfänger die (Bildungs-) Leistung in Anspruch nimmt, abhängig machen.[814]

Nach Ansicht des BFH hat Deutschland bei der Umsetzung des Art. 132 Abs. 1 i) MwStSystRL in das nationale Umsatzsteuerrecht von der Wahlmöglichkeit des Art. 133 MwStSystRL keinen Gebrauch gemacht[815] und die nationalen Vorschriften des § 4 Nr. 21, Nr. 22 und Nr. 23 UStG nicht mit zusätzlichen Bedingungen für privatrechtliche Einrichtungen ausgestattet.[816]

5. Zwingend steuerpflichtige Leistungen nach Art. 134 MwStSystRL

5.1 Gemeinschaftsrechtliche Ausschlusskriterien

Flankierend zu den fakultativen Bedingungen des Art. 133 MwStSystRL gibt das Gemeinschaftsrecht mit Art. 134 MwStSystRL[817] ergänzende Leitplanken für den Anwendungsbereich bestimmter Steuerbefreiungen vor. Die (Ausschluss-) Kriterien des Art. 134 MwStSystRL entfalten - im Gegensatz zu Art. 133 MwStSystRL - für öffentlich-rechtliche und privatrechtliche Einrichtungen gleichermaßen Relevanz. Nach Art. 134 MwStSystRL sind Lieferungen von Gegenständen und Dienstleistungen von den Steuerbefreiungen des Art. 132 Abs. 1 b), g), h), i), l), m) und n) MwStSystRL explizit ausgeschlossen, wenn:

- a) diese Leistungen für die steuerbefreite (Haupt-) Tätigkeit nicht unerlässlich sind;
- b) diese Leistungen im Wesentlichen dazu bestimmt sind, der Einrichtung zusätzliche Einnahmen durch Umsätze zu verschaffen, die in unmittelbarem Wettbewerb mit mehrwertsteuerpflichtigen Tätigkeiten gewerblicher Unternehmen stehen.

---

813 *Achatz*, Umsatzsteuer und Gemeinnützigkeit, in: Jachman, DStJG Band 26, 2003, 279, 300; *Berger/Kindl/Wakounig*, Mehrwertsteuersystemrichtlinie, 2009, 318.

814 EuGH, Urteil v. 16.10.2008, C-253/07, *Canterbury Hockey Club*, UR 2008, 854, Rz. 31. Die Aussage betrifft zwar die Auslegung des Art. 132 Abs. 1 m) MwStSystRL kann aber auf Buchst. i) übertragen werden.

815 BFH, Urteil v. 12.2.2009, V R 47/07, BStBl. II 2009, 677, Rz. 22.

816 Vgl. auch *Jacobs*, Umsatzsteuer und Gemeinnützigkeit, 2009, 116.

817 Entspricht Art. 13 Teil A Abs. 2 b) 6. EG-Richtlinie.

Wie bereits in Kapitel E. II. 3. beschrieben, umfasst der Anwendungsbereich des Art. 134 MwStSystRL m.E. die sog. eng verbundenen Leistungen, die ergänzend zu den begünstigten Haupttätigkeiten der Art. 132 Abs. 1 b), g), h), i), l), m) und n) MwStSystRL steuerbefreit sein können. Eng verbundene Leistung sind Nebenleistungen zur steuerbefreiten Hauptleistung und teilen deren umsatzsteuerrechtliches Schicksal.

Aus der Bedingung des Art. 134 a) MwStSystRL folgt, „dass die Haupttätigkeit, mit der die Lieferung von Gegenständen oder die Erbringung von Dienstleistungen eng verbunden sein muss, auch selbst eine befreite Tätigkeit sein muss."[818] Genauer gesagt muss der (jeweilige) Unternehmer, der die Haupttätigkeit und die eng verbundene Leistung erbringt, die Voraussetzungen der fraglichen Befreiung des Art. 132 Abs. 1 b), g), h), i), l), m) oder n MwStSystRL erfüllen.[819] Unerlässlich sind die eng verbundenen Leistungen (Nebenleistungen) für die steuerbefreite Hauptleistung dann, wenn sie von einer solchen Art und Qualität sind, dass sie eine höherwertige Hauptleistung gewährleisten.[820] D.h. ohne die eng verbundenen Leistungen käme keine gleichwertige steuerbefreite Hauptleistung zustande.[821] Hierbei muss das nationale Gericht prüfen, ob die Nebenleistung im konkreten Einzelfall eine dementsprechende Art und Qualität aufweist[822] und ob die gleichwertige steuerbefreite Hauptleistung nicht auch unter Rückgriff auf eine gleichartige, mehrwertsteuerpflichtige Leistung eines

---

818 EuGH, Urteil v. 9.2.2006, C-415/04, *Stichting Kinderopvang Enschede*, DB 2006, 430, Rz. 22.

819 EuGH, Urteil v. 14.6.2007, C-434/05, *Horizon College*, DB 2007, 1450, Rz. 33. Vgl. auch für Art. 132 Abs. 1 g) und h) MwStSystRL: EuGH, Urteil v. 9.2.2006, C-415/04, *Stichting Kinderopvang Enschede*, DB 2006, 430, Rz. 16 bis Rz. 23.

820 So der EuGH, Urteil v. 9.2.2006, C-415/04, *Stichting Kinderopvang Enschede*, DB 2006, 430, Leitsatz und Rz. 28 hinsichtlich der Vermittlungsleistung von geeigneten Kinderbetreuern bzw. Tageseltern als eng mit der Kinder- und Jugendbetreuung (durch die Tageseltern) verbundener Umsatz; EuGH, Urteil v. 14.6.2007, C-434/05, *Horizon College*, DB 2007, 1450, Rz. 39, bezüglich der entgeltlichen Lehrkraftgestellung (durch eine Lehreinrichtung i.S.d. Art. 134 Abs. 1 i) MwStSystRL) als einen eng mit dem Schul-/Hochschulunterricht (einer anderen Lehreinrichtung i.S.d. Art. 134 Abs. 1 i) MwStSystRL) verbundenen Umsatz.

821 EuGH, Urteil v. 9.2.2006, C-415/04, *Stichting Kinderopvang Enschede*, DB 2006, 430, Rz. 26 bis Rz. 28; EuGH, Urteil v. 14.6.2007, C-434/05, *Horizon College*, DB 2007, 1450, Rz. 39.

822 EuGH, Urteil v. 9.2.2006, C-415/04, *Stichting Kinderopvang Enschede*, DB 2006, 430, Rz. 28.

Dritten möglich gewesen wäre.[823] Grundsätzlich nicht unerlässlich für die steuerbefreite Hauptleistung sind Dienstleistungen, die für den Leistungsempfänger einen eigenen Zweck in sich tragen und lediglich den Komfort sowie das Wohlbefinden der „Verbraucher“ (der Hauptleistung) verbessern.[824]

Das zweite Ausschlusskriterium des Art. 134 b) MwStSystRL stellt darauf ab, dass die fraglichen (Neben-) Leistungen für die Einrichtung nicht im Wesentlichen dazu bestimmt sein dürfen, ihr zusätzliche Einnahmen zu verschaffen und die (Neben-) Leistungen dabei in einem unmittelbarem Wettbewerbsverhältnis mit steuerpflichtigen Umsätzen gewerblicher Unternehmen stehen. Es handelt sich um eine spezifische Ausprägung des Grundsatzes (des gemeinsamen Mehrwertsteuersystems) der steuerlichen Neutralität.[825] Gleichartige und deshalb miteinander in Wettbewerb stehende Dienstleistungen dürfen umsatzsteuerrechtlich nicht unterschiedlich behandelt werden.[826] Eine Behandlung gleichartiger Leistungen (die miteinander in einem unmittelbaren Wettbewerbsverhältnis stehen) - auf einer Seite als steuerbefreiter eng verbundener Umsatz und auf der anderen Seite als steuerpflichtiger Umsatz bei Dritten - ist nach Art. 134 b) MwStSystRL nicht möglich. Zusätzliche Einnahmen i.S.d. Art. 134 b) MwStSystRL erzielt die Bildungseinrichtung selbst dann, wenn sie den Leistungsempfängern lediglich ein kostendeckendes Entgelt für die eng verbundene Leistung berechnet.[827]

---

823 EuGH, Urteil v. 14.6.2007, C-434/05, *Horizon College*, DB 2007, 1450, Rz. 40; Schlussanträge der Generalanwältin Sharpston v. 8.3.2007, C-434/05, *Horizon College*, und C-445/05, *Haderer*, beck-online, BeckEuRS 2007, 444686, Rz. 82.

824 EuGH, Urteil v. 1.12.2005, C-394/04 und C-395/04, *Diagnostiko & Therapeftiko Kentro Athinon-Ygeia AE*, IStR 2006, 86, Rz. 29. Soweit die fraglichen Dienstleistungen für den Leistungsempfänger einen eigenen Zweck in sich tragen, kommen diese nach der Definition der Rechtsprechung nicht mehr als Nebenleistungen in Frage.

825 EuGH, Urteil v. 14.6.2007, C-434/05, *Horizon College*, DB 2007, 1450, Rz. 43, u.a. mit Verweis auf EuGH, Urteil v. 1.12.2005, C-394/04 und C-395/04, *Diagnostiko & Therapeftiko Kentro Athinon-Ygeia AE*, IStR 2006, 86, Rz. 32; und auf EuGH, Urteil v. 23.10.2003, C-109/02, *Kommission / Deutschland*, IStR 2003, 854, Rz. 20.

826 Dieser Grundsatz des gemeinschaftlichen Mehrwertsteuerrechts gilt sowohl für die Anwendung von Steuerbefreiungen (vgl. EuGH, Urteil v. 1.12.2005, C-394/04 und C-395/04, *Diagnostiko & Therapeftiko Kentro Athinon-Ygeia AE*, IStR 2006, 86, Rz. 32; EuGH, Urteil v. 14.6.2007, C-434/05, *Horizon College*, DB 2007, 1450, Rz. 43) als auch bei den Steuersätzen (vgl. EuGH, Urteil v. 23.10.2003, C-109/02, *Kommission / Deutschland*, IStR 2003, 854, Rz. 20).

827 EuGH, Urteil v. 1.12.2005, C-394/04 und C-395/04, *Diagnostiko & Therapeftiko Kentro Athinon-Ygeia AE*, IStR 2006, 86, 2. Leitsatz; EuGH, Urteil v. 14.6.2007, C-434/05, *Horizon College*, DB 2007, 1450, Rz. 44; Schlussanträge der Generalanwältin

Die beiden Ausschlusskriterien des Art. 134 MwStSystRL - Unerlässlichkeit und Zusatzeinnahmen in unmittelbarem Wettbewerb mit steuerpflichtigen Umsätzen Dritter - sind durch das vorlegende nationale Gericht unter Beachtung der konkreten Umstände des Ausgangssachverhalts zu prüfen und zu bewerten, da es sich um die Beurteilung von Tatsachenfragen handelt, für die der EuGH im Rahmen eines Vorabentscheidungsverfahrens nicht zuständig ist.[828]

5.2 Anwendung der Ausschlusskriterien durch die BFH-Rechtsprechung

Wie im vorherigen Unterkapitel erwähnt, entscheidet die mitgliedstaatliche Gerichtsbarkeit im konkreten Einzelfall, ob die fraglichen (eng verbundenen bzw. Neben-) Leistungen die Ausschlusskriterien des Art. 134 MwStSystRL erfüllen oder nicht.

Der BFH[829] hatte darüber zu entscheiden, ob eine GmbH, die steuerbefreite Fortbildungs- und Umschulungsmaßnahmen durchführt,[830] mit den zusätzlich erbrachten sozialpädagogischen Betreuungsleistungen[831] für die Lehrgangsteilnehmer gleichfalls nach Art. 132 Abs. 1 i) MwStSystRL steuerbefreit sein kann. Dies wäre zu bejahen, wenn die sozialpädagogischen Leistungen eng mit der steuerbefreiten Bildungs-/ Unterrichtstätigkeit verbundene Leistungen (d.h. Nebenleistungen, die das Schicksal der steuerbefreiten Hauptleistung teilen) darstellen. Mangels tatsächlicher Feststellungen des FG konnte der BFH darüber kein abschließendes Urteil fällen. Nach Meinung des BFH können die sozialpä-

---

Sharpston v. 8.3.2007, C-434/05, *Horizon College*, und C-445/05, *Haderer*, beck-online, BeckEuRS 2007, 444686, Rz. 83.

828 EuGH, Urteil v. 1.12.2005, C-394/04 und C-395/04, *Diagnostiko & Therapeftiko Kentro Athinon-Ygeia AE*, IStR 2006, 86, 2. Leitsatz; EuGH, Urteil v. 9.2.2006, C-415/04, *Stichting Kinderopvang Enschede*, DB 2006, 430, Rz. 29; EuGH, Urteil v. 14.6.2007, C-434/05, *Horizon College*, DB 2007, 1450, Rz. 41.

829 BFH, Urteil v. 21.3.2007, V R 28/04, BStBl. II 2010, 999.

830 Die zuständige Behörde bescheinigte der GmbH, dass sie mit den Bildungsmaßnahmen auf einen Beruf oder auf eine vor einer juristischen Person des öffentlichen Rechts abzulegende Prüfung ordnungsgemäß vorbereitet. BFH, Urteil v. 21.3.2007, V R 28/04, BStBl. II 2010, 999, Rz. 33.

831 Die sozialpädagogischen Leistungen umfassten u.a. die Organisation von Kindergarten- und Hortplätzen sowie von Fahrgelegenheiten für die Lehrgangsteilnehmer zu den Unterrichtsstätten. Zudem fielen darunter: Rechen-, Lese- und Schreibübungen und - für Teilnehmer mit Drogenproblemen - die eventuelle Kontaktvermittlung zu Beratungsstellen oder Selbsthilfegruppen. Ferner half die Bildungseinrichtung verschuldeten Teilnehmern durch Gespräche mit Banken oder Schuldenberatungsstellen. BFH, Urteil v. 21.3.2007, V R 28/04, BStBl. II 2010, 999, Rz. 2.

dagogischen Betreuungsleistungen für die Bildungsleistung bzw. „den jeweiligen Ausbildungserfolg“[832] unerlässlich i.S.d. Art. 134 a) MwStSystRL sein, da die Betreuungsleistungen nach den arbeits- und sozialrechtlichen Bestimmungen auch zu den förderungsfähigen Maßnahmen der betrieblichen Ausbildung gehören.[833] Infolgedessen übernahm die Bundesanstalt für Arbeit die Kosten der Fortbildungs- und Betreuungsleistungen für die Teilnehmer, was indiziell auch dafür spricht, dass diese Leistungen für die steuerbefreiten Tätigkeiten unerlässlich sind.[834]

Nach dem BFH-Urteil v. 3.4.2008 sind entgeltliche Leistungen eines gemeinnützigen Golfvereins, die den Kernbereich der jeweiligen steuerbefreiten Tätigkeit des Art. 132 Abs. 1 m) MwStSystRL betreffen, nicht von den Ausschlusskriterien des Art. 134 a) und b) MwStSystRL betroffen.[835] Überlasst der gemeinnützige Golfverein bspw. entgeltlich Golfbälle aus Ballautomaten sowie den Golfplatz zur Nutzung an Personen, die Sport und Körperertüchtigung i.S.d. Art. 132 Abs. 1 m) MwStSystRL ausüben, dann betreffen diese Dienstleistungen den Kernbereich der Befreiung und sind daher für die befreite Haupttätigkeit (d.h. hier für Sport und Körperertüchtigung) unerlässlich.[836] Zugleich kann der Wettbewerbsvorbehalt des Art. 134 b) MwStSystRL bei Tätigkeiten, die den Kernbereich der Steuerbefreiung Art. 132 Abs. 1 m) MwStSystRL betreffen, keine Relevanz entfalten, da andernfalls die Befreiung in weiten Teilen leer laufen würde.[837] Im o.g. BFH-Urteil kam es daher hinsichtlich der jeweils entgeltlichen Überlassung von Golfbällen aus Automaten und der Nutzungsüberlassung

832 BFH, Urteil v. 21.3.2007, V R 28/04, BStBl. II 2010, 999, Rz. 28.

833 BFH, Urteil v. 21.3.2007, V R 28/04, BStBl. II 2010, 999, Rz. 28.

834 BFH, Urteil v. 21.3.2007, V R 28/04, BStBl. II 2010, 999, Rz. 28.

835 BFH, Urteil v. 3.4.2008, V R 74/07, BFH/NV 2008, 1631, 2. Leitsatz.

836 BFH, Urteil v. 3.4.2008, V R 74/07, BFH/NV 2008, 1631, Rz. 36. Gleichfalls wertete der EuGH die Überlassung von Sportstätten an Sportler oder an einen Verein, in dessen Rahmen der Sport ausgeübt wird, und die Zurverfügungstellung eines Schiedsrichters als unerlässliche Dienstleistungen, die nach Art. 132 Abs. 1 m) MwStSystRL in engem Zusammenhang mit Sport und Körperertüchtigung stehen. Nicht unerlässlich i.d.S. sind dagegen Dienstleistungen wie bspw. Beratungen im Bereich des Marketings und der Gewinnung von Sponsoren für Sportvereine und deren Betrieb. EuGH, Urteil v. 16.10.2008, C-253/07, *Canterbury Hockey Club*, UR 2008, 854, Rz. 28 und Rz. 32; BFH, Urteil v. 5.8.2010, V R 54/09, BStBl. II 2011, 191 Rz. 26.

837 BFH, Urteil v. 3.4.2008, V R 74/07, BFH/NV 2008, 1631, Rz. 39; BFH, Urteil v. 2.3.2011, XI R 21/09, DStR 2011, 1179, Rz. 35. Analog für die Befreiung des Art. 132 Abs. 1 i) MwStSystRL: BFH, Urteil v. 7.10.2010, V R 12/10, BStBl. II 2011, 303, Rz. 21.

des Golfplatzes nicht auf eine tatsächliche oder potenzielle Wettbewerbssituation des gemeinnützigen Vereins mit gewerblichen Unternehmern an.[838]

Analog hat der BFH den von einem gemeinnützigen Golfverein gegen Entgelt angebotenen Golfeinzelunterricht für die Vereinsmitglieder als steuerfrei nach Art. 132 Abs. 1 m) MwStSystRL qualifiziert.[839] Den Unterricht erteilte ein bei dem Golfverein angestellter Golflehrer. Die Befreiung des Golf(einzel)unterrichts war nicht nach Art. 134 a) MwStSystRL ausgeschlossen. Denn der Golfunterricht ist für die regelgerechte Ausübung des Golfsports, d.h. der steuerbefreiten Tätigkeit nach Art. 132 Abs.1 m) MwStSystRL,[840] insoweit unerlässlich, als der Unterricht - wie auch bei jedem anderen Sportverein in der entsprechenden Sportart gem. des Satzungs-/Vereinszwecks - „der Erlangung und Vervollkommnung derjenigen Fähigkeiten dient, die für die regelgerechte Ausübung der jeweiligen Sportart benötigt werden."[841] Das Wettbewerbsargument des Art. 134 b) MwStSystRL stand der Befreiung der eng mit dem Golfsport verbundenen Unterrichtsleistung ebenfalls nicht entgegen, da der Unterricht den Kernbereich der Befreiung betrifft und ein Ausschluss dazu führen würde, dass die Befreiung in weiten Teilen leer liefe.[842]

Aus der dargestellten BFH-Rechtsprechung zum Golfsport lässt sich ableiten, dass der Mehrwertsteuerbefreiung von eng verbundenen Leistungen, ein (unmittelbares) Wettbewerbsverhältnis mit gleichartigen, mehrwertsteuerpflichtigen Leistungen Dritter[843] dann nicht entgegensteht, wenn die eng verbundene Leistung zu dem Kernbereich der steuerbefreiten Tätigkeit gehört und demnach auch unerlässlich i.S.d. Art. 134 a) MwStSystRL ist.

Jüngst hat der BFH diese Rechtsprechung auf den Bereich der Aus- und Fortbildungsleistungen übertragen: Bietet ein e.V. Tagesseminare an, aus deren Thematik sich bereits der berufliche Fortbildungszweck ableiten lässt und die insoweit auch keinen bloßen Freizeitcharakter aufweisen, sind die Seminarleistungen nach richtlinienkonformer Auslegung des § 4 Nr. 22 a) UStG steuerbe-

---

838 BFH, Urteil v. 3.4.2008, V R 74/07, BFH/NV 2008, 1631, Rz. 40f.

839 BFH, Urteil v. 2.3.2011, XI R 21/09, DStR 2011, 1179.

840 Zur Anwendung von Art. 132 Abs.1 m) MwStSystRL im Verfahren vgl. BFH, Urteil v. 2.3.2011, XI R 21/09, DStR 2011, 1179, Rz. 28f.

841 BFH, Urteil v. 2.3.2011, XI R 21/09, DStR 2011, 1179, Rz. 33.

842 BFH, Urteil v. 2.3.2011, XI R 21/09, DStR 2011, 1179, Rz. 35.

843 Bspw. stand bzw. steht der steuerbefreite Golfeinzelunterricht des gemeinnützigen Golfvereins in einem Wettbewerbsverhältnis mit umsatzsteuerpflichtigem Golfunterricht, der von einer natürlichen oder juristischen Person mit Gewinnerzielung erteilt wird und folglich nicht von der Befreiung des Art. 132 Abs. 1 m) MwStSystRL umfasst wird. Vgl. die Ausführungen der Vorinstanz, Niedersächsisches FG v. 3.1.2008, 16 K 76/06, DStRE 2008, 1018.

freit.[844] Der e.V. hatte den Teilnehmern einen nicht weiter aufgeschlüsselten Gesamtpreis mit gesondertem Umsatzsteuerausweis in Rechnung gestellt, da seiner Ansicht nach die Seminarleistungen nicht steuerfrei waren. Dies begründete der e.V. u.a. damit, dass die Seminare in Konkurrenz mit umsatzsteuerpflichtigen Veranstaltern[845] angeboten wurden und daher eine Steuerbefreiung aufgrund Art. 134 b) MwStSystRL ausscheide.[846] Da die begünstigten Seminarleistungen nach Ansicht des BFH jedoch den Kernbereich der Befreiung des Art. 132 Abs. 1 i) MwStSystRL betreffen, kann ein Konkurrenzverhältnis mit gleichartigen Tagesseminaren umsatzsteuerpflichtiger gewerblicher Anbieter nicht zu einem Ausschluss der Seminarleistungen (von dieser Befreiung) nach Art. 134 b) MwStSystRL führen.[847]

III. Befreiung nach Art. 132 Abs. 1 j) MwStSystRL

Gem. dem Wortlaut der deutschen Fassung des Art. 132 Abs. 1 j) MwStSystRL ist „von Privatlehrern erteilter Schul- und Hochschulunterricht“ ebenfalls von der Mehrwertsteuer befreit. Die beiden Befreiungsnormen des Art. 132 Abs. 1 i) und j) MwStSystRL unterscheiden sich dahingehend, dass der begünstigte Schul- und Hochschulunterricht, entweder durch bestimmte öffentlich-rechtliche und privatrechtliche Bildungseinrichtungen (vgl. Buchst. i) der MwStSystRL) oder durch Privatlehrer bzw. durch Lehrer „privat“[848] erteilt wird (vgl. Buchst. j) der MwStSystRL).[849]

Wie bereits in Kapitel E. I. 2 erläutert, bilden diese beiden Gemeinschaftsregelungen kein gemeinsames System einer generellen Befreiung von Bildungs-/Unterrichtsleistungen. D.h. falls die Tätigkeit nicht nach der einen Norm befreit ist, kommt nicht automatisch und in jedem Fall die andere Befreiungsvorschrift zur Anwendung. Gleichwohl zielen nach Ansicht von *Tehler* beide Befreiungen

---

844 BFH, Urteil v. 7.10.2010, V R 12/10, BStBl. II 2011, 303, Rz. 17f.

845 Gleichartige Unterrichtstätigkeiten gewerblicher Anbieter sind mehrwertsteuerpflichtig, wenn die privatrechtliche Bildungseinrichtung keine vom Mitgliedstaat anerkannte vergleichbare Zielsetzung - wie die mit solchen Aufgaben betrauten Einrichtungen des öffentlichen Rechts - verfolgt. Die Voraussetzungen des Art. 132 Abs. 1 i) MwStSystRL sind dann nicht erfüllt.

846 BFH, Urteil v. 7.10.2010, V R 12/10, BStBl. II 2011, 303, Rz. 7.

847 BFH, Urteil v. 7.10.2010, V R 12/10, BStBl. II 2011, 303, Rz. 20 und Rz. 21.

848 Der Begriff privat beschreibt nicht den Lehrer selbst, sondern die Erteilungsform des Unterrichts. Die Regelung des Buchst. j) befreit durch eine Lehrkraft privat erteilte Unterrichtseinheiten, die sich auf den Schul- und Hochschulunterricht beziehen. *Korn*, DStR 2010, 688, 690.

849 EuGH, Urteil v. 14.6.2007, C-445/05, *Haderer*, HFR 2007, 806, Rz. 29 und 30.

darauf ab, den Zugang zur Bildung durch eine Umsatzsteuerbefreiung der Unterrichtskosten zu erleichtern.[850] Da Art. 132 Abs. 1 j) MwStSystRL jedoch keine eigene Entstehungsgeschichte vorweist, ist er nach Ansicht von Generalanwältin *Sharpston* nach seinem Wortlaut und „nicht als Zusatz zu Buchst. i)“ auszulegen.[851] Aufgrund der Unterschiede im Wortlaut der beiden Regelungen versteht die Generalanwältin die Befreiung von privat erteilten Unterrichtseinheiten nach Buchst. j) als „eingegrenzte Ausnahme vom Grundsatz der Besteuerung aller nicht von Buchst. i) erfassten Unterrichts- und Erziehungsleistungen“.[852]

Unter Berücksichtigung der verschiedenen Sprachfassungen der MwStSystRL unterscheiden sich die beiden Befreiungen hinsichtlich dem begünstigten Unternehmerkreis und der begünstigten Tätigkeit. Zudem sind die Regelungen der Art. 133 und Art. 134 MwStSystRL für die Befreiung des von einem Privatlehrer erteilten Schul-/Hochschulunterrichts nach Art. 132 Abs. 1 j) MwStSystRL irrelevant.

1. Begünstigte Steuerpflichtige

Zur Auslegung des Begriffs Privatlehrer bzw. der privaten Erteilung von Unterrichtseinheiten, die sich auf den Schul-/Hochschulunterricht beziehen, durch Lehrer i.S.d. Art. 132 Abs. 1 j) MwStSystRL ist die Rechtsprechung des EuGH - in den Rs. *Haderer* und Rs. *Eulitz* zu analysieren.[853]

1.1 Rs. Haderer

Nach Ansicht des Gerichtshofs in der Rs. *Haderer* aus dem Jahr 2007 wird Unterricht durch eine Lehrkraft bzw. einen Lehrer gem. Art. 132 Abs. 1 j) MwSt-SystRL „privat“ erteilt, wenn dieser für eigene Rechnung und in eigener Ver-

---

850 *Tehler* in: Rau/Dürrwächter, UStG, § 4 Nr. 21, Rz. 409.

851 Schlussanträge der Generalanwältin Sharpston v. 8.3.2007, C-434/05, *Horizon College*, und C-445/05, *Haderer*, beck-online, BeckEuRS 2007, 444686, Rz. 57ff.

852 Art. 132 Abs. 1 i) MwStSystRL befreit Bildungs-/Unterrichtsleistungen durch Einrichtungen des öffentlichen Rechts oder durch private Einrichtungen mit anerkannter, vergleichbarer Zielsetzung. Folglich bezweckt Buchst. i) „den öffentlichen und öffentlich anerkannten Unterricht zu befreien, aber sonstige Unterrichtsleistungen im Privatsektor zu besteuern.“ Schlussanträge der Generalanwältin Sharpston v. 8.3.2007, C-434/05, Horizon College, und C-445/05, *Haderer*, beck-online, BeckEuRS 2007, 444686, Rz. 59.

853 Die besondere Relevanz dieser Verfahren für das nationale Umsatzsteuerrecht folgt bereits daraus, dass beide Vorlageverfahren aus Deutschland stammen. BFH, Beschluss v. 20.10.2005, V R 75/03, BStBl. II 2006, 147 (Rs. *Haderer*) und Sächsisches Finanzgericht v. 13.10.2008, 3 K 191/08, LEXinform Nr. 5007392 (Rs. *Eulitz*).

antwortung handelt.[854] Zu einer „privaten“ Unterrichtstätigkeit gehört bspw. Privatunterricht,[855] „bei dem zwischen dem konkreten Inhalt des Unterrichts und den Qualifikationen des Unterrichtenden grundsätzlich ein Zusammenhang besteht“.[856] Nach den Ausführungen des Gerichtshofs muss es sich allerdings nicht um Einzelunterricht handeln, stattdessen kann der Unterricht mehreren Personen gleichzeitig erteilt werden.[857] Übereinstimmend mit der Europäischen Kommission interpretiert der EuGH die private Unterrichtserteilung dahingehend, dass der Unterrichtende nicht zwangsläufig eine unmittelbare Vertragsbeziehung mit den Teilnehmern eingehen muss.[858] Stattdessen kann die Vertragsbeziehung des Lehrenden auch mit anderen Personen als den Teilnehmern, bspw. den Eltern der teilnehmenden Schüler oder Hochschüler, bestehen.[859]

Aspekte die nach den Ausführungen des Gerichtshofs in der Rs. *Haderer* gegen eine „private“ Unterrichtserteilung i.S.d. Art. 132 Abs. 1 j) MwStSystRL sprechen sind: Der Lehrer hat die Unterrichtsleistungen aufgrund von aufeinanderfolgenden Verträgen mit einer dritten Einrichtung (in der Rs. *Haderer* lt. Sachverhalt mit dem Land Berlin) erbracht; die Verträge sicherten dem Dozenten einen Zuschuss zu den Kosten seiner Renten- und Krankenversicherung zu sowie eine prozentual bemessene Urlaubsabgeltung, obwohl die Verträge nach deutschem Arbeitsrecht kein Beschäftigungsverhältnis begründeten; die Lehrkraft übte die Leistungen in Erwachsenenbildungseinrichtungen (Volkshochschulen und Elternzentrum) aus, die von dem Land Berlin verwaltet werden; ferner waren die erzielten Honorare des Lehrers unabhängig von der konkreten Teilnehmerzahl und wurden auf Stundenbasis vergütet.[860] Diese Kriterien sprechen nach Auffassung des Gerichtshofs dafür, dass die Unterrichtseinheiten

---

854 EuGH, Urteil v. 14.6.2007, C-445/05, *Haderer*, HFR 2007, 806, Leitsatz und Rz. 30 sowie Rz. 35.

855 Privatunterricht zeichnet sich dadurch aus, dass die Lehrkraft und nicht eine fremde Bildungs-/ Lehreinrichtung die Unterrichtsleistung erbringt. *Korn*, DStR 2010, 688, 691.

856 EuGH, Urteil v. 14.6.2007, C-445/05, *Haderer*, HFR 2007, 806, Rz 31.

857 EuGH, Urteil v. 14.6.2007, C-445/05, *Haderer*, HFR 2007, 806, Rz 31. Schlussanträge der Generalanwältin Sharpston v. 8.3.2007, C-434/05, *Horizon College*, und C-445/05, *Haderer*, beck-online, BeckEuRS 2007, 444686, Rz. 55.

858 EuGH, Urteil v. 14.6.2007, C-445/05, *Haderer*, HFR 2007, 806, Rz 32. So auch der BFH in der Nachfolgeentscheidung, BFH, Urteil v. 27.9.2007, V R 75/03, BStBl. II 2008, 323, 1. Leitsatz, und die Finanzverwaltung in Abschn. 4.21.3 Abs. 2 S. 4 UStAE.

859 EuGH, Urteil v. 14.6.2007, C-445/05, *Haderer*, HFR 2007, 806, Rz 32. Schlussanträge der Generalanwältin Sharpston v. 8.3.2007, C-434/05, *Horizon College*, und C-445/05, *Haderer*, beck-online, BeckEuRS 2007, 444686, Rz. 55.

860 EuGH, Urteil v. 14.6.2007, C-445/05, *Haderer*, HFR 2007, 806, Rz 35 i.V.m. Rz. 34.

nicht privat i.S.d. Art. 132 Abs. 1 j) MwStSystRL - d.h. nicht für eigene Rechnung und nicht in eigener Verantwortung - erteilt wurden.

Ein mögliches Argument, das auf eine „private" Unterrichtserteilung hindeutet, ist nach Ansicht des EuGH, dass der Unterrichtende das Honorarrisiko[861] trägt: Er erhält keine Bezüge, sofern er selbst verhindert ist oder der Unterricht ersatzlos ausfällt.[862]

Die Abwägung dieser Aspekte - unter Berücksichtigung aller Umstände des Ausgangsverfahrens - überlässt der EuGH dabei dem vorlegenden Gericht.[863] Der BFH äußerte sich in seinem Nachfolgeurteil[864] zur Frage der privaten Unterrichtserteilung nur dahingehend, dass „das FG weitere Feststellungen zu treffen habe ob der Kläger - wozu möglicherweise der EuGH neigt - „keineswegs für eigene Rechnung und in eigener Verantwortung unterrichtete, sondern in Wirklichkeit dem Land Berlin, das ihn für die Erbringung von Dienstleistungen für das von diesem Land verwaltete Bildungssystem bezahlte, als Lehrer zur Verfügung stand".“[865]

1.2 Rs. Eulitz

In der Rs. *Eulitz* verdeutlichte der EuGH jüngst seine Auffassung zur Auslegung des Begriffs „Privatlehrer". Dabei lehnte der Gerichtshof die Interpretation der „privaten" Unterrichtstätigkeit durch die *Europäische Kommission* ab. Diese sah den Unterricht bereits dann als „privat" erteilt i.S.d. Art. 132 Abs. 1 j) MwSt-

---

861 Trägt die Lehrkraft das Honorarrisiko selbst, handelt sie auf eigene Rechnung. Für eigene Rechnung „bedeutet, dass der unternehmerische Erfolg des Handelns dem Leistenden [dem Lehrer] zugute kommt und umgekehrt, dass ihn wirtschaftlich auch ein etwaiges Ausbleiben des erhofften Erfolges trifft." *Philipowski*, UR 2010, 161, 165. Wie bereits erläutert, handelt der Lehrer nach der EuGH-Rechtsprechung nicht auf eigene Rechnung, wenn er lediglich ein (festes) Honorar auf Stundenbasis, unabhängig von der konkreten Teilnehmeranzahl, erhält. Um die Anforderungen des EuGH zu erfüllen, schlägt *Philipowski* (*Philipowski*, UR 2010, 161, 165) einen Festbetrag zuzüglich eines variablen Honoraranteils pro Teilnehmer vor. Für das Handeln auf eigene Rechnung müsste der variable Anteil m.E. jedoch deutlich überwiegen.

862 EuGH, Urteil v. 14.6.2007, C-445/05, *Haderer*, HFR 2007, 806, Rz 35 i.V.m. Rz. 33.

863 EuGH, Urteil v. 14.6.2007, C-445/05, *Haderer*, HFR 2007, 806, Rz 35.

864 Der BFH tendierte letztlich dazu, dass Herr *Haderer* mit der erteilten Schularbeitshilfe eine nach Art. 132 Abs. 1 j) MwStSystRL steuerbefreite Tätigkeit erbringe, wohingegen die Keramik-/ Töpferkurse wohl steuerpflichtig seien. Die nationalen Befreiungen waren nach den Ausführungen des BFH nicht einschlägig, da keine Bescheinigung nach § 4 Nr. 21 a) bb) UStG vorlag und da § 4 Nr. 22 a) UStG natürliche Personen als Unternehmer nicht begünstigt. BFH, Urteil v. 27.9.2007, V R 75/03, BStBl. II 2008, 323, Rz. 25f.

865 BFH, Urteil v. 27.9.2007, V R 75/03, BStBl. II 2008, 323, Rz. 43.

SystRL an, wenn der Unterrichtende die wirtschaftliche und unterrichtende Tätigkeit selbstständig ausübe und eben nicht bei einer Bildungseinrichtung fest angestellt sei[866] - was in dem Streitfall nach deutschem Zivil- und Steuerrecht vorgelegen habe.[867] Diese fehlerhafte Auslegung ist wohl darauf zurückzuführen, dass die deutsche Sprachfassung des Art. 132 Abs. 1 j) MwStSystRL von allen anderen Sprachfassungen, in denen die europäische Richtlinie ursprünglich erlassen wurde, abweicht.[868]

Gegen die Auffassung der Kommission wandte sich der EuGH mit mehreren Argumenten. Der Begriff Privatlehrer hätte keine eigenständige Bedeutung, wenn auf die selbstständige Ausübung einer wirtschaftlichen Tätigkeit - und damit auf die Eigenschaften eines Steuerpflichtigen gem. Art. 9 Abs. 1 i.V.m. Art. 10 MwStSystRL - zurückgegriffen würde. Sonst würde jede Lehrkraft, „die nicht durch einen Arbeitsvertrag oder ein Verhältnis der Unterordnung gebunden ist, […] ihre wirtschaftlichen Tätigkeiten „privat" i.S.v Art. 132 Abs. 1 j) MwStSystRL"[869] ausüben. Demgemäß wäre der Begriff Privatlehrer letztlich deckungsgleich mit dem Begriff des Steuerpflichtigen. Die Wendung „Privatlehrer" hätte keine eigenständige Bedeutung und wäre für den Wortlaut der spezifischen Gemeinschaftsregelung entbehrlich.[870] Ferner darf die Beurteilung eines

866 Die Kommission bewertete auch die Unterrichtsleistung von Herrn *Haderer* als steuerfrei, da er den Unterricht persönlich erteilt habe. Zudem indiziert der Wortlaut der deutschen Sprachfassung des Buchst. j) MwStSystRL, dass Unterrichtsleistungen durch eine nicht bei der Bildungseinrichtung fest angestellte Lehrkraft stets steuerbefreit sind. Schlussanträge der Generalanwältin Sharpston v. 8.3.2007, C-434/05, *Horizon College*, und C-445/05, *Haderer*, beck-online, BeckEuRS 2007, 444686, Rz. 47 und Rz. 51f.

867 EuGH, Urteil v. 28.1.2010, C-473/08, *Ingenieurbüro Eulitz GbR*, DStR 2010, 218, Rz. 45. Lt. Sachverhalt bestand zwischen dem privaten Dozenten und der privatrechtlichen Bildungseinrichtung, die die Unterrichtsleistungen gegenüber den Teilnehmer angeboten hatte, kein Arbeitsvertrag. *Philipowski*, UR 2010, 161, 164.

868 EuGH, Urteil v. 28.1.2010, C-473/08, *Ingenieurbüro Eulitz GbR*, DStR 2010, 218, Rz. 49ff.; Schlussanträge der Generalanwältin Sharpston v. 8.3.2007, C-434/05, *Horizon College*, und C-445/05, *Haderer*, beck-online, BeckEuRS 2007, 444686, Rz. 54. Die Sprachfassungen lauten: „[P]rivattimer givet af undervisere" in dänisch, „privelessen die particulier door docenten worden gegeven" in niederländisch, „tution given privately by teachers" in englisch, „leçons données, à titre personnel, par des enseignants" in französisch und „lezioni impartite da insegnanti a titolo personale" in italienisch.

869 EuGH, Urteil v. 28.1.2010, C-473/08, *Ingenieurbüro Eulitz GbR*, DStR 2010, 218, Rz. 48.

870 EuGH, Urteil v. 28.1.2010, C-473/08, *Ingenieurbüro Eulitz GbR*, DStR 2010, 218, Rz. 48.

Umsatzes nicht vom nationalen Recht eines einzelnen Mitgliedstaats abhängen.[871]

Eine Tätigkeit als Privatlehrer i.S.v. Art. 132 Abs. 1 j) MwStSystRL liegt nach der EuGH-Rechtsprechung explizit in den Fällen nicht vor, in denen die Lehrkraft (als Steuerpflichtiger nach Art. 9 MwStSystRL) im Rahmen eines Lehrgangs tätig ist, aber der Lehrgang von einer dritten Einrichtung angeboten wird.[872] Zugleich ist diese dritte (Bildungs-) Einrichtung - und nicht der Lehrer selbst - Träger der Bildungseinrichtung, an der der Lehrer den Unterricht erteilt und Ausbildungsleistungen für die Unterrichtsteilnehmer erbringt.[873]

Zu demselben Ergebnis gelangte bereits die Generalanwältin *Sharpston* in ihrem Schlussantrag v. 8.3.2007 zur Rs. *Haderer*: Unterrichtsleistungen, die gegenüber Schülern oder Studierenden, in den Räumen und unter der Verantwortung sowie unter der Ägide einer Lehr-/Bildungseinrichtung erteilt bzw. organisiert werden, können keinesfalls als Privatunterricht i.S.d. Art. 132 Abs. 1 j) MwStSystRL beurteilt werden.[874] Es kann sich insbesondere dann nicht um steuerbefreiten Privatunterricht handeln, d.h. von Lehrern privat erteilter Schul-/ Hochschulunterricht, wenn die Lehreinrichtung jeweils mit dem Lehrer/Dozenten und den Schülern bzw. Studierenden getrennte finanzielle und vertragliche Vereinbarungen unterhält.[875] Stattdessen befreit Art. 132 Abs. 1 j) Mw-

871 EuGH, Urteil v. 28.1.2010, C-473/08, *Ingenieurbüro Eulitz GbR*, DStR 2010, 218, Rz. 50.

872 EuGH, Urteil v. 28.1.2010, C-473/08, *Ingenieurbüro Eulitz GbR*, DStR 2010, 218, Rz. 52ff. Ähnlich bereits EuGH, Urteil v. 14.6.2007, C-445/05, *Haderer*, HFR 2007, 806, Rz. 33 bis Rz. 35.

873 EuGH, Urteil v. 28.1.2010, C-473/08, *Ingenieurbüro Eulitz GbR*, DStR 2010, 218, Rz. 52 und Rz. 53. Nach den Ausführungen des Gerichtshofs sind die von dem vorlegenden Gericht erwogenen Umstände für die Auslegung des „Privatlehrers" ohne Bedeutung. Unerheblich ist demnach i) ob der Lehrer die Bezahlung für seine Lehrveranstaltungen auch dann (ganz oder teilweise) erhält, wenn sich kein Teilnehmer für die konkrete Lehrveranstaltung angemeldet hat, er aber hierfür bereits Vorbereitungsleistungen erbracht hat, oder ii) ob er wiederholt und in fortlaufender zeitlicher Folge über einen erheblichen Zeitraum mit der Abhaltung der entsprechenden Lehr- und Prüfungsleistungen beauftragt wird oder iii) ob er neben seiner unmittelbaren Unterrichtstätigkeit gegenüber den anderen Dozenten des betreffenden Lehrgangs eine fachlich und/oder organisatorisch herausgehobene Position einnimmt. Vgl. die Vorlagefragen in EuGH, Urteil v. 28.1.2010, C-473/08, *Ingenieurbüro Eulitz GbR*, DStR 2010, 218, Rz. 17.

874 Schlussanträge der Generalanwältin Sharpston v. 8.3.2007, C-434/05, *Horizon College*, und C-445/05, *Haderer*, beck-online, BeckEuRS 2007, 444686, Rz. 56.

875 Schlussanträge der Generalanwältin Sharpston v. 8.3.2007, C-434/05, *Horizon College*, und C-445/05, *Haderer*, beck-online, BeckEuRS 2007, 444686, Rz. 56.

StSystRL idealtypisch den privat bzw. persönlich erteilten Unterricht eines Lehrers in seiner Wohnung oder in der Wohnung des Schülers/Studierenden.[876]

2. Begünstigte (Weiter-) Bildungsleistungen

2.1 Schul- und Hochschulunterricht

Die deutsche Fassung des Art. 132 Abs. 1 j) MwStSystRL befreit bei grammatikalischer Auslegung ausschließlich den von Privatlehrern erteilten Schul- und Hochschulunterricht von der Mehrwertsteuer. Demnach wären die Unterrichtstätigkeiten in den Bereichen der Aus- und Fortbildung sowie beruflichen Umschulung zwar nach Art. 132 Abs. 1 i) MwStSystRL, aber nicht nach Buchst. j) begünstigt.[877] Gem. den nachfolgenden Erläuterungen hat der Begriff des Schul- und Hochschulunterrichts allerdings in beiden unionsrechtlichen Regelungen denselben Inhalt und befreit gleichermaßen Unterrichtsleistungen, die sich auf eine erste berufsqualifizierende (Grund-) Ausbildung beziehen, und Unterrichtsleistungen im Bereich der beruflichen Fort-/Weiterbildung.[878]

2.2 Unterrichtseinheiten, die sich auf den Schul- und Hochschulunterricht beziehen

Nach jüngster Rechtsprechung des EuGH weicht die deutsche Sprachfassung des Art. 132 Abs. 1 j) MwStSystRL von allen anderen Sprachfassungen, in denen die Richtlinie ursprünglich erlassen wurde, ab.[879] Im Lichte der anderen Sprachfassungen befreit die Norm nicht nur unmittelbar den Schul- und Hochschulunterricht, sondern begünstigt weitergehend (den damit zusammenhängen-

876 Zudem fällt u.U. auch von dem Lehrer erteilter Gruppenunterricht unter die Befreiung. Schlussanträge der Generalanwältin Sharpston v. 8.3.2007, C-434/05, *Horizon College*, und C-445/05, *Haderer*, beck-online, BeckEuRS 2007, 444686, Rz. 55.

877 Zu diesem Schluss gelangte der BFH in seiner bisherigen ständigen Rechtsprechung durch einen Vergleich der beiden Vorschriften des Art. 132 Abs. 1 i) und j) MwStSystRL. Er folgerte daraus, dass Fort-/Weiterbildungsunterricht nicht nach Art. 132 Abs. 1 j) MwStSystRL befreit sein kann. BFH, Urteil v. 23.8.2007, V R 10/05, BFH/NV 2007, 2217, Rz. 45; BFH, Urteil v. 23.8.2007, V R 4/05, BFH/NV 2007, 2215, Rz. 35; BFH, Urteil v. 17.4.2008, V R 58/05, DStR 2008, 1329, Rz. 46ff.

878 EuGH, Urteil v. 28.1.2010, C-473/08, *Ingenieurbüro Eulitz GbR*, DStR 2010, 218, Rz. 35; *Philipowski*, UR 2010, 161, 163.

879 EuGH, Urteil v. 28.1.2010, C-473/08, *Ingenieurbüro Eulitz GbR*, DStR 2010, 218, Rz. 21. Schlussanträge der Generalanwältin Sharpston v. 8.3.2007, C-434/05, *Horizon College*, und C-445/05, *Haderer*, beck-online, BeckEuRS 2007, 444686, Rz. 54.

den Begriff der) „Unterrichtseinheiten [„Lektionen“][880], die…sich auf Schul- und Hochschulunterricht beziehen“.[881]

Die Wendung „Unterrichtseinheiten, die…sich auf Schul- und Hochschulunterricht beziehen“ wird in Art. 132 Abs. 1 j) MwStSystRL nicht weiter definiert.[882] Der Gerichtshof definiert Unterrichtseinheiten so, dass diese „im Wesentlichen die Vermittlung von Kenntnissen und Fähigkeiten durch den Unterrichtenden an Schüler oder Studierende“ [883] einschließen.

Wie bereits unter Kapitel E. II. 2. 2 erläutert, ist eine genaue Definition des unionsrechtlichen Begriffs des Schul- und Hochschulunterrichts nach Ansicht des EuGH nicht erforderlich bzw. er hat diese ausdrücklich vermieden.[884] Die Wendung Schul- und Hochschulunterricht bzw. die Unterrichtstätigkeit, die aus einer Gesamtheit von Elementen bestehe, ist bei den beiden Befreiungen des Art. 132 Abs. 1 i) und j) MwStSystRL übereinstimmend zu verstehen.[885] Schul-/ Hochschulunterricht nach Buchst. j) umfasst folglich: „Unterricht, der zu einer Abschlussprüfung zur Erlangung einer Qualifikation führt oder eine Ausbildung

---

880 *Philipowski*, UR 2010, 161, 161.

881 EuGH, Urteil v. 28.1.2010, C-473/08, *Ingenieurbüro Eulitz GbR*, DStR 2010, 218, Rz. 21f. In der Rs. *Haderer* nahm der Gerichtshof im Jahr 2007 noch keine Auslegung unter Rückgriff auf die verschiedenen Sprachfassungen vor. Damals ging der EuGH nur auf die Auslegung des Begriffs Schul- und Hochschulunterricht ein. EuGH, Urteil v. 14.6.2007, C-445/05, *Haderer*, HFR 2007, 806, Rz. 21ff.

882 EuGH, Urteil v. 28.1.2010, C-473/08, *Ingenieurbüro Eulitz GbR*, DStR 2010, 218, Rz. 28. Gleiches gilt für den unionsrechtlichen Begriff Schul- und Hochschulunterricht. EuGH, Urteil v. 14.6.2007, C-445/05, *Haderer*, HFR 2007, 806, Rz. 22.

883 EuGH, Urteil v. 28.1.2010, C-473/08, *Ingenieurbüro Eulitz GbR*, DStR 2010, 218, Rz. 32.

884 EuGH, Urteil v. 14.6.2007, C-445/05, *Haderer*, HFR 2007, 806, Rz. 26; EuGH, Urteil v. 28.1.2010, C-473/08, *Ingenieurbüro Eulitz GbR*, DStR 2010, 218, Rz. 29. Der Begriff des Schul- und Hochschulunterrichts nach Art. 132 Abs. 1 j) MwStSystRL ist nicht weniger weit auszulegen, als die korrespondierende Wendung in Art. 132 Abs. 1 i) MwStSystRL. Obwohl die Befreiung nach Buchst. j) - im Gegensatz zu Buchst. i) - die Aus- und Fortbildung sowie die berufliche Umschulung nicht ausdrücklich erwähnt. *Huschens* in: Vogel/Schwarz, UStG, Einführung in das europäische Gemeinschaftsrecht der Umsatzsteuer, Rz. 158.

885 EuGH, Urteil v. 28.1.2010, C-473/08, *Ingenieurbüro Eulitz GbR*, DStR 2010, 218, Rz. 31. Bereits zuvor sah auch der BFH keine Gründe für eine abweichende Auslegung des Begriffs Schul- und Hochschulunterricht nach Art. 132 Abs. 1 i) oder j) MwStSystRL. BFH, Urteil v. 24.1.2008, V R 3/05, BFH/NV 2008, 1078, Rz. 28 mit Verweis auf EuGH, Urteil v. 14.6.2007, C-434/05, *Horizon College*, DB 2007, 1450, Rz. 17 und Rz. 20 und auf die Schlussanträge der Generalanwältin Sharpston v. 8.3.2007, C-434/05, *Horizon College*, und C-445/05, *Haderer*, beck-online, BeckEuRS 2007, 444686, Rz. 40 und Rz. 90.

im Hinblick auf die Ausübung einer Berufstätigkeit vermittelt, sowie andere Tätigkeiten, bei denen die Unterweisung in Schulen und Hochschulen erteilt wird, um die Kenntnisse und Fähigkeiten der Schüler oder Studenten zu entwickeln, sofern diese Tätigkeiten nicht den Charakter bloßer Freizeitgestaltung haben.“[886]

Für Zwecke der Mehrwertsteuer ist nicht zu unterscheiden zwischen Unterrichtseinheiten, die sich auf Unterrichtsleistungen beziehen, die einerseits gegenüber Schülern und Studierenden im Rahmen einer erstmaligen Schul- oder Hochschulausbildung, bzw. andererseits gegenüber Personen erbracht werden, die bereits über einen dementsprechenden Abschluss verfügen oder für die der Unterricht im Rahmen einer weitergehenden Berufsausbildung erfolgt.[887]

Nach der o.g. Rechtsprechung des EuGH befreit Art. 132 Abs. 1 j) MwStSystRL Unterrichtseinheiten, die sich auf den Schul- und Hochschulunterricht beziehen. Neben den Lehr-/Unterrichtsleistungen selbst umfasst der weite Begriff dieser Unterrichtseinheiten u.U. auch zusätzliche Tätigkeiten.[888] Steuerbefreit sind bspw. Prüfungstätigkeiten und Tätigkeiten im Rahmen der fachlichen und organisatorischen Gesamtleitung (bspw. zeitliche und inhaltliche Planung einzelner Kurse, zentraler Ansprechpartner für Fragen rund um das Lehrangebot).[889] Dies gilt vorbehaltlich, dass „diese Tätigkeiten im Wesentlichen im Rahmen der sich auf den Schul- und Hochschulunterricht beziehenden Vermittlung von Kenntnissen und Fähigkeiten durch den Unterrichtenden an Schüler oder Studierende ausgeübt werden“.[890] Der Umfang der befreiten Unterrichtstätigkeiten nach Buchst. j) kann daher nach meiner Auffassung ähnlich weit wie Art. 132 Abs. 1 i) MwStSystRL interpretiert werden. Auch wenn der Wortlaut des Buchst. j) - im Gegensatz zu Buchst. i) - nicht auf die zusätzlichen Vorschriften des Art. 133 und Art. 134 MwStSystRL verweist.

Ob die fraglichen Leistungen des Dozenten im konkreten Einzelfall als Unterrichtseinheiten, die sich auf den Schul- und Hochschulunterricht i.S.d. Buchst. j) beziehen, zu bewerten sind, obliegt der Prüfung des nationalen Ge-

---

886 EuGH, Urteil v. 14.6.2007, C-445/05, *Haderer*, HFR 2007, 806, Rz. 26; EuGH, Urteil v. 28.1.2010, C-473/08, *Ingenieurbüro Eulitz GbR*, DStR 2010, 218, Rz. 29. BFH, Urteil v. 27.9.2007, V R 75/03, BStBl. II 2008, 323, 2. Leitsatz.

887 EuGH, Urteil v. 28.1.2010, C-473/08, *Ingenieurbüro Eulitz GbR*, DStR 2010, 218, Rz. 35.

888 EuGH, Urteil v. 28.1.2010, C-473/08, *Ingenieurbüro Eulitz GbR*, DStR 2010, 218, Rz. 38 und 1. Leitsatz.

889 Die Unterrichtstätigkeit umfasst nach der Rechtsprechung des Gerichtshofs auch den organisatorischen Rahmen (vgl. Kapitel E. II 2. 3), wie bspw. die Auswahl der zu vermittelnden Kenntnisse durch den Dozenten. *Philipowski*, UR 2010, 161, 162.

890 EuGH, Urteil v. 28.1.2010, C-473/08, *Ingenieurbüro Eulitz GbR*, DStR 2010, 218, Rz. 37 i.V.m. Rz. 11 und 1. Leitsatz.

richts.[891] Wie bereits in Kapitel E. II. 2. 4 beschrieben, grenzt der BFH begünstigte Unterrichtsleistungen von den nicht begünstigten Tätigkeiten (mit bloßem Freizeitgestaltungs-/Unterhaltungscharakter) über bestimmte qualitative Anforderungen ab. Für eine abschließende Beurteilung sind u.a. zu prüfen: Welche Vorbildung der Leiter der Bildungsmaßnahme hat, wie sich der Teilnehmerkreis der jeweiligen Veranstaltung zusammensetzt, was genau vom Unterrichtenden und den Teilnehmern in der Veranstaltung gemacht wurde und welches Ziel die Veranstaltung hat.[892]

3. Zwischenfazit und eigene Beurteilung

Die Steuerbefreiung des Art. 132 Abs. 1 j) MwStSystRL begünstigt die von einem Lehrer - einer natürlichen Person - „privat“ erteilten Bildungs-/Unterrichtseinheiten, die sich auf den Schul-/Hochschulunterricht beziehen.

Die erteilten Unterrichtseinheiten müssen bestimmte qualitative Anforderungen erfüllen, wobei zwischen den vermittelten Inhalten und der Qualifikation des Lehrers ein Zusammenhang bestehen muss. Die begünstigten Lehrtätigkeiten haben einen weiten Anwendungsbereich und umfassen neben der reinen Unterrichtstätigkeit auch organisatorische Elemente. Da sich steuerfreie Unterrichtseinheiten nach dem Richtlinienwortlaut auf den Schul-/Hochschulunterricht beziehen müssen, ist die Vermittlung von Kenntnissen und Fähigkeiten, die den Charakter einer bloßen Freizeitgestaltung inne haben, nicht begünstigt.

Zugleich muss der Lehrer die Unterrichtsleistung „privat“ erbringen, d.h. nach Auslegung des Gerichtshofs auf eigene Rechnung und in eigener Verantwortung. Gem. EuGH und Generalanwältin *Sharpston* liegt eine private Unterrichtserteilung i.S.v. Art. 132 Abs. 1 j) MwStSystRL nicht vor, wenn eine öffentlich-rechtliche oder privatrechtliche Bildungseinrichtung die Unterrichtsleistungen organisiert bzw. anbietet, die Teilnehmer alleine mit dieser Einrichtung in einem vertragsähnlichen oder in einem Vertragsverhältnis stehen, und die Unterrichtseinheiten deshalb von einem selbstständigen Lehrer, aufgrund einer getrennten finanziellen und vertraglichen Vereinbarung mit der Einrichtung, erteilt werden.[893] Die Teilnehmer empfangen die Unterrichtsleistung von der Lehrein-

---

891 EuGH, Urteil v. 28.1.2010, C-473/08, *Ingenieurbüro Eulitz GbR*, DStR 2010, 218, Rz. 37.

892 BFH, Urteil v. 27.9.2007, V R 75/03, BStBl. II 2008, 323, Rz. 42; *Philipowski*, UR 2010, 161, 164; *Tehler* in: Rau/Dürrwächter, UStG, § 4 Nr. 22, Rz. 156.

893 EuGH, Urteil v. 28.1.2010, C-473/08, *Ingenieurbüro Eulitz GbR*, DStR 2010, 218, Rz. 52ff.; Schlussanträge der Generalanwältin Sharpston v. 8.3.2007, C-434/05, *Horizon College*, und C-445/05, *Haderer*, beck-online, BeckEuRS 2007, 444686, Rz. 56.

richtung,[894] weshalb die Leistung des Dozenten gegenüber der Lehreinrichtung an sich keine privat erteilte Unterrichtstätigkeit i.S.v. Art. 132 Abs. 1 j) MwStSystRL sein kann.[895] Denn in dieser Konstellation erbringt die Lehrkraft die Unterrichtseinheiten nicht in eigener Verantwortung - und damit nicht privat -, sondern die Bildungseinrichtung ist für die Unterrichtseinheiten gegenüber den Teilnehmern verantwortlich.[896]

Angenommen eine Einrichtung des öffentlichen Rechts führt eine Weiterbildungsmaßnahme durch und ist zugleich mit dieser Aufgabe von dem Mitgliedstaat per Gesetz betraut. Die öffentlich-rechtliche Bildungseinrichtung schließt mit einem selbstständig tätigen Dozenten einen Vertrag ab, dass dieser den Unterricht im Rahmen der von der Einrichtung angebotenen Weiterbil-

---

A.A. *Philipowski*, UR 2010, 161, 166, der auf die besondere Umstände der beiden Ausgangsverfahren *Haderer* und Eulitz verweist. In beiden Verfahren handelten die Dozenten nicht oder nur in schwacher Ausprägung des Merkmals für eigene Rechnung und waren zugleich fest in die Organisation der Bildungseinrichtung eingegliedert. Demnach kann die Anerkennung als Privatlehrer i.S.d. Art. 132 Abs. 1 j) MwStSystRL nicht bereits versagt werden, wenn die Lehrkraft in einer fremden Bildungseinrichtung unterrichtet. Nach Philipowski erbringt eine freiberuflich tätige Lehrkraft dann steuerfreie Unterrichtsleistungen im Rahmen einer fremden Lehreinrichtung, wenn der Dozent uneingeschränkt das „Honorarrisiko trägt und wenn er nicht fest in die Einrichtung eingegliedert ist, sondern nur von Fall zu Fall für sie tätig wird".

894 Die Teilnehmer entrichten das Entgelt für die Unterrichtseinheiten an die Lehreinrichtung (als wäre die selbstständige Lehrkraft bei der Einrichtung angestellt) und können Ansprüche hinsichtlich der Qualität der Bildungsleistungen nur gegenüber der Einrichtung geltend machen. Schlussanträge der Generalanwältin Sharpston v. 8.3.2007, C-434/05, *Horizon College*, und C-445/05, *Haderer*, beck-online, BeckEuRS 2007, 444686, Rz. 43.

895 Schlussanträge der Generalanwältin Sharpston v. 8.3.2007, C-434/05, *Horizon College*, und C-445/05, *Haderer*, beck-online, BeckEuRS 2007, 444686, Rz. 43ff.

896 A.A. *Philipowski*, UR 2010, 161, 166. Demnach erbringt ein Privatlehrer die Unterrichtsleistung bereits dann „in eigener Verantwortung, wenn er in eigener Person Kenntnisse und Fähigkeiten vermittelt." *Philipowski* rückt die durch die Lehrkraft selbst erbrachte Wissensvermittlung in den Vordergrund. Beauftragt die Lehrkraft einen Dritten mit der Erteilung der Unterrichtseinheiten, bspw. einen eigenen Mitarbeiter oder einen Subunternehmer, ist die Leistung der Lehrkraft gegenüber der Bildungseinrichtung nicht nach Art. 132 Abs. 1 j) MwStSystRL steuerbefreit. Diese Auslegung orientiert sich m.E. zu stark an dem Begriff der Selbstständigkeit i.S.d. Unternehmereigenschaft. Allerdings hat der EuGH, Urteil v. 28.1.2010, C-473/08, *Ingenieurbüro Eulitz GbR*, DStR 2010, 218, Rz. 48, entschieden, dass die Tatbestandsmerkmale bzw. die Eigenschaft als Steuerpflichtiger für die Auslegung des „privat" erteilten Unterrichts nach Art. 132 Abs. 1 j) MwStSystRL unbeachtlich sind. Ansonsten käme der geforderten „privaten" Unterrichtserteilung keine eigenständige Bedeutung zu.

dungsmaßnahme erteilt. Die öffentliche Lehreinrichtung erbringt mit der von ihr angebotenen Unterrichtsleistung gegenüber den Teilnehmern eine nach Art. 132 Abs. 1 i) MwStSystRL steuerbefreite Unterrichtsleistung. Nach der EuGH-Rechtsprechung[897] kann der selbstständige Dozent in dem dargestellten Fall kein Privatlehrer i.S.d. Art. 132 Abs. 1 j) MwStSystRL sein.[898] Seine Leistung gegenüber der öffentlich-rechtlichen Bildungseinrichtung unterliegt der Umsatzsteuerpflicht, sofern er nicht unter die Sonderregelung für Kleinunternehmen fällt.

Sollte die Leistung des Dozenten - statt steuerbefreit - steuerpflichtig sein, ist der entsprechende Umsatzsteuerbetrag für die öffentlich-rechtliche Lehreinrichtung ein zusätzlicher Kostenfaktor, da die Bildungseinrichtung diesbezüglich nicht zum Vorsteuerabzug berechtigt ist.[899] Diese Zusatzkosten wirken sich entsprechend auf die Teilnahmegebühr[900] und/oder auf den wirtschaftlichen Erfolg der Bildungseinrichtung aus.

---

897 EuGH, Urteil v. 28.1.2010, C-473/08, *Ingenieurbüro Eulitz GbR*, DStR 2010, 218, Rz. 52 und Rz. 53; *Heidner* in: Bunjes/Geist, UStG, § 4 Nr. 21, Rz. 17; *Oelmaier* in: Sölch/Ringleb, UStG, § 4 Nr. 21, Rz. 32.

898 Daher beurteilte der BFH im Ergebnis die eintägigen Fortbildungsseminare, die ein selbstständiger Referent vertraglich gegenüber der Bundessteuerberaterkammer erbrachte, zurecht als umsatzsteuerpflichtig. Nach Auffassung des BFH konnte sich der Referent für seine Unterrichtstätigkeiten nicht auf Art. 132 Abs. 1 j) MwStSystRL berufen, da es sich nicht um Schul-/Hochschulunterricht handelte. Als Gründe führte der BFH an, dass die Bundessteuerberaterkammer keine Schule oder Hochschule ist, es sich um eine Fortbildungsmaßnahme für Steuerberater handelte und die Leistungen nicht in einen Lehr- und Studienplan eingebettet waren. Vor dem Hintergrund der EuGH-Rechtsprechung in der Rs. Eulitz handelte es sich aber um dem Grunde nach steuerbefreite Unterrichtseinheiten. Allerdings mangelte es an der geforderten privaten Unterrichtserteilung. Vgl. BFH, Urteil v. 17.4.2008, V R 58/05, DStR 2008, 1329, Rz. 46ff.; EuGH, Urteil v. 28.1.2010, C-473/08, *Ingenieurbüro Eulitz GbR*, DStR 2010, 218.

899 Die Lehreinrichtung erbringt steuerfreie Weiterbildungsleistungen nach Art. 132 Abs. 1 i) MwStSystRL. Aus Sicht der Bildungseinrichtung steht die umsatzsteuerpflichtige Leistung der Lehrkraft in direktem und unmittelbarem Zusammenhang mit ihren steuerbefreiten Ausgangsumsätzen. Folglich hat die Einrichtung kein Recht auf Vorsteuerabzug gem. Art. 168ff MwStSystRL.

900 Es ist darauf hinzuweisen, dass die Lehreinrichtung, alternativ zur Beauftragung eines selbstständigen Dozenten, auch eine Festanstellung der Lehrkraft vornehmen könnte. Dadurch entstünden zusätzliche Sozial- und sonstige Abgaben. Im Vergleich zu einem selbstständigen Dozenten könnten dadurch letztlich die Gesamtkosten der Bildungsleistung gleich oder gar höher sein. Vgl. Schlussanträge der Generalanwältin Sharpston v. 8.3.2007, C-434/05, *Horizon College*, und C-445/05, *Haderer*, beck-online, BeckEuRS 2007, 444686, Rz. 51ff.

Soweit die Bildungseinrichtung die - nicht als Vorsteuer abzugsfähige - Umsatzsteuer auf die Dozentenleistung über den Preis an die Teilnehmer weitergibt, widerspricht diese dem Zweck des Art. 132 Abs. 1 i) MwStSystRL. Die Unterrichtsleistungen der öffentlich-rechtlichen und privatrechtlichen Lehreinrichtungen sollen nicht künstlich mit Mehrwertsteuer belastet werden, damit die Bildungsleistungen einem möglichst breiten Teilnehmerkreis zugänglich sind. Um diesem Ziel gerecht zu werden, sollten die Unterrichtsleistungen der selbstständigen Dozenten gegenüber den Bildungseinrichtungen entweder steuerbefreit sein, oder der Bildungseinrichtung sollte der Vorsteuerabzug zustehen. Letzteres ist m.E. zweckmäßiger. Infolgedessen sollte der Gemeinschaftsgesetzgeber die Befreiungsvorschriften der MwStSystRL reformieren und für sämtliche - auch für die sog. unechten - Steuerbefreiungen den Vorsteuerabzug zulassen.

IV. Befreiung nach Art. 132 Abs. 1 f) MwStSystRL

1. Tatbestandsmerkmale und Normzweck

Das Gemeinschaftsrecht normiert in Art. 132 Abs. 1 f) MwStSystRL eine Umsatzsteuerbefreiung für entgeltliche Dienstleistungen selbstständiger (Personen-) Zusammenschlüsse gegenüber ihren Mitgliedern (sog. „cost sharing groups“[901]). Die Begünstigung ist an die nachfolgenden Bedingungen geknüpft, die kumulativ vorliegen müssen:

- i) „Personen, die eine Tätigkeit ausüben, die von der Mehrwertsteuer befreit ist [erste Alternative], oder für die sie nicht Steuerpflichtige sind [zweite Alternative],“ gründen einen selbstständigen Zusammenschluss.
- ii) Der (Personen-) Zusammenschluss erbringt entgeltliche Dienstleistungen an seine Mitglieder, wobei diese die Dienstleistungen für „unmittelbare Zwecke der Ausübung“ ihrer steuerbefreiten Tätigkeit oder ihrer Tätigkeit, hinsichtlich der sie nicht Steuerpflichtige sind, nutzen.
- iii) Das Entgelt für die Dienstleistungen des selbstständigen Zusammenschlusses bemisst sich nach dem jeweiligen Anteil an den gemeinsamen Kosten. Der unionsrechtliche Wortlaut fordert eine „genaue Erstattung des jeweiligen Anteils an den gemeinsamen Kosten“.
- iv) Die Steuerbefreiung für die Dienstleistungen des Zusammenschlusses gegenüber den Mitgliedern darf nicht zu einer Wettbewerbsverzerrung führen.

---

901 *Schmitz/Erdbrügger/Liegmann*, DStR 2011, 1157, 1158.

Nach Meinung der Europäischen Kommission begünstigt die Befreiung die Fälle der so genannten „genossenschaftlichen Selbstversorgung“.[902] Die Norm zielt darauf ab, dass die steuerbefreiten bzw. nicht steuerbaren Ausgangsleistungen kleinerer und mittlerer Unternehmen - im Vergleich zu identischen (gleichfalls steuerbefreiten bzw. nicht steuerbaren) Leistungen ausreichend großer Unternehmen - für den Verbraucher nicht mit zusätzlicher Mehrwertsteuer belastet und dadurch künstlich verteuert werden.[903] Die zu vermeidende Zusatzbelastung resultiert aus der nicht als Vorsteuer abzugsfähigen Umsatzsteuer für bezogene (Vor-) Leistungen, die die kleinen Unternehmen aufgrund ihrer Betriebsgröße, im Gegensatz zu den großen Konkurrenzunternehmen, nicht intern erstellen können, sondern extern zukaufen müssen.[904]

Aus dieser gedanklichen Perspektive bezweckt Art. 132 Abs. 1 f) MwStSystRL die Vereinheitlichung der Wettbewerbsbedingungen zwischen großen und kleinen Unternehmen auf einem Markt,[905] auf dem die Unternehmen jeweils die gleichen (steuerbefreiten oder nicht steuerbaren) Ausgangsleistungen anbieten. Auf diesem Markt können die kleineren Unternehmen nur dann mit den großen Unternehmen in Wettbewerb treten, wenn die erforderlichen Vorleistungen durch den Zusammenschluss, den die kleinen Unternehmen gegründet haben, nach Art. 132 Abs. 1 f) MwStSystRL von der Umsatzsteuer befreit sind. Andernfalls würde die nichtabzugsfähige Umsatzsteuer für die kleineren Unternehmen als zusätzlicher Kostenfaktor zu einem Bestandteil des (Endverbraucher-) Preises. Wohingegen die großen Unternehmen die Vorleistungen internalisieren und demnach die Leistungen ohne zusätzliche, nicht abzugsfähige Umsatzsteuer anbieten können. Die Regelung des Art. 132 Abs. 1 f) MwStSystRL zielt darauf ab, dass der wettbewerbsverzerrende Größenvorteil großer Unternehmen entfällt.[906]

---

902 *Europäische Kommission*, Mehrwertsteuerausschuss Arbeitsunterlage Nr. 654, Betreff: Geltungsbereich der Befreiung für Kostenteilungsvereinbarungen, taxud.d.1(2010) 123337, 4.

903 Schlussanträge des Generalanwalts Mischo v. 3.10.2002, C-8/01, *Assurandør-Societetet Taksatorringen*, beck-online, BeckEuRS 2002, 264189, Rz. 118; *Europäische Kommission*, Mehrwertsteuerausschuss Arbeitsunterlage Nr. 654, Betreff: Geltungsbereich der Befreiung für Kostenteilungsvereinbarungen, taxud.d.1(2010)123337, 4.

904 Schlussanträge des Generalanwalts Mischo v. 3.10.2002, C-8/01, *Assurandør-Societetet Taksatorringen*, beck-online, BeckEuRS 2002, 264189, Rz. 118 und Rz. 120; *Dahm/Hamacher*, UR 2009, 869, 871.

905 Schlussanträge des Generalanwalts Mischo v. 3.10.2002, C-8/01, *Assurandør-Societetet Taksatorringen*, beck-online, BeckEuRS 2002, 264189, Rz. 120.

906 Aus der internen Herstellung notwendiger Vorleistungen resultiert die Ersparnis nichtabzugsfähiger Umsatzsteuer für die großen Unternehmen.

Typischer Anwendungsfall des Art. 132 Abs. 1 f) MwStSystRL ist nach Auffassung der Europäischen Kommission der gemeinsame „Kauf eines Scanners für medizinische Zwecke".[907] Die hohen Anschaffungskosten zwingen die einzelnen Ärzte den Scanner gemeinsam, als Zusammenschluss, zu beschaffen. Sie nutzen den Scanner für ihre steuerbefreiten Heilbehandlungen und entrichten an den Zusammenschluss ein Nutzungsentgelt in Höhe einer anteiligen, genauen Kostenerstattung. Die Kommission leitet aus dem Wortlaut des Art. 132 Abs. 1 f) MwStSystRL ab, das die Norm nicht nur Inlandsumsätze begünstigt, sondern auch grenzüberschreitende Dienstleistungen.[908]

Der EuGH bestätigt die oben dargestellte Auslegung des Normzwecks durch die Kommission: Die Regelung zielt darauf ab, „zu vermeiden, dass jemand, der bestimmte Dienstleistungen anbietet, Mehrwertsteuer entrichten muss, wenn er genötigt ist, mit anderen Berufsausübenden im Rahmen einer gemeinsamen Struktur zusammenzuarbeiten, die Tätigkeiten übernimmt, die zur Erbringung dieser Dienstleistungen erforderlich sind."[909] Demzufolge ist der Anwendungsbereich der Vorschrift jedoch weit gefasst und beschränkt sich nicht nur auf die Zusammenarbeit im Bereich der steuerbefreiten Heilbehandlungen der Humanmedizin.

Da die Dienstleistungen des Zusammenschlusses für vorsteuerabzugsschädliche (d.h. unecht steuerbefreite oder nicht steuerbare) Tätigkeiten bezogen werden, scheint die Norm nach den zutreffenden Ausführungen von *Stadie,* wohl die Vermeidung zusätzlicher Umsatzsteuer auf die Personalkosten des Zusammenschlusses zu bezwecken.[910] Eine derartige Umsatzsteuerbelastung würde nicht anfallen, wenn das einzelne Mitglied die (durch den Zusammenschluss erbrachte) Vorbereitungshandlung intern erbracht hätte.[911]

2. Auslegung der Tatbestandsmerkmale

Hinsichtlich der Rechtsform des selbstständigen Zusammenschlusses bestehen keine Einschränkungen, d.h. es kann sich um eine Personen- oder Kapitalgesell-

---

907 Schlussanträge des Generalanwalts Mischo v. 3.10.2002, C-8/01, *Assurandør-Societetet Taksatorringen*, beck-online, BeckEuRS 2002, 264189, Rz. 112.

908 *Europäische Kommission*, Mehrwertsteuerausschuss Arbeitsunterlage Nr. 654, Betreff: Geltungsbereich der Befreiung für Kostenteilungsvereinbarungen, taxud.d.1(2010) 123337, 3.

909 EuGH, Urteil v. 11.12.2008, C-407/07, *Stichting Centraal Begeleidingsorgaan voor de Intercollegiale Toetsing*, UR 2009, 52, Rz. 37; BFH, Urteil v. 23.4.2009, V R 5/07, BFH/NV 2009, 1723, Rz. 28.

910 *Stadie* in: Rau/Dürrwächter, UStG, Vor §§ 4-9, Rz. 25.

911 *Stadie* in: Rau/Dürrwächter, UStG, Vor §§ 4-9, Rz. 25.

schaft oder um einen sonstigen Zusammenschluss[912] handeln.[913] Alternativ zu der Wendung eines „selbstständigen Zusammenschlusses von Personen“ nach Art. 132 Abs. 1 f) MwStSystRL nutzt die Kommission den gemeinschaftsrechtlichen Begriff der Einrichtung.[914] Demgemäß ist die Befreiung - dem Neutralitätsgrundsatz der Mehrwertsteuer folgend - rechtsformneutral ausgestaltet. Der Zusammenschluss übt durch die Dienstleistungen gegen Kostenersatz (an die Mitglieder) selbstständig eine wirtschaftliche Tätigkeit i.S.v. Art. 9 MwStSystRL aus und wird insoweit selbst als Steuerpflichtiger tätig.[915]

2.1 Mögliche Mitglieder des Zusammenschlusses

Nach dem Wortlaut des Art. 132 Abs. 1 f) MwStSystRL ist der Mitgliederkreis des selbstständigen Zusammenschlusses auf Personen begrenzt, die entweder eine steuerbefreite Tätigkeit ausüben, oder eine Tätigkeit, für die sie nicht Steuerpflichtige sind.

Nach der ersten Alternative kann Mitglied werden, wer eine wirtschaftliche Tätigkeit i.S.v. Art. 9 MwStSystRL (als Steuerpflichtiger) ausübt, die zugleich steuerbar und steuerbefreit ist. Ob die Mitglieder echt steuerbefreite Ausgangsumsätze, d.h. den besteuerten Umsätzen gleichgestellte Umsätze mit Vorsteuerabzugsrecht, oder unecht steuerbefreite Leistungen erbringen, ist nach dem Wortlaut der Vorschrift unerheblich. Berücksichtigt man den Normzweck muss es sich um unecht steuerbefreite Ausgangsumsätze handeln, da dann das einzelne Mitglied für bezogene Eingangsleistungen kein Recht auf Vorsteuerabzug hat.

---

912 Bspw. eine eingetragene Genossenschaft, deren Mitglieder Körperschaften des öffentlichen Rechts sind (Betriebskankenkassen und andere Krankenkassen der gesetzlichen Krankenversicherung). BFH, Urteil v. 23.4.2009, V R 5/07, BFH/NV 2009, 1723, Rz. 20 und Rz. 30.

913 *Dahm/Hamacher*, UR 2009, 869, 873; *Kohlhepp*, DStR 2011, 145, 150.

914 *Europäische Kommission*, Mehrwertsteuerausschuss Arbeitsunterlage Nr. 654, Betreff: Geltungsbereich der Befreiung für Kostenteilungsvereinbarungen, taxud.d.1(2010) 123337, 4.

915 *Europäische Kommission*, Mehrwertsteuerausschuss Arbeitsunterlage Nr. 654, Betreff: Geltungsbereich der Befreiung für Kostenteilungsvereinbarungen, taxud.d.1(2010) 123337, 8. Im Gegensatz zu den Regelungen der Mehrwertsteuergruppe gem. Art. 11 MwStSystRL, d.h. nach deutschem Sprachgebrauch der umsatzsteuerlichen Organschaft, bilden die Kostenteilungsvereinbarungen nach Art. 132 Abs. 1 f) MwStSystRL keinen neuen einzigen Steuerpflichtigen. D.h. umsatzsteuerrechtlich bestehen der selbstständige Zusammenschluss und die jeweiligen Gesellschafter nebeneinander weiter. *Europäische Kommission* v. 2.7.2009, KOM (2009) 325, UR 2009, 632, 633.

Für die Annahme, dass es sich bei den steuerbefreiten Ausgangsumsätzen des Mitglieds um bestimmte dem Gemeinwohl dienende Tätigkeiten gem. Art. 132 MwStSystRL handeln muss und folglich andere nach Art. 135 MwStSystRL begünstigte Tätigkeiten nicht in Betracht kommen sollen, finden sich im Wortlaut des Art. 132 Abs. 1 f) MwStSystRL keine Hinweise. Nach Auffassung der Kommission deckt Art. 132 Abs. 1 f) MwStSystRL auch Dienstleistungen gewerblicher Art durch den Zusammenschluss ab,[916] die das einzelne Mitglied für unmittelbare Zwecke zur Ausübung einer nach Art. 132 MwStSystRL oder nach Art. 135 MwStSystRL steuerbefreiten Tätigkeiten bezieht.[917]

Nach der zweiten Alternative übt das potenzielle Mitglied eine Tätigkeit aus, für die es nicht als Steuerpflichtiger tätig wird. Denkbar wäre bspw. jede Tätigkeit, die nicht auf die nachhaltige Erzielung von Einnahmen gerichtet ist (Umkehrschluss aus Art. 9 MwStSystRL). Gleichfalls kommt z.B. eine Tätigkeit von einer Einrichtung des öffentlichen Rechts in Betracht, die diese im Rahmen der öffentlichen Gewalt ausübt und die nicht zu größeren Wettbewerbsverzerrungen führt (vgl. Art. 13 MwStSystRL). Anwendungsbereiche sind demzufolge sämtliche ideellen Tätigkeiten einer steuerbegünstigten Körperschaft i.S.d. §§ 51 bis 68 AO, oder hoheitliche Tätigkeiten von juristischen Personen des öffentlichen Rechts, die nicht zu größeren Wettbewerbsverzerrungen führen. Dagegen kann m.E. stets kein Mitglied sein, wer ausschließlich Tätigkeiten als Steuer-

---

916 Dienstleistungen mit gewerblichem Charakter können auch in den Geltungsbereich des Art. 132 MwStSystRL fallen, da „sich aus der Überschrift des Artikels 13 Teil A der Sechsten Richtlinie [entspricht Titel IX, Kapitel 2 MwStSystRL, d.h. Art. 132 - 134 MwStSystRL] „*Befreiungen bestimmter dem Gemeinwohl dienender Tätigkeiten*" als solcher keine Einschränkungen der Möglichkeiten der Steuerbefreiung nach dieser Bestimmung ergeben." EuGH, Urteil v. 3.4.2003, C-144/00, *Matthias Hoffmann*, UR 2003, 248, Rz. 37.

917 *Europäische Kommission*, Mehrwertsteuerausschuss Arbeitsunterlage Nr. 654, Betreff: Geltungsbereich der Befreiung für Kostenteilungsvereinbarungen, taxud.d.1(2010) 123337, 5f. Dieser Rückschluss lässt sich gleichfalls implizit aus dem EuGH-Urteil *Assurandør-Societetet Taksatorringen* ableiten. Strittig war die entgeltliche Dienstleistung der Bewertung von Kraftfahrzeugschäden durch einen Zusammenschluss von kleinen und mittelgroßen Versicherungsgesellschaften gegenüber seinen Mitgliedern. Nach Ansicht des vorlegenden Gerichts bezogen die Mitglieder die Dienstleistungen für unmittelbare Zwecke ihrer nach Art. 135 Abs. 1 a) MwStSystRL steuerbefreiten Versicherungsumsätze. Bis auf die Frage der Wettbewerbsverzerrung sah das vorlegende Gericht die übrigen Voraussetzungen des Art. 132 Abs. 1 f) MwStSystRL als erfüllt an. Diesen Ausführungen hat der EuGH nicht widersprochen. Demnach scheint der Gerichtshof auch davon auszugehen, dass die Begünstigung für Zwecke aller steuerbefreiten Leistungen der Mitglieder greift. „Andernfalls hätte der EuGH das vorlegende Gericht auf die fehlerhafte Auslegung hinweisen müssen." *Burgmaier*, UR 2004, 89, 90.

pflichtiger i.S.v. Art. 9 - 13 MwStSystRL erbringt, die umsatzsteuerbar und umsatzsteuerpflichtig sind.[918]

Bei grammatikalischer Betrachtung der Norm scheint es fraglich, ob der Zusammenschluss alleine aus Mitgliedern bestehen darf, die ausschließlich steuerbefreite Tätigkeiten oder (unentgeltliche) Tätigkeiten, für die sie nicht Steuerpflichtige sind, ausüben. Die Vorschrift sollte diesbezüglich nicht zu restriktiv ausgelegt werden. Mitglieder des Zusammenschlusses können nach der hier vertretenen Auffassung nebeneinander mehrwertsteuerbefreite Tätigkeiten (oder alternativ Tätigkeiten als Nichtsteuerpflichtiger) und mehrwertsteuerpflichtige Tätigkeiten ausüben.[919]

Ein mögliches Beispiel[920] wäre die Gründung eines selbstständigen Zusammenschlusses durch staatliche Hochschulen. Annahmegemäß bieten die öffentlich-rechtlichen Hochschulen nach ihrem Leistungsportfolio zugleich nicht umsatzsteuerbare hoheitliche Studiengänge und umsatzsteuerpflichtige wirtschaftliche Tätigkeiten an, wie bspw. Auftragsforschung oder Werbung. Der Zusammenschluss erbringt seinerseits jeweils (nach Art. 132 Abs. 1 f) MwStSystRL) steuerbefreite Dienstleistungen - gegen anteilige Kostenerstattung - für unmittelbare Zwecke der hoheitlichen Studiengänge der Universitäten.

---

918 Nach Auffassung der *Kommission* kann auch ein Steuerpflichtiger, der aus rechtlich unabhängigen Personen besteht, die durch gegenseitige finanzielle, wirtschaftliche und organisatorische Beziehungen eng miteinander verbunden sind (vgl. Art. 11 MwStSystRL, gemeinschaftsrechtliche Grundlage der Vorschrift zur umsatzsteuerrechtlichen Organschaft), Mitglied des Zusammenschlusses sein. Vgl. *Europäische Kommission*, Mehrwertsteuerausschuss Arbeitsunterlage Nr. 654, Betreff: Geltungsbereich der Befreiung für Kostenteilungsvereinbarungen, taxud.d.1(2010)123337, 7.

919 Die *Kommission* vertritt gleichfalls diesen Standpunkt. Ergänzend sollten die Mitgliedstaaten Regelungen erlassen, nach denen die steuerbefreiten nachgelagerten Tätigkeiten des Mitglieds „regelmäßig und nicht nur sporadisch ausgeübt werden und einen bedeutenden (d.h. keinen geringfügigen) Teil der Geschäftstätigkeit“ des Mitglieds ausmachen. Vgl. *Europäische Kommission*, Mehrwertsteuerausschuss Arbeitsunterlage Nr. 654, Betreff: Geltungsbereich der Befreiung für Kostenteilungsvereinbarungen, taxud.d.1(2010)123337, 6f.

920 Aufbauend auf dem Urteil des BFH v. 23.4.2009 (BFH, Urteil v. 23.4.2009, V R 5/07, BFH/NV 2009, 1723) könnten die gesetzlichen Krankenkassen (als Mitglieder des Zusammenschlusses) neben den Tätigkeiten als Nichtsteuerpflichtiger zugleich auch wirtschaftliche, steuerpflichtige Tätigkeiten ausüben. Eine wirtschaftliche Tätigkeit gesetzlicher Krankenkassen liegt bspw. vor, wenn sie private Zusatzversicherungsverträge an ihre Mitglieder vermitteln und als Gegenleistung von den privaten Krankenversicherungen einen Aufwendungsersatz erhalten. Vgl. hierzu BFH, Beschluss v. 3.2.2010, I R 8/09, DStR 2010, 645.

Außerdem könnte eine engere Auslegung der Vorschrift dazu führen, dass ein Mitglied, das sich zu irgendeinem Zeitpunkt nach Gründung des Zusammenschlusses für die Aufnahme einer wirtschaftlichen steuerpflichtigen Tätigkeit entscheidet, die Begünstigung für alle anderen Mitglieder des Zusammenschlusses gefährdet.[921]

Soweit der europäische Richtliniengeber die vorgetragene Sichtweise nicht teilen sollte, empfiehlt sich m.E. eine Klarstellung des Art. 132 Abs. 1 f) MwSt-SystRL. Statt „...die eine Tätigkeit ausüben, die von der Steuer befreit ist oder für die sie nicht Steuerpflichtige sind,...“ sollte die Norm lauten „...die ausschließlich Tätigkeiten ausüben, die von der Steuer befreit sind oder für die sie nicht Steuerpflichtige sind...“.

2.2 Genaue Erstattung des jeweiligen Anteils an den gemeinsamen Kosten

Erbringt der Zusammenschluss gegenüber diesen „gemischt tätigen“ Mitgliedern Dienstleistungen, sind diese folgerichtig nur begünstigt, wenn die Dienstleistungen gegen genaue Erstattung des jeweiligen Anteils des Mitglieds an den gemeinsamen Kosten und für unmittelbare Zwecke der steuerbefreiten Tätigkeit, bzw. der Tätigkeit als Nichtsteuerpflichtiger, erbracht werden. Grundsätzlich wäre es m.E. denkbar, dass der selbstständige Zusammenschluss gem. den Voraussetzungen des Art. 132 Abs. 1 f) MwStSystRL steuerbefreite Dienstleistungen an die Mitglieder tätigt und zudem steuerpflichtige Leistungen an Mitglieder (für deren steuerpflichtige Tätigkeit) oder Dritte ausführt. Diese Auffassung wird von der *Europäischen Kommission* und von *Dahm/Hamacher* geteilt, die besteuerte Dienstleistungen des Zusammenschlusses an Nicht-Mitglieder als plausibel erachten.[922]

Hinsichtlich der genauen Kostenerstattung nach Art. 132 Abs. 1 f) MwSt-SystRL müsste eine klare Kostentrennung zwischen steuerbefreiten und steuerpflichtigen Dienstleistungen des Zusammenschlusses und eine exakte Kostenzurechnungsmethode vorliegen. Letztere sollte die exakte Berechnung des jeweili-

921 Vgl. die Argumentation des EuGH zur Frage, ob die Dienstleistung des Zusammenschlusses, vor dem Hintergrund des Wortlauts „der genaue[n] Erstattung des jeweiligen Anteils an den gemeinsamen Kosten“, nur dann steuerbefreit ist, wenn die Dienstleistung an alle Mitglieder ausgeführt wird. EuGH, Urteil v. 11.12.2008, C-407/07, *Stichting Centraal Begeleidingsorgaan voor de Intercollegiale Toetsing*, UR 2009, 52, Rz. 12f. zur Vorlagenfrage und Rz. 40f. zur Argumentation.

922 *Europäische Kommission*, Mehrwertsteuerausschuss Arbeitsunterlage Nr. 654, Betreff: Geltungsbereich der Befreiung für Kostenteilungsvereinbarungen, taxud.d.1(2010) 123337, 6. Dahm/Hamacher, UR 2009, 869, 876.

gen Kostenanteils der steuerbefreiten Dienstleistung gegenüber dem einzelnen Mitglied ermöglichen. Erforderlich wäre eine verursachungsgerechte und europaweit einheitliche Vorgehensweise zur Aufteilung der Gemeinkosten des Zusammenschlusses auf die unterschiedlichen Tätigkeiten.

Das Kriterium der genauen, anteiligen Kostenerstattung bedingt nach übereinstimmender Auffassung der *Europäischen Kommission*[923] und des EuGH[924], dass der selbstständige Zusammenschluss im Rahmen der steuerbefreiten Dienstleistungen keinen Gewinn erzielen darf. Folglich müsste der Zusammenschluss in der Regel keine Einkommen- oder Körperschaftsteuer entrichten, vorbehaltlich die Verrechnungspreisregelungen des Mitgliedstaats führen zu einer direkten Besteuerung.[925]

Da der Wortlaut aller Sprachfassungen der MwStSystRL - ausgenommen die niederländische Fassung - das Wort „genau" enthält, darf das geforderte Entgelt zudem auch nicht unter dem Selbstkostenpreis liegen.[926] Falls die Dienstleistungen zu einem Entgelt unterhalb des Selbstkostenpreises erbracht würden, hätte dies lt. Generalanwältin *Sharpston* „zweifellos Auswirkungen auf den Wettbewerb mit Wirtschaftsunternehmen, was durch das zuständige nationale Gericht bei seiner Bewertung des Sachverhalts zu berücksichtigen ist."[927]

Nach der Rechtsprechung des EuGH muss der Personenzusammenschluss die steuerbefreite Dienstleistung nicht gegenüber allen Mitgliedern erbringen.[928]

---

923 EuGH, Urteil v. 11.12.2008, C-407/07, *Stichting Centraal Begeleidingsorgaan voor de Intercollegiale Toetsing*, UR 2009, 52, Rz. 21 unter Verweis auf die Schlussanträge des Generalanwalts Mischo v. 3.10.2002, C-8/01, *Assurandør-Societetet Taksatorringen*, beck-online, BeckEuRS 2002, 264189, Rz. 121.

924 EuGH, Urteil v. 20.11.2003, C-8/01, *Assurandør-Societetet Taksatorringen*, UR 2004, 82, Rz. 58.

925 *Europäische Kommission*, Mehrwertsteuerausschuss Arbeitsunterlage Nr. 654, Betreff: Geltungsbereich der Befreiung für Kostenteilungsvereinbarungen, taxud.d.1(2010) 123337, 8. Wie *Dahm/Hamacher* zurecht anmerken, sollte es dem Zusammenschluss trotz der geforderten genauen anteiligen Kostenerstattung möglich sein, Rückstellungen für notwendige Investitionen zu bilden. Aus diesem Grunde wäre ein Gewinnaufschlag des Zusammenschlusses auf seine Dienstleistungen möglich. *Dahm/Hamacher*, UR 2009, 869, 876.

926 Schlussanträge der Generalanwältin Sharpston v. 9.10.2008, C-407/07, *Stichting Centraal Begeleidingsorgaan voor de Intercollegiale Toetsing*, beck-online, BeckRS 2008, 71075, Rz. 11 und dortige Fußnote 5.

927 Schlussanträge der Generalanwältin Sharpston v. 9.10.2008, C-407/07, *Stichting Centraal Begeleidingsorgaan voor de Intercollegiale Toetsing*, beck-online, BeckRS 2008, 71075, Rz. 11.

928 EuGH, Urteil v. 11.12.2008, C-407/07, *Stichting Centraal Begeleidingsorgaan voor de Intercollegiale Toetsing*, UR 2009, 52, Leitsatz.

Stattdessen kann die Dienstleistung auch nur gegenüber einem oder mehreren Mitgliedern ausgeführt werden. Auch in diesem Fall stellen die im Zusammenhang mit der erbrachten Dienstleistung angefallenen Kosten gemeinsame Ausgaben des Zusammenschlusses dar. Das Entgelt für die einzelne Dienstleistung muss genau dem jeweiligen Anteil an den gemeinsamen Kosten entsprechen und kann durch Kostenzurechnungsmethoden ermittelt werden.[929]

2.3 Dienstleistungen für unmittelbare Zwecke und Vorbehalt der Wettbewerbsverzerrung

Bei den begünstigten Dienstleistungen handelt es sich um Vorbereitungshandlungen, Hilfsgeschäfte u.ä. für die nicht vorsteuerabzugsfähigen (unecht steuerbefreiten oder nicht steuerbaren) Tätigkeiten der einzelnen Kooperationspartner.[930] Die *Europäische Kommission* vertritt den Standpunkt, dass Dienstleistungen allgemeiner Art nicht gem. Art. 132 Abs. 1 f) MwStSystRL steuerfrei sein sollten.[931] Nach Auffassung der Kommission sind die Dienstleistungen des Zusammenschlusses begünstigt, wenn sie sich speziell auf die nachgelagerte Tätigkeit des Mitglieds beziehen und dafür einen unverzichtbaren Eingangsumsatz bilden.[932]

Es obliegt der nationalen Judikative den Gegenstand der Dienstleistungen für unmittelbare Zwecke im Einzelfall auf die Anforderungen des Art. 132 Abs. 1 f) MwStSystRL zu prüfen.[933] Infolgedessen hat das nationale Gericht die

---

929 EuGH, Urteil v. 11.12.2008, C-407/07, *Stichting Centraal Begeleidingsorgaan voor de Intercollegiale Toetsing*, UR 2009, 52, Rz. 38; Schlussanträge der Generalanwältin Sharpston v. 9.10.2008, C-407/07, *Stichting Centraal Begeleidingsorgaan voor de Intercollegiale Toetsing*, beck-online, BeckRS 2008, 71075, Rz. 18.

930 *Kohlhepp*, DStR 2011, 145, 150; *Stadie* in: Rau/Dürrwächter, UStG, Vor §§ 4-9, Rz. 25.

931 *Europäische Kommission*, Mehrwertsteuerausschuss Arbeitsunterlage Nr. 654, Betreff: Geltungsbereich der Befreiung für Kostenteilungsvereinbarungen, taxud.d.1(2010) 123337, 7.

932 *Europäische Kommission*, Mehrwertsteuerausschuss Arbeitsunterlage Nr. 654, Betreff: Geltungsbereich der Befreiung für Kostenteilungsvereinbarungen, taxud.d.1(2010) 123337, 7. Nach der Rechtsprechung des *Hoge Raad der Nederlanden* dienen Dienstleistungen auf dem Gebiet zur Verbesserung der Gesundheitsfürsorge (bspw. Bestimmung und Aufrechterhaltung beruflicher Standards für Ärzte und Pflegepersonal), die durch einen Zusammenschluss von Krankenhäusern und anderen Einrichtungen der Gesundheitsfürsorge gegenüber diesen Mitgliedern erbracht werden, den unmittelbaren Zwecken der steuerbefreiten Tätigkeiten dieser Mitglieder. Schlussanträge der Generalanwältin Sharpston v. 9.10.2008, C-407/07, *Stichting Centraal Begeleidingsorgaan voor de Intercollegiale Toetsing*, beck-online, BeckRS 2008, 71075, Rz. 5f.

933 EuGH, Urteil v. 11.12.2008, C-407/07, *Stichting Centraal Begeleidingsorgaan voor de Intercollegiale Toetsing*, UR 2009, 52, Rz. 27 m.w.N. Nach Ansicht des Beratenden

Tatsachen im jeweiligen Streitfall festzustellen und dementsprechende Schlussfolgerungen für sein Urteil zu ziehen. Das nationale Gericht untersucht, ob die Tätigkeit des Personenzusammenschlusses unmittelbar dem Zwecke der steuerbefreiten Tätigkeit - oder alternativ der Tätigkeit als Nichtsteuerpflichtiger des einzelnen Mitglieds - dient, und ob das berechnete Entgelt genau den anteiligen Kosten des Zusammenschlusses entspricht.

Ferner muss das innerstaatliche Gericht beurteilen, ob die steuerbefreiten Tätigkeiten des Zusammenschlusses zu einer Wettbewerbsverzerrung führen. Die Leistungen der Einrichtung sind nicht nach Art. 132 Abs. 1 f) MwStSystRL steuerbefreit, „wenn eine reale Gefahr besteht, dass die Befreiung für sich genommen unmittelbar oder in der Zukunft zu Wettbewerbsverzerrungen führen kann.“[934] Falls der Zusammenschluss aufgrund seiner Leistungskraft unabhängig von einer Umsatzbesteuerung oder Umsatzsteuerbefreiung an seine Mitglieder die fraglichen Dienstleistungen erbringt, steht der Markt unabhängigen Wirtschaftsteilnehmern offen.[935] In diesem Fall verursacht die Befreiung keine Änderungen der Marktbedingungen und führt gleichfalls alleine nicht zu einer schädlichen Wettbewerbsverzerrung.[936] Demzufolge kann die Anwendung der Befreiung nur verweigert werden, wenn „sie geeignet ist, zu einer Wettbewerbsverzerrung zu führen, wenn zumindest ein hoher Grad an Wahrscheinlichkeit dafür besteht, dass eine solche Befreiung allein im konkreten Fall geeignet ist,

---

Ausschusses für Mehrwertsteuer ist es Sache der Mitgliedstaaten „die jeweiligen Bedingungen festzulegen, nach denen die Kriterien der Unmittelbarkeit einer Leistung für eine steuerbefreite Tätigkeit und der Vermeidung von Wettbewerbsverzerrungen anzuwenden sind.“ BMF-Schreiben v. 10.11.2000, IV D 1-S 7171-2/00, UR 2001, 177.

934 EuGH, Urteil v. 20.11.2003, C-8/01, *Assurandør-Societetet Taksatorringen*, UR 2004, 82, 2. Leitsatz und Rz. 64.

935 EuGH, Urteil v. 20.11.2003, C-8/01, *Assurandør-Societetet Taksatorringen*, UR 2004, 82, Rz. 59, Schlussanträge des Generalanwalts Mischo v. 3.10.2002, C-8/01, *Assurandør-Societetet Taksatorringen*, beck-online, BeckEuRS 2002, 264189, Rz. 131. Eine Wettbewerbsverzerrung liegt demnach nur vor, wenn sich der Zusammenschluss im Falle der Steuerpflicht seiner Leistungen gegenüber den jeweiligen Mitgliedern auflösen würde, oder zumindest der Großteil der Mitglieder austreten würde. Falls der Zusammenschluss dagegen wie bisher weiterbesteht, basiert der Vorteil des Zusammenschlusses gegenüber den steuerpflichtigen Dritten nicht in der Umsatzsteuerbefreiung, sondern alleine in lediglich anteiligen Kostenerstattung. *Stadie* in: Rau/Dürrwächter, UStG, Vor §§ 4-9, Rz. 28. Ähnlich auch *Dahm/Hamacher*, UR 2009, 869, 877.

936 Schlussanträge des Generalanwalts Mischo v. 3.10.2002, C-8/01, *Assurandør-Societetet Taksatorringen*, beck-online, BeckEuRS 2002, 264189, Rz. 134f.

unabhängige Wirtschaftsteilnehmer vom Markt, auf dem der Zusammenschluss tätig ist, zu verdrängen.“[937]

Der BFH hatte im Jahr 2009 zu entscheiden, ob entgeltliche Datenverarbeitungs- und Organisationsdienstleistungen sowie entgeltliche Beratungsleistungen in betriebswirtschaftlichen Fragen durch einen Betriebskrankenkassenverbund gegenüber seinen Mitgliedern umsatzsteuerbefreit sind.[938] Bei dem Zusammenschluss aus Betriebskrankenkassen und anderen Krankenkassen der gesetzlichen Krankenversicherung handelt es sich um eine Genossenschaft und Arbeitsgemeinschaft i.S.v. § 219 SGB V.[939] Der Zusammenschluss erbrachte die Dienstleistungen zur EDV-technischen Abwicklung von Krankenkassentätigkeiten ausschließlich an seine Mitglieder. Zwischen den Verfahrensbeteiligten war unstreitig, dass die Mitglieder die Dienstleistungen für unmittelbare Zwecke ihrer nichtunternehmerischen Tätigkeiten bezogen, d.h. für Tätigkeiten, für die die Mitglieder nicht Steuerpflichtige (Nichtunternehmer) sind.[940]

Allerdings konnte der BFH aufgrund der Feststellungen des FG nicht abschließend beurteilen, ob die Leistungen eventuell nach Art. 132 Abs. 1 f) MwStSystRL steuerbefreit sind. In einem zweiten Rechtsgang muss das FG die gemeinschaftsrechtlichen Voraussetzungen des Entgelts, d.h. der genauen Erstattung des jeweiligen Anteils an den gemeinsamen Kosten, und die Gefahr einer Wettbewerbsverzerrung prüfen. Zu untersuchen ist insbesondere, ob der Zusammenschluss „trotz der wiederholten Jahresüberschüsse in erheblicher Höhe lediglich die genaue Erstattung des jeweiligen Anteils an den gemeinsamen Kosten“ berechnet hat.[941]

3. Selektive Umsetzung im nationalen Umsatzsteuerrecht

Art. 132 Abs. 1 f) MwStSystRL wurde nur partiell - für Zusammenschlüsse im Gesundheitsbereich gem. § 4 Nr. 14 d) UStG - in das nationale Umsatzsteuer-

---

937 Schlussanträge des Generalanwalts Mischo v. 3.10.2002, C-8/01, *Assurandør-Societetet Taksatorringen*, beck-online, BeckEuRS 2002, 264189, Rz. 145.

938 BFH, Urteil v. 23.4.2009, V R 5/07, BFH/NV 2009, 1723.

939 BFH, Urteil v. 23.4.2009, V R 5/07, BFH/NV 2009, 1723, Rz. 1 sowie Rz. 20f.

940 BFH, Urteil v. 23.4.2009, V R 5/07, BFH/NV 2009, 1723, Rz. 29ff. A.A. BMF-Schreiben vom 4.5.2000, wonach die entgeltlichen Leistungen von Arbeitsgemeinschaften nach § 219 SGB V nur mittelbar den steuerbegünstigten Zwecken der Mitglieder (der Arbeitsgemeinschaft) dienen sollen. BMF-Schreiben v. 10.11.2000, IV D 1-S 7171-2/00, UR 2001, 177.

941 BFH, Urteil v. 23.4.2009, V R 5/07, BFH/NV 2009, 1723, Rz. 13 und Rz. 41.

recht transformiert.[942] § 4 Nr. 14 d) UStG befreit sonstige Leistungen „heilberuflicher Gemeinschaften“[943], deren Mitglieder ausschließlich Angehörige der in § 4 Nr. 14 a) UStG bezeichneten Berufe oder Einrichtungen i.S.d. § 4 Nr. 14 b) UStG sind. Damit die Dienstleistungen des Zusammenschlusses begünstigt sind, müssen zwei weitere Bedingungen erfüllt sein: Die Dienstleistungen werden von den Mitgliedern für unmittelbare Zwecke ihrer nach § 4 Nr. 14 a) und b) UStG steuerbefreiten Tätigkeiten verwendet und das vom Zusammenschluss berechnete Entgelt entspricht einer genauen Erstattung des jeweiligen Anteils an den gemeinsamen Kosten. Entgegen dem Gemeinschaftsrecht sind Dienstleistungen des Zusammenschlusses an die Mitglieder für die Ausübung von Tätigkeiten, für die die Mitglieder nicht Steuerpflichtige sind, jedoch nicht begünstigt. Ferner hat der nationale Gesetzgeber das unionsrechtliche Tatbestandsmerkmal der Wettbewerbsverzerrung, die bei Vorliegen die Begünstigung ausschließt, unverständlicherweise nicht in § 4 Nr. 14 d) UStG kodifiziert.[944]

Der Anwendungsbereich der nationalen Norm umfasst typischerweise Zusammenschlüsse zur zentralen Beschaffung von kostenintensiven medizinischen Geräten (Praxis- und Apparategemeinschaften) oder die Gründung von Laborgemeinschaften, die für die Praxen der Mitglieder medizinisch-technische Analysen vornehmen.[945]

---

942 BMF-Schreiben v. 10.11.2000, IV D 1-S 7171-2/00, UR 2001, 177; *Lausterer*, Konzernstrukturen und Outsourcing, in: Seer, DStJG Band 32, 2009, 385, 405; *Dahm/Hamacher*, UR 2009, 869, 871; BR-Drs. 218/10, Gesetzentwurf der Bundesregierung zum Jahressteuergesetz 2010, 67. Die *Bundesregierung* hatte im Entwurf des Jahressteuergesetzes 2010 eine entsprechende Erweiterung bzw. Sonderregelung für die Banken-/Versicherungsbranche angedacht. Letztlich wurde die branchenbezogene Ausweitung auf Zusammenschlüsse von Banken/Versicherungen nach § 4 Nr. 29 UStG-RegE jedoch nicht umgesetzt. Die *Europäische Kommission* hatte zuvor bereits am 5.10.2007 einen Änderungsentwurf für die MwStSystRL hinsichtlich der Behandlung von Versicherungs- und Finanzdienstleistungen vorgelegt. Der Vorschlag zielte darauf ab, die Rechtsunsicherheit und die Auswirkungen der verdeckten Mehrwertsteuer bei den Anbietern von Versicherungs- und Finanzdienstleistungen zu reduzieren. Dies sollte u.a. durch eine Neuformulierung der Vorschrift für steuerfreie Zusammenschlüsse geschehen. Bislang erfolgte jedoch keine Umsetzung. *Europäische Kommission*, v. 5.10.2007, KOM (2007) 747.

943 BMF-Schreiben v. 10.11.2000, IV D 1-S 7171-2/00, UR 2001, 177.

944 BT-Drs. 16/10189, Gesetzentwurf der Bundesregierung, Entwurf eines Jahressteuergesetzes 2009, 76; *Hölzer* in: Rau/Dürrwächter, UStG, § 4 Nr. 14, Rz. 221; *Oelmaier* in: Sölch/Ringleb, UStG, § 4 Nr. 14, Rz. 203.

945 *Lausterer*, Konzernstrukturen und Outsourcing, in: Seer, DStJG Band 32, 2009, 385, 405; *Oelmaier* in: Sölch/Ringleb, UStG, § 4 Nr. 14, Rz. 199; Abschn. 4.14.8 Abs. 2 UStAE. Ähnlich auch die *Europäische Kommission* mit dem Beispiel „Kauf eines

Die Finanzverwaltung schließt einzelne Dienstleistungen explizit von dem Anwendungsbereich der Befreiung aus. Übernimmt ein Zusammenschluss für seine Mitglieder bspw. die Buchführung, die Rechtsberatung oder die Tätigkeit einer ärztlichen Verrechnungsstelle, so sollen diese Leistungen gem. Abschn. 4.14.8 Abs. 3 UStAE nur mittelbar der steuerbefreiten Heilbehandlungstätigkeit der Mitglieder dienen und zudem - unter Verweis auf Art. 132 Abs. 1 f) MwSt-SystRL - eine schädliche Wettbewerbsverzerrung nach Abschn. 4.14.8 Abs. 7 UStAE begründen.[946]

Die unmittelbare Verwendung der bezogenen Leistungen des Zusammenschlusses durch die Mitglieder für deren steuerbefreite Ausgangsleistungen liegt nach Ansicht der Kommentarliteratur[947] unter Rückgriff auf das BFH-Urteil v. 21.06.1990[948] vor, wenn die jeweilige Dienstleistung des Zusammenschlusses (Ärzte-GbR) selbst gegenüber den Patienten eingesetzt wird. Begünstigte Leistungen der Ärzte-GbR sind demnach: Labor-, Röntgenuntersuchungen, andere medizinisch technische Leistungen, wenn diese von dem einzelnen Mitglied (Arzt) für eine Heilbehandlung verwendet wurden.[949] Sofern die Dienstleistungen des Zusammenschlusses die steuerbefreite ärztliche Heilbehandlung lediglich ermöglichen, wird die unmittelbare Verwendung verneint. Kein unmittelbarer Zusammenhang mit den steuerbefreiten Leistungen des einzelnen Arztes besteht bspw. bei den folgenden Dienstleistungen des Zusammenschlusses: Bei Verwaltungsleistungen wie Einstellung von Personal, Errechnung der Gehälter, Bezahlung von Rechnungen, Erstellung von Krankenscheinabrechnungen.[950]

Scanners für medizinische Zwecke", vgl. Schlussanträge des Generalanwalts Mischo v. 3.10.2002, C-8/01, *Assurandør-Societetet Taksatorringen*, beck-online, BeckEuRS 2002, 264189, Rz. 112.

946 Ähnlich bereits BMF-Schreiben v. 10.11.2000, IV D 1-S 7171-2/00, UR 2001, 177; *Huschens* in: Vogel/Schwarz, UStG, § 4 Nr. 14, Rz. 30. Auch der der Gesetzentwurf der *Bundesregierung* zum Jahressteuergesetz 2009 stellt auf das Kriterium der Wettbewerbsverzerrung nach Art 132 Abs. 1 f) MwStSystRL ab. BT-Drs. 16/10189, Gesetzentwurf der Bundesregierung, Entwurf eines Jahressteuergesetzes 2009, 76.

947 *Hölzer* in: Rau/Dürrwächter, UStG, § 4 Nr. 14, Rz. 221; *Oelmaier* in: Sölch/Ringleb, UStG, § 4 Nr. 14, Rz. 201.

948 BFH, Urteil v. 21.6.1990, V R 94/85, UR 1991, 48, 1. Leitsatz.

949 *Birkenfeld* in: Birkenfeld, Umsatzsteuer-Handbuch, § 98 zu § 4 Nr. 14 - 19 UStG, Rz. 134.

950 BFH, Urteil v. 21.6.1990, V R 94/85, UR 1991, 48, 49. Mangels unmittelbarer Zweckverwendung sind folgenden Leistungen nicht nach Art. 132 Abs. 1 f) MwStSystRL befreit: „Verwaltungsleistungen der Gemeinschaft an ihre Mitglieder durch Abrechnung, Buchführung, Rechtsberatung, Reinigung der Praxisräume, weil die ärztliche Behandlung nur allgemein vorbereitet, unterstützt oder ergänzt wird; ebenso die Lieferung von

Die *Europäische Kommission* hat die auf den Gesundheitsbereich eingeschränkte Umsetzung jüngst bemängelt und den nationalen Gesetzgeber zugleich aufgefordert, die nationale Befreiung auf alle Wirtschaftsbereiche auszudehnen.[951]

4. Anwendung der Befreiung auf Kooperationsverhältnisse im Weiterbildungsmarkt

Die Steuerbefreiung des Art. 132 Abs. 1 f) MwStSystRL ist im Einzelfall auf Zusammenschlüsse im Weiterbildungsmarkt dann anwendbar, wenn die unionsrechtlichen Tatbestandsmerkmale erfüllt sind.[952] Die Gemeinschaftsnorm fordert, dass ein selbstständiger Zusammenschluss gegenüber seinen Mitgliedern bzw. Gesellschaftern Dienstleistungen gegen anteilige Kostenerstattung erbringt. D.h. der Zusammenschluss übt diese Tätigkeit als Steuerpflichtiger i.S.v. Art. 9 MwStSystRL aus.

Demnach kann die Steuerbefreiung nur auf Zusammenschlüsse von Weiterbildungseinrichtungen in der Form eines Equity Joint Ventures Anwendung finden. Ob es sich dabei um ein privatrechtliches oder öffentlich-rechtliches Gemeinschaftsunternehmen handelt, ist für die Anwendung der Regelung des Art. 132 Abs. 1 f) MwStSystRL unerheblich, da der unionsrechtliche Begriff des Zusammenschlusses rechtsformneutral auszulegen ist.

Der Zusammenschluss erbringt gegenüber den Mitgliedern bzw. Gesellschaftern, d.h. den einzelnen Weiterbildungseinrichtungen, Dienstleistungen, die die Mitglieder unmittelbar für ihre (gem. Art. 132 Abs. 1 i) MwStSystRL) steuerbefreiten Weiterbildungsleistungen nutzen.[953] Bei wortlautgetreuer Auslegung sind potenzielle Mitglieder des Zusammenschlusses Einrichtungen des öffentlichen Rechts, wenn sie hoheitliche Bildungstätigkeiten als Nichtsteuerpflichtiger nach Art. 13 MwStSystRL[954] oder steuerbefreite oder unentgeltliche Unterrichts-

---

Apparaten oder Spritzen an den Gesellschafter-Arzt.“ *Birkenfeld* in: Birkenfeld, Umsatzsteuer-Handbuch, § 98 zu § 4 Nr. 14 - 19 UStG, Rz. 135.

951 *Europäische Kommission*, Pressemitteilung IP/11/428, v. 6.4.2011.

952 *Dahm/Hamacher*, UR 2009, 869, 873.

953 Art. 132 Abs. 1 f) MwStSystRL befreit die Leistungen des Zusammenschlusses (gegen anteiligen Kostenersatz) für die einzelnen Mitglieder bzw. Bildungseinrichtungen auch dann, wenn diese die Leistungen alternativ für eine Weiterbildungsmaßnahme beziehen, die sie selbst als Nichtsteuerpflichtige ausführen. Darunter fallen bspw. Unterrichtsleistungen, die die Bildungseinrichtung im Rahmen der öffentlichen Gewalt (und ohne größere Wettbewerbsverzerrung) ausüben, oder unentgeltliche Unterrichtsleistungen.

954 D.h. die öffentlich-rechtliche Bildungseinrichtung übt die wirtschaftliche, entgeltliche Tätigkeit im Rahmen der öffentlichen Gewalt ausgeübt, wobei durch die Behandlung

tätigkeiten erbringen. Als weitere Mitglieder kommen privatrechtliche Bildungseinrichtungen in Betracht, die nach Maßgabe des betreffenden Mitgliedstaats eine den o.g. Einrichtungen des öffentlichen Rechts anerkannte vergleichbare Zielsetzung i.S.d. Art. 132 Abs. 1 i) MwStSystRL verfolgen. Die anerkannten privatrechtlichen Bildungseinrichtungen beziehen die Dienstleistungen des Zusammenschlusses gleichermaßen unmittelbar für ihre eigenen steuerbefreiten oder für ihre unentgeltlichen Bildungs-/Unterrichtsleistungen. Unter Beachtung des mitgliedstaatlichen Anerkennungsverfahrens und der ausgeübten Tätigkeit kommen als privatrechtliche Bildungseinrichtungen, d.h. als Mitglieder des Zusammenschlusses, gleichermaßen eigennützige, gewinnorientierte Unternehmen und steuerbegünstigte Körperschaften i.S.d. §§ 51 - 68 AO in Betracht.

Empfehlungen für eine rechtssichere Gestaltung können aktuell insbesondere an dem anteiligen Kostenerstattungs- und dem Wettbewerbskriterium scheitern. Die Dienstleistung des Zusammenschlusses gegenüber den einzelnen Mitgliedern wäre dann umsatzsteuerpflichtig. Soweit ersichtlich hat die höchstrichterliche Rechtsprechung bisher nur vage zu den beiden Kriterien Stellung bezogen.

Hinsichtlich der Vorgabe der Kostenerstattung hat der Gerichtshof folgendes ausgeführt. Der Zusammenschluss darf keine Gewinne anstreben.[955] Demnach könnte die geforderte anteilige Kostenverrechnung indiziell erfüllt sein, wenn der Personenzusammenschluss keine (Jahres-) Überschüsse erwirtschaftet.[956]

Das Wettbewerbskriterium wird nach der Rechtsprechung des EuGH verletzt, d.h. es liegt eine schädliche Wettbewerbsverzerrung vor, „wenn eine reale Gefahr besteht, dass die Befreiung für sich genommen unmittelbar oder in der Zukunft zu Wettbewerbsverzerrungen führen kann.“[957] Dagegen besteht keine Wettbewerbsverzerrung, wenn die Mitglieder die Dienstleistung unabhängig von einer Steuerbefreiung oder der Steuerpflicht stets bei dem Zusammenschluss beziehen, wobei dieses Verhalten der Mitglieder seine Ursache in der Leistungskraft des Zusammenschlusses haben soll.[958]

---

als Nichtsteuerpflichtige keine oder zumindest keine größeren - tatsächlichen oder potenziellen - Wettbewerbsverzerrungen entstehen.

955 EuGH, Urteil v. 20.11.2003, C-8/01, *Assurandør-Societetet Taksatorringen*, UR 2004, 82, Rz. 58. Deutlicher zur Kostenerstattung und dem Ausschluss der Gewinnerzielung, vgl. Schlussanträge des Generalanwalts Mischo v. 3.10.2002, C-8/01, *Assurandør-Societetet Taksatorringen*, beck-online, BeckEuRS 2002, 264189, Rz. 121f.

956 BFH, Urteil v. 23.4.2009, V R 5/07, BFH/NV 2009, 1723, Rz. 41.

957 EuGH, Urteil v. 20.11.2003, C-8/01, *Assurandør-Societetet Taksatorringen*, UR 2004, 82, 2. Leitsatz sowie Rz. 68f.

958 EuGH, Urteil v. 20.11.2003, C-8/01, *Assurandør-Societetet Taksatorringen*, UR 2004, 82, Rz. 59 unter Verweis auf Schlussanträge des Generalanwalts Mischo v. 3.10.2002,

Für den Weiterbildungsmarkt soll das folgende Beispiel den möglichen Anwendungsbereich der unionsrechtlichen Befreiung des Art. 132 Abs. 1 f) MwSt-SystRL verdeutlichen.

Staatliche Hochschulen bieten jeweils selbst hoheitliche Weiterbildungsstudiengänge mit Abschluss eines akademischen Grades an. Die einzelne Hochschule wird mit dieser Tätigkeit als Nichtsteuerpflichtiger (im Rahmen der öffentlichen Gewalt und ohne größere Wettbewerbsverzerrung) tätig. Die Hochschulen beabsichtigen Kostensynergien zu heben und kooperieren deshalb im Rahmen eines institutionellen Zusammenschlusses, z.B. in der Rechtsform einer GmbH. Der Zusammenschluss erbringt gegenüber der einzelnen Hochschule Dienstleistungen, die in unmittelbarem Zusammenhang mit dem Weiterbildungsstudiengang stehen (bspw. Studiengangsorganisation, Prüfung der Anerkennung von bisher erbrachten Studiengangsleistungen an anderen Hochschulen und andere Backoffice-Funktionen, die unmittelbar dem Weiterbildungsstudiengang dienen und den Studierenden zugutekommen). Die GmbH vereinbart mit den einzelnen Gesellschaftern (Hochschulen) für die angebotenen Dienstleistungen lediglich eine anteilige Erstattung der gemeinsamen Kosten. Hinsichtlich des Studienangebots treten die einzelnen Hochschulen jeweils weiterhin selbst gegenüber den Studierenden auf.

V. Nationale Befreiungsnormen für (Weiter-) Bildungsleistungen

Die nationalen Vorschriften des § 4 Nr. 21 a) UStG und § 4 Nr. 22 a) UStG befreien schulische und außerschulische Bildungsleistungen öffentlich-rechtlicher und bestimmter privatrechtlicher Einrichtungen von der Mehrwertsteuer.[959] § 4 Nr. 21 a) UStG begünstigt unmittelbar dem Schul- und Bildungszweck dienende Leistungen durch anerkannte private Schulen oder andere allgemeinbildende oder berufsbildende Einrichtungen. Ergänzend befreit § 4 Nr. 21 b) UStG die Unterrichtstätigkeiten selbstständiger Lehrer an privatrechtlichen Einrichtungen i.S.d. § 4 Nr. 21 a) UStG oder an öffentlichen Schulen und Hochschulen.

Flankierend zu § 4 Nr. 21 a) UStG entlastet § 4 Nr. 22 a) UStG „die Vorträge, Kurse und anderen Veranstaltungen wissenschaftlicher oder belehrender Art“ durch die dort abschließend aufgelisteten Einrichtungen von der Umsatzsteuer. „Die Vorschrift befreit außerschulische Bildungsleistungen, die vor-

---

C-8/01, *Assurandør-Societetet Taksatorringen*, beck-online, BeckEuRS 2002, 264189, Rz. 131.

959 *Huschens* in: Vogel/Schwarz, UStG, § 4 Nr. 22, Rz. 1.

nehmlich bei der Erwachsenenbildung eine Rolle spielen.“[960] Überschneidungen zwischen den beiden o.g. Befreiungen sind denkbar.[961]

Unionsrechtliche Vorgaben sind die Art. 132 Abs. 1 i) und j) MwStSystRL. Im Gegensatz zu dem Gemeinschaftsrecht begünstigt der Wortlaut der nationalen Befreiungsnormen jedoch nicht die eng mit den Unterrichts-/Bildungsleistungen verbundenen Umsätze. Denn § 4 Nr. 21 UStG befreit nur die unmittelbar dem Schul- und Bildungszweck dienenden Leistungen und § 4 Nr. 22 a) UStG umfasst lediglich die Vorträge, Kurse und anderen Veranstaltungen wissenschaftlicher oder belehrender Art. Für die Steuerbefreiung eng verbundener Umsätze (Nebenleistungen zur steuerbefreiten Bildungsleistung) kann sich der Steuerpflichtige direkt und unmittelbar auf Art. 132 Abs. 1 i) MwStSystRL berufen.[962]

In einem weiten Sinne fördert zudem auch § 4 Nr. 23 UStG die Bildung. Die Vorschrift begünstigt die Beherbergung, Beköstigung und die üblichen Naturalleistungen durch Einrichtungen, wenn diese überwiegend Jugendliche für Erziehungs-, Ausbildungs- oder Fortbildungszwecke oder für Zwecke der Säuglingspflege bei sich aufnehmen. Diese Leistungen sind nur begünstigt, wenn sie gegenüber den Jugendlichen selbst oder an die bei ihrer Erziehung, Ausbildung, Fortbildung oder Pflege tätigen Personen ausgeführt werden. Da Jugendliche i.S.d. § 4 Nr. 23 UStG alle Personen vor Vollendung des 27. Lebensjahres sind, kommt der Befreiung im Bereich der Weiterbildungsleistungen kaum praktische Relevanz zu. Infolgedessen wird § 4 Nr. 23 UStG nicht weiter analysiert.

1. Befreiung nach § 4 Nr. 22 a) UStG

Die Umsatzsteuerbefreiung der Veranstaltungen wissenschaftlicher oder belehrender Art entspricht in ihrem Wortlaut praktisch dem UStG 1967[963] und beruhte

---

960 *Tehler* in: Rau/Dürrwächter, UStG, § 4 Nr. 22, Rz. 2.

961 *Heidner* in: Bunjes/Geist, UStG, § 4 Nr. 22, Rz. 1; *Huschens* in: Vogel/Schwarz, UStG, § 4 Nr. 22, Rz. 1; *Tehler* in: Rau/Dürrwächter, UStG, § 4 Nr. 22, Rz. 2.

962 BFH, Urteil v. 19.5.2005, V R 32/03, BStBl. II 2005, 900, II. 2. b); BFH, Urteil v. 28.9.2006, V R 57/05, BStBl. II 2007, 846, II. 2.; BFH, Urteil v. 21.3.2007, V R 28/04, BStBl. II 2010, 999, Rz. 23. Vgl. hinsichtlich den eng mit der Sozialfürsorge bzw. der Kinder- und Jugendbetreuung verbundenen Leistungen bspw. BFH, Urteil v. 8.11.2007, V R 2/06, BStBl. II 2008, 634, 1. Leitsatz.

963 Das UStG 1967 setzte die gemeinschaftsrechtlichen Vorgaben der Ersten Richtlinie 67/227/EWG und der Zweiten Richtlinie 67/228/EWG um und normiert den Systemwechsel von der Brutto-Umsatzsteuer hin zur europäischen Netto-Umsatzsteuer mit Vorsteuerabzug. Für den Wortlaut des § 4 Nr. 21 und § 4 Nr. 22 a) UStG 1967 vgl. auch *Weber*, UR 2008, 525, 525.

originär auf einer Regelung des § 3 UStAB (Ausführungsbestimmungen zum Umsatzsteuergesetz 1919).[964] Die Vorschrift wurde aus sozialpolitischen Gründen und aufgrund der kulturellen Bedeutung der Erwachsenenbildung aus dem bisherigen Recht in das UStG 1967 übernommen.[965] Offenkundig zielt die Norm darauf ab, dass die außerschulischen Bildungs-/Unterrichtsleistungen - in der Form von Veranstaltungen wissenschaftlicher oder belehrender Art bestimmter, der Erwachsenenbildung dienender Einrichtungen - verbilligt angeboten werden und möglichst breite Bevölkerungskreise teilnehmen können.[966] Des Weiteren sollen höhere Zuschüsse für die in der Regel zuschussbedürftigen Unterrichtsleistungen vermieden werden, da eine fehlende Umsatzsteuerbefreiung zu einer - nicht gewollten - Erhöhung der öffentlichen Zuschüsse an die Träger der Bildungseinrichtungen führen würde.[967]

1.1 Begünstigte Unternehmer

1.1.1 Nationale Auffassung

Die Befreiung entlastet sowohl Bildungsmaßnahmen, die von Einrichtungen des öffentlichen Rechts - soweit diese dadurch unternehmerisch tätig sind - als auch von Bildungsstätten und Akademien privater Träger durchgeführt werden.[968] In den Genuss der Steuerbefreiung kommen nach ständiger Rechtsprechung des BFH[969] und nach Ansicht der Finanzverwaltung[970] ausschließlich die nachfol-

---

964 *Jacobs*, UR 2007, 45, 47; *Klenk* in: Sölch/Ringleb, UStG, § 4 Nr. 22, Rz. 1f.; vgl. ausführlich zur historischen Entwicklung *Tehler* in: Rau/Dürrwächter, UStG, § 4 Nr. 22, Rz. 10 bis Rz. 22. Nach der BFH-Rechtsprechung wurde die unionsrechtliche Vorgabe des Art. 132 Abs. 1 i) MwStSystRL bisher lediglich dadurch umgesetzt, dass der nationale Gesetzgeber „die schon bei Inkrafttreten der Richtlinie 77/388/EWG vorhandenen, teilweise bereits im UStG 1951 enthaltenen Steuerbefreiungstatbestände im Wesentlichen unverändert weitergeführt hat." BFH, Urteil v. 21.3.2007, V R 28/04, BStBl. II 2010, 999, Rz. 25; BFH, Urteil v. 24.1.2008, V R 3/05, BFH/NV 2008, 1078, Rz. 22.

965 *Zimmermann*, DB 1967, 913, 918; *Jacobs*, UR 2007, 45, 47; *Huschens* in: Vogel/Schwarz, UStG, § 4 Nr. 22, Rz. 1.

966 *Heidner* in: Bunjes/Geist, UStG, § 4 Nr. 22, Rz. 1; *Huschens* in: Vogel/Schwarz, UStG, § 4 Nr. 22, Rz. 1; *Jacobs*, Umsatzsteuer und Gemeinnützigkeit, 2009, 112; *Klenk* in: Sölch/Ringleb, UStG, § 4 Nr. 22, Rz. 4; *Tehler* in: Rau/Dürrwächter, UStG, § 4 Nr. 22, Rz. 31f.

967 *Jacobs*, Umsatzsteuer und Gemeinnützigkeit, 2009, 112; *Tehler* in: Rau/Dürrwächter, UStG, § 4 Nr. 22, Rz. 31f.

968 *Huschens* in: Vogel/Schwarz, UStG, § 4 Nr. 22, Rz. 15.

969 BFH, Urteil v. 27.9.2007, V R 75/03, BStBl. II 2008, 323, Rz. 31 m.w.N. der Rechtsprechung; BFH, Beschluss v. 12.5.2005, V B 146/03, BStBl. II 2005, 714, 2. Leitsatz und unter II. 2. b) m.w.N. der Rechtsprechung.

genden Unternehmer: Juristische Personen des öffentlichen Rechts, Verwaltungs- und Wirtschaftsakademien, Volkshochschulen oder Einrichtungen, die gemeinnützigen Zwecken oder dem Zweck eines Berufsverbandes[971] dienen. Dies folgt aus dem eindeutigen Gesetzeswortlaut des § 4 Nr. 22 a) UStG. Infolgedessen sind natürliche Personen oder Personengesellschaften, die als Veranstalter die begünstigten Bildungsleistungen erbringen, von der Befreiung des § 4 Nr. 22 a) UStG ausgeschlossen.[972]

Nach der Auffassung von *Huschens* legitimiert sich die abschließende Aufzählung der begünstigten Unternehmer des § 4 Nr. 22 a) UStG und der Ausschluss natürlicher Personen, durch die Ausübung des unionsrechtlichen Wahlrechts hinsichtlich der ergänzenden Tatbestandsmerkmale des Art. 133 MwStSystRL für privatrechtliche Bildungseinrichtungen.[973] Der Gesetzgeber soll Art. 133 a) MwStSystRL durch die Aufnahme gemeinnütziger Einrichtungen in den Kreis der begünstigten Unternehmer nach § 4 Nr. 22 a) UStG umgesetzt haben.[974] Ferner sei der Begriff der „Einrichtungen, die gemeinnützigen Zwecken [...] dienen" unter Rückgriff auf §§ 51 – 68 AO auszulegen.[975]

---

970 Abschn. 4.22.1. Abs. 3 UStAE. Die Verwaltung geht von einer abschließenden Aufzählung der begünstigten Unternehmer und der begünstigten Bildungsmaßnahmen aus. Die Aufzählung kann nicht im Auslegungswege erweitert werden.

971 Als Berufsverbände sind u.a. Gewerkschaften, Arbeitgeberverbände sowie Zusammenschlüsse von Angehörigen eines bestimmten Berufs zur Interessenförderung aller Berufsangehörigen (z.B. Ärzteverbund) zu berücksichtigen. *Heidner* in: Bunjes/Geist, UStG, § 4 Nr. 22, Rz. 2; *Huschens* in: Vogel/Schwarz, UStG, § 4 Nr. 22, Rz. 29.

972 BFH, Urteil v. 27.9.2007, V R 75/03, BStBl. II 2008, 323, Rz. 31 m.w.N. der Rechtsprechung; *Huschens* in: Vogel/Schwarz, UStG, § 4 Nr. 22, Rz. 16; *Tehler* in: Rau/Dürrwächter, UStG, § 4 Nr. 22, Rz. 62.

973 Der deutsche Gesetzgeber soll dabei wohl insbesondere Art. 133 a) MwStSystRL umgesetzt haben. *Huschens* in: Vogel/Schwarz, UStG, § 4 Nr. 22, Rz. 8. Diese fakultative Bedingung verbietet privatrechtlichen Einrichtungen eine systematische Gewinnerzielung i.S. eines Gewinnverteilungsverbots i.V.m. einem Verwendungsgebot zur Erhaltung oder Verbesserung der erbrachten (Bildungs-) Leistung. Vgl. ausführlich Kapitel E. II. 4.

974 *Jacobs*, Umsatzsteuer und Gemeinnützigkeit, 2009, 120. Ähnlich auch *Huschens* in: Vogel/Schwarz, UStG, § 4 Nr. 22, Rz. 8.

975 *Hünnekens* in: Hartmann/Metzenmacher, UStG, § 4 Nr. 22, Rz. 13ff.; *Huschens* in: Vogel/Schwarz, UStG, § 4 Nr. 22, Rz. 22; *Jacobs*, Umsatzsteuer und Gemeinnützigkeit, 2009, 72; *Klenk* in: Sölch/Ringleb, UStG, § 4 Nr. 22, Rz. 10; *Plückebaum/Widmann*, UStG, § 4 Nr. 22, Rz. 8f. A.A. sind dagegen zutreffenderweise *Jachmann/Unger*, da § 4 Nr. 22 a) UStG nur „Einrichtungen, die gemeinnützigen Zwecken dienen" anführt, und auch dann einschlägig ist, wenn die privatrechtliche Einrichtung keine Körperschaft i.S.d. § 51 Abs. 1 S. 2 AO ist. *Jachmann/Unger* in: Beermann/Gosch, AO FGO, § 51 AO, Rz. 8. Unter Beachtung der unionsrechtlichen Vorgaben sprechen sich zutreffend-

1.1.2 Richtlinienkonforme Auslegung und eigene Beurteilung

Der eingeschränkte Kreis begünstigter Unternehmer des § 4 Nr. 22 a) UStG ist an den verbindlichen Vorgaben des Art. 132 Abs. 1 i) MwStSystRL und den fakultativen Bedingungen des Art. 133 MwStSystRL zu messen. Als unionsrechtliche Ausschlusskriterien kommen gem. Art. 132 Abs. 1 i) MwStSystRL folgende Prämissen in Betracht: Die öffentlich-rechtlichen Einrichtungen müssen mit solchen (Bildungs-) Aufgaben betraut sein, und die anderen, nichtstaatlichen Einrichtungen müssen anerkanntermaßen vergleichbare Ziele verfolgen. Diese Anerkennung bezieht sich auf die befreite (Bildungs-/Unterrichts-) Tätigkeit der Einrichtung.[976]

Die nationalstaatliche Regelung begünstigt sämtliche Einrichtungen des öffentlichen Rechts und geht daher implizit von einer entsprechenden gesetzlichen oder satzungsgemäßen (Bildungs-) Aufgabenbetrauung aus.

Differenzierter stellt sich die Situation bei den privatrechtlichen Einrichtungen dar. Soweit Verwaltungs- und Wirtschaftsakademien sowie Volkshochschulen privatrechtlich organisiert sind, lässt sich die (den öffentlich-rechtlichen Bildungseinrichtungen) vergleichbare Zielsetzung aus den Satzungszwecken dieser Einrichtungen ableiten. Dementsprechend wäre die nationale Vorschrift in diesem Teilsegment richtlinienkonform. Bei mechanischer Prüfung der unionsrechtlichen Tatbestandsmerkmale müsste § 4 Nr. 22 a) UStG jedoch grundsätzlich ein Genehmigungs-/Bescheinigungserfordernis für privatrechtliche Erwachsenenbildungseinrichtungen (analog zu § 4 Nr. 21 a) UStG) normieren.[977]

Flankierend zu den Verwaltungs- und Wirtschaftsakademien und Volkshochschulen beschränkt § 4 Nr. 22 a) UStG den Anwendungsbereich abschließend auf privatrechtliche (Bildungs-) Einrichtungen, die gemeinnützigen Zwecken oder dem Zweck eines Berufsverbandes dienen. Dagegen fordert Art. 132 Abs. 1 i) MwStSystRL lediglich, dass die privatrechtlichen Einrichtungen anerkannte vergleichbare Zielsetzungen verfolgen. Der unionsrechtliche Begriff der

---

erweise folgende Literaturstimmen gegen den Rückgriff auf die Gemeinnützigkeit i.S.d. §§ 51 – 68 AO aus: *Achatz*, Umsatzsteuer und Gemeinnützigkeit, in: Jachman, DStJG Band 26, 2003, 279, 301; *Buchna/Seeger/Brox*, Gemeinnützigkeit im Steuerrecht, 2010, 635; *Tehler* in: Rau/Dürrwächter, UStG, § 4 Nr. 22, Rz. 112. Nach Ansicht der FinBeh Hamburg verweist § 4 Nr. 22 a) UStG - im Gegensatz zu § 12 Abs. 2 Nr. 8 UStG - nicht auf das abgabenrechtliche Gemeinnützigkeitsrecht. Die Befreiung des § 4 Nr. 22 a) UStG ist unabhängig davon anzuwenden, ob der Veranstalter formell als gemeinnützig anerkannt ist und ob er seinen Sitz im Erhebungsgebiet hat oder nicht. FinBeh.Hamburg v. 7.3.1985, S 7180 - 1/85, UR 1985, 209.

976 *Tehler* in: Rau/Dürrwächter, UStG, § 4 Nr. 22, Rz. 65.

977 *Weber*, UR 2008, 525, 531.

Einrichtung ist rechtsformneutral auszulegen. Er umfasst u.a. auch natürliche Personen oder Personenzusammenschlüsse und gibt keine eigen- oder fremdnützige Erzielung und Verwendung möglicher Gewinne vor.

Die nationale Sichtweise der gemeinnützigen Zweckverfolgung privatrechtlicher Bildungseinrichtungen - unter Beachtung der strikten Vorgaben des Gemeinnützigkeitsrechts, der §§ 51 - 68 AO - lässt sich m.E. nicht aus Art. 132 Abs. 1 i) MwStSystRL ableiten und rechtfertigen.[978] Das Gemeinnützigkeitsrecht ist nicht rechtsformneutral. Außerdem verfolgen gemeinnützige Körperschaften nicht per se die vergleichbaren (Bildungs-/Erziehungs-) Ziele wie öffentlich-rechtliche Bildungseinrichtungen.

Die Beschränkung auf Einrichtungen, die gemeinnützigen Zwecken dienen, lässt sich auch nicht durch eine potenzielle Umsetzung der fakultativen Bedingungen des Art. 133 MwStSystRL legitimieren. Es bleibt zwar dem Mitgliedstaat überlassen, die nationale Befreiung (für privatrechtliche Bildungseinrichtungen) mit einer oder mehreren der zusätzlichen Bedingungen des Art. 133 MwStSystRL auszustatten. Dennoch stimmen nach meiner Auffassung die strikten, umfangreichen Anforderungen des nationalen Gemeinnützigkeitsrechts nicht in Gänze mit den Kriterien der Bedingungen des Art. 133 MwStSystRL überein, insbesondere nicht mit Art. 133 a) MwStSystRL.[979] Wenn dem so wäre, ließe sich das Gemeinnützigkeitsrecht im Umkehrschluss letztlich auf die Maßgaben des Art. 133 MwStSystRL reduzieren.

Verknüpfen nationale Umsatzsteuerbefreiungen, die auf einer Befreiung des Art. 132 Abs. 1 MwStSystRL beruhen, die subjektive Unternehmereigenschaft mit dem Gemeinnützigkeitsrecht der §§ 51-68 AO, entspricht dies nicht dem Unionsrecht - die innerstaatliche Befreiungsvorschrift ist folglich richtlinienwidrig.[980] Daher kann § 4 Nr. 22 a) UStG den Kreis der begünstigten Unternehmer nicht auf abgabenrechtlich steuerbegünstigte (gemeinnützige) Körperschaften begrenzen. Wie bereits mehrfach beschrieben, ist der unionsrechtliche Begriff der Einrichtung zudem rechtsformneutral auszulegen, weshalb § 4 Nr. 22 a)

---

978 Auch nicht in Anlehnung an die Überschrift des Kapitels 2 (Art. 132 bis Art. 134) der MwStSystRL, nach der es sich um „*Steuerbefreiungen für bestimmte, dem Gemeinwohl dienende Tätigkeiten*" handelt. *Achatz*, Umsatzsteuer und Gemeinnützigkeit, in: Jachman, DStJG Band 26, 2003, 279, 298; *Tehler* in: Rau/Dürrwächter, UStG, § 4 Nr. 22, Rz. 107f.

979 Vgl. bereits die Ausführungen in Kapitel E. II. 4. Gleicher Ansicht sind *Achatz*, Umsatzsteuer und Gemeinnützigkeit, in: Jachman, DStJG Band 26, 2003, 279, 301; *Tehler* in: Rau/Dürrwächter, UStG, § 4 Nr. 22, Rz. 112.

980 *Achatz*, Umsatzsteuer und Gemeinnützigkeit, in: Jachman, DStJG Band 26, 2003, 279, 301; *Reiß* in: Walz/Hüttemann/Rawert/Schmidt, Non Profit Law Yearbook 2005, 2006, 47, 64; *Tehler* in: Rau/Dürrwächter, UStG, § 4 Nr. 22, Rz. 112.

UStG auch mit dem Ausschluss von natürlichen Personen und Personengesellschaften gegen das Gemeinschaftsrecht verstößt.[981]

Erbringen natürliche Personen, Personengesellschaften oder nicht gemeinnützigen Zwecken dienende Körperschaften steuerbegünstigte Unterrichts-/Bildungsleistungen und erfüllen diese Steuerpflichtigen die weiteren Voraussetzungen des Art. 132 Abs. 1 i) MwStSystRL, können sie sich für die Umsatzsteuerbefreiung der Unterrichtstätigkeiten direkt auf das sie begünstigende Unionsrecht berufen. Denkbar wäre daher auch, dass eine gemeinnützige Körperschaft mit dem Angebot von Bildungs-/Unterrichtsleistungen selbst zwar keine gemeinnützigen Zwecke verfolgt, bspw. weil die Förderung der Bildung kein Satzungszweck ist, aber die Unterrichtsleistungen dennoch nach Art. 132 Abs. 1 i) MwStSystRL umsatzsteuerbefreit sind.[982] Auch für den Fall, dass die Bildungsförderung Satzungszweck war und der Körperschaft die Gemeinnützigkeit aberkannt wird, sind die Bildungsleistungen nach den gemeinschaftsrechtlichen Regelungen steuerfrei.[983]

Die Bildungsveranstaltungen wissenschaftlicher oder belehrender Art müssen durch die aufgezählten Einrichtungen selbst ausgeführt bzw. veranstaltet werden.[984] Soweit die begünstigten Veranstalter zur Durchführung der Bildungsmaßnahme auf einen freien Mitarbeiter bzw. eine externe Lehrkraft zurückgreifen, ist dessen Unterrichtstätigkeit möglicherweise nach § 4 Nr. 21 b) UStG, aber keinesfalls nach § 4 Nr. 22 a) UStG steuerbefreit.[985]

1.2 Vorträge, Kurse und andere Veranstaltungen wissenschaftlicher oder belehrender Art

1.2.1 Nationale Auffassung

Grundlegend begünstigt die nationale Vorschrift Veranstaltungen mit Bildungscharakter, die von den gesetzlich aufgezählten Einrichtungen angeboten und durchgeführt werden. Der Gesetzeswortlaut nennt explizit „Vorträge, Kurse und andere Veranstaltungen wissenschaftlicher oder belehrender Art". Zutreffend verdeutlicht die Finanzverwaltung in Abschn. 4.22.1 Abs. 3 UStAE, dass der nationale Gesetzgeber in § 4 Nr. 22 a) UStG eine abschließende Aufzählung der

---

981 So auch zutreffenderweise *Tehler* in: Rau/Dürrwächter, UStG, § 4 Nr. 22, Rz. 66.

982 Vgl. explizit *Huschens* in: Vogel/Schwarz, UStG, § 4 Nr. 22, Rz. 26.

983 *Achatz*, Umsatzsteuer und Gemeinnützigkeit, in: Jachman, DStJG Band 26, 2003, 279, 302.

984 *Huschens* in: Vogel/Schwarz, UStG, § 4 Nr. 22, Rz. 16.

985 BFH, Beschluss v. 12.5.2005, V B 146/03, BStBl. II 2005, 714, 2. Leitsatz; Abschn. 4.22.1. Abs. 3 S. 3 und S. 4 UStAE; *Huschens* in: Vogel/Schwarz, UStG, § 4 Nr. 22, Rz. 16; *Weber*, UR 2008, 525, 529.

begünstigten Bildungsleistungen vorgenommen hat, die nicht im Auslegungswege erweitert werden kann.[986] Weitere Hinweise zur Organisationsform oder -struktur dieser Veranstaltungen lassen sich aus dem Gesetz nicht ableiten.

Denkbar wäre hinsichtlich der Auslegung des Veranstaltungsbegriffs hilfsweise auf die BFH-Rechtsprechung zu § 4 Nr. 22 b) UStG[987] abzustellen. Dieser Paragraf befreit „andere kulturelle und sportliche Veranstaltungen", die von den in § 4 Nr. 22 a) UStG genannten Einrichtungen durchgeführt werden. Gem. der BFH-Rechtsprechung liegt keine sportliche Veranstaltung i.S.d. § 4 Nr. 22 b) UStG vor, wenn „die Maßnahme nur eine Nutzungsüberlassung von Sportgegenständen bzw. -anlagen oder lediglich eine konkrete Dienstleistung, wie z.B. die Beförderung zum Ort der sportlichen Betätigung oder ein spezielles Training für einzelne Sportler zum Gegenstand hat."[988] Aus Sicht des nationalen Umsatzsteuerrechts stellt der von einem gemeinnützigen Golfverein angebotene Golfeinzelunterricht daher keine begünstigte (sportliche) Veranstaltung i.S.d. § 4 Nr. 22 b) UStG dar.[989] Da § 4 Nr. 22 b) UStG die unionsrechtlichen Vorga-

---

986 Führt eine in § 4 Nr. 22 a) UStG genannte (Bildungs-) Einrichtung eine Prüfung durch, handelt es sich nicht um eine steuerbefreite Unterrichtsleistung bzw. Veranstaltung wissenschaftlicher Art. Erbringt die Einrichtung eine steuerbefreite Unterrichtsleistung und nimmt in diesem Zusammenhang eine Prüfung ab, ist die Prüfungsabnahme nach Verwaltungsauffassung als Nebenleistung zur Hauptleistung (d.h. zur steuerfreien Unterrichtsleistung) steuerbefreit. Vgl. OFD Frankfurt v. 14.8.2003, S-7180 A - 17 - St I 2.30, UR 2004, 100. Unionsrechtlich folgt die Befreiung der Prüfungstätigkeit dagegen direkt aus dem Richtlinienwortlaut. Art. 132 Abs. 1 i) MwStSystRL befreit die eng mit der Unterichtsleistung verbundenen Leistungen (durch die in der MwStSystRL genannten Einrichtungen), soweit diese für die Unterrichtsleistung unerlässlich sind und nicht in unmittelbarem Wettbewerb mit steuerpflichtigen Dritten bewirkt werden. Insoweit ist die Auslegung der Verwaltung unionskonform. Vor dem Hintergrund des EuGH-Urteils *Horizon College* wäre es zudem denkbar, dass die Prüfungsabnahme - entgegen den o.g. Ausführungen der OFD Frankfurt - auch dann als eng verbundene Leistung nach Art. 132 Abs. 1 i) MwStSystRL steuerbefreit ist, wenn die steuerfreie (Haupt-/) Unterrichtsleistung durch eine fremde Bildungseinrichtung i.S.d. Buchst. i) erteilt wird. Allerdings muss die Durchführung der Prüfung für die begünstigte Unterrichtsleistung unerlässlich sein. D.h. die Prüfungsabnahme müsste von solcher Art und Qualität sein, dass ohne Rückgriff auf diese Leistung, kein gleichwertiger Unterricht der fremden Einrichtung möglich ist. EuGH, Urteil v. 14.6.2007, C-434/05, *Horizon College*, DB 2007, 1450.

987 Gemeinschaftsrechtliche Grundlage des § 4 Nr. 22 b) UStG bilden Art. 132 Abs. 1 m) und n) MwStSystRL. BFH, Urteil v. 27.4.2006, V R 53/04, BStBl. II 2007, 16, unter II. 2. a).

988 BFH, Urteil v. 2.3.2011, XI R 21/09, DStR 2011, 1179, Rz. 15 m.w.N.

989 BFH, Urteil v. 2.3.2011, XI R 21/09, DStR 2011, 1179, Rz. 14ff.

ben bis dato nicht vollständig umsetzt, kann sich der Golfverein direkt auf das Gemeinschaftsrecht, Art. 132 Abs. 1 m) MwStSystRL, berufen.[990]

1.2.2 Richtlinienkonforme Auslegung und eigene Beurteilung

Die Vorschrift des § 4 Nr. 22 a) UStG setzt die gemeinschaftsrechtlichen Vorgaben des Art. 132 Abs. 1 i) MwStSystRL in nationales Recht um und ist, wenn möglich, richtlinienkonform auszulegen.[991]

Betrachtet man den jeweiligen Wortlaut der nationalen Regelung und der Richtlinienbestimmung, scheint die nationale Norm in Teilbereichen weiter gefasst zu sein.[992] Allerdings sind die begünstigten Leistungen nach § 4 Nr. 22 a) UStG - die Vorträge, Kurse und anderen Veranstaltungen wissenschaftlicher oder belehrender Art - richtlinienkonform auszulegen.[993] Infolgedessen sind nur diejenigen Kurse steuerbefreit, „die als Erziehung von Kindern und Jugendlichen, als Schul- oder Hochschulunterricht, als Ausbildung, Fortbildung oder berufliche Umschulung zu qualifizieren sind."[994] Zwar wurde der unionsrechtliche Begriff Schul- und Hochschulunterricht vom EuGH bewusst nicht abschließend definiert, wobei der Gerichtshof die begünstigten Unterrichtsleistungen weit auslegt. Dennoch ist die Vermittlung von Kenntnissen und Fähigkeiten, die den

---

990 BFH, Urteil v. 2.3.2011, XI R 21/09, DStR 2011, 1179, Rz. 25f und Rz. 20. *Rasche* in: Schauhoff, Handbuch der Gemeinnützigkeit, § 12, Rz. 68.

991 BFH, Beschluss v. 12.5.2005, V B 146/03, BStBl. II 2005, 714, unter II. 2. a); BFH, Urteil v. 27.4.2006, V R 53/04, BStBl. II 2007, 16, unter II. 1. b) und c).

992 Das nationale Umsatzsteuerrecht befreit Bildungsmaßnahmen wissenschaftlicher oder belehrender Art. Betrachtet man nur den Wortlaut der Regelung könnte man letzteren Maßnahmen - richtlinienwidrig - auch die Vermittlung von Kenntnissen und Fähigkeiten zuordnen, die reinen Freizeit-/Unterhaltungszwecken dienen.

993 Nach Ansicht von *Huschens* ist eine richtlinienwidrige Umsetzung der Gemeinschaftsregelung des Art. 132 Abs. 1 i) MwStSystRL in nationales Recht nicht erkennbar. *Huschens* in: Vogel/Schwarz, UStG, § 4 Nr. 22, Rz. 7. Diese Auffassung ist m.E. nicht zutreffend, da § 4 Nr. 22 a) UStG die eng mit der Bildungstätigkeit verbundenen Leistungen gänzlich nicht als befreite Leistungen kodifiziert. Ferner ist die Befreiung teilweise nur privatrechtlichen Bildungseinrichtungen zugänglich, die als gemeinnützige Körperschaften die §§ 51 – 68 AO erfüllen. Letztlich kodifiziert § 4 Nr. 22 a) UStG auch für die öffentlich-rechtlichen Bildungseinrichtungen ein Kostendeckungskriterium i.S.d. fakultativen Bedingung des Art. 133 c) MwStSystRL. Demgegenüber erlaubt das Gemeinschaftsrecht den Mitgliedstaaten explizit nur, die fakultativen Bedingungen auf Umsätze von Einrichtungen, die keine Einrichtungen des öffentlichen Rechts sind, anzuwenden.

994 BFH, Urteil v. 27.4.2006, V R 53/04, BStBl. II 2007, 16, unter II. 1. d); *Huschens* in: Vogel/Schwarz, UStG, § 4 Nr. 22, Rz. 31; *Tehler* in: Rau/Dürrwächter, UStG, § 4 Nr. 22, Rz. 134f.; Abschn. 4.22.1. Abs. 2 UStAE.

Charakter einer bloßen Freizeitgestaltung inne haben, bzw. dem Unterhaltungszweck dienen, keinesfalls steuerbefreit.[995] Ob die Bildungsleistungen demgemäß nicht steuerbefreit sind oder doch noch in den Bereich des begünstigten Schul- und Hochschulunterrichts fallen, entscheidet das innerstaatliche Gericht im konkreten Einzelfall (für eine indizielle Abgrenzung der begünstigten und nicht begünstigten Unterrichtstätigkeiten vgl. Kapitel E. II. 2. 4).[996]

§ 4 Nr. 22 a) UStG befreit nach dem eindeutigen Wortlaut auch Bildungsleistungen in Form von Einzelvorträgen oder Vortragsreihen. Nach der hier vertretenen Auffassung entspricht dies Art. 132 Abs. 1 i) MwStSystRL, da das Unionsrecht den Schul-/Hochschulunterricht sowie die beruflichen (Aus-, Fort-) Bildungsmaßnahmen befreit und infolgedessen auch Einzelvorträge begünstigt sind - auf die Dauer der Unterrichts-/Bildungsleistung kommt es nicht an.[997]

Die Finanzverwaltung stellt für die Definition der Veranstaltungen wissenschaftlicher oder belehrender Art auf die o.g. richtlinienkonforme Auslegung durch die BFH-Rechtsprechung ab (vgl. Abschn. 4.22.1. Abs. 2 UStAE). Bei unionskonformer Betrachtung kann eine Auslegung des nationalen Begriffs der Veranstaltung keine Rolle spielen. Vielmehr ist die Tätigkeit als solche entscheidend.

Legt man § 4 Nr. 22 a) UStG wie beschrieben richtlinienkonform aus, fällt der unter Kapitel E. V. 1. 2. 1 genannte Golfeinzelunterricht m.E. nicht in den Anwendungsbereich dieser Befreiung für Erziehungs-/Bildungsleistungen[998]. Ob die Erteilung von Sportunterricht (bspw. Golfeinzelunterricht durch bei einem gemeinnützigen Golfverein angestellte Golflehrer) grundsätzlich unter § 4 Nr. 22 a) UStG subsumiert werden kann, hat der BFH bislang noch nicht ge-

---

995 EuGH, Urteil v. 14.6.2007, C-445/05, *Haderer*, HFR 2007, 806, Rz. 26; BFH, Urteil v. 27.9.2007, V R 75/03, BStBl. II 2008, 323, 2. Leitsatz und Rz. 38.; EuGH, Urteil v. 28.1.2010, C-473/08, *Ingenieurbüro Eulitz GbR*, DStR 2010, 218, Rz. 29.

996 EuGH, Urteil v. 14.6.2007, C-445/05, *Haderer*, HFR 2007, 806, Rz. 27.

997 Zustimmend *Philipowski*, nach dem das Gemeinschaftsrecht keine Einbettung eines Vortrages in einen Lehr-/Studienplan erfordert. *Philipowski*, UR 2010, 161, 163. A.A. *Weber*, UR 2008, 525, 529; *Tehler* in: Rau/Dürrwächter, UStG, § 4 Nr. 22, Rz. 142. Nach Ansicht von *Tehler* ist die Befreiung von Vorträgen nicht richtlinienkonform, da die unionskonforme Unterrichtstätigkeit nach der bisherigen BFH-Rechtsprechung (vgl. BFH, Urteil v. 17.4.2008, V R 58/05, DStR 2008, 1329, Rz. 53) eine Einbettung des Schul- und Hochschulunterrichts in einen Lehr-/Studienplan erfordert. Folgt man dieser Rechtsprechung fallen Einzelvorträge mangels Einbettung nicht unter den gemeinschaftsrechtlichen Begriff des Schul- und Hochschulunterrichts.

998 Wie bereits beschrieben, ist für die mögliche Befreiung von Sportunterricht auf die unionsrechtliche Vorgabe des Art. 132 Abs. 1 m) MwStSystRL abzustellen. Vgl. BFH, Urteil v. 2.3.2011, XI R 21/09, DStR 2011, 1179, Leitsatz.

klärt.[999] Die Verwaltungsauffassung hierzu ist großzügig und behandelt die Erteilung von Sportunterricht durch einen Sportverein (bspw. die Erteilung von Schwimm-, Tennis-, Reit-, Segel- oder Skiunterricht) als eine Veranstaltung belehrender Art i.S.v. § 4 Nr. 22 a) UStG. Diese soll nach den Ausführungen der Finanzverwaltung jedoch nur dann umsatzsteuerbefreit sein, wenn der Unterricht im Rahmen eines Zweckbetriebs gem. § 67a AO ausgeführt wird.[1000] Die Erteilung von Sportunterricht kann nach meiner Auffassung bei richtlinienkonformer Auslegung nicht gem. § 4 Nr. 22 a) UStG steuerbefreit sein.[1001] Eine Verquickung der befreiten Unterrichtstätigkeit mit der Zweckbetriebseigenschaft entbehrt einer unionsrechtlichen Grundlage.

Des Weiteren kann bei richtlinienkonformer Auslegung der unionsrechtliche Begriff der Aus- und Fortbildung i.S.d. Art. 132 Abs. 1 i) MwStSystRL nach der zutreffenden Rechtsprechung des BFH nicht unter Rückgriff auf ein einzelstaatliches Gesetz, z.B. des nationalen Berufsbildungsgesetzes, interpretiert werden.[1002]

Abschließend bleibt anzumerken, dass der Wortlaut des § 4 Nr. 22 a) UStG (und die Auslegung durch die Finanzverwaltung in Abschn. 4.22.1. Abs. 2 und 3 UStAE) keine Begünstigung der eng mit der Unterrichts-/Bildungsleistung verbundenen (Neben-) Leistungen vorsieht.[1003] Eine über den Wortlaut hinausgehende richtlinienkonforme Auslegung der nationalen Norm ist m.E. nicht möglich. Die staatliche oder privatrechtliche Bildungseinrichtung i.S.d. Art. 132 Abs. 1 i) MwStSystRL kann sich für ihre eng verbundenen Umsätze direkt auf das sie begünstigende Gemeinschaftsrecht berufen.

1.3 Überwiegende Kostendeckung

1.3.1 Nationale Auffassung

Vorträge, Kurse und andere Veranstaltungen wissenschaftlicher oder belehrender Art, die durch die o.g. begünstigten Einrichtungen durchgeführt werden, sind

999 BFH, Urteil v. 27.4.2006, V R 53/04, BStBl. II 2007, 16, unter II. 1. e); BFH, Urteil v. 2.3.2011, XI R 21/09, DStR 2011, 1179, Rz. 18f.

1000 Vgl. Abschn. 4.22.1 Abs. 4 UStAE; *Weber*, UR 2008, 525, 529.

1001 So auch *Jacobs*, UR 2007, 45, 48.

1002 BFH, Urteil v. 7.10.2010, V R 12/10, BStBl. II 2011, 303, Rz. 15. Vgl. auch die Rechtsprechung des EuGH, nach der die Beurteilung eines bestimmten Umsatzes als steuerbefreit oder steuerpflichtig grundsätzlich nicht davon abhängen kann, wie dieser nach (abweichendem) nationalen Recht qualifiziert wird. EuGH, Urteil v. 11.1.2001, C-76/99, *Kommission / Frankreich*, UR 2001, 62, Rz. 26; EuGH, Urteil v. 20.6.2002, C-287/00, *Kommission / Bundesrepublik Deutschland*, IStR 2002, 483, Rz. 50.

1003 Zutreffend *Weber*, UR 2008, 525, 530.

nach § 4 Nr. 22 a) UStG steuerbefreit, wenn die Einnahmen überwiegend zur Deckung der Kosten verwendet werden. Folglich wendet der Gesetzgeber das Kostendeckungskriterium unabhängig von der öffentlich-rechtlichen oder privatrechtlichen Rechtsform auf die begünstigte Bildungseinrichtung an.

Die Verwendungsrestriktion zielt darauf ab, dass die Preise bzw. Teilnahmegebühren für die (Weiter-) Bildungsleistung möglichst gering gehalten werden und das Bildungsangebot dementsprechend für weite Bevölkerungskreise erschwinglich bleibt.[1004] Des Weiteren geht mit der Verknüpfung zwischen umsatzsteuerbefreiter Bildungsleistungen und überwiegender Kostendeckung eine faktische Gewinnbegrenzung für die anbietenden Einrichtungen einher.[1005]

Das Kriterium der überwiegenden Kostendeckung liegt dann vor, wenn mehr als 50% der Einnahmen zur Deckung der Kosten der einzelnen, begünstigten Bildungsveranstaltung bzw. Veranstaltungsreihe verwendet werden.[1006] In der Praxis dürfte das Kostendeckungskriterium regelmäßig erfüllt sein, da die in § 4 Nr. 22 a) UStG abschließend aufgezählten Bildungseinrichtungen meist keine Gewinnerzielung anstreben und somit ein Gewinn bzw. gar eine Gewinnspanne i.H.v. über 50 % dieser Zielsetzung diametral gegenübersteht.[1007] Obwohl das Adjektiv überwiegend an sich mehr als 50 % bedeutet, vertreten *Klenk/Oelmaier*, vor dem Hintergrund einer fehlenden gesetzlichen zahlenmäßigen Abgrenzung, die Auffassung, dass die Überschreitung der Grenze in einem angemessenen Rahmen möglich sein sollte.[1008]

1004 *Buchna/Seeger/Brox*, Gemeinnützigkeit im Steuerrecht, 2010, 635; *Huschens* in: Vogel/Schwarz, UStG, § 4 Nr. 22, Rz. 38; *Plückebaum/Widmann*, UStG, § 4 Nr. 22, Rz. 18; *Tehler* in: Rau/Dürrwächter, UStG, § 4 Nr. 22, Rz. 191.

1005 Nach Ansicht von *Klenk/Oelmaier* soll die Verwendungsklausel verhindern, dass erhebliche Gewinne erzielt werden. Klenk/Oelmaier in: Sölch/Ringleb, UStG, § 4 Nr. 22, Rz. 25.

1006 *Heidner* in: Bunjes/Geist, UStG, § 4 Nr. 22, Rz. 6; *Huschens* in: Vogel/Schwarz, UStG, § 4 Nr. 22, Rz. 38 (Stand 2/2010); *Klenk/Oelmaier* in: Sölch/Ringleb, UStG, § 4 Nr. 22, Rz. 26 (Stand 9/2008); *Tehler* in: Rau/Dürrwächter, UStG, § 4 Nr. 22, Rz. 193 (Stand 4/2011). Die ältere Literatur stellt dagegen aus Vereinfachungserwägungen auf die Gesamtheit der Veranstaltungen eines Besteuerungszeitraums ab, vgl. *Hünnekens* in: Hartmann/Metzenmacher, UStG, § 4 Nr. 22, Rz. 25 (Stand 2/1998) und *Plückebaum/Widmann*, UStG, § 4 Nr. 22, Rz. 18 (Stand 7/1982). Ebenso *Buchna/Seeger/Brox*, Gemeinnützigkeit im Steuerrecht, 2010, 636.

1007 *Weber*, UR 2008, 525, 529. Die OFD Rheinland geht bei der Ausrichtung einer Seminarveranstaltung oder einer Fachtagung durch einen - ggfs. als gemeinnützig anerkannten - Weiterbildungsträger davon aus, dass die Voraussetzung des Kostendeckungskriteriums „bei nicht kostendeckenden Teilnehmerbeiträgen unterstellt werden" kann. OFD Rheinland v. 22.1.2008, S 7149 - 1000 - St 435, UR 2008, 282.

1008 *Klenk/Oelmaier* in: Sölch/Ringleb, UStG, § 4 Nr. 22, Rz. 26 (Stand 9/2008).

1.3.2 Richtlinienkonforme Auslegung und eigene Beurteilung

Aus dem Wortlaut des Art. 132 Abs. 1 i) MwStSystRL lässt sich das Kriterium der überwiegenden Kostendeckung nicht ableiten. Nach meiner Auffassung legitimiert sich die Verwendungsklausel dem Grunde nach aus der zusätzlichen Umsetzung der unionsrechtlichen fakultativen Bedingung des Art. 133 c) 2. Halbsatz MwStSystRL. Die nationale Vorschrift sieht zwar keine behördliche Preisgenehmigung vor, dennoch scheint die Klausel darauf abzuzielen, dass die Preise für steuerbefreite Bildungsleistungen unterhalb der Preise liegen, die mehrwertsteuerpflichtige gewerbliche Unternehmen für entsprechende Umsätze verlangen würden. Die Vorgabe der überwiegenden Kostendeckung soll die Preise für die Bildungsleistung gering halten und so die Leistung einem möglichst großen Teilnehmerkreis zugänglich machen.

Allerdings darf diese Bedingung nach der eindeutigen Formulierung des Art. 133 MwStSystRL nur für (Bildungs-) Einrichtungen gelten, die keine Einrichtungen des öffentlichen Rechts sind. Da § 4 Nr. 22 a) UStG das Kostendeckungskriterium auch auf Bildungsleistungen öffentlich-rechtlicher Einrichtungen anwendet, können sich diese für die Befreiung folgerichtig direkt auf Art. 132 Abs. 1 i) MwStSystRL berufen. Bietet bspw. eine staatliche Hochschule satzungsgemäß (Weiter-) Bildungsmaßnahmen gegen Entgelt an und verwendet dabei z.B. nur ein Drittel der Einnahmen zur Kostendeckung, ist die Bildungsveranstaltung nach nationalem Recht nicht von der Umsatzsteuer befreit. Die Universität kann sich für die Befreiung der äußerst lukrativen Bildungsleistung direkt auf Art. 132 Abs. 1 i) MwStSystRL berufen. Dem steht auch Art. 134 b) MwStSystRL nicht entgegen, da die fraglichen Bildungsleistungen den Kernbereich der mehrwertsteuerfreien Unterrichtsleistung i.S.d. Art. 132 Abs. 1 i) MwStSystRL betreffen (vgl. Kapitel E. II. 5. 2).

Die Einnahmenverwendungs- bzw. Kostendeckungsklausel des § 4 Nr. 22 a) UStG legitimiert sich m.E. keinesfalls aus Art. 133 a) MwStSystRL, d.h. der deutsche Gesetzgeber hat mit der überwiegenden Kostendeckung nicht die Bedingung des Art. 133 a) MwStSystRL implementiert.[1009] Denn das nationale Kriterium erlaubt einerseits eine erhebliche und dauerhafte Gewinnerzielung und trifft andererseits keine Aussagen bezüglich einem Ausschüttungsverbot bzw. einer zweckgebundenen Verwendung des erzielten Überschusses für zukünftige Bildungsleistungen. Dagegen kodifiziert das Unionsrecht explizit ein Verteilungsverbot für etwaige Gewinne und verbindet diese mit der zwingenden Verwendung des potenziellen Gewinns zur Erhaltung oder Verbesserung der erbrachten (Unterrichts-) Leistungen der privatrechtlichen Bildungseinrichtung.

1009 Zutreffend auch *Weber*, UR 2008, 525, 531.

1.4 Steuerpolitische Handlungsempfehlung

Die Steuerbefreiung des § 4 Nr. 22 a) UStG ist nach der hier vertretenen Auffassung richtlinienwidrig und an die unionsrechtlichen Vorgaben anzupassen. Unter Berücksichtigung der bisherigen Feststellungen könnte § 4 Nr. 22 a) UStG de lege ferenda wie folgt ausgestaltet werden.

> § 4 UStG „Von den unter § 1 Abs. 1 Nr. 1 fallenden Umsätzen sind steuerfrei:
>
> 22. a) [1]der Schul- und Hochschulunterricht, die Aus- und Fortbildung sowie berufliche Umschulung, wenn diese Bildungsleistung von einer Einrichtung des öffentlichen Rechts durchgeführt wird. [2]Die Einrichtung des öffentlichen Rechts muss per Gesetz oder öffentlich-rechtlicher Satzung mit den in Satz 1 genannten Bildungsleistungen betraut sein. [3]Die eng mit den in Satz 1 genannten Bildungsleistungen verbundenen Dienstleistungen und Lieferungen von Gegenständen sind gleichfalls steuerfrei, wenn diese für die in Satz 1 genannten Leistungen unerlässlich sind und nicht im Wesentlichen dazu bestimmt sind, der Einrichtung des öffentlichen Rechts zusätzliche Einnahmen durch Umsätze zu verschaffen, die in unmittelbarem Wettbewerb mit mehrwertsteuerpflichtigen Leistungen Dritter bewirkt werden."

Dieser Vorschlag lässt die vergleichbaren Bildungsleistungen, die von privatrechtlichen Einrichtungen durchgeführt werden, bewusst unberücksichtigt. Deren Bildungsleistungen sollen im Rahmen des Gesetzentwurfes von § 4 Nr. 21 a) UStG befreit werden. Soweit die nationale Legislative weiterhin an der Klausel der überwiegenden Kostendeckung festhalten möchte, ist diese auf sämtliche privatrechtliche Bildungseinrichtungen auszuweiten und in den Vorschlag zu § 4 Nr. 21 a) UStG aufzunehmen.

Alternativ könnten die befreiten Bildungsleistungen von Einrichtungen des öffentlichen Rechts und privatrechtlichen, anerkannten Einrichtungen auch in einer Norm zusammengeführt werden. Je nach Ausgestaltung wäre entweder § 4 Nr. 22 a) UStG oder § 4 Nr. 21 a) UStG ersatzlos zu streichen.

2. Befreiung nach § 4 Nr. 21 a) UStG

Das nationale Umsatzsteuerrecht befreit gem. § 4 Nr. 21 a) UStG die unmittelbar dem Schul- und Bildungszweck dienenden Leistungen privater Schulen und anderer allgemeinbildender oder berufsbildender Einrichtungen. Diese Bildungseinrichtungen müssen entweder staatlich/landesrechtlich genehmigt sein, oder sie bereiten gem. behördlicher Bescheinigung ordnungsgemäß auf einen Beruf oder auf eine vor einer juristischen Person des öffentlichen Rechts abzulegende Prüfung vor. Die Befreiung des § 4 Nr. 21 a) UStG setzt die gemeinschaftsrechtliche Vorgabe des Art. 132 Abs. 1 i) MwStSystRL um.[1010]

§ 4 Nr. 21 a) UStG begünstigt ausschließlich die dem Schul- und Bildungszweck dienenden Unterrichtsleistungen der o.g. Bildungseinrichtungen. Die Unterrichtsleistungen, die selbstständige Lehrkräfte gegenüber den Bildungseinrichtungen erbringen, fallen grundsätzlich nicht unter diese Befreiung. Stattdessen sieht das nationale Recht mit § 4 Nr. 21 b) UStG eine gesonderte Steuerbefreiung vor (vgl. Kapitel E. V. 3.).

Die Vorschrift des § 4 Nr. 21 a) UStG zielt primär darauf ab, die schulische und berufliche Aus- und Fortbildung zu fördern sowie die privaten und öffentlichen (staatlichen) Schulen bzw. Ausbildungsträger umsatzsteuerrechtlich gleich zu behandeln.[1011] Juristische Personen des öffentlichen Rechts unterliegen mit den von ihnen unterhaltenen öffentlichen Schulen nicht der Umsatzsteuer, da es sich um ein klassisches hoheitliches Tätigkeitsfeld handelt und die öffentliche Hand nach § 2 Abs. 3 UStG nicht als Unternehmer tätig wird.[1012] Demgegenüber hält es das Gemeinschaftsrecht für denkbar, dass die juristischen Personen des öffentlichen Rechts mit ihren Bildungsleistungen als Unternehmer bzw. Steuerpflichtiger tätig sind, da Art. 132 Abs. 1 i) MwStSystRL explizit die Unterrichtsleistungen von „Einrichtungen des öffentlichen Rechts, die mit solchen Aufgaben betraut sind" befreit.[1013] Ergänzend zur Gleichbehandlung bezweckt die

---

1010 BFH, Urteil v. 23.8.2007, V R 4/05, BFH/NV 2007, 2215, Rz. 24 (das Urteil erging zu § 4 Nr. 21 b) UStG 1993, der dem heutigen § 4 Nr. 21 a) bb) UStG entspricht); BFH, Urteil v. 17.1.2008, V R 52/06, BFH/NV 2008, 725, Rz. 20; BFH, Urteil v. 24.1.2008, V R 3/05, BFH/NV 2008, 1078, Rz. 20 (das Urteil erging zu § 4 Nr. 21 b) UStG 1993, der dem heutigen § 4 Nr. 21 a) bb) UStG entspricht).

1011 BFH, Urteil v. 27.8.1998, V R 73/97, BStBl. II 1999, 376, unter II. 2. c); BFH, Urteil v. 10.6.1999, V R 84/98, BStBl. II 1999, 578, unter II. 2. a) aa); BFH, Urteil v. 18.12.2003, V R 62/02, BStBl. II 2004, 252, unter II. 3.; *Heidner* in: Bunjes/Geist, UStG, § 4 Nr. 21, Rz. 2; *Huschens* in: Vogel/Schwarz, UStG, § 4 Nr. 21, Rz. 5; *Oelmaier* in: Sölch/Ringleb, UStG, § 4 Nr. 21, Rz. 4; *Tehler* in: Rau/Dürrwächter, UStG, § 4 Nr. 21, Rz. 30 und Rz. 36.

1012 BFH, Urteil v. 27.8.1998, V R 73/97, BStBl. II 1999, 376, II. 2. c); BFH, Urteil v. 18.12.2003, V R 62/02, BStBl. II 2004, 252, unter II. 3.; *Eversberg/Baldauf*, DStZ 2011, 597, 598; *Heidner* in: Bunjes/Geist, UStG, § 4 Nr. 22, Rz. 1; *Huschens* in: Vogel/Schwarz, UStG, § 4 Nr. 22, Rz. 1; *Jacobs*, Umsatzsteuer und Gemeinnützigkeit, 2009, 113; *Oelmaier* in: Sölch/Ringleb, UStG, § 4 Nr. 21, Rz. 4; *Tehler* in: Rau/Dürrwächter, UStG, § 4 Nr. 21, Rz. 64.

1013 *Tehler* in: Rau/Dürrwächter, UStG, § 4 Nr. 21, Rz. 65.

Umsatzsteuerbefreiung des § 4 Nr. 21 UStG das verbilligte Angebot der schulischen und beruflichen Aus- und Fortbildung.[1014]

2.1 Begünstigte Unternehmer

2.1.1 Private Schulen und Einrichtungen

Schul- und Bildungsleistungen privater Schulen und anderer allgemeinbildender oder berufsbildender Einrichtungen sind umsatzsteuerfrei, wenn diese als Ersatzschulen gem. Art. 7 Abs. 4 GG staatlich genehmigt oder nach Landesrecht erlaubt sind (gem. § 4 Nr. 21 a) aa) UStG).[1015] Alternativ dazu begünstigt § 4 Nr. 21 a) bb) UStG die angeführten Bildungseinrichtungen, falls die zuständige Landesbehörde bescheinigt, dass die Einrichtungen auf einen Beruf oder auf eine vor einer juristischen Person des öffentlichen Rechts abzulegende Prüfung ordnungsgemäß vorbereiten.

Das Genehmigungs- bzw. Bescheinigungserfordernis legitimiert sich gemeinschaftsrechtlich aus Art. 132 Abs. 1 i) MwStSystRL. Demnach müssen die privatrechtlichen Bildungseinrichtungen eine von den Mitgliedstaaten anerkannte (den Einrichtungen des öffentlichen Rechts) vergleichbare Zielsetzung verfolgen.

Nach - zutreffender - Ansicht der Finanzverwaltung ist der in § 4 Nr. 21 UStG verwendete Begriff der Einrichtung (in Anlehnung an die Rechtsprechung des EuGH zum unionsrechtlichen Begriff der Einrichtung) rechtsformneutral auszulegen.[1016] Infolgedessen kann auch eine natürliche Person oder ein Personenzusammenschluss Träger der allgemeinbildendenden oder berufsbildenden Einrichtung sein und die Steuerbefreiung bei vorliegender behördlicher Bescheinigung in Anspruch nehmen.[1017] Ob die Bildungseinrichtung mit ihrer Unterrichtstätigkeit einen Gewinn erzielen möchte, bzw. tatsächlich einen Gewinn

---

1014 *Huschens* in: Vogel/Schwarz, UStG, § 4 Nr. 21, Rz. 6; *Tehler* in: Rau/Dürrwächter, UStG, § 4 Nr. 21, Rz. 30.

1015 In der Praxis spielen die Fälle der staatlich genehmigten oder nach Landesrecht erlaubten Ersatzschulen gem. § 4 Nr. 21 a) aa) UStG - aufgrund ihrer geringen Anzahl - nur eine marginale Rolle. *Weber*, UR 2008, 525, 527.

1016 OFD Frankfurt/Main v. 19.12.2006, S 7179 A - 7 - St 112, UR 2007, 549 unter Verweis auf EuGH, Urteil v. 7.9.1999, C-216/97, *Gregg*, UR 1999, 419, Leitsatz.

1017 BFH, Urteil v. 23.8.2007, V R 4/05, BFH/NV 2007, 2215, 1. Leitsatz; Abschn. 4.21.2. Abs. 1 S. 5 und S. 6 UStAE. Folgerichtig kommt es auf die Rechtsform des Trägers der Einrichtung nicht an.

erzielt, ist für die Umsatzsteuerbefreiung der Bildungsleistung nicht von Belang.[1018]

2.1.2 Allgemeinbildender oder berufsbildender Charakter

Die privaten Schulen und Einrichtungen i.S.d. § 4 Nr. 21 a) UStG müssen allgemeinbildend oder berufsbildend tätig sein. Allgemeinbildend bedeutet, dass sie ein breit gefächertes Wissen vermitteln müssen, „das Gegenstand der Allgemeinbildung und nicht nur Gegenstand eines begrenzten und speziellen Lehrstoffs ist“.[1019] Die Bildungseinrichtung vermittelt bereits dann Allgemeinbildung, wenn es sich um eine die Schule unterstützende und den schulischen Lehrstoff verarbeitende oder wiederholende Tätigkeit handelt. Die Einrichtung muss keinen eigenen Lehrstoff anbieten oder dies in der gleichen umfassenden Weise wie eine öffentlich-rechtliche Schule tun.[1020]

Dagegen umfasst die berufsbildende Tätigkeit - die Vorbereitung auf einen Beruf - „die Vermittlung spezieller Kenntnisse und Fertigkeiten, die zur Ausübung bestimmter beruflicher Tätigkeiten notwendig sind.“[1021] D.h. die erbrachten (Unterrichts-) Leistungen dienen ihrer Art nach den entsprechenden Zielen der beruflichen Aus- oder Fortbildung.[1022] Die Finanzverwaltung definiert in Abschn. 4.21.2. Abs. 3 UStAE den Umfang der geforderten „Vorbereitung auf

---

1018 EuGH, Urteil v. 26.5.2005, C-498/03, *Kingscrest Associates und Montecello*, UR 2005, 453, Rz. 35 und Rz. 37; BFH, Urteil v. 24.1.2008, V R 3/05, BFH/NV 2008, 1078, Rz. 25.

1019 *Tehler* in: Rau/Dürrwächter, UStG, § 4 Nr. 21, Rz. 136. Nach übereinstimmender Ansicht von Rechtsprechung und Verwaltung handelt es sich bspw. bei einer „Jagdschule“, die Schulungen zur Vorbereitung auf die Jägerprüfung durchführt, nicht um eine allgemeinbildende (oder berufsbildende) Einrichtung. BFH, Urteil v. 18.12.2003, V R 62/02, BStBl. II 2004, 252, unter II. 1.; Abschn. 4.21.2. Abs. 7 UStAE.

1020 BVerwG, Urteil v. 3.12.1976, VII C 73.75, beck-online, 1976, BeckRS 1976, 31276079, unter II. 2.

1021 BVerwG, Urteil v. 3.12.1976, VII C 73.75, beck-online, 1976, BeckRS 1976, 31276079, unter II. 1.; BFH, Urteil v. 18.12.2003, V R 62/02, BStBl. II 2004, 252, 1. Leitsatz; BFH, Urteil v. 21.3.2007, V R 28/04, BStBl. II 2010, 999, Rz. 20 m.w.N.

1022 BFH, Urteil v. 21.3.2007, V R 28/04, BStBl. II 2010, 999, Rz. 20 m.w.N.; *Tehler* in: Rau/Dürrwächter, UStG, § 4 Nr. 21, Rz. 137 und m.w.N. dortige Fußnote 3. Die Finanzverwaltung qualifiziert in Abschn. 4.21.2. Abs. 1 S. 1 UStAE beispielhaft nachfolgende Einrichtungen als allgemeinbildend oder berufsbildend i.S.d. § 4 Nr. 21 a) bb) UStG: Fernlehrinstitute, Fahrlehrerausbildungsstätten, Heilpraktiker-Schulen, Kurse zur Erteilung von Nachhilfeunterricht für Schüler und Repetitorien, die Studierende auf akademische Prüfungen vorbereiten.

einen Beruf" unter Verweis auf die Verordnung (EG) Nr. 1777/2005.[1023] Infolgedessen setzt sich der Begriff „Vorbereitung auf einen Beruf" - unabhängig von der Dauer der vorbereitenden Schulungsmaßnahme - aus beruflicher Aus- und Fortbildung sowie beruflicher Umschulung zusammen.

Wie beschrieben, müssen die privaten Schulen/Einrichtungen nach dem nationalen Gesetzeswortlaut die Eigenschaft „allgemeinbildend oder berufsbildend" inne haben. Unter Rückgriff auf die unionsrechtlichen Vorgaben des Art. 132 Abs. 1 i) MwStSystRL und deren Auslegung durch den EuGH, ist die nationale Vorschrift mit diesem Tatbestandsmerkmal zu eng gefasst.[1024] Das Gemeinschaftsrecht begünstigt spezifische Tätigkeiten - u.a. den Schul- und Hochschulunterricht - privatrechtlicher Einrichtungen, falls diese eine von dem Mitgliedstaat anerkannte vergleichbare Zielsetzung nachweisen. Nach Auslegung des EuGH schließt der begünstigte Schul- und Hochschulunterricht u.a. auch Tätigkeiten mit ein, die im Rahmen der Unterweisung in Schulen und Hochschulen erfolgen, und dabei die Kenntnisse und Fähigkeiten der Schüler/Studierenden (weiter-) entwickeln, vorausgesetzt diese Tätigkeiten haben nicht den Charakter einer bloßen Freizeitgestaltung.[1025] Infolgedessen müssen die begünstigten Einrichtungen - nach unionsrechtlicher Interpretation - keinen spezifischen allgemeinbildenden oder berufsbildenden Charakter vorweisen.

Folglich hat der deutsche Gesetzgeber Art. 132 Abs. 1 i) MwStSystRL nicht hinreichend umgesetzt.[1026] Bildungs-/Unterrichtsleistungen einer privaten Einrichtung, die den Teilnehmern Kenntnisse sowie Fähigkeiten vermitteln und zugleich nicht der reinen Freizeitgestaltung dienen, sind mangels allgemeinbil-

---

1023 Dagegen greift die OFD Frankfurt für den Begriff der Vorbereitung auf einen Beruf auf „die berufliche Aus- und Fortbildung sowie die berufliche Umschulung im Sinne von § 1 Berufsbildungsgesetz" zurück. OFD Frankfurt/Main v. 16.12.2010, S 7179 A - 1 - St 112, beck-online, 2010, BeckVerw 248516. Zwar liegt das Anerkennungsverfahren privatrechtlicher Einrichtungen nach Art. 132 Abs. 1 i) MwStSystRL im Ermessen der einzelnen Mitgliedstaaten, dennoch müssen die nationalen Behörden dabei die Gemeinschaftsgrundsätze, insbesondere den Grundsatz der Gleichbehandlung, beachten. Folglich kann nach meiner Auffassung im Rahmen des Anerkennungs-/Bescheinigungsverfahren für die Begriffsdefinition der „Vorbereitung auf einen Beruf" nicht auf ein innerstaatliches Gesetz (nationales Berufsbildungsgesetz) abgestellt werden. So auch BFH, Urteil v. 7.10.2010, V R 12/10, BStBl. II 2011, 303, Rz. 7 i.V.m. Rz. 15.

1024 *Tehler* in: Rau/Dürrwächter, UStG, § 4 Nr. 21, Rz. 140 und Rz. 145.

1025 EuGH, Urteil v. 14.6.2007, C-445/05, *Haderer*, HFR 2007, 806, Rz. 26; EuGH, Urteil v. 28.1.2010, C-473/08, *Ingenieurbüro Eulitz GbR*, DStR 2010, 218, Rz. 29.

1026 BFH, Urteil v. 24.1.2008, V R 3/05, BFH/NV 2008, 1078, 1. Leitsatz.; *Oelmaier* in: Sölch/Ringleb, UStG, § 4 Nr. 21, Rz. 9;*Tehler* in: Rau/Dürrwächter, UStG, § 4 Nr. 21, Rz. 146.

denden oder berufsbildenden Charakters der Einrichtung nicht nach § 4 Nr. 21 a) UStG steuerfrei. Der BFH hält es für fraglich, ob die nationale Vorschrift einer richtlinienkonformen Auslegung zugänglich ist.[1027] In den entschiedenen Sachverhalten wirkte sich das Gemeinschaftsrecht jeweils begünstigend auf die Bildungseinrichtung aus, weshalb sich der Steuerpflichtige nach Ansicht des BFH für die Umsatzsteuerfreiheit der genannten Leistungen unmittelbar auf Art. 132 Abs. 1 i) MwStSystRL berufen konnte.[1028]

2.1.3 Selbstständige Lehrkräfte und Subunternehmer

Wie zu Beginn des Kapitels E. V. 2. kurz beschrieben, findet § 4 Nr. 21 a) UStG grundsätzlich keine Anwendung auf Unterrichtsleistungen, die freie Mitarbeiter bzw. selbstständige Lehrkräfte (Unternehmer gem. § 2 UStG) gegenüber den privaten Schulträgern bzw. den anderen allgemeinbildenden oder berufsbildenden Einrichtungen erbringen. Nach nationaler Auffassung ist die Vorschrift des § 4 Nr. 21 a) UStG ausnahmsweise dann zu berücksichtigen, wenn die Landesbehörde den freien Mitarbeitern selbst eine berufs- oder prüfungsvorbereitende Unterrichtstätigkeit bescheinigt.[1029] Kann die selbstständige Lehrkraft eine entsprechende Bescheinigung vorweisen, muss die Bildungs-/Unterrichtsleistung von Ihr persönlich erteilt werden.[1030]

Liegt dagegen keine Bescheinigung vor, kann die selbstständige Lehrkraft für die Befreiung ihrer Bildungsleistung auf § 4 Nr. 21 b) UStG abstellen.[1031]

1027 BFH, Urteil v. 24.1.2008, V R 3/05, BFH/NV 2008, 1078, 1. Leitsatz und Rz. 23.

1028 BFH, Urteil v. 24.1.2008, V R 3/05, BFH/NV 2008, 1078, 2. Leitsatz.

1029 BFH, Urteil v. 23.8.2007, V R 4/05, BFH/NV 2007, 2215, Rz. 22 und Rz 26ff. „Das ergibt sich aus dem Wortlaut der Vorschrift, der Entstehungsgeschichte und dem Zweck" der Regelung des § 4 Nr. 21 a) UStG. BFH, Urteil v. 27.9.2007, V R 75/03, BStBl. II 2008, 323, Rz. 26.

1030 Beauftragt der Dozent einen anderen selbstständigen Dozenten („Subunternehmer") seinen Unterricht gegenüber der Bildungseinrichtung zu übernehmen, sind die Unterrichtstätigkeiten des Subunternehmers nicht nach § 4 Nr. 21 b) bb) UStG befreit. BFH, Urteil v. 23.8.2007, V R 10/05, BFH/NV 2007, 2217, Rz. 31; *Huschens* in: Vogel/Schwarz, UStG, § 4 Nr. 21, Rz. 79.

1031 Anzumerken ist, dass der deutsche Gesetzgeber die gemeinschaftsrechtlichen Vorgaben in § 4 Nr. 21 b) UStG nicht hinreichend umgesetzt hat. Die Norm verstößt gegen geltendes Unionsrecht. Eine richtlinienkonforme Auslegung ist nach meiner Auffassung nicht möglich. Soweit die Bildungs-/Unterrichtsleistung der selbstständigen Lehrkraft daher nicht nach nationalem Recht begünstigt ist, kann sich der Dozent je nach Sachverhalt u.U. direkt auf die ihn begünstigende Unionsvorschrift des Art. 132 Abs. 1 j) MwStSystRL berufen. Vgl. Kapitel E. V. 3.

2.2 Unmittelbar dem Schul- und Bildungszweck dienende Leistungen

Der Normwortlaut befreit die unmittelbar dem Schul- und Bildungszweck dienenden Leistungen der unter Kapitel E. V. 2. 1 angeführten Einrichtungen. Die entgeltlichen Unterrichtsleistungen werden dabei von der Bildungseinrichtung selbst gegenüber den Vertragspartnern (bspw. Schüler, Studenten, Berufstätige oder Arbeitgeber) erbracht.[1032]

Das Tatbestandsmerkmal „unmittelbar" bezieht sich nach der BFH-Rechtsprechung nicht auf den Inhalt der erbrachten Unterrichtsleistungen, d.h. nicht etwa auf einen bestimmten Lehr- und Lernstoff.[1033] Stattdessen beschreibt das Kriterium „die Art und Weise, in der die Leistungen bei der Erfüllung des Schul- und Bildungszweckes der Einrichtung eingesetzt werden müssen."[1034] Infolgedessen handelt es sich um unmittelbare dem Schul- und Bildungszweck dienende Leistungen, wenn die Leistungen den Zweck „nicht nur ermöglichen, sondern ihn selbst bewirken."[1035]

Nach der BFH-Rechtsprechung kommt dem nationalen Tatbestandsmerkmal „unmittelbar" somit eine erhebliche Bedeutung zu. Im Jahr 2007 hatte der BFH zu entscheiden, wie die zusätzlich zur Unterrichtstätigkeit erbrachten sozialpädagogischen Betreuungsleistungen einer GmbH im Rahmen von Fortbildungs- und Umschulungskursen, die sich an Langzeitarbeitslose, Spätaussiedler und Asylanten richteten, zu beurteilen sind. Die sozialpädagogischen Betreuungsleistungen umfassten die Vermittlung von Fahrgelegenheiten für die Lehrgangsteilnehmer zu den Unterrichtsstätten, Besorgung von Kinderbetreuungsplätzen, fallbezogene Kontaktvermittlung zu Drogen- oder Schuldnerberatungsstellen und Lese-, Schreib- und Rechenübungen.[1036] Als unmittelbare Leistungen i.S.d. § 4 Nr. 21 a) UStG qualifizierte der BFH von den genannten Betreuungsleistungen ausschließlich die Lese-, Schreib- und Rechenübungen.[1037]

1032 Abschn. 4.21.2. Abs. 2 UStAE.

1033 BFH, Urteil v. 3.5.1989, V R 83/84, BStBl. II 1989, 815, unter II. 1. a); BFH, Urteil v. 21.3.2007, V R 28/04, BStBl. II 2010, 999, Rz. 21.

1034 BFH, Urteil v. 3.5.1989, V R 83/84, BStBl. II 1989, 815, unter II. 1. a); BFH, Urteil v. 21.3.2007, V R 28/04, BStBl. II 2010, 999, Rz. 21.

1035 BFH, Urteil v. 21.3.2007, V R 28/04, BStBl. II 2010, 999, Rz. 21; *Weber*, UR 2008, 525, 527. Auch die Finanzverwaltung vertritt die Ansicht, dass unmittelbar dem Schul- und Bildungszweck dienende Leistungen nur vorliegen, wenn der Schul- und Bildungszweck gerade durch die fragliche Leistung erfüllt wird. Abschn. 4.21.4. Abs. 1 UStAE.

1036 BFH, Urteil v. 21.3.2007, V R 28/04, BStBl. II 2010, 999, Rz. 1 und Rz. 2.

1037 BFH, Urteil v. 21.3.2007, V R 28/04, BStBl. II 2010, 999, Rz. 21.

Im Fokus der Rechtsprechung standen zudem der Verkauf von Lehr- und Lernmaterial sowie die Beherbergung und Verpflegung von Teilnehmern einer Bildungsleistung. Der BFH verneinte jeweils grundsätzlich die Unmittelbarkeit dieser Umsätze. Der Verkauf von Lehr- und Lernmaterial bewirkt die Unterrichtsleistung nicht selbst, sondern erst die Verwendung des Materials dient dem Schulzweck unmittelbar.[1038] Die Überlassung von Lehr- und Lernmaterial kann nur dann steuerbefreit sein, wenn es sich um eine Nebenleistung zur steuerbefreiten Hauptleistung, d.h. der Unterrichtsleistung, handelt.[1039] Gleichfalls sind Unterbringung und Verpflegung der Bildungsteilnehmer mangels Unmittelbarkeit nicht nach § 4 Nr. 21 a) UStG steuerbefreit, da diese Leistungen dem Schul-/Bildungszweck nur mittelbar dienen, obwohl sie diesen fördern und u.U. erst ermöglichen.[1040] Die Finanzverwaltung hat sich der dargestellten BFH-Rechtsprechung in Abschn. 4.21.4 UStAE angeschlossen.

Die strikte Linie der Rechtsprechung zur Auslegung des Tatbestandsmerkmals der Unmittelbarkeit begünstigt im Wesentlichen nur die Unterrichtserteilung selbst und konfligiert folglich mit der unionsrechtlichen Vorgabe der Befreiung von eng (mit der Bildungs-/Unterrichtsleistung) verbundenen (Neben-) Leistungen.[1041]

2.3 Begünstigte (Unterrichts-) Leistungen aus Sicht der Finanzverwaltung

Nach Ansicht der Finanzverwaltung in Abschn. 4.21.2 Abs. 2 S. 6 UStAE stellen einzelne Vorträge oder die Veranstaltung einer Vortragsreihe, die von Ergänzungsschulen und anderen allgemeinbildenden oder berufsbildenden Einrichtungen angeboten werden, grundsätzlich keine nach § 4 Nr. 21 a) UStG steuerfreien, unmittelbar dem Schul- und Bildungszweck dienenden Leistungen dar.[1042]

1038 BFH, Urteil v. 3.5.1989, V R 83/84, BStBl. II 1989, 815, unter II. 1. a).

1039 *Weber*, UR 2008, 525, 527.

1040 BFH, Urteil v. 17.3.1981, VIII R 149/76, BStBl. II 1981, 746, 2. Leitsatz.

1041 *Weber*, UR 2008, 525, 527 und 530.

1042 Diese restriktive Auffassung vertritt die Finanzverwaltung zudem auch für die unmittelbar dem Schul- und Bildungszweck dienenden Unterrichtsleistungen selbstständiger Lehrer i.S.d. § 4 Nr. 21 b) UStG. Nach Abschn. 4.21.3 Abs. 2 UStAE sind die Unterrichtsleistungen selbstständiger Lehrkräfte nur begünstigt, wenn Kenntnisse im Rahmen festliegender Lehrprogramme und Lehrpläne vermittelt werden. Einzelne Vorträge sollen diese Vorgaben nicht erfüllen und daher nicht unter die innerstaatliche Steuerbefreiung fallen. Prüft man § 4 Nr. 21 b) UStG im Lichte des Art. 132 Abs. 1 j) MwStSystRL, entfaltet m.E. die Durchführungsverordnung (EU) Nr. 282/2011 keine Relevanz. Denn die Durchführungsvorschriften sind auf der Grundlage ihres Wortlauts

Die Befreiung von Bildungs-/Unterrichtsleistungen erfordert vielmehr, dass diese von der Einrichtung im Rahmen festliegender Lehrprogramme und Lehrpläne[1043] (zur Vermittlung eines Unterrichtsstoffs für die Erreichung eines bestimmten Lehrgangsziels) angeboten werden (vgl. Abschn. 4.21.2. Abs. 2 UStAE). Gleichfalls muss die Bildungseinrichtung nach Verwaltungsauffassung geeignete Unterrichtsräume oder -vorrichtungen vorweisen. Falls die Einrichtung die Vorträge ihrerseits in ein festliegendes Lehrprogramm einbettet, beurteilt die Verwaltung die Vorträge als steuerbefreite Unterrichtsleistungen.[1044]

Demgegenüber knüpft das Gemeinschaftsrecht die Befreiung des Art. 132 Abs. 1 i) MwStSystRL ausschließlich an bestimmte Bildungs-/Unterrichtstätigkeiten, die durch eine Einrichtung des öffentlichen Rechts oder eine andere (privatrechtliche) Einrichtung, mit anerkannter vergleichbarer Zielsetzung, ausgeführt werden. Demnach findet die verwaltungsseitige Vorgabe geeigneter Unterrichtsräume bzw. -vorrichtungen im Unionsrecht keine Stütze.[1045] Vor dem Hintergrund der gemeinschaftsrechtlichen Durchführungsverordnung[1046] sind Weiterbildungsleistungen von öffentlich-rechtlichen oder anerkannten privaten Einrichtungen, die als Schulungsmaßnahmen in direktem Zusammenhang mit einem Gewerbe oder Beruf stehen, bzw. die dem Erwerb oder der Erhaltung beruflicher Kenntnisse dienen, steuerfrei. Die Durchführungsverordnung sieht für die Schulungsmaßnahmen keine Mindestdauer vor. Infolgedessen können nach der hier vertretenen Auffassung - entgegen der Ansicht der Finanzverwaltung - auch einzelne Vorträge oder Vortragsreihen, die von den genannten Einrichtungen angeboten werden, nach Art. 132 Abs. 1 i) MwStSystRL bzw. bei richtli-

---

(vgl. den 5. Erwägungsgrund) restriktiv anzuwenden. Der Wortlaut des Art. 44 der Durchführungsverordnung bezieht sich explizit auf die Dienstleistungen der Ausbildung, Fortbildung oder beruflichen Umschulung, die unter den Voraussetzungen des Art. 132 Abs. 1 i) MwStSystRL erbracht werden.

1043 Der BFH erkennt einen Kurs mit einem Zeitrahmen von insgesamt 360 Minuten, der sich aus 10 zu behandelnden Themen zusammensetzt, als Lehrplan an. BFH, Urteil v. 17.1.2008, V R 52/06, BFH/NV 2008, 725, Rz. 31; *Tehler* in: Rau/Dürrwächter, UStG, § 4 Nr. 21, Rz. 153. Demzufolge können m.E. Unterrichtsleistungen im Rahmen einer eintägigen Lehrveranstaltung, die in den Gesamtkontext der Lehrgangsordnung eines Fachberaterlehrgangs eingebettet ist, als Lehrplan i.S.d. der Ausführungen des UStAE qualifiziert werden.

1044 Abschn. 4.21.2 Abs. 2 S. 7 UStAE.

1045 *Philipowski*, UR 2008, 581, 587; *Tehler* in: Rau/Dürrwächter, UStG, § 4 Nr. 21, Rz. 162.

1046 Art. 44 der Durchführungsverordnung (EU) Nr. 282/2011 v. 15.3.2011, zur Festlegung von Durchführungsvorschriften zur Richtlinie 2006/112/EG über das gemeinsame Mehrwertsteuersystem.

nienkonformer Auslegung nach § 4 Nr. 21 a) UStG steuerbefreit sein.[1047] Überdies lässt sich der Ausschluss einzelner Vorträge m.E. auch nicht aus dem Wortlaut der innerstaatlichen Norm des § 4 Nr. 21 a) UStG ableiten.[1048]

2.4 Bescheinigung der zuständigen Landesbehörde

Schul- und Bildungsleistungen sind nach dem Gesetzeswortlaut des § 4 Nr. 21 a) bb) UStG nur steuerfrei, wenn die zuständige Landesbehörde bescheinigt,[1049] dass die Privatschule bzw. die Bildungseinrichtung auf einen Beruf oder auf eine vor einer juristischen Person des öffentlichen Rechts abzulegende Prüfung ordnungsgemäß vorbereitet. Das Bescheinigungserfordernis basiert auf Art. 132 Abs. 1 i) MwStSystRL, nach dem die privatrechtlichen Einrichtungen eine von den Mitgliedstaaten anerkannte (den Einrichtungen des öffentlichen Rechts) vergleichbare Zielsetzung verfolgen müssen.

2.4.1 Gegenstand der Bescheinigung

Es handelt sich bei der Bescheinigung um einen selbstständigen Verwaltungsakt der jeweils zuständigen Landesbehörde, dessen Anfechtung auf dem allgemeinen Verwaltungsrechtsweg vor den Verwaltungsgerichten möglich ist.[1050] Die Bescheinigung bindet die Finanzbehörden und das FG.[1051] Die Landesbehörde prüft und entscheidet im Rahmen des Bescheinigungsverfahrens, ob die Bildungseinrichtung nach ihrer Organisation und ihrem Lehrziel, auf einen Beruf oder auf eine vor einer juristischen Person des öffentlichen Rechts abzulegende Prüfung ordnungsgemäß vorbereitet.[1052]

1047 So auch *Tehler* in: Rau/Dürrwächter, UStG, § 4 Nr. 21, Rz. 153.

1048 So auch *Weber*, UR 2008, 525, 527f.

1049 Regelmäßig sind die Landesschul- bzw. Kultusbehörden für die Erteilung der Bescheinigung verantwortlich. Vgl. zur Zuständigkeit sowie für ein Bescheinigungsmuster das FinMin Brandenburg v. 3.12.2010, o.Az., beck-online, 2010, BeckVerw 249068 sowie die OFD Frankfurt/Main v. 16.12.2010, S 7179 A - 1 - St 112, beck-online, 2010, BeckVerw 248516.

1050 BVerwG, Urteil v. 3.12.1976, VII C 73.75, beck-online, 1976, BeckRS 1976, 31276079; BFH, Urteil v. 3.5.1989, V R 83/84, BStBl. II 1989, 815, unter II. 2. a); *Tehler* in: Rau/Dürrwächter, UStG, § 4 Nr. 21, Rz. 179.

1051 BFH, Urteil v. 3.5.1989, V R 83/84, BStBl. II 1989, 815, 1. Leitsatz und unter II. 2. b).

1052 BVerwG, Urteil v. 3.12.1976, VII C 73.75, beck-online, 1976, BeckRS 1976, 31276079, unter II. 2.; BFH, Urteil v. 3.5.1989, V R 83/84, BStBl. II 1989, 815, 1. Leitsatz und unter II. 1. b) und II. 2. b). Bspw. bereitet eine Musikschule in der Rechtsform eines e.V. mit den erteilten Kursen in unterschiedlichen Instrumentenfächern auf einen Beruf (Aufnahmeprüfung an einer Fachhochschule für Musik) oder eine Prüfung (Abitur) vor. BFH, Urteil v. 20.8.2009, V R 25/08, BStBl. II 2010, 15,

Vor diesem Hintergrund definiert das BVerwG die Vorbereitung auf einen Beruf als „die Vermittlung spezieller Kenntnisse und Fertigkeiten, die zur Ausübung bestimmter beruflicher Tätigkeiten notwendig sind."[1053] Nach der Rechtsprechung des BVerwG verlangt das gesetzliche Merkmal der Vorbereitung auf eine Prüfung nicht eine unmittelbare und systematische Prüfungsvorbereitung mittels einer selbstständigen und umfassenden Darbietung des Prüfungsstoffes.[1054] Stattdessen liegt bereits eine prüfungsvorbereitende Tätigkeit vor, wenn die Tätigkeit einen Bildungsgang fördert, „der im Allgemeinen mit einer staatlichen Prüfung abschließt."[1055] Grundsätzlich reicht es für eine prüfungsvorbereitende Tätigkeit aus, wenn sie der schulischen Tätigkeit nahekommt und diese ergänzt, bspw. unterstützender Nachhilfeunterricht.[1056] Das flankierende Adjektiv „ordnungsgemäß" verlangt, dass die Bildungseinrichtung und das eingesetzte Lehrpersonal bestimmte qualitative Mindestanforderungen erfüllen. Die nach § 4 Nr. 21 a) UStG steuerbefreite Tätigkeit muss objektiv geeignet sein, „der [Berufs- oder] Prüfungsvorbereitung zu dienen, von einem seriösen Institut erbracht wird und die eingesetzten Lehrkräfte die erforderliche Eignung besitzen."[1057]

Rz. 2 und 23. Bei ausschließlicher Betrachtung des nationalen Umsatzsteuerrechts folgt aus dem Verweis des § 4 Nr. 21 b) bb) UStG auf § 4 Nr. 21 a) UStG, dass die von einem selbstständigen Musiklehrer an der o.g. berufs- bzw. prüfungsvorbereitenden Musikschule erteilten Kurse in unterschiedlichen Instrumentenfächern steuerbefreit sind. Der Wortlaut von § 4 Nr. 21 b) bb) UStG schreibt für die selbstständige Lehrkraft keine auf ihn lautenden Bescheinigung vor.

1053 BVerwG, Urteil v. 3.12.1976, VII C 73.75, beck-online, 1976, BeckRS 1976, 31276079, unter II. 1. Diese Begriffsbestimmung hat der BFH bezüglich der berufsbildenden Einrichtung als weitere Voraussetzung des § 4 Nr. 21 a) UStG übernommen: „Berufsbildende Einrichtungen sind Einrichtungen, die Leistungen erbringen, die ihrer Art nach den Zielen der Berufsaus- oder der Berufsfortbildung dienen. Sie müssen spezielle Kenntnisse und Fertigkeiten vermitteln, die zur Ausübung bestimmter beruflicher Tätigkeiten notwendig sind." BFH, Urteil v. 18.12.2003, V R 62/02, BStBl. II 2004, 252, 1. Leitsatz; BFH, Urteil v. 21.3.2007, V R 28/04, BStBl. II 2010, 999, Rz. 20 m.w.N.

1054 BVerwG, Urteil v. 3.12.1976, VII C 73.75, beck-online, 1976, BeckRS 1976, 31276079, unter II. 1.

1055 BVerwG, Urteil v. 3.12.1976, VII C 73.75, beck-online, 1976, BeckRS 1976, 31276079, unter II. 1.

1056 BVerwG, Urteil v. 3.12.1976, VII C 73.75, beck-online, 1976, BeckRS 1976, 31276079, unter II. 1.

1057 BVerwG, Urteil v. 3.12.1976, VII C 73.75, beck-online, 1976, BeckRS 1976, 31276079, unter II. 1; OVG Nordrhein-Westfalen, Urteil v. 7.5.2009, 14 A 2934/07, DÖV 2009, 872, 1. Leitsatz.

Zwar bescheinigt alleine die zuständige Landesbehörde die ordnungsgemäße Berufs- oder Prüfungsvorbereitung, gleichwohl soll sie - nach Ansicht des Finanzministeriums Brandenburg - dabei insbesondere die Eignung des Lehrstoffs und die Art der Vermittlung zur Vorbereitung prüfen.[1058] Dies sei bei der Vorbereitung auf eine Prüfung u.a. zu bejahen, wenn eine angemessene Teilnehmerzahl die Prüfung erfolgreich abgeschlossen hat.[1059] Zudem solle kontrolliert werden, ob angemessene Kündigungsbedingungen, bzw. im Falle der Prüfungsvorbereitung angemessene Zugangsvoraussetzungen, vorgesehen sind.[1060] Die genannten Kriterien zielen m.E. auf die vom BVerwG geforderte Mindestqualität der Bildungseinrichtung ab.

Handelt es sich um berufliche (Fort-/Weiter-) Bildungsmaßnahmen, die nach arbeits- oder sozialgesetzlichen Regelungen der Arbeitsförderung dienen, bspw. Integrationskurse nach § 43 AufenthG, kann die landesbehördliche Bescheinigung nach Verwaltungsansicht (Abschn. 4.21.5 Abs. 5 UStAE) durch eine Bestätigung anderer Stellen ersetzt werden. Regelmäßig handelt es sich dabei um Bestätigungen der Bundesagentur für Arbeit oder anderer Träger der Grundsicherung für Arbeitsuchende nach § 6 SGB II, des Bundesamtes für Migration und Flüchtlinge oder fachkundiger Stellen gem. § 85 SGB III, sofern diese Stellen selbst von der Bundesagentur für Arbeit (als Zertifizierungsstelle) anerkannt wurden.[1061] In dieser Bestätigung muss dazu ein Hinweis enthalten sein, dass die - für die Bescheinigung nach § 4 Nr. 21 a) bb) UStG zuständige - Landesbehörde mit dieser Vorgehensweise generell oder im Einzelfall einverstanden ist.[1062]

Ob die Bildungseinrichtung zugleich den Charakter einer allgemeinbildenden oder berufsbildenden Einrichtung i.S.d. § 4 Nr. 21 a) UStG erfüllt, ist nicht Gegenstand der Bescheinigung und wird ausschließlich von der zuständigen Finanzbehörde entschieden.[1063]

1058 FinMin Brandenburg v. 3.12.2010, o.Az., beck-online, 2010, BeckVerw 249068, unter 2.1.

1059 FinMin Brandenburg v. 3.12.2010, o.Az., beck-online, 2010, BeckVerw 249068, unter 2.1

1060 FinMin Brandenburg v. 3.12.2010, o.Az., beck-online, 2010, BeckVerw 249068, unter 2.2.

1061 FinMin Schleswig-Holstein v. 4.3.2011, VI358 - S 7179 - 96, UR 2011, 877.

1062 *Huschens* in: Vogel/Schwarz, UStG, § 4 Nr. 21, Rz. 76a.

1063 BVerwG, Urteil v. 3.12.1976, VII C 73.75, beck-online, 1976, BeckRS 1976, 31276079, unter II. 2.; BFH, Urteil v. 3.5.1989, V R 83/84, BStBl. II 1989, 815, 1. Leitsatz und unter II. 2. b); Abschn. 4.21.5 Abs. 2 S. 5f. UStAE.

2.4.2 Wirkung der Bescheinigung

Die Bescheinigung der zuständigen Landesbehörde stellt eine materiell-rechtliche Voraussetzung für die Steuerbefreiung dar,[1064] weshalb u.a. dem in der Bescheinigung angegebenen Zeitraum entscheidende Bedeutung zukommt.[1065] Erbringt die Bildungseinrichtung mehrere verschiedenartige Bildungsleistungen, sind nach Abschn. 4.21.5. Abs. 4 UStAE die jeweiligen Leistungen durch getrennte Bescheinigungen nachzuweisen.[1066] „Die Bescheinigung kann nicht durch andere Nachweise ersetzt werden."[1067]

Da die Bescheinigung materiell-rechtliche Voraussetzung für die Befreiung ist, wären die berufs- und prüfungsvorbereitenden Unterrichtsleistungen einer Bildungseinrichtung umsatzsteuerpflichtig, wenn sie keine Bescheinigung bei der Landesbehörde beantragen würde. Die Bildungseinrichtung könnte folgerichtig - unter den weiteren Voraussetzungen des § 15 UStG - die Vorsteuerbeträge auf Eingangsleistungen geltend machen. Infolgedessen läge es in ihrer Dispositionsfreiheit, durch Antrag bzw. Verzicht auf den Antrag, jeweils identische (Unterrichts-)Tätigkeiten umsatzsteuerfrei (unechte Steuerbefreiung, kein Vorsteuerabzug) oder umsatzsteuerpflichtig (mit Vorsteuerabzug) auszugestalten. Daher kann nach der Rechtsprechung des BVerwG, der sich die Finanzverwaltung angeschlossen hat, zusätzlich zur Bildungseinrichtung auch das Finanzamt von Amts wegen die Bescheinigung hinsichtlich der berufs- und prüfungsvorbereitenden Unterrichtstätigkeiten bei der Landesbehörde beantragen.[1068] Die Bildungseinrichtung ist davon in Kenntnis zu setzen.[1069] Sollte das Finanzamt die berufs- oder prüfungsvorbereitende Bescheinigung der Landesbehörde für unzutreffend halten, kann sich das Finanzamt an die Landesbehörde wenden, um eine Überprüfung der Bescheinigung und ggfs. deren Aufhebung zu errei-

---

1064 BFH, Urteil v. 23.8.2007, V R 4/05, BFH/NV 2007, 2215, 2. Leitsatz; BFH, Urteil v. 17.1.2008, V R 52/06, BFH/NV 2008, 725, Rz. 44f.; BFH, Urteil v. 17.4.2008, V R 58/05, DStR 2008, 1329, 3. Leitsatz und Rz. 36.

1065 BFH, Urteil v. 23.8.2007, V R 4/05, BFH/NV 2007, 2215, Rz. 29f.; *Ehrt*, DStR 2008, 1469, 1470.

1066 Gem. der OFD Frankfurt ist eine Bescheinigung ausreichend, in der die begünstigten Maßnahmen einzeln und mit der genauen Kursbezeichnung/Maßnahmen-Nr. aufgeführt werden. OFD Frankfurt/Main v. 16.12.2010, S 7179 A - 1 - St 112, beck-online, 2010, BeckVerw 248516.

1067 *Tehler* in: Rau/Dürrwächter, UStG, § 4 Nr. 21, Rz. 178.

1068 Abschn. 4.21.5. Abs. 2 UStAE; BVerwG, Urteil v. 4.5.2006, 10 C 10.5, UR 2006, 517, 2. Leitsatz. Das Urteil des BVerwG erging zur landesbehördlichen Bescheinigung hinsichtlich der Gleichartigkeit kultureller Leistungen nach § 4 Nr. 20 a) UStG.

1069 Abschn. 4.21.5. Abs. 2 S.1 UStAE; *Ehrt*, DStR 2008, 1469, 1470.

chen.[1070] Ob die weiteren Voraussetzungen der Steuerbefreiung erfüllt sind, prüfen die Finanzbehörden jedoch in eigener Zuständigkeit.[1071]

Nach der Rechtsprechung des BFH handelt es sich bei der landesbehördlichen Bescheinigung um einen Grundlagenbescheid i.S.v. § 175 Abs. 1 S. 1 Nr. 1 AO.[1072] Soweit die Bescheinigung erst nach dem Zeitpunkt einer vermeintlichen Entstehung der Umsatzsteuer erteilt wurde, kann die Bescheinigung dennoch zurückwirken, ohne dadurch gegen den Grundsatz der Rechtssicherheit zu verstoßen.[1073] Zumindest bei der Bescheinigung hinsichtlich der Gleichartigkeit kultureller Leistungen nach § 4 Nr. 20 a) UStG will der Gesetzgeber nun die Rückwirkung zeitlich begrenzen und hat mit dem JStG 2010 einen neuen S. 3 eingefügt.[1074] Eine identische Erweiterung des § 4 Nr. 21 UStG im Zuge des Gesetzgebungsverfahrens des JStG 2010 hat die Bundesregierung abgelehnt, da § 4 Nr. 21 UStG vor dem Hintergrund der höchstrichterlichen Rechtsprechung derzeit umfassend von einer Bund-Länder-Arbeitsgruppe geprüft werde und eine Normänderung erst nach Vorlage der Arbeitsgruppenergebnisse in Frage kommt.[1075]

2.5 Steuerpolitische Handlungsempfehlung

Die Steuerbefreiung des § 4 Nr. 21 a) UStG sollte aus Gründen der Rechtssicherheit und Rechtsklarheit an das Unionsrecht angepasst werden. Unter Berücksichtigung der bisherigen Ausführungen könnte § 4 Nr. 21 a) UStG de lege ferenda wie folgt ausgestaltet werden.

> § 4 UStG „Von den unter § 1 Abs. 1 Nr. 1 fallenden Umsätzen sind steuerfrei:
>
> 21. a) [1]der Schul- und Hochschulunterricht, die Aus- und Fortbildung sowie berufliche Umschulung, wenn diese Bildungsleistung von einer Einrichtung durchgeführt wird, die keine Einrichtung des öffentlichen Rechts ist, und
>
> aa) wenn diese Einrichtung als Ersatzschule gemäß Artikel 7 Abs. 4 des Grundgesetzes staatlich genehmigt oder nach Landesrecht erlaubt ist oder

---

1070 BFH, Urteil v. 3.5.1989, V R 83/84, BStBl. II 1989, 815, unter II. 2. b).

1071 Abschn. 4.21.5. Abs. 2 S.7 UStAE; *Ehrt*, DStR 2008, 1469, 1470.

1072 BFH, Urteil v. 20.8.2009, V R 25/08, BStBl. II 2010, 15, 1. Leitsatz.

1073 BFH, Urteil v. 20.8.2009, V R 25/08, BStBl. II 2010, 15, 2. Leitsatz und Rz. 32. Kritisch zur Rückwirkung der Bescheinigung zu Lasten des Unternehmers aufgrund verfassungsrechtlicher Bedenken *Stadie*, UR 2011, 125, 134.

1074 *Stadie*, UR 2011, 125, 133ff.

1075 *Stadie*, UR 2011, 125, 133, dortige Fußnote 40 mit Verweis auf BT-Drs. 17/2823, Unterrichtung durch die Bundesregierung, Entwurf eines Jahressteuergesetzes 2010 (JStG 2010) - Drucksache 17/2249 - Stellungnahme des Bundesrates und Gegenäußerung der Bundesregierung, 40.

bb) wenn die zuständige Landesbehörde bescheinigt, dass diese Einrichtung auf einen Beruf oder eine vor einer juristischen Person des öffentlichen Rechts abzulegende Prüfung ordnungsgemäß vorbereitet.

[2]Die eng mit den in Satz 1 genannten Bildungsleistungen verbundenen Dienstleistungen und Lieferungen von Gegenständen sind gleichfalls steuerfrei, wenn diese für die in Satz 1 genannten Leistungen unerlässlich sind und nicht im Wesentlichen dazu bestimmt sind, der Einrichtung zusätzliche Einnahmen durch Umsätze zu verschaffen, die in unmittelbarem Wettbewerb mit mehrwertsteuerpflichtigen Leistungen Dritter bewirkt werden."

Wie bereits in Kapitel E. V. 1. 4 erläutert, muss der Gesetzgeber die bisher in § 4 Nr. 22 a) UStG normierte Kostendeckungsklausel entweder gänzlich streichen oder in dem dargestellten Gesetzentwurf sämtlichen privatrechtlichen anerkannten Bildungseinrichtungen auferlegen. Obwohl die Kostenbedingung grundsätzlich richtlinienkonform erscheint, sollte die nationale Legislative m.E. darauf verzichten.

Falls der Verzicht nicht gewünscht ist, könnte § 4 Nr. 21 a) UStG de lege ferenda um den nachfolgenden dritten Satz erweitert werden: "[3]Satz 1 und Satz 2 sind nur anzuwenden, wenn die Einnahmen überwiegend zur Deckung der Kosten verwendet werden."

3. Befreiung nach § 4 Nr. 21 b) UStG

Die Vorschrift befreit die „unmittelbar dem Schul- und Bildungszweck dienenden Unterrichtsleistungen selbstständiger Lehrer", sofern diese Leistungen an öffentlichen bzw. staatlich anerkannten Schulen/Hochschulen oder nach § 4 Nr. 21 a) UStG anerkannten - und damit umsatzsteuerbefreiten - Bildungseinrichtungen erbracht werden. Die Befreiung des § 4 Nr. 21 b) UStG wurde erst mit dem Steuerentlastungsgesetz 1999/2000/2002[1076] eingeführt und kodifizierte die bis dahin vertretene Auffassung der Finanzverwaltung, dass die Unterrichtsleistungen selbstständiger Lehrer an Bildungseinrichtungen mehrwertsteuerfrei sind.[1077] Nach dem Willen des Gesetzgebers setzt § 4 Nr. 21 b) UStG die gemeinschaftsrechtliche Vorgabe des Art. 132 Abs. 1 j) MwStSystRL um.[1078]

1076 BT-Drs. 14/23, Gesetzentwurf eines Steuerentlastungsgesetzes 1999/2000/2002, 197; BT-Drs. 14/443, Dritter Bericht des Finanzausschusses zu dem Gesetzentwurf eines Steuerentlastungsgesetzes 1999/2000/2002, 37f.

1077 Vgl. ausführlich zur historischen Entwicklung des § 4 Nr. 21 b) UStG *Weber*, UR 2008, 525, 526; *Korn*, DStR 2010, 688, 689.

1078 BT-Drs. 14/23, Gesetzentwurf eines Steuerentlastungsgesetzes 1999/2000/2002, 197; BT-Drs. 14/443, Dritter Bericht des Finanzausschusses zu dem Gesetzentwurf eines Steuerentlastungsgesetzes 1999/2000/2002, 37f.; *Korn*, DStR 2010, 688, 689.

Praxisrelevant ist die Vorschrift insbesondere für die selbstständigen Lehrkräfte an Volkshochschulen und Verwaltungs- und Wirtschaftsakademien,[1079] denn ohne Befreiung müssten diese Dozenten - vorbehaltlich der Kleinunternehmerregelung des § 19 UStG - gegenüber den Bildungseinrichtungen eine Rechnung mit gesondertem Umsatzsteuerausweis ausstellen und die Mehrwertsteuer an das zuständige Finanzamt abführen.[1080] Dies hätte auch Rückwirkungen auf die Bildungseinrichtung, da die Unterrichtstätigkeit der selbstständigen Lehrkräfte eine Eingangs-/Vorleistung darstellt, die in direktem und unmittelbarem Zusammenhang mit der unecht steuerbefreiten Ausgangsleistung (Angebot einer Bildungsleistung) der Bildungseinrichtung steht. Folglich wäre die nichtabzugsfähige Umsatzsteuer auf die Dozentenleistung für die Bildungseinrichtung ein Kostenfaktor, der möglicherweise über eine Preiserhöhung an die Teilnehmer des Bildungsangebots weitergegeben wird. Gelingt dies nicht, verringert sich ein potenzieller Gewinn bzw. erhöht sich der Verlust (bei nichtkostendeckenden Preisen) der Bildungseinrichtung entsprechend.

3.1 Begünstigte Unternehmer

Der nationale Gesetzeswortlaut begünstigt die Unterrichtsleistungen selbstständiger Lehrer. Damit die Befreiung zu Anwendung kommt, muss es sich bei den erteilten Unterrichtsleistungen grundlegend um steuerbare Umsätze handeln. Infolgedessen muss der Lehrer als Unternehmer (§ 2 UStG) bzw. Steuerpflichtiger (Art. 9 MwStSystRL) selbstständig wirtschaftlich tätig sein. Falls eine Lehrkraft Unterrichtsleistungen aufgrund eines Arbeits- oder Dienstverhältnisses erbringt, dass diese mit der anbietenden Bildungseinrichtung abgeschlossen hat, fehlt es an der Unternehmereigenschaft des Lehrers. In diesem Fall ist die Unterrichtstätigkeit der Lehrkraft nicht umsatzsteuerbar und folglich nicht nach § 4 Nr. 21 b) UStG steuerbefreit.[1081]

1079 *Huschens* in: Vogel/Schwarz, UStG, § 4 Nr. 21, Rz. 92.

1080 Falls es sich um eine im Ausland ansässige Lehrkraft handelt und die Unterrichtstätigkeit nicht steuerbefreit sein sollte, erhält die Bildungseinrichtung von der Lehrkraft für die (nach § 3a Abs. 2 UStG im Inland erbrachte) Unterrichtstätigkeit, eine Rechnung ohne Umsatzsteuerausweis und mit Hinweis auf die Umkehrung der Steuerschuldnerschaft auf die Bildungseinrichtung nach § 13b UStG. Dies gilt auch, wenn die Lehrkraft die Bildungsleistung für den hoheitlichen Bereich einer juristischen Person des öffentlichen Rechts erbringt (vgl. für den Steuerpflichtigen-Status einer öffentlich-rechtlichen Einrichtung für die Bestimmung des Orts der sonstigen Leistung Art. 17 Durchführungsverordnung nach Abschn. 3a.2 Abs. 14 UStAE; und für die Umkehr der Steuerschuldnerschaft § 13b Abs. 5 UStG).

1081 *Huschens* in: Vogel/Schwarz, UStG, § 4 Nr. 21, Rz. 79. Nach der Rechtsprechung des EuGH in der Rs. *Eulitz* verbietet sich der Umkehrschluss, dass ein fehlender Anstel-

3.1.1 Unterrichtstätigkeiten an einer Bildungseinrichtung und Vorlage einer Bescheinigung durch den selbstständigen Lehrer

Nach dem Wortlaut des § 4 Nr. 21 b) aa) und bb) UStG ist die Unterrichtsleistung nur begünstigt, wenn der Unternehmer diese selbst[1082] an bestimmten Bildungseinrichtungen erbringt.[1083] Leistungsempfänger der Unterrichtstätigkeit des selbstständigen Lehrers muss nach nationaler Auffassung eine der im Gesetzestext genannten Einrichtungen sein.[1084] Die Finanzverwaltung[1085] führt hierzu aus, dass der Unterrichtende dies grundsätzlich durch eine Bestätigung[1086] der Bildungseinrichtung nachweisen muss. Dabei bescheinigt die Bildungseinrichtung dem Unternehmer, dass sie ihrerseits die Anforderungen des § 4 Nr. 21 a) bb) UStG erfüllt und die Unterrichtsleistung in diesem begünstigten Bereich erbracht wird.[1087] Handelt es sich bei der Bildungseinrichtung um eine Hochschule, eine öffentliche allgemein- und berufsbildende Schule oder um eine staatlich/landesrechtlich genehmigte Ersatzschule, verzichtet die Finanzbehörde auf die Bestätigung. Infolgedessen geht die Verwaltung wohl davon aus, dass Unterrichtstätigkeiten an diesen Institutionen stets im begünstigten Bereich (der ordnungsgemäßen Berufs- und Prüfungsvorbereitung) erfolgen. Erteilt der selbstständige Dozent an diesen Bildungseinrichtungen Unterricht, handelt es sich infolgedessen um nach § 4 Nr. 21 b) UStG steuerbefreite Unterrichtsleistungen.

---

lungsvertrag für die Lehrkraft automatisch die Eigenschaft eines Privatlehrers i.S.d. deutschen Sprachfassung des Art. 132 Abs. 1 j) MwStSystRL begründet.

1082 Soweit der selbstständige Dozent für die Unterrichtsleistung an den Bildungseinrichtungen einen Subunternehmer beauftragt, sind dessen Unterrichtsleistungen nicht steuerbefreit, vgl. Kapitel E. V. 2. 1. 3.

1083 Ist der selbstständige Dozent ein Hochschullehrer und die beauftragende Bildungseinrichtung eine öffentlich-rechtliche Hochschule sind die Abgrenzungsfragen der Tätigkeitszuordnung des Hochschullehrers (Hauptamt oder Nebentätigkeit) zu beachten. Die Lehrtätigkeit könnte dem Hauptamt im Rahmen der primären Dienstpflicht zuzuordnen sein. Bedeutung kommt dabei der HNtV und den Regelungen im jeweils einschlägigen LHG zu. Vgl. *Pawelek*, Wahrnehmung hoheitlicher Hochschulaufgaben durch private Weiterbildungseinrichtungen, 2009, 232.

1084 BFH, Urteil v. 23.8.2007, V R 10/05, BFH/NV 2007, 2217, Rz. 42; *Oelmaier* in: Sölch/Ringleb, UStG, § 4 Nr. 21, Rz. 78; *Tehler* in: Rau/Dürrwächter, UStG, § 4 Nr. 21, Rz. 360.

1085 Abschn. 4.21.3 Abs. 3 UStAE.

1086 Hinsichtlich der Sollvorgaben der Finanzverwaltung an die Bestätigung der Bildungseinrichtung gegenüber dem selbstständigen Lehrer vgl. Abschn. 4.21.3 Abs. 4 UStAE.

1087 Sollte die Bildungseinrichtung über keine Bescheinigung der zuständigen Landesbehörde verfügen, darf dem selbstständigen Dozenten keine Bescheinigung erteilt werden. Abschn. 4.21.3 Abs. 5 UStAE; *Huschens* in: Vogel/Schwarz, UStG, § 4 Nr. 21, Rz. 84.

Nach Ansicht der Finanzverwaltung in Abschn. 4.21.3 Abs. 1 UStAE gilt die Befreiung des § 4 Nr. 21 b) UStG für alle „Personen, die als freie Mitarbeiter an Schulen, Hochschulen oder ähnlichen Bildungseinrichtungen (z.B. Volkshochschulen) Unterricht erteilen.“ Unabhängig von der Rechtsform des Leistenden sind nach Verwaltungsauffassung folglich auch Unterrichtsleistungen von Personenzusammenschlüssen oder juristischen Personen umsatzsteuerbefreit, d.h. der Begriff selbstständiger Lehrer umfasst nicht nur natürliche Personen.[1088]

3.1.2 Richtlinienkonforme Auslegung und eigene Beurteilung

Hinsichtlich der verwaltungsseitigen Forderung der Vorlage einer Bescheinigung durch die Lehrkraft findet sich keine gesetzliche Grundlage - weder in der nationalen Regelung, noch in der gemeinschaftsrechtlichen Vorschrift.[1089] Der Wortlaut des § 4 Nr. 21 b) UStG sieht keinen entsprechenden Nachweis vor. Gleichfalls verlangt die Befreiung des Art. 132 Abs. 1 j) MwStSystRL keine Vorlage einer Bescheinigung bzw. eines Nachweises durch den Privatlehrer.

Im Gegensatz zu § 4 Nr. 21 b) UStG fordert das Gemeinschaftsrecht zudem nicht, dass der Privatlehrer seine Unterrichtseinheiten an bzw. für eine nach Art. 132 Abs. 1 i) MwStSystRL steuerbefreite Bildungseinrichtung erbringt.[1090] Dies liegt darin begründet, dass das Gemeinschaftsrecht nur die privat erteilten Unterrichtseinheiten eines Lehrers befreit, die sich auf den Schul-/Hochschulunterricht beziehen - und gerade nicht die (Unterrichts-) Tätigkeit eines selbstständigen Dozenten gegenüber einer fremden Bildungseinrichtung, die ihrerseits die Unterrichtsleistung gegenüber den Teilnehmern anbietet (vgl. Kapitel E. III.).[1091] Der Anwendungsbereich der nationalen Vorschrift des § 4

1088 Abschn. 4.21.3 Abs. 1 UStAE; *Huschens* in: Vogel/Schwarz, UStG, § 4 Nr. 21, Rz. 79.

1089 Zutreffend *Tehler*, EU-UStB 2010, 6, 8; *Tehler* in: Rau/Dürrwächter, UStG, § 4 Nr. 21, Rz. 430 und Rz. 431.

1090 *Philipowski*, UR 2008, 581, 586; *Korn*, DStR 2010, 688, 689; *Oelmaier* in: Sölch/Ringleb, UStG, § 4 Nr. 21, Rz. 78;*Tehler* in: Rau/Dürrwächter, UStG, § 4 Nr. 21, Rz. 363f.

1091 Das Unionsrecht befreit die von einem Lehrer / einer Lehrkraft privat - d.h. auf eigene Rechnung und in Eigenverantwortung - erteilten Unterrichtseinheiten, die sich auf den Schul- und Hochschulunterricht beziehen. EuGH, Urteil v. 14.6.2007, C-445/05, *Haderer*, HFR 2007, 806, Leitsatz; Nachfolgeentscheidung des BFH, Urteil v. 27.9.2007, V R 75/03, BStBl. II 2008, 323, 3. Leitsatz; EuGH, Urteil v. 28.1.2010, C-473/08, *Ingenieurbüro Eulitz GbR*, DStR 2010, 218. Der Einschub einer Bildungseinrichtung zwischen die Lehrkraft und die Teilnehmer verhindert nach dem Unionsrecht die steuerbefreite Unterrichtserteilung durch den Lehrer. Unschädlich ist lediglich eine Zwischenschaltung von „Personen auf Seite der Leistungsempfänger, etwa die Eltern der Schüler.“ *Korn*, DStR 2010, 688, 690.

Nr. 21 b) UStG befreit stattdessen spiegelverkehrt die Unterrichtserteilung durch selbstständige Lehrer an bzw. im Auftrag der in der Norm genannten Bildungseinrichtungen.[1092] Zugleich ist nach nationaler Auffassung der privat erteilte Unterricht durch eine Lehrkraft gegenüber den Teilnehmern - ohne Zwischenschaltung einer Bildungseinrichtung bzw. ohne das die Lehrkraft als Bildungseinrichtung i.S.d. § 4 Nr. 21 a) UStG fungiert - nicht steuerbefreit.

Der deutsche Gesetzgeber hat die gemeinschaftsrechtlichen Vorgaben nicht hinreichend umgesetzt.[1093] § 4 Nr. 21 b) UStG verstößt gegen das Gemeinschaftsrecht.[1094] Dies ist u.a. auf die deutsche Sprachfassung des Art. 132 Abs. 1 j) MwStSystRL zurückzuführen, die von allen anderen Sprachfassungen abweicht.

Die weitgehende Auffassung der Verwaltung in Abschn. 4.21.3 Abs. 1 UStAE, wonach auch die (Unterrichts-) Leistungen von Personenzusammenschlüssen und juristischen Personen nach § 4 Nr. 21 b) UStG steuerbefreit sind, lässt sich m.E. nicht mit Art. 132 Abs. 1 j) MwStSystRL in Einklang bringen. Im Lichte der verschiedenen Sprachfassungen stellt die Regelung ausschließlich auf den Begriff des Lehrers bzw. Dozenten oder der Lehrkraft ab, d.h. nur auf natürliche (Einzel-) Personen.[1095] Falls Art. 132 Abs. 1 j) MwStSystRL auch auf die Unterrichtserteilung durch juristische Personen oder Personenzusammenschlüsse anwendbar sein sollte, dann hätte der Gemeinschaftsgesetzgeber nach der hier vertretenen Auffassung analog zu Art. 132 Abs. 1 i) MwStSystRL auch in Buchst. j) den unionsrechtlichen Begriff der Einrichtung verwenden müssen.

3.2 Unmittelbar dem Schul- und Bildungszweck dienende Unterrichtsleistungen

§ 4 Nr. 21 b) UStG begünstigt wie § 4 Nr. 21 a) UStG - infolge des Kriteriums der Unmittelbarkeit - im Wesentlichen nur die Unterrichtsleistungen selbst.[1096]

1092 *Korn*, DStR 2010, 688, 690f.

1093 *Oelmaier* in: Sölch/Ringleb, UStG, § 4 Nr. 21, Rz. 9; *Tehler*, EU-UStB 2010, 6, 7; *Tehler* in: Rau/Dürrwächter, UStG, § 4 Nr. 21, Rz. 321 und Rz. 361.

1094 *Tehler*, EU-UStB 2010, 6, 8; *Korn*, DStR 2010, 688, 691.

1095 Schlussanträge der Generalanwältin Sharpston v. 8.3.2007, C-434/05, *Horizon College*, und C-445/05, *Haderer*, beck-online, BeckEuRS 2007, 444686, Rz. 55. Die verschiedenene Sprachfassung stellen in Art. 132 Abs. 1 j) MwStSystRL auf die Begriffe einseignant (französisch), insegnante (italienisch), doccente (spanisch) ab.

1096 *Weber*, UR 2008, 525, 528.

Die Wendung „unmittelbar dem Schul- und Bildungszweck dienend“ ist für beide Befreiungen übereinstimmend auszulegen.[1097]

Analog zur Unterrichtstätigkeit privater Bildungseinrichtungen i.S.d. § 4 Nr. 21 a) UStG muss die mehrwertsteuerfreie Unterrichtstätigkeit selbstständiger Dozenten an diesen Bildungseinrichtungen, nach Meinung der Finanzverwaltung, gleichfalls im Rahmen festliegender Lehrprogramme und Lehrpläne[1098] erfolgen.[1099] Nach Verwaltungsauffassung fallen Unterrichtsleistungen in der Form von einzelnen Vorträgen einer selbstständigen Lehrkraft - analog den Einzelvorträgen einer privaten Ergänzungsschule oder anderen allgemeinbildenden oder berufsbildenden Einrichtung -[1100] nicht unter die Steuerbefreiung nach § 4 Nr. 21 b) UStG.[1101]

Die unionsrechtliche Regelung des Art. 132 Abs. 1 j) MwStSystRL begünstigt allerdings sämtliche privat erteilten Unterrichtseinheiten (Lektionen), die sich auf den Schul-/Hochschulunterricht beziehen. Das die unionsrechtlich befreite Unterrichtstätigkeit zwingend in festliegende Lehrprogramme bzw. Lehrpläne eingebettet sein soll, ergibt sich nicht aus dem Wortlaut der Gemeinschaftsnorm.[1102] Zwar muss die Unterrichtsleistung eine bestimmte Qualität aufweisen,[1103] diese resultiert jedoch nicht ausschließlich aus der strikten Vorgabe der Einbettung in einen Lehrplan. Vielmehr ist der Ansicht von Generalanwältin *Sharpston* zuzustimmen, dass unter dem weiten gemeinschaftsrechtlichen Begriff des Schul-/Hochschulunterrichts alle Fächer oder Tätigkeiten zu subsumieren sind, die allgemein in Schulen oder Hochschulen unterrichtet werden und zwar unabhängig davon, ob sie einem streng vorgegebenen Lehrplan oder

---

1097 *Huschens* in: Vogel/Schwarz, UStG, § 4 Nr. 21, Rz. 78; *Tehler* in: Rau/Dürrwächter, UStG, § 4 Nr. 21, Rz. 400.

1098 Der BFH erkennt einen Kurs mit einem Zeitrahmen von insgesamt 360 Minuten, der sich aus 10 zu behandelnden Themen zusammensetzt, als Lehrplan an. BFH, Urteil v. 17.1.2008, V R 52/06, BFH/NV 2008, 725, Rz. 31; *Tehler* in: Rau/Dürrwächter, UStG, § 4 Nr. 21, Rz. 153. Demzufolge können m.E. Unterrichtsleistungen im Rahmen einer eintägigen Lehrveranstaltung, die in den Gesamtkontext der Lehrgangsordnung eines Fachberaterlehrgangs eingebettet sind, als Lehrplan i.S.d. der Ausführungen des UStAE qualifiziert werden.

1099 Abschn. 4.21.3 Abs. 2 UStAE.

1100 Abschn. 4.21.2 Abs. 2 S. 6 UStAE.

1101 Abschn. 4.21.3 Abs. 2 S. 5 UStAE. Dem Ausschluss von Einzelvorträgen wohl zustimmend *Weber*, UR 2008, 525, 528f.

1102 Zutreffend *Philipowski*, UR 2008, 581, 586.

1103 EuGH, Urteil v. 14.6.2007, C-445/05, *Haderer*, HFR 2007, 806, Rz. 31.

Lehrprogramm folgen.[1104] Die Abgrenzung von nach Art. 132 Abs. 1 j) MwSt-SystRL begünstigten Unterrichtseinheiten, die sich auf den Schul-/Hochschulunterricht beziehen, zu steuerpflichtigen Tätigkeiten vollzieht sich folglich über die Auslegung des Begriffs Schul-/Hochschulunterricht. Umsatzsteuerpflichtig sind demnach reine Freizeittätigkeiten ohne schulischen Wert.[1105] Entgegen der Verwaltungsauffassung sind m.E. aus den genannten Gründen auch Einzelvorträge als begünstigte Unterrichtseinheit zu qualifizieren.

3.3 Steuerpolitische Handlungsempfehlung

Die Steuerbefreiung des § 4 Nr. 21 b) UStG entspricht nicht den unionsrechtlichen Vorgaben. Unter Berücksichtigung der bisherigen Erkenntnisse könnte § 4 Nr. 21 b) UStG de lege ferenda wie folgt ausgestaltet werden.

> § 4 UStG „Von den unter § 1 Abs. 1 Nr. 1 fallenden Umsätzen sind steuerfrei:
>
> 21. b) [1]Unterrichtseinheiten, die sich auf die nach § 4 Nr. 21 a) UStG[1106] steuerfreien Bildungsleistungen beziehen, wenn diese Einheiten von einer Lehrkraft, einer natürlichen Person, privat erteilt werden. [2]Satz 1 gilt nur, wenn die Erteilung der Unterrichtseinheiten alleine auf einem Vertragsverhältnis zwischen Lehrkraft und Teilnehmer, oder dessen Eltern, basiert. [3]Satz 1 ist nicht anzuwenden, wenn sich zwischen das Verhältnis von Lehrkraft und Teilnehmer vertraglich ein Dritter schaltet und dieser demnach die Unterrichtseinheiten gegenüber dem Teilnehmer schuldet.“

In der Praxis läuft diese Befreiung oftmals ins Leere, da die Bildungsleistung grundsätzlich von einem Dritten angeboten wird. Dessen Bildungsleistung ist nach § 4 Nr. 21 a) UStG oder § 4 Nr. 22 a) UStG regelmäßig steuerfrei. In Verbindung mit dem daraus resultierenden Vorsteuerabzugsverbot erzeugt die umsatzsteuerpflichtige „Vorleistung“ der selbstständigen Lehrkraft eine verdeckte Umsatzsteuerbelastung, die meist auf den Teilnehmer überwälzt wird. Wünschenswert wäre daher eine umfassende Erweiterung der Befreiung der selbstständigen Lehrkraft auf Gemeinschaftsebene, d.h. des Art. 132 Abs. 1 j) MwSt-SystRL. Vorzugsweise sollte der europäische Gesetzgeber m.E. die sog. unechten Steuerbefreiungen durch echte Steuerbefreiungen mit Vorsteuerabzugsrecht ersetzen.

1104 Schlussanträge der Generalanwältin Sharpston v. 8.3.2007, C-434/05, *Horizon College*, und C-445/05, *Haderer*, beck-online, BeckEuRS 2007, 444686, Rz. 89.

1105 Schlussanträge der Generalanwältin Sharpston v. 8.3.2007, C-434/05, *Horizon College*, und C-445/05, *Haderer*, beck-online, BeckEuRS 2007, 444686, Rz. 89.

1106 Vgl. Kapitel E. V. 2. 5.

VI. Übertragung auf Kooperationsverhältnisse im Weiterbildungsmarkt

In Unterkapitel D. III. wurde bereits erläutert, unter welchen Voraussetzungen und für wen (den einzelnen Kooperationspartner selbst oder das Gemeinschaftsunternehmen) gemeinsam angebotene Weiterbildungsleistungen die Unternehmereigenschaft begründen. Die nachfolgenden Unterkapitel bauen darauf auf und untersuchen für die einzelnen Kombinationen von Kooperationsform und stilisierter Weiterbildungsleistung die Anwendung potenzieller Umsatzsteuerbefreiungen. Folgende Bildungsleistungen werden beleuchtet: ein postgradualer Studiengang, der mit einem akademischen Grad abschließt, eine berufliche Weiterbildungsmaßnahme und eine allgemeinbildende Weiterbildungsmaßnahme mit reinem Freizeitcharakter.

1. Non-Equity Joint Venture

Mehrere Bildungseinrichtungen arbeiten im Rahmen eines Non-Equity Joint Ventures zusammen. Die Kooperation erfolgt in der Form einer BGB-Innengesellschaft, d.h. einer der Gesellschafter bietet die Unterrichts-/Weiterbildungsleistung am Markt an. Gesellschafter sollen sein: eine Einrichtung des öffentlichen Rechts, idealtypisch eine staatliche Hochschule mit gesetzlichem Weiterbildungsauftrag, und zwei privatrechtliche Bildungseinrichtungen. Eine dieser Bildungsinstitutionen verfolgt eigennützige Zwecke mit Gewinnerzielungsabsicht, wohingegen die andere Bildungseinrichtung steuerbegünstigt tätig ist (nach den Vorgaben des nationalen Gemeinnützigkeitsrechts der §§ 51 - 68 AO) und mit ihrer Bildungsleistung selbstlos die Allgemeinheit fördert.

1.1 Weiterbildungsleistung durch juristische Person des öffentlichen Rechts als Gesellschafter einer BGB-Innengesellschaft

Die angebotene Bildungsleistung ist der öffentlich-rechtlichen Einrichtung zuzurechnen. Als relevante Befreiungen kommen Art. 132 Abs. 1 i) MwStSystRL bzw. § 4 Nr. 22 a) UStG in Betracht. Eine juristische Person des öffentlichen Rechts erfüllt die persönlichen Voraussetzungen des Art. 132 Abs. 1 i) MwStSystRL, wenn sie mit den Aufgaben des Schul- und Hochschulunterrichts bzw. der Aus-, Fort- und Weiterbildung betraut ist. D.h. die öffentlich-rechtliche (Bildungs-) Einrichtung erbringt die nach Art. 132 Abs. 1 i) MwStSystRL begünstigte Bildungs-/Unterrichtstätigkeit auf der Grundlage einer gesetzlichen Aufgabenzuweisung oder öffentlich-rechtlichen Satzung.

Gem. der Rechtsprechung des EuGH[1107] liegt begünstigter Schul-/Hochschulunterricht i.S.d. Art. 132 Abs. 1 i) und j) MwStSystRL vor, wenn dieser entweder zu einer Abschlussprüfung zur Erlangung einer Qualifikation führt oder die Teilnehmer für die Ausübung einer Berufstätigkeit ausbildet. Ferner umfasst der o.g. Unterricht jegliche (Bildungs-) Tätigkeiten, die Kenntnisse und Fähigkeiten vermitteln und nicht den Charakter einer bloßen Freizeitgestaltung inne haben. Das Angebot der drei stilisierten (Weiter-) Bildungsleistungen beurteilt sich daher wie folgt.

1.1.1 Postgradualer Weiterbildungsstudiengang mit akademischem Grad

Unterrichtsleistungen von Einrichtungen des öffentlichen Rechts in der Form eines postgradualen Weiterbildungsstudiengangs, der mit der Verleihung eines akademischen Grades abschließt, sind als Schul- und Hochschulunterricht i.S.d. Art. 132 Abs. 1 i) MwStSystRL zu qualifizieren.

Staatliche Hochschulen sind per (Bundes- und Landes-) Gesetz u.a. mit den Aufgaben der Lehre, des Studiums und der Weiterbildung betraut. Folglich erfüllen die öffentlich-rechtlichen Hochschulen die persönlichen Voraussetzungen der Befreiung des Art. 132 Abs. 1 i) MwStSystRL. Mit dem Angebot eines postgradualen Weiterbildungsstudiengangs bildet die Hochschule die Studierenden für die weitere Ausübung einer Berufstätigkeit aus bzw. fort. Folglich sind die Unterrichtsleistungen im Rahmen des o.g. Studiengangs potenziell nach Art. 132 Abs. 1 i) MwStSystRL steuerbefreit.

Vor der Steuerbefreiung ist das entgeltliche Weiterbildungsstudienangebot hinsichtlich der Steuerbarkeit zu untersuchen. Wie bereits unter Kapitel D. III. 1. 1. 3 erläutert, wird die Universität mit dem Angebot des Studiengangs im ersten Prüfschritt grundsätzlich als Unternehmer bzw. Steuerpflichtiger nach Art. 9 MwStSystRL tätig (die weiteren Voraussetzungen für die Steuerbarkeit sind als gegeben anzunehmen). Es handelt sich bei dem Studienangebot um eine wirtschaftliche Tätigkeit, die nachhaltig und gegen Entgelt ausgeführt wird. Zwar wird die staatliche Hochschule damit auf der Grundlage einer öffentlichrechtlichen Sonderregelung tätig, allerdings steht diese Bildungsleistung nicht in einem potenziellen oder tatsächlichen Wettbewerbsverhältnis mit gleichartigen, umsatzsteuerpflichtigen Unterrichtsleistungen Dritter (zweiter Prüfschritt). Privatrechtliche Bildungseinrichtungen können nur dann gleichartige Studien-

---

1107 EuGH, Urteil v. 14.6.2007, C-445/05, *Haderer*, HFR 2007, 806, Rz. 26; EuGH, Urteil v. 28.1.2010, C-473/08, *Ingenieurbüro Eulitz GbR*, DStR 2010, 218, Rz. 29. Dem folgt auch der BFH, vgl. bspw. BFH, Urteil v. 17.1.2008, V R 52/06, BFH/NV 2008, 725, Rz. 26.

gangs-/ Unterrichtsleistungen (Abschluss mit akademischen Grad) erbringen, wenn sie selbst staatlich anerkannt sind. Für diesen Fall verfolgen die Dritten eine (den Einrichtungen des öffentlichen Rechts, die mit solchen Aufgaben betraut sind) vergleichbare Zielsetzung und bilden die Studierenden für die Ausübung einer beruflichen Tätigkeit aus. Die Weiterbildungsleistung der privatrechtlichen Einrichtung müsste demnach staatlich anerkannt und nach Art. 132 Abs. 1 i) MwStSystRL steuerbefreit sein. Aufgrund der Steuerbefreiung der privatrechtlichen Bildungseinrichtung kann keine Wettbewerbsverzerrung entstehen, weshalb die Hochschulen mit der Unterrichtsleistung nicht als Steuerpflichtige gelten (vgl. Art. 13 Abs. 1 MwStSystRL). Demzufolge ist das universitäre Angebot eines postgradualen Studiengangs mit Erlangung eines akademischen Grades nicht umsatzsteuerbar.

1.1.2 Berufliche Weiterbildungsmaßnahme

Die Einrichtung des öffentlichen Rechts bietet die berufliche Weiterbildungsmaßnahme nachhaltig und gegen Entgelt an, d.h. als Unternehmer bzw. Steuerpflichtiger nach Art. 9 MwStSystRL. Mit dem Angebot dieser (Weiter-) Bildungsleistung soll die Hochschule annahmegemäß nicht auf Grundlage einer öffentlich-rechtlichen Sonderregelung, sondern auf privatrechtlicher Grundlage tätig werden (vgl. § 31 Abs. 3 S. 4 LHG-BW für die privatrechtliche Ausgestaltung dieser Weiterbildungsleistungen als sog. Kontaktstudium). Die Sonderregelung des Art. 13 MwStSystRL für die Unternehmereigenschaft der Hochschule ist demnach nicht zu prüfen.

Sollte die Hochschule mit der beruflichen Weiterbildungsleistung nach den landesrechtlichen Vorgaben dennoch auf öffentlich-rechtlicher Grundlage tätig werden, ist Art. 13 Abs. 1 MwStSystRL zu prüfen. Die berufliche Weiterbildungsmaßnahme kann in gleichartiger Form und Qualität (u.a. mit einem Teilnahmezertifikat) auch von einer privatrechtlichen Bildungseinrichtung angeboten werden. Die nichtstaatliche Einrichtung muss nicht zwingend ein den öffentlichen Einrichtungen vergleichbares Bildungsziel verfolgen, sondern kann auch aus bloßem Eigennutz und gewinnmaximierend handeln. Es liegt (tatsächlich oder potenziell) ein schädliches Wettbewerbsverhältnis i.S.v. Art. 13 Abs. 1 MwStSystRL vor. Folglich ist die öffentliche Einrichtung auch in diesem Sonderfall als Steuerpflichtiger zu qualifizieren.

Die staatliche Hochschule bereitet die Studierenden bzw. Teilnehmer mit der beruflichen Weiterbildungsleistung auf die Fortführung ihrer beruflichen Tätigkeit vor und vermittelt hierfür die erforderlichen fachlichen Kenntnisse und Methoden. Die Weiterbildungsleistung hat nicht den Charakter einer bloßen Freizeitgestaltung inne und ist daher unter den weiten unionsrechtlichen Begriff des Schul- und Hochschulunterrichts zu subsumieren.[1108] Infolgedessen ist die Universität mit der beruflichen Weiterbildungsmaßnahme, die ihr per Gesetz oder öffentlich-rechtlicher Satzung zugewiesen wurde, nach Art. 132 Abs. 1 i) MwStSystRL von der Mehrwertsteuer befreit. Das potenzielle oder tatsächliche Wettbewerbsverhältnis mit gleichartigen, umsatzsteuerpflichtigen Bildungsleistungen privatrechtlicher Einrichtungen i.S.d. Art. 13 Abs. 1 MwStSystRL schließt die Anwendung der Umsatzsteuerbefreiung nicht aus - ein Ausschluss nach Art. 134 b) MwStSystRL liegt nicht vor. Andernfalls würde die Begünstigung des Art. 132 Abs. 1 i) MwStSystRL in ihrem Kernbereich ins Leere laufen, da die o.g. berufliche Weiterbildungsmaßnahme direkt den Schul- und Hochschulunterricht betrifft.

Das Unionsrecht kennt für die öffentlich-rechtliche (Bildungs-) Einrichtung und das steuerbefreite Angebot einer beruflichen Weiterbildungsleistung keine weiteren Voraussetzungen. Demgegenüber fordert die nationale Norm des § 4 Nr. 22 a) UStG zusätzlich, dass die öffentliche Einrichtung die Einnahmen aus der Bildungsleistung überwiegend zur Kostendeckung verwendet. Nach einhelliger Auffassung bedeutet überwiegend zu mehr als 50 %.[1109] Diese Kostendeckungsklausel entbehrt einer unionsrechtlichen Grundlage, da die fakultativen Voraussetzungen nach Art. 133 MwStSystRL ausschließlich für Bildungsleistungen privatrechtlicher Einrichtungen gelten können. Die Verwendungsbedingung ist nach meiner Auffassung für öffentlich-rechtliche Bildungseinrichtungen unionsrechtswidrig. Gleichwohl dürften die öffentlichen Einrichtungen in der Praxis bei einer zutreffenden Berücksichtigung aller Ausgaben, die in Zusammenhang mit der beruflichen Weiterbildungsmaßnahme stehen, selten Gewinnspannen von mehr als 50 % erzielen. Falls doch, kann sich die staatliche Hochschule für die Befreiung des Umsatzes direkt auf die Gemeinschaftsnorm des Art. 132 Abs. 1 i) MwStSystRL berufen.

1.1.3 Allgemeinbildende Weiterbildungsmaßnahme

Analog zu den Ausführungen des vorherigen Unterkapitels wird die Einrichtung des öffentlichen Rechts mit der allgemeinbildenden und auf Freizeitzwecke aus-

---

1108 EuGH, Urteil v. 14.6.2007, C-445/05, *Haderer*, HFR 2007, 806, Rz. 26; EuGH, Urteil v. 28.1.2010, C-473/08, *Ingenieurbüro Eulitz GbR*, DStR 2010, 218, Rz. 29.

1109 *Buchna/Seeger/Brox*, Gemeinnützigkeit im Steuerrecht, 2010, 636; *Heidner* in: Bunjes/Geist, UStG, § 4 Nr. 22, Rz. 6; *Hünnekens* in: Hartmann/Metzenmacher, UStG, § 4 Nr. 22, Rz. 25 (Stand 2/1998); *Huschens* in: Vogel/Schwarz, UStG, § 4 Nr. 22, Rz. 38 (Stand 2/2010); *Klenk/Oelmaier* in: Sölch/Ringleb, UStG, § 4 Nr. 22, Rz. 26 (Stand 9/2008); *Tehler* in: Rau/Dürrwächter, UStG, § 4 Nr. 22, Rz. 193 (Stand 4/2011); *Plückebaum/Widmann*, UStG, § 4 Nr. 22, Rz. 18 (Stand 7/1982).

gerichteten Weiterbildungsmaßnahme (nachhaltig, gegen Entgelt und auf privatrechtlicher Grundlage) als Unternehmer bzw. Steuerpflichtiger tätig.

Im Rahmen der allgemeinbildenden Weiterbildungsmaßnahme werden Kenntnisse und Fähigkeiten vermittelt. Diese sollen jedoch auf die Freizeitgestaltung ausgerichtet sein und können folglich nach der Rechtsprechung nicht als Schul- und Hochschulunterricht i.S.d. Art. 132 Abs. 1 i) MwStSystRL qualifiziert werden.[1110]

Das Unionsrecht begünstigt keine (Weiter-) Bildungsleistungen mit reinem Freizeitgestaltungscharakter. Diese Weiterbildungsmaßnahme ist umsatzsteuerpflichtig und unterliegt dem Normalsteuersatz.

1.2. Weiterbildungsleistung durch privatrechtliche Bildungseinrichtung als Gesellschafter einer BGB-Innengesellschaft

Flankierend zur Einrichtung des öffentlichen Rechts sollen zwei privatrechtliche Bildungseinrichtungen Gesellschafter der BGB-Innengesellschaft sein. Idealtypisch handelt es sich um eine eigennützige und eine fremdnützige (d.h. eine nach §§ 51 - 68 AO steuerbegünstigte Körperschaft)[1111] Einrichtung.

Annahmegemäß bietet entweder die eigennützige oder die fremdnützige Bildungseinrichtung eine der drei stilisierten Weiterbildungsleistungen an. Wie bereits unter Kapitel D. III. 1. 1 erläutert, wird eine privatrechtliche Einrichtung mit einer nachhaltigen, gegen Entgelt angebotenen (Weiter-) Bildungsleistung als Unternehmer bzw. Steuerpflichtiger tätig. Es liegt ein steuerbarer Umsatz für die nach außen am Markt auftretende Bildungseinrichtung vor. Diese Beurteilung gilt unabhängig von dem nationalen Status der Bildungseinrichtung als steuerbegünstigte Körperschaft und von der Zuordnung der Weiterbildungsleistung zu einer der drei stilisierten Produktklassen.

Nach meiner Auffassung ist die Eigenschaft als steuerbegünstigte Körperschaft auch für die unionsrechtliche Steuerbefreiung der Weiterbildungs-/Unter-

---

1110 EuGH, Urteil v. 14.6.2007, C-445/05, *Haderer*, HFR 2007, 806, Rz. 26; EuGH, Urteil v. 28.1.2010, C-473/08, *Ingenieurbüro Eulitz GbR*, DStR 2010, 218, Rz. 29. Vgl. auch BFH, Urteil v. 17.1.2008, V R 52/06, BFH/NV 2008, 725, Rz. 26.

1111 Grundsätzlich ist dabei zu beachten, dass das nationale Gemeinnützigkeitsrecht der §§ 51 - 68 AO nicht rechtsformneutral ausgestaltet ist. Der Anwendungsbereich ist gem. § 51 Abs. 1 AO auf Körperschaften i.S.d. KStG begrenzt. Folglich können natürliche Personen, Einzelunternehmen und Personengesellschaften die Steuerbegünstigungen nicht in Anspruch nehmen. Dagegen ist der unionsrechtliche Begriff der Einrichtung nach Art. 132 Abs. 1 i) MwStSystRL rechtsformneutral auszulegen und umfasst natürliche und juristische Personen sowie Zusammenschlüsse. BFH, Urteil v. 17.1.2008, V R 52/06, BFH/NV 2008, 725, Rz. 41 mit Verweis auf die EuGH Rechtsprechung.

richtsleistung ohne Bedeutung. Das von der privatrechtlichen Bildungseinrichtung verfolgte Motiv (eigen- oder fremdnützig) ist für die Umsatzsteuerbefreiung ohne Belang. Des Weiteren lässt sich die Beschränkung des Gemeinnützigkeitsrechts auf Körperschaften, Personenvereinigungen und Vermögensmassen i.S.d. KStG nicht in Einklang mit der Rechtsformneutralität (des Begriffs der Einrichtung) des Art. 132 Abs. 1 i) MwStSystRL bringen.

Demgemäß stellt die Analyse in den nachfolgenden Unterkapiteln direkt auf die jeweilige Weiterbildungsleistung der privatrechtlichen Bildungseinrichtungen ab. Neben den Vorgaben des Art. 132 Abs. 1 i) MwStSystRL, d.h. begünstigter Schul- und Hochschulunterricht sowie mitgliedstaatliches Anerkennungsverfahren für privatrechtliche Einrichtungen,[1112] sind grundsätzlich die fakultativen zusätzlichen Bedingungen des Art. 133 MwStSystRL und deren eventuelle Umsetzung im nationalen Umsatzsteuerrecht zu prüfen. Allerdings hat der deutsche Gesetzgeber bei der Umsetzung des Art. 132 Abs. 1 i) MwStSystRL auf die Möglichkeit, die nationale Befreiung für privatrechtliche Einrichtungen mit einer oder mehreren zusätzlichen Bedingungen gem. den Vorgaben des Art. 133 MwStSystRL zu verknüpfen, verzichtet.[1113]

1.2.1 Postgradualer Weiterbildungsstudiengang mit akademischem Grad

Um einen postgradualen Weiterbildungsstudiengang anzubieten, der mit der Verleihung eines akademischen Grads schließt, müssen die privatrechtlichen Bildungseinrichtungen staatlich bzw. landesrechtlich als Hochschule anerkannt sein (vgl. § 70 HRG und die entsprechende Umsetzung in den Landeshochschulgesetzen, bspw. § 70 LHG-BW).

Im Fall der Anerkennung verfolgen die privatrechtlichen Bildungseinrichtungen mit dem o.g. Weiterbildungsstudiengang m.E. eine den Einrichtungen des öffentlichen Rechts vergleichbare Zielsetzung i.S.d. Art. 132 Abs. 1 i) MwStSystRL. Zugleich liegt eine Anerkennung gem. § 4 Nr. 21 a) UStG vor, da die private Bildungseinrichtung staatlich genehmigt bzw. landesrechtlich erlaubt ist

---

1112 Das Gemeinschaftsrecht normiert keine Bedingungen für die Mitgliedstaaten, wie die Anerkennung der vergleichbaren Zielsetzung privatrechtlicher Einrichtungen ausgestaltet sein soll. Daher liegt es im Ermessen der einzelnen Mitgliedstaaten und der Kontrolle der nationalen Gerichte, die Anforderungen bzw. Vorschriften für eine Anerkennung festzulegen. EuGH, Urteil v. 10.9.2002, C-141/00, *Ambulanter Pflegedienst Kügler GmbH*, DStRE 2002, 1196, Rz. 57; EuGH, Urteil v. 26.5.2005, C-498/03, *Kingscrest Associates und Montecello*, UR 2005, 453, 3. Leitsatz und insbesondere Rz. 48 bis Rz. 53; EuGH, Urteil v. 9.2.2006, C-415/04, *Stichting Kinderopvang Enschede*, DB 2006, 430, Rz. 23.

1113 BFH, Urteil v. 12.2.2009, V R 47/07, BStBl. II 2009, 677, Rz. 22.

und die Studierenden mit dem postgradualen Studiengang auf die Ausübung eines Berufs vorbereitet werden. Die Bildungseinrichtung muss zwingend eine Bescheinigung vorweisen können.[1114]

Der unionsrechtliche Begriff des Schul- und Hochschulunterrichts nach Art. 132 Abs. 1 i) MwStSystRL umfasst auch den o.g. postgradualen Weiterbildungsstudiengang. Dieser führt zu einer Abschlussprüfung (zur Erlangung einer beruflichen Weiterqualifikation) bzw. die privatrechtliche Einrichtung bildet die Studierenden im Hinblick auf eine Berufstätigkeit aus.[1115]

Infolgedessen ist ein postgradualer Weiterbildungsstudiengang, der mit einem akademischen Grad abschließt und von einer privatrechtlichen, landesrechtlich anerkannten Bildungseinrichtung angeboten wird, nach Art. 132 Abs. 1 i) MwStSystRL steuerbefreit. Diese Steuerbefreiung wird demnach unabhängig davon gewährt, ob es sich bei der Bildungseinrichtung um eine nach §§ 51-68 AO steuerbegünstigte Körperschaft handelt.

Dies folgt auch aus dem nationalen Umsatzsteuerrecht: Der postgraduale Weiterbildungsstudiengang einer privatrechtlichen Einrichtung ist nach § 4 Nr. 21 a) UStG steuerbefreit. Die nationale Vorschrift stellt unionskonform auf die staatliche Anerkennung der vergleichbaren Zweckverfolgung ab und befreit den Weiterbildungsstudiengang von der Umsatzsteuer, da es sich um eine unmittelbar dem Schul- und Bildungszweck dienende Leistung handelt.

1.2.2 Berufliche Weiterbildungsmaßnahme

Die berufliche Weiterbildungsmaßnahme einer privatrechtlichen Bildungseinrichtung stellt nach der Rechtsprechung des EuGH begünstigten Schul- oder Hochschulunterricht i.S.d. Art. 132 Abs. 1 i) MwStSystRL dar.[1116]

Die Bildungsleistung ist jedoch nur dann befreit, wenn die privatrechtliche Einrichtung nach nationaler Auslegung eine anerkannte, den Einrichtungen des öffentlichen Rechts, vergleichbare Zielsetzung verfolgt. Der deutsche Gesetzgeber hat diese unionsrechtliche Bedingung in § 4 Nr. 21 a) UStG aufgenommen

---

1114 Der deutsche Gesetzgeber fordert als materiell-rechtliche Voraussetzung der Befreiung von Schul-/Unterrichtsleistungen privater Bildungseinrichtungen das Vorliegen einer (landes-) behördlichen Bescheinigung entsprechend den Bedingungen des § 4 Nr. 21 a) UStG. Vgl. BFH, Urteil v. 23.8.2007, V R 4/05, BFH/NV 2007, 2215, 2. Leitsatz; BFH, Urteil v. 17.1.2008, V R 52/06, BFH/NV 2008, 725, Rz. 44f.; BFH, Urteil v. 17.4.2008, V R 58/05, DStR 2008, 1329, 3. Leitsatz und Rz. 36.

1115 EuGH, Urteil v. 14.6.2007, C-445/05, *Haderer*, HFR 2007, 806, Rz. 26; EuGH, Urteil v. 28.1.2010, C-473/08, *Ingenieurbüro Eulitz GbR*, DStR 2010, 218, Rz. 29.

1116 EuGH, Urteil v. 14.6.2007, C-445/05, *Haderer*, HFR 2007, 806, Rz. 26; EuGH, Urteil v. 28.1.2010, C-473/08, *Ingenieurbüro Eulitz GbR*, DStR 2010, 218, Rz. 29.

und fordert eine (landes-) behördliche Bescheinigung. Dabei bestätigt die Behörde, dass die Bildungs-/Unterrichtsleistungen auf einen Beruf oder eine vor einer juristischen Person des öffentlichen Rechts abzulegende Prüfung ordnungsgemäß vorbereiten. Alternativ muss die privatrechtliche Bildungsinstitution als Ersatzschule gem. Art. 7 Abs. 4 GG staatlich genehmigt oder nach Landesrecht erlaubt sein.[1117]

Die Einrichtung vermittelt mit der Weiterbildungsleistung spezielle Kenntnisse und Fertigkeiten, die zur weiteren Ausübung der beruflichen Tätigkeit notwendig sind. Folglich dürfte die zuständige Landesbehörde die Bescheinigung ohne weiteres ausstellen. Aus Sicht der privatrechtlichen Bildungseinrichtung empfiehlt es sich stets die behördliche Bescheinigung zu beantragen bzw. einzuholen und die Bildungsleistung als umsatzsteuerfrei (nach Art. 132 Abs. 1 i) MwStSystRL bzw. § 4 Nr. 21 a) UStG) zu behandeln. Dies gilt gleichermaßen für die eigennützige als auch für die fremdnützige private Bildungseinrichtung.

Sofern die berufliche Weiterbildungsmaßnahme durch eine steuerbegünstigte Körperschaft i.S.d. §§ 51 - 68 AO erbracht wird, kommt nach nationalem Umsatzsteuerrecht auch die Umsatzsteuerbefreiung nach § 4 Nr. 22 a) UStG in Betracht. Diese Norm begünstigt nur die gesetzlich abschließend aufgezählten Unternehmer, u.a. auch „Einrichtungen, die gemeinnützigen Zwecken [...] dienen". Bei unionskonformer Auslegung fallen die beruflichen Weiterbildungsleistungen ohne Zweifel unter die begünstigten „Vorträge, Kurse und anderen Veranstaltungen wissenschaftlicher oder belehrender Art" des § 4 Nr. 22 a) UStG. Allerdings muss die gemeinnützige Körperschaft nach nationalem Umsatzsteuerrecht jedoch mehr als die Hälfte der Einnahmen zur Deckung der Kosten der Weiterbildungsleistung verwenden. Aufgrund der primär fremd- bzw. gemeinnützigen Zielsetzung der Bildungseinrichtung dürfte diese Bedingung in der Realität stets erfüllt sein.

Die Bildungsleistung fälschlicherweise oder bewusst als umsatzsteuerpflichtig zu behandeln, den Teilnehmern Rechnungen mit Steuerausweis zu stellen und zugleich den Vorsteuerabzug aus Eingangsleistungen geltend zu machen, birgt erhebliches Risikopotenzial für die private Bildungsinstitution. Denn das

1117 Des Weiteren kann nach der nationalen höchstrichterlichen Rechtsprechung die „vom Mitgliedstaat anerkannte vergleichbare Zielsetzung" einer privatrechtlichen Bildungseinrichtung i.S.d. Art. 132 Abs. 1 i) MwStSystRL auch dann vorliegen, wenn die Kosten für die steuerbefreiten Bildungs-/ Unterrichtsleistungen des Art. 132 Abs. 1 i) MwStSystRL) durch den betreffenden Sozialversicherungsträger tatsächlich erstattet werden oder aufgrund (arbeits- oder sozial-) gesetzlicher Regelungen zumindest erstattungsfähig sind. BFH, Urteil v. 21.3.2007, V R 28/04, BStBl. II 2010, 999, Rz. 33 und Rz. 34.

zuständige Finanzamt kann nach Auffassung des BVerwG und der Finanzverwaltung die Bescheinigung für berufs- und prüfungsvorbereitende Unterrichtstätigkeiten von Amts wegen bei der Landesbehörde beantragen.[1118]

1.2.3 Allgemeinbildende Weiterbildungsmaßnahme

Die privatrechtliche Bildungseinrichtung vermittelt den Teilnehmern im Rahmen der allgemeinbildenden Weiterbildungsmaßnahme Kenntnisse und Fähigkeiten, die den Charakter einer bloßen Freizeitgestaltung inne haben sollen. Infolgedessen handelt es sich nach der EuGH-Rechtsprechung nicht um Schul- u. Hochschulunterricht i.S.d. Art. 132 Abs. 1 i) MwStSystRL.[1119] Die (Weiter-) Bildungsleistungen mit reinem Freizeitgestaltungscharakter unterliegen nach dem Gemeinschaftsrecht keiner Befreiung.

BFH-Rechtsprechung und Finanzverwaltung legen die nach § 4 Nr. 22 a) UStG begünstigten Veranstaltungen wissenschaftlicher oder belehrender Art richtlinienkonform aus. Folglich kann die allgemeinbildende Weiterbildungsmaßnahme auch nach nationalem Umsatzsteuerrecht nicht steuerbefreit sein.[1120] Demzufolge sind diese Bildungsleistungen umsatzsteuerpflichtig, wobei der Regelsteuersatz anzuwenden ist.

2. Equity-Joint Venture

Die öffentlich-rechtliche Bildungseinrichtung und die beiden privatrechtlichen Bildungseinrichtungen sollen nun im Rahmen eines Equity-Joint Ventures zusammenarbeiten. Nun soll das rechtlich selbstständige Gemeinschaftsunternehmen die stilisierte Weiterbildungsleistung nachhaltig und gegen Entgelt am Markt anbieten. Dabei ist zwischen der privatrechtlichen oder der öffentlich-rechtlichen Ausgestaltung des Gemeinschaftsunternehmens zu unterscheiden. Hinsichtlich den Fragen, ob das Gemeinschaftsunternehmen mit der Bildungsleistung als Unternehmer bzw. Steuerpflichtiger tätig wird und ob es sich um steuerbare Umsätze des Gemeinschaftsunternehmens handelt, kann auf die Ausführungen des Unterkapitels D. III. 2. 1 zurückgegriffen werden.

1118 Abschn. 4.21.5. Abs. 2 UStAE; BVerwG, Urteil v. 4.5.2006, 10 C 10.5, UR 2006, 517, 2. Leitsatz. Das Urteil des BVerwG erging zur landesbehördlichen Bescheinigung hinsichtlich der Gleichartigkeit kultureller Leistungen nach § 4 Nr. 20 a) UStG.

1119 EuGH, Urteil v. 14.6.2007, C-445/05, *Haderer*, HFR 2007, 806, Rz. 26; EuGH, Urteil v. 28.1.2010, C-473/08, *Ingenieurbüro Eulitz GbR*, DStR 2010, 218, Rz. 29.

1120 Abschn. 4.22.1. Abs. 2 UStAE; BFH, Urteil v. 27.4.2006, V R 53/04, BStBl. II 2007, 16.

Das Mehrwertsteuerrecht berücksichtigt für die umsatzsteuerrechtliche Qualifikation der (Bildungs-) Leistungen eines Gemeinschaftsunternehmens nicht die dahinter stehenden Anteilseigner. Die umsatzsteuerrechtliche Behandlung eines Zusammenschlusses in öffentlich-rechtlicher oder in privatrechtlicher Form erfolgt unabhängig davon, wem die Anteile gehören oder wem letztlich die Erträge zufließen.[1121] Die Beurteilung der Umsatzsteuerbefreiung der einzelnen stilisierten (Weiter-) Bildungsleistungen des Gemeinschaftsunternehmens kann deshalb auf den Ausführungen des Unterkapitels E. VI. 1. aufbauen.

Lediglich für den Fall, dass das Gemeinschaftsunternehmen Dienstleistungen gegen anteiligen Kostenersatz an die Gesellschafter bzw. Mitglieder des Gemeinschaftsunternehmens - für deren steuerbefreite oder nicht umsatzsteuerbare Weiterbildungsleistungen - erbringt, kommt die unionsrechtliche Befreiung des Art. 132 Abs. 1 f) MwStSystRL in Betracht. Da Art. 132 Abs. 1 f) MwStSystRL rechtsformneutral „selbstständige Zusammenschlüsse von Personen" begünstigt, spielt es keine Rolle, ob das Gemeinschaftsunternehmen privatrechtlich oder öffentlich-rechtlich ausgestaltet ist. Vgl. zur möglichen Anwendung dieser Steuerbefreiung auf Kooperationsverhältnisse im Weiterbildungsmarkt die Ausführungen in Unterkapitel E. IV. 4.

2.1 Öffentlich-rechtliches Gemeinschaftsunternehmen

Aufbauend auf den Ausführungen des Unterkapitels E. VI. 1. 1 muss bei dem Angebot eines postgradualen Weiterbildungsstudiengangs, der mit einem akademischen Grad abschließt, an erster Stelle auf die Unternehmereigenschaft des öffentlich-rechtlichen Gemeinschaftsunternehmens abgestellt werden. Das Equity-Joint Venture wird auf öffentlich-rechtlicher Sonderreglung und ohne größere Wettbewerbsverzerrung, d.h. als Nichtsteuerpflichtiger nach Art. 13 Abs. 1 MwStSystRL tätig. Die Weiterbildungsstudiengangsleistung mit Erlangung eines akademischen Grades ist nicht umsatzsteuerbar.

Dagegen wird das öffentlich-rechtliche Gemeinschaftsunternehmen mit der beruflichen Weiterbildungsmaßnahme als Unternehmer bzw. Steuerpflichtiger nach Art. 9 MwStSystRL tätig. Die Sonderregelung des Art. 13 MwStSystRL kommt nicht zur Anwendung. Die berufliche Weiterbildungsleistung ist unter

---

1121 *Widmann* in: Plückebaum/Widmann, UStG, § 2 Abs. 3 UStG, Rz. 13. Die im Bereich der Personengesellschaften für die Ertragsbesteuerung bedeutsame Qualifikation der Gesellschafter als Mitunternehmer nach § 15 Abs. 1 Nr. 2 EStG ist für die Unternehmereigenschaft der Personengesellschaft unerheblich. BFH, Urteil v. 18.12.1980, V R 142/73, BStBl. II 1981, 408; BFH, Urteil v. 27.6.1995, V R 36/94, BStBl. II 1995, 915; *Katterbe*, BGB-Gesellschaft im Steuerrecht, 1999, 155f.; *Fittkau*, GbR im Umsatzsteuerrecht, 2008, 126.

dem unionsrechtlichen Begriff des Schul- und Hochschulunterrichts zu subsumieren. Soweit das staatliche Gemeinschaftsunternehmen per Gesetz oder öffentlich-rechtlicher Satzung mit der Weiterbildung betraut ist, erfüllt das Equity-Joint Venture mit der beruflichen Weiterbildungsleistung die Voraussetzungen des Art. 132 Abs. 1 i) MwStSystRL, d.h. die Leistung ist umsatzsteuerbefreit.

Dagegen fällt die allgemeinbildende Weiterbildungsmaßnahme, die einen Freizeit-/Unterhaltungscharakter inne hat, nicht unter den begünstigten Schul- und Hochschulunterricht i.S.d. Art. 132 Abs. 1 i) und j) MwStSystRL. Infolgedessen ist dieses Weiterbildungsangebot stets umsatzsteuerpflichtig und unterliegt dem Normalsteuersatz.

2.2 Privatrechtliches Gemeinschaftsunternehmen

Die Erläuterungen des Unterkapitels E. VI. 1. 2 zur möglichen Umsatzsteuerbefreiung der stilisierten Weiterbildungsleistungen, die eine privatrechtliche Bildungseinrichtung anbietet, können nahtlos auf das Angebot eines privatrechtlichen Gemeinschaftsunternehmens übertragen werden.

Mit einem postgradualen Weiterbildungsstudiengang, der mit einem akademischen Grad abschließt, kann das privatrechtliche Gemeinschaftsunternehmen nur am Markt auftreten, wenn das Equity-Joint Venture staatlich bzw. landesrechtlich als Hochschule anerkannt ist (vgl. § 70 HRG und die entsprechende Umsetzung in den Landeshochschulgesetzen, bspw. § 70 LHG-BW). Aus der staatlichen Anerkennung folgt nach meiner Auffassung implizit die Verfolgung einer den Einrichtungen des öffentlichen Rechts vergleichbaren Zielsetzung i.S.d. Art. 132 Abs. 1 i) MwStSystRL bzw. die behördliche Bescheinigung nach § 4 Nr. 21 a) UStG. Da die o.g. Studiengangsleistung unter den unionsrechtlichen Begriff des Schul- und Hochschulunterrichts fällt, ist der postgraduale Weiterbildungsstudiengang eines privatrechtlichen (staatlich anerkannten) Gemeinschaftsunternehmens nach Art. 132 Abs. 1 i) MwStSystRL bzw. § 4 Nr. 21 a) UStG steuerbefreit.

Hinsichtlich der beruflichen Weiterbildungsleistung muss zwischen anerkannten und nicht anerkannten Gemeinschaftsunternehmen (i.S.d. vergleichbaren Zielsetzung) unterschieden werden. Der Begriff des Schul- und Hochschulunterrichts umfasst zwar auch diese Bildungsleistung. Die Bildungsleistung ist aber nur nach Art. 132 Abs. 1 i) MwStSystRL bzw. § 4 Nr. 21 a) UStG befreit, wenn eine Anerkennung der (den öffentlich-rechtlichen Bildungseinrichtungen) vergleichbaren Zielsetzung vorliegt, bzw. die Landesbehörde dies bescheinigt. Andernfalls erfüllt das Gemeinschaftsunternehmen die persönlichen Voraussetzungen der Befreiungsvorschrift nicht und die berufliche Weiterbildungsleistung ist umsatzsteuerpflichtig.

Bietet das privatrechtliche Gemeinschaftsunternehmen eine allgemeinbildende Weiterbildungsmaßnahme mit bloßem Unterhaltungs-/Freizeitcharakter an, fällt diese Leistung nicht unter den unionsrechtlichen Begriff des Schul- und Hochschulunterrichts nach Art. 132 Abs. 1 i) und j) MwStSystRL. Folglich ist diese Bildungsmaßnahme steuerpflichtig und unterliegt dem Regelsteuersatz.

3. Weiterbildungsmaßnahmen als Leistungsbündel

Gem. den Erläuterungen in Kapitel C. III. 1. 2. bieten Weiterbildungseinrichtungen regelmäßig zusätzlich zur (nach Art. 132 Abs. 1 i) MwStSystRL) steuerbefreiten Bildungsleistung weitere Leistungen an. Typischerweise sind dies u.a. die Überlassung von Lehr-/Lernmaterial sowie die Beköstigung und Beherbergung der Teilnehmer.

Trotz der stets erforderlichen Abwägung des konkreten Einzelfalls kann das beschriebene Leistungsportfolio einer (Weiter-) Bildungseinrichtung nach meiner Auffassung umsatzsteuerrechtlich wie folgt eingestuft werden. Dem Grundsatz des Trennungsprinzips folgend stellen die begünstigte Weiterbildungsleistung - d.h. die Lehr-/Unterrichtsleistung -, die Beherbergungsleistung, die Beköstigung der Teilnehmer mit Speisen und Getränken im Rahmen der Bildungstätigkeit sowie die flankierenden Leistungen eines eventuellen Rahmenprogramms („Get Together“, Stadtrundführungen u.ä.), jeweils eigenständige Leistungen dar.

M.E. liegt keine einheitliche Leistung i.S.d. der (zweiten) Fallgruppe vor, nach der die einzelnen Leistungen so eng miteinander verbunden sind, dass sie objektiv eine einzige untrennbare wirtschaftliche Gesamtleistung bilden, deren Aufspaltung wirklichkeitsfremd wäre. In Betracht kommt dagegen die alternative Fallgruppe einer einheitlichen Leistung, mit der Differenzierung in Haupt- und Nebenleistung, d.h. in Schul-/Hochschulunterricht und damit eng verbundene Leistungen. Handelt es sich bei den fraglichen Leistungen nicht um eng verbundene Nebenleistungen, liegen eigenständige, getrennte Einzelleistungen vor. Diese sind umsatzsteuerrechtlich gesondert zu beurteilen.

Wie bereits erläutert, entscheidet alleine das nationale Gericht des Mitgliedstaats unter Beachtung der Auslegungshinweise des EuGH, ob im konkreten Einzelfall eine einheitliche Leistung mit Haupt- und Nebenleistung(en) vorliegt.[1122]

1122 EuGH, Urteil v. 25.2.1999, C-349/96, *Card Protection Plan Ltd (CPP)*, Slg der Rechtsprechung 1999, I-973, 2. Leitsatz; EuGH, Urteil v. 1.12.2005, C-394/04 und C-395/04, *Diagnostiko & Therapeftiko Kentro Athinon-Ygeia AE*, IStR 2006, 86, 2. Leitsatz.

3.1. Überlassung von Lehrmaterial

Wenn eine Bildungseinrichtung den Teilnehmern Lehrmaterial zur Verfügung stellt, dann handelt es sich nach - zutreffender - Ansicht der *Europäischen Kommission* um eine eng mit dem Hochschulunterricht verbundene Tätigkeit.[1123] Die Qualifikation als eng verbundene Leistung erfordert, dass eine gleichwertige (steuerbefreite) Unterrichtsleistung ohne die Lernmittel nicht möglich ist.

D.h. die Unterlagen müssen für die Erbringung der Unterrichtsleistung eine bestimmte Art und Qualität aufweisen. Dann ist die Zurverfügungstellung des Lehrmaterials für die Bildungsleistung unmittelbar erforderlich und demnach unerlässlich i.S.d. Art. 134 a) MwStSystRL. In diesem Fall betrifft die eng mit der Lehrtätigkeit verbundene Überlassung der Lernmittel den Kern der steuerbefreiten Bildungsleistung und kann daher nicht dem Wettbewerbsvorbehalt nach Art. 134 b) MwStSystRL unterliegen. Andernfalls würde die Befreiung der Unterrichtsleistung nach Art. 132 Abs. 1 i) MwStSystRL in ihrem Kernbereich in weiten Teilen leer laufen.[1124]

Nach der h.M. kann die Lieferung von Lehr- und Lernmaterial als Nebenleistung qualifiziert werden, sofern dieses „inhaltlich den Unterricht ergänzt, zum Einsatz im Unterricht bestimmt ist, von der Schule oder der Bildungseinrichtung oder dem Lehrer für diese Zwecke selbst entworfen worden ist und bei Dritten nicht bezogen werden kann".[1125] Infolgedessen liegt bei Weiterbildungstätigkeiten regelmäßig eine einheitliche Leistung hinsichtlich der Unterrichts-

---

1123 Vgl. den Standpunkt der *Europäischen Kommission* in EuGH, Urteil v. 20.6.2002, C-287/00, *Kommission / Bundesrepublik Deutschland*, IStR 2002, 483, Rz. 31.

1124 Analog zur höchstrichterlichen Rechtsprechung bezüglich der entgeltlichen Überlassung von Golfbällen aus Ballautomaten sowie zur Golfplatznutzung: BFH, Urteil v. 3.4.2008, V R 74/07, BFH/NV 2008, 1631, Rz. 39; BFH, Urteil v. 2.3.2011, XI R 21/09, DStR 2011, 1179, Rz. 35. Ähnlich für die steuerbefreiten Unterrichtsleistungen nach Art. 132 Abs. 1 i) MwStSystRL: BFH, Urteil v. 7.10.2010, V R 12/10, BStBl. II 2011, 303, Rz. 21.

1125 BFH, Urteil v. 12.12.1985, V R 15/80, BStBl. II 1986, 499. Diese Auffassung wurde von der Finanzverwaltung in Abschn. 4.21.4. Abs. 2 S. 3 UStAE übernommen. Vgl. zudem *Hünnekens* in: Hartmann/Metzenmacher, UStG, § 4 Nr. 21, Rz. 53; *Huschens* in: Vogel/Schwarz, UStG, § 4 Nr. 21, Rz. 50 und Rz. 70; *Tehler* in: Rau/Dürrwächter, UStG, § 4 Nr. 21, Rz. 300; *Oelmaier* in: Sölch/Ringleb, UStG, § 4 Nr. 21, Rz. 50. Bezüglich der Qualifikation von ausgegebenen Broschüren als Nebenleistung einer Seminarleistung vgl. auch BFH, Urteil v. 17.4.2008, V R 39/05, BFH/NV 2008, 1712. Allerdings ist anzumerken, dass der BFH in diesem Verfahren verdeutlichte, dass er an die tatsächliche Würdigung des FG als Tatsacheninstanz gebunden war, „selbst wenn die vom FG vorgenommene Wertung nicht zwingend sondern lediglich möglich" war. BFH, Urteil v. 17.4.2008, V R 39/05, BFH/NV 2008, 1712, Rz. 35.

leistung (Hauptleistung) und der Lieferung des speziell für die Unterrichtsleistung erstellten Lehr- und Lernmaterials (Nebenleistung) vor.[1126]

Unter Berücksichtigung der bisherigen Anmerkungen wäre der Verkauf von nicht im obigen Sinne „eigen erstelltem" Lehr-/Lernmaterial umsatzsteuerpflichtig. Wenn die Bildungseinrichtung im Rahmen der Weiterbildungsleistung ein Lehrbuch zukauft und dieses an die Teilnehmer weitergibt, soll eine eigenständige Lieferung vorliegen und keine Nebenleistung. Nach der hier vertretenen Auffassung ist diese Auslegung zu eng und vor dem Hintergrund des Gemeinschaftsrechts verfehlt. Auch nicht eigen erstellte Lehrunterlagen können als eng mit der Bildungsleistung verbundene Nebenleistung nach Art. 132 Abs. 1 i) MwStSystRL steuerbefreit sein, vorausgesetzt die weiteren Anforderungen des Art. 132 Abs. 1 i) i.V.m. Art. 134 MwStSystRL sind erfüllt.[1127] Auch die *Europäische Kommission* stellt nicht auf das Kriterium „eigenerstellt" ab: Dienstleistungen und Lieferungen von Gegenständen, „die unmittelbar für die Lehre erforderlich seien", wie bspw. die Überlassung von Lehrmaterial, sind als eng mit dem Hochschulunterricht verbundene Leistungen zu beurteilen und demnach gem. Art. 132 Abs. 1 i) MwStSystRL von der Mehrwertsteuer befreit.[1128]

Ferner können nach Ansicht des Schrifttums im konkreten Einzelfall folgende Leistungen, die im Zusammenhang mit einer Unterrichtsleistung erbracht werden, als Nebenleistung eingestuft: Besichtigungen, Exkursionen und Filmvorführungen,[1129] der Verkauf von Vorlesungsverzeichnissen und Programmen[1130] sowie die Aufbewahrung von Garderobe[1131]. Ferner qualifiziert die BFH-Rechtsprechung im Einzelfall als steuerfreie Nebenleistung auch sozialpädagogische Betreuungsleistungen, wie das Vermitteln von Kindergarten- und

---

1126 Bei Weiterbildungsleistungen in der Form eines Fernstudiums bzw. Fernunterrichts stellen die Lehr-/ Lernmittel dagegen die steuerbefreite (Unterrichts-) Hauptleistung dar. *Hünnekens* in: Hartmann/Metzenmacher, UStG, § 4 Nr. 21, Rz. 54.

1127 Die unionsrechtliche Befreiungsvorschrift ist weiter gefasst. *Tehler* in: Rau/Dürrwächter, UStG, § 4 Nr. 22, Rz. 182.

1128 Für die Ansicht der *Europäischen Kommission* vgl. ihre Ausführungen in EuGH, Urteil v. 20.6.2002, C-287/00, *Kommission / Bundesrepublik Deutschland*, IStR 2002, 483, Rz. 31.

1129 *Hünnekens* in: Hartmann/Metzenmacher, UStG, § 4 Nr. 21, Rz. 49.

1130 *Hünnekens* in: Hartmann/Metzenmacher, UStG, § 4 Nr. 22, Rz. 24; *Oelmaier* in: Sölch/Ringleb, UStG, § 4 Nr. 22, Rz. 24; *Schuhmann* in: Rau/Dürrwächter, UStG, § 4 Nr. 22, Rz. 25.

1131 *Hünnekens* in: Hartmann/Metzenmacher, UStG, § 4 Nr. 22, Rz. 24; *Oelmaier* in: Sölch/Ringleb, UStG, § 4 Nr. 22, Rz. 24.

Hortplätzen für Kinder der Teilnehmer von steuerbefreiten Weiterbildungsmaßnahmen.[1132]

Als eng mit der Unterrichtsleistung verbundene Nebenleistungen kommen nach Meinung der Finanzverwaltung ferner in Betracht: die Erteilung von Nachhilfeunterricht durch private Anbieter,[1133] die Abnahme einer Prüfung bezüglich der von der Bildungseinrichtung selbst erbrachten Unterrichtsleistung[1134] sowie ausbildungsbegleitende Hilfen nach § 241 SGB III[1135] inklusive der Freizeitangebote, die das soziale Verhalten der Auszubildenden und damit ihre Berufsausbildung fördern.

3.2 Beherbergung und Beköstigung durch eine Einrichtung des öffentlichen Rechts - durch ein Studentenwerk

3.2.1 Rechtsprechung des BFH und Ansicht der Finanzverwaltung

Der BFH musste sich bereits in zwei Verfahren mit der Frage der eng mit dem Hochschulunterricht verbundenen (Neben-) Leistungen auseinandersetzen.[1136] In zwei ähnlich gelagerten Verfahren wurden die strittigen Leistungen jeweils durch ein Studentenwerk in der Rechtsform einer rechtsfähigen Anstalt des öffentlichen Rechts erbracht. Gegenüber den Studierenden erbrachten die Studentenwerke (in Zusammenwirken mit den Hochschulen) die ihnen gesetzlich zugewiesenen Aufgaben der Dienstleistungen auf wirtschaftlichem, sozialem, gesundheitlichem und kulturellem Gebiet.[1137] Demnach sind beide Anstalten des öffentlichen Rechts als mit entsprechenden Aufgaben betraute Einrichtungen des öffentlichen Rechts nach Art. 132 Abs. 1 i) MwStSystRL zu qualifizieren. In dem ersten Fall betrieb ein Studentenwerk mehrere Studentenwohnheime und

---

1132 BFH, Urteil v. 21.3.2007, V R 28/04, BStBl. II 2010, 999, Rz. 23ff.

1133 Der Nachhilfeunterricht vermittelt keinen neuen Lernstoff vermittelt wird, sondern vertieft und festigt lediglich die Lerninhalte des Schulunterrichts. OFD Frankfurt/Main v. 19.12.2006, S 7179 A - 7 - St 112, UR 2007, 549.

1134 OFD Frankfurt v. 14.8.2003, S-7180 A - 17 - St I 2.30, UR 2004, 100.

1135 Bspw. Maßnahmen zum Abbau von Sprach- und Bildungsdefiziten und zur sozialpädagogischen Begleitung. OFD Koblenz v. 22.4.2009, S 7179 A – St 44 2, beck-online , BeckVerw 159355. Der BFH qualifizierte die genannten Maßnahmen als ausbildungsbegleitende, individuelle Hilfen (Nebenleistungen), die im Einzelfall zur Erreichung des mit der Ausbildung und Umschulung verfolgten Zieles erforderlich und demnach eng mit der (steuerbefreiten Hauptpleistung) Fortbildung und beruflichen Umschulung verbunden sind. BFH, Urteil v. 21.3.2007, V R 28/04, BStBl. II 2010, 999, Rz. 26.

1136 BFH, Urteil v. 19.5.2005, V R 32/03, BStBl. II 2005, 900; BFH, Urteil v. 28.9.2006, V R 57/05, BStBl. II 2007, 846.

1137 BFH, Urteil v. 19.5.2005, V R 32/03, BStBl. II 2005, 900, I.; BFH, Urteil v. 28.9.2006, V R 57/05, BStBl. II 2007, 846, I.

vermietete[1138] den Wohnraum u.a. an Studierende und an in den Wohnheimen tätige Bedienstete (Hausmeister). Der zweite Fall betrifft die Verpflegungsleistungen der Mensabetriebe u.a. gegenüber den Studierenden und den Bediensteten des Studentenwerks, die zur Durchführung der Aufgaben der sozialen Betreuung und Förderung der Studierenden tätig sind.

Die Voraussetzungen der nationalen Steuerbefreiung für die Beherbergung und Beköstigung nach § 4 Nr. 23 UStG waren in den beiden Verfahren nicht einschlägig. Diese Befreiung ist nicht Untersuchungsgegenstand der Arbeit und wird aus den folgenden Gründen nicht weiter analysiert: Der Gesetzeswortlaut setzt u.a. voraus, dass die begünstigten Leistungen an Jugendliche, d.h. an Personen vor Vollendung des 27. Lebensjahrs,[1139] oder an die bei ihrer Erziehung, Ausbildung, Fortbildung oder Pflege tätigen Personen erbracht werden.

Nach der BFH-Rechtsprechung[1140] kann sich eine Bildungseinrichtung, bzw. hier das Studentenwerk, für die Beherbergungs- und Beköstigungsleistungen gegenüber den Teilnehmern von begünstigten Bildungs-/Unterrichtsleistungen direkt und unmittelbar auf Art. 132 Abs. 1 i) MwStSystRL berufen.[1141] Infolgedessen sind sämtliche o.g. Vermietungs- und Verpflegungsleistungen der Studentenwerke als eng mit dem Hochschulunterricht verbundene Nebenleistungen

---

1138 Vermietungsumsätze sind grundsätzlich nach § 4 Nr. 12 a) UStG steuerbefreit. Steuerpflichtig ist dagegen die kurzfristige Vermietungsleistung an Fremde, d.h. nicht an Verwandte, Bekannte oder Arbeitnehmer, gem. § 4 Nr. 12 a) S. 2 UStG. Eine in diesem Sinne kurzfristige Mietdauer liegt nach der Rechtsprechung und den unionsrechtlichen Vorgaben des Art. 135 Abs. 1 l) MwStSystRL i.V.m. Art. 135 Abs. 2 a) MwStSystRL vor, wenn die Zeitgrenze von sechs Monaten nicht überschritten wird. *Heidner* in: Bunjes/Geist, UStG, § 4 Nr. 12, Rz. 31f m.N. der Rechtsprechung.

1139 Infolgedessen dürfte § 4 Nr. 23 UStG für die (Weiter-) Bildungseinrichtungen und ihre Bildungsleistungen wegen des fortgeschrittenen Teilnehmeralters kaum bzw. nur in seltenen Fällen Relevanz entfalten.

1140 BFH, Urteil v. 19.5.2005, V R 32/03, BStBl. II 2005, 900, II. 2. b); BFH, Urteil v. 28.9.2006, V R 57/05, BStBl. II 2007, 846, II. 2.

1141 Die Finanzverwaltung vertritt dagegen - unter Rückgriff auf die Rechtsprechung des BFH aus dem Jahr 1981 - die Position, dass Beherbergung und Beköstigung regelmäßig nicht unmittelbar dem Schul- und Bildungszweck i.S.d. § 4 Nr. 21 a) UStG dienen. Gleichfalls umfasst der Wortlaut der Befreiung des § 4 Nr. 22 a) UStG nur die Vorträge, Kurse und andere Veranstaltungen wissenschaftlicher oder belehrender Art. Folglich können Beherbergung und Beköstigung im Rahmen von Unterrichtsleistungen nach Ansicht der Finanzverwaltung (nur) unter den Voraussetzungen des § 4 Nr. 23 UStG steuerbefreit sein. Eine Befreiung nach § 4 Nr. 21 a) oder § 4 Nr. 22 a) UStG scheidet aus. Vgl. Abschn. 4.21.4. Abs. 3 und Abschn. 4.22.1. Abs. 3 UStAE.

nach Art. 132 Abs. 1 i) MwStSystRL steuerfrei.[1142] Als Gründe führte der BFH an, dass sich im Falle der Umsatzsteuerpflicht der fraglichen Leistungen, die Kosten des Hochschulstudiums erhöhen und dementsprechend der Zugang zum Studium erschwert werden würde.[1143]

Die Finanzverwaltung reagierte auf beide Urteile mit einem Nichtanwendungserlass: Die Studentenwerke erfüllen demgemäß nicht die persönlichen Voraussetzungen des Art. 132 Abs. 1 i) MwStSystRL, da sie selbst keine steuerbefreite Unterrichtsleistung als Hauptleistung erbringen.[1144]

3.2.2 *Eigene Beurteilung*

M.E. ist die Auslegung der Finanzverwaltung nicht stichhaltig. Soweit ersichtlich stellen das Unionsrecht und der Gerichtshof folgende Anforderungen an eine eng mit der Hauptleistung verbundene Nebenleistung: i) die Hauptleistung lässt sich einer in Art. 132 Abs. 1 i) MwStSystRL angeführten Erziehungs-/ Bildungstätigkeit zuordnen,[1145] ii) die Haupt- und die Nebenleistung werden jeweils durch eine Einrichtung i.S.d. Art. 132 Abs. 1 i) MwStSystRL erbracht,[1146] iii) und iv) die Nebenleistung ist für die Hauptleistung nach Art. 134 a) MwStSystRL unerlässlich [1147] und darf zugleich nicht im Wesentlichen dazu bestimmt sein, damit zusätzliche Einnahmen zu erzielen, die in unmittelbarem Wettbewerb mit gleichartigen mehrwertsteuerpflichtigen Leistungen Dritter stehen

---

1142 BFH, Urteil v. 19.5.2005, V R 32/03, BStBl. II 2005, 900, 1. Leitsatz; BFH, Urteil v. 28.9.2006, V R 57/05, BStBl. II 2007, 846, Leitsatz. An dieser Rechtsprechung hielt der BFH auch jüngst fest, obwohl er ausführte, dass die Verpflegungsleistungen einer privatrechtlichen Bildungseinrichtung im Rahmen von Aus- oder Fortbildungsseminaren gegenüber den Teilnehmern keine eng mit der Unterrichtstätigkeit verbundenen Leistungen darstellen. BFH, Urteil v. 7.10.2010, V R 12/10, BStBl. II 2011, 303, Rz. 30.

1143 BFH, Urteil v. 19.5.2005, V R 32/03, BStBl. II 2005, 900, II. 2. aa); BFH, Urteil v. 28.9.2006, V R 57/05, BStBl. II 2007, 846, II. 2. a).

1144 BMF-Schreiben v. 27.9.2007, IV A 6 - S 7175/07/0003, BStBl. I 2007, 768

1145 EuGH, Urteil v. 9.2.2006, C-415/04, *Stichting Kinderopvang Enschede*, DB 2006, 430, Rz. 16; EuGH, Urteil v. 14.6.2007, C-434/05, *Horizon College*, DB 2007, 1450, Rz. 34.

1146 EuGH, Urteil v. 9.2.2006, C-415/04, *Stichting Kinderopvang Enschede*, DB 2006, 430, Rz. 21; EuGH, Urteil v. 14.6.2007, C-434/05, *Horizon College*, DB 2007, 1450, Rz. 34.

1147 EuGH, Urteil v. 9.2.2006, C-415/04, *Stichting Kinderopvang Enschede*, DB 2006, 430, Rz. 25; EuGH, Urteil v. 14.6.2007, C-434/05, *Horizon College*, DB 2007, 1450, Rz. 38.

(gem. Art. 134 b) MwStSystRL).[1148] Entgegen der Verwaltungsauffassung muss die mit den entsprechenden Aufgaben betraute öffentliche Einrichtung bzw. die privatrechtliche Einrichtung, mit von dem Mitgliedstaat anerkannter vergleichbarer Zielsetzung, nicht zwingend flankierend zur eng verbundenen Nebenleistung - gar zeitgleich - auch eine steuerbefreite Bildungs-/Unterrichtsleistung erbringen. M.E. muss eine Einrichtung des öffentlichen Rechts, wie das Studentenwerk, lediglich per Gesetz oder Satzung mit einer/mehreren der unionsrechtlichen Aufgaben (der Erziehung von Kindern und Jugendlichen, dem Schul- und Hochschulunterricht, der Aus- und Fortbildung sowie der beruflichen Umschulung) betraut sein. Nach dem Wortlaut des Art. 132 Abs. 1 i) MwStSystRL muss diese/eine dieser Aufgaben nicht zugleich oder zeitgleich mit der eng verbundenen Nebenleistung ausgeübt werden. Die strikte Position der Finanzverwaltung findet soweit ersichtlich in der bis dato ergangenen EuGH-Rechtsprechung keine Stütze.

Gleichwohl stellen die Vermietungs- und Verpflegungsleistungen der Studentenwerke nach der hier vertretenen Auffassung - entgegen der o.g. BFH-Rechtsprechung - keine eng mit der Bildungstätigkeit der Hochschulen verbundenen (Neben-) Leistungen dar.[1149] Die strittigen Leistungen erfüllen auch aus Sicht des gedachten Durchschnittsverbrauchers einen eigenen Zweck und sind für das Ziel des Hochschulunterrichts, insbesondere die Studierenden/Schüler auf die Ausübung einer beruflichen Tätigkeit auszubilden,[1150] nicht unerlässlich. Unabhängig von den Vermietungs- und Verpflegungsleistungen der Studentenwerke erbringen die Hochschulen eine gleichwertige, steuerbefreite Bildungs-/

1148 EuGH, Urteil v. 9.2.2006, C-415/04, *Stichting Kinderopvang Enschede*, DB 2006, 430, Rz. 30; EuGH, Urteil v. 14.6.2007, C-434/05, *Horizon College*, DB 2007, 1450, Rz. 42.

1149 Vgl. ebenso *Stadie*, der die inhaltliche Begründung des BFH ebenfalls für nicht zutreffend hält. Nach Ansicht von Stadie befindet sich der V. Senat des BFH „auf einem Irrweg“. Die Rechtsprechung verstößt gegen Verfassungsrecht (Bindung der Gerichte an das nationale Gesetz gem. Art. 20 Abs. 3 GG) und gegen Gemeinschaftsrecht (Verpflichtung zur Vorlage an den EuGH nach Art. 267 Abs. 1 b) AEUV). Ferner stellt Stadie - m.E. zutreffend - fest, dass Wohnen und Essen mit dem unionsrechtlich steuerbefreiten Schul- und Hochschulunterricht „rein gar nichts“ zu tun haben. *Stadie* in: Rau/Dürrwächter, UStG, Vor §§ 4-9, Rz. 45.

1150 Des Weiteren bezweckt die Mehrwertsteuerbefreiung des Hochschulunterrichts selbst und der damit eng verbundenen Leistungen, dass der Zugang zum Hochschulunterricht nicht durch die Mehrwertsteuerbelastung verteuert wird. Die Unterrichtsleistung und die damit eng verbundenen Nebenleistungen sollen von der Umsatzsteuer entlastet sein. EuGH, Urteil v. 20.6.2002, C-287/00, *Kommission / Bundesrepublik Deutschland*, IStR 2002, 483, Rz. 47 und Rz. 48.

Unterrichtstätigkeit, da der Unterricht auch ohne Beherbergung und Beköstigung durch das Studentenwerk auf gleichem Niveau und von gleicher Qualität erfolgt.[1151] Flankierend zur fehlenden Unerlässlichkeit tritt das jeweilige Studentenwerk mit den angebotenen steuerbefreiten Vermietungs- und Verpflegungsleistungen in ein Wettbewerbsverhältnis mit gleichartigen, umsatzsteuerpflichtigen Leistungen Dritter (gem. Art. 134 b) MwStSystRL), bspw. mit Hotels, Restaurants oder Imbissbuden. Unter Berücksichtigung der BFH-Rechtsprechung[1152] kann diese Wettbewerbssituation wohl nur dann unbeachtlich sein, wenn die Vermietungs- und Verpflegungsleistungen den Kernbereich der steuerbefreiten Erziehungs-/Bildungstätigkeiten nach Art. 132 Abs. 1 i) MwStSyst-RL, betreffen. Nach der hier vertretenen Auffassung trifft dies nicht zu.

3.3 Beherbergung und Beköstigung durch eine private Bildungseinrichtung - durch einen e.V.

Aus der jüngeren Rechtsprechung des BFH folgt, dass die Beherbergungs- und Beköstigungsleistungen einer privatrechtlichen Bildungseinrichtung im Allgemeinen nicht als eng mit der steuerbefreiten Aus- und Fortbildungstätigkeit verbundene Leistungen gem. Art 132 Abs. 1 i) MwStSystRL qualifiziert werden können.[1153] Unterbringung und Beköstigung sind grundsätzlich keine Nebenleistungen zur steuerbefreiten Hauptleistung. Dies gilt auch dann, wenn sich die Teilnehmer der flankierenden Unterkunfts- und Verpflegungsleistung dahingehend nicht entziehen können,[1154] dass die Bildungseinrichtung - fälschlicherweise - ein einheitliches Entgelt für das Leistungsbündel in Rechnung stellt.

Nach der EuGH-Rechtsprechung ist für die Beurteilung der Beherbergungs- und Beköstigungsumsätze als eng mit der Unterrichtstätigkeit verbundene Leistungen, auf den Zweck der vermeintlich eng verbundenen Leistung und auf das

---

1151 Analog EuGH, Urteil v. 9.2.2006, C-415/04, *Stichting Kinderopvang Enschede*, DB 2006, 430, Rz. 28; EuGH, Urteil v. 14.6.2007, C-434/05, *Horizon College*, DB 2007, 1450, Rz. 39f.

1152 BFH, Urteil v. 3.4.2008, V R 74/07, BFH/NV 2008, 1631, Rz. 39; BFH, Urteil v. 2.3.2011, XI R 21/09, DStR 2011, 1179, Rz. 35. Analog für die Befreiung des Art. 132 Abs. 1 i) MwStSystRL: BFH, Urteil v. 7.10.2010, V R 12/10, BStBl. II 2011, 303, Rz. 21.

1153 BFH, Urteil v. 7.10.2010, V R 12/10, BStBl. II 2011, 303, Rz. 29. Vgl. auch OFD Frankfurt v. 4.3.2011, S 7179 A-47-St 112, beck-online, 2011, BeckVerw 248663; *Hünnekens* in: Hartmann/Metzenmacher, UStG, § 4 Nr. 22, Rz. 24.

1154 OFD Frankfurt v. 4.3.2011, S 7179 A-47-St 112, beck-online, 2011, BeckVerw 248663.

Ziel bzw. den Zweck des Art. 132 Abs. 1 i) MwStSystRL abzustellen.[1155] Diese Befreiung bezweckt den Zugang zu den begünstigten (Hochschulunterrichts-) Bildungsleistungen nicht durch höhere Kosten zu versperren, die entstünden, wenn die Unterrichtstätigkeiten selbst oder die mit ihnen eng verbundenen Umsätze mehrwertsteuerpflichtig wären.[1156] Insbesondere bezweckt die Befreiung der Bildungsleistungen nach Art. 132 Abs. 1 i) MwStSystRL, die Studierenden/ Schüler auf die Ausübung einer beruflichen Tätigkeit vorzubereiten bzw. auszubilden.[1157] Ferner liegen eng mit der Unterrichtstätigkeit verbundene Leistungen vor, wenn diese tatsächlich als Nebenleistungen zum Unterricht erbracht werden und keinen eigenen Zweck erfüllen, sondern das Mittel darstellen, um den Unterricht unter den bestmöglichen Bedingungen zu erhalten.[1158]

Beherbergungs- und/oder Beköstigungsleistungen stehen im Allgemeinen nicht in Verbindung mit der nach Art. 132 Abs. 1 i) MwStSystRL steuerbefreiten Bildungs-/Unterrichtsleistung. Sie sind zwar nach der jüngsten BFH-Rechtsprechung[1159] für eine ganz- bzw. mehrtägige Unterrichtsleistung im Rahmen eines Aus- und Fortbildungsangebots einer privatrechtlichen Bildungseinrichtung nützlich, dennoch sind sie regelmäßig zur Erreichung des o.g. Normzwecks entbehrlich - d.h. nicht unerlässlich gem. Art. 134 a) MwStSystRL. Der BFH begründet dies zutreffend damit, dass die Verpflegung der Seminarteilnehmer lediglich dazu dient, den Komfort und das Wohlbefinden der Teilnehmer im Rahmen der steuerbefreiten Unterrichtstätigkeit zu steigern.[1160]

1155 EuGH, Urteil v. 1.12.2005, C-394/04 und C-395/04, *Diagnostiko & Therapeftiko Kentro Athinon-Ygeia AE*, IStR 2006, 86, Rz. 22f.

1156 EuGH, Urteil v. 11.1.2001, C-76/99, *Kommission / Frankreich*, UR 2001, 62, Rz. 23; EuGH, Urteil v. 20.6.2002, C-287/00, *Kommission / Bundesrepublik Deutschland*, IStR 2002, 483, Rz. 47; BFH, Urteil v. 21.3.2007, V R 28/04, BStBl. II 2010, 999, Rz. 26. Analog argumentierte der EuGH bei eng mit Krankenhausbehandlungen und ärztlichen Heilbehandlungen verbundenen Umsätzen, EuGH, Urteil v. 1.12.2005, C-394/04 und C-395/04, *Diagnostiko & Therapeftiko Kentro Athinon-Ygeia AE*, IStR 2006, 86, Rz. 23 und 25.

1157 EuGH, Urteil v. 20.6.2002, C-287/00, *Kommission / Bundesrepublik Deutschland*, IStR 2002, 483, Rz. 48; EuGH, Urteil v. 1.12.2005, C-394/04 und C-395/04, *Diagnostiko & Therapeftiko Kentro Athinon-Ygeia AE*, IStR 2006, 86, Rz. 27.

1158 EuGH, Urteil v. 14.6.2007, C-434/05, *Horizon College*, DB 2007, 1450, Rz. 27ff.

1159 BFH, Urteil v. 7.10.2010, V R 12/10, BStBl. II 2011, 303, Rz. 29.

1160 BFH, Urteil v. 7.10.2010, V R 12/10, BStBl. II 2011, 303, Rz. 30. Ähnlich bereits der EuGH hinsichtlich der Zurverfügungstellung eines Telefons und der Vermietung von Fernsehgeräten an Krankenhauspatienten sowie der Unterbringung und Verpflegung von Begleitpersonen dieser Patienten, EuGH, Urteil v. 1.12.2005, C-394/04 und C-395/04, *Diagnostiko & Therapeftiko Kentro Athinon-Ygeia AE*, IStR 2006, 86, Rz. 29.

M.E. ist die Beherbergungs- und/oder Beköstigungsleistung zudem nicht von solcher Art und Qualität, dass die Bildungseinrichtung eine gleichwertige Unterrichtstätigkeit nicht ohne diese Leistungen erbringen könnte.[1161] Infolgedessen führen mehrwertsteuerpflichtige Beherbergungs- und/oder Beköstigungsleistungen nach der hier vertretenen Auffassung nicht zu einer Erhöhung der Kosten der Unterrichtstätigkeit.[1162] Ferner erzielen die privaten Bildungseinrichtungen, analog den Studentenwerken, mit diesen (nicht unerlässlichen) Leistungen ihrer Bestimmung nach zusätzliche Einnahmen und stehen in einem Wettbewerbsverhältnis zu gleichartigen mehrwertsteuerpflichtigen Leistungen Dritter (gem. Art. 134 b) MwStSystRL), wie bspw. Hotels, Gaststätten oder Restaurants.[1163]

Nach Ansicht des BFH können Verpflegungsleistungen im Rahmen ganztägiger Unterrichtsleistungen, wie bspw. Tagesseminare, unter bestimmten Voraussetzungen abweichend behandelt werden. Unter Rückgriff auf die EuGH-Entscheidung in der Rs. *Danfoss A/S, Astra Zeneca A/S*[1164] soll die Verpflegung der Teilnehmer ganztägiger Seminare „mit kalten oder kleinen Gerichten im Seminarraum, wie z.B. bei Kaffeepausen, unerlässlich" für die Seminardurchführung sein.[1165] Der EuGH entschied, dass die unentgeltliche Abgabe der

---

1161 Analog EuGH, Urteil v. 9.2.2006, C-415/04, *Stichting Kinderopvang Enschede*, DB 2006, 430, Rz. 28; EuGH, Urteil v. 14.6.2007, C-434/05, *Horizon College*, DB 2007, 1450, Rz. 39.

1162 Analog zur Argumentation des EuGH, wonach die mehrwertsteuerpflichtige Forschungstätigkeit keinen Kostenanstieg des Hochschulunterrichts generiert. EuGH, Urteil v. 20.6.2002, C-287/00, *Kommission / Bundesrepublik Deutschland*, IStR 2002, 483, Rz. 47.

1163 Hinsichtlich der Unterbringung und Verpflegung von Begleitpersonen von Krankenhauspatienten als nicht eng verbundene Umsätze gem. Art. 132 Abs. 1 b) MwStSystRL vgl. EuGH, Urteil v. 1.12.2005, C-394/04 und C-395/04, *Diagnostiko & Therapeftiko Kentro Athinon-Ygeia AE*, IStR 2006, 86, Rz. 29ff. Nach ständiger Rechtsprechung des BFH stellt der Pausenverkauf von kleinen Snacks und Getränken keine Nebenleistung zur Hauptleistung einer steuerbefreiten Theatervorstellung (nach § 4 Nr. 20 a) UStG) dar. Der BFH legt die nationale Befreiung unter Berücksichtigung von Art. 132 Abs. 1 n) MwStSystRL richtlinienkonform aus. Die Abgabe von Speisen und Getränken ist für die Theatervorstellung nicht unerlässlich gem. Art. 134 a) MwStSystRL und kann daher keinesfalls als eng mit der Vorstellung verbundene Leistung qualifiziert werden. BFH, Urteil v. 21.4.2005, V R 6/03, BStBl. II 2005, 899, II.; BFH, Beschluss v. 7.12.2009, XI B 52/09 (NV), BFH/NV 2010, 482, Rz. 5ff.

1164 EuGH, Urteil v. 11.12.2008, C-371/07, *Danfoss A/S, AstraZeneca A/S*, DStR 2009, 168.

1165 BFH, Urteil v. 7.10.2010, V R 12/10, BStBl. II 2011, 303, Leitsatz und Rz. 30; *Tehler* in: Rau/Dürrwächter, UStG, § 4 Nr. 22, Rz. 184.

Mahlzeiten durch eine betriebseigene Kantine an Geschäftspartner und Personal im Rahmen von unternehmensinternen Sitzungen, unter bestimmten Voraussetzungen aus strikt geschäftlichen - nicht unternehmensfremden - Zwecken erfolgt.[1166] Der BFH hat dies auf die ganztägige Seminarleistung der Bildungseinrichtung übertragen: Die Teilnehmerverköstigung „mit kalten oder kleinen Gerichten im Seminarraum“ erfolgt unter den entsprechenden Voraussetzungen gleichfalls nicht unternehmensfremd, sondern im betrieblichen Interesse und ist für die Durchführung von ganztägigen Seminaren unerlässlich.[1167] Folglich soll es sich bei derartigen geringfügigen Verpflegungsleistungen um eng mit der steuerbefreiten Unterrichtstätigkeit (Haupttätigkeit) verbundene Nebenleistungen handeln. Aufbauend auf dieser Rechtsprechung sind m.E. gleichfalls steuerbefreit: die Abgabe kleinerer Snacks, wie Gebäck und Brezeln, sowie die flankierenden Getränke wie z.B. Mineralwasser, Kaffee und Tee.

Bis auf den zuletzt dargestellten Sonderfall der geringfügigen Verpflegungsleistungen sind die im Rahmen einer Weiterbildungsleistung zusätzlich angebotenen Beherbergungs- und/oder Beköstigungsleistungen stets eigenständige und steuerpflichtige Leistungen. Auch falls diese Leistungen zusammen angeboten werden und regelmäßig ein Gesamtentgelt hierfür zu entrichten ist, verlieren sie nicht den jeweils eigenständigen Wert für den Durchschnittsverbraucher.

1166 Strittig war u.a., ob die unentgeltliche Bewirtung von Geschäftspartnern und von Personal im Rahmen von Arbeitssitzungen in einer betriebseigenen Kantine durch mehrwertsteuerpflichtige Gesellschaften als unentgeltliche Wertabgabe gem. Art. 26 MwStSystRL zu beurteilen sei. Dazu muss die Leistung nicht nur unentgeltlich, sondern auch unternehmensfremd sein. Die Mahlzeitenabgabe an Geschäftspartner war im Streitfall indiziell unternehmerisch veranlasst, da der Verzehr in den Räumlichkeiten des Unternehmens, anlässlich von Arbeitssitzungen und innerhalb eines vorgegebenen Zeitrahmens (Uhrzeit und Dauer) stattfand. Zwar erfolgt die Mahlzeitenabgabe an das Personal grundsätzlich für dessen privaten Bedarf, d.h. für unternehmensfremde Zwecke. Aber unter den besonderen Umständen des Streitfalls waren die Unternehmensbedürfnisse den persönlichenen Vorteilen der Arbeitnehmer übergeordnet: i) die rationelle und effizient organisierte Bewirtung durch den Arbeitgeber erfolgt in seinem Unternehmensinteresse, da die unternehmensinternen Sitzungen dann kontinuierlich und ordnungsgemäß ablaufen ii) der Arbeitgeber bestimmt Ort, Zeitraum und Art der Mahlzeit - die Bewirtung mit Sandwiches und kalten Gerichten im Sitzungsraum. EuGH, Urteil v. 11.12.2008, C-371/07, *Danfoss A/S, AstraZeneca A/S*, DStR 2009, 168, Rz. 45ff.

1167 BFH, Urteil v. 7.10.2010, V R 12/10, BStBl. II 2011, 303, Rz. 32.

F. Zusammenfassung und Ausblick

Der nationale Gesetzgeber hat die zwingenden Vorgaben des Unionsrechts mangelhaft, bzw. nur teilweise umgesetzt. Zwar ist eine wortlautgetreue Übernahme der Vorgaben der MwStSystRL nicht zwingend vorgeschrieben, aus Vereinfachungsgründen und aus Gründen der Rechtssicherheit wäre dies gleichwohl wünschenswert.

Dringend reformbedürftig zeigt sich die innerstaatliche Regelung zur Unternehmereigenschaft der öffentlichen Hand, d.h. § 2 Abs. 3 UStG. Wie aufgezeigt, kann diese Norm gleichermaßen für Non-Equity Joint Ventures und Equity Joint Ventures im Weiterbildungsbereich Relevanz entfalten, falls die stilisierte Bildungsleistung (postgradualer Weiterbildungsstudiengang) von einer öffentlich-rechtlichen Einrichtung angeboten wird. Freilich legt der BFH die Vorschrift des § 2 Abs. 3 UStG i.V.m. § 4 KStG richtlinienkonform aus.

Ob der Rechtsanwender bei Rückgriff auf den Gesetzeswortlaut des § 2 Abs. 3 UStG - ohne Kenntnis der einschlägigen, sich stetig weiterentwickelnden höchstrichterlichen Rechtsprechung - zu derselben Einschätzung und Rechtsfolge gelangt, ist nach meiner Auffassung zweifelhaft. Der nationale Gesetzgeber muss die Vorschrift anpassen. In diesem Rahmen sollte er sich von dem BgA-Begriff lösen und zugleich das Kriterium der größeren Wettbewerbsverzerrung bei dem Tätigwerden auf öffentlich-rechtlicher Sonderregelung aufnehmen. Um sich für ertragsteuerrechtliche Zwecke nicht dem Diktat des Unionsrechts und der Auslegung des EuGH zu unterwerfen, sollten die umsatzsteuerrechtlichen von den ertragsteuerrechtlichen Begriffen klar getrennt werden.

Die innerstaatlichen Befreiungsvorschriften im (Weiter-) Bildungsbereich offenbaren ebenfalls mehrfachen Änderungsbedarf. M.E. sollte der Gesetzgeber die befreiten Unterrichtsformen an die unionsrechtlichen Vorgaben des Art. 132 Abs. 1 i) MwStSystRL anpassen.

Dabei ist § 4 Nr. 21 a) UStG sowohl hinsichtlich der Hauptleistung („dem Schul- und Bildungszweck dienenden Leistungen") als auch bezüglich der - nach den unionsrechtlichen Vorgaben - damit eng verbundenen (Neben-) Leistung zu korrigieren. Das nationale Tatbestandsmerkmal der Unmittelbarkeit grenzt den Anwendungsbereich der Norm zu stark ein und ist ersatzlos zu streichen. Vor dem Hintergrund der eng verbundenen Leistungen sind ferner die Ausschlusskriterien der Unerlässlichkeit und des Wettbewerbsverhältnisses mit umsatzsteuerpflichtigen gewerblichen Unternehmen nach Art. 134 MwStSystRL aufzunehmen.

Zudem befreit das Gemeinschaftsrecht gem. Art. 132 Abs. 1 i) MwStSystRL den Schul- und Hochschulunterricht sowie Aus- und Fortbildungsmaßnahmen unabhängig von der Dauer des Unterrichts bzw. der Maßnahmen. Demnach sollte die Finanzverwaltung[1168] auf den streitanfälligen Ausschluss der Einzelvorträge gänzlich verzichten, soweit die Einzelvorträge nicht den Charakter einer bloßen Freizeitgestaltung besitzen und von einer Bildungseinrichtung i.S.d. Art. 132 Abs. 1 i) MwStSystRL angeboten werden.

Gesetzgeberischer Handlungsbedarf offenbart sich ferner bei § 4 Nr. 21 b) UStG, der die (Weiter-) Bildungs-/Unterrichtsleistungen selbstständiger Lehrer befreit. Der Anwendungsbereich der nationalen Norm deckt sich nach der EuGH-Rechtsprechung und der hier vertretenen Auffassung nur in Teilbereichen mit der unionsrechtlichen Vorgabe. Unterschiede zeigen sich bei der „Unmittelbarkeit" der Unterrichtsleistung/der privat erteilten Unterrichtseinheiten, dem Zwang die Unterrichtsleistung an einer bestimmten Bildungseinrichtung zu erbringen und dem begünstigten Personen- bzw. Unternehmerkreis. Eine gemeinschaftskonforme Auslegung ist nicht möglich. Sollte die nationale Befreiung für die Unterrichtstätigkeit der Lehrkraft zu eng gefasst sein, kann sich diese nach der BFH-Rechtsprechung[1169] für die Steuerbefreiung unmittelbar auf die sie begünstigende unionsrechtliche Regelung berufen. Sollte die nationale Befreiung entgegen der MwStSystRL weitergehender gefasst sein, kommt der den Steuerpflichtigen belastenden Gemeinschaftsnorm kein Anwendungsvorrang zu,[1170] d.h. die Lehrkraft kann sich trotz Gemeinschaftsrechtswidrigkeit bis zu einer Gesetzesänderung des § 4 Nr. 21 b) UStG auf die innerstaatliche Steuerbefreiung berufen.[1171]

Der nationale Normwortlaut befreit die Unterrichtsleistungen eines selbstständigen Lehrers, wenn er diese Leistungen an einer Hochschule, öffentlichen Schule oder an einer nach § 4 Nr. 21 a) UStG anerkannten privatrechtlichen Bildungseinrichtung erbringt. Die Befreiung gilt nach Auffassung der Finanzverwaltung (Abschn. 4.21.3 Abs. 1 UStAE) für Personen, die als freie Mitarbeiter an Schulen, Hochschulen und ähnlichen Bildungseinrichtungen Unterricht erteilen, wobei der Lehrer dies durch eine Bescheinigung der Bildungseinrichtung nachzuweisen hat. Hinsichtlich der Bescheinigung ist allerdings weder eine nationale oder noch eine unionsrechtliche Gesetzesgrundlage erkennbar.

1168 Für die Unterrichtsleistungen durch Bildungseinrichtungen vgl. Abschn. 4.21.2 Abs. 2 UStAE und für die Unterrichtsleistungen selbstständiger Dozenten an den Bildungseinrichtungen vgl. Abschn. 4.21.3 Abs. 2 S. 5 UStAE.

1169 BFH, Urteil v. 24.1.2008, V R 3/05, BFH/NV 2008, 1078.

1170 *Tehler*, EU-UStB 2010, 6, 8; *Tehler* in: Rau/Dürrwächter, UStG, § 4 Nr. 21, Rz. 410.

1171 *Korn*, DStR 2010, 688, 691.

Die Verknüpfung zwischen Unterrichtserteilung der Lehrkraft an öffentlicher bzw. staatlich anerkannter Bildungseinrichtung findet sich im Gemeinschaftsrecht nicht: Art. 132 Abs. 1 j) MwStSystRL befreit die privat erteilten Unterrichtseinheiten einer Lehrkraft, die sich auf den Schul-/Hochschulunterricht beziehen. Für eine private Unterrichtstätigkeit muss der Lehrer diese auf eigene Rechnung (volles Honorarrisiko) und in eigener Verantwortung ausführen. Erbringt die Lehrkraft ihre Unterrichtstätigkeit vertragsgemäß für/an eine Bildungseinrichtung, die ihrerseits die Bildungsleistung aufgrund eines gesonderten Vertragsverhältnisses gegenüber den einzelnen Teilnehmern anbietet, geht das Unionsrecht nach der EuGH-Rechtsprechung gerade nicht von einer steuerbefreiten Dozententätigkeit aus. Gemeinschaftsrechtlicher Idealtypus der nach Art. 132 Abs. 1 j) MwStSystRL befreiten Unterrichtseinheiten sind die Privatstunden eines Lehrers in seiner Wohnung oder der Wohnung des Schülers bzw. Studierenden.

Betrachtet man die begünstigte Unterrichtsleistung selbst, zeigen sich ebenfalls Unterschiede. § 4 Nr. 21 b) UStG befreit (analog zu § 4 Nr. 21 a) UStG) nur die unmittelbar dem Schul- und Bildungszweck dienenden Leistungen. Nach Ansicht der Finanzverwaltung in Abschn. 4.21.3 Abs. 2 UStAE muss die Lehrtätigkeit regelmäßig und für eine gewisse Dauer ausgeübt werden sowie auf festliegenden Lehrprogrammen und Lehrplänen basieren. Daher schließt die Verwaltung einzelne Vorträge von der Befreiung aus. Dagegen befreit der Buchst. j) des Art. 132 Abs. 1 im Lichte der verschiedenen Sprachfassungen der MwStSystRL Unterrichtseinheiten bzw. Lektionen, die sich auf den Schul-/Hochschulunterricht beziehen. Flankierend zur Lehrtätigkeit sind auch Tätigkeiten befreit, die im Wesentlichen - also nicht unmittelbar - im Rahmen der Vermittlung von Kenntnissen und Fähigkeiten durch den Lehrer ausgeübt werden. Kein Unterricht im eigentlichen Sinne, aber gleichwohl unionsrechtlich steuerbefreit, sind demgemäß die Prüfungstätigkeiten und Tätigkeiten im Rahmen der fachlichen und organisatorischen Gesamtleitung (bspw. zeitliche und inhaltliche Planung einzelner Kurse, Funktion als zentraler Ansprechpartner für Fragen rund um das Lehrangebot).

Das nationale Tatbestandsmerkmal der Unmittelbarkeit scheint den Anwendungsbereich der innerstaatlichen Befreiung zu stark einzugrenzen und sollte ersatzlos gestrichen werden. Zugleich lässt sich die strikte Forderung der Finanzverwaltung nach einer Einbettung der Unterrichtstätigkeit in einen festliegenden Lehrplan bzw. Lehrprogramm nicht aus dem Unionsrecht ableiten, weshalb m.E. auch der verwaltungsseitige Ausschluss von Einzelvorträgen gemeinschaftsrechtlich nicht legitimiert ist.

Nach Verwaltungsauffassung in Abschn. 4.21.3 Abs. 1 UStAE kommen als begünstigte Unternehmer auch Personenzusammenschlüsse oder juristische Personen in Betracht, die mit der Unterrichtserteilung von einer dritten Bildungseinrichtung - für das Lehrangebot dieser dritten Einrichtung - beauftragt wurden. Demgegenüber begünstigt der Wortlaut des Art. 132 Abs. 1 j) MwStSystRL nur die Unterrichtseinheiten eines Lehrers, d.h. einer natürlichen (Einzel-) Person.

Des Weiteren weicht nach meiner Auffassung der Anwendungsbereich des § 4 Nr. 22 a) UStG teilweise von den unionsrechtlichen Vorgaben des Art. 132 Abs. 1 i) MwStSystRL ab. Der Gesetzeswortlaut der nationalen Norm befreit nur die folgenden Leistungen: Vorträge, Kurse und andere Veranstaltungen wissenschaftlicher oder belehrender Art. Insbesondere die belehrenden (Weiter-) Bildungsangebote können im Widerspruch zu den begünstigten Leistungen nach dem Gemeinschaftsrecht stehen. Der innerstaatliche Begriff der belehrenden Veranstaltungen könnte bspw. Unterrichtsleistungen umfassen, die auf reine Freizeit-/Unterhaltungszwecke ausgerichtet sind. Solche Unterrichtsleistungen begünstigt das Unionsrecht nicht. Übereinstimmend mit dem EuGH sind die begünstigten Erziehungs- und Bildungsleistungen des Art. 132 Abs. 1 i) MwStSystRL dahingehend auszulegen, dass Unterrichtsleistungen, die zwar die Kenntnisse und Fähigkeiten der Schüler und Studierenden (weiter-) entwickeln, aber den Charakter einer bloßen Freizeitgestaltung inne haben, nicht steuerbefreit sind. Eine richtlinienkonforme Auslegung der nach § 4 Nr. 22 a) UStG befreiten „Vorträge, Kurse und Veranstaltungen wissenschaftlicher oder belehrender Art“ ist vorzunehmen. Die innerstaatliche Legislative sollte diese Begrifflichkeiten des § 4 Nr. 22 a) UStG aus Gründen der Rechtsklarheit durch die unionsrechtliche Wendung des Schul- und Hochschulunterrichts ersetzen.

Wie beschrieben begünstigt der Wortlaut der nationalen Norm ausschließlich die Vorträge, Kurse und andere Veranstaltungen wissenschaftlicher oder belehrender Art. Demgegenüber befreit der unionsrechtliche Wortlaut des Art. 132 Abs. 1 i) MwStSystRL zudem die eng mit der Unterrichtsleistung verbundenen (Neben-) Leistungen. Der Anwendungsbereich der nationale Vorschrift des § 4 Nr. 22 a) UStG ist entsprechend zu erweitern, wobei zugleich die diesbezüglichen Kriterien des Art. 134 MwStSystRL im nationalen Recht verankert werden sollten.

Einzelvorträge, die inhaltlich die Kriterien des begünstigten Schul-/Hochschulunterrichts bzw. der beruflichen (Aus- oder Fort-) Bildungsmaßnahmen erfüllen, sind sowohl nach dem nationalen Gesetzeswortlaut des § 4 Nr. 22 a) UStG als auch bei richtlinienkonformer Auslegung der Norm steuerfrei.

Der begrenzte Kreis begünstigter Unternehmer nach § 4 Nr. 22 a) UStG entspricht bei den privatrechtlichen Bildungseinrichtungen nicht der MwStSystRL. Die nationale Vorschrift des § 4 Nr. 22 a) UStG lässt die unionsrechtlich geforderte Anerkennung einer - den öffentlich-rechtlichen Einrichtungen - vergleichbaren Zielsetzung vermissen. Im Rahmen des § 4 Nr. 21 a) UStG, der Befreiung von Privatschulen, hat der Gesetzgeber die Anerkennung im Wortlaut spezifiziert. Demgemäß sind in § 4 Nr. 22 a) UStG vergleichbare Genehmigungs-/Bescheinigungsverfahren für die begünstigten Unterrichtsleistungen privatrechtlicher Bildungseinrichtungen zu normieren. Damit würde das nationale Umsatzsteuerrecht dem unionsrechtlichen Kriterium der anerkannten vergleichbaren Zielsetzung gem. Art. 132 Abs. 1 i) MwStSystRL gerecht werden.

Nach der hier vertretenen Auffassung verstößt die in Teilen bestehende Verknüpfung des § 4 Nr. 22 a) UStG mit den abgabenrechtlichen Vorschriften des nationalen Gemeinnützigkeitsrechts der §§ 51 - 68 AO gegen das Unionsrecht und ist ersatzlos zu streichen.

Das Tatbestandsmerkmal der überwiegenden Kostendeckung des § 4 Nr. 22 a) UStG für (Weiter-) Bildungsleistungen von öffentlich-rechtlichen Einrichtungen, die mit diesen Bildungsaufgaben per Gesetz oder öffentlich-rechtlicher Satzung betraut sind, ist einer richtlinienkonformen Auslegung nicht zugänglich und gleichfalls zu streichen. Aus der MwStSystRL lässt sich für Einrichtungen des öffentlichen Rechts kein dem nationalen Recht vergleichbares Kostendeckungskriterium ableiten. Dessen ungeachtet dürften die Einrichtungen des öffentlichen Rechts mit den begünstigten (Weiter-) Bildungsleistungen in der Praxis stets die Anforderungen erfüllen, da üblicherweise mehr als die Hälfte der Einnahmen zur Deckung der korrespondierenden Kosten verwendet werden.

Für Bildungseinrichtungen, die keine Einrichtungen des öffentlichen Rechts sind, könnte sich das innerstaatliche Kostendeckungskriterium durch Art. 133 a) oder c) MwStSystRL legitimieren. Nach Art. 133 a) MwStSystRL ist es privaten Bildungseinrichtungen nicht erlaubt, eine systematische Gewinnerzielung anzustreben (1. Halbsatz). Zugleich normiert der 2. Halbsatz ein Verteilungsverbot und eine Verwendungsauflage der etwaigen Gewinne: Der Gewinn darf nicht an Mitglieder oder Gesellschafter der privatrechtlichen Einrichtung verteilt werden, vielmehr muss er zur Erhaltung oder Verbesserung der erbrachten Bildungs-/Unterrichtsleistungen verwendet werden. Das nationale Recht kodifiziert allerdings nur eine überwiegende - und nicht eine ausschließliche - Verwendung der Einnahmen zur Kostendeckung der (Weiter-) Bildungsleistung. Infolgedessen legitimiert sich die Verwendungsklausel des § 4 Nr. 22 a) UStG nicht aus Art. 133 a) MwStSystRL. Als unionsrechtliche Grundlage erscheint dagegen die Bedingung einer Preisobergrenze für steuerbefreite Bildungsleistungen nach Art. 133 c) MwStSystRL plausibler. Vor dem Hintergrund des Normzwecks der Bereitstellung möglichst preiswerter (Weiter-) Bildungsleistungen für große Bevölkerungskreise lässt sich die Kostendeckungsklausel durch Art. 133 c) MwStSystRL rechtfertigen. Allerdings darf der jeweilige Mitgliedstaat dieses Zusatzkriterium ausschließlich für Bildungsmaßnahmen privatrechtlicher Einrichtungen normieren. Falls der nationale Gesetzgeber nicht gänzlich auf das Kriterium verzichten möchte, muss § 4 Nr. 22 a) UStG entsprechend modifiziert werden.

Bieten die potenziellen Kooperationspartner die nicht steuerbare oder steuerbefreite Weiterbildungsleistung selbst am Markt an, ermöglicht das Unionsrecht unter den Voraussetzungen des Art. 132 Abs. 1 f) MwStSystRL die Ausgliederung von Vorleistungen auf ein selbstständiges Gemeinschaftsunternehmen. Es handelt sich um einen Zusammenschluss in der Form eines Equity Joint Ventures. Die unionsrechtliche Steuerbefreiung für Zusammenschlüsse ist zweifelsfrei in sämtlichen Wirtschaftsbereichen anwendbar. Demgegenüber hat der nationale Gesetzgeber die gemeinschaftsrechtliche Vorschrift lediglich partiell für Leistungen von Zusammenschlüssen im Gesundheitsbereich umgesetzt. Gleichwohl können sich Bildungseinrichtungen für das „Outsourcing" von Vorleistungen auf das von ihnen gegründete Gemeinschaftsunternehmen, direkt auf das Unionsrecht berufen. Aus Gründen der Rechtsklarheit und Rechtssicherheit sollte der deutsche Gesetzgeber unverzüglich die Vorgaben des Art. 132 Abs. 1 f) MwStSystRL in das nationale Umsatzsteuerrecht transformieren. Dadurch könnte zugleich das drohende Damoklesschwert eines Vertragsverletzungsverfahrens durch die *Europäische Kommission* abgewendet werden.[1172]

Abschließend bleibt festzuhalten, dass sich der einzelne EU-Mitgliedstaat für die Befreiung von (Weiter-) Bildungsleistungen ausschließlich solcher unionsrechtlicher Tatbestandsmerkmale bedienen darf, die in den Art. 132 bis Art. 134 MwStSystRL angeführt werden. Darüber hinausgehende bzw. letztlich nicht deckungsgleiche Bedingungen führen zwangsläufig zur Richtlinienwidrigkeit der nationalen Regelungen.

1172 *Europäische Kommission*, Pressemitteilung IP/11/428, v. 6.4.2011.

Anhang

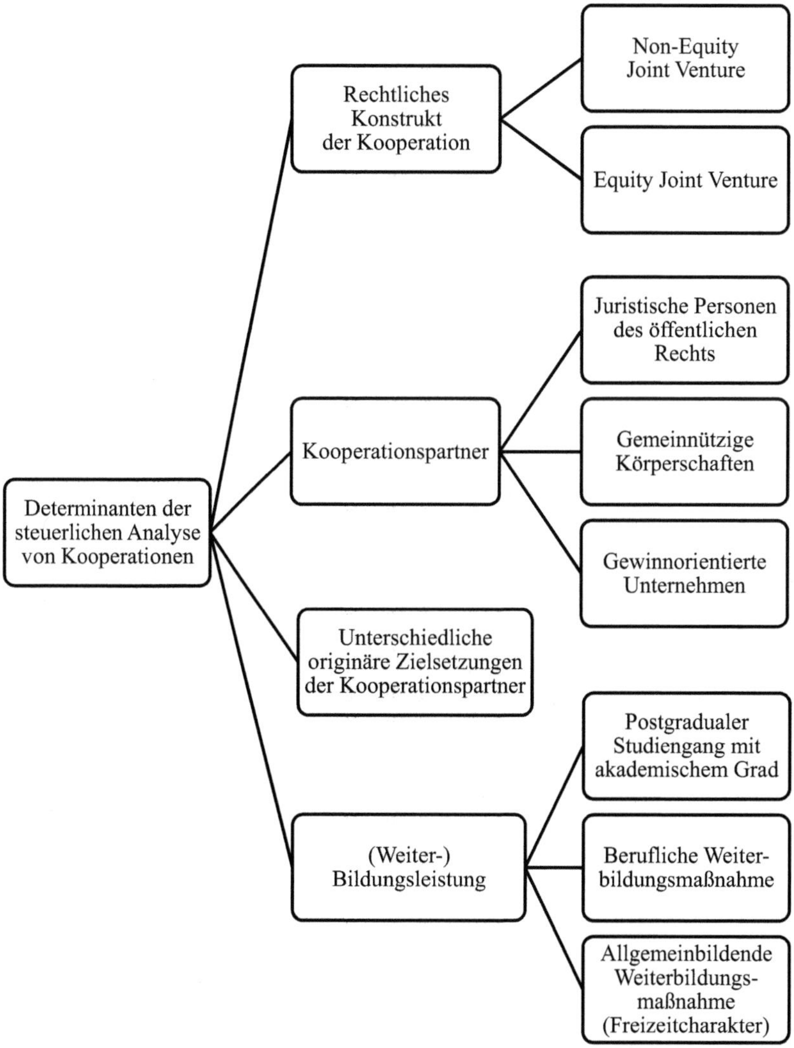

Abbildung 2: Determinanten der steuerlichen Analyse von Kooperationen

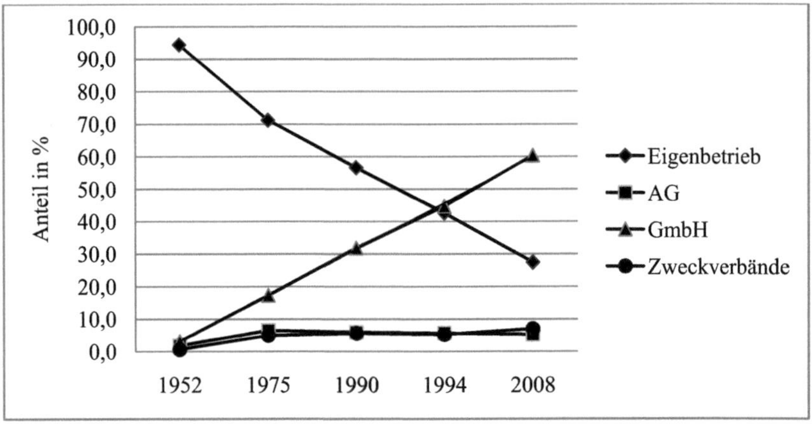

Abbildung 3: Rechtsformen Mitglieder VKU e.V. (bundesweit) im Zeitverlauf[1173]

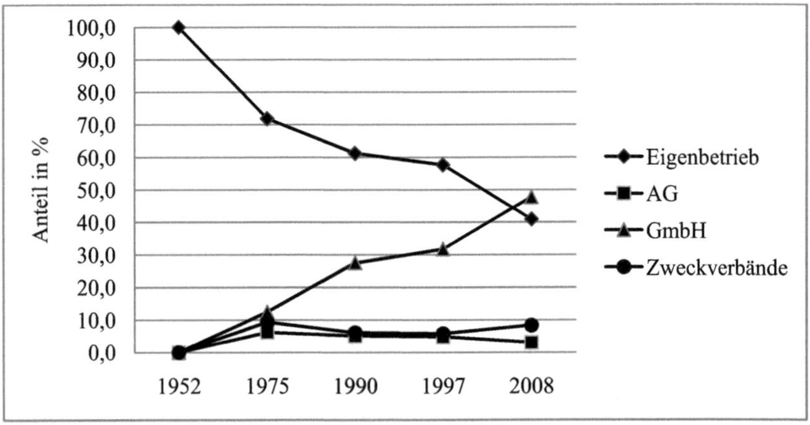

Abbildung 4: Rechtsformen Mitglieder VKU e.V. (Betrachtung Bundesland Baden-Württemberg) im Zeitverlauf[1174]

1173 Im Gegensatz zur Abbildung 1 wurden in dieser Darstellung die Angaben für das Jahr 2008 um die weiteren Rechtsformen - Anstalten und Körperschaften des öffentlichen Rechts, sonstige öffentliche Rechtsformen und sonstige Gesellschaften - bereinigt.

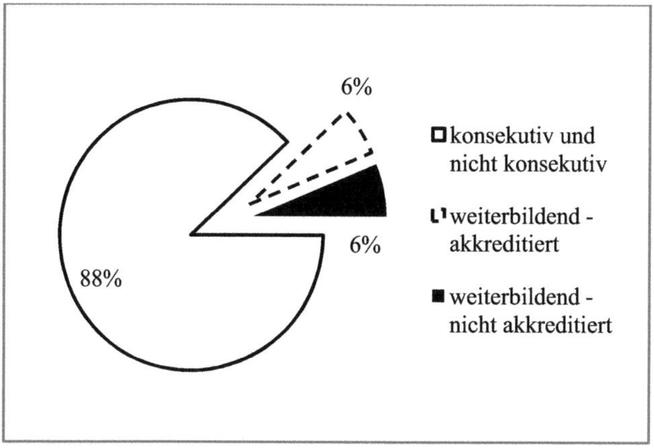

Abbildung 5: Masterstudienangebote SS 2010, Hochschulrektorenkonferenz und Stiftung zur Akkreditierung von Studiengängen in Deutschland

---

1174 Im Gegensatz zur Abbildung 1 wurden in dieser Darstellung die Angaben für das Jahr 2008 um die weiteren Rechtsformen - Anstalten und Körperschaften des öffentlichen Rechts, sonstige öffentliche Rechtsformen und sonstige Gesellschaften - bereinigt.

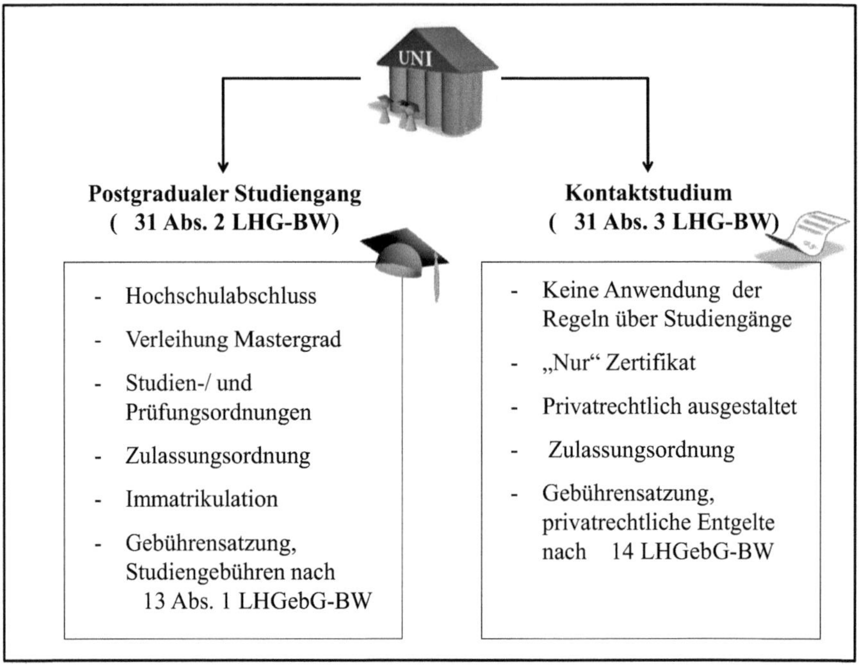

Abbildung 6: Weiterbildungsangebote nach § 31 LHG-BW

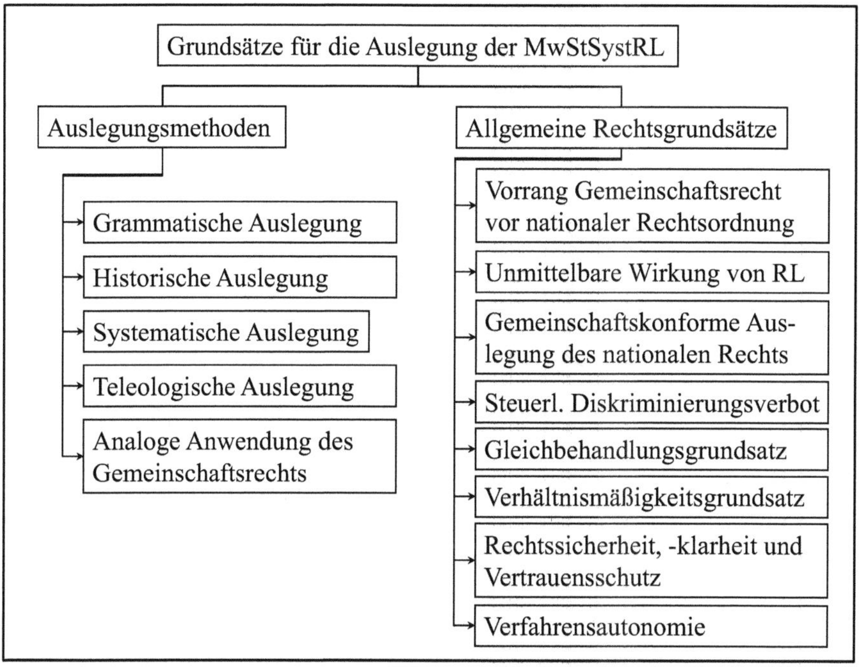

Abbildung 7: Grundsätze für die Auslegung der MwStSystRL[1175]

1175 Eigene Darstellung, in Anlehnung an die Ausführungen von *Wäger*, Besteuerung ig Reihengeschäfte, 2001, 19ff. und von *Berger/Kindl/Wakounig*, Mehrwertsteuersystemrichtlinie, 2009, 9ff.

Literaturverzeichnis

Achatz, Markus (Umsatzsteuer und Gemeinnützigkeit): Umsatzsteuer und Gemeinnützigkeit, in: Jachmann (Hrsg.), Gemeinnützigkeit - DStJG Band 26, Köln 2003, 279-306

Achatz, Markus (Handel mit Zahnersatz im Binnenmarkt): Der Handel mit Zahnersatz im Binnenmarkt - Anmerkungen zum Problem der juristischen Doppelbesteuerung im Umsatzsteuer-Binnenmarkt, in: Kirchhof/Nieskens (Hrsg.), Festschrift für Wolfram Reiss, Köln 2008, 169-193

Achatz, Markus: Seminar B: Umsatzbesteuerung der öffentlichen Hand aus gemeinschaftsrechtlicher Sicht, IStR 2008, 541-544

Albach, Horst (Joint Ventures): Joint Ventures: Praxis internationaler Unternehmenskooperationen (Sonderdruck ZfB), Wiesbaden 1991

Alvermann, Jörg (Umsatzbesteuerung der Mitgliedsbeiträge): Die Umsatzbesteuerung der Mitgliedsbeiträge, in: Hüttemann/Rawert/Schmidt/Weitemeyer (Hrsg.), Non Profit Law Yearbook 2008, Köln 2009, 55-67

Alvermann, Jörg in: Streck, Körperschaftsteuergesetz: Kommentar, 7. Auflage, München 2008

Anheier, Helmut/Toepler, Stefan: Definition und Phänomenologie der Nonprofit-Organisationen, in: Hopt/von Hippel/Walz (Hrsg.), Nonprofit-Organisationen in Recht, Wirtschaft und Gesellschaft, Tübingen 2005, 17-33

Autorengruppe Bildungsberichterstattung (Bildung in Deutschland 2008): Bildung in Deutschland 2008 - Ein indikatorengestützter Bericht mit einer Analyse zu Übergängen im Anschluss an den Sekundarbereich I, 1. Auflage, Bielefeld 2008

Autorengruppe Bildungsberichterstattung (Bildung in Deutschland 2010): Bildung in Deutschland 2010 - Ein indikatorengestützter Bericht mit einer Analyse zu Perspektiven des Bildungswesens im demografischen Wandel, Bielefeld 2010

Ax, Thomas/Reichert, Friedhelm: Steuerrechtliche Implikationen einer PPP, LKV 2007, 265-266

Axelrod, Robert (Evolution der Kooperation): Die Evolution der Kooperation, 6. Auflage, Oldenburg 2005

Bader, Hermann Georg (Hoheitsbetrieb und Betrieb gewerblicher Art): Hoheitsbetrieb und Betrieb gewerblicher Art im Umsatz- und Körperschaftsteuerrecht - Gleichheitsmaßstab und Systemgedanke im Steuerrecht, Frankfurt 1997

Baldauf, Uwe: Brennpunkte der kommunalen Steuerpraxis: "Problematische Divergenzen zwischen steuerpflichtiger wirtschaftlicher Betätigung und steuerfreier hoheitlicher Tätigkeit", DStZ 2008, 327-336

Baldauf, Uwe: Kommunale Hoheitsbetriebe im Steuerfokus - Verfängliche Abgrenzungsprobleme richtig einschätzen und geeignete Gestaltungspotenziale wohlbedacht ausnutzen, DStZ 2011, 35-50

Balling, Richard (Kooperation): Kooperation - Strategische Allianzen, Netzwerke, Joint Ventures und andere Organisationsformen zwischenbetrieblicher Zusammenarbeit in Theorie und Praxis, 2. Auflage, Frankfurt am Main 1998

Baumanns, Axel/Wirbel, Bernd in: Gummert/Weipert, Münchener Handbuch des Gesellschaftsrechts - Band I: Kommentar, 3. Auflage, München 2009

Baur, Florian (Gemeinnützigkeitsrecht i.S.d. 6. EG-Richtlinie): Gemeinnützigkeitsrecht im Sinne der 6. EG-Richtlinie, Jena 2005

Bayer, Walter/Hoffmann, Thomas: Kapitalgesellschaften als Hochschulrechtsträger, AG 2010, R340-R342

Becker, Alexander/Kretzschmann, Jens: Umsatz- und ertragsteuerrechtliche Folgen aus der EuGH-Rechtsprechung "Kennemer Golf & Country Club" - Entkopplung der ertragsteuerrechtlichen und der umsatzsteuerrechtlichen Beurteilung von Mitgliedsbeiträgen, DStR 2008, 1985-1993

Becker, Alexander/Kretzschmann, Jens: Umsatzbesteuerung von Gastvorträgen unter Berücksichtigung der aktuellen EuGH-Rechtsprechung, UR 2007, 873-881

Becker, Ralph (PPP in der Forschung): Zielplanung und -kontrolle von Public Private Partnership in der Forschung, 2008

Becker, Thomas/Dammer, Ingo/Howaldt, Jürgen/Killich, Stephan/Loose, Achim (Netzwerkmanagement): Netzwerkmanagement - Mit Kooperation zum Unternehmenserfolg, 2. Auflage, 2007

Benisch, Werner (Kooperationsfibel): Kooperationsfibel Bundesrepublik und EWG, Bergisch Gladbach 1973

Benkenstein, Martin/Beyer, Thomas (Kooperationen im Marketing): Kooperationen im Marketing, in: Zentes/Swoboda/Morschett (Hrsg.), Kooperationen, Allianzen und Netzwerke - Grundlagen - Ansätze - Perspektiven, 2. Auflage, Wiesbaden 2005, 797-819

Berger, Wolfgang/Kindl, Caroline/Wakounig, Marian (Mehrwertsteuersystemrichtlinie): Mehrwertsteuersystemrichtlinie - Praxiskommentar, Wien 2009

Birkenfeld, Wolfram (Global Contracts): Überlegungen zu grenzüberschreitenden Leistungen - Global Contracts, in: Kirchhof/Nieskens (Hrsg.), Festschrift für Wolfram Reiss, Köln 2008, 137-155

Birkenfeld, Wolfram in: Birkenfeld, Das große Umsatzsteuer-Handbuch: Kommentar, 51. Erg. Loseblatt, Köln 2010

Birkenfeld, Wolfram/Forst, Christian (Umsatzsteuerrecht im Europäischen Binnenmarkt): Das Umsatzsteuerrecht im Europäischen Binnenmarkt - Erläuterungen zum Mehrwertsteuersystem nach der 6. Umsatzsteuer-Richtlinie mit einer Textsammlung aller maßgebenden Richtlinien, 3. Auflage, Bielefeld 1998

Birkenfeld, Wolfram: Juristische Personen des öffentlichen Rechts als Unternehmer (§ 2 Abs. 3 UStG), UR 1989, 1-9

Blankart, Charles B./Gehrmann, Björn: Der Dritte Sektor in der Europäischen Union: Die Daseinsvorsorge aus ökonomischer Sicht, in: Schmidt-Trenz/Stober (Hrsg.), Jahrbuch Recht und Ökonomik des Dritten Sektors 2005/2006 (RÖDS) - Der Dritte Sektor im 21. Jahrhundert - Auslauf- oder Zukunftsmodell?, Baden-Baden 2006, 36-71

BMBF (Empfehlungen Innovationskreis Weiterbildung): Empfehlungen des Innovationskreises Weiterbildung für eine Strategie zur Gestaltung des Lernens im Lebenslauf, Bonn 2008

BMBF (Leben und Lernen): Leben und Lernen für eine lebenswerte Zukunft - die Kraft der Erwachsenenbildung: Confintea VI-Bericht Deutschland The Development and State of the Art of Adult Learning and Education (ALE), Bonn 2008

Boetius, Jan: Der Begriff "Ausübung öffentlicher Gewalt (Hoheitsbetrieb)" im Steuerrecht, DB 1996, Beilage 17, 1-12

Bosche, Karin: Selektive Anwendung des ermäßigten Steuersatzes - Überlegungen zu Konsequenzen für Organschaft und Steuerbefreiungen -, UR 2011, 641-648

Brinkmann, Jan in: Lüdicke/Rieger, Münchener Anwaltshandbuch Unternehmenssteuerrecht: Kommentar, München 2004

Brinkmann, Jan in: Lüdicke/Sistermann, Unternehmensteuerrecht: Kommentar, München 2008

Brönner, Herbert/Schroller, Wolfgang (Ertragsteuerliche und umsatzsteuerliche Probleme der BgA im Hochschulbereich): Ertragsteuerliche und umsatzsteuerliche Probleme der Betriebe gewerblicher Art (BgA) im Hochschulbereich - eine Bestandsaufnahme, in: Schneider/Rückle/Küpper (Hrsg.), Kritisches zu Rechnungslegung und Unternehmensbesteuerung - Festschrift zur Vollendung des 65. Lebensjahres von Theodor Siegel, Berlin 2005, 479-497

Buchna, Johannes/Seeger, Andreas/Brox, Wilhelm (Gemeinnützigkeit im Steuerrecht): Gemeinnützigkeit im Steuerrecht, 10. Auflage, Bremen 2010

Bund-Länder-Kommission für Bildungsplanung (Bildungsgesamtplan): Bildungsgesamtplan - Band I, Stuttgart 1973

Bund-Länder-Kommission für Bildungsplanung und Forschungsförderung (Strategie für Lebenslanges Lernen in der BRD): Strategie für Lebenslanges Lernen in der Bundesrepublik Deutschland - Materialien zur Bildungsplanung und zur Forschungsförderung, Heft 115, Bonn 2004

Bundesministerium der Finanzen (Abgabenrechtliche Privilegierung gemeinnütziger Zwecke auf dem Prüfstand): Die abgabenrechtliche Privilegierung gemeinnütziger Zwecke auf dem Prüfstand - Gutachten des Wissenschaftlichen Beirats beim Bundesministerium der Finanzen, Berlin 2006

Burgi, Martin (Kommunalrecht): Kommunalrecht, 2. Auflage, München 2008

Burgmaier, Bernd: Anmerkung zum EuGH, Urteil v. 20.11.2003, C-8/01, *Assurandør-Societetet Taksatorringen*, UR 2004, 82-92, UR 2004, 89-92

Burgmaier, Bernd: Anmerkung zu EuGH, Urteil v. 15.3.2007, C-35/05, *Reemtsma Cigarettenfabriken GmbH*, UR 2007, 343-348, UR 2007, 343-350

Coase, Ronald: The Problem of Social Cost, Journal of Law and Economics 1960, Volume 3, 1-44

Copenhagen Economics/KPMG AG: Mehrwertsteuer im öffentlichen Sektor und Mehrwertsteuerbefreiungen im öffentlichen Interesse - Abschlussbericht für Taxud/2009/DE/316

Dahm, Joachim/Hamacher, Rolfjosef: Steuerfreier Zusammenschluss - Lösung für das Outsourcing bei Kreditinstituten, Versicherungen und anderen Finanzdienstleistern -, UR 2009, 869-877

Deutscher Bildungsrat (Empfehlungen der Bildungskommission): Empfehlungen der Bildungskommission, Strukturplan für das Bildungswesen, Stuttgart 1970

Deutscher Industrie- und Handelskammertag e.V.: Weiterbildung 2010 - Ergebnisse einer IHK-Online-Unternehmensbefragung, http://www.dihk.de/presse/meldungen/meldung012469, abgerufen am 24.01.2012

Dewe, Bernd/Weber, Peter (Wissensgesellschaft und Lebenslanges Lernen): Wissensgesellschaft und Lebenslanges Lernen - Eine Einführung in bildungspolitische Konzeptionen der EU, Bad Heilbrunn 2007

Dickopp, Friedrich: Umsatzsteuerbefreiung bestimmter dem Gemeinwohl dienender Tätigkeiten nach § 4 UStG und Gemeinschaftsrecht, UR 2007, 553-565

Diebel, Harald/Groß, Alexander in: Strahl, Ertragsteuern - Problemanalysen, Problemlösungen, Gestaltungen: Kommentar, 1. Auflage, Bonn 2009

Dietrich, Stephan; Schade, Hans-Joachim; Behrensdorf, Bernd (Projekt Weiterbildungskataster): Ergebnisbericht Projekt Weiterbildungskataster - Forschungsbericht Anbieterforschung, http://www.die-bonn.de/doks/dietrich0803.pdf, 2.6.2008

Dietrich, Stephan; Widany, Sarah (Weiterbildungseinrichtungen in Deutschland): Weiterbildungseinrichtungen in Deutschland - Problemaufriss für eine Erhebungsstrategie, http://www.die-bonn.de/doks/dietrich0701.pdf, 17.6.2008

Dohmen, Günther (Das lebenslange Lernen): Das lebenslange Lernen - Leitlinien einer modernen Bildungspolitik, 1. Auflage, Bonn 1996

Dötsch, Ewald/Pinkos, Erich: Körperschaftsteuerrichtlinien 2004/Körperschaftsteuer-Handbuch 2004, DB 2005, 125-132

Droege, Michael (Gemeinnützigkeit im offenen Steuerstaat): Gemeinnützigkeit im offenen Steuerstaat, Tübingen 2010

Dziadkowski, Dieter: "Heimliche" Umsatzsteuer infolge von Steuerbefreiungen mit Vorsteuerabzugsverbot, DStZ 1985, 419-421

Dziadkowski, Dieter: Erheblicher Reformbedarf bei der Umsatzbesteuerung der Öffentlichen Hand aus gemeinschaftsrechtlicher Sicht - zugleich Anmerkung zum EuGH-Urteil Salix vom 4.6.2009, IStR 2009, 835-838

Dziadkowski, Dieter: Sinn und Widersinn von Steuerbefreiungen im Mehrwertsteuersystem - Kritische Anmerkungen zu unechten Steuerbefreiungen -, UR 2006, 87-91

Dziadkowski, Dieter: Zur umsatzsteuerlichen Behandlung der öffentlichen Hand, BB 2011, 3031-3036

Eckstein, Wolfram: Typen von Gemeinschaftsunternehmen und Motive für ihre Gründung, BB 1972, Beilage 1, 7-13

Ehrt, Cornelia: Töpfer- und Tanzkurse umsatzsteuerfrei?, DStR 2008, 1469-1475

Eisgruber, Thomas: Belastungsvergleiche nach Rechtsformen nach der Unternehmensteuerreform, Der Konzern 2008, 343-351

Engelsing, Lutz/Latsch, Volker: Non-Profit Organisationen als Seminaranbieter - Ertrag- und umsatzsteuerliche Behandlung bei gemeinnützigen Organisationen und Berufsverbänden, NWB 2006, 7, 6715-6721

Englisch, Joachim: Ausnahmen und Ermäßigungen bei der Umsatzsteuer - Reformbedarf und Reformvorschläge -, UR 2011, 401-410

Erichsen, Hans-Uwe (Hochschulprivatisierung): Zulässigkeit, Grenzen und Folgen der Hochschulprivatisierung, 2000, http://www.che.de/downloads/Gutachten.pdf

Europäische Kommission, Grünbuch über die Zukunft der Mehrwertsteuer - Wege zu einem einfacheren, robusteren und effizienteren MwSt-System, KOM (2010) 695 = BR-Drs. 799/10

Everling, Ulrich: Zur Auslegung des durch EG-Richtlinien angeglichenen nationalen Rechts, ZGR 1992, 376-395

Eversberg, Horst (Gemeinnützigkeit und Vermögensverwaltung: Abgrenzungsfragen und Problembereiche): Gemeinnützigkeit und Vermögensverwaltung: Abgrenzungsfragen und Problembereiche, in: Wachter (Hrsg.), Festschrift für Sebastian Spiegelberger zum 70. Geburtstag - Vertragsgestaltung im Zivil- und Steuerrecht, Bonn 2009, 1272-1284

Eversberg, Horst/Baldauf, Uwe: Der gemeinnützige Betrieb gewerblicher Art als steuerbegünstigter wirtschaftlicher Geschäftsbetrieb (Zweckbetrieb) einer juristischen Person des öffentlichen Rechts, DStZ 2011, 597-616

Expertenrat Nordrhein-Westfalen im Rahmen des Qualitätspaktes, Abschlussbericht v. 20.02.2001, http://www.verwaltung.uni-wuppertal.de/misc/ExpertenratAllgemein.pdf, abgerufen am 24.01.2012

Fabry, Beatrice in: Fabry/Augsten, Handbuch Unternehmen der öffentlichen Hand: Kommentar, 1. Auflage, Baden-Baden 2002

Faisst, Sabine in: Haug, Das Hochschulrecht in Baden-Württemberg - Systematische Darstellung: Kommentar, 2. Auflage, Heidelberg 2009

Faulstich, Peter (Weiterbildung): Weiterbildung: Begründungen lebensentfaltender Bildung, München 2003

Faulstich, Peter/Graeßner, Gernot/Bade-Becker, Ursula/Gorys, Bianca: Länderstudie Deutschland, in: Hanft/Knust (Hrsg.), Weiterbildung und lebenslanges lernen in Hochschulen: Eine internationale Vergleichsstudie zu Strukturen, Organisation und Angebotsformen, 1. Auflage, Münster 2007, 87-164

Faulstich, Peter/Vespermann, Peer (Weiterbildung in den Bundesländern): Weiterbildung in den Bundesländern - Materialien und Analysen zu Situation, Strukturen und Perspektiven, Weinheim 2002

Fischer, Peter in: Hübschmann/Hepp/Spitaler, Abgabenordnung Finanzgerichtsordnung: Kommentar, Köln 2006

Fischer, Peter: Marktliberalismus versus Europäisches Sozialmodell - Sozialdienstleistungen gemeinnütziger Rechtsträger und das EU-Beihilfenrecht, FR 2009, 929-937

Fittkau, Herbert (GbR im Umsatzsteuerrecht): Die GbR im Umsatzsteuerrecht, Berlin 2008

Forst, Christian: Die 6.EG-Richtlinie zur Harmonisierung der Umsatzsteuer und Probleme ihrer Umsetzung, UR 1989, 264-268

Forst, Gerrit/Traut, Johannes: Die Gesellschaft bürgerlichen Rechts mit öffentlicher Beteiligung, DÖV 2010, 210-217

Förster, Guido: Rechtsformwahl und Rechtsformoptimierung nach der Unternehmensteuerreform, Ubg 2008, 185-196

Frank, Andrea/Hieronimus, Solveigh/Killius, Nelson/Meyer-Guckel, Volker (Rolle und Zukunft privater Hochschulen in Deutschland): Rolle und Zukunft privater Hochschulen in Deutschland - Eine Studie in Kooperation mit McKinsey & Company, Edition Stifterverband, Essen 2010

Freiling, Thomas/Imhof, Simone in: Kreklau/Siegers, Handbuch der Aus- und Weiterbildung: Kommentar, 183. Erg. Loseblatt, München 2007

Fritsch, Frank: Anmerkung zu FG München, Urteil v. 17.03.2010, 3 K 3055/07, UStB 2010, 205-206

Fritz, Thomas (Aufnahme, Strukturwandel und Beendigung wirtschaftlicher Tätigkeiten): Aufnahme, Strukturwandel und Beendigung wirtschaftlicher Tätigkeiten von gemeinnützigen Körperschaften: Verein - Stiftung - GmbH, Baden-Baden 2003

Gansweid, Wolfgang (Gemeinsame Tochtergesellschaften im deutschen Konzern- und Wettbewerbsrecht): Gemeinsame Tochtergesellschaften im deutschen Konzern- und Wettbewerbsrecht, Baden-Baden 1976

Gast-de Haan, Brigitte (Weiterbildungskosten): Weiterbildungskosten, in: Raupach/Uelner (Hrsg.), Ertragsbesteuerung - Festschrift für Ludwig Schmidt zum 65. Geburtstag, München 1993, 105-114

Gastl, Christian (BgA im Körperschaftsteuerrecht): Betriebe gewerblicher Art im Körperschaftsteuerrecht, Frankfurt am Main 2002

Geis, Martina/Nowak, Karsten: Beteiligungsmanagement als Aufgabe der Beteiligungsverwaltung - Interessengerechtes strategisches Management bei Gebietskörperschaften, Der Konzern 2011, 98-109

Gellermann, Martin (Beeinflussung des bundesdeutschen Rechts durch Richtlinien der EG): Beeinflussung des bundesdeutschen Rechts durch Richtlinien der EG - dargestellt am Beispiel des europäischen Umweltrechts, Köln 1994

Georgy, Lutz in: Plückebaum/Widmann, Umsatzsteuergesetz: Kommentar, 10. Auflage, Köln 2010

Gern, Alfons (Deutsches Kommunalrecht): Deutsches Kommunalrecht, 3. Auflage, Baden-Baden 2003

Gern, Alfons (Kommunalrecht Baden-Württemberg): Kommunalrecht Baden-Württemberg einschließlich Kommunales Abgabenrecht, 9. Auflage, Baden-Baden 2005

Gersch, Eva-Maria in: Klein, Abgabenordnung - einschließlich Steuerstrafrecht -: Kommentar, 10. Auflage, München 2009

Geserich in: Kirchhof/Söhn/Mellinghoff, Einkommensteuergesetz: Kommentar, 2005

Glückler, Johannes/Németh, Schila/de Beauregard, Paul Melot: Netzwerke: Rechtsformen und Folgen für die Zusammenarbeit von Unternehmen, DB 2011, 2701-2709

Gosch, Dietmar: Anmerkung zu BFH, Urteil v. 17.2.2010, I R 2/08, BFH/PR 2010, 334-335

Grützner, Dieter in: Lange, Personengesellschaften im Steuerrecht: Kommentar, 7. Auflage, Herne 2008

Häck, Nils (öffentliche Hand): Die öffentliche Hand im Körperschaft- und Umsatzsteuerrecht, Stuttgart 2004

Häde, Ulrich: Die Wirtschafts- und Währungsunion im Vertrag von Lissabon, EuR 2009, 200-218

Hagenhoff, Svenja (Universitäre Bildungskooperationen): Universitäre Bildungskooperationen - Gestaltungsvarianten für Geschäftsmodelle, 1. Auflage, Wiesbaden 2002

Halaczinsky, Raymond in: Wallenhorst/Halaczinsky, Die Besteuerung gemeinnütziger Vereine, Stiftungen und der juristischen Personen des öffentlichen Rechts: Kommentar, 6. Auflage, München 2009

Hanft, Anke/Knust, Michaela: Executive Summary, in: Hanft/Knust (Hrsg.), Weiterbildung und lebenslanges lernen in Hochschulen: Eine internationale Vergleichsstudie zu Strukturen, Organisation und Angebotsformen, 1. Auflage, Münster 2007, 7-13

Hanft, Anke/Teichler, Ulrich: Wissenschaftliche Weiterbildung im Umbruch - Zur Funktion und Organisation der Weiterbildung an Hochschulen im internationalen Vergleich, in: Hanft/Knust (Hrsg.), Weiterbildung und lebenslanges lernen in Hochschulen: Eine internationale Vergleichsstudie zu Strukturen, Organisation und Angebotsformen, 1. Auflage, Münster 2007, 23-36

Hanft, Anke: Von der Weiterbildung zum Lifelong Learning: Geschäftsfelder und Angebotsgestaltung in der Hochschulweiterbildung, in: Hanft/Simmel (Hrsg.), Vermarktung von Hochschulweiterbildung - Theorie und Praxis, 1. Auflage, Münster 2007, 45-59

Harle, Georg: Die Auswirkungen der Unternehmensteuerreform 2008 auf die Rechtsformen, BB 2008, 2151-2166

Hatje, Armin/Kindt, Anne: Der Vertrag von Lissabon- Europa endlich in guter Verfassung?, NJW 2008, 1761-1768

Heger, Karin in: Gosch, Körperschaftsteuergesetz: Kommentar, 2. Auflage, München 2009

Heger, Karin: Die Besteuerung der öffentlichen Hand - Ein Überblick über die Rechtsprechung des BFH, FR 2009, 301-307

Heidler, Kristin (Besteuerung v. jPdöR): Besteuerung von juristischen Personen des öffentlichen Rechts - Eine Analyse am Beispiel der Hochschulen, Baden-Baden 2007

Heidner, Hans-Hermann in: Bunjes/Geist, Umsatzsteuergesetz: Kommentar, 10. Auflage, München 2011

Heidner, Hans-Hermann: Anmerkung zu BFH, Urteil v. 18.08.2005, V R 71/03, UR 2006, 166, UR 2006, 170-170

Heidner, Hans-Hermann: Richtlinienkonforme Auslegung von Befreiungsvorschriften im Umsatzsteuerrecht - Dargestellt anhand einiger ausgewählter Fälle aus der Rechtsprechung des EuGH -, UR 2006, 74-79

Heidner, Hans-Hermann: Wirkungsweise von EG-Richtlinien im deutschen Steuerrecht - Wie kommt die 6. EG-Richtlinie ins deutsche Umsatzsteuerrecht?, UR 2003, 69-74

Heißenberg, Lutz: Europäischer Gerichtshof in Steuersachen, KÖSDI 1996, 10825-10833

Helios, Marcus in: Schauhoff, Handbuch der Gemeinnützigkeit: Kommentar, 3. Auflage, München 2010

Hellermann, Johannes: Handlungsformen und Handlungsinstrumentarien wirtschaftlicher Betätigung, in: Hoppe/Uechtritz (Hrsg.), Handbuch Kommunale Unternehmen, 2. Auflage, Köln 2007, 124-202

Hensel, Albert: Grundsätzliches zur Frage der Besteuerung öffentlicher Betriebe, StuW 1930, 873-887

Herberger, Klaus in: Haug, Das Hochschulrecht in Baden-Württemberg - Systematische Darstellung: Kommentar, 2. Auflage, Heidelberg 2009

Herbert, Ulrich (Der wirtschaftliche Geschäftsbetrieb): Der wirtschaftliche Geschäftsbetrieb des gemeinnützigen Vereins, Köln 1988

Herdegen, Matthias (Europarecht): Europarecht, 10. Auflage, München 2008

Hermesmeier, Timo (Staatliche Beteiligungsverwaltung): Staatliche Beteiligungsverwaltung - Eine haushaltsrechtliche Untersuchung zu den Voraussetzungen der Beteiligung des Staates an Unternehmen in Privatrechtsform am Maßstab von § 65 Abs. 1 Nr. 1 BHO, Baden-Baden 2010

Herzig, Norbert (Steuerberateraus- und -fortbildung): Analyse der Steuerberateraus- und -fortbildung in Deutschland, Köln 2008

Herzig, Norbert/Kessler, Wolfgang: Steuerorientierte Wahl der Unternehmensform - GmbH, OHG, GmbH & Co. und Betriebsaufspaltung - Ein EDV-gestützter Steuerbelastungsvergleich, GmbHR 1992, 232-249

Hetmeier, Heinz-Werner/Buschle, Nicole/Baumann, Thomas/Schulz, Andreas (Bildungsfinanzbericht 2010): Bildungsfinanzbericht 2010 - im Auftrag des Bundesministeriums für Bildung und Forschung und der Ständigen

Konferenz der Kultusminister der Länder in der Bundesrepublik Deutschland, Wiesbaden 2010

Hey, Johanna (Steuerplanungssicherheit): Steuerplanungssicherheit als Rechtsproblem, Köln 2002

Hey, Johanna in: Tipke/Lang, Steuerrecht: Kommentar, 20. Auflage, Köln 2010

Hey, Johanna: Die Steuerbegünstigung der gemeinnützigen Tätigkeit der öffentlichen Hand - Gedanken zur Anwendung des Gemeinnützigkeitsrechts auf die öffentliche Hand, StuW 2000, 467-474

Hey, Johanna: Umsetzung der Rechtsprechung des Europäischen Gerichtshofs im nationalen Steuerrecht - Geltungserhaltende Normreduktion und gesetzgeberische Korrekturpflichten zwischen gemeinschaftsrechtlichem Anwendungsvorrang und Verfassungsrecht, StuW 2010, 301-320

Hidien, Jürgen (Gemeindliche Betätigungen): Gemeindliche Betätigungen rein erwerbswirtschaftlicher Art und öffentlicher Zweck kommunaler wirtschaftlicher Unternehmen, Münster 1981

Hidien, Jürgen: Europäische Rechtsbegriffe und nationale Begriffspolitik im Mehrwertsteuerrecht, StuW 2005, 265-277

Hilgenstock, Ralf (Besteuerung öffentlicher Unternehmen): Besteuerung öffentlicher Unternehmen - Notwendigkeit und Ansatzpunkte für eine Reform der körperschaft-, gewerbe- und umsatzsteuerlichen Behandlung, Aachen 2002

Hilger, Thorsten/Utermann, Caroline: Die steuerrechtlichen Rahmenbedingungen ausgewählter Public Private Partnership-Modelle im Rechtsvergleich zu Großbritannien und Frankreich, Ubg 2010, 326-334

Hochschulrektorenkonferenz (Einführung von Bachelor- und Masterstudiengängen - Sommersemester 2010): Statistische Daten zur Einführung von Bachelor- und Masterstudiengängen - Sommersemester 2010 - Statistiken zur Hochschulpolitik 1/2010, Bonn 2010

Hochschulrektorenkonferenz (Einführung von Bachelor- und Masterstudiengängen - Wintersemester 2010/2011): Statistische Daten zur Einführung von Bachelor- und Masterstudiengängen - Wintersemester 2010/2011 - Statistiken zur Hochschulpolitik 2/2010, 1. Auflage, Bonn 2010

Hölzer, Camilla in: Rau/Dürrwächter, Kommentar zum Umsatzsteuergesetz: Kommentar, 142. Erg. Loseblatt, Köln 2011

Hüllmann, Markus: Die Unternehmereigenschaft der öffentlichen Hand im Umbruch? Eine Bestandsaufnahme der jüngeren Rechtsprechung des EuGH, UStB 2009, 46-52

Hünnekens in: Hartmann/Metzenmacher, Umsatzsteuergesetz: Kommentar, 7. Auflage, Berlin 2006

Hundsdoerfer, Jochen/Sielaff, Christian: Umsatzsteuerliche Behandlung ausländischer Gastwissenschaftler an deutschen Hochschulen - Darstellung und Kritik -, UR 2009, 145-148

Huntemann, Hella;Reichart, Elisabeth (Volkshochschul-Statistik): Volkshochschul-Statistik, 49. Folge, Arbeitsjahr 2010, http://www.die-bonn.de/doks/2011-volkshochschule-statistik-01.pdf, 19.10.2011

Huschens, Ferdinand in: Vogel/Schwarz, UStG - Kommentar zum Umsatzsteuergesetz: Kommentar, 151. Erg. Loseblatt, 11. Auflage, Freiburg

Huschens, Ferdinand: Anmerkung zu EuGH, Urteil v. 29.10.2009, C-246/08, *Kommission/Finnland*, EU-UStB 2009, 59-60

Huschens, Ferdinand: Unternehmereigenschaft halböffentlicher Einrichtungen - Auswirkungen der EuGH-Urteile v. 06.10.2009, C-267/07 (*SPÖ Landesorganisation Kärnten*) und v. 29.10.2009, C-246/08 (*Kommission/Finnland*), UVR 2010, 61-63

Hüsemann, Frank (Das internationale Joint Venture): Das internationale Joint Venture in betriebswirtschaftlicher Sicht, Reinheim 1972

Hüttemann, Rainer: Anwendung des Abstandsgebots nach § 4 Nr. 18 Buchst. c UStG bei staatlich regulierten Entgelten, UR 2006, 441-458

Hüttemann, Rainer (Besteuerung der öffentlichen Hand): Die Besteuerung der öffentlichen Hand, Köln 2002

Hüttemann, Rainer (Gemeinnützigkeits- und Spendenrecht): Gemeinnützigkeits- und Spendenrecht, 1. Auflage, Köln 2008

Hüttemann, Rainer (Wirtschaftliche Betätigung und steuerliche Gemeinnützigkeit): Wirtschaftliche Betätigung und steuerliche Gemeinnützigkeit, Köln 1991

Hüttemann, Rainer/Schauhoff, Stephan: Die "unmittelbare Gemeinnützigkeit" - eine unmittelbare Gefahr für gemeinnützige Körperschaften - Anmerkungen zum BFH-Urteil v. 7.3.2007, I R 90/04, FR 2007, 931, FR 2007, 1133-1139

Hüttemann, Rainer: Die Besteuerung der öffentlichen Hand, FR 2009, 308-314

Immenga, Ulrich/Lübben, Natalie/Schwintowski, Hans-Peter (PPP Moving Ahead): PPP Moving Ahead - Neue Anwendungsbereiche für öffentlich private Kooperationen, 2007

Ismer, Roland/Kaul, Ashok/Reiß, Wolfram/Rath, Silke: Analyse und Bewertung der Strukturen von Regel- und ermäßigten Sätzen bei der Umsatzbesteuerung unter sozial-, wirtschafts-, steuer- und haushaltspolitischen Gesichtspunkten, DStR 2010, 1970-1977

Jachmann, Monika (Gemeinnützigkeit in Europa): Gemeinnützigkeit in Europa - Steuer- und europarechtliche Rahmenbedingungen, 1. Auflage, Stuttgart 2006

Jachmann, Monika/Unger, Sebastian in: Beermann/Gosch, Abgabenordnung Finanzgerichtsordnung - mit Nebengesetzen, EuGH-Verfahrensrecht: Kommentar, 79. Erg. Loseblatt, Bonn 2009

Jacobs, Otto (Internationale Unternehmensbesteuerung): Internationale Unternehmensbesteuerung, 6. Auflage, München 2007

Jacobs, Thomas: Ein Tanz um die Umsatzsteuer - Grenzen der Steuerbefreiungen für gemeinnützige Vereine im Bereich von Kultur und Sport nach dem Urteil des BFH v. 27.4.2006, UR 2007, 45-54

Jacobs, Thomas (Umsatzsteuer und Gemeinnützigkeit): Umsatzsteuer und Gemeinnützigkeit - Am Gemeinwohl orientierte Steuerbefreiungen im Lichte der sechsten Umsatzsteuerrichtlinie am Beispiel der Sozialfürsorge, Erziehung und Bildung, Sport und Kultur, Hamburg 2009

Janson, Bernd (Langfristige Kooperationsverträge): Langfristige Kooperationsverträge zwischen Hochschulen und Wirtschaft, in: Arbeitsgruppe Fortbildung im Sprecherkreis der Hochschulkanzler (Hrsg.), Drittmittel und An-Institute, Essen 1992, 167-213

Jorde, Thomas: Kapital- oder Personengesellschaft? Steuerliche Gesichtspunkte der Rechtsformwahl - national und international, BB 2008, 1032-1038

Jost, Werner F. in: Dötsch/Jost/Pung/Witt, Die Körperschaftsteuer: Kommentar, 68. Erg. Loseblatt, Stuttgart

Kalbfleisch, Eberhard in: Ernst & Young AG, Körperschaftsteuergesetz: Kommentar, Bonn 2009

Kalous, Angela in: Haug, Das Hochschulrecht in Baden-Württemberg - Systematische Darstellung: Kommentar, 2. Auflage, Heidelberg 2009

Kappel, Hans Henning (Qualifikation und Erfolg): Qualifikation und Erfolg - Ein praktischer Führer für ihre Karriere mit Zukunft, 3. Auflage, Frankfurt 1999

Kasper, Andreas in: Kleerbaum/Palmen, Gemeindeordnung Nordrhein-Westfalen - Kommentar für die kommunale Praxis: Kommentar, 1. Auflage, Recklinghausen 2008

Katterbe, Burkhard (BGB-Gesellschaft im Steuerrecht): Die BGB-Gesellschaft im Steuerrecht, 2. Auflage, Köln 1999

Kaufmann, Michael/Schmitz-Herscheidt, Fabian: Aktuelle umsatzsteuerliche Fragen gemeinnütziger Einrichtungen, Stiftung&Sponsoring Rote Seiten 2009, 1/2009, 1-18

Kessler, Wolfgang (Euro-Holding): Die Euro-Holding: Steuerplanung, Standortwahl, Länderprofile, München 1996

Kessler, Wolfgang/Schiffers, Joachim/Teufel, Tobias (Rechtsformwahl): Rechtsformwahl - Rechtsformoptimierung, München 2002

Kessler, Wolfgang/Spengel, Christoph: Checkliste potenziell EG-rechtswidriger Normen des deutschen direkten Steuerrechts - Update 2010, DB 2010, Beilage Nr. 1

Kessler, Wolfgang: Steuerinduzierte Kooperationshemmnisse bei internationalen Joint Ventures, in: Schaumburg (Hrsg.), Internationale Joint Ventures: Management - Besteuerung - Vertragsgestaltung, Stuttgart 1999, 191-212

Kirchhof, Paul (Umsatzsteuergesetzbuch): Umsatzsteuergesetzbuch - Ein Vorschlag zur Reform der Umsatzsteuer und der Verkehrsteuern, Heidelberg 2008

Kirchhof, Paul: 40 Jahre Umsatzsteuergesetz - Eine Steuer im Umbruch, DStR 2008, 1-8

Kirchhof, Paul: Reform der Umsatzsteuer im Rahmen von Verfassungs- und Europarecht, in: UmsatzsteuerForum - Vereinigung zur wissenschaftlichen Pflege des Umsatzsteuerrechts e.V.- (Hrsg.), Deutsche Umsatzsteuer im europäischen Kontext - Festgabe 25 Jahre UmsatzsteuerForum, Köln 2008, 55-72

Klein, Evelyn: Umsatzsteuerliche Behandlung von Mitgliedsbeiträgen - Jüngste Rechtsprechung des BFH zum Thema "umsatzsteuerliche Beurteilung des Verhältnisses zwischen einem Verein und seinen Mitgliedern" auf dem Prüfstand, DStR 2008, 1016-1020

Klein, Hans: Die Besteuerung wirtschaftlicher Unternehmungen der öffentlichen Hand, StuW 1967, 658-667

Klenk, Friedrich in: Sölch/Ringleb, Umsatzsteuergesetz: Kommentar, 62. Erg. Loseblatt, München 2009

Klenk, Friedrich: Anmerkung zu EuGH, Urteil v. 06.05.2010, C-94/09, *Kommission/Frankreich*, HFR 2010, 781-783

KMK (Bildungswesen 2007): Das Bildungswesen in der Bundesrepublik Deutschland 2007 - Darstellung der Kompetenzen, Strukturen und bildungspolitischen Entwicklungen für den Informationsaustausch in Europa, Bonn 2008

KMK (Empfehlung KMK zur Weiterbildung): Vierte Empfehlung der Kultusministerkonferenz zur Weiterbildung (Beschluss der Kultusministerkonferenz vom 01.02.2001), Bonn 2001

Knobbe-Keuck, Brigitte: Betriebe gewerblicher Art von juristischen Personen des öffentlichen Rechts und der Tatbestand der verdeckten Gewinnausschüttung, StuW 1983, 227-231

Knust, Michaela (Geschäftsmodelle der wissenschaftlichen Weiterbildung): Geschäftsmodelle der wissenschaftlichen Weiterbildung - Eine Analyse unter Berücksichtigung empirischer Ergebnisse, 1. Auflage, Köln 2006

Köhler, Stefan in: Kessler/Kröner/Köhler, Konzernsteuerrecht - National - International: Kommentar, 2. Auflage, München 2008

Koenig, Ulrich in: Pahlke/Koenig, Abgabenordnung: Kommentar, 2. Auflage, München 2009

König, Johannes (Subjektive Steuerpflicht der BgA): Die subjektive Steuerpflicht der Betriebe gewerblicher Art von juristischen Personen des öffentlichen Rechts nach dem deutschen Körperschaftsteuerrecht, Münster 1958

Kohlhepp, Ralf: Konkurrentenklagen im Umsatzsteuerrecht - Hoheitlicher Bereich von Körperschaften des öffentlichen Rechts und Relevanz von Wettbewerbsbezeihungen, DStR 2011, 145-151

Konegen-Grenier, Christiane (Hochschulen und Wirtschaft): Hochschulen und Wirtschaft - Formen der Kooperation und Finanzierung, Köln 2009

Kommission der Europäischen Gemeinschaften (Lebenslanges Lernen): Memorandum über Lebenslanges Lernen, SEK(2000) 1832 30-10-2000

Korf, Ralph: Anmerkung zu EuGH, Urteil v. 6.10.2009, C-267/08, *SPÖ Landesorganisation Kärnten*, IStR 2009, 778-780

Korn, Christian: Die Umsatzsteuerbefreiung selbstständiger Lehrer nach dem EuGH-Urteil "Ingenieurbüro Eulitz GbR", DStR 2010, 688-691

Korn, Christian: Anmerkung zu EuGH, Urteil v. 06.05.2010, C-94/09, *Kommission/Frankreich*, DStR 2010, 979-980

Korn, Christian in: Bunjes/Geist, Umsatzsteuergesetz: Kommentar, 11. Auflage, München 2011

Kraeusel, Jörg: Richtlinienkonforme Besteuerung der öffentlichen Hand, UR 2010, 480-489

Krämer, Helmut in: Dötsch/Jost/Pung/Witt, Die Körperschaftsteuer: Kommentar, 68. Erg. Loseblatt, Stuttgart

Kraushaar, Rolf/Müller, Herbert: Globalisierung durch Joint Ventures und strategische Allianzen, in: Kley/Sünner/Willemsen (Hrsg.), Festschrift für Wolfgang Ritter zum 70. Geburtstag, Köln 1997, 693-712

Kronawitter, Martin: Die Beteiligung an einer GmbH & CO. KG aus der Sicht der Gemeinde als Steuerschuldnerin der Körperschaftsteuer, DStZ 2010, 370-378

Kudert, Stephan: Beratungskompetenz im Internationalen Steuerrecht - Der "Fachberater für Internationales Steuerrecht", DStR 2009, 553-555

Küffner, Thomas (Umsatzsteuerliche Behandlung von jPdöR im Lichte der 6. EG-Richtlinie): Umsatzsteuerliche Behandlung von juristischen Personen des öffentlichen Rechts im Lichte der 6. EG-Richtlinie - insbesondere die Abgrenzung des Betriebs gewerblicher Art vom Hoheitsbetrieb, München 2001

Küffner, Thomas: Anmerkung zu BFH, Urteil v. 15.4.2010, V R 10/09, UR 2010, 654-655

Küffner, Thomas: Anmerkung zu EuGH, Urteil v. 04.06.2009, C-102/08, Salix, UR 2009, 484, UR 2009, 491-493

Kugel, Birgit (Öffentliche Betriebe): Die Besteuerung öffentlicher Betriebe, München 1989

Kühling, Jürgen/Pisal, Ruben: Der Zweckbetrieb im Gemeinnützigkeitsrecht und staatliche Beihilfen - Marktliberalismus contra Europäisches Sozialmodell?, in: Hüttemann/Rawert/Schmidt/Weitemeyer (Hrsg.), Non Profit Law Yearbook 2009, Köln 2010, 115-147

Kuwan, Helmut/Bilger, Frauke/Gnahs, Dieter/Seidel, Sabine (Berichtssystem Weiterbildung IX): Berichtssystem Weiterbildung IX: Integrierter Gesamtbericht zur Weiterbildungssituation in Deutschland, Bonn 2006

Landwehr, Volker (Betriebe gewerblicher Art von jPdöR): Betriebe gewerblicher Art von juristischen Personen des öffentlichen Rechts im Körperschaftsteuerrecht, Regensburg 2000

Lang, Joachim in: Tipke/Lang, Steuerrecht: Kommentar, 20. Auflage, Köln 2010

Lang, Joachim/Seer, Roman: Die Besteuerung der Drittmittelforschung, BB 1993, 262-272

Lange, Hans-Friedrich: Umsatzbesteuerung von Leistungsbündeln - Mehrheit von Leistungen oder einheitliche Leistung? -, UR 2009, 289-301

Langefeld-Wirth, Klaus (Joint Ventures im internationalen Wirtschaftsverkehr): Joint Ventures im internationalen Wirtschaftsverkehr - Praktiken und Vertragstechniken internationaler Gemeinschaftsunternehmen, Heidelberg 1990

Langer, Michael: Umsatzsteuer im Binnenmarkt - Übergangsregelung ab 1.1.1993, DB 1992, 340-349

Larenz, Karl (Methodenlehre der Rechtswissenschaft): Methodenlehre der Rechtswissenschaft, 6. Auflage, Berlin 1991

Laule, Gerhard: Die Körperschaftsteuerfreiheit für Hoheitsbetriebe - wann dient ein Betrieb der Ausübung öffentlicher Gewalt?, DStZ 1988, 183-191

Lausterer, Martin (Konzernstrukturen und Outsourcing): Konzernstrukturen und Outsourcing, in: Seer (Hrsg.), Umsatzsteuer im Europäischen Binnenmarkt - DStJG Band 32, Köln 2009, 385-408

Leisner-Egensperger, Anna in: Hübschmann/Hepp/Spitaler, Abgabenordnung Finanzgerichtsordnung: Kommentar, 205. Erg. Loseblatt, Köln 2009

Lippross, Otto-Gerd (Vorsteuerabzug bei konkurrierenden Befreiungsvorschriften): Vorsteuerabzug bei konkurrierenden Befreiungsvorschriften - Kritische Bemerkungen zum Eurodental-Urteil des EuGH vom 7.12.2006, in:

Kirchhof/Nieskens (Hrsg.), Festschrift für Wolfram Reiss, Köln 2008, 195-204

Lohse, Christian/Peltner, Hans-Michael (6. MwSt-Richtlinie und Rechtsprechung des EuGH): 6. MwSt-Richtlinie und Rechtsprechung des EuGH - Richtlinientext mit allen Änderungen und Protokollerklärungen - Urteilsauszüge - kurze Anmerkungen - Literaturhinweise, 2. Auflage, Köln 1999

Lohse, Christian: Die Hauptpersonen im Umsatz- und Mehrwertsteuerrecht, UR 2006, 92-98

Lohse, Christian: Neutralitätsgrundsatz im Umsatz/Mehrwertsteuerrecht - Gefestigte Erkenntnisse und neue Fragen -, UR 2004, 582-590

Lohse, Christian: Strahlkraft der neuen Mehrwertsteuer-Durchführungsverordnung - Nachdenkenswertes zur unmittelbaren Wirkung und Terminologie im deutschen Recht, DStR 2011, 1740-1742

Lohse, Christian: Umsatzsteuer-Unwort: Unternehmen - Zugleich Besprechung des EuGH-Urteils *VNLTO*, IStR 2009, 486-489

Mankiw, Gregory/Romer, David/Weil, David: a contribution to the empirics of economic growth, Journal of Economics 1992, 407-437

Mann, Gerhard (Besteuerungsprobleme bei zwischenbetrieblicher Kooperation): Besteuerungsprobleme bei zwischenbetrieblicher Kooperation, in: Fischer (Hrsg.), Unternehmung und Steuer - Festschrift zur Vollendung des 80. Lebensjahres von Peter Scherf, Wiesbaden 1983, 201-220

Martin, Suse: Umsatzsteuer der gemeinnützigen Sportvereine - Chancen und Grenzen -, UR 2008, 34-40

Marx, Franz Jürgen: Entwicklungen in der Betriebswirtschaftlichen Steuerlehre, SteuerStud 2009, 521-525

Meyer, Berthold: Anmerkung zu FG Münster, Urteil v. 11.12.2008, 5 K 6658/03 U - Rev. eingelegt (Az. des BFH: V R 10/09), EFG 2009, 1060-1064

Müller, Matthias (Interkommunale Zusammenarbeit und Vergaberecht): Interkommunale Zusammenarbeit und Vergaberecht, Tübingen 2006

Neeser, Alexander (Praxisfragen zum ermäßigten Steuersatz für das Hotelgewerbe ab 1.1.2010): 7. Generalthema: Umsatzsteuer - Praxisfragen zum ermäßigten Steuersatz für das Hotelgewerbe ab 1.1.2010 und Bedeutung der BFH-Vorlagen zu den Restaurationsumsätzen, in: Arbeitsgemeinschaft der Fachanwälte für Steuerrecht e.V. (Hrsg.), Jahrbuch der Fachanwälte für Steuerrecht - 61. Steuerrechtliche Jahresarbeitstagung, Wiesbaden 2010, 495-508

Nettesheim, Martin in: Grabitz/Hilf, Das Recht der Europäischen Union: Kommentar, 40. Erg. Loseblatt, München 2009

Nieskens, Hans: Das nahe Ende der nationale Umsatzsteuer?, UR 2004, 590-597

Nieskens, Hans: Status, Eigenschaft und Ort des Dienstleistungsempfängers - Ein Beitrag zur Anwendung der VO (EU) 282/2011 vom 15.3.2011 und zum BMF-Schreiben vom 10.6.2011 zum 1.7.2011, DB 2011, 1470-1477

Nöhrbaß, Karl-Heinz in: Piduch, Bundeshaushaltsrecht: Kommentar, 39. Erg. Loseblatt, Stuttgart 1981

o.V. in: Heuer/Engels/Eibelshäuser, Kommentar zum Haushaltsrecht des Bundes und der Länder sowie der Vorschriften zur Finanzkontrolle: Kommentar, 14. Erg. Loseblatt, Neuwied 1991

Oebbecke, Janbernd: Rechtliche Vorgaben für die Gründung kommunaler Gesellschaften, in: Hoppe/Uechtritz (Hrsg.), Handbuch Kommunale Unternehmen, 2. Auflage, Köln 2007, 203-228

OECD (Wirtschaftsbericht Deutschland): OECD Wirtschaftsberichte: Deutschland, 1. Auflage, 2008

Oelmaier, Alexander in: Sölch/Ringleb, Umsatzsteuergesetz: Kommentar, 62. Erg. Loseblatt, München 2009

Oesterle, Michael-Jörg (Kooperationen in Forschung & Entwicklung): Kooperationen in Forschung & Entwicklung, in: Zentes/Swoboda/Morschett (Hrsg.), Kooperationen, Allianzen und Netzwerke - Grundlagen - Ansätze - Perspektiven, 2. Auflage, Wiesbaden 2005, 769-795

Orth, Manfred: Einkünfte von wirtschaftlichen Geschäftsbetrieben und Betrieben gewerblicher Art ohne Gewinnerzielungsabsicht, FR 2007, 326-334

Orth, Manfred: Outsourcing durch gemeinnützige Einrichtungen, Stiftung&Sponsoring Rote Seiten 1999, 5/1999, 1-22

Patzig, Werner in: Patzig, Haushaltsrecht des Bundes und der Länder: Kommentar, 8. Auflage, Baden-Baden 1991

Pawelek, Till (Wahrnehmung hoheitlicher Hochschulaufgaben durch private Weiterbildungseinrichtungen): Die Wahrnehmung hoheitlicher Hochschulaufgaben durch private Weiterbildungseinrichtungen - Dargestellt vornehmlich an § 62 HG NW 2007 (§ 90 HG NW a.F.), 1. Auflage, Baden-Baden 2009

Philipowski, Rüdiger: Anmerkung zum BFH, Urteil v. 17.4.2008, V R 58/05, UR 2008, 581-588

Philipowski, Rüdiger: Unterrichtsleistungen eines Privatlehrers sind steuerfrei, aber unter welchen Voraussetzungen?, UR 2010, 161-166

Pitschas, Rainer/Schoppa, Katrin: Rechtsformen kommunaler Unternehmenswirtschaft, DÖV 2009, 469-477

Pöllath, Reinhard/Richter, Andreas in: Seifart/von Campenhausen, Stiftungsrechts-Handbuch: Kommentar, 3. Auflage, München 2009

Prahl, Albert: Zur Unzulässigkeit von Zweckverbänden der Weiterbildung in NW, VerwRdsch 1994, 347-349

Priller, Eckhard/Zimmer, Annette (Der Dritte Sektor): Der Dritte Sektor: Wachstum und Wandel, Bertelsmann Stiftung 2001

Probst, Gilbert/Rüling, Charles-Clemens: Joint Ventures und Joint Venture-Management, in: Schaumburg (Hrsg.), Internationale Joint Ventures: Management - Besteuerung - Vertragsgestaltung, Stuttgart 1999, 1-34

Pump, Hermann/Fittkau, Herbert: Bekanntgabefehler gem. § 122 AO bei der Umsatzsteuer - Vollbeendigung der GbR infolge Anwachsung - Teil I, StBp 2008, 37

Pump, Hermann/Fittkau, Herbert: Zurechnung von Umsätzen zum richtigen Unternehmer - Fehlerquellen bei GbR, verdeckter GbR und Einzelunternehmer -, StBp 2007, 7-17

Radeisen, Rolf-Rüdiger in: Vogel/Schwarz, UStG - Kommentar zum Umsatzsteuergesetz: Kommentar, 151. Erg. Loseblatt, 11. Auflage, Freiburg 2010

Ramme, Christoph (BgA von Körperschaften des öffentlichen Rechts): Betriebe gewerblicher Art von Körperschaften des öffentlichen Rechts und die Ausübung öffentlicher Gewalt im Umsatzsteuerrecht, Köln 1970

Rasche, Ralf in: Schauhoff, Handbuch der Gemeinnützigkeit: Kommentar, 3. Auflage, München 2010

Rat der Europäischen Union (Dokument des Vorsitzes - 23. und 24.03.2000, Lissabon): Dokument des Vorsitzes: "Beschäftigung, Wirtschaftsreformen und sozialer Zusammenhalt - Für ein Europa der Innovation und des Wissens", Dok. 5256/00 12-1-2000

Raudszus, Holger/Wagner, Sven: Eng verbundene Dienstleistungen im Sinne des Umsatzsteuergesetzes (UStG) und der Mehrwertsteuer-System-Richtlinie (MwStSystRL) - Eine Zusammenstellung für den Praktiker anhand zahlreicher Beispiele, UStB 2007, 283-293

Regierer, Christoph/Becker, Alexander: Aktuelles im Rahmen der Besteuerung staatlicher Universitäten - Zuordnung entgeltlicher Fachzeitschriften, Studien- bzw. Weiterbildungsangebote, DStR 2006, 1494-1498

Reimer, Ekkehart (Die öffentliche Hand als Steuerpflichtiger): Die öffentliche Hand als Steuerpflichtiger, in: Seer (Hrsg.), Umsatzsteuer im Europäischen Binnenmarkt - DStJG Band 32, Köln 2009, 325-366

Reiß, Wolfram: Neutralitätsgebot und Sofortabzug der Vorsteuer - Zum Zusammenwirken von europäischem Richtlinienrecht und nationalem Verfahrensrecht, UR 2004, 275-285

Reiß, Wolfram: Gemeinnützige Organisationen, Leistungen im Gemeinwohlinteresse und harmonisierte Umsatzsteuer, in: Walz/Hüttemann/Rawert/Schmidt (Hrsg.), Non Profit Law Yearbook 2005, Köln 2006, 47-74

Reiß, Wolfram: Sanktionierung der Verletzung der europäischen Grundfreiheiten durch den EuGH bei neutralitätswidriger Umsatzbesteuerung im innergemeinschaftlichen Waren- und Dienstleistungsverkehr – Zur Billigung der Versagung des Vorsteuerabzugs für innergemeinschaftlich befreite Lieferungen durch den EuGH, UR 2007, 565-575

Reiß, Wolfram (Die harmonisierte Umsatzsteuer): Die harmonisierte Umsatzsteuer im nationalen Wirtschaftsverkehr - Widersprüche, Lücken und Harmonisierungsbedarf, in: Seer (Hrsg.), Umsatzsteuer im Europäischen Binnenmarkt - DStJG Band 32, Köln 2009, 9-51

Reiß, Wolfram in: Tipke/Lang, Steuerrecht: Kommentar, 20. Auflage, Köln 2010

Rokos, Volker: Die wesentlichen Änderungen des UStG und der UStDV zum 1.1.1993: Anpassung des deutschen Umsatzsteuerrechts an den EG-Binnenmarkt, DB 1992, Beilage 13

Romer, Paul: Endogenous technological change, Journal of Political Economy 1990, Vol. 98, Nr. 5, 71-102

Ronellenfitsch, Michael/Stein, Antonia: Kommunalrechtlicher Begriff der privatwirtschaftlichen Betätigung, in: Hoppe/Uechtritz (Hrsg.), Handbuch Kommunale Unternehmen, 2. Auflage, Köln 2007, 43-50

Ruffert, Matthias in: Calliess/Ruffert, EUV/EGV - Das Verfassungsrecht der Europäischen Union mit Europäischer Grundrechtecharta: Kommentar, 3. Auflage, München 2007

Rust, Ulrich in: Gummert, Münchener Anwaltshandbuch Personengesellschaftsrecht: Kommentar, München 2005

Sädtler, Jörg (Körperschaftsteuer- und Umsatzsteuerpflicht öffentlicher Hochschulen): Die subjektive Körperschaftsteuer- und Umsatzsteuerpflicht öffentlicher Hochschulen, Frankfurt am Main 2006

Sauer, Otto M. in: Beermann/Gosch, Abgabenordnung Finanzgerichtsordnung - mit Nebengesetzen, EuGH-Verfahrensrecht: Kommentar, 85. Erg. Loseblatt, Bonn 2009

Sauter, Thomas/Voigt de Oliveira, Sascha in: Erle/Sauter, Körperschaftsteuergesetz - Die Besteuerung der Kapitalgesellschaft und ihrer Anteilseigner: Kommentar, 3. Auflage, Heidelberg 2010

Schäfer, Erich/Zinkahn, Bernd/Pietsch, Klaus-Dieter: Einführung, in: Schäfer/Zinkahn/Pietsch (Hrsg.), Die Weiterbildung in der Bildungsgesellschaft unter dem ökonomischen Paradigma - Perspektiven für die Ausrichtung der berufsbezogenen wissenschaftlichen Weiterbildung, 1. Auflage, Jena 2003, 9-11

Scharpenberg, Benno in: Hartmann/Metzenmacher, Umsatzsteuergesetz: Kommentar, 7. Auflage, Köln 1991

Schauhoff, Stephan in: Schauhoff, Handbuch der Gemeinnützigkeit: Kommentar, 3. Auflage, München 2010

Schauhoff, Stephan: Besteuerung wirtschaftlicher Geschäftsbetriebe und Wettbewerbsbeeinträchtigung, in: Walz (Hrsg.), Gemeinnützigkeitsrecht - Quo vadis? - 4. Hamburger Tage des Stiftungs- und Non-Profi-Rechts 2004, 2006, 9-17

Schenke, Ralf/Gebhardt, Georg: Steuerrechtliche Probleme der Public Private Partnership (PPP), DStZ 2005, 213-221

Schenke, Ralf/Gebhardt, Georg: Umsatzsteuerliche Gestaltungsoptionen bei Öffentlich Privaten Partnerschaften (ÖPP)/Public Private Partnership (PPP), UR 2007, 4-12

Schenke, Ralf/Mohr, Martin: Auswirkungen des europäischen Gemeinschaftsrechts auf das deutsche Steuerrecht - Prominente Beispiele aus dem EStR, KStR, GewStR und AStR, DStZ 2009, 439-452

Schenker-Wicki, Andrea: Modelle transnationaler wissenschaftlicher Weiterbildung, in: DGWF e.V (Hrsg.), Wissenschaftliche Weiterbildung im Hochschulraum Europa: Dokumentation der gemeinsamen Jahrestagung von AUCEN, dem Netzwerk für Universitäre Weiterbildung und Personalentwicklung in Österreich, und der Deutschen Gesellschaft für Wissenschaftliche Weiterbildung und Fernstudium; 14.-16.9.2005 an der Universität Wien, Hamburg 2006, 53-62

Scheuplein, Harald: Weiterbildung in der modernen Industriegesellschaft, in: Reimann/Reimann (Hrsg.), Weiterbildung, 1. Auflage, München 1977, 19-36

Schierenbeck, Henner/Wöhle, Claudia (Grundzüge der Betriebswirtschaftslehre): Grundzüge der Betriebswirtschaftslehre, 17. Auflage, München 2008

Schmalen, Helmut (Grundlagen und Probleme der Betriebswirtschaft): Grundlagen und Probleme der Betriebswirtschaft, 12. Auflage, Stuttgart 2002

Schmidt, Karsten (Gesellschaftsrecht): Gesellschaftsrecht, 4. Auflage, Köln 2002

Schmidt, Marika (Rechtsformwahl bei privaten gemeinnützigen Organisationen): Steuerliche Aspekte der Rechtsformwahl bei privaten gemeinnützigen Organisationen, Baden-Baden 2000

Schmidt, Thorsten Ingo (Kommunale Kooperation): Kommunale Kooperation - Der Zweckverband als Nukleus des öffentlich-rechtlichen Gesellschaftsrechts, Tübingen 2005

Schmidtchen, Dieter (Wettbewerb und Kooperation): Wettbewerb und Kooperation (Coopetition): Neues Paradigma für Wettbewerbstheorie und Wettbewerbspolitik?, in: Zentes/Swoboda/Moschett (Hrsg.), Kooperationen, Allianzen und Netzwerke - Grundlagen - Ansätze - Perspektiven, 2. Auflage, Wiesbaden 2005, 65-94

Schmidt-Keßeler, Nora: Spezialisierung für Steuerberater: Fachberatertitel auf dem Gebiet der Vorbehaltsaufgaben, DStR 2007, 825-828
Schmitz, Martin/Erdbrügger, Andreas/Liegmann, Bastian: Reform der Umsatzbesteuerung des öffentlichen und gemeinnützigen Sektors, DStR 2011, 1157-1162
Schnitger, Arne (Einwirkung der Grundfreiheiten des EG-Vertrages auf das Ertragsteuerrecht): Die Grenzen der Einwirkung der Grundfreiheiten des EG-Vertrages auf das Ertragsteuerrecht, Düsseldorf 2006
Scholta, Claudia (Erfolgsfaktoren unternehmensübergreifender Kooperation): Erfolgsfaktoren unternehmensübergreifender Kooperation am Beispiel der mittelständischen Automobillieferindustrie in Sachsen, Chemnitz 2004
Schön, Wolfgang: Personengesellschaften und Bruchteilsgemeinschaften im Umsatzsteuerrecht, in: Woerner (Hrsg.), Umsatzsteuer in nationaler und europäischer Sicht, DStJG Band 13, Köln 1990, 81-117
Schöne, Torsten in: Bamberger/Roth, BGB - Beck´scher Online Kommentar: Kommentar, 16. Auflage, München 2010
Schönmann, Klaus/Leschke, Janine: Lebenslanges Lernen und soziale Inklusion - der Markt alleine wird´s nicht richten, in: Becker/Lauterbach (Hrsg.), Bildung als Privileg - Erklärungen und Befunde zu den Ursachen der Bildungsungleichheit, 2. Auflage, Wiesbaden 2007, 343-380
Schuhmann, Helmut in: Rau/Dürrwächter, Umsatzsteuergesetz: Kommentar, 8. Auflage, Köln 1997
Schulte, Norbert/Pohl, Dirk (Joint-Venture-Gesellschaften): Joint-Venture-Gesellschaften, 2. Auflage, Köln 2008
Schultz, Theodore (Economic Value of Education): The Economic Value of Education, 1. Auflage, New York 1963
Seer, Roman/Wendt, Volker: Strukturprobleme der Besteuerung der öffentlichen Hand, DStR 2001, 825-837
Seer, Roman/Wolsztynski, Christian (Gemeinnützigkeit der öffentlichen Hand): Steuerrechtliche Gemeinnützigkeit der öffentlichen Hand, Berlin 2002
Seer, Roman: Inhalt und Funktion des Begriffs "Betrieb gewerblicher Art" für die Besteuerung der öffentlichen Hand (Teil I), DStR 1992, 1751-1756
Seer, Roman: Inhalt und Funktion des Begriffs "Betrieb gewerblicher Art" für die Besteuerung der öffentlichen Hand (Teil II), DStR 1992, 1790-1794
Selmer, Peter/Schulze-Osterloh, Lerke: Besteuerung öffentlicher Unternehmen und Wettbewerbsneutralität - Steuer- und verfassungsrechtliche Überlegungen zur subjektiven Steuerpflicht juristischer Personen des öffentlichen Rechts, DÖV 1978, 381-391

Siegel, Manfred (Begriff des "Betriebs gewerblicher Art"): Der Begriff des "Betriebs gewerblicher Art" im Körperschaft- und Umsatzsteuerrecht, Berlin 1999

Soldner in: von Koeckritz/Dittrich/Lamm, Bundeshaushaltsordnung: Kommentar, 8. Erg. Loseblatt, Heidelberg 1986

Solow, Robert: A Contribution to the Theory of Economic Growth, Journal of Economics 1956, 65-94

Sommer, Ulrich: Systematische Fortbildung im Rahmen des Qualitätsmanagements von Steuerberatern und Wirtschaftsprüfern, DStR 2004, 745-748

Spetzler, Wolfgang: Wirkung und Einfluß des Rechts der Europäischen Gemeinschaft auf das nationale Steuerrecht, DB 1993, 553-558

Spiegel, Harald/Heidler, Kristin: Das Seeling-Modell bei Non-Profit-Organisationen - Auswirkungen des EuGH-Urteils vom 12.02.2009, *VNLTO*, DStR 2009, 1507-1512

Spiegel, Harald/Heidler, Kristin: Umsatzsteuerliche Organschaft bei juristischen Personen des öffentlichen Rechts - Zugleich Besprechung der Urteile des BFH vom 18.06.2009 (Tierpark) und vom 20.08.2009 (FlussG), DStR 2010, 1062-1067

Stadie, Holger in: Rau/Dürrwächter, Umsatzsteuergesetz: Kommentar, 137. Erg. Loseblatt, 8. Auflage, Köln 1997

Stadie, Holger (BFH und die Gewaltenteilung): Der V. Senat des Bundesfinanzhofs und die Gewaltenteilung, in: Kirchhof/Nieskens (Hrsg.), Festschrift für Wolfram Reiss zum 65. Geburtstag, Köln 2008, 67-80

Stadie, Holger (Befreiungen und Ermäßigungen): Befreiungen und Ermäßigungen - Chaos, System oder Konglomerat?, in: Seer (Hrsg.), Umsatzsteuer im Europäischen Binnenmarkt - DStJG Band 32, Köln 2009, 143-164

Stadie, Holger: In dubio pro fisco - BFH verneint ISt-Versteuerung für Freiberufler-GmbH - Kritische Anmerkungen zum Urteil des Bundesfinanzhofs vom 22.7.2010 - V R 4/09, UR 2011, 45-55

Stadie, Holger: Änderungen des Umsatzsteuergesetzes durch das Jahressteuergesetz 2010, UR 2011, 125-148

Statistisches Bundesamt, Weiterbildung - Ausgabe 2009

Statistisches Bundesamt, Weiterbildung - Ausgabe 2010

Steffen, Urban (BgA): Der Betrieb gewerblicher Art, Sinzheim 2001

Stengel, Arndt (§ 21 Joint-Ventures): § 21 Joint-Ventures, in: Müller/Hoffmann (Hrsg.), Beck´sches Handbuch der Personengesellschaften, 2. Auflage, München 2002, 1241-1280

Sterzinger, Christian: Besteuerungslücke beim Leistungsbezug der öffentlichen Hand, UR 2011, 205-213

Sterzinger, Christian: Unternehmereigenschaft einer juristischen Person des öffentlichen Rechts, UR 2009, 37-44

Sterzinger, Christian: Vorsteuerabzug bei nichtunternehmerischer, aber nicht völlig unternehmensfremder Verwendung - Zugleich Besprechung des EuGH-Urteils VNLTO -, UR 2010, 125-132

Stifterverband für die Deutsche Wissenschaft (Innovationsfaktor Kooperation): Innovationsfaktor Kooperation - Bericht des Stifterverbandes zur Zusammenarbeit zwischen Unternehmen und Hochschulen, Essen 2007

Stifterverband für die Deutsche Wissenschaft (Quartäre Bildung): Quartäre Bildung - Chancen der Hochschulen für die Weiterbildungsnachfrage von Unternehmen, Essen 2008

Strahl, Martin: Aktuelle steuerliche Hinweise für Körperschaften des öffentlichen Rechts und Gemeinnützige, KÖSDI 2010, 17064-17076

Strahl, Martin: Betriebe gewerblicher Art und Gemeinnützigkeit, NWB 2008, 4, 5293-5308

Strahl, Martin: Die Ausgliederung hoheitlicher und wirtschaftlicher Tätigkeiten durch staatliche Hochschulen - Ertragsteuerliche Konsequenzen und Gestaltungsmöglichkeiten, FR 2004, 72-78

Strahl, Martin: Gemeinnützige Körperschaften: Gepräge, Unmittelbarkeit, Ausgliederung, KÖSDI 2004, 14291-14300

Strahl, Martin: Neues zur Besteuerung von Non-Profit-Organisationen, KÖSDI 2008, 16130-16143

Strahl, Martin: Steuerliche Aspekte der wirtschaftlichen Betätigung von Hochschulen, FR 1998, 761-774

Strahl, Martin: Steuerrechtliche Implikationen von Kooperationen im Hochschulbereich - Rechtsformen, Modelle, Chancen, Risiken, FR 2008, 15-24

Strahl, Martin: Update zur Besteuerung juristischer Personen des öffentlichen Rechts im Allgemeinen und staatlicher Hochschulen im Besonderen, KÖSDI 2011, 17546-17555

Stürner, Rolf in: Jauernig, Bürgerliches Gesetzbuch - Kommentar: Kommentar, 13. Auflage, München 2009

Swoboda, Bernhard (Erklärungsperspektiven grundlegender Theorien, Ansätze und Konzepte im Überblick): Kooperation: Erklärungsperspektiven grundlegender Theorien, Ansätze und Konzepte im Überblick, in: Zentes/Swoboda/Morschett (Hrsg.), Kooperationen, Allianzen und Netzwerke - Grundlagen - Ansätze - Perspektiven, 2. Auflage, Wiesbaden 2005, 3-34

Tehler, Hermann-Josef in: Rau/Dürrwächter, Kommentar zum Umsatzsteuergesetz: Kommentar, 141. Erg. Loseblatt, Köln

Tehler, Hermann-Josef: "Nebenleistung" ist nicht gleich "Nebenleistung" - Der EuGH verwendet einen anderen Begriff "Nebenleistung" als die nationale Rechtspraxis, UVR 2009, 261-266
Tehler, Hermann-Josef: Gestaltungsmöglichkeiten des Steuerpflichtigen aufgrund fehlender oder unzulänglicher Umsetzung der MwStSystRL in nationales Recht, UVR 2009, 378-380
Tehler, Hermann-Josef: Fortbildungsveranstaltungen durch "Privatlehrer" können steuerfrei sein, EU-UStB 2010, 6-8
Thieme, Hauke: Umsatzsteuerrechtliche Behandlung der Überlassung von Werbemonilien an Körperschaften des öffentlichen Rechts - Anm. zum BFH-Urteil v. 16.4.2008, XI R 56/06, DB 2008, 1474, DB 2008, 2103-2107
Tipke, Klaus (Steuerrechtsordnung - Band II): Die Steuerrechtsordnung - Band II: Steuerrechtfertigungstheorie, Anwendung auf alle Steuerarten, sachgerechtes Steuersystem, 2. Auflage, Köln 2003
Tipke, Klaus in: Tipke/Kruse, Abgabenordnung - Finanzgerichtsordnung: Kommentar, 122. Erg. Loseblatt, Köln
Uechtritz, Michael/Otting, Olaf: Kommunalrechtliche Voraussetzungen für die wirtschaftliche Betätigung, in: Hoppe/Uechtritz (Hrsg.), Handbuch Kommunale Unternehmen, 2. Auflage, Köln 2007, 58-123
Uechtritz, Michael: Rechtsform kommunaler Unternehmen: Rechtliche Vorgaben und Entscheidungskriterien, in: Hoppe/Uechtritz (Hrsg.), Handbuch Kommunale Unternehmen, 2. Auflage, Köln 2007, 679-717
Ulmer, Peter in: Säcker/Rixecker, Münchener Kommentar zum Bürgerlichen Gesetzbuch - Band 5: Kommentar, 5. Auflage, München 2009
Vogel, Bernd/Stratmann, Bernhard (Public Private Partnership in der Forschung): Public Private Partnership in der Forschung - Neue Formen der Kooperation zwischen Wissenschaft und Wirtschaft, Hannover 2000
von Hoffmann, Bernd/Zweigert, Konrad: Zur internationalen Joint-Venture, in: Glossner/Reimers (Hrsg.), Festschrift für Martin Luther zum 70. Geburtstag, München 1976, 203-212
von Holt, Thomas: Steuerrechtliche Streitpunkte bei der arbeitsteiligen Zusammenarbeit gemeinnütziger Träger der Wohlfahrtspflege - Zugleich Anm. zu den BFH-Urteilen v. 17.2.2010, I R 2/08 und v. 16.12.2009, I R 49/08, DB 2010, 1791-1794
von Streit, Georg: Der Begriff der Leistungseinheit und der Leistungsmehrheit in der Rechtsprechung des EuGH - Überlegungen zu einheitlichen wirtschaftlichen Vorgängen vor dem Hintergrund der Rechtsprechung des EuGH, EU-UStB 2010, 9-19
von Wallenberg, Gabriela in: Grabitz/Hilf, Das Recht der Europäischen Union: Kommentar, 40. Erg. Loseblatt, München 2009

Wäger, Christoph (Aktuelle EuGH-Rechtsprechung zu Unternehmereigenschaft und Vorsteuerabzug): 7. Generalthema: Umsatzsteuer - Aktuelle EuGH-Rechtsprechung zu Unternehmereigenschaft und Vorsteuerabzug: Urteil *VNLTO*, *SKF*, *Salix*, etc., in: Arbeitsgemeinschaft der Fachanwälte für Steuerrecht e.V. (Hrsg.), Jahrbuch der Fachanwälte für Steuerrecht - 61. Steuerrechtliche Jahresarbeitstagung, Berlin 2010, 462-477

Wäger, Christoph (Besteuerung ig Reihengeschäfte): Besteuerung innergemeinschaftlicher Reihengeschäfte, Köln 2001

Wäger, Christoph: Umfang und Grenzen des Vorsteuerabzugs, DStR 2011, 433-440

Wagner, Wilfried in: Sölch/Ringleb, Umsatzsteuergesetz: Kommentar, 63. Ergänzungslieferung. Erg. Loseblatt, München 2010

Wagner, Wilfried: Umsatzsteuer und öffentliche Hand, in: Woerner (Hrsg.), Umsatzsteuer in nationaler und europäischer Sicht, DStJG Band 13, Köln 1990, 59-79

Wallenhorst, Rolf in: Wallenhorst/Halaczinsky, Die Besteuerung gemeinnütziger Vereine, Stiftungen und der juristischen Personen des öffentlichen Rechts: Kommentar, 6. Auflage, München 2009

Wallenhorst, Rolf: Gemeinnützigkeit: Ist die Prägetheorie überholt?, DStR 2009, 717-721

Walter, Steffen in: Haug, Das Hochschulrecht in Baden-Württemberg - Systematische Darstellung: Kommentar, 2. Auflage, Heidelberg 2009

Walz, W. Rainer/Wulff, Jana: Zentrale Probleme der Besteuerung von staatlichen Hochschulen, WissR 2004, 26-51

Weber, Christian: Umsatzsteuerbefreiung von Unterrichtsleistungen, UR 2008, 525-531

Wegehenkel, Peter: Entgeltliche Zusammenarbeit einer gemeinnützigen Körperschaft mit einem erwerbswirtschaftlich ausgerichteten Unternehmen auf dem Gebiete der Forschung - 1. Teil, BB 1985, 116-120

Wegehenkel, Peter: Gesellschafterbeitritt bei Zusammenarbeit zwischen einer gemeinnützigen Körperschaft und einem Unternehmen auf dem Gebiet der Forschung - 2. Teil, BB 1985, 395-396

Wegehenkel, Peter: Gründung einer Beteiligungsgesellschaft bei Zusammenarbeit einer gemeinnützigen Körperschaft mit Unternehmen auf dem Gebiet der Forschung - 3. Teil, BB 1985, 792-798

Weich, Bernhard (Öffentliche Hand): Öffentliche Hand im System der Umsatzsteuer, Köln 1996

Weimann, Rüdiger: Der (Sport-)Verein als Unternehmer, UStB 2009, 292-294

Weissenborn, Hans-Ullrich/Schaaf, Herbert: Zur Körperschaftsteuerpflicht der Gemeinden - Grundsätze und Besonderheiten bei ihrer Besteuerung - Teil 1, KStZ 1969, 65-67

Weitemeyer, Birgit/Mager, Martin (Geprägetheorie im Gemeinnützigkeitsrecht): Zum Stand der Diskussion um die Geprägetheorie im Gemeinnützigkeitsrecht, in: Hüttemann/Rawert/Schmidt/Weitemeyer (Hrsg.), Non Profit Law Yearbook 2008, Köln 2009, 69-88

Widmann, Werner in: Plückebaum/Widmann, Umsatzsteuergesetz: Kommentar, 10. Auflage, Köln 2010

Widmann, Werner: Anmerkung zu EuGH, Urteil v. 04.06.2009, C-102/08, Salix, UR 2009, 484, UR 2009, 493-494

Widmann, Werner: Anmerkung zu EuGH, Urteil v. 11.6.2009, *RLRE Tellmer Property*, BB 2009, 2017-2019

Widmann, Werner: Ausnahmen und Ermäßigungen bei der Umsatzsteuer - Reformbedarf und Reformvorschläge -, UR 2011, 421-424

Widmann, Werner: Beschränkung auf Teilentgelte schließt die wirtschaftliche Tätigkeit der öffentlichen Hand nicht aus - Zum EuGH-Urteil vom 29.10.2009 in der Rechtssache C-264/08 - Kommission/Finnland -, UR 2010, 221-224

Widmann, Werner: Der BFH hat die Schraube bezüglich der Unternehmereigenschaft der öffentlichen Hand überdreht - Anmerkung zu BFH, Urteil v. 3.3.2011, V R 23/10, BB 2011, 2019-2023

Wiedemann, Gerhard (Gemeinschaftsunternehmen im deutschen Kartellrecht): Gemeinschaftsunternehmen im deutschen Kartellrecht, Heidelberg 1981

Wilde, Heiko: Joint Venture: Rechtliche Erwägungen für und wider die Errichtung eines Gemeinschaftsunternehmens, DB 2007, 269-274

Wissenschaftlicher Beirat Ernst & Young Gruppe Umsatzsteuer: Rechtsprechungsreport zur Umsatzsteuer: Praxisrelevante Entscheidungen des EuGH im Zeitraum 1.1.2000 - 31.12.2010 und zur Zeit anhängige Verfahren, DB 2011, Beilage Nr. 3, 2011, 1-48

Wissenschaftlicher Beirat Ernst & Young Gruppe Umsatzsteuer: Rechtsprechungsreport zur Umsatzsteuer: Praxisrelevante Entscheidungen des EuGH im Zeitraum 1.1.2000 - 31.12.2009 und zur Zeit anhängige Verfahren, DB 2010, Beilage Nr. 3, 2010, 1-38

Wissenschaftsrat (Empfehlungen zur Interaktion von Wissenschaft und Wirtschaft): Empfehlungen zur Interaktion von Wissenschaft und Wirtschaft, Oldenburg 2007

Wöhe, Günter (Aufgaben der BWL Steuerlehre und Postulat der Wertefreiheit): Die Aufgaben der Betriebswirtschaftlichen Steuerlehre und das Postulat der Wertfreiheit, in: Fischer (Hrsg.), Unternehmung und Steuer - Festschrift zur Vollendung des 80. Lebensjahres von Peter Scherpf, Wiesbaden 1983, 5-20

Woitschell, Heiner in: Ernst & Young AG, Körperschaftsteuergesetz: Kommentar, April 2008. Auflage, 2008

Wolter, Andrä: Wissenschaftliche Weiterbildung und Bologna-Prozess: Randelement oder Entwicklungschance?, in: DGWF e.V. (Hrsg.), Wissenschaftliche Weiterbildung im Hochschulraum Europa: Dokumentation der gemeinsamen Jahrestagung von AUCEN, dem Netzwerk für Universitäre Weiterbildung und Personalentwicklung in Österreich, und der Deutschen Gesellschaft für Wissenschaftliche Weiterbildung und Fernstudium; 14.-16.9.2005 an der Universität Wien, Hamburg 2006, 85-102

Wörle-Himmel, Christof: Gemeinnützige Stiftungen als Kooperationspartner, Stiftung&Sponsoring Rote Seiten 2007, 2/2007, 1-23

Wößmann, Ludger: Die volkswirtschaftliche Bedeutung der Bildung, WiSt 2007, 31-37

Zacher, Thomas: Grundlagen der Gestaltung internationaler Joint-Ventures, IStR 1997, 408-415

Zimmermann, Werner: Das neue Umsatzsteuergesetz (Mehrwertsteuer) Teil I, DB 1967, 913-923

Rechtsquellenverzeichnis

1. Supranationales Recht

AEUV	Vertrag über die Arbeitsweise der Europäischen Union, in der Fassung der Bekanntmachung v. 09.05.2008, ABl Nr. C 115, 47, zuletzt geändert durch Art. 1 ÄndBeschl. 2011/199/EU v. 25.03. 2011, ABl. Nr. L 91 S. 1
EU-Vertrag	Vertrag über die Europäische Union i.d.F. des Vertrags von Lissabon v. 13.12.2007, ABl. Nr. C 306, 1, ber. ABl. 2008 Nr. C 111, 56 und ABl. 2009 Nr. C 290, 1
EG-Vertrag	Vertrag zur Gründung der Europäischen Wirtschaftsgemeinschaft v. 24.03.1957, neu gefasst durch Vertrag von Amsterdam vom 02.10.1997, ABl. 1997, Nr. C 340, 1.
Verordnung (EG) Nr. 1777/2005	Zweite Richtlinie des Rates v. 11.4.1967 zur Harmonisierung der Rechtsvorschriften der Mitgliedstaaten über die Umsatzsteuern - Struktur und Anwendungsmodalitäten des gemeinsamen Mehrwertsteuersystems - (67/228/EWG), ABl. 1967, 1303
Durchführungsverordnung	Durchführungsverordnung (EU) Nr. 282/2011 des Rates v. 15.03.2011 zur Festlegung von Durchführungsvorschriften zur Richtlinie 2006/112/EG über das gemeinsame Mehrwertsteuersystem 282/2011 v. 15.03.2011, ABl. 2011 Nr. L 77, 1
1. Richtlinie	Erste Richtlinie des Rates v. 11.4.1967 zur Harmonisierung der Rechtsvorschriften der Mitgliedstaaten über die Umsatzsteuer (67/227/EWG), ABl. 1967, 1301
2. Richtlinie	Verordnung (EG) Nr. 1777/2005 des Rates v. 17.10.2005 zur Festlegung von Durchführungsvorschriften zur Richtlinie 77/388/EWG über das allgemeine Mehrwertsteuersystem, Abl. 2005, Nr. L 288/1
6. Richtlinie	Sechste Richtlinie des Rates v. 17.5.1977 zur monisierung der Rechtsvorschriften der Mitgliedstaaten über die Umsatzsteuer - Gemeinsames

	Mehrwertsteuersystem: einheitliche steuerpflichtige Bemessungsgrundlage (77/388/EWG), ABl. 1977, Nr. L 145, 1
Richtlinie 2008/8/EG	Richtlinie 2008/8/EG v. 12.2.2008, zur Änderung der Richtlinie 2006/112/EG bezüglich des Ortes der Dienstleistung, ABl. 2008, Nr. L 44/11
MwStSystRL	Richtlinie 2006/112/EG des Rates v. 28.11.2006 über das gemeinsame Mehrwertsteuersystem, ABl. 2006 Nr. L 347, 1, zuletzt geändert durch Art. 1 ÄndRL 2010/88/EU v.7.12.2010, ABl. Nr. L 326, 1
Europass	Entscheidung Nr. 2241/2004/EG des Europäischen Parlaments und des Rates v. 15.12.2004, ABl. 2004, L 390/6

2. Nationale Gesetze

AO	Abgabenordnung in der Fassung der Bekanntmachung v. 01.10.2002, BGBl. I 2002, 3866; BGBl I 2003, 61, zuletzt geändert durch Art. 3 Steuervereinfachungsgesetz 2011 v. 01.11.2011, BGBl. I 2011, 2131
BayHSchG	Bayerisches Hochschulgesetz, in der Fassung der Bekanntmachung v. 02.10.1998,GVBl 740, zuletzt geändert durch Art. 107 Abs. 1 S. 2 HochschulG vom 23.05.2006, GVBl 245
BerlHG	Gesetz über die Hochschulen im Land Berlin in der Fassung vom 26.07.2011, GVBl. 378
BGB	Bürgerliches Gesetzbuch in der Fassung der Bekanntmachung v. 02.01.2002, BGBl. I 2002, 42, ber. 2909 und BGBl. I 2003, 738, zuletzt geändert durch Art. 1 Gesetz zur Anpassung der Vorschriften über den Wertersatz bei Widerruf von Fernabsatzverträgen und über verbundene Verträge v. 27.07.2011, BGBl. I 2011, 1600
BHO	Bundeshaushaltsordnung in der Fassung der Bekanntmachung v. 19.08.1969, BGBl. I 1969, 1284, zuletzt geändert durch Art. 10 HaushaltsbegleitG 2011 v. 09.12.2010, BGBl. I 2010, 1885
EStDV	Einkommensteuer-Durchführungsverordnung in der Fassung der Bekanntmachung v. 10.05.2000, BGBl. I 2000, 717, zuletzt geändert durch Art. 2 Steuervereinfachungsgesetz 2011 v. 01.11.2011, BGBl. I 2011, 2131
EStG	Einkommensteuergesetz in der Fassung der

	chung v. 08.10.2009, BGBl. I 2009, 3366, 3862, zuletzt geändert durch Art. 1 Steuervereinfachungsgesetz 2011 v. 01.11.2011, BGBl. I 2011, 2131
FGO	Finanzgerichtsordnung, in der Fassung der Bekanntmachung v.28.03.2001, BGBl. I 2001, 442, ber. 2262, I 2002, 679, zuletzt geändert durch Art. 6 Gesetz zur Modernisierung von Verfahren im anwaltlichen und notariellen Berufsrecht, zur Errichtung einer Schlichtungsstelle der Rechtsanwaltschaft sowie zur Änderung sonstiger Vorschriften v. 30.07.2009, BGBl. I
GemO	Gemeindeordnung Baden-Württemberg, in der Fassung v.24.07.2000, GBl. 2000, 582, ber. 698, zuletzt geändert durch Art. 17 Dienstrechtsreformgesetz v.09.11.2010, GBl. 2010, 793
GemO Bayern	Gemeindeordnung für den Freistaat Bayern, in der Fassung der Bekanntmachung v.22.08.1998, GVBl. 796, zuletzt geändert durch § 10 Gesetz zur Anpassung von Landesgesetzen an das Bayerische Beamtengesetz v. 27.07.2009, GVBl. 400
GemO BW	Gemeindeordnung für Baden-Württemberg in der Fassung der Bekanntmachung v. 24.07.2000, GBl. 582, ber. 698, zuletzt geändert durch Art. 17 Dienstrechtsreformgesetz v. 09.11.2010, GBl. 793
GemO NRW	Gemeindeordnung für das Land Nordrhein-Westfalen, in der Fassung der Bekanntmachung v. 14.07.1994, GVBl. 666, zuletzt geändert durch Art. 1 Gesetz über das Führen von Gemeinde- und Kreisbezeichnungen v. 25.10.2011, GVBl. 539
GenG	Gesetz betreffend die Erwerbs- und Wirtschaftsgenossenschaften, in der Fassung der Bekanntmachung v. 16.10.2006, BGBl. I 2006, 2230, zuletzt geändert durch Art. 10 Bilanzrechtsmodernisierungsgesetz v. 25.05.2009, BGBl. I 2009, 1102
GewStG	Gewerbesteuergesetz in der Fassung der Bekanntmachung v. 15.10.2002, BGBl. I 2002, 4167, zuletzt geändert durch Art. 3 des Jahressteuergesetzes 2010 v. 08.12.2010, BGBl. I 2010, 1768
GKZ BW	Gesetz über kommunale Zusammenarbeit Baden-Württemberg, in der Fassung der Bekanntmachung v. 16.09.1974, GBl. 1974, 408, ber. 1975, 460, ber. 1976, 408, zuletzt geändert durch Art. 7 zur Reform des Gemeindehaushaltsrechts v. 04.05.2009, GBl. 2009, 185, 192

HG NRW	Gesetz über die Hochschulen des Landes Nordrhein-Westfalen in der Fassung der Bekanntmachung v. 31.10.2006, GVBl. 474, zuletzt geändert durch Art. 2 Gesundheitsfachhochschulgesetz v. 08.10.2009, GVBl. 516
HGO	Hessische Gemeindeordnung, in der Fassung der Bekanntmachung v. 07.03.2005, GVBl. I 142, zuletzt geändert durch Art. 3 Gesetz zur Änderung des Hessischen Kommunalwahlgesetzes und anderer Gesetze v. 24.03.2010, GVBl. I 119
HRG	Hochschulrahmengesetz in der Fassung der Bekanntmachung v. 19.01.1999, BGBl. I 1999, 18, zuletzt geändert durch Art. 2 Gesetz zur Änderung arbeitsrechtlicher Vorschriften in der Wissenschaft vom 12.04.2007, BGBl. I 2007, 506
JStG 2007	Jahressteuergesetz 2007 v. 13.12.2006, BGBl. I 2006, 2878
JStG 2009	Jahressteuergesetz 2009 v. 19.12.2008, BGBl. I 2008, 2794
JStG 2010	Jahressteuergesetz 2010 v. 08.12.2010, BGBl. I 2010, 1768
KommZG Bayern	Gesetz über die kommunale Zusammenarbeit Bayern, in der Fassung der Bekanntmachung v. 20.06.1994, GVBl. 555, ber. 1995, 98, zuletzt geändert durch § 13 Gesetz zur Anpassung von LandesGn an das Bayerische Beamtengesetz v. 27.07.2009, GVBl. 400
KStG	Körperschaftsteuergesetz in der Fassung der Bekanntmachung v. 15.10.2002, BGBl. I 2002, 4144, zuletzt geändert durch Art. 17 Steuervereinfachungsgesetz 2011 v. 01.11.2011, BGBl. I 2011, 2131
LGebG	Landesgebührengesetz Baden-Württemberg, in der Fassung der Bekanntmachung v. 14.12.2004, GBl. 2004, S. 895), zuletzt geändert durch Gesetz vom 14.10.2008, GBl. 2008, 313
LHG-BW	Gesetz über die Hochschulen in Baden-Württemberg in der Fassung der Bekanntmachung v. 1.1.2005, GBl. 1, zuletzt geändert durch Art. 1 UniMed-RückabwicklungsG v. 22.11.2011, GBl. 501
LHGebG-BW	Landeshochschulgebührengesetz Baden-Württemberg, in der Fassung der Bekanntmachung v. 01.01.2005, GBl 2005, 1, 56, zuletzt geändert durch Art. 7 Zweites G zur Umsetzung der Föderalismusreform im Hochschulbereich v. 03.12.2008, GBl. 435
LHO	Landeshaushaltsordnung für Baden-Württemberg in der Fassung der Bekanntmachung v. 19.10.1971, GBl. 428, zuletzt geändert durch Art. 7 Dienstrechtsreformgesetz v.

	09.11.2010, GBl. 793
NKomVG	Niedersächsisches Kommunalverfassungsgesetz in der Fassung der Bekanntmachung v. 17.12.2010, GVBl. 576, zuletzt geändert durch Art. 10 Gesetz zur Neuregelung des Beamtenversorgungsrechts v. 17.11.2011, GVBl. 422
SächsHSG	Gesetz über die Hochschulen im Freistaat Sachsen, in der Fassung der Bekanntmachung v. 10.12.2008, zuletzt geändert durch Art. 21 Gesetz begleitender Regelungen zum Doppelhaushalt 2011/2012, v. 15. 12. 2010, GVBl. 387
SGB II	Sozialgesetzbuch Zweites Buch - Grundsicherung für Arbeitsuchende, in der Fassung der Bekanntmachung v. 13.05.2011, BGBl. I 2011, 850, ber. 2094, zuletzt geändert durch Art. 3a Gesetz zur Änderung des BundesversorgungsG und anderer Vorschriften v. 20.06.2011, BGBl. I 2011, 1114
SGB III	Sozialgesetzbuch Drittes Buch - Arbeitsförderung, in der Fassung der Bekanntmachung v. 24.03.1997, BGBl. I 1997, 594, zuletzt geändert durch Art. 11 Abs. 1 Gesetz zur Umsetzung aufenthaltsrechtlicher RL der EU und zur Anpassung nationaler Rechtsvorschriften an den EU-Visakodex v. 22.11.2011, BGBl. I 2011, 2258
SGB V	Sozialgesetzbuch Fünftes Buch - Gesetzliche Krankenkassen, in der Fassung der Bekanntmachung v. 20.12.1988, BGBl. I 1998, 2477, zuletzt geändert durch Art. 3 Viertes Gesetz zur Änderung des Vierten Buches Sozialgesetzbuch und anderer Gesetze v. 22.12.2011, BGBl. I 2011, 3057
Steuerentlastungsgesetz 1999/2000/2002	Steuerentlastungsgesetz 1999/2000/2002, in der Fassung der Bekanntmachung v. 24.3.1999, BGBl. I 1999, 402
UStDV	Umsatzsteuer-Durchführungsverordnung in der Fassung der Bekanntmachung v. 21.02.2005, BGBl. I 2005, 434, zuletzt geändert durch Art. 7 Verordnung zur Änderung steuerlicher Verordnungen v. 17.11.2010, BGBl. I 2010, 1544
UStG	Umsatzsteuergesetz in der Fassung der Bekanntmachung v. 21.02.2005, BGBl. I 2005, 386, zuletzt geändert durch Art. 5 Steuervereinfachungsgesetz 2011 v. 01.11.2011, BGBl. I 2011, 2131
UStG 1967	Umsatzsteuergesetz 1967 in der Fassung der Bekanntmachung v. 29.5.1967, BGBl. I 1967, 545
UStG 2002	Umsatzsteuergesetz 2002 in der Fassung der Bekanntmachung v. 26.11.1979, BGBl. I 1997, 1953, zuletzt geändert durch Bekanntmachung v. 9.6.1999, BGBl. I 1999, 1270

Rechtsprechungsverzeichnis

Entscheidungen des Europäischen Gerichtshofs

EuGH, Urteil v. 6.10.1970, 9/70, *Franz Grad*, UR 1971, 55

EuGH, Urteil v. 19.1.1982, 8/81, *Becker*, BStBl. II 1981, 53

EuGH, Urteil v. 1.4.1982, 89/81, *Hong-Kong Trade Development Council*, Slg der Rechtsprechung 1982, 1277

EuGH, Urteil v. 6.10.1982, Rs. 283/81, *Srl C.I.L.F.I.T. und Lanificio Di Gavardo S.p.A.*, Slg der Rechtsprechung 1982, 3415

EuGH, Urteil v. 10.4.1984, Rs. 14/83, *von Colson und Kamann*, Slg der Rechtsprechung 1984, 1891

EuGH, Urteil v. 26.3.1987, 235/85, *Kommission/Niederlande*, Slg der Rechtsprechung 1987, 1471

EuGH, Urteil v. 14.7.1988, Rs. 207/87, *Gerd Weissgerber*, Slg der Rechtsprechung 1988, 04433

EuGH, Urteil v. 15.6.1989, 348/87, *Stichting Uitvoering Financiële Acties*, Slg der Rechtsprechung 1737

EuGH, Urteil v. 17.10.1989, 231/87 und 129/88, *Comune di Carpaneto Piacentino und Comune di Rivergaro*, Slg der Rechtsprechung 1989, 3233

EuGH, Urteil v. 25.7.1991, C-202/90, *Ayuntamiento de Sevilla*, UR 1993, 122

EuGH, Urteil v. 25.7.1991, C-208/90, *Emmott*, UR 1993, 315

EuGH, Gutachten v. 14.12.1991, Gutachten 1/91, EuGHE 1991, I-06079

EuGH, Urteil v. 7.5.1992, C-347/90, *Bozzi*, Slg der Rechtsprechung 1992, I-02947

EuGH, Urteil v. 25.5.1993, C-191/93, *Mohsche*, BStBl. II 1993, 812

EuGH, Urteil v. 3.3.1994, C-16/93, *Tolsma*, Slg der Rechtsprechung 1994, I-473

EuGH, Urteil v. 6.7.1995, C-62/93, *BP Soupergaz*, BB 1995, 1187

EuGH, Urteil v. 11.8.1995, C-453/93, *Bulthuis-Griffioen*, UR 1995, 476

EuGH, Urteil v. 2.5.1996, C-231/94, *Faaborg–Gelting A/S*, DStR 1996, 1005

EuGH, Urteil v. 26.9.1996, C-230/94, *Renate Enkler*, Slg der Rechtsprechung 1996, I-4517

EuGH, Urteil v. 6.2.1997, C-247/95, *Marktgemeinde Welden*, Slg der Rechtsprechung I-779

EuGH, Urteil v. 22.10.1998, C-308/96 und C-94/97, *Madgett und Baldwin*, Slg der Rechtsprechung 1998, I-06229

EuGH, Urteil v. 12.11.1998, C-149/97, *Institute of the Motor Industry*, Slg der Rechtsprechung 1998, I-7053

EuGH, Urteil v. 25.2.1999, C-349/96, *Card Protection Plan Ltd (CPP)*, Slg der Rechtsprechung 1999, I-973
EuGH, Urteil v. 7.9.1999, C-216/97, *Gregg*, UR 1999, 419
EuGH, Urteil v. 26.9.2000, C-134/99, *IGI*, IStR 2000, 750
EuGH, Urteil v. 14.12.2000, C-446/98, *Camara Municipal do Porto Fazenda Pública*, UR 2001, 108
EuGH, Urteil v. 11.1.2001, C-76/99, *Kommission/Frankreich*, UR 2001, 62
EuGH, Urteil v. 22.1.2001, C-408/98, *Abbey National*, UR 2001, 164
EuGH, Urteil v. 21.3.2002, C-267/00, *Zoological Society of London*, EuZW 2002, 308
EuGH, Urteil v. 21.3.2002, C-174/00, *Kennemer Golf & Country Club*, DStRE 2002, 642
EuGH, Urteil v. 20.6.2002, C-287/00, *Kommission/Bundesrepublik Deutschland*, IStR 2002, 483
EuGH, Urteil v. 11.7.2002, C-62/00, *Marks & Spencer*, HFR 2002, 943
EuGH, Urteil v. 10.9.2002, C-141/00, *Kügler*, HFR 2002, 1146
EuGH, Urteil v. 10.9.2002, C-141/00, *Ambulanter Pflegedienst Kügler GmbH*, DStRE 2002, 1196
EuGH, Urteil v. 27.2.2003, C-327/00, *Santex*, Slg der Rechtsprechung 2003, I, 01877
EuGH, Urteil v. 3.4.2003, C-144/00, *Matthias Hoffmann*, UR 2003, 248
EuGH, Urteil v. 23.10.2003, C-109/02, *Kommission/Deutschland*, IStR 2003, 854
EuGH, Urteil v. 6.11.2003, C-45/01, *Christoph-Dornier-Stiftung*, DStRE 2004, 99
EuGH, Urteil v. 20.11.2003, C-8/01, *Assurandør-Societetet Taksatorringen*, UR 2004, 82
EuGH, Urteil v. 29.4.2004, C-152/02, *Terra Baubedarf-Handel GmbH*, IStR 2004, 493
EuGH, Urteil v. 20.1.2005, C-412/03, *Hotel Scandic Gåsabäck AB*, DB 2005, 202
EuGH, Urteil v. 26.5.2005, C-498/03, *Kingscrest Associates und Montecello*, UR 2005, 453
EuGH, Urteil v. 15.9.2005, C-495/03, *Intermodal Transports BV*, HFR 2005, 1236
EuGH, Urteil v. 27.10.2005, C-41/04, *Levob*, UR 2006, 20
EuGH, Urteil v. 1.12.2005, C-394/04 und C-395/04, *Diagnostiko & Therapeftiko Kentro Athinon-Ygeia AE*, IStR 2006, 86
EuGH, Urteil v. 9.2.2006, C-415/04, *Stichting Kinderopvang Enschede*, DB 2006, 430

EuGH, Urteil v. 23.3.2006, C-210/04, *FCE Bank plc*, UR 2006, 331
EuGH, Urteil v. 30.3.2006, C-184/04, *Uudenkaupungin kaupunki*, DB 2006, 821
EuGH, Urteil v. 8.6.2006, C-430/04, *Feuerbestattungsverein Halle*, HFR 2006, 830
EuGH, Urteil v. 8.6.2006, C-106/05, *L. u. P. GmbH*, DStRE 2006, 811
EuGH, Urteil v. 6.7.2006, C-251/05, *Talacre Beach Caravan Sales Ltd*, DStR 2006, 1272
EuGH, Urteil v. 14.9.2006, C-72/05, *Wollny*, BStBl. II 2007, 32
EuGH, Urteil v. 3.10.2006, C-475/03, *Banca popolare di Cremona*, IStR 2006, 783
EuGH, Urteil v. 7.12.2006, C-240/05, *Eurodental*, DStRE 2007, 1042
EuGH, Urteil v. 8.2.2007, C-435/05, *Investrand BV*, UR 2007, 225
EuGH, Urteil v. 15.3.2007, C-35/05, *Reemtsma Cigarettenfabriken GmbH*, UR 2007, 343
EuGH, Urteil v. 14.6.2007, C-445/05, *Haderer*, HFR 2007, 806
EuGH, Urteil v. 14.6.2007, C-434/05, *Horizon College*, DB 2007, 1450
EuGH, Urteil v. 26.6.2007, C-284/04, *T-Mobile Austria GmbH*, UR 2007, 607
EuGH, Urteil v. 28.6.2007, C-363/05, *JP Morgan Fleming Claverhouse Investment Trust plc*, HFR 2007, 920
EuGH, Urteil v. 27.9.2007, C-409/04, *Teleos*, BStBl. II 2009, 70
EuGH, Urteil v. 13.12.2007, C-408/06, *Götz*, IStR 2008, 180
EuGH, Urteil v. 21.2.2008, C-425/06, *Part Service SRL*, UR 2008, 461
EuGH, Urteil v. 13.3.2008, C-437/06, *Securenta*, BStBl. II 2008, 727
EuGH, Urteil v. 3.4.2008, C-442/05, *Zweckverband zur Trinkwasserversorgung und Abwasserbeseitigung Torgau-Westelbien*, BStBl. II 2009, 328
EuGH, Urteil v. 3.4.2008, C-124/07, *J.C.M. Beheer BV*, HFR 2008, 649
EuGH, Urteil v. 16.9.2008, C-288/07, *Isle of Wight*, IStR 2008, 734
EuGH, Urteil v. 16.10.2008, C-253/07, *Canterbury Hockey Club*, UR 2008, 854
EuGH, Urteil v. 11.12.2008, C-371/07, *Danfoss A/S, AstraZeneca A/S*, DStR 2009, 168
EuGH, Urteil v. 11.12.2008, C-407/07, *Stichting Centraal Begeleidingsorgaan voor de Intercollegiale Toetsing*, UR 2009, 52
EuGH, Urteil v. 18.12.2008, C-488/07, *Royal Bank of Scotland Group*, DStRE 2009, 305
EuGH, Urteil v. 12.2.2009, C-515/07, *Vereniging Noordelijke Land - en Tuinbouw Organisatie - VNLTO*, DStR 2009, 369
EuGH, Urteil v. 23.4.2009, C-460/07, *Puffer*, DStR 2009, 903
EuGH, Urteil v. 4.6.2009, C-102/08, *SALIX*, DStR 2009, 1196
EuGH, Urteil v. 11.6.2009, C-572/07, *RLRE Tellmer Property*, DStR 2009, 1260

EuGH, Urteil v. 16.7.2009, C-554/07, *Kommission/Irland*, HFR 2009, 1149
EuGH, Urteil v. 6.10.2009, C-267/08, *SPÖ Landesorganisation Kärnten*, UR 2009, 760
EuGH, Urteil v. 20.10.2009, C-29/08, *AB SKF*, BFH/NV 2009, 2099
EuGH, Urteil v. 29.10.2009, C-246/08, *Kommission/Finnland*, UR 2010, 224
EuGH, Urteil v. 28.1.2010, C-473/08, *Ingenieurbüro Eulitz GbR*, DStR 2010, 218
EuGH, Urteil v. 18.3.2010, C-492/08, *Kommission/Frankreich*, UR 2010, 662
EuGH, Urteil v. 6.5.2010, C-94/09, *Kommission/Frankreich*, DStR 2010, 977
EuGH, Urteil v. 15.7.2010, C-368/09, *Pannon Gép Centrum kft*, DStR 2010, 1475
EuGH, Urteil v. 6.10.2011, C-421/10, *Stoppelkamp*, beck-online BeckRS 2011, 81434

Schlussanträge der Generalanwälte

Schlussanträge des Generalanwalts Jacobs v. 13.12.2001, C-174/00, *Kennemer Golf & Country Club*, Slg der Rechtsprechung 2002, I-03293
Schlussanträge des Generalanwalts Mischo v. 3.10.2002, C-8/01, *Assurandør-Societetet Taksatorringen*, beck-online, BeckEuRS 2002, 264189
Schlussanträge der Generalanwältin Kokott, C-369/04, *Hutchison 3G UK Ltd und andere*, beck-online, BeckEuRS 2006, 432663
Schlussanträge der Generalanwältin Sharpston v. 8.3.2007, C-434/05, *Horizon College*, und C-445/05, *Haderer*, beck-online, BeckEuRS 2007, 444686
Schlussanträge der Generalanwältin Sharpston v. 9.10.2008, C-407/07, *Stichting Centraal Begeleidingsorgaan voor de Intercollegiale Toetsing*, beck-online, BeckRS 2008, 71075
Schlussanträge des Generalanwalts Jääskinen v. 11.2.2010, C-492/08, *Kommission/Frankreich*, beck-online, BeckRS 2010, 90149

Entscheidungen des Bundesverfassungsgerichts

BVerfG, Urteil v. 9.6.1971, 2 BvR 225/69, DB 1971, 1651
BVerfG, Beschluss v. 8.4.1987, 2 BvR 687/85, DB 1987, 2339
BVerfG, Beschluss v. 29.11.1989, 1 BvR 1402/87, 1 BvR 1528/87, BStBl. II 1990, 479
BVerfG, Beschluss v. 29.10.1999, 2 BvR 1264/90, BStBl. II 2000, 155
BVerfG, Beschluss v. 10.11.1999, 2 BvR 2861/93, BStBl. II 2000, 160
BVerfG, Beschluss v. 13.3.2007, 1 BvF 1/05, NVwZ 2007, 937

BVerfG, Beschluss v. 31.5.2007, 1 BvR 1316/04, UR 2007, 737

Entscheidungen des Reichsfinanzhofs

RFH, Urteil v. 17.6.1930, I A 564/29, RStBl. 1930, 466
RFH, Urteil v. 24.6.1932, V A 676/31, RStBl 1933, 1232
RFH, Gutachten v. 9.7.1937, V D 1/37, RStBl. 1937, 1306
RFH, Gutachten v. 2.7.1938, Gr. S. D 5/38, RStBl. 1938, 743
RFH, Urteil v. 9.2.1940, V 293/38, RStBl. 1940, 575

Entscheidungen des Bundesfinanzhofs

BFH, Urteil v. 15.1.1952, I 96/51 U, BStBl. III 1952, 61
BFH, Urteil v. 20.3.1956, I 317/55 U, BStBl. III 1956, 166
BFH, Urteil v. 4.7.1956, V 56/55 U, BStBl. III 1956, 275
BFH, Urteil v. 13.4.1961, V 120/59 U, BStBl. III 1961, 298
BFH, Urteil v. 11.11.1965, V 146/93 S, BStBl. III 1966, 28
BFH, Urteil v. 18.8.1966, V 21/64, BStBl. III 1967, 100
BFH, Urteil v. 25.7.1968, V 150/65, BStBl. II 1968, 731
BFH, Urteil v. 12.2.1970, V R 50/66, BStBl. II 1970, 477
BFH, Urteil v. 28.1.1971, V R 38/66, BStBl. II 1971, 281
BFH, Urteil v. 21.5.1971, V R 117/67, BStBl. II 1971, 540
BFH, Urteil v. 13.3.1974, I R 7/71, BStBl. II 1974, 391
BFH, Urteil v. 14.3.1974, V R 54/73, BStBl. II 527
BFH, Urteil v. 26.5.1977, V R 15/74, BStBl. II 1977, 813
BFH, Urteil v. 18.12.1980, V R 142/73, BStBl. II 1981, 408
BFH, Urteil v. 17.3.1981, VIII R 149/76, BStBl. II 1981, 746
BFH, Urteil v. 14.3.1984, I R 223/80, BStBl. II 1984, 496
BFH, Urteil v. 12.12.1985, V R 15/80, BStBl. II 1986, 499
BFH, Urteil v. 3.5.1989, V R 83/84, BStBl. II 1989, 815
BFH, Urteil v. 14.3.1990, I R 156/87, BStBl. II 1990, 866
BFH, Urteil v. 11.4.1990, I R 122/87, BStBl. II 1990, 724
BFH, Urteil v. 21.6.1990, V R 94/85, UR 1991, 48
BFH, Beschluss v. 30.7.1990, V B 48/90 (NV), BFH/NV 1991, 62
BFH, Beschluss v. 29.8.1991, V B 113/91, BStBl. II 1992, 267
BFH, Urteil v. 4.12.1991, I R 74/89, BStBl. II 1992, 432
BFH, Urteil v. 3.8.1992, V B 36/92 (NV), BFH/NV 1993, 277
BFH, Urteil v. 21.4.1994, V R 105/91, BStBl. II 1994, 671
BFH, Urteil v. 28.4.1994, V R 80/91 (NV), BFH/NV 1995, 557

BFH, Urteil v. 27.6.1995, V R 36/94, BStBl. II 1995, 915
BFH, Urteil v. 1.8.1996, VIII R 12/94, BStBl. II 1997, 272
BFH, Urteil v. 12.6.1997, V R 36/95, BStBl. II 1997, 589
BFH, Urteil v. 15.7.1998, I R 156/94, DStR 1998, 1710
BFH, Urteil v. 27.8.1998, V R 73/97, BStBl. II 1999, 376
BFH, Urteil v. 10.6.1999, V R 84/98, BStBl. II 1999, 578
BFH, Urteil v. 16.8.2001, V R 67/00 (NV), BFH/NV 2002, 223
BFH, Beschluss v. 25.7.2002, I B 52/02, BFH/NV 2002, 1341
BFH, Urteil v. 1.8.2002, V R 21/01, BStBl. II 2003, 438
BFH, Urteil v. 9.12.2002, V R 64/99, BStBl. II 2003, 375
BFH, Urteil v. 18.12.2002, I R 15/02, BStBl. II 2003, 384
BFH, Urteil v. 27.2.2003, V R 78/01, BStBl. II 2004, 431
BFH, Urteil v. 4.6.2003, I R 25/02, BStBl. II 2004, 660
BFH, Urteil v. 18.12.2003, V R 62/02, BStBl. II 2004, 252
BFH, Urteil v. 5.2.2004, V R 90/01, BStBl. II 2004, 795
BFH, Urteil v. 22.4.2004, V R 1/98, BStBl. II 2004, 849
BFH, Urteil v. 6.5.2004, V R 73/03, BStBl. II 2004, 856
BFH, Urteil v. 25.1.2005, I R 63/03, BStBl. II 2005, 501
BFH, Urteil v. 21.4.2005, V R 6/03, BStBl. II 2005, 899
BFH, Beschluss v. 12.5.2005, V B 146/03, BStBl. II 2005, 714
BFH, Urteil v. 19.5.2005, V R 32/03, BStBl. II 2005, 900
BFH, Urteil v. 18.8.2005, V R 71/03, BStBl. II 2006, 143
BFH, Urteil v. 22.9.2005, V R 28/03, BStBl. II 2006, 280
BFH, Beschluss v. 20.10.2005, V R 75/03, BStBl. II 2006, 147
BFH, Urteil v. 27.4.2006, V R 53/04, BStBl. II 2007, 16
BFH, Urteil v. 28.9.2006, V R 57/05, BStBl. II 2007, 846
BFH, Urteil v. 7.3.2007, I R 90/04, BStBl. II 2007, 628
BFH, Urteil v. 21.3.2007, V R 28/04, BStBl. II 2010, 999
BFH, Urteil v. 4.4.2007, I R 76/05, BStBl. II 2007, 631
BFH, Beschluss v. 18.4.2007, V B 157/05 (NV), BFH/NV 2007, 1544
BFH, Urteil v. 31.5.2007, V R 18/05, BStBl. II 2008, 206
BFH, Urteil v. 31.7.2007, V B 44/06, BFH/NV 2007, 2365
BFH, Urteil v. 23.8.2007, V R 4/05, BFH/NV 2007, 2215
BFH, Urteil v. 23.8.2007, V R 10/05, BFH/NV 2007, 2217
BFH, Urteil v. 27.9.2007, V R 75/03, BStBl. II 2008, 323
BFH, Urteil v. 8.11.2007, V R 2/06, BStBl. II 2008, 634
BFH, Urteil v. 8.11.2007, V R 2/06, BStBl. II 2008, 634
BFH, Urteil v. 5.12.2007, V R 60/05, UR 2008, 616
BFH, Urteil v. 17.1.2008, V R 52/06, BFH/NV 2008, 725
BFH, Urteil v. 24.1.2008, V R 3/05, BFH/NV 2008, 1078

BFH, Urteil v. 3.4.2008, V R 74/07, BFH/NV 2008, 1631
BFH, Urteil v. 17.4.2008, V R 39/05, BFH/NV 2008, 1712
BFH, Urteil v. 17.4.2008, V R 58/05, DStR 2008, 1329
BFH, Urteil v. 12.6.2008, V R 33/05, DStR 2008, 1688
BFH, Urteil v. 12.6.2008, V R 22/06, UR 2009, 66
BFH, Urteil v. 29.10.2008, I R 51/07, DStR 2008, 2470
BFH, Urteil v. 29.10.2008, XI R 74/07, BStBl. II 2009, 256
BFH, Urteil v. 27.11.2008, V R 8/07, DB 2009, 599
BFH, Urteil v. 15.1.2009, V R 9/06, BStBl. II 2010, 433
BFH, Urteil v. 29.1.2009, V R 46/06, UR 2009, 385
BFH, Urteil v. 12.2.2009, V R 47/07, BStBl. II 2009, 677
BFH, Urteil v. 11.3.2009, XI R 68/06, HFR 2009, 1229
BFH, Urteil v. 23.4.2009, V R 5/07, BFH/NV 2009, 1723
BFH, Urteil v. 18.6.2009, V R 4/08, DStRE 2009, 1389
BFH, Urteil v. 25.6.2009, V R 37/08, DStR 2009, 1848
BFH, Urteil v. 25.6.2009, V R 25/07, BStBl. II 2010, 239
BFH, Urteil v. 20.8.2009, V R 30/06, DB 2009, 2527
BFH, Urteil v. 20.8.2009, V R 70/05, DB 2009, 2471
BFH, Urteil v. 20.8.2009, V R 25/08, BStBl. II 2010, 15
BFH, Urteil v. 22.10.2009, V R 33/08, UR 2010, 368
BFH, Beschluss v. 7.12.2009, XI B 52/09 (NV), BFH/NV 2010, 482
BFH, Beschluss v. 3.2.2010, I R 8/09, DStR 2010, 645
BFH, Urteil v. 17.2.2010, I R 2/08, DB 2010, 1104
BFH, Urteil v. 17.3.2010, XI R 17/08, DStR 2010, 2234
BFH, Urteil v. 15.4.2010, V R 10/09, DStR 2010, 1280
BFH, Urteil v. 6.5.2010, V R 29/09, DB 2010, 1978
BFH, Beschluss v. 30.6.2010, XI R 5/08, BFH/NV 2010, 1955
BFH, Urteil v. 5.8.2010, V R 54/09, BStBl. II 2011, 191
BFH, Beschluss v. 1.9.2010, XI S 6/10, UR 2010, 905
BFH, Urteil v. 1.9.2010, V R 32/09, BFH/NV 2011, 536
BFH, Urteil v. 16.9.2010, V R 57/09, BStBl. II 2011, 151
BFH, Urteil v. 7.10.2010, V R 12/10, BStBl. II 2011, 303
BFH, Beschluss v. 12.10.2010, I R 59/09, DStR 2011, 20
BFH, Urteil v. 1.12.2010, XI R 28/08, DStR 2011, 1126
BFH, Beschluss v. 3.12.2010, V B 35/10, BFH/NV 2011, 462
BFH, Urteil v. 9.12.2010, V R 17/10, DStR 2011, 460
BFH, Urteil v. 12.1.2011, XI R 9/08, DStR 2011, 570
BFH, Urteil v. 13.1.2011, V R 12/08, DStR 2011, 465
BFH, Urteil v. 27.1.2011, V R 38/09, DStR 2011, 454
BFH, Urteil v. 17.2.2011, V R 39/09, DStR 2011, 969

BFH, Urteil v. 2.3.2011, XI R 21/09, DStR 2011, 1179
BFH, Urteil v. 2.3.2011, XI R 65/07, KommJur 2011, 387
BFH, Beschluss v. 2.3.2011, XI R 47/07, DStRE 2011, 755
BFH, Urteil v. 2.3.2011, XI R 21/09, DStR 2011, 1179
BFH, Urteil v. 3.3.2011, V R 23/10, DStR 2011, 1077
BFH, Urteil v. 25.5.2011, I R 60/10, DStR 2011, 1460
BFH, Urteil v. 8.6.2011, XI R 22/09, DStR 2011, 1659
BFH, Urteil v. 15.9.2011, V R 8/11, beck-online, BeckRS 2012, 94152

Entscheidungen der Finanzgerichte

FG Baden-Württemberg, Urteil v. 29.3.2010, 9 K 115/06, EFG 2010, 1167
FG Berlin, Urteil v. 18.12.2001, 7 K 7499/00, EFG 2002, 519
FG München, Urteil v. 17.3.2010, 3 K 3055/07, beck-online 2010, 26029006
FG Münster, Urteil v. 7.12.2010, 15 K 3110/06 U, rechtskräftig, EFG 2011, 842
FG Münster, Urteil v. 15.3.2011, 15 K 3840/08 U, Rev. anhängig unter Az. V R 14/11, beck-online, 2011, BeckRs 95165
FG Schleswig-Holstein v. 22.3.1996, I 535/92, EFG 1996, 940, rechtskräftig
Niedersächsisches FG v. 3.1.2008, 16 K 76/06, DStRE 2008, 1018
Niedersächsisches FG v. 22.3.2010, 16 K 11189/08, rechtskräftig, EFG 2010, 1263
Sächsisches Finanzgericht v. 13.10.2008, 3 K 191/08, LEXinform Nr. 5007392 (betrifft EuGH-Vorlage, Rs. *Eulitz*)

Entscheidungen des Bundesverwaltungsgerichtshofs

BVerwG, Urteil v. 3.12.1976, VII C 73.75, beck-online, 1976, BeckRS 1976, 31276079
BVerwG, Urteil v. 29.11.1990, 3 C 77.87, RIW 1991, 426
BVerwG, Urteil v. 4.5.2006, 10 C 10.5, UR 2006, 517

Entscheidungen der Oberverwaltungsgerichte

OVG Nordrhein-Westfalen, Urteil v. 7.5.2009, 14 A 2934/07, DÖV 2009, 872

Entscheidungen des Bundesgerichtshofs

BGH, Urteil v. 29.1.2001, II ZR 331/00, BGHZ 146, 341

Verzeichnis der sonstigen Quellen

Mitteilungen der Kommission

Europäische Kommission, v. 5.10.2007, KOM (2007) 747, Vorschlag für eine Richtlinie des Rates zur Änderung der Richtlinie 2006/112/EG über das gemeinsame Mehrwertsteuersystem hinsichtlich der Behandlung von Versicherungs- und Finanzdienstleistungen

Europäische Kommission v. 2.7.2009, KOM (2009) 325, Mitteilung der Kommission an das Europäische Parlament und den Rat über die Option der Mehrwertsteuer-Gruppe gem. Art. 11 MwStSystRL (nationale Organschaftsregelungen), UR 2009, 632, 633

Europäische Kommission, Mehrwertsteuerausschuss Arbeitsunterlage Nr. 654, Betreff: Geltungsbereich der Befreiung für Kostenteilungsvereinbarungen, taxud.d.1(2010)123337

Europäische Kommission, Pressemitteilung IP/11/428, v. 6.4.2011

Bundesrats-Drucksachen

BR-Drs. 218/10, Gesetzentwurf der Bundesregierung zum Jahressteuergesetz 2010

Bundestags-Drucksachen

Begründung zum Entwurf eines Körperschaftsteuergesetzes v. 23.4.1925, Verhandlungen des Reichstags, III. Wahlperiode 1924/25, Bd. 400, Drs. 796, 8 ff.

Zu BT-Drs. V/1581, Schriftlicher Bericht des Finanzausschusses (14. Ausschuss) über den von den Fraktionen der CDU/CSU, FDP eingebrachten Entwurf eines Umsatzsteuergesetzes (Nettoumsatzsteuer), Drs. V/48

BT-Drs. 7/913, Unterrichtung durch die Bundesregierung: Vorschlag einer sechsten Richtlinie des Rates zur Harmonisierung der Rechtsvorschriften der Mitgliedstaaten über die Umsatzsteuern - Gemeinsames Mehrwertsteuersystem: einheitliche steuerpflichtige Bemessungsgrundlage

BT-Drs. 7/1470, Gesetzentwurf der Bundesregierung, Entwurf eines Dritten Steuerreformgesetzes

BT-Drs. 8/1779, Entwurf eines Umsatzsteuergesetzes (UStG 1979)

BT-Drs. 8/2827, Beschlußempfehlung und Bericht des Finanzausschusses (7. Ausschuß) zu dem von der Bundesregierung eingebrachten Entwurf eines Umsatzsteuergesetzes (UStG 1979)

BT-Drs. 9/842, Entwurf eines Zweiten Gesetzes zur Verbesserung der Haushaltsstruktur

BT-Drs. 11/4176, v. 13.03.1989, Gesetzentwurf zur Verbesserung und Vereinfachung der Vereinsbesteuerung (Vereinsförderungsgesetz)

BT-Drs. 13/8796, Gesetzentwurf der Bundesregierung, Entwurf eines Vierten Gesetzes zur Änderung des Hochschulrahmengesetzes

BT-Drs. 14/23, Gesetzentwurf eines Steuerentlastungsgesetzes 1999/2000/2002

BT-Drs. 14/443, Dritter Bericht des Finanzausschusses zu dem Gesetzentwurf eines Steuerentlastungsgesetzes 1999/2000/2002

BT-Drs. 15/60, Bemerkungen des Bundesrechnungshofes 2002 zur Haushalts- und Wirtschaftsführung (einschließlich der Feststellungen zur Jahresrechnung des Bundes 2001)

BT-Drs. 15/4081, Bericht nach § 99 BHO zur umsatzsteuerlichen Behandlung der öffentlichen Hand - Vorschläge für eine EG-konforme Besteuerung juristischer Personen des öffentlichen Rechts

BT-Drs. 16/2712, Gesetzentwurf der Bundesregierung: Entwurf eines Jahressteuergesetzes 2007 (JStG 2007)

BT-Drs. 16/7100, Bemerkungen des Bundesrechnungshofes 2007 zur Haushalts- und Wirtschaftsführung des Bundes (einschließlich der Feststellungen zur Jahresrechnung 2006)

BT-Drs. 16/10189, Gesetzentwurf der Bundesregierung, Entwurf eines Jahressteuergesetzes 2009

BT-Drs. 17/2290, *Bundesrechnungshof*, Bericht nach § 99 BHO über den ermäßigten Umsatzsteuersatz - Vorschläge für eine künftige Ausgestaltung der Steuerermäßigung

BT-Drs. 17/2823, Unterrichtung durch die Bundesregierung, Entwurf eines Jahressteuergesetzes 2010 (JStG 2010) - Drucksache 17/2249 - Stellungnahme des Bundesrates und Gegenäußerung der Bundesregierung

Landtags-Drucksachen

Landtag von Baden-Württemberg, Gesetzentwurf der Landesregierung v. 06.10.2004, Zweites Gesetz zur Änderung hochschulrechtlicher Vorschriften, LT-Drs.13/3640

Landtag von Baden-Württemberg, Gesetz zur Änderung gemeindewirtschaftsrechtlicher Vorschriften und anderer Gesetze v. 14.07.1999, LT-Drs. 12/4268

Landtag von Baden-Württemberg, Gesetzentwurf der Landesregierung v. 14.05.1999, Gesetz zur Änderung gemeindewirtschaftsrechtlicher Vorschriften und anderer Gesetze, LT-Drs.12/4055

Verwaltungsanweisungen

Richtlinien

AEAO	Anwendungserlass zur Abgabenordnung 1977, in der Fassung v. 15.7.1998, BStBl. I 1998, 630, zuletzt geändert durch BMF-Schreiben v. 17.3.2011, IV A 3 – S 0062/08/10007-10, BStBl. I 2011, 241
KStR	Körperschaftsteuer-Richtlinien 2004, in der Fassung v. 13.12.2004, BStBl. I, Sondernummer 2/2004
UStAE	Umsatzsteuer-Anwendungserlass, in der Fassung v. 1.10.2010, BStBl. I 2010, 846, zuletzt geändert durch BMF-Schreiben v. 3.1.2012, IV D 2 – S 7100-b/11/10001 (2011/137205), BStBl. I 2012, 76
UStR	Umsatzsteuer-Richtlinien 2008, in der Fassung v. 10.12.2007, BStBl. I 2007, Sondernummer 2/2007
UStR 2005	Umsatzsteuer-Richtlinien 2005, in der Fassung v. 16.12.2004, BStBl. I 2004, Sondernummer 3/2004

Bundesfinanzministerium

BMF-Schreiben v. 10.11.2000, IV D 1-S 7171-2/00, Umsatzsteuerbefreiung nach § 4 Nr. 15 a) UStG; Umsetzung von Art. 13 Teil A Abs. 1 f) der 6. EG-Richtlinie, UR 2001, 177

BMF-Schreiben v. 15.2.2002, IV C 4 - S 0174 - 2/01, Gemeinnützigkeit: Rücklagen im wirtschaftlichen Geschäftsbetrieb, BStBl. I 2002, 267

BMF-Schreiben v. 21.1.2003, IV C 4 - S 0171 - 6/03, Gemeinnützigkeitsrecht: Tätigkeit als Hilfsperson, Übergangsregelung, BStBl. I 107

BMF-Schreiben v. 9.2.2007, IV A 5 - S 7242a/07/0001, Zweckbetriebe: Ermäßigter Steuersatz, BStBl. I 2007, 218

BMF-Schreiben v. 27.9.2007, IV A 6 - S 7175/07/0003, Studentenwerk, Wohnraumvermietung, Abgabe von Mahlzeiten, BStBl. I 2007, 768

BMF-Schreiben v. 17.7.2008, IV A 3 - S 0062/08/10006, AEAO, Änderung Juli 2008, BStBl. I 694
BMF-Schreiben v. 12.11.2009, IV C 7 - S 2706/08/10004, Anwendungsfragen zu den Regelungen im JStG 2009 zur Besteuerung von Betrieben gewerblicher Art und Eigengesellschaften von juristischen Personen des öffentlichen Rechts, BStBl. I 2009, 1303
BMF-Schreiben v. 11.12.2009, IV C 7 - S 2706/07/10006[2009/0833347], Kriterien zur Abgrenzung hoheitlicher von wirtschaftlicher Tätigkeit einer juristischen Person des öffentlichen Rechts, DB 2010, 84
BMF-Schreiben v. 11.4.2011, IV D 3 - S 7130/07/10008, DOK 2011/0294414, Änderung des UStAE - Auswirkungen des EuGH-Urteils vom 7. 12. 2006, C-240/05, *Eurodental*, beck-online 2011, becklink 316817
BMF-Schreiben v. 2.1.2012, IV D 2 - S 7300/11/10002, Vorsteuerabzug nach § 15 UStG und Berichtigung des Vorsteuerabzugs nach § 15a UStG unter Berücksichtigung der BFH-Urteile vom 9. Dezember 2010, V R 17/10, vom 12. Januar 2011, XI R 9/08, vom 13. Januar 2011, V R 12/08, vom 27. Januar 2011, V R 38/09 und vom 3. März 2011, V R 23/10, BStBl. I 2012, 60

Landesfinanzministerien

Bayerisches Landesamt für Steuern, Verfügung v. 7.1.2010, S 2706.2.1 - 29/2 St 31, Beurteilung der Durchführung von Bildungsmaßnahmen - Handwerkskammer - Kreishandwerkerschaften - Innungen, DB 2010, 307
Bayerisches Landesamt für Steuern, Verfügung v. 13.2.2008, S 7100-6034 M, Umsatzsteuerliche Behandlung von Klein- und Kleinstvermietungen im Bereich der Hochschulen, DStR 2008, 619
FinBeh.Hamburg v. 7.3.1985, S 7180 - 1/85, Anwendung des § 4 Nr. 22 UStG auf Leistungen außengebietlicher Einrichtungen, UR 1985, 209
FinMin Hessen v. 13.12.2006, S 7106 A - 096 - II 51, Umsatzsteuerliche Behandlung zwischenbehördlicher Leistungsverrechnungen, UR 2007, 661
FinMin Schleswig-Holstein v. 4.3.2011, VI358 - S 7179 - 96, Zulassung eines Trägers zur beruflichen Weiterbildung durch fachkundige Stellen nach § 85 SGB III als Bescheinigung i.S.d. § 4 Nr. 21 UStG, UR 2011, 877
FinMin Brandenburg v. 3.12.2010, o. Az., Erlass betr. Bescheinigungsverfahren zur Umsatzsteuerbefreiung gemäß § 4 Nr. 21 a) bb) UStG, beck-online, 2010, BeckVerw 249068
FinMin Brandenburg v. 9.3.2011, Kurzinformation 31 - S 7300 - 3/10, DStR 2011, 675

Oberfinanzdirektionen

OFD Chemnitz v. 22.6.2010, S 2706 - 109/4 - St 21, Betriebe gewerblicher Art der Kammern, Kreishandwerkerschaften und Innungen; Durchführung von Bildungsmaßnahmen; Qualitätssicherung, beck-online 2011, BeckVerw 240016

OFD Düsseldorf v. 15.8.2005, S-2729 A -St 132, Gemeinnützigkeitsrechtliche Beurteilung der Tätigkeit als Hilfsperson, Auslegung der Regelung in AEAO zu § 57 Nr. 2 letzter Satz (insbesondere bei Rettungsdiensten), LEXinform Nr. 2005, 0579642

OFD Frankfurt v. 4.2.2002, S 2706 A - 83 - St II 13, Beteiligung einer Gemeinde an einer Mitunternehmerschaft, FR 2002, 421

OFD Frankfurt/Main v. 25.4.2002, S 7179A - 25 - St I 22, Vorträge und Vortragsreihen im Rahmen von Fortbildungsveranstaltungen, UR 2003, 204

OFD Frankfurt/Main v. 6.8.2003, S 0174 A - 20 - St II 1.03, Selbstlosigkeit - Verfolgen eigenwirtschaftlicher Zwecke "in erster Linie" (§ 55 Abs. 1 Satz 1 AO), DB 2003, 1932

OFD Frankfurt v. 14.8.2003, S-7180 A - 17 - St I 2.30, Durchführung von Prüfungen durch Bildungseinrichtungen als Veranstaltungen wissenschaftlicher Art nach § 4 Nr. 22 a) UStG, UR 2004, 100

OFD Frankfurt/Main v. 19.12.2006, S 7179 A - 7 - St 112, Steuerbefreiung der Leistungen privater Anbieter von Nachhilfe, UR 2007, 549

OFD Frankfurt/Main v. 11.3.2010, S 7179 A - 2 - St 112, Verfügung betr. Anwendung der Steuerbefreiung nach § 4 Nr. 21 UStG bei Fahrschulen, UR 2010, 711

OFD Frankfurt/Main v. 16.12.2010, S 7179 A - 1 - St 112, Verfügung betr. Steuerbefreiung nach § 4 Nr. 21 Buchst. a Doppelbuchst. bb UStG, beck-online, 2010, BeckVerw 248516

OFD Frankfurt v. 4.3.2011, S 7179 A-47-St 112, Übernachtungs- und Verpflegungsleistungen einer Bildungsstätte, beck-online, 2011, BeckVerw 248663

OFD Koblenz v. 22.4.2009, S 7179 A – St 44 2, Verfügung betr. Steuerbefreiung nach § 4 Nr. 21 Buchst. a Doppelbuchst. bb UStG für Maßnahmen im Sinne der §§ 85 und 97 SGB III sowie ausbildungsbegleitende Hilfen (abH-Maßnahmen) gemäß § 241 SGB III; hier: Bescheinigungsverfahren, beck-online BeckVerw 159355

OFD Hannover v. 28.7.2004, S 7056 b - 3 - StO 351 / S 7056 b - 1 - StH 441, Bedeutung von EG-Richtlinien und Anwendungsvorrang, von Vorabentscheidungsersuchen der Gerichte und von Vorabentscheidungen des EuGH für das deutsche Umsatzsteuerrecht, DStR 2004, 1654

OFD Münster v. 1.8.2009, Besteuerung der juristischen Personen des öffentlichen Rechts - Arbeitshilfe, http://www.ofd-muenster.de/die_ofd_ms/Arbeitshilfen__Leitfaeden__Praxishilfen/PDF_Arbeitshilfen/2007_Jur_pers_oeff_Recht.pdf

OFD Niedersachsen v. 26.1.2011, S 7106-283-St 171, Unternehmereigenschaft von juristischen Personen des öffentlichen Rechts; Konsequenzen der BFH-Urteile vom 20.08.2009, V R 70/05 und 15.04.2010, V R 10/09, beck-online 2011, BeckVerw 246805

OFD Rheinland v. 22.1.2008, S 7149 - 1000 - St 435, Seminare, Fachtagungen und mehrtätige Studienreisen eines ggf. als gemeinnützig anerkannten Trägers der Weiterbildung, UR 2008, 282

OFD Rheinland and OFD Münster v. 28.9.2009, S 2706 - 1032 - St 134 [Rhld] / S 2706 - 73 - St 13 - 33 [Ms], Auftragsforschung der staatlichen Hochschulen des Landes NRW - Umsatzgrenze - Beurteilungseinheit für die Annahme eines BgA "Auftragsforschung", DB 2009

OFD Rheinland v. 9.9.2010, Kurzinformation Umsatzsteuer Nr. 16/2010, Kurzinformation betr. Umsatzsteuerbefreiung für Fahrtraining von Zivildienstleistenden, UR 2011, 192

OFD Rostock v. 21.11.2002, S 2706 - 04/01 - St 242, Beistandsleistungen zwischen juristischen Personen des öffentlichen Rechts, UR 2003, 303

OFD Rostock v. 26.2.2003, S 2706 - 1/01 - St 24a, Buchführungspflicht und Gewinnermittlung bei Betrieben gewerblicher Art von Kommunen - Besonderheiten bei Dauerverlustbetrieben und bei Zweckbetrieben von gemeinnützigen Betrieben gewerblicher Art, DB 2003, 1301, 2292

Freiburger Steuerforum

Herausgegeben von Wolfgang Kessler

Band 1 Andreas Sinz: Stützungsmaßnahmen im transnationalen Konzern. Steuerwirkungen von Zuschuss und Forderungsverzicht im Verhältnis Deutschland, Frankreich und Schweiz. 2001.

Band 2 Christian Gastl: Betriebe gewerblicher Art im Körperschaftsteuerrecht. Abgrenzung – Einkommensermittlung – Steuerbelastung. 2002.

Band 3 Tobias Teufel: Steuerliche Rechtsformoptimierung. Gestaltungssuche im Gesellschaft-Gesellschafter-Verhältnis. 2002.

Band 4 Markus Peter: Fortentwicklung des Betriebsstättenprinzips. 2002.

Band 5 Ingmar Schörck: Veränderungen der Kommunikation in der Steuerberatung durch den Einsatz internetbasierter Technologien. 2003.

Band 6 Ralph-Erich Schmidt: Die Umsatzbesteuerung der Bankleistung im Einlagen- und Kreditgeschäft. Mängel und Alternativen unter besonderer Berücksichtigung einer Cash-Flow Umsatzbesteuerung (TCA-Modell). 2003.

Band 7 Claudia Pischetsrieder: Einkünftequalifikation bei Immobiliendirektinvestitionen in Ungarn und Tschechien unter Einschaltung von haftungsbeschränkten Personengesellschaften. 2004.

Band 8 Michael Muchenberger: Die Entwicklung der Besteuerung und deren Ausrichtung am Leistungsfähigkeitsprinzip. Historische Bedeutung, theoretischer Erklärungsansatz und neuere Implikationsanalyse für die BRD. 2004.

Band 9 Michael A. Müller: Die GmbH & Co. KG als Europa-Holding. 2004.

Band 10 Ralf Adam: Einlage, Tausch und tauschähnlicher Vorgang im Zivilrecht und im Steuerrecht. 2005.

Band 11 Charlotte Achilles: CFC-Regeln und unfairer Steuerwettbewerb. Eine Untersuchung anhand der deutschen und der französischen CFC-Regelung. 2005.

Band 12 Michael Pelchen: Verdeckte Gewinnausschüttungen im französischen und deutschen Steuerrecht. 2007.

Band 13 Stefan Lammel: Besteuerung bei Gründung der Societas Europaea (SE) durch Verschmelzung. Vorgaben der Fusionsrichtlinien und des Primärrechts, deutsches Recht de lege lata und die de lege ferenda notwendigen Anpassungen. 2010.

Band 14 Anna Gersbacher: Konzernsteuerquote – Performance Messung von Steuerabteilungen und die damit verbundenen Anforderungen. 2011.

Band 15 Daniel Knörzer: Unterkapitalisierungsnormen. Eine *konsequent*-steuerwissenschaftliche Untersuchung für die Bundesrepublik Deutschland. 2012.

Band 16 Dominik Trachte: Problematik des Vorsteuerabzuges bei Holdinggesellschaften. 2012.

Band 17 Bastian Schmidt: Steuerliche Implikationen von Kooperationen im Weiterbildungssektor. 2013.

www.peterlang.de